Sebastian Müller / Klaus M Schmals (Hrsg.)

DIE MODERNE IM PARK?

Ein Streitbuch zur Internationalen Bauausstellung
im Emscherraum

Dortmund 1993

Sebastian Müller / Klaus M Schmals (Hrsg.)

Die Moderne im Park? - Ein Streitbuch zur Internationalen Bauausstellung im Emscherraum

Redaktionelle Bearbeitung und Layout: Sabine Weck

Umschlaggestaltung: Klaus M Schmals

Gedankt sei Werner Durth, der freundlicherweise zwei seiner Collagen ("Fallstudien, Raumelemente", Ausschnitte) für die Umschlaggestaltung zur Verfügung stellte. Quelle: Kunsthalle Darmstadt (Hrsg.): Das Bochum-Projekt, Darmstadt 1992, S. 176f.

Sämtliche Texte dieses Streitbuchs beziehen sich auf den IBA-Projektentwicklungsstand Oktober 1992

Druck: Joussen & Gocke, Dortmund

© Verlag / Vertrieb:

DORTMUNDER VERTRIEB FÜR BAU- UND PLANUNGSLITERATUR

Gutenbergstraße 59 · D - 44139 Dortmund · ☎ 0231 / 146565 · FAX 0231 / 147465

Dortmund 1993

ISBN 3-924352-95-X

Inhalt

Sebastian Müller/Klaus M Schmals

Politik der regionalen Erneuerung - Regionale Erneuerung der Politik?

Editorial

1. Wo man hinsieht: Erneuerung alter Industriegebiete

Die politischen Auseinandersetzungen um die Beschleunigung des europäischen Einigungsprozesses und die Ratifizierung der Maastrichter Verträge, das Zerbrechen vieler osteuropäischer Staaten oder die deutsche Einigung haben Ungleichzeitigkeiten der Raumentwicklung, auch in Europa, wieder deutlicher in unser Bewußtsein gehoben. Die politischen Spannungen, Konflikte und Kriege haben offenkundig gemacht, wie groß die sozialen, ökonomischen und kulturellen Problemlagen sein können, die mit dem Niedergang von ganzen Regionen und mit Anpassungsprozessen an veränderte Weltmarkt und Umweltbedingungen einhergegen. Eben zu dem Zeitpunkt, zu dem der Abbau regionaler Disparitäten und die Schließung von Modernisierungslücken zu einer Frage von europäischer Bedeutung wurde, findet auch die "Internationale Bauausstellung Emscher Park des Landes Nordrhein-Westfalen" statt. Dieser Hintergrund verleiht dieser regionalen Erneuerungsanstrengung, die mehr ist

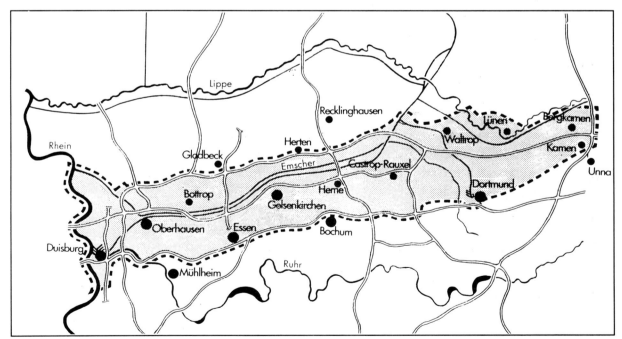

Abb. 1:   Die Internationale Bauausstellung Emscher Park. Quelle: IBA Emscher Park, 1992c, S. 5.

als eine Bauausstellung, die die ökologische Erneuerung einer alten Industrieregion thematisiert, große Bedeutung. Mit ihr soll der ökonomische, soziale und ökologische Umbau eines von ökonomischen, organisatorischen, kulturellen, sozialen und ökologischen Altlasten betroffenen Industriegroßraums ins Werk gesetzt werden oder zumindest angestoßen werden. Eine denkbar große Aufgabe, ein Anliegen von historischer Tragweite.

Die IBA Emscher Park möchte vorbildliche Lösungsansätze für den Emscherraum im Ruhrgebiet entwickeln und dabei auch Vorbild für andere Krisenregionen sein. Dieses regional- und realpolitische Groß-Experiment wird in diesem **Streitbuch** aus der Sicht von Betroffenen und mit der Distanz von WissenschaftlerInnen zur Halbzeit überprüft. Dabei ist ein Beitrag entstanden, mit dem Kritik, Korrekturen und Alternativen zum IBA-Prozeß zur Diskussion gestellt werden.

Die Liste der Erneuerungsprojekte für alte Industrieregionen ist mittlerweile lang. Das Spektrum der wegweisenden Erfahrungen ist international geworden (vgl. H. Häußermann, 1992 und W. Siebel, 1992). In Frankreich beispielsweise, das den fast vollständigen Verlust seiner traditionellen Kohle- und Stahlregionen in den vergangenen 25 Jahren zu beklagen hat, ist die staatliche Krisenpolitik jüngst von einer "reconversion" zu einer Etappe des "redéveloppement des zones en déclin industriel" übergegangen (S. Wachter, 1991). Professionalität im Umgang mit altindustrialisierten Krisenregionen, eine breite Literatur, ein internationaler Fachtourismus und der Austausch von Erfahrungen haben sich hinlänglich entwickelt. Nicht zuletzt wird die Internationale Bauausstellung Emscher Park zu diesem Erfahrungsaustausch beitragen.

Um die Entwicklungsrückstände des Ruhrgebiets gegenüber hochentwickelten Lebensräumen auszugleichen und die neuen Raumstrukturen in nationale und internationale Entwicklungsstrategien einzubauen, entwickelte Nordrhein-Westfalen in den vergangenen 25 Jahren - mit unterschiedlichem Erfolg - u.a. das "Entwicklungsprogramm Ruhr" (1968-1973), das "Aktionsprogramm Ruhr" (1980-1985) oder die "Zukunftsinitiative Montanregion" (1984-1988). Die Tiefe der Krisen in altindustrialisierten Regionen und der erhebliche Umfang der zu ihrer Dämpfung eingesetzten öffentlichen Mittel haben Restrukturierung und Modernisierung altindustrialisierter Regionen schon seit der ersten sektoralen Krise im Revier (vgl. die Krise des Steinkohlebergbaus im Jahre 1961) auf die Agenda der nationalen Politik gesetzt. Die ungeahnt hohe Verseuchung ganzer Regionen der ehemaligen DDR durch Produktionsabfälle und die massiven Schwierigkeiten bei der ökonomischen Anpassung der sog. neuen Bundesländer der Bundesrepublik Deutschland an ein Überleben in einem kapitalorientierten, marktwirtschaftlichen System, dürfte das Interesse an Konversions-, Umbau- oder Erneuerungsstrategien für eine "nachholende Modernisierung" von altindustriellen Regionen endgültig und für längere Zeit zu einem bedeutenden politischen und planerischen Thema gemacht haben. Vor vergleichbaren Restrukturierungsproblemen steht jetzt offensichtlich auch die Mehrzahl der europäischen Industrienationen.

Als zentrale Probleme werden im allgemeinen "Wachstumsrückstände" und "Modernisierungslücken" diagnostiziert. Ohne möglicherweise zugrundeliegende Modernisierungsbilder und Modernisierungsbegriffe kritisch zu sichten oder berechtigte Probleme der Postmoderne mit der Moderne zu diskutieren (vgl. J. Habermas, 1990; D. Harvey, 1989; W. Zapf, 1990), wollen wir Modernisierung vereinfachend definieren als den permanenten und janusköpfigen Veränderungsprozeß unserer Gesellschaft. In ihrem Verlauf werden die produktiven Grundlagen der Gesellschaft mit Hilfe von Wissenschaft, Technik und Verwaltung erweitert und flexibilisiert, perfektioniert und ruiniert. Gesellschaftliche Strukturen werden durch Wissenschaft, Kultur, Medien und Politik aufgeklärt, verklärt und angepaßt. Diese Prozesse vollziehen sich einerseits "von selbst" und als Routine in der Kooperation der gesellschaftlichen Akteure, andererseits werden sie durch politisch-administrative Strategien auch in Permanenz geplant und gestaltet, damit sich die Gesamtgesellschaft (z.B. die Bundesrepublik gegenüber anderen Staaten, vorzugsweise Japan oder den USA) oder ihre Teilgesellschaften (z.B. das Ruhrgebiet, die neuen deutschen Bundesländer oder ländliche Regionen) gleichwertig entwickeln.

2. Widersprüchliche Modernisierungspolitik im Emscherraum

Die IBA Emscher Park leistet einen Beitrag zur verstärkten Modernisierung der Territorial-, Produktions- und Sozialstruktur in einer Metropolenperipherie (vgl. den Beitrag von A. Voß). Dieser ist durchaus komplex, aber aufgrund externer Einflüße in sich gespalten. Dieses Ergebnis wird durch die Analyse von Modernisierungsprozessen im allgemeinen und die zukünftig zu erwartenden modernen, urbanen Lebensstile im besonderen deutlich (vgl. K.M Schmals, 1989, S. 25ff.): Im gleichen Entwicklungsabschnitt, in dem die Internationale Bauausstellung Emscher Park eine "Straße der Industriekultur" mit soziokulturellen Perspektiven, ein multikulturelles Wohnexperiment und ein Frauenbeschäftigungsprojekt in der Stadt Oberhausen fördert, forcieren andere Kräfte in unmittelbarer städtischer Nachbarschaft eine postmoderne, kommerzielle Konsumlandschaft von vielfacher Größe, die sog. "Neue Mitte Oberhausen". Während auf dem ehemaligen Zechengelände in Dortmund-Eving die Reaktivierung einer Industriebrache und die Altlastenbewältigung in einem IBA-Projekt in Angriff genommen werden (vgl. den Beitrag von M. Walz), beantragt die Ruhrkohle AG wenige hundert Meter nord-westlich davon entfernt die Planfeststellung für ihre zentrale Deponie für kontaminiertes Altöl unter freiem Himmel. Mitten im geplanten IBA-Park "Duisburg Nord" beeinträchtigt unverrückbar eine Hauptimmissionsquelle, das Autobahnkreuz A 42/A 59, die lufthygienischen und klimatischen Effekte eines Parks (vgl. den Beitrag von S. Müller). Das IBA-Wohnprojekt "Gelsenkirchen-Schüngelberg", städtebauliche Ergänzung einer überwiegend von türkischen ImmigrantInnen bewohnten Arbeiterkolonie, hatte die Vertreibung von TürkInnen aus ihren Brachengärten bzw. Grabeländern zur Voraussetzung und wird nach aller Erfahrung auch ihre Verdrängung zumindest aus einem Teil der Wohnungen zur Folge haben (vgl. den Beitrag von M. Krummacher/V. Waltz). Ein beschäftigungspolitisches Strategiepapier der IBA hatte einmal angeregt, in jedem ihrer Projekte 15 % des Investitionsvolumens durch Beschäftigungsinitiativen ausführen zu lassen. Heute findet Beschäftigungsförderung und Qualifikation von Langzeitarbeitslosen inselartig und auf wenige traditionelle Gewerke begrenzt nur in einigen wenigen Projekten statt (vgl. den Beitrag von B. Karhoff/V. Wilke). D.h., durch die IBA werden nicht nur bestehende Entwicklungswidersprüche gefestigt, sondern auch neue produziert.

Relativ "rein" und vor allem aber unvernetzt, gehen die Projekte der IBA in ihre Realisierung: Unvermittelt nebeneinander stehen etwa Wohnprojekte, Parks, die Erneuerung von Siedlungen, Technologieförderungs- oder Gewerbeprojekte in Restnatur, Kulturprojekte, Renaturierungsprojekte, oder Vorzeigeprojekte von oben, Etikettenprojekte und Vorzeigeprojekte von unten (vgl. den Beitrag von A. Voß). Ein Gebietsentwicklungsplan, ein sog. "Masterplan" oder ein "Generalplan" ist - zur Minimierung von Entwicklungswidersprüchen - nicht vorgesehen und würde die "IBA-Philosophie" vermutlich nur stören. Die keinem erkennbaren Leitbild unterzuordnenden Projekte setzen durch Architektur und "landart" in betroffenen oder beglückten Emscherräumen häufig mit den alten Identitäten und Nutzungen unvermittelbare Raumbilder der Postmodernisierung ab und tragen so zur beschleunigten Fragmentierung der Raumstruktur bei. Die gelegentlich ermöglichte Neunutzung alter Industriearchitektur wird dem Identitätsverlust und der Verdrängung der Altnutzer kaum Einhalt gebieten können. "Zitadellen" des Dienstleistungsgewerbes werden mit den "Ghettos" des Volkes (vgl. W. Prigge, 1988) aufräumen, sicher weniger radikal als es die Frankfurter Bankentürme bewerkstelligen und wahrscheinlich nostalgisch arbeiterbewegt, aber durchaus unterschiedlich zu der kompromißlos modernistischen "Image-Kampagne" des Kommunalverbandes Ruhrgebiet.

Kann sich diese "Projektstrategie" der IBA Emscher Park auf regionalpolitische Erfahrungen stützen? Wenn ja, welche könnten dies sein?

3. Regionalplanerische Impulse und ihre unabsehbaren Folgen

Ältere Optionen im Modernisierungsdiskurs setzten weniger auf politische Symbolik; sie waren in der Regel direkt staatsinterventionistisch. Zur Bewältigung der Krisen- und Innovationszyklen des Kapitals erschienen seit etwa Mitte der 60er Jahre Formen der Konjunktur- und Wachstumspolitik, der Sektoral- und Globalplanung nicht mehr ausreichend. Von sog. Markttheoretikern und marxistischen Ökonomen wurde gleichermaßen der Übergang von einer "extensiven" Wiederaufbauphase zu einer "intensiven" Reproduktionsphase des westdeutschen Kapitals diagnostiziert, in der vor allem die "gewachsene Infrastruktur" weiter zu entwickeln sei. Technischer Fortschritt, neue Technologien, die Ausweitung von (Re- und Neo-)Industrialisierungsanstrengungen sowie die Förderung von (Sub-)Urbanisierungsprozessen machten gewandelte Verkehrs-, Versorgungs- und Schulsysteme, Wissenschaftseinrichtungen oder Kommunikationsinfrastrukturen notwendig.

Diese "Infrastruktur" (vgl. R. Jochimsen, 1966) oder "allgemeine Produktionsbedingungen" (vgl. D. Läpple, 1973) genannten ökonomischen Entwicklungsfaktoren galten, und das war das Besondere, als marktförmig nicht zu produzieren, weil sie unteilbar und äußerst langlebig seien und Kollektivgutcharakter trügen. Verschiedenste Konsumenten seien auf sie angewiesen, könnten sie zugleich aber nicht nur für sich aneignen, weswegen in diesem Fall der normale Preismechanismus versage. Es müßten "Schattenpreise" oder "politische Preise" gebildet werden. Daher sei mangelnde Rentabilität der Normalfall. Dies alles begründe zugleich, daß der Staat als Hüter des Gemeinwohls oder als "ideeller Gesamtkapitalist", als Investor und zugleich als notwendiger und damit legitimer wirtschaftspolitischer Partner aufträte: "Eine Revision der bürgerlichen Wachstumstheorie durch die Einbeziehung der Infrastruktursektoren in die bislang nur als Restgröße behandelte Kategorie des technischen Fortschritts war ein erster realistischer Schritt zur adäquateren Berücksichtigung des staatlichen Einflusses überhaupt auf die Verwertungsbedingungen des Kapitals", schlußfolgerte etwa Bernd Günther (vgl. B. Günther, 1977, S. 28).

Die diesbezüglich von Dieter Läpple entwickelte Argumentationsform war hingegen eher von allgemeiner Natur: "Das Eingreifen des Staates zur Herstellung dieser für den Verwertungsprozeß des Kapitals notwendigen materiellen Voraussetzungen, die vom Kapital nicht übernommen werden können, ist also unerläßlich, und nimmt mit der enormen Zunahme der Bedeutung der allgemeinen Produktionsbedingungen im gesellschaftlichen Produktionsprozeß auch ständig zu (...)", und "Die Herstellung dieser allgemeinen Produktionsbedingungen ist jedoch gleichzeitig mit einer Steigerung der Produktivkraft der Arbeit verbunden (...)" (D. Läpple, 1973, S. 188).

Obwohl die herausgehobene Bedeutung von ökonomischer Staatsintervention und Infrastruktur schon frühzeitig ihre Dämpfer erfuhr (vgl. V. Ronge/G. Schmieg, 1973) und sich überzeugende Erfolge in der Anwendung des neuen wirtschaftspolitischen Instrumentariums z.B. in Nordrhein-Westfalen nicht so recht einstellen mochten, blieben sie doch für das Selbstverständnis der Regionalpolitik bis heute zentral.

Seit Beginn der 80er Jahre gewannen Produktionszyklentheorien, die "Theorie der langen Wellen" (vgl. N.D. Kondratieff, 1926, und später J.A. Schumpeter, 1961) und darauf aufbauende Technologiepolitiken an Bedeutung. Die Produktionszyklentheorie besagt u.a., daß die Produktion einer technologischen Innovation verschiedene Reifegrade - von der Inventionsphase der Pionierunternehmen über die Einführungsphase mit starken Preissenkungen und Mengenzunahmen, die Reife- und Wachstumsphase bis zur Standardisierungs- und Abschwungphase - durchläuft. Der Wettbewerb stimuliert zunächst Innovation, Kapitalintensität, Arbeitsteilung und Wissenstransfer, vorrangig an den urbanen Knotenpunkten der Raumstruktur. Mit der Standardisierung des Produktionsprozesses sinken dann auch die Qualitätsansprüche an Arbeitskräfte, Maschinerie und Standorte. Automation senkt die Produktionskosten, während das innovatorische Wissen sich verbreitet und der Grenzertrag sinkt. Über diese Phase hinaus können scheinbar nur noch die Monopolisierung von Märkten und die Kartellbildung, also das Ausschalten des Wettbewerbs (wie aktuell am Beispiel des Zusammenschlusses von Hoesch und Krupp nachvollziehbar), betriebliche Erträge sichern. Das allerdings immunisiert die Unternehmen dagegen, sich um erneute Innovationen, Tätigkeitsfelder und Absatzmärkte zu bemühen. Bleiben nun in Regionen - aufgrund monopolistischer Strukturen meist nur von kleinen oder mittleren Betrieben zu erwartende - neue Impulse für Produktionszyklen aus, scheint der regionale Niedergang durch den sektoralen Niedergang unausweichlich.

Die ältere sog. "Theorie der langen Wellen" geht im Unterschied zur Produktions- bzw. Produktzyklentheorie davon aus, daß "Basisinnovationen" wie der Webstuhl, die Dampfmaschine, das Automobil, die Chemiefaser, die Atomenergie, die Mikroelektronik, die Bio- und Gentechnologie und im Gefolge davon das Herausbilden dominanter Beschäftigungssektoren die Grundlage der Produktionszyklen darstellen (vgl. R. Hamm/H. Wienert, 1990, S. 28ff.).

In der Produktionszyklentheorie bleibt eines ihrer Hauptprobleme, die auslösenden Elemente der Zyklen schlüssig zu bestimmen, ungelöst. Spekulationen über die Förderung von kleinen und mittleren Unternehmen, über den "push-Faktor" dieser oder jener Technologie, wie zum Beispiel zur Zeit der Chip-Produktion, oder einzelner Sektoren, wie zum Beispiel heute der Umwelttechnologien, schießen oftmals ins Kraut. Auch ist der "Alterungs"prozeß von Produkten und Fertigungsverfahren nicht immer exakt nachvollziehbar, tragen doch neue Technologien gerade dazu bei, "alte" Produktionen zu "verjüngen": "Der Lebenszyklus wird dadurch einerseits dramatisch verkürzt, andererseits beständig unterbrochen, so daß die Anwendung dieser Theorie unter heutigen Bedingungen für viele, strategisch wichtige Wirtschaftsbereiche kaum noch erfolgversprechend ist" (H. Häußermann, 1992, S. 13). Ebensowenig ließen sich aus regionalen Branchenzusammensetzungen eindeutige Hinweise auf ökonomische Erfolgschancen von Regionen, für den Aufstieg oder den Niedergang der Wirtschaft finden. Denn Regionen mit gleichem oder ähnlichem Branchenmix zeigen nicht immer die gleiche Wachstumsdynamik: Branchen, die in der einen Zusammensetzung prosperieren, stagnieren andernorts in der gleichen, worauf Franz-Josef Bade mehrfach verwies (vgl. F.J. Bade, 1987).

Angesichts dieser nur geringen ökonomischen Erklärungskraft hielt eine eher soziologisch-politologische Pragmatik in die gegenwärtige Regionalpolitik Einzug. Organisierbare private Investition in die Raumstruktur, Planung durch "developer", realisierbare Partnerschaften zwischen privaten und öffentlichen Organisationen, die sog. "Public-private-partnership" und die Kombination von verschiedensten öffentlichen Mitteln zu einem Projekt wurden die hervorstechenden Instrumente städtischer und regionaler Entwicklungsvorstellungen. Anders ist die Konzentration auf "regionale Akteure" und "endogene Kräfte" kaum zu erklären, deren ökonomische Modernisierungspotenzen mehr als unscharf bleiben: Wenn im ökonomischen Sinn nichts mehr mit Sicherheit erfolgreich ist, dann bringen vielleicht all die "Ko"-Wörter, wie verbesserte Kommunikation, Kooperation und Konsens sowie die Erweiterung der Perspektive auf eine vielfach fragmentierte ökonomische Landschaft eine Erhöhung des Grenznutzens. Hier, das heißt in die systematische Verabschiedung von Infrastrukturpolitik, Theorie der langen Wellen oder Produktionszyklentheorie, ist die "Projektstrategie" der IBA Emscher Park einzuordnen.

Auch die Internationale Bauausstellung Emscher Park vermutet in ihren Leitprojekten Erneuerungspotentiale oder Erneuerungsnotwendigkeiten und legt sich entsprechend fest. Es geht ihr einerseits um "eine neue Planungskultur" und andererseits darum, den Gesamtprozeß der Modernisierung durch "exemplarische Projekte" zu ermutigen. In der Bestimmung ihrer formellen Kooperationsbedingungen mit der lokalen und regionalen Gesellschaft des Emscherraumes wird die "IBA-Philosophie" noch am deutlichsten: Sie setzt auf Wettbewerbe, Lenkungsausschuß, Qualitätsvereinbarungen und Werkstätten. Ob man/frau aber gut daran tut, die IBA Emscher Park einer Politik der "Festivalisierung" zuzuordnen und ihr darüberhinaus zutraut, "problemadäquate Politik zu betreiben und trotzdem über die einzelnen Projekte hinaus Wirkungen zu entfalten" (W. Siebel, 1991, S. 50), kann bezweifelt werden.

Walter Siebel erwähnte in seinem Essay "Festivalisierung der Politik und die Unsichtbarkeit der Städte" (1991) dort, wo er die von ihm als "Festivalisierung" bezeichnete Politikvariante über Beispiele erschließt, auch die IBA Emscher Park: "Die Städte feiern Feste: Es drängeln sich die Kultursommer, Theater-, Musik- und Filmfestspiele, die Bundesgartenschauen und runden Geburtstage: (...) Nach der Berliner Internationalen Bauausstellung hat das Ruhrgebiet die IBA Emscher Park, Köln hat einen Media-Park, Liverpool ein Dockland, Hannover bekommt die Expo 2000" (W. Siebel, 1991, S. 39). Festivalisierung sei ein Versuch, Politik auch noch da möglich zu machen, "wo sich aus der Struktur der Gesellschaft und ihrer Probleme heraus keine mehrheitsfähige Politik mehr langfristig ergibt" (W. Siebel, 1991, S. 48), aber dennoch "eine weitreichende Propaganda der guten Tat zu entfalten und die notwendigen politischen Mehrheiten zu gewinnen" notwendig sei (W. Siebel, 1991, S. 51).

Für die Internationale Bauaustellung Emscher Park sah W. Siebel einerseits die Gefahr, "in der Vielzahl der Einzelprojekte nur die diffuse Struktur des nördlichen Ruhrgebiets zu reproduzieren, ohne die erhofften Anstoß- und Multiplikatoreffekte auszulösen, die notwendig sind, um das nördliche Ruhrgebiet zu erneuern" (W. Siebel, 1991, S. 50). Er stellte klar - und das unterstellt jede Fachperson -, daß durch die IBA allein die Probleme der Region nicht zu lösen seien.

Als "Festivalisierung" wäre die IBA Emscher Park schon mißlungen. Sie entwickelt einfach nicht die Leuchtkraft eines lustvollen, hochdekorativen Konsummodells vom besseren Leben, das Voraussetzung für "Festivalisierung" ist und das über die Milieus der lokalen politischen Szenen und die internationale Fachwelt hinaus besonders attraktiv wäre. Eher steht zu vermuten, daß mit der "Projektstrategie" der IBA ein ideologischer Schleier über das Zerbröseln einer systematischen Regionalentwicklung gezogen wird. Das wäre die neue politische Qualität. Eine alte politische Qualität ist durch die politischen Akteure und Mechanismen bestimmt, durch die und mit denen das korporatistische Netz der Regionalpolitik gewoben wird.

4. Die neue Unübersichtlichkeit der Politikarena und des Städtebaus

Das "Mitmischen" in der Regionalpolitik des Ruhrgebiets, das schon traditionell durch komplexe Beziehungen und Abhängigkeiten zwischen den einzelnen staatlichen Ebenen (EG, Bund, Land, Regierungspräsidenten und Kommunen) sowie die formelle Einbeziehung von Industrie- und Handelskammern und von Gewerkschaften gekennzeichnet war, reicherte sich in den letzten Jahren durch die Einbeziehung von Wohlfahrtsverbänden, Arbeitsämtern, Frauenbeauftragten, Bezirksvertretungen, Kirchen usw. in den verschiedenartigsten "Konsensrunden" auf den unterschiedlichsten Ebenen an. Staatliche Institutionen wurden zu einem von vielen "Verhandlungspartnern" in einem Entwicklungsprozeß, der seine Stabilität weniger durch formelle politische Herrschaft als vielmehr durch die Bewährung von ehemals "guten Beziehungen" und von der Entwicklung neuer Kooperationsmuster auf Zeit, in immer wiederholten Akten der Kompromißfindung erlangt.

Die Akteure versuchen in solchen Verhandlungssituationen, über informelle Kontakte, mit dem Mittel des Zustimmungstausches für zeitweilige Vorteile auch im Rahmen von Paketlösungen ihre Interessen durchzusetzen. Konfliktvermeidung steht dabei in der Regel vor Transparenz und zwingenden Perspektiven. Persönliche Harmoniebedürfnisse und akzeptierte Autoritätsgefälle definieren Problemlösungskorridore. Die Formen der Implementierung von Politiken ändern sich: Nicht mehr Baugebote und Planungssatzungen bestimmen die Realisierung von Entwicklungsperspektiven, sondern Finanzierungs- und Anreizsysteme oder die Medienwirksamkeit von Erfolg und Mißerfolg charakterisieren die zukunftsorientierte Planung.

Im Konzept der Internationalen Bauausstellung Emscher Park deutet sich gegenwärtig ein entsprechender Neubeginn der ruhrgebietsbezogenen Regionalplanung an. Solange gegenteilige Entwicklungen durch zur Zeit im Entscheidungs- und Planungsprozeß befindliche Wettbewerbe nicht offenkundig wurden, konnte man diesen Handlungsansatz, diese "**verspätete Modernisierungsanstrengung**" als eine aktive, verkrustete Strukturen umbrechende Planungskonzeption ernstnehmen. Mit dem im Jahr 1988 verabschiedeten Programm soll der Versuch unternommen werden, den ganzheitlichen Umbau im Zentrum der Ruhrgebietskrise - im Emscherraum - einzuleiten. Ch. Zöpel formulierte anläßlich der "Auftaktveranstaltung" am 16.12.1988 als Hauptziel der IBA, gemäß dem politisch-pragmatischen Paradigma die "endogenen Kräfte, die eigenen Kräfte der Region, die Wirtschaftskräfte und die sozialen Kräfte zu mobilisieren" (ders., 1988, S. 34). Dieses Hauptziel wird im Rahmen von vormals sieben Leitprojekten (und heute 5 Leitthemen), in gegenwärtig knapp 90 Einzelprojekten in einem 802 qkm großen Raum zwischen Duisburg und Bergkamen verfolgt. Die Leitprojekte der IBA befassen sich mit der Einrichtung des Emscher-Landschaftsparks und dem ökologischen Umbau des Emscher-Systems, mit neuen Arbeits- und Produktionsformen (irreführend "Arbeiten im Park" genannt), neuen Wohnformen sowie mit neuen Angeboten für soziale und sportliche Tätigkeiten.

Aus der Perspektive engagierter und innovativer PlanerInnen und PolitikerInnen ist es durchaus vorstellbar, daß mit diesem ambitionierten Konzept und der Moderation (fachpolitischen Vermittlung) des Prozesses die Umgestaltung eines altindustrialisierten in einen modern gestalteten Lebensraum ermöglicht werden könnte. Wie sich jedoch im Entstehungsprozeß untersuchter Projekte zeigt, wird das Konzept nur inselartig und bruchstückhaft verwirklicht. Die IBA entfernt sich mit ihrer neokorporatistischen Projektentwicklungspolitik immer weiter von ihren Zielen und damit von der Möglichkeit, diese Region sozial-, kultur- und umweltverträglich zu modernisieren. Es ist immer deutlicher abzusehen, daß die IBA ihre **Chancen verpaßt**. Zweifel verstärken sich bei denjenigen, die genauer hinschauen und die "IBA-Ziele" an der "IBA-Wirklichkeit" überprüfen. Zweifel speisen sich aus den zu kurz gegriffenen oder nicht durchgesetzten IBA-Zielen, aus einer eher pragmatischen Verhandlungs- denn demokratischen Planungskultur, einer eher staats- und kapitalnahen denn bürger- und sozialpolitiknahen Politikform und aus einem eher im klassischen Ruhrgebietsfilz operierenden Handeln der IBA.

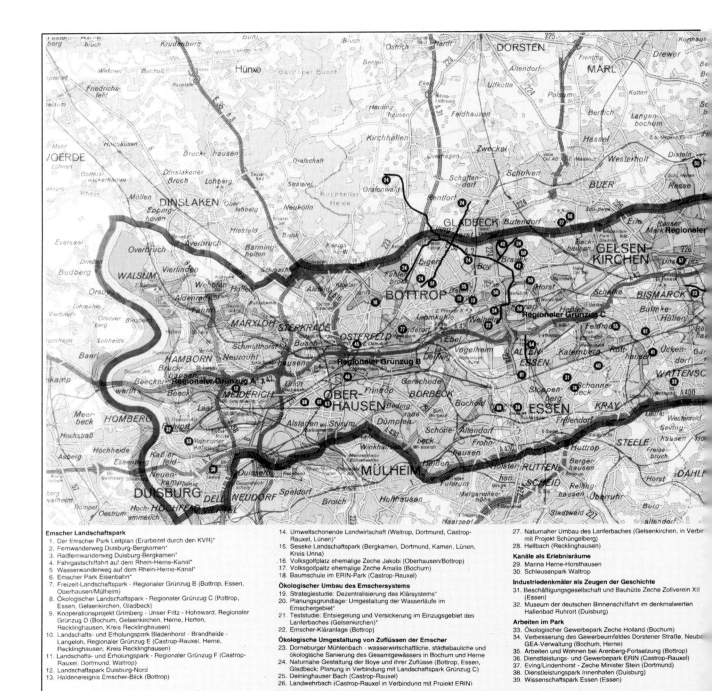

Emscher Landschaftspark

1. Der Emscher Park Leitplan (Erarbeitet durch den KVR)*
2. Fernwanderweg Duisburg-Bergkamen*
3. Radfernwanderweg Duisburg-Bergkamen*
4. Fahrgastschiffahrt auf dem Rhein-Herne-Kanal*
5. Wasserwanderweg auf dem Rhein-Herne-Kanal*
6. Emscher Park Eisenbahn*
7. Freizeit-Landschaftspark - Regionaler Grünzug B (Bottrop, Essen, Oberhausen/Mülheim)
8. Ökologischer Landschaftspark - Regionaler Grünzug C (Bottrop, Essen, Gelsenkirchen, Gladbeck)
9. Kooperationsprojekt Grimberg - Unser Fritz - Hoheward, Regionaler Grünzug D (Bochum, Gelsenkirchen, Herne, Herten, Recklinghausen, Kreis Recklinghausen)
10. Landschafts- und Erholungspark Bladenhorst - Brandheide - Langeloh, Regionaler Grünzug E (Castrop-Rauxel, Herne, Recklinghausen, Kreis Recklinghausen)
11. Landschafts- und Erholungspark - Regionaler Grünzug F (Castrop-Rauxel, Recklinghausen, Waltrop)
12. Landschaftspark Duisburg-Nord
13. Haldenereignis Emscher-Blick (Bottrop)

14. Umweltschonende Landwirtschaft (Waltrop, Dortmund, Castrop-Rauxel, Lünen)
15. Seseke Landschaftspark (Bergkamen, Dortmund, Kamen, Lünen, Kreis Unna)
16. Volksgolfplatz ehemalige Zeche Jakobi (Oberhausen/Bottrop)
17. Volksgolfplatz ehemalige Zeche Amalia (Bochum)
18. Baumschule im ERIN-Park (Castrop-Rauxel)

Ökologischer Umbau des Emschersystems

19. Strategiestudie: Dezentralisierung des Klärsystems*
20. Planungsgrundlage: Umgestaltung der Wasserläufe im Emschergebiet*
21. Teststudie: Entsiegelung und Versickerung im Einzugsgebiet des Lanferbaches (Gelsenkirchen)*
22. Emscher-Kläranlage (Bottrop)

Ökologische Umgestaltung von Zuflüssen der Emscher

23. Dorneburger Mühlenbach - wasserwirtschaftliche, städtebauliche und ökologische Sanierung des Gesamtgewässers in Bochum und Herne
24. Naturnahe Gestaltung der Boye und ihrer Zuflüsse (Bottrop, Essen, Gladbeck; Planung in Verbindung mit Landschaftspark Grünzug C)
25. Deininghauser Bach (Castrop-Rauxel)
26. Landwehrbach (Castrop-Rauxel in Verbindung mit Projekt ERIN)

27. Naturnaher Umbau des Lanferbaches (Gelsenkirchen, in Verbin. mit Projekt Schüngelberg)
28. Heilbach (Recklinghausen)

Kanäle als Erlebnisräume

29. Marina Herne-Horsthausen
30. Schleusenpark Waltrop

Industriedenkmäler als Zeugen der Geschichte

31. Beschäftigungsgesellschaft und Bauhütte Zeche Zollverein XII (Essen)
32. Museum der deutschen Binnenschiffahrt im denkmalwerten Hallenbad Ruhrort (Duisburg)

Arbeiten im Park

33. Ökologischer Gewerbepark Zeche Holland (Bochum)
34. Verbesserung des Gewerbeumfeldes Dorstener Straße, Neubau GEA-Verwaltung (Bochum, Herne)
35. Arbeiten und Wohnen bei Arenberg-Fortsetzung (Bottrop)
36. Dienstleistungs- und Gewerbepark ERIN (Castrop-Rauxel)
37. Eving/Lindenhorst - Zeche Minister Stein (Dortmund)
38. Dienstleistungspark Innenhafen (Duisburg)
39. Wissenschaftspark Essen (Essen)

Abb. 2:   Projektstandorte der Internationalen Bauausstellung Emscher Park. Quelle: IBA Emscher Park, 1992b.

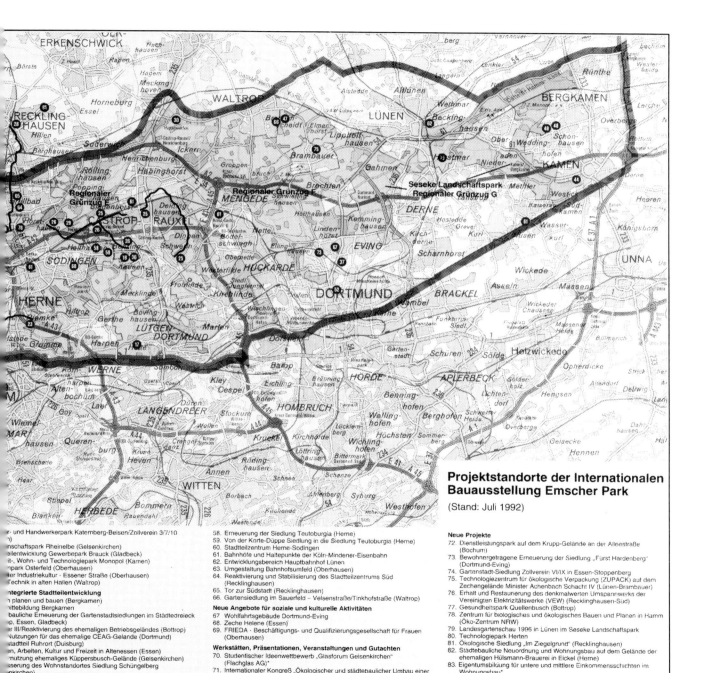

Projektstandorte der Internationalen Bauausstellung Emscher Park

(Stand: Juli 1992)

r- und Handwerkerpark Katernberg-Beisen/Zollverein 3/7/10
)

nschaftspark Rheinelbe (Gelsenkirchen)

eilentwicklung Gewerbepark Brauck (Gladbeck)

t-, Wohn- und Technologiepark Monopol (Kamen)

npark Osterfeld (Oberhausen)

er Industriekultur · Essener Straße (Oberhausen)

Technik in alten Hallen (Waltrop)

ntegrierte Stadtteilentwicklung

n planen und bauen (Bergkamen)

ittebildung Bergkamen

bauliche Erneuerung der Gartenstadtsiedlungen im Städtedreieck
p, Essen, Gladbeck)

er III/Reaktivierung des ehemaligen Betriebsgeländes (Bottrop)

Nutzungen für das ehemalige CEAG-Gelände (Dortmund)

stadtteil Ruhrort (Duisburg)

n, Arbeiten, Kultur und Freizeit in Altenessen (Essen)

mutzung ehemaliges Küppersbusch-Gelände (Gelsenkirchen)

sserung des Wohnstandortes Siedlung Schüngelberg

n am Kanal · "Unser Fritz" (Herne)

58. Erneuerung der Siedlung Teutoburgia (Herne)
59. Von der Korte-Düppe Siedlung in die Siedlung Teutoburgia (Herne)
60. Stadtteilzentrum Herne-Sodingen
61. Bahnhöfe und Haltepunkte der Köln-Mindener-Eisenbahn
62. Entwicklungsbereich Hauptbahnhof Lünen
63. Umgestaltung Bahnhofsumfeld (Oberhausen)
64. Reaktivierung und Stabilisierung des Stadtteilzentrums Süd
(Recklinghausen)
65. Tor zur Südstadt (Recklinghausen)
66. Gartensiedlung im Sauerfeld – Velsenstraße/Tinkhofstraße (Waltrop)

Neue Angebote für soziale und kulturelle Aktivitäten
67. Wohlfahrtsgebäude Dortmund-Eving
68. Zeche Helene (Essen)
69. FRIEDA - Beschäftigungs- und Qualifizierungsgesellschaft für Frauen
(Oberhausen)

Werkstätten, Präsentationen, Veranstaltungen und Gutachten
70. Studentischer Ideenwettbewerb "Glasforum Gelsenkirchen"
(Flachglas AG)*
71. Internationaler Kongreß "Ökologischer und städtebaulicher Umbau einer
Industrielandschaft" (Essen)*

Neue Projekte
72. Dienstleistungspark auf dem Krupp-Gelände an der Alleestraße
(Bochum)*
73. Bewohnergetragene Erneuerung der Siedlung "Fürst Hardenberg"
(Dortmund-Eving)
74. Gartenstadt-Siedlung Zollverein VI/IX in Essen-Stoppenberg
75. Technologiezentrum für ökologische Verpackung (ZUPACK) auf dem
Zechengelände Minister Achenbach Schacht IV (Lünen-Brambauer)
76. Erhalt und Restaurierung des denkmalwerten Umspannwerks der
Vereinigten Elektrizitätswerke (VEW) (Recklinghausen-Süd)
77. Gesundheitspark Quellenbusch (Bottrop)
78. Zentrum für biologisches und ökologisches Bauen und Planen in Hamm
(Öko-Zentrum NRW)
79. Landesgartenschau 1996 in Lünen im Seseke Landschaftspark
80. Technologiepark Herten
81. Ökologische Siedlung "Im Ziegelgrund" (Recklinghausen)
82. Städtebauliche Neuordnung und Wohnungsbau auf dem Gelände der
ehemaligen Hülsmann-Brauerei in Eickel (Herne)
83. Eigentumsbildung für untere und mittlere Einkommensschichten im
Wohnungsbau*

Kritische Widersprüche bestehen also zwischen den propagierten gesellschaftspolitischen Leitbildern und einer kontraproduktiven Umsetzungspraxis einerseits sowie andererseits zwischen Positionspapieren, die im Lenkungsausschuß verabschiedet werden und der Projektpraxis, die diesen nur zum Teil entspricht.

Die IBA Emscher Park steht - so ihre Initiatoren - ohne Zweifel in der Tradition der Internationalen Bauausstellung Berlin 1987: "Sie betont noch stärker als die Berliner IBA '87 städtebauliche und gesellschaftspolitische Anliegen" (MSWV, 1988, S. 8). So versucht sie über diese hinaus zu weisen. Konsequenzen dieses Anliegens, die die Kenntnisnahme der vehementen Umstrukturierung der Weltökonomie, der westlichen und östlichen Gesellschaften einschließen, wurden - unseres Erachtens - von den Direktoren der IBA in den Leitprojekten oder Leitpapieren bislang nicht ausreichend aufgegriffen.

Dies ist, kurz gefaßt, auch die Auffassung von *Heinz-Jürgen Bremm* und *Rainer Danielzyk*. Sie verfolgen in ihrer Studie über die Strategien der Erneuerung des **Mon Valleys/Pittsburgh (USA)** und in **Tyne and Wear (GB)** im Vergleich mit der **IBA Emscher Park** die Wirkungsweise eines offensichtlich weltweit vor sich gehenden Strukturumbruchs der kapitalistischen Ökonomie und ihrer Regulationssysteme bis in die Regionalplanung hinein. Die "fordistische" Gesellschaft geht - entsprechend ihrer Erfahrungen - rapide in eine "postfordistische" über. Es etabliert sich im Zuge damit verbundener gesellschaftlicher Veränderungen auch ein neuer Typ von Raumentwicklung, der neuer, aber auch weltweit vergleichbarer Formen und Inhalte der Planungspolitik zu seiner Durchsetzung bedarf. Obwohl unter gegenteiliger Flagge segelnd - so ihre These - vollzieht auch die IBA Emscher Park im wesentlichen - und in der Regel unbewußt - nur zeitversetzt den internationalen Trend.

In diesem Zusammenhang drängen sich folgende auf die sozialräumliche Entwicklung zielende Fragen auf: Welche Konzepte von Urbanität (etwa "nachholende Urbanisierung"), Architektur und Planung liegen der IBA zugrunde? Ist die Rolle des Emschergebiets im Netz der europäischen Metropolen - mit Düsseldorf/Köln als ihrem Zentrum - neu zu definieren? Oder ist die Entwicklung des Emschergebiets im Kontext einer gespaltenen bzw. polarisierten Entwicklung - einerseits orientiert auf die Rheinschiene, andererseits ausgerichtet auf die ICE-Trasse München/Würzburg/Berlin - zu diskutieren? Soll die Siedlungsstruktur des Emschergebiets in seiner bisherigen Gitterstruktur weiterentwickelt oder im Rahmen von Verdichtungskonzepten - z.B. entlang der Hellwegzone - neubestimmt werden? Und nicht zuletzt: Soll der Emscherraum bei der Verfolgung entsprechender Ziele eher wachsen oder schrumpfen? Wenn er wieder wachsen soll, wo erscheint dies sinnvoll? Welche Branchen und Bevölkerungsgruppen sollen dieses Wachstum tragen? Sind es nationale und regionale (endogene) Impulse oder internationale (exogene) Interessen (von japanischen, US-amerikanischen und kanadischen Unternehmen), die den Weg des Emscherraums in die "welt-ökonomische Zukunft" weisen (vgl. U.v. Petz/K.M Schmals, 1992)? Wenn es weiter schrumpfen soll, verlängert sich dann der gegenwärtige Prozeß einfach naturwüchsig in die Zukunft? Welches Entwicklungsmodell - ein komprehensives oder eher ein Modell des "muddling through" - vertritt die IBA?

Diese und andere regionalökonomische, regionalsoziologische, planungstheoretische und sozialräumliche Fragen wurden von der IBA Emscher Park bisher nicht systematisch aufgeworfen. Das heißt, es fehlen gesellschaftliche Analysen und Entwicklungskonzepte. Sie werden in der Regel einem kurzsichtigen und erfolgsheischenden Pragmatismus geopfert. Damit kann aber auch in der aktuellen Rezession, der Krise im Montanbereich (vgl. die Schließung mehrerer Hoesch/Krupp und Thyssen Standorte) und in der Neubestimmung der regionalen Arbeitsteilung auch in Deutschland jeder aktuelle Erfolg gefährdet sein. Kann er doch über kurz oder lang wieder in den nächsten und bisher nicht bedachten "Modernisierungsfallen und Modernisierungsturbulenzen" der internationalen Entwicklung zunichte gemacht werden.

Arnold Voß verweist in seiner Untersuchung über die Schwierigkeiten und Probleme der städtebaulichen Aufwertungsstrategie durch die IBA auf die reaktive Gebundenheit der Internationalen Bauausstellung Emscher Park an die nationale und internationale Städtekonkurrenz. Verstärkter Metropolisierungszwang mit all seinen negativen Folgen bei gleichzeitig uneinholbaren Metropolisierungsdefiziten bestimmen nämlich die Modernisierungssituation des gesamten Ruhrgebiets und so auch des Emscherraums. Um in der Städtekonkurrenz mitzubieten, die sich heute als eine medienvermittelte Konkurrenz darstellt, müssen angeblich internationale Ästhetikniveaus, Architekturbilder und Architekturzitate aufgeboten werden.

Die Koppelung an international erreichte metropolitane Lebensniveaus verbindet sich nicht nur mit der ästhetischen Weltläufigkeit der IBA-Städtebauer, sondern auch und mit fatalen Konsequenzen mit Großstadtattitüden der regionalen politischen Klasse. De facto politische Provinz, verfügt sie im wesentlichen über kein anderes ästhetisches Kriterium, als auf der Basis des alltäglichen Konsums "big" mit "beautiful" gleichzusetzen. Das war bisher so und kann wieder ein Hebel zur Zerstörung der sozialen und ökonomischen Netze eines "**Hinterlands der Metropolen**", wie dies der Emscherraum darstellt, sein. Ob in dieser Koalition eine Debatte über die Aufgaben der Bauausstellung zwischen "Architektengemeinschaft", Bauherren und Planungsbürokratien zu intensivieren ist, die die "Öffentlichkeit" tatsächlich und nicht nur vermeintlich erfaßt, ob auf "das Prinzip Hoffnung" zu setzen ist und sich "eine regionale Baukultur entwickelt, die international mithalten kann", wie Thomas Sieverts meint (ders., 1992), scheint uns nach unseren Beobachtungen eher zweifelhaft.

Renate Kastorff-Viehmann lenkt unser Interesse darauf, daß die scheinbar so selbstverständliche kulturelle Qualität industrieller Denkmäler wie der "Zeche Zollverein", von "(...) Sachen, Mehrheiten von Sachen und Teile von Sachen, (...) die (...) bedeutend sind für die Geschichte des Menschen, für Städte und Siedlungen oder für die Entwicklung der Arbeits- und Produktionsverhältnisse (...)" (§2 DSchG NW), in der Region eher bestritten als geschätzt wird. So sind die **Denkmalschutzstrategie** und der damit verbundene Geschichtswettbewerb im Ergebnis bisher ambivalent geblieben. Die Einbindung der **Industriedenkmäler** als ästhetische Ereignisse im Rahmen der Aufwertungsstrategien erweist sich als minoritäre Strömung. Identifikation mit Geschichte zeigt sich als Identifikation mit einem lebensgeschichtlichen Alltag, der trotz und mit der Industrie auch ganz einfach neben der Industrie lebbar sein müßte. Nimmt man es ernst mit dem Anspruch der historischen Kontinuität und der historischen Verankerung von gesellschaftlichen Transformationsprozessen, dann sind Widersprüche unvermeidbar. Die Förderung von **Geschichtskultur** als Demokratisierungsstrategie des IBA-Anliegens könnte sich deshalb als kontraproduktiv für die Industriedenkmalpflege durch die IBA erweisen und umgekehrt.

So sucht denn die Industrieprovinz im kulturellen Schatten von Industriedenkmälern und Industriebrachen wie selbstverständlich erneut die gewerbliche Nutzung. Die Ästhetik der Industriekultur ist anscheinend am ehesten im vorherrschenden Image auszuhalten.

Dabei kommt es dann auch zu städtebaulichen Fehlentwicklungen, wie etwa in Bochum, wo das unmittelbar innenstadtnahe, ehemalige Kruppgelände mit der "**Jahrhunderthalle**" zum "**Dienstleistungspark Bochum-West**" umgeplant werden soll. Dies hält *Arnold Voß* für falsch und für einen "städtebaulichen Vorschlag von der Stange". Denn weder hat die Bochumer Stadtratsmehrheit die Städtekonkurrenz kreativ und innovativ im Auge, in der nicht der hundertste Dienstleistungspark, sondern das Besondere sticht, noch wird die Ausstrahlung der Innenstadt mit ihrer unverwechselbaren Kneipen- und Kinoszene des "Bermudadreiecks" auf dieses Gelände begriffen. Würde die "Jahrhunderthalle" zur kulturellen Basis für eine zum "Bermudaviereck" erweiterten Vergnügungs- und Kulturszene, wäre dies eine Chance - so A. Voß, Bochums Ruf als Großstadt zu festigen.

Mit bisher bescheidenem Erfolg arbeitet die IBA im Innenhafen Duisburg daran, ihre "integrierte innerstädtische Entwicklungskonzeption", wie das im Marketingkonzept ihres Chef-Developers N. Foster hervorgehoben wird (ders., 1991), exemplarisch umzusetzen. Das Projekt - das wie viele andere IBA-Projekte an bereits seit vielen Jahren liebgewonnenen, kommunalpolitischen Ideen anknüpft - wurde im Jahr 1990 als Developing-Wettbewerb international ausgeschrieben. Den ersten Preis erhielt die Bürogemeinschaft N. Foster/Kaiser Bautechnik/Landesentwicklungsgesellschaft NRW/Treuhandstelle Essen. Der Londoner Architekt N. Foster sieht ein "**Euro-Gate**" (ein Kongreß-, Hotel-, Parkund Freizeitzentrum), eine Wohnanlage (die an niederländische Grachten erinnern soll) und die gewerbliche Umnutzung der alten Speicher am Hafen vor. Das Projekt soll in der Form einer "**Public-private-partnership**" geplant und realisiert werden. Das auf den internationalen Büromarkt ausgerichtete Spektakel soll einen Umfang von 330.000 qm Bruttogeschoßfläche annehmen. 240.000 qm davon fallen auf Büroflächen. *Klaus M Schmals* findet vor dem aktuell verschärften Hintergrund von kommunaler Arbeitslosigkeit (Schätzungen gehen im Sog von Rheinhausen von einem weiteren Verlust von 5.000 bis 6.000 Arbeitsplätzen aus), Sozialhilfequoten und Wohnungsnot die elitäre Ausrichtung dieses "**Highlights der IBA**" mehr als erstaunlich. Dort soll ein Hotel in ein "multifunktionales Zentrum" mit Shopping-Mall, Restaurants, Health-Club und Wohnresidenzen eingebunden werden. Auf schwimmenden Inseln sollen Cafés und Restaurants Besucher anlocken, auf einer flexiblen, schwimmenden Bühne für ein Amphitheater für internationale Kultur- und Sportveranstaltungen werden 5.000 bis 10.000 Besucher Platz finden: "Über das Euro-Gate, das bereits von weither sichtbar Aufbruch und Bewegung symbolisiert, kann eine intelligente 'Einflugschneise', eine 'Start- und Landebahn' für internationale Dienstleistungspotentiale organisiert werden", schreibt N. Foster u.a. (dies., 1991, S. 39).

Ausgerechnet dieses Projekt versucht die IBA als umweltverträgliche und sozialengagierte Stadterneuerungspolitik zu etikettieren. Nachdem die Realisierung seit mehreren Monaten ins Stocken geraten ist, wurde die "Media-Park-Gesellschaft" in Köln aufgefordert, ein Gutachten zur Realisierbarkeit des Projekts anzufertigen. Sie kam im Mai 1992 zu dem wenig schmeichelhaften Ergebnis, daß bisher weder ein praktizierbares Realisierungs-, Finanzierungs- und Nutzungskonzept, noch ein brauchbares Erschließungskonzept erkennbar sei. Dieses Ergebnis erscheint eher mager für den Entwicklungsstand eines der Renommierprojekte der "Werkstatt für die Zukunft alter Industriegebiete".

5. Mehr Demokratie, wirklich gewagt?

"Mitwirkung und Mitbestimmung der Bewohner bei Modernisierung und Neubau" sind für das "Leitprojekt Neue Wohnformen und Wohnen" eine "unverzichtbare Notwendigkeit. Von daher ergeben sich besonders enge Beziehungen" zum "Leitprojekt Neue Angebote für soziale, kulturelle und sportliche Tätigkeiten" (MSWV, 1988, S. 50).

Es durchzieht die von uns analysierten Projekte, in denen BürgerInnengruppen oder einzelne BewohnerInnen mit eigenen Ideen aktiv geworden sind, eine gemeinsame Stimmung: Es lohnt sich zwar, aber es ist äußerst anstrengend, den PlanerInnen, den Stadtverwaltungen, den Wohnungsunternehmen, der IBA-Gruppe im Partizipationsprozeß standzuhalten. Zwar gefördert, zugelassen und ertragen, aber nicht nachdrücklich ausgeweitet und von Rückschlägen bedroht. Die IBA Emscher Park nagelt das Demokratisierungsniveau der Planung auf die repräsentierende Vertretermitbestimmung fest. Planung "von Unten", Planung und Gestaltung zusammen mit den Bürgern, ist das nicht.

Am deutlichsten beschreiben diese Stimmung *Tamara Frankenberger* und *Ute Soldansky* in ihrem Beitrag über das **Altenessener Forum**. Es ist das bisher einzige bürgerschaftliche Projekt in der IBA, das zunächst ohne ausdrückliche Zustimmung der zuständigen Stadt (Essen) von der IBA gefördert wurde. Obwohl dieses Projekt auf eine jahrzehntelange Geschichte **bürgerschaftlicher Einmischung** in den Erneuerungsprozeß des Stadtteils (Altenessen) zurückblickt und sich auf den guten Ruf des selbstverwalteten **Kulturzentrums** "Zeche Carl" stützen kann, zermürben noch heute Geldmangel, der Mangel an fest angestellten Fachleuten und parteipolitische Diskriminierung die InitiatorInnen.

Wenn sich das IBA-Leitprojekt "Integrierte Stadtteilentwicklung" auf das Niveau erweiterter Beteiligungswünsche einer demokratischen Zivilgesellschaft (vgl. U. Rödel u.a., 1989) hinaufarbeiten möchte, dann müssen nicht nur diese Entmutigungen aufhören. Es müssen auch die gesellschaftlichen Beteiligungen differenzierter ausfallen und die Beteiligung gesellschaftlich Benachteiligter, z.B. der Kinder, der Frauen, alter Menschen und der AusländerInnen, erweitert und einklagbar gemacht werden. Dies wird auch von IBA-MitarbeiterInnen so geäußert. Wie sieht aber die Verwirklichung solcher Meinungsäußerungen in der Praxis aus: Nach vielfältigem Drängen der "IBA von unten" und mehrfach bekundetem Desinteresse durch die IBA wurden erst im Sommer 1992 allererste Schritte unternommen, **Kinder in der Emscherzone im Planungsprozeß** zu berücksichtigen (vgl. IBA Emscher Park, 1992a, S. 11ff.). Im "von Unten" angeregten "Kinder-Projekt" geht es um die **kindergerechte Gestaltung** der Wohnung, des Wohnumfeldes, der Straßenräume und der Partizipation von Kindern im Planungsprozeß. Ein kurzfristiger Lernprozeß bei Fachleuten der IBA schien zunächst auf Umdenken zu deuten: "Die Projekte der Internationalen Bauausstellung bieten die Chance, bereits im Vorfeld 'Kinderfreundlichkeit' nicht nur als Absicht zu formulieren, sondern von allen Beteiligten als umsetzungsfähiges Qualitätskriterium von Beginn an einzufordern" (IBA Emscher Park, 1991). In der Praxis bringt die IBA den Mut zum Experiment jedoch noch nicht auf. Diesen Weg ging inzwischen die Stadt Herne allein. Sie ist bereit, ein Modellprojekt "Kinderfreundliche Umgestaltung einer Straße unter Beteiligung von Kindern und Anwohnern" mitzutragen und mitzufinanzieren. Nicht nur auf die Ergebnisse dieses Projektes, sondern auch auf die erste kinderfreundliche Siedlung mit einem IBA-Logo warten wir - so *Harry Lausch* - gespannt.

Auch zu **Frauenprojekten** und zur **Beteiligung von Frauen an Wohnprojekten** entschloß sich die IBA nicht im ersten Anlauf, sondern erst, nachdem sie durch die "Feministische Organisation von Planerinnen und Architektinnen" (FOPA) und einen Kreis von Gleichstellungsfrauen der Region auf dieses Defizit aufmerksam gemacht worden war. Nach *Gabriele Sturm's* Untersuchung der Frauen-Wohnprojekte in Bergkamen und Recklinghausen ist die Nutzungsqualität und die Architektinnenbeteiligung hoch. Von den nunmehr für Frauen privilegierten, offenen Planungsprozessen ist aber noch ein weiter Weg zu **frauengerechten Beteiligungsformen** und Planungsergebnissen zurückzulegen.

Einen weitgehend blinden Fleck der IBA, nämlich die Beteiligung von **AusländerInnen** im Planungsprozeß, diagnostizieren *Michael Krummacher* und *Viktoria Waltz*. Im Planungsgebiet der IBA Emscher Park leben zur Zeit etwa 220.000 AusländerInnen. Das sind ca. 12 % der Gesamtbevölkerung. Die von M. Krummacher und V. Waltz zusammengetragenen Fakten und Trends bestätigen die Vermutung, daß auch in der Emscherregion die **Lebenslagen der AusländerInnen** durchgehend von sozialer Benachteiligung gekennzeichnet sind: Dies gilt in bezug auf ihre Beschäftigung und den Arbeitsmarkt, auf Wohnen, soziale Infrastruktur, Schul- und Berufsausbildung sowie in Bezug auf ihre politische und soziokulturelle Beteiligung am gesellschaftlichen Leben.

Nur in 2 der zur Zeit 86 Einzelprojekte der IBA spielen AusländerInnen gegenwärtig überhaupt eine relevante Rolle. Auch bei Würdigung der Ansätze dieser Projekte, der Erneuerung der Gartenstadt-siedlung **Bottrop-Welheim** (AusländerInnenanteil 20 bis 30 %) und **Gelsenkirchen-Schüngelberg** (AusländerInnenanteil 60 bis 70 %), fallen die Untersuchungsbefunde von M. Krummacher und V. Waltz im wesentlichen negativ aus. Es zeigt sich insbesondere, daß die in den "Qualitätsvereinbarun-gen" für beide IBA-Projekte formulierten hohen Ansprüche an die NutzerInnenbeteiligung in der Pra-xis bislang nur unzureichend eingelöst werden und hinter bekannten Standards zurückbleiben. Dies gilt sowohl für die Information und Transparenz des Erneuerungsprozesses, für die BewohnerInnen-beratung und die Betreuung der AusländerInnen, für die faktischen Entscheidungsspielräume der Mie-terInnen als auch für die Wohnkosten und die Wohnsicherheit nach der Erneuerung. Es scheint, daß auch die IBA im strukturellen und institutionellen Rassismus der bundesrepublikanischen Gesellschaft gefangen bleibt.

6.   Schöne, Neue Welt - Umweltgefährdungen gebannt!

Man könnte meinen, daß ein spektakulärer Abbau von Umweltgefährdungen und ein ökologischer Aufbruch in einer Region geschichtlich gewachsener, intensivster Umweltbelastungen am leichtesten zu erreichen sei. Aber auch hier kann anscheinend Modernisierung bestenfalls Versäumtes nachholen. Exemplarisch avantgardistische Projekte bilden die Ausnahme. Eben dies macht die IBA Emscher Park - leider - nicht nur ein wenig langweilig, sondern auch nicht sonderlich attraktiv für Regionen, die mit ähnlichen Problemen zu kämpfen haben. Wie es scheint, haben die IBA-Verantwortlichen die-ses Manko aber erkannt und schicken nun eine 2. Projektgeneration in den Wettstreit.

Thomas Rommelspacher zeigt beispielsweise in seinem Aufsatz, daß das "ökologische Leuchtturm-projekt" der IBA, die sogenannte **ökologische Verbesserung des Emschersystems**, erstens nicht ihre Erfindung ist und zweitens durch schlichte Anpassungszwänge an das Landes- und Bundesabwasser-recht in Gang gebracht werden mußte. Um millionenteuere Abwasserabgaben zu vermeiden, setzt die **"Emschergenossenschaft"** notgedrungen auf eine Modernisierung des 90 Jahre alten Klärsystems. Wenn auch der Kontakt mit der IBA und die Ergebnisse eines fachöffentlichen Gutachterprozesses Anstöße für eine Reihe kreativerer Lösungen als das bloße Verrohren erbracht haben, so werden grundlegendere städtebaulich-landschaftliche und ökologische Verbesserungen nur in Ausschnitten und spät realisiert: Spektakulär sichtbare und spürbare Verbesserungen - wie am Dellwiger oder am Deininghauser Bach - wird es nur am Oberlauf der Emscher und bei einer größeren Zahl von Neben-bächen geben, die renaturiert werden sollen. Auch wenn "Regenwasserversickerung in Mulden-Rigo-lensystemen" nach dem Schüngelberg-Modell sich ausbreiten werden, so wird an der unökologischen, d.h. hier kombinierten Ableitung von Bachwasser, Regenwasser und Brauchwasser im Prinzip festge-halten. Am verschwenderischen Umgang mit Trinkwasser wird nichts geändert. Die Kontrolle und Bearbeitung der mindestens 60 km langen Altlast am Grund der Emscher ist immer noch kein Thema.

Altlasten begleiten aber nicht nur die Emscher. *Frank Claus* und *Christian Weingran* meinen, daß 90 % der IBA-Flächen **kontaminationsverdächtige Standorte** sind. In den "Empfehlungen zum Ver-fahren" wurde durch die IBA sowohl auf erste Projektvorschläge als auch darauf verwiesen, daß ein großer Teil der Vorhaben in der Emscher Park Bauausstellung darauf angewiesen ist, daß die Altlastenfrage rasch und ökologisch verträglich geklärt wird. Heute findet sich der einstmals eingerichtete Altlastenarbeitskreis des Lenkungsausschusses der IBA stillgestellt. Örtliche Projektarbeitskeise "Altlasten" zwischen PlanerInnen, FlächeneigentümerInnen und InvestorInnen wurden aufgebaut. Ein auf Standardlösungen zielender, routinemäßiger Prozeß von "Gefährdungsabschätzung und Altlastensanierung" ist entwickelt. Die Bürgerschaft bleibt aber ein wenig sehr draußen. Die Sanierungsintensität wird an der geplanten Flächennutzung festgemacht und begrenzt sich im allgemeinen nur auf das Abpumpen von kontaminiertem Wasser, wie es die Ruhrkohle AG schon seit den beginnenden 80er Jahren fallweise anwendet. Es ist nicht einmal gewährleistet, daß die großen Ruhrgebietsstädte Dortmund, Bochum, Essen und Duisburg inhaltlich, zeitlich und finanziell vernetzte Sanierungsprogramme durchführen.

Möglicherweise wird das Thema "Altlast" in der IBA - so F. Claus und Ch. Weingran - aus ökonomischen Gründen abseits der (Fach-)Öffentlichkeit so schlank und pragmatisch diskutiert: Die wesentlichen Flächeneigentümer in der IBA (für die Projekte "Arbeiten im Park" sind dies insbesondere die LEG als Treuhänderin des Grundstücksfonds Ruhr, die RAG bzw. Montan-Grundstücksgesellschaft und die VEBA) könnten auch ein starkes Interesse daran haben, daß es keine IBA-internen, gleichlautenden **Qualitätsvereinbarungen** und keine **hohen Standards** für den Umgang mit Altlasten gibt. Eine mögliche Erklärung für diesen Sachverhalt wäre folgende: Aufgrund der regionalen Machtstruktur - deren eines Element die IBA, deren zweites Element der einflußreiche Filz jener wirtschaftlichen Großstrukturen und deren drittes Element das Kabinett des nordrhein-westfälischen Ministerpräsidenten Johannes Rau ist, in dem jedes "IBA-Positionspapier" vorlage- und abstimmungspflichtig ist - wird eine **innovativere Altlastenpolitik** verhindert.

Für viele von uns höchst erstaunlich: **Müll, kein Thema der IBA!** Aber das ist nur die eine Seite der Medaille. Die andere ist die, daß in IBA-Projekten so geplant wird, als sei nicht in der Emscherregion parallel zum IBA-Prozeß eine Entwicklung in Gang, deren negative ökologische Folgewirkungen absehbar sind. Es ist die Entwicklung eines von mächtigen Interessengruppen vorangetriebenen **Müllverbrennungszentrums**, wie es *Oliver Decken* nennt. Waren es in den frühen 70er Jahren 4 Standorte, so waren es im Jahr 1992 bereits 12 Standorte für Hausmüllverbrennung und 3 Standorte für Sondermüllverbrennung. Der Run auf die Emscherzone ergibt sich dabei aus einem erhöhten Müllaufkommen und aus der politisch-ökonomischen Schwächung der Gemeinden gegenüber einer neuen **Müllverwertungsindustrie**, die sich aus alten Montan- und Versorgungskonzernen des Ruhrgebiets heraus gegründet hat. Die Interessen von Kommunen und Industrie sind dabei in gleicher Weise auf eine scheinbar langfristig gesicherte Entsorgung gerichtet. Dabei scheint der Müllnotstand im Ruhrgebiet Hand in Hand zu gehen mit einer verschleppten BürgerInnenaufklärung sowie mit fehlenden Kommunikations- und Beteiligungsformen.

Von der IBA sind deswegen nicht nur projektbezogene "**ökologische Abfallbewirtschaftungskonzepte**" zu verlangen, sondern auch die regionalen Konsequenzen des "Verbrennungspfads" kritisch zu durchleuchten. Die Notwendigkeit einer ökologischen Abfallwirtschaft muß auch im Rahmen der IBA thematisiert, angegangen und umgesetzt werden, da die ansonsten drohende Vermarktung des Mülls durch die Konzerne die mit der IBA verfolgte Absicht einer ökologischen und ökonomischen Modernisierung unterläuft.

Daß auch die **Landschaftsplanung** der IBA in der Gefahr steht, stärker zur Verschleierung der ökologischen Bedrohungen des Emscherraums als zur Erweiterung der Naturpotentiale beizutragen, zeichnet *Sebastian Müller* am Projekt des "**Landschaftspark Duisburg-Nord**" nach. Auch dieses Projekt stellt kein originäres IBA-Projekt dar, sondern verdankt sein Dasein einem "faulen" politischen Kompromiß aus dem Jahr 1988, in dem der Duisburger Wirtschaftsförderung ein Stück der Rheinaue für den Preis einer Ausgleichfläche auf den ehemaligen Werksgeländen von "Schacht Thyssen" und "Stahlwerk Meiderich" überlassen wurde. Heute werden im Landschaftspark keine Altlasten gehoben. Die spontane Begrünung und Verwildung wird gezähmt. Sie wird entweder museal auf dem zeitlichen Zustand der Werksschließungen gehalten oder in Teilen paradiesisch zur vorindustriellen Landschaft und zu Bürgergärten fortentwickelt. Zugleich unterbleibt die Auseinandersetzung mit bedeutenden Immissionsquellen in unmittelbarer Nachbarschaft: da sind das Manganwerk, die geplante Komponentenfertigung der Firma Thyssen und vor allem tangierende sowie über das Gelände führende Autobahnen. Deswegen erscheint der **Park** weniger ein Stück ökologischer Problembewältigung. Es erscheint eher ein ästhetisch kompliziert verpacktes Landschaftsbild von "**fordistischer Industrienatur**". Mit ihr wird unter Umständen eine ökologisch effektlose Kommunalpolitik in Duisburg ein wenig legitimiert.

Auch *Ulrich Häpke* vermutet, daß das **landschaftsplanerische Konzept der IBA**, wie es vom IBA-Direktor Arno S. Schmid vorgetragen wird, in reiner **Bildproduktion** aufgeht. Sie dient im wesentlichen dem Kaschieren eines schlichten **Ökopragmatismus** und der konzeptionellen **Orientierungslosigkeit**. Wer ziel- und orientierungslos ist - so U. Häpkes These, flüchtet sich als LandschaftsplanerIn entweder romantisch in die Vergangenheit (der vorindustriellen Landschaft) oder in die reine Form, die sogenannte Landschaftsästhetik. Sie vermag selbst einbetonierten Bachläufen noch Reize abzugewinnen und ist bereit, ihre ökologischen Defizite zu übersehen: Die Unterwerfung der Natur als ökologisch unproduktiv und als Todesfalle für Mensch und Tier.

7. Schöne, Neue Arbeitswelt

Auch Arbeiten soll - ginge es nach dem so prominent gemachten Leitprojekt - in Zukunft nur noch im Park stattfinden. Nimmt man das Leitprojekt "**Arbeiten im Park**" als bare Münze, so gäbe es dort zukunftssichere, gesunde Arbeitsplätze, die auch ein hohes Maß an betrieblicher Selbstgestaltung ermöglichen. *Manfred Walz* vermutet nach einer Analyse der Dortmunder Projekte "**Minister Stein**" und "**Neue Mitte Eving**", daß zwischen gut gemeinten Absichten und dem Ergebnis große Lücken klaffen werden. M. Walz unterstellt, daß in diesem, wie auch in vergleichbaren Fällen kapitalistischer Sanierung von Industriezonen, staatliche Subventionen von den Privatunternehmen genutzt werden, um die Verwertungschancen der Flächen zu erhöhen, der Entwicklung einen erleichternden Rationalisierungsschub zu verpassen, der lokalen Gesellschaft aber keinesfalls erweiterte Kompetenz, Alltags- und Gestaltungsräume zu geben. Diese Perspektive sieht Klaus M Schmals auch im Projekt "Euro-Gate". Durch die ökologisch kaschierte Variante einer reinen Wirtschaftsförderungspolitik könnte eine Stadt wie Duisburg zum Prototyp der polarisierten und gespaltenen Großstadt werden. Diese Spaltung und eine angebotsorientierte Förderstrategie können auch Polarisierungstendenzen für den städtischen Arbeits- und Wohnungsmarkt nach sich ziehen. Dies mit weitergehenden und erschreckenden Folgen für die öffentlichen Finanzen, die Volkswirtschaft und die örtlichen Sozialleistungen, wie sie sich am Beispiel der Erneuerung der Londoner Docklands studieren lassen.

Brigitte Karhoff und *Volker Wilke* fragen sich vor dem Hintergrund entsprechender Szenarien mit Recht, ob aus den zahlreichen Erfahrungen **regionaler Beschäftigungsprojekte** nicht Problemangemesseneres und Beschäftigungspolitikrelevanteres für **Neuqualifizierung** und **Arbeitsmarkt** zu entwickeln wäre. Sie bedauern zugleich, daß die IBA erstens nur wenige Beschäftigungsprojekte unterstützt (wie z.B. den Bau von Fahrradwegen und das Flicken von Industriehallen) und zweitens, begrenzt durch die angeblich knappen öffentlichen Mittel der Zuschußgeber, eine Fortsetzung der Beschäftigungspolitik nach konventionellen Mustern von Arbeits- und Sozialverwaltungen betreibt, statt inhaltliche Alternativen zum "Niedergang der fordistischen Arbeitsgesellschaft" wie z.B. Qualifizierungsketten zu erarbeiten. Kann man den Niedergang der montan-industriellen Arbeitsgesellschaft und Projektnetzwerke systematischer vernachlässigen - wie dies im Rahmen der IBA zur Zeit praktiziert wird - als durch Einfachstbeschäftigung im Landschafts- und Hochbau?

Die IBA Emscher Park selbst verfügt - wie es immer wieder verkündet wird - über nur sehr begrenzte finanzielle Möglichkeiten. Die Haushalte der Kommunen (inkl. der Finanzausgleiche) und die ansonsten im entwicklungspolitischen Alltagsgeschäft routinemäßig vorhandenen Förderprogramme sind die hauptsächlichen Finanzierungsquellen der einzelnen Projekte. Wir meinen, die Sache mit den knappen Finanzen hat auch einen "harten Kern": Es hat den Anschein, als wollten die IBA-Verantwortlichen mit dem Hinweis auf die begrenzten finanziellen Mittel von den zwar vorhandenen, aber in der Regel schon vorentschiedenen Zugriffsmöglichkeiten auf investive Ressourcen - und damit auch von organisatorischen und politischen Altlasten im Ruhrgebiet - ablenken.

8. Planungspolitische Perspektiven

Mit zunehmender Aufgabenfülle und klientelorientiertem Ressortegoismus schmolz auch das Lösungspotential der Verwaltung und der KommunalpolitikerInnen dahin. D.h., die widersprüchlichen Anforderungen, die heute an eine sich in Permanenz wandelnde, moderne Großstadt bzw. Region gestellt werden, stehen häufig einer dysfunktionalen Verwaltung gegenüber. Da so komplexe und dringliche Modernisierungsmaßnahmen immer seltener bewältigt werden können, wurde ihre Lösung - aus taktischen, strategischen und legitimatorischen Gründen - an der Verwaltung und Politik vorbei in ausgelagerte Stäbe delegiert (ohne dafür effektive, neue und demokratische Legitimations- und Kontrollverfahren einzurichten). Für diese Politik ist die IBA Emscher Park selbst ein typisches Beispiel. Die Planungsqualität der IBA erweist sich demnach nicht nur als neokorporatistisch, sondern darüber hinaus als entdemokratisierend. Scheinbar nur dem regionalen Konsens verantwortlich, operiert die IBA im Stil der oben charakterisierten Bürokratie entweder im wesentlichen top-down und effizienzbedacht oder verfangen im Netz des lokalpolitischen Klientelsystems. Möchte die IBA ihre innovativen und kreativen Programmteile ernsthaft durchsetzen, schafft sie dies nicht, indem sie den politisch-administrativen Filz der Region hofiert und sich von kommunalen Bürokratien die Handlungsspielräume und Handlungskorridore vorgeben läßt. Sie müßte stärker als bisher erkennbar auch daran interessiert sein, die Strukturen der planenden und ausführenden Verwaltung und die politischen Koalitionen zu verändern.

Zur allgemeinen Verwunderung vieler BürgerInnen und Bürgerinitiativen dieser Region existiert **kein Leitthema "Partizipation"**. Partizipation findet bisher ansatzweise - beschränkt auf die Projektebene, verkürzt zu Vertreter- oder Moderationskonzepten - und nicht systematisch experimentierend statt. Die über 400 eingereichten Projekte kamen bisher überwiegend aus der Fachöffentlichkeit (Auftragsakquisition) und von den Kommunen (dieser Sachverhalt gilt noch stärker für die genehmigten Projekte). Eine zweite Projektfindungsphase, eine Art "Mund-zu-Mund-Beatmung" der IBA, ist tatsächlich geboten und sollte den Blick "von Unten" schärfen. Damit auch BürgerInnen und Bürgerinitiativen verstärkt an der IBA teilnehmen können, müßten sie in Informations-, Qualifizierungs- und Kontrollforen unterstützte Gelegenheit erhalten, ihre sozialräumlichen Kompetenzen auf den Ebenen "Wissen, Mitbestimmung und Selbstbestimmung" zu verbessern, um damit eine neue Qualität von regionaler Planungskultur überhaupt erst zu entwickeln.

Um entsprechende Probleme offenkundig zu machen und zu mindern, hat sich die "**IBA von Unten**", eine **IBA der Bürger(-initiativen)** gebildet. Sie vertrat bei ihrer Gründung - von Duisburg bis Bergkamen - über 80 Initiativen. Sie verfolgt das Ziel, die Interessen der BewohnerInnen systematisch einzuklagen, um bei der Durchsetzung "kommerzieller Interessen" nicht ausgegrenzt zu werden. Inzwischen fand die "IBA von Unten" Unterstützung und einen labilen Status bei der Internationalen Bauausstellung Emscher Park. Sie müßte zu einer handlungsfähigen Entwicklungsagentur der 2. Projektgeneration ausgebaut werden. Diese Schritte reichen aber nicht aus.

Gelingt es den IBA-Verantwortlichen nicht, neben sich eine "IBA von Unten" auszuhalten, sollten sie - quasi als Minimalprogramm - die "IBA von Unten" wenigstens als Qualifizierungsmodell für Modernisierungsmoderatoren begreifen. Nach unseren Erfahrungen verpaßt die IBA ansonsten eine große landespolitische Chance im Modernisierungsprozeß einer Region. In ihr sind Zuwächse an bürgerschaftlichen Kompetenzen dringend notwendig.

Vor dem Hintergrund der neuen Unsicherheiten in unserer Gesellschaft schlagen A. Evers/H. Novotny (1987) vor, daß zunächst die Kompetenzen zur "Gestaltbarkeit der Gesellschaft" auf struktureller und individueller Ebene zurückgewonnen werden müssen: "Gestaltbarkeit im Sinn eines Zuwachses an sozialer Kompetenz" ist nach diesem Vorschlag auf den Ebenen "Wissen, Kontrolle und Identität" zu entwickeln und in ein "Leitprojekt" einzubringen. Konflikte prägen auf allen drei Ebenen die Praxis auch des Emscherraumes:

o   Der "Konflikt über den Zugang, den Erwerb und die autorisierte Äußerung von Wissen" wird zur Zeit als Konflikt zwischen Experten- und Laienwissen ausgetragen.

o   Die "Konfliktkomponente Kontrolle" wird deutlich an den Behinderungen der Teilhabe an und demokratischen Kontrolle von Modernisierungsprozessen.

o   Das "Konfliktfeld sozialer und räumlicher Identität" ist schließlich bestimmt durch die Möglichkeit der Bürger, ihr soziales und kulturelles Selbst sowie das damit verbundene Zutrauen in ihre Fähigkeiten selbst zu bestimmen und sich an der Gestaltung ihres Lebensraumes und ihrer Lebensumstände aktiv zu beteiligen.

In bezug auf den sozialräumlichen Umbau der Emscherregion muß erstens das Wissen der BürgerInnen aktualisiert und dem Expertenwissen der IBA gleichgestellt werden und muß zweitens die kontrollierende und experimentierende Teilhabe der Bürger(initiativen) an Umbauvorhaben im Emscherraum intensiviert und verbindlich gemacht werden. Dabei ist drittens auf die Diskriminierung Andersdenkender zu verzichten. Viertens sollte der Bürger sich im Umbauprozeß der Region dergestalt qualifizieren können, daß seine persönliche Entwicklung mit dem Entwicklungsniveau seines Lebensraumes in Einklang zu bringen ist.

Dies wären einige wichtige Schritte weg von einer staatsfixierten und hin zu einer zivilgesellschaftlichen Perspektive. Denken, Planen und Handeln wird nach dem Konzept der "Zivilgesellschaft" nicht in erster Linie durch das Nadelöhr des technokratischen Staates und einer technokratischen Bürokratie eingefädelt. Nach U. Rödel u.a. (1989, S. 99ff.) wird die moderne Zivilgesellschaft autonom, indem sie eine "eigenständige öffentliche Sphäre des Politischen", eine **Streitkultur** herausbildet und sichert. Aber erst "mit der Selbst-Erklärung der Menschenrechte und der wechselseitigen Zuerkennung des Rechts, Rechte (auf Arbeit, auf Wohnraum, auf eine unversehrte Natur, A.d.V.) zu haben", richtet sich die Zivilgesellschaft als eine handlungsfähige und konfliktbearbeitende ein. Zivilgesellschaftliche Aufbrüche und Ansätze auf der ökonomischen, kulturellen, ökologischen und sozialen Ebene sind auch im Emscherraum zu beobachten. Wir denken an die große Zahl selbstbestimmter Projekte, an intermediäre Organisationen (wie die Wohnbund-Beratung), an die "IBA von Unten" oder an Versuche des nordrhein-westfälischen Innenministers H. Schnoor (1991), die kommunale Entscheidungsstruktur zu dezentralisieren, den Ortsbeiräten mehr Kompetenzen zuzubilligen oder daran, einen Bürgerentscheid einzuführen. Hält man diesen "Aufbruch der Gesellschaft von unten" für zentral, dann müßte er auch von den IBA-Verantwortlichen konstruktiv unterstützt werden. D.h., sie müßte sich systematisch um eine demokratische Teilnahme des politisch-administrativen Systems, der Interessenverbände und der BürgerInnen am Modernisierungsprozeß bemühen. Ohne diese Öffnung ist Demokratie nicht zu bekommen.

Ein Blick auf die unveränderten Entscheidungsgewohnheiten, Partizipationsstrukturen und Entscheidungsgewalten der Emschergenossenschaft - eine der zentralen Regionalagenturen - zeigt die Brisanz von demokratisch erweiterten Strukturen. Unter Einbeziehung von Verbraucher- und Umweltverbänden, der regionalen Umweltinitiativen (etwa der "Menschen an der Emscher") oder der politischen Minoritäten durch die Emschergenossenschaft könnte der demokratische Umbauprozeß der Region "von Oben und von Unten" zugleich in Angriff genommen werden. Dies jedenfalls dann, wenn die ökologische Perspektive des Verbandes Realität werden soll.

Oder warum befreit sich die IBA Emscher Park nicht mit einer Parität aus wissenschafts- und/oder praxisorientierten IBA-Direktoren, Bürger-, Frauen-, Kinder-, Alten-, Ausländer- sowie UmweltanwältInnen im Lenkungsausschuß vom Rückwärts-Druck des montanindustriellen Klientelismus? Die ansässige Bürgerschaft ist - z.B. durch Bürgeranwälte, BürgerInnen aus Beratungsgesellschaften, BürgerInneninitiativen und "Runden Tischen" - weder im Lenkungsausschuß noch unter den IBA-Direktoren vertreten. Aber das außer Tritt geratene repräsentative System unserer Republik ist mit zahlreichen BürgermeisterInnen, PolitikerInnen oder VertreterInnen großer Behörden im "Lenkungsausschuß" und in einem "Beirat" gut vertreten.

Wäre es dagegen nicht sinnvoll, das in Berlin entwickelte Konzept eines "Stadtvertrags" - unter dem Stichwort "Regional-Vertrag" - weiterzuentwickeln und in die regionale Modernisierungsdebatte der IBA Emscher Park einzuführen. Wären so nicht Programme, Positionspapiere oder Qualitätsvereinbarungen einklagbar und verbindlicher zu gestalten?

Wir fassen zusammen:

o   In der Internationalen Bauausstellung Emscher Park bestehen z.T. erhebliche Deckungsungleichheiten nicht nur zwischen den im "Memorandum" propagierten gesellschaftspolitischen Leitbildern und ihrer sozialräumlichen Umsetzung, sondern auch zwischen progressiv schillernden Positionspapieren und Qualitätsvereinbarungen sowie einer Projektepraxis, die diesen Selbstverpflichtungen nur ansatzweise gerecht wird.

o   Eine der hieraus resultierenden Konsequenzen ist die, daß sich die IBA - getragen von einer neokorporatistischen Projektentwicklungskultur - immer weiter von ihren Zielen und damit von der Möglichkeit, diese Region sozial-, kultur- und umweltverträglich zu modernisieren, entfernt.

o   Weiterhin gilt, daß die IBA mit der Verabschiedung u.a. von regionalen Infrastrukturpolitiken in den Bereichen Partizipation, Verkehr, Energie oder Abfallbewirtschaftung und der Hinwendung zu weitgehend unvernetzten Projekten, in die Gefahr eines - den politisch Verantwortlichen möglicherweise willkommenen - "muddling through" gerät. Um diesen Wandel der Regionalpolitik nicht offenkundig werden zu lassen, wurde den IBA-Projekten der Schleier einer "Festivalisierung en miniature" übergeworfen.

o   Wenn nicht die Altlastenpolitik, die Abfallbewirtschaftung oder die Landschaftsplanung - um nur einige Aspekte der Regionalentwicklung hervorzuheben - einer prinzipiellen Kurskorrektur unterzogen werden, könnten die traditionell technokratischen Planungsstrategien im Modernisierungsalltag der IBA wieder die Oberhand gewinnen.

o   Bereits heute bilden exemplarisch experimentierende Projekte in der IBA die Ausnahme. Eben dies macht die IBA nicht nur etwas langweilig, sondern für Regionen, die mit ähnlichen Problemen zu kämpfen haben, auch nicht sonderlich attraktiv.

o   Um diese Entwicklung zum Stillstand zu bringen, sollten die IBA-Verantwortlichen den politisch-administrativen und parteipolitischen Filz der Region nicht hofieren. Zu häufig lassen sie sich von "Regionalfürsten" Modernisierungstempo, Entscheidungsspielräume und somit die Qualität der Projekte vorgeben.

Trotz allem: Der Stab ist über die IBA noch lange nicht zu brechen. Um die Positionen des Memorandums zielgenauer und verantwortungsbewußter umsetzen zu können, sollte die IBA daran interessiert sein, die Struktur der planenden und ausführenden Verwaltung und die politischen Koalitionen selbst zu verändern. Es gilt, die vorhandenen Ideen, das angesammelte ökonomische und morale Kapital und die andernorts bereits erfolgreich getesteten Strategien auch gegen den Widerstand interner Blockaden durchzusetzen. Die Mehrheit der BürgerInnen stünde dann möglicherweise hinter der IBA.

Literatur:

Bade, F.-J.: Regionale Beschäftigungsentwicklung und produktionsorientierte Dienstleistungen, Berlin 1987.

Evers, A./Novotny, H.: Über den Umgang mit Unsicherheit..., Frankfurt a.M. 1989.

Foster, N. u.a. (Hrsg.): Multifunktionaler Dienstleistungspark Duisburg Innenhafen, Duisburg 1991.

Günther, B.: Infrastruktur und Staat. Zur Entwicklung der allgemeinen Produktionsbedingungen in der BRD 1950-1975, Marburg 1977.

Habermas, J.: Die Moderne, ein unvollendetes Projekt, Leipzig 1990.

Hamm, R./Wienert, H.: Strukturelle Anpassung altindustrialisierter Regionen im internationalen Vergleich, in: Schriftenreihe des Rheinisch Westfälischen Instituts für Wirtschaftsforschung, Heft Nr. 48, Essen 1990.

Harvey, D.: The Condition of Postmodernity, Oxford 1989.

Häußermann, H., in: ders. (Hrsg.), Ökonomie und Politik in alten Industrieregionen Europas, Stadtforschung aktuell 36, Basel/Boston/Berlin 1992, S. 10-34.

IBA Emscher Park (Hrsg.): Kontrollplanung durch Kinder bei Projekten der IBA Emscher Park, unveröffentl. Manuskript der IBA, März 1991.

IBA Emscher Park (Hrsg.): Kinder üben sich als Stadtplaner, in: IBA Emscher Park-Informationen 24, Gelsenkirchen 1992a, S. 11-12.

IBA Emscher Park: Projektstandorte der Internationalen Bauausstellung Emscher Park, Veröffentlichung der IBA Emscher Park GmbH, Gelsenkirchen 1992b.

IBA Emscher Park: Investitionsstandort Emscherraum, Gelsenkirchen 1992c.

Jochimsen, R.: Theorie der Infrastruktur. Grundlagen der marktwirtschaftlichen Entwicklung, Tübingen 1966.

Kondratieff, N.D.: Die langen Wellen der Konjunktur, in: Archiv für Sozialwissenschaft und Sozialpolitik, Band 56, Tübingen 1926.

Landesregierung von Nordrhein-Westfalen (Hrsg.): Entwicklungsprogramm Ruhr 1968-1973, Düsseldorf 1968.

Landesregierung von Nordrhein-Westfalen (Hrsg.): Politik für das Ruhrgebiet - Das Aktionsprogramm, Düsseldorf 1979.

Landesregierung von Nordrhein-Westfalen (Hrsg.): Initiative Zukunftstechnologien, Düsseldorf 1984.

Läpple, D.: Staat und allgemeine Produktionsbedingungen. Grundlagen zur Kritik der Infrastrukturtheorie, Berlin 1973.

MSWV: Der Minister für Stadtentwicklung, Wohnen und Verkehr des Landes NRW (Hrsg.): Internationale Bauausstellung Emscher-Park, Werkstatt für die Zukunft alter Industriegebiete, Memorandum zu Inhalt und Organisation, Düsseldorf 1988.

Petz, U.v./Schmals, K.M: Metropole, Weltstadt, Global City: Neue Formen der Urbanisierung, Dortmund 1992.

Prigge, W. (Hrsg.): Das neue Frankfurt. Städtebau und Architektur im Modernisierungsprozeß, Frankfurt a.M. 1988.

Rödel, U./Frankenberg, G./Dubiel, H. (Hrsg.): Die demokratische Frage, Frankfurt a.M. 1989.

Ronge, V./Schmieg, G.: Restriktionen politischer Planung, Frankfurt a.M. 1973.

Schmals, K.M: Soziale Ungleichheit im räumlichen Entwicklungsprozeß kapitalistischer Industriegesellschaften, in: Breckner, I. u.a., Armut im Reichtum, Bochum 1989, S. 25-45.

Schnoor, H.: Reform der Kommunalverfassung in Nordrhein-Westfalen, Düsseldorf 1992.

Schumpeter, J.A.: Konjunkturzyklen. Eine theoretische, historische und statistische Analyse des kapitalistischen Prozesses, Göttingen 1961.

Siebel, W.: Festivalisierung der Politik und die Unsichtbarkeit der Städte, in: Brandt, A./Jüttner, W./Weil, St. (Hrsg.), Das Expo-Projekt, Hannover 1991, S. 39-51.

Siebel, W.: Die Internationale Bauausstellung Emscher Park - eine Strategie zur ökonomischen, ökologischen und sozialen Erneuerung alter Industrieregionen, in: Häußermann, H. (Hrsg.), Ökonomie und Politik in alten Industrieregionen Europas, Basel 1992, S. 214-231.

Sieverts, T.: Städtebau und Architektur in der Emscherpark Bauausstellung, in: Emscher Park-Informationen 24, Dokumentation, Gelsenkirchen 1992.

Wachter, S.: Redéveloppement des zones en déclin industriel, DATAR, Paris 1991.

Zapf, W.: Modernisierung und Modernisierungstheorie, WZB-papers P 90-104, Berlin 1990.

Zöpel, Ch.: Redebeitrag, in: Dokumentation der Auftaktveranstaltung am 16. Dezember 1988..., hrsg. vom Minister für Stadtentwicklung, Wohnen und Verkehr des Landes Nordrhein-Westfalen, Düsseldorf 1988.

Heinz-Jürgen Bremm/Rainer Danielzyk

Die Modernisierung alter Industrieregionen

Eine Analyse regionalplanerischer Strategien anhand der Erneuerung des Mon Valleys/Pittsburgh (USA), der "Urban Development Corporations" (GB) und der IBA Emscher Park

Im folgenden gehen wir der Frage nach, welche grundlegenden gesellschaftlichen Entwicklungskräfte weltweit zu tiefgreifenden räumlichen Veränderungen und zur Herausbildung alter Industrieregionen geführt haben. Zur Analyse dieses Wandels wird auf theoretischer Ebene auf die "Theorie der Regulation" zurückgegriffen, die sozialen Wandel als Übergang vom "Fordismus" zum "Postfordismus" kennzeichnet. Das Verhältnis von Politik, Ökonomie und regionaler Entwicklung steht im Mittelpunkt der Fallstudien Pittsburgh/USA, Tyne and Wear/England und Internationale Bauausstellung Emscher Park/BRD. Es wird gezeigt, daß sich im Zuge des gesellschaftlichen Veränderungsprozesses ein neuer Typ von Raumentwicklung etabliert, der neuer Formen und Inhalte der Planungspolitik zu seiner Durchsetzung bedarf. In Relation zu den nationalen Gegebenheiten erfahren die räumlichen Entwicklungen und die darauf bezogenen Planungspolitiken jeweils unterschiedliche Ausprägungen.

1. Die Modernisierung alter Industrieregionen: Vom Fordismus zum Postfordismus?

1.1 Vom Kohlenpott zur Aufsteigerregion?

Kohle, Stahl und Bier waren über Jahrzehnte Synonyme für die ökonomische Leistungsfähigkeit des Ruhrgebietes. Ende der 70er, Anfang der 80er Jahre änderte sich das Bild des Reviers dramatisch. Neben die Dauerkrise im Bergbau trat die Krise der Stahlkonzerne mit den bekannten Folgen: Massenentlassungen, Betriebsschließungen, rapides Anschnellen der Arbeitslosigkeit. Die Lähmung des ersten Augenblicks und das Festhalten an alten Konzepten sind in der zweiten Hälfte der 80er Jahre einer technologieorientierten Modernisierung gewichen. Die Technologieparks an den Universitäten sollen die Motoren regionalökonomischen Wachstums werden. Die innerregionalen Disparitäten, die im Zuge des montanindustriellen Niedergangs entstanden sind, sollen durch die Internationale Bauausstellung Emscher Park kompensiert werden. Die neue Parklandschaft an der Emscher komplettiert die Entwicklungen in der Hellwegzone. Der Wandel zur "Aufsteigerregion Ruhrgebiet" mit diversifizierter Wirtschaftsstruktur, vielfältigen Freizeit- und Erholungsmöglichkeiten, guten und erschwinglichen Wohnungen in alten Zechensiedlungen und dem Wohnungsbestand der fünfziger Jahre wird vollzogen.

So schön diese offiziell gern erzählte "Kurzgeschichte" über den Wandel des Ruhrgebietes auch klingen mag - unberücksichtigt bleibt in dieser Darstellung, warum es überhaupt zu einem Strukturwandel kam, und warum sich die ehemals führende Wirtschaftsregion West-Deutschlands in eine alte Industrieregion verwandelte, die von ökonomischem Niedergang und Strukturproblemen gekennzeichnet ist.

Wir gehen nun der Frage nach, welche grundlegenden gesellschaftlichen Entwicklungskräfte weltweit zu tiefgreifenden räumlichen Veränderungen geführt haben. Zur Analyse dieses Wandels wird auf theoretischer Ebene auf die Theorie der Regulation zurückgegriffen, die den stattfindenden Wandel als Übergang vom "Fordismus" zum "Post-Fordismus" kennzeichnet.[1] Das Verhältnis von Politik, Ökonomie und regionaler Entwicklung steht im Mittelpunkt der drei Fallstudien Pittsburgh/USA, Tyne and Wear/England und Internationale Bauausstellung Emscherpark/BRD. Es soll aufgezeigt werden, daß sich im Zuge des gesellschaftlichen Veränderungsprozesses ein neuer Typ von Raumentwicklung etablierte, der neuer Formen und Inhalte der Planungspolitik zu seiner Durchsetzung bedarf. In Relation zu den nationalen Gegebenheiten erfahren die räumlichen Entwicklungen und die darauf bezogenen Planungspolitiken jeweils unterschiedliche Ausprägungen.

1.2 Theorie der Regulation

Westliche Industrienationen - und mit ihnen das politische und ökonomische System - sind seit Anfang der 70er Jahre einem rapiden Wandel unterworfen. Der Umstand, daß "die Struktur der kapitalistischen Gesellschaft sich fortwährend verwandelt, ohne daß doch die Grundlage dieser Gesellschaft, das Kapitalverhältnis, angetastet wird" (M. Horkheimer, 1974, S. 241), drückt sich in umbruchhaften Veränderungen aus. Innerhalb der westlichen Nationen wurden die Regionen besonders negativ betroffen, die in der zweiten Hälfte des 19. Jahrhunderts auf der Grundlage von Kohle, Stahl und Schiffbau einem schnellen Industrialisierungs- und Urbanisierungsprozeß unterworfen waren. Diese alten Industrieregionen sind nachhaltig durch vor-fordistische Raumstrukturen geprägt: dominant sind vertikal integrierte Großbetriebe mit enormen Flächenbedarf, verkehrsgünstig zu den damals vorherrschenden Transportmitteln Schiff und Eisenbahn gelegen. Um optimalen Zugriff auf Arbeitskräfte zu haben, wurden die Fabriken direkt vor den Toren der Städte errichtet, oder es wurden Werkswohnungen gebaut, die die Arbeiter direkt an das Werk banden. Die für die fordistische Stadt prägenden Elemente wie Suburbanisierung - hervorgerufen durch die extreme Funktionstrennung von Wohnen, Arbeiten und Konsumieren, ermöglicht durch das Auto, das fordistische Produkt par excellence - sowie die Herausbildung von Zirkulations- und Konsumstrukturen fehlten deswegen lange in alten Industrieregionen und wurden später nur bruchstückhaft integriert.

Die bisherigen Standortvorteile und Raumstrukturen der zur Diskussion stehenden Industrieregionen wurden in dem aktuellen Umbruchprozeß entwertet; ihr spezifischer, durch das Kapital geschaffener Gebrauchswert wurde obsolet. Die auf die Produktion von Massengütern ausgerichteten Anlagen, die erst bei bestimmten Größenordnungen wirtschaftlich arbeiteten, und mit ihnen die Infrastruktur, die Qualifikationen der Arbeitskräfte und die spezifischen Lebens- und Bewußtseinsformen wurden überflüssig; kurzum die gesamten regionalen Strukturen, die von den Großindustrien über Jahrzehnte selber geschaffen wurden und zu Garanten einer profitablen Produktion geworden waren. Zum Bestandteil dieser Strukturen gehörte auch das Aushandlungsdreieck zwischen lokalen, häufig sozialdemokratisch dominierten und staatlichen Institutionen, der Großindustrie und den Gewerkschaften. Bestandteil des korporatistischen Arrangements war die ökonomische Absicherung weiter Bevölke-

---

1 Ein Überblick über den Regulationsansatz und die Erläuterung zentraler Begriffe findet sich bei M. Dunford, 1990; J. Esser/J. Hirsch, 1987; D. Leborgne/A. Lipietz, 1988. Zur Kritik vgl. A. Amin/K. Robins, 1990; R. Hudson, 1989; J. Lovering, 1990; A. Sayer, 1989.

rungsschichten, um soziale Unruhen und unkalkulierbare Arbeitsniederlegungen zu vermeiden. Aufgabe der politischen und staatlichen Institutionen war es vor allem, die nicht intendierten Folgewirkungen des kapitalistischen Produktionsprozesses und die zyklischen Schwankungen in der ökonomischen Entwicklung zu begrenzen.[2]

In den alten Industrieregionen konnte sich die fordistische Form der Massenproduktion nur inselhaft etablieren. Die Monopolisierung der Flächen und Arbeitsmärkte durch die dominierenden Unternehmen konnte nur selektiv durchbrochen werden. Im Zuge der Industriestrukturpolitik der 60er und 70er Jahre siedelten sich zwar Zweigwerke an, die fordistische Massenproduktion betrieben,[3] aber nicht in den zentralen ökonomischen Komplex integriert wurden. Mit dem Niedergang des zentralen Input-Output-Komplexes brach deshalb in den alten Industrieregionen ein Großteil der Regionalökonomie zusammen. Die neue internationale Arbeitsteilung und die veränderten Produktions- und Nachfragestrukturen trafen also insbesondere die Regionen in den Industrieländern besonders negativ, in denen sich auf Investitionsgüter und Zwischeninputs ausgerichtete Industrien befanden.

Im Gegensatz zu den gängigen regulationstheoretischen Erklärungsansätzen sei an dieser Stelle betont, daß es gerade nicht die fordistischen Kernregionen sind, die von den stattfindenden Umbruchprozessen besonders negativ betroffen sind. Von der gesteigerten räumlichen Mobilität des Kapitals und der Flexibilisierung der Standortwahl konnten demgegenüber auch Regionen profitieren, in denen sich Industrien befinden, die von vornherein nach tayloristischen Prinzipien organisiert wurden - wie z.B. Automobilbau, Fertigung von Haushaltsgeräten und Unterhaltungselektronik. Auf der interregionalen Ebene werden diese Prozesse als räumliche Polarisierungstendenzen deutlich, die in der BRD unter dem Stichwort "Nord-Süd-Gefälle" diskutiert werden (vgl. J. Friedrichs u.a., 1986). Die "Gewinnerregionen"[4] scheinen die Voraussetzungen für die Durchsetzung eines neuen, flexiblen Akkumulationsregimes z.T. zu besitzen. In ihnen fanden neue Produktions- und Logistikkonzepte raschen Eingang: Gruppenarbeit statt zerstückelter Bandarbeit, "just-in-time-production" statt Großlager, "economies of scope" statt "economies of scale". Zudem begünstigt die relativ starke Stellung der mittelständischen Unternehmen in Süddeutschland den Übergang vom Fordismus zum Post-Fordismus, da diese bereits vorhandenen Bedingungen sich eher mit den Erfordernissen post-fordistischer Produktion nach Dezentralisierung und Flexibilität trafen als die vorherrschenden großbetrieblichen Strukturen in den alten Industrieregionen. Weiterhin konnten insbesondere die Städte und Regionen von dem neuen Akkumulationsregime profitieren, die entweder als Standort für internationale Finanztransaktionen von Bedeutung sind oder über umfangreiche Forschungs- und Technologiepotentiale verfügen. Beide Entwicklungen basieren auf der besonderen Rolle, die neuen Informations- und Kommunikationstechnologien bei der Durchsetzung einer neuen post-fordistischen Gesellschaftsformation zukommt.

Mit erheblicher Verzögerung setzten in den altindustrialisierten, vor-fordistisch geprägten Regionen politische Anstrengungen ein, die regionalen Strukturen an die Erfordernisse des neuen Akkumulationsregimes anzupassen und eine entsprechende Regulationsweise in Form neuer Institutionen, Normen und sozialen Verhaltensweisen zu ermöglichen. Das bisherige korporatistische Aushandlungs-

---

[2]   In dieser Sichtweise kommt das nicht ganz unproblematische Staatsverständnis der Regulationstheoretiker zum Ausdruck. Die Aussagen über mikro- und makro-ökonomische Steuerungs- und sozialstaatliche Regulierungsversuche stehen gegenüber anderen Formen staatlicher Machtausübung - z.B. Polizei- und "Sicherheits"-Staat - deutlich im Vordergrund (vgl. J. Hirsch, 1990, S. 57ff.).

[3]   Z.B. Opel in Bochum, DuPont in Hamm, VW in der Region Pittsburgh (vgl. auch R. Hudson, 1989, S. 10, S. 12.).

[4]   Zu der Frage, wer in diesen Regionen was gewinnt vgl. P. Ache u.a., 1989. Analysiert man jedoch in den "Gewinnerregionen" die ökonomischen Indikatoren, werden die negativen, nicht-intendierten Effekte schnell deutlich.

dreieck zwischen Großindustrie, Gewerkschaften und Sozialdemokratie war brüchig geworden. Die Großindustrie hatte das Interesse an der absoluten Dominanz in diesen Regionen verloren, weil neue - profitable - Anlagebereiche in anderen Regionen avisiert worden waren. Die Gewerkschaften hatten mit Massenarbeitslosigkeit und einer schrumpfenden Basis zu kämpfen. Die Sozialdemokratie hatte mit einer Pluralisierung der Lebensstile und dem Versagen der fordistischen Politikkonzepte ihre Schwierigkeiten.

1.3 Neue Regulationsweisen in alten Industrieregionen

Mittlerweile zeichnen sich die Konturen einer neuen Regulationsweise in den alten Industrieregionen ab. Im Kern steht die Unterstützung des Aufbaus neuer Produktions-, Zirkulations- und Reproduktionsstrukturen. Für die dazu notwendigen politischen und planerischen Verfahren sind neue Formen der Kooperation von Staat, Kapital und anderen gesellschaftlichen Gruppen ("Public-private-partnership") kennzeichnend geworden. Zwar wird behauptet, daß den "regionalen Besonderheiten" ein hoher Stellenwert zukommt, die inhaltlichen Ansatzpunkte gleichen sich aber in vielen Regionen: Transferstellen zur Kooperation von Wissenschaft und Industrie, Technologiezentren und -parks zur Innovationsförderung sowie Kulturspektakel, anspruchsvolle Einkaufsmöglichkeiten, Marinas, u.s.w. , die das entsprechende Ambiente für hochqualifizierte Arbeitskräfte bilden sollen. Die Deregulierungs-Rhetorik wird von einer Zunahme nicht-marktförmiger Austauschbeziehungen begleitet: die regionalen und lokalen Instanzen müssen erneut und zunehmend in die Regulierung der ökonomischen Prozesse eingreifen. Die Beziehungen der Unternehmen untereinander nehmen mehr und mehr die Form von Abhängigkeitsverhältnissen an: nicht der freie Tausch herrscht vor, sondern die Dominierung der Zulieferer durch ihre Abnehmer. Eine Sichtweise, die einseitig "Deregulierung" in den Vordergrund stellt, greift damit zu kurz (vgl. dazu S. Krätke, 1991, S. 2). Vielmehr läßt sich eine Veränderung staatlicher Intervention und eine Verlagerung auf andere Ebenen feststellen (vgl. D. Harvey, 1989, S. 168). Politische und planerische Anstrengungen sind demnach keine voluntaristischen Interventionen, sondern Bestandteil des Versuches, wieder eine Kohärenz des Akkumulationsregimes herzustellen; nur dort, wo Kohärenz zwischen ökonomisch-technischen und politisch-sozialen Strukturen gegeben ist, kann sich das Kapital optimal verwerten. Vervollständigt wird dieser Versuch durch die Eigendynamik des politisch-administrativen Systems, das darauf bedacht ist, sich Handlungsmöglichkeiten zu erhalten.

Dabei werden die Schattenseiten der Herausbildung des neuen flexiblen Akkumulationsregimes und der damit verbundenen Regulationsweise systematisch ausgeklammert: die Zahl der Langzeitarbeitslosen bleibt konstant, die Zahl der Sozialhilfeempfänger und mit ihr die Zahl der Obdachlosen steigt. Große Teile derjenigen, die einen Arbeitsplatz haben, kämpfen mit unsicheren Beschäftigungsverhältnissen und sehen sich einem wachsenden Leistungsdruck ausgesetzt.[5]

Im Hinblick auf die Raumstrukturen gewinnt die These an Plausibilität, wonach Heterogenisierung das kennzeichnende Merkmal positiver Entwicklung ist. Entsprechende Prozesse sind durch zwei gegenläufige Tendenzen gekennzeichnet. Zum einen ist eine Fokussierung auf die politische Ökonomie des Ortes feststellbar: shopping malls, Marinas, Sportarenen und Technologiezentren werden zum Kristallisationspunkt von Public-private-partnerships und zu Vorzeigeobjekten für den gelungenen Strukturwandel (vgl. D. Harvey, 1989, S. 7f.). Zum anderen wird in vielerlei Hinsicht "die Region"

---

[5] Die häufig gesehene neue Autonomie in einigen Beschäftigungsfeldern ist eher mit Skepsis zu betrachten. Es stellt sich vielmehr die Frage, "was es eigentlich bedeutet, wenn die Subjekte selbstbestimmt ihre umfassende Instrumentalisierung betreiben" (J. Twisselmann, 1990, S. 131).

zunehmend von Bedeutung: Entsprechende Konzepte reichen von der Einwerbung öffentlicher Fördermittel bis hin zu sinnstiftenden Zusammenhängen, hinter denen sich soziale Realität verbergen läßt.[6] Wie sich die skizzierten Entwicklungen in alten Industrieregionen durchsetzen, wird im folgenden ausgeführt.

2. Der Modernisierungsprozeß in der Region Pittsburgh

Pittsburgh gilt als Region, der es gelungen sei, sich von einer montanindustriell geprägten Region zu einem Finanz-, Dienstleistungs- und Technologie-Zentrum zu wandeln. Vielfach wurde Pittsburgh als Vorbild für andere alte Industrieregionen angesehen, so auch für das Ruhrgebiet. Bei näherem Hinsehen ist diese glanzvolle Darstellung kaum aufrecht zu erhalten bzw. ist sie zu differenzieren und modifizieren. An der gängigen Darstellung des Modernisierungsprozesses in der Region Pittsburgh wird aber auch deutlich, wie undifferenziert von "erfolgreicher Erneuerung" in der Diskussion über den Strukturwandel in alten Industrieregionen gesprochen wird, ohne daß gefragt wird, welche Prozesse und Resultate sich hinter diesem Begriff verbergen.

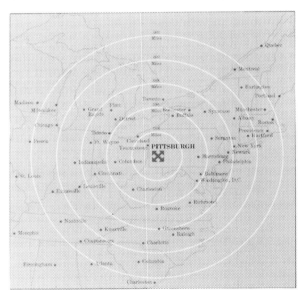 

Abb. 1/2: Die überregionale Lage der Region Pittsburgh und die Stadtregion Pittsburgh. Quelle: ACCD, 1984, S. 23; K.R. Kunzmann, 1988, S. 4.

2.1 Die Entwicklung der Region Pittsburgh

Die Region Pittsburgh, im Nordosten der USA, ca. 800 km westlich von New York, in der ehemals zentralen Industrieregion südlich der Großen Seen gelegen, war einstmals eines der wichtigsten

---

6   Die Hypostasierung der Region ist der der Nation nicht unähnlich. Die SPD warb in ihrem letzten Landtagswahlkampf mit dem Slogan "Wir in Nordrhein-Westfalen". B. Hombach, der Wahlkampfmanager der SPD in NRW, war Mit-Herausgeber eines Buches mit dem Titel "Die Kraft der Region" (von Alemann u.a., 1990). J. Gramke, KVR-Verbandsdirektor, und andere sprachen im Zuge des Strukturwandels im Ruhrgebiet wiederholt von "Maßnahmen zum Wohle der Region". Die Region wird so wie die Nation unversehens zum Subjekt, für dessen Wohlergehen zu sorgen ist.

schwerindustriellen Zentren der Vereinigten Staaten. Entlang der Flußtäler des Ohios und des Mononghela westlich bzw. südöstlich von Pittsburgh erstreckte sich ein Band von Kokereien, Hochöfen, Stahlwerken und jeder Art von Stahlverarbeitung. Vervollständigt wurde der industrielle Komplex durch die Aluminium- und Glasherstellung sowie den Maschinen- und Anlagenbau. Das urbane Kontrollzentrum dieses Industriekomplexes bildete die Stadt Pittsburgh, während die Gemeinden entlang der Flußtäler den Charakter von "Industriedörfern" angenommen hatten (vgl. D.B. Houston, 1981).

Ende der 40er Jahre mündeten jahrzehntelangen Bemühungen, die negativen Effekte der industriellen Produktion in den Griff zu bekommen, in der Gründung der "Allegheny Conference of Community Development" (ACCD), einem Zusammenschluß der führenden Kapitalisten der Region unter der Leitung des Bankiers Mellon. Anders als beispielsweise im Ruhrgebiet machte man in Pittsburgh kein Hehl aus der korporatistischen Allianz, sondern erklärte sie zum Programm. Die Finanzkapitalisten und die Schwerindustriellen stellten Mittel, Expertisen und politische Verbindungen zur Verfügung. Die Demokraten - unter Führung von Bürgermeister Lawrence - sorgten für die politische Umsetzung des Programms. Unter der Überschrift "Public-private-partnership" wurden in enger Koordination zwischen Kapital und Politik Maßnahmen zur Modernisierung eingeleitet, während alle anderen Gruppierungen inklusive der Gewerkschaften außen vor blieben. Obwohl die Organisation von ihrem Namen her regionale Bedeutung haben sollte - Allegheny ist der Name des counties, in dem die Stadt Pittsburgh liegt -, konzentrierten sich die Planungen und die Umsetzungen im wesentlichen auf die Stadt Pittsburgh. Projekte der ersten Phase, der sogenannten Renaissance I, waren Hochwasserregulierung, Autobahnbau, Luftreinhaltung und, als zentrales Anliegen, die Erneuerung der Innenstadt.

Anfang der 80er Jahre geriet zusammen mit der Regionalökonomie auch das korporatistische Regulierungsmodell in der Region Pittsburgh in die Krise. Dieser Prozeß ist eingebettet in einen weitreichenden Wandel der US-amerikanische Gesellschaft und grundlegender planungspolitischer Prinzipien. Es wäre jedoch falsch, diese Veränderungen nur im Licht der Reagan'schen Eigenpropaganda als Rückkehr zum liberalen "Nachtwächterstaat" und zu marktwirtschaftlichen Prinzipien zu sehen. Es wäre weniger als die halbe Wahrheit, die der ungeübte europäische Blick im ersten Moment wahrnimmt. Bei näherem Hinsehen zeigt sich, daß Form und Inhalt der staatlichen Intervention sich verändert haben, ohne daß damit eine durchgängige "Entstaatlichung" stattgefunden hat. Im folgenden werden die wesentlichen, für die Regionalpolitik und Regionalplanung relevanten Politikfelder skizziert.

2.2 Der Wandel der US-amerikanischen Politik

Der föderale Aufbau der USA gleicht nur auf dem ersten Blick dem föderalen Aufbau der Bundesrepublik Deutschland. Anders als in der Bundesrepublik Deutschland handelt es sich nicht um einen - im wesentlichen nach dem 2. Weltkrieg - eingeführten Föderalismus, sondern um einen historisch gewachsenen. Das heißt, daß die "Vereinigten Staaten von Amerika" in der Tat ein Zusammenschluß vormals unabhängiger Staaten sind, weshalb die unterschiedlichen föderalen Ebenen nicht konsistent strukturiert sind. Dieses Moment ist zum Verständnis der politischen und planerischen Aktivitäten der einzelnen föderalen Instanzen von Wichtigkeit. Zu unterscheiden sind die Ebenen der Bundesregierung, der Regierung des Bundesstaates - im weiteren als Landesregierung bezeichnet - sowie regionale und lokale Politikebenen in Form von county und Stadt.

Die Politik der Reagan-Regierung war von einer weitgehenden industrie- und regionalpolitischen Abstinenz gekennzeichnet. Genaugenommen kann deshalb der einleitende Satz, daß es um die Skizzierung regionalpolitischer und regionalplanerischer Politikfelder geht, nicht eingelöst werden. Hier könnte man leicht in die Gefahr geraten, mit vorgegebenen Interpretationsmustern etwas zu suchen, was so in den USA nicht existiert, und daraus den Fehlschluß ziehen, daß in den USA keine Staatsintervention stattfinden würde. Gerade weil diese Politikfelder in den 80er Jahren fehlten, konnten andere Politiken, die nicht explizit regional gedacht waren, ihre regionale Wirkung entfalten. Dazu gehören insbesondere die Steuer-, Rüstungs- und Technologiepolitik. Welche Beziehungen zwischen den genannten Politikfeldern und den Entwicklungen auf regionaler und lokaler Ebene gesehen werden, verdeutlicht folgende Aussage von E.S. Saves, Staatssekretär im US Department of Housing and Urban Development: "First, improving the national economy is the single most important program the federal government can take to help urban America; because our economy is predominantly an urban one, what's good for the nations economy is good for the economies of our city, although not all cities will benefit equally, and some may not benefit at all. The path to long lasting recovery is slow but certain; reduced federal taxes, reduced federal budget, deregulation, and monetary discipline" (E.S. Saves, 1983).

Die Steuerreform vom August des Jahres 1981 brachte einschneidende Veränderungen mit sich. Sie war der Versuch, mit makroökonomischen Steuerungsinstrumenten Regionalpolitik zu betreiben. Kernpunkt der Reform war die Verkürzung der Abschreibungsfristen und die Erhöhung der Steuergutschriften von Investoren. Die Veränderung der Unternehmensbesteuerung begünstigte vor allem kapitalintensive Branchen. Sie war als Anreiz für die Modernisierung der Produktionskapazitäten und für die Verbesserung der Wettbewerbsfähigkeit in den traditionell kapitalintensiven Branchen der Automobil- und Stahlindustrie gedacht. Die Wirkungen, die diese Politik entfaltete, waren in einzelnen Regionen, so auch in Pittsburgh, katastrophal. Da die Reform nicht vorschrieb, wo das Kapital anzulegen sei, welches durch die veränderte Besteuerung frei wurde, tendierten viele Unternehmen dazu, Altanlagen zu schließen, und in neue - profitträchtige - Branchen zu investieren. Letztere befinden sich zumeist im Süden der USA (vgl. Gewos, 1989, S. 296).

Verstärkt wurde dieser Trend durch die Forschungs- und Rüstungspolitik, die die US-amerikanische Bundesregierung betrieb. Von der Veränderung der staatlichen Ausgabenpolitik, die M. Castells treffend als Wandel vom "welfare capitalism" zum "warfare capitalism" bezeichnete, profitierten vor allem die Technologie- und Rüstungskonzerne im "sunbelt". An anderer Stelle ist das Ausgabeverhalten der Bundesregierung auch als "Militär-Keynesianismus" bezeichnet worden. In dieser Hinsicht verhielt sich die Reagan-Regierung konträr zu der von ihr propagierten Angebotsökonomie. Zwar wurden die Staatsausgaben vor allem im sozialen Bereich zusammengestrichen, aber gleichzeitig wuchsen die Verteidigungsausgaben auf Kosten der Staatsverschuldung.[7] Die Ausgaben des Pentagon und der NASA erhielten dadurch einen starken regional- und strukturpolitischen Akzent. Die räumliche Polarisierung zwischen altindustriellem "frost-belt" und technologieorientiertem "sun-belt" wurde durch diese Politik weiter verstärkt.

Zusammenfassend ist festzustellen, daß eine gestaltende oder aktive Strukturpolitik, innerhalb derer der Staat mit einem aufeinander abgestimmten Bündel von Politiken bestimmte Wirtschaftsbereiche und Regionen hinsichtlich ausdrücklich formulierter Zielsetzungen beeinflußen will, in den USA auf der Bundesebene nicht vorhanden ist. "Weder besteht eine strukturpolitische Konzeption, noch bestehen institutionelle Rahmenbedingungen zur Umsetzung einer solchen. Am ehesten läßt sich von einer

---

[7]   Die katastrophalen Auswirkungen der Gleichzeitigkeit von Hochzinspolitik und Staatsverschuldung bekommen die Vereinigten Staaten heute zu spüren: Das Außenhandelsdefizit und der Schuldendienst haben hohe Summen erreicht. Es wird geschätzt, daß die Reagan-Jahre den USA rund 3.000 Milliarden (!) Dollar an Staatsdefizit gebracht haben (vgl. W. Wolf, 1992, S. 33).

impliziten Regionalpolitik sprechen, die aus handels-, steuer-, wettbewerbs- und technologiepolitischen Maßnahmen besteht" (Gewos, 1989, S. 298).

Die Regierungen der Bundesstaaten können durch eine Reihe von Politikinstrumenten die regionale Entwicklung beeinflußen. Durch die Reagan-Administration wurde die Position der Bundesstaaten gestärkt. Die finanziellen Mittel, die früher von den Städten direkt bei den Bundesbehörden abgerufen werden konnten, wurden nun an die Bundesstaaten abgegeben. Diese Maßnahme sollte zum einen die Bundesbehörden entlasten, zum anderen bewirkte sie eine Aufwertung der überwiegend republikanisch regierten Bundesstaaten gegenüber den überwiegend demokratisch regierten Großstädten. Für den Bundesstaat Pennsylvania etwa läßt sich feststellen, daß in den 80er Jahren vermehrt regionalpolitische Ansätze mit einer stark wirtschaftpolitischen Komponente entwickelt worden sind. Die Politiken beziehen sich vor allem auf Wachstumsbranchen. Eine Industriepolitik gegenüber schrumpfenden Branchen läßt sich nicht feststellen. Eine als solche ausgewiesene Regionalpolitik für altindustrielle Regionen bestand ebenfalls nicht. Dahinter steht die Auffassung, daß sich die zentralen Entwicklungstendenzen des räumlichen und ökonomischen Strukturwandels nicht umkehren lassen und daß der Niedergang alter Industrien Resultat von Faktoren ist, die nicht von der Politik der Bundesstaaten beeinflußbar sind. Dennoch lassen sich drei Politikbereiche identifizieren, die erhebliche regionale Wirkungen entfalteten. Es handelt sich dabei um Technologiepolitik, die Förderung von kleinen und mittleren Unternehmen sowie die Förderung von Infrastrukturmaßnahmen. Welche Wirkungen diese Instrumente in der Region Pittsburgh entfalteten, wird im weiteren diskutiert.

2.3 Eine Strategie für das 21. Jahrhundert

Mit dem oben skizzierten politischen und ökonomischen Wandel gingen die Veränderungen in der Region Pittsburgh einher. Die Rolle des ACCD und damit die öffentlich-private Zusammenarbeit waren tiefgreifenden Veränderungen unterworfen. Die Mitglieder des Exekutivkommittees der ACCD konnten sich nicht auf eine weiterführende Strategie, wie z.B. auf direkte Investitionen von Profiten in neue Projekte in der Region, einigen. Die Mitglieder der ACCD waren nicht gleichrangig vom ökonomischen Niedergang betroffen und eine Anzahl der vertretenen Personen repräsentierte Unternehmen, die in der Region erheblich desinvestiert hatten, und somit fast jedes regionale Interesse verloren hatten. Im Resultat führte das dazu, daß neue regionalpolitische Akteure auf den Plan traten. Dabei wurde das "korporatistische Entscheidungsmodell" unter veränderten Bedingungen weitergeführt.

Das zentrale Moment, um das sich die neue "growth coalition" formierte, war die "strategy 21". Die "Strategie für das 21. Jahrhundert" umfaßt fünf Programmpunkte:

1. Ausbau des internationalen Großflughafens von Pittsburgh;
2. Ausbau des regionalen Schnellstraßennetzes;
3. Einrichtung eines gemeinsamen Forschungszentrums für Biotechnologie und Roboterforschung der beiden Universitäten;
4. Erneuerung der Uferbebauung des Ohios und des Allegheny;
5. Maßnahmen zur Erneuerung der ehemaligen Stahlstandorte im Mon Valley.

Hiermit lassen sich Parallelen zur Restrukturierung der Politik in der Nachkriegszeit feststellen: Die Vorhaben konzentrieren sich wiederum auf die Stadt Pittsburgh. Eine Ausnahme besteht in dem Ausbau des internationalen Großflughafens westlich von Pittsburgh. Neben der downtown konzentrieren sich in dieser Phase der Restrukturierung die Planungsbemühungen insbesondere auf den Stadtteil Oakland, in dem sich beide Universitäten und fast alle Großkrankenhäuser befinden. Trotz diverser

Anläufe und - im wahrsten Sinne des Wortes - fürstlicher Unterstützung - Prinz Charles nahm an der publicityträchtigen, aber sonst weitgehend wirkungslosen "Remaking Cities Conference" teil -, blieben allerdings die Teilregionen, die am härtesten getroffen wurden, von der positiven Entwicklung weitgehend abgeschnitten. Auch zehn Jahre nach der Schließung der Hochöfen, Stahlwerke und weiterverarbeitender Betriebe rosten die Anlagen im Mon Valley vor sich hin. Vereinzelt wurden die Grundstücke von Schrottunternehmen abgeräumt. Ein Vergnügungsbad mit 30 Meter hohen Wasserrutschen mutet zwischen den rostenden Industrieanlagen fast bizarr an. Ähnlich desolat wie im Mon Valley sieht es in westlicher Richtung entlang der Ufer des Ohios aus. Beide Regionen blieben von einem Raumentwicklungsmodell ausgeschlossen, das vor allem auf urbane Qualitäten abzielt: Nähe, Zusammenballung, Zentralität in der Sphäre der Produktion, Kultur, stadtnahes Wohnen, qualitativ hochwertige Konsum- und Freizeitmöglichkeiten in der Reproduktionssphäre sind seine Schnittpunkte.

2.4 "Nichts ist erfolgreicher als der Erfolg" [8]

Die "Strategy 21" wurde als ein zukunftsorientierter, umfassender Plan ausgegeben, der auf öffentlich-privater Zusammenarbeit basiert. In Wirklichkeit war die Formulierung der "Strategy 21" ein dezentralisierter Prozeß, in dem Entscheidungen durch Aushandlungen in den Punkten getroffen wurden, in denen man sich auf Übereinstimmung einigen konnte. Es war keine umfassende, koordinierte, schwerpunktsetzende Planungsstrategie für die Zukunft der Region. Der Konsens wurde durch "freundliches Aushandeln" erreicht, da der Bundesstaat Pennsylvania die Mittel bereitstellte. Kommunale und regionale Prioritäten wurden dabei nicht festgelegt.

Die Ergebnisse von "Strategy 21" reflektieren einen fragmentierten Entscheidungsprozeß, der Zugang und Machtbefugnisse für den Wirtschafts- und Universitätsbereich gewährt. Politik und Verwaltung der Stadt Pittsburgh hatten in diesem Vorgang vor allem "Agenturfunktion". Sie vermittelten zwischen den einzelnen Interessengruppen in der Stadt und vertraten das Ergebnis gegenüber der Landesregierung. Eigene Mittel und eine eigene Expertise konnten die Vertreter der Stadt in den Prozeß kaum einbringen. Andere gesellschaftliche Gruppen wie Minderheiten, Frauen und Arbeitslose sind nicht Bestandteil von öffentlicher Planung und Politik. Der zu erwartende Nutzen des Programms entspricht disproportional den Bedürfnissen der gegenwärtigen ökonomischen Akteure. Die Kosten werden disproportional von den Gruppen getragen, die außerhalb einer technologieorientierten Modernisierung stehen (vgl. M. Coleman, 1988; A. Sbragia, 1988).

Angesichts der innerregionalen Polarisierungen von erfolgreicher Regionalpolitik und Regionalplanung zu sprechen, wäre vermessen. Dennoch ist festzuhalten, daß Pittsburgh in dem Nullsummenspiel der Konkurrenz um Ansiedlungen und Arbeitsplätze - und verglichen mit anderen Städten und Regionen im "rustbelt" - relativ gut abgeschnitten hat. Ob diese Entwicklung allerdings auf die für amerikanische Verhältnisse weitreichenden Planungsanstrengungen zurückzuführen ist, oder ob hier nicht vielmehr die traditionellen Stärken der Stadt als Sitz von Großunternehmen durchschlagen, bleibt vorerst offen (vgl. D. Koritz, 1991). So ist die Pittsburgher "success story" vor allem ein Beispiel für die ideologische Funktion, die Regionalpolitik heute auch hat. In der Region Pittsburgh ist es erfolgreich gelungen, auf die neuen Glanzpunkte, die politische Ökonomie des Ortes zu zeigen, und die damit verbundene Polarisierung der Region in den Hintergrund zu drängen.

---

8   K.R. Kunzmann, 1988.

Es sollte deutlich geworden sein, daß staatliche Intervention in den USA andere Formen und Inhalte hat als in der Bundesrepublik Deutschland. Es bleibt weiterhin festzuhalten, daß es ein Fehlschluß ist zu denken, daß in den USA keine Staatsintervention stattfindet, wenn man nicht die bekannten sozialstaatlichen Vokabeln oder Strukturen vorfindet. Welche Rückschlüsse sich aus der Struktur des staatlichen Handelns in den USA und speziell in Pittsburgh für die Bewertung der Staatsintervention in der Bundesrepublik und insbesondere im Ruhrgebiet ziehen lassen, bleibt dem abschließenden Kapitel vorbehalten.

3. Urban Development Corporations in Großbritannien - Das Beispiel der Tyne and Wear Development Corporation in Nordostengland

3.1 Die Entwicklung der Region Nordostengland

Nordostengland, dessen Kernraum - und für unsere Thematik wichtigstes Gebiet - der Bereich des ehemaligen Tyne and Wear Metropolitan County ist (gemeint sind die heutigen "Districts" Newcastle upon Tyne, Gateshead, North Tyneside, South Tyneside und Sunderland), gehörte zu den Kernregionen der schwerindustriellen Revolution und wurde über viele Jahrzehnte vor allem durch Kohleförderung, Maschinen- und Schiffbau sowie damit eng verflochtene wirtschaftliche Aktivitäten geprägt (vgl. R. Hudson, 1991; F. Robinson, 1988; M. Barke, 1986; R.J. Buswell u.a., 1987).[9] Die erste große Strukturkrise in den 1920/30er Jahren sowie der mehr oder weniger stetige Niedergang der ökonomischen Bedeutung der Region seit dem Zweiten Weltkrieg haben zahllose nationale, regionale und kommunale Planungs- und Wirtschaftsförderungsaktivitäten hervorgerufen. Durch ihren Einsatz konnte letztlich nicht verhindert werden, daß Nordostengland den negativen Pol des sprichwörtlichen Nord-Süd-Gegensatzes in England symbolisiert. Nordostengland hat sich von einer ökonomischen Kernregion zu einer "funktionalen Peripherie" entwickelt, deren wichtigste "Hoffnungsträger" inzwischen die Zweigwerke ausländischer - früher nordamerikanischer, heute vor allem südostasiatischer - Konzerne sind.[10]

Korrespondierend mit den schwerindustriell geprägten Wirtschaftsstrukturen haben sich die

Abb. 3: Standard Regions of England, Scotland and Northern Ireland. Quelle: Wood, 1991, S. 152.

9 Für wertvolle Hinweise und Materialien zu diesem Themenbereich danken wir Gerald Wood.
10 Spektakuläres Beispiel ist die Ansiedlung des Nissan-Werkes in Washington/Sunderland Mitte der 80er Jahre. Es stellt die erste Produktionsstätte der japanischen Automobilindustrie in Europa dar.

politischen und kulturellen Verhältnisse in Nordostengland entwickelt. Für die oft von einzelnen Zechen oder Werften geprägten Dörfer und Stadtteile entlang der Flüsse Tyne und Wear ist über viele Jahrzehnte eine spezifische Arbeiterkultur kennzeichnend gewesen. Das Zusammenspiel von dieser Arbeiterkultur, dem regionalen "Geordie dialect" und der relativ isolierten Lage der Region, hat dazu geführt, daß dem Nordosten häufig eine "strong and distinctive identity" zugeschrieben wird (vgl. F. Robinson, 1988, S. 189).[11]

Ein weiteres Kennzeichen der Region ist die über Jahrzehnte gewachsene politisch-kulturelle Hegemonie der Labour Party, die sich auch während der Hochzeiten der sog. "Labour-Linken" zu Anfang der 80er Jahre - z.B. in Liverpool und London - durch ein pragmatisch-korporatistisches Politik-Verständnis ausgezeichnet hat. Angesichts dieser Geschichte und Situation ist es zunächst plausibel, wenn für R. Hudson (vgl. 1991, S. 47) der Nordosten "perhaps the most problematic area in England for conversion to the values of Thatcherism" darstellt. Dessen "new enterprise culture" habe dort keine ökonomische, soziale und kulturelle Basis.

3.2 Thatcherismus statt "postwar consensus"

Jede Analyse der gegenwärtigen Planungspolitik in den altindustriellen Regionen Englands sollte - zum besseren Verständnis des Kontextes - die spezifische Geschichte des englischen Politik- und Planungssystems sowie die Realisierung eines veränderten Politikverständnisses im Rahmen des "Thatcherismus" seit dem Jahr 1979 berücksichtigen. Die vorhergehende Phase, die Zeit nach dem 2. Weltkrieg, war in Großbritannien von einem "postwar consensus" geprägt, der relativ unabhängig von Regierungswechseln Bestand hatte und zwei innenpolitische Schwerpunkte aufwies: Zum einen die Akzeptanz einer "mixed economy", in der der Staat direkten Einfluß auf wirtschaftliche Kernsektoren haben sollte, zum anderen die Anerkennung der zentralen politischen Funktion von Aushandlungsprozessen zwischen organisierten Interessen (vgl. H. Kastendiek, 1989, S. 18ff.). [12]

Mit Hinweisen auf die relative Verschlechterung der Wettbewerbsposition Großbritanniens auf den Weltmärkten und die Mißerfolge von Labour-Regierungen in der Modernisierungspolitik wurde das skizzierte Politikmodell in den 60er und vor allem in den 70er Jahren zunehmend kritisiert. Die weit verbreitete Unzufriedenheit mit den Unzulänglichkeiten des britischen Politik- und Verwaltungssystems wurde dabei von den Gruppen der "New Right" für einen Angriff auf das "gesamte Nachkriegsarrangement" in Großbritannien (vgl. H. Kastendiek, 1989, S. 31) genutzt, das nicht nur von der Labour Party und den Gewerkschaften, sondern auch von bedeutenden Teilen der konservativen Partei und des Industriekapitals getragen worden war. Zu ihm gehörte nicht zuletzt eine wichtige Stellung der Planungs- und Regionalpolitik.

Im Mittelpunkt der in den 70er Jahren erarbeiteten und seit dem Jahr 1979 durch die offizielle Regierungspolitik realisierten Programmatik des "Thatcherismus" steht das Verhältnis von "Markt" und "Staat". Es hat für jede Form von Planungspolitik zentrale Bedeutung. A. Thornley (1991, S. 35ff.) unterscheidet drei wesentliche Elemente des Thatcherismus:

1.   Im Mittelpunkt des ökonomischen Liberalismus steht neben der Übernahme wirtschaftspolitischer Konzepte des Monetarismus vor allem die Vorstellung, durch eine möglichst weitgehende

---

[11] Vgl. auch G. Wood, 1989 und A. Mitchell, 1986.
[12] Auf die inneren Widersprüche dieses "fordistischen Klassenkompromisses" und vor allem auf die zentrale, für Außenstehende im einzelnen oft schwer verständliche Rolle der Gewerkschaften kann hier nicht näher eingegangen werden (vgl. z.B. G. Schmidt, 1989).

Aufgabe politischer und staatlicher Regulation ein "unternehmerisches Klima" zu schaffen, um die Dynamik der Marktkräfte freizusetzen.

2. Neben dieser liberalistischen Konzeption steht - im vordergründigen Widerspruch - gleichwertig ein staatlicher Autoritarismus. Aus der Sicht des Thatcherismus ist ein starker Staat für die Realisierung des ökonomischen Programms notwendig, um die sozialen Folgen der aus dem ökonomischen Liberalismus resultierenden Freisetzungsprozesse - polizeilich - zu begrenzen und die Kompromißneigung intermediärer Instanzen überwinden zu können. [13]

3. Um die Veränderungen in der Ökonomie und den Machtzuwachs für den Zentralstaat zu legitimieren, hat sich der Thatcherismus im Sinne des politischen Populismus die Unzufriedenheiten mit den sozialstaatlichen Agenturen und die vorhandenen Krisenängste zunutze gemacht. Zum politisch-kulturellen Legitimationsprogramm gehören somit auch die Wiederbelebung traditioneller Werte, die Rechtfertigung "natürlicher Hierarchien" und die Erzeugung von Einigkeit gegen innere und äußere "Feinde" durch eine "starke Führung". [14]

Ein spezifischer Akzent des Thatcherismus besteht im Kampf gegen den Einfluß der lokalen Ebene. Dieser bricht mit der aus dem Subsidiaritätsprinzip abgeleiteten Präferenz klassischer konservativer Programme für die "Gemeinde" als gesellschaftlichen Integrationsort (vgl. R. Danielzyk/G. Wood, 1991, S. 5f.). Ein Motiv für diese Entwicklung lag auch darin, daß sich Anfang der 80er Jahre viele Labour-geführte Kommunen der Verwirklichung eines exemplarischen "lokalen Sozialismus" - als einem Gegenpol zum national dominanten Thatcherismus - verschrieben hatten. Allerdings waren die Ausgangspositionen für die Auseinandersetzung von vornherein ungleich, da "die britische Verfassung keine lokale oder regionale Autonomie" kennt (H. Abromeit, 1990, S. 302). Ein wichtiger Aspekt im Kampf gegen die Kommunen war die Neuordnung des Finanzsystems (vgl. die zentrale Festsetzung von Ausgabengrenzen, die Reduktion der Finanzzuweisungen, die Beschränkung der Erhöhung lokaler Steuern oder die Einführung der "poll tax" (vgl. H. Uppendahl, 1989)). Durch die im Jahr 1986 erfolgte Abschaffung der "Metropolitan County Councils", der übergemeindlichen Planungsebene in Verdichtungsräumen, wurde ein öffentlichkeitswirksamer Träger von Gegenmacht beseitigt.

3.3 Planungspolitische Veränderungen

Bei der Analyse des planungspolitischen Wandels in Großbritannien ist zu berücksichtigen, daß - unabhänig vom Thatcherismus - die Kritik an der mangelnden Wirksamkeit der Regionalpolitik sowie das wachsende Bewußtsein für die "Krise der Innenstädte" zu einer stärker kleinräumig-lokalen Orientierung der Planungspolitik geführt hatte. Diese Tendenz wurde durch den Thatcherismus radikalisiert und neu bestimmt. Zwei Prinzipien waren dabei maßgeblich:

1. Während vorher die Verhaltensweisen des Privatkapitals für die Probleme in den Innenstädten verantwortlich gemacht und eine Bewältigung dieser durch planungspolitisches Handeln angestrebt worden war, lagen für den Thatcherismus die entscheidenden Ursachen im Fehlverhalten der öffentlichen, d.h. vor allem: lokalen Instanzen. Dieses sollte durch eine Attraktivitätssteigerung der Innenstädte für privates Kapital überwunden werden (vgl. R. Danielzyk/G. Wood, 1991, S. 7; M. Parkinson/R. Evans, 1990).

---

[13] Vgl. H. Abromeit (1990), die ihre Analyse dahingehend zusammenfaßt, daß "im starken Staat der Thatcher-Ära die 'elective dictatorship' des britischen Regierungssystems zu sich selbst gekommen" sei (S. 324).
[14] Vgl. A. Thornley (1991, S. 41 ff.). Er nennt als Beispiele für innere und äußere "Kriege" den Kampf gegen die Bergarbeitergewerkschaft und den Falklandkrieg.

2.   Gemäß der skizzierten Programmatik wurde eine starke Rolle des Zentralstaates für die Reali-
        sierung einer neuen Planungspolitik als unverzichtbar angesehen.

Die Veränderungen fanden bzw. finden in folgenden Bereichen statt (vgl. A. Thornley, 1991):

o   veränderte Schwerpunkte und Reduktion der Aussagentiefe - bis zur tendenziellen Aufgabe -
        bei der lokalen Entwicklungs- und Bebauungsplanung;[15]
o   Rücknahme von Kontrollen der - baulichen - Entwicklung;
o   "by-passing the planning system" durch die Initiierung einer Vielzahl neuer Institutionen in der
        Planungspolitik.

Gerade im zuletzt genannten Bereich entwickelten sich eine Vielfalt von Initiativen (vgl. City Action
Teams, Task Forces, Enterprize Zones, Freeports, Urban Regeneration and City Grants oder Urban
Development Corporations (vgl. M. Parkinson/R. Evans, 1990, S. 66; H. Heineberg, 1991, S. 9ff.)),
die fast durchweg im Rahmen einer "Public-private-partnership" dem privaten Sektor die führende
Rolle einräumen. Die wichtigste "by-passing"-Initiative, "the jewel in the crown of Mrs Thatcher's urban strategy" (M. Parkinson/R. Evans, 1990, S. 66), ist die Einrichtung der Urban Development Corporations (UDC).

Durch den Local Government Planning and Land Act (LGPLA) wurde dem Department of Environment (DoE), das als zentralstaatliche Institution die Aufsicht über die kommunale und regionale Planung ausübt, das Recht zur Einrichtung von UDC's gegeben (vgl. R. Danielzyk/G. Wood, 1991; M.
Parkinson/R. Evans, 1990; A. Thornley, 1991, S. 165ff.). UDC's können für eng umgrenzte innerstädtische Bereiche eingerichtet werden. Sie haben in ihrem Gebiet die "development control function"
und können Immobilien aufkaufen bzw. übertragen bekommen. Eine gewisse Unklarheit besteht hinsichtlich ihrer planungsrechtlichen Stellung: Die Bauleitplanung wird weiterhin von den Kommunen
durchgeführt. Die UDC's sollen aber eigene Planungskonzepte für ihr Gebiet erstellen. Da sie letztlich
für ihre Aktivitäten nur die Zustimmung des DoE benötigen, erweisen sie sich als eine prinzipiell von
den Kommunen unabhängige Planungs- und Handlungsinstanz.

Die zentrale Aufgabenstellung der UDC's ist die "regeneration", d.h. die physisch-bauliche Erneuerung von - hauptsächlich altindustriell geprägten - innerstädtischen Problemgebieten. Zu diesem
Zweck sollen Infrastrukturanlagen und allgemeine Rahmenbedingungen geschaffen werden, die für
das private Kapital ("developer") die Investitionen in diesen Zonen attraktiv machen. Für diese Aufgabe stehen den UDC's umfangreiche staatliche Finanzmittel und ein flexibel handhabbares Instrumentarium zur Verfügung. Sie werden jeweils von einem Board gelenkt, dem hauptsächlich Vertreter
des Industrie- und Immobilienkapitals, z.T. lokale Politiker - als persönliche Mitglieder, nicht als de-
legierte Institutionenvertreter - angehören. Die Mitglieder des Board werden vom DoE ernannt. Die
UDC's unterliegen keiner Veröffentlichungspflicht und sind ausschließlich dem DoE rechenschafts-
pflichtig.

Seit dem Jahr 1981 sind in drei "Wellen" in folgenden Gebieten UDC's eingerichtet worden:

o   Im Jahre 1981 in den London Docklands und in Merseyside Liverpool;
o   im Jahre 1987 in Teesside, Tyne and Wear, Trafford Park, Black Country und Cardiff Bay;

---

[15] Im englischen Planungssystem sind traditionell die "structure plans" auf der County-Ebene mit ihren langfristigen, gene-
      relle Entwicklungsrichtungen benennenden Aussagen von den "local plans" mit detaillierten Aussagen zur Entwicklung
      städtischer Teilräume zu unterscheiden. Beide zusammen bilden den rechtlich verbindlichen "development plan" (D.
      Kirby/R. Carrick). In den 80er Jahren wurde die Möglichkeit geschaffen, in "Simplified Planning Zones" von dieser
      Vorgehensweise abzusehen (A. Thornley, 1991, S. 201ff).

o   in den Jahren 1988/89 in Bristol, Leeds, Manchester und Sheffield.

Empirisch abgesicherte, verallgemeinerbare Aussagen über die UDC's sind wegen ihrer noch zu kurzen Laufzeit und den jeweils unterschiedlichen lokalen Bedingungen erst in ersten Ansätzen möglich.[16]

3.4 Die "Tyne and Wear Development Corporation" (TWDC) als Bestandteil einer "Neuen Politik" in Nordostengland

Zur Realisierung des neuen politischen Ansatzes sind in Nordostengland in den letzten Jahren zahlreiche Initiativen und Institutionen im Sinne der "Public-private-partnership" geschaffen worden. K. Shaw (1990) hat die wesentlichen Gemeinsamkeiten herausgearbeitet: Das klassische "Aushandlungsdreieck" wurde zugunsten einer Kooperation von Stadt bzw. Staat mit Individuen, die nach offiziellem Verständnis keine Institutionen repräsentieren, aufgegeben. Faktisch heißt das, daß "not a partnership between a range of different social partners but the dominance of a small group of private sector representatives, particularly drawn from the property and commercial development sectors" existiere (a.a.O., S. 10). Diese Konstellation diene dazu, die Konzeption der Stadtentwicklung von der öffentlichen politischen Debatte abzukoppeln und sie durch die "Fachleute" der "development industries" gestalten zu lassen.

Die im Jahr 1987 gegründete "Tyne and Wear Development Corporation" (TWDC) spielt in dem skizzierten Ansatz eine zentrale Rolle. Sie wird von einem elfköpfigen Board gelenkt, dem neben Vertretern des Industrie-, Bank- und Immobilienkapitals auch drei Ratsherren aus den betroffenen Kommunen und ein regionaler Gewerkschaftschef angehören (TWDC, 1990, S. 4f.). Das Aktionsgebiet der TWDC sind "6000 acres of often derelict, spoiled and unsafe land along 27 miles of the banks of the rivers Tyne and Wear" (a.a.O., S. 7). Da es sich dabei vorwiegend um ehemalige Industrie- und Hafengebiete handelt, leben im Zuständigkeitsbereich unmittelbar nur 4.500 Einwohner. Räumlich benachbart befinden sich aber zahlreiche Arbeiterwohnquartiere mit hoher Arbeitslosigkeit und materiell schlechten Wohnbedingungen.

Die TWDC folgt offensichtlich einer "'post-industrial' vision of the future of the rivers Tyne and Wear, based on residential, retail, leisure use of former industrial sites", aber es existiert kein aufeinander abgestimmtes Entwicklungskonzept (A. Amin/J. Tomaney, 1991, S. 484). Die Realisierung dieser "Vision" soll z.T. durch unmittelbare Ansiedlungsbemühungen geschehen - wie z.B. zuletzt ein EDV-Zentrum der British Airways mit geplanten 1.000 Arbeitsplätzen im Newcastle Business Park, vor allem aber durch die Anziehung von Immobilienkapital, das in Büro- und Wohnraum, Ladenflächen, Übernachtungskapazitäten und Freizeitanlagen investieren soll. Neben prinzipiellen Einwänden spricht gegen diese Strategie vor allem auch die gegenwärtige Krise des britischen Immobilienmarktes, die auf die in der Region aktiven Konzerne bereits negative Auswirkungen gehabt hat (vgl. a.a.O., S. 484).[17]

Typisch für diesen Ansatz sind die "flagship waterfront development projects" wie die Neubebauung des East Quayside in Newcastle. Das in unmittelbarer Nachbarschaft der City von Newcastle am Ufer

---

[16] Umfangreiche Literatur liegt vor zur "London Docklands Development Corporation" (vgl. M. Parkinson/R. Evans, 1990; Docklands Consultative Committee, 1990).

[17] Diesen Sachverhalt räumt auch der Chef der TWDC ein: "The period ahead will be more difficult for anyone planning speculative property development than in the past" (TWDC, 1990, S. 10).

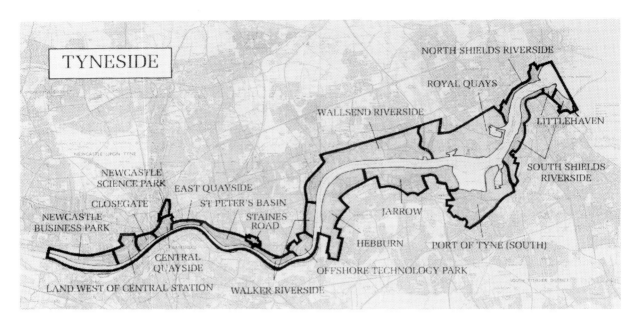

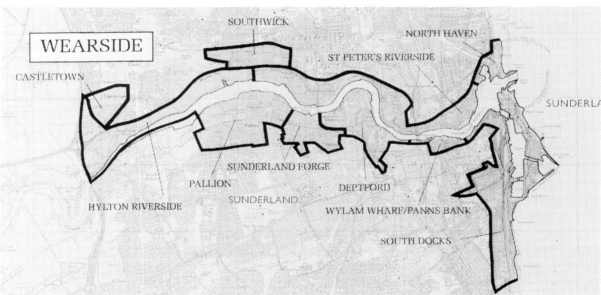

Abb. 4/5: Tyneside - Wearside. Quelle: TWDC, 1990, S. 13.

des Tyne gelegene Gebiet soll durch Immobiliengesellschaften für "festival shopping", Gastronomie und Luxushotels, gehobenes Wohnen und ein "heritage centre" erschlossen werden (TWDC, 1990, S. 13; A. Amin/J. Tomaney, 1991, S. 484). Während es sich hierbei um den konzeptionell verständlichen und mit guten Erfolgsaussichten versehenen Versuch einer City-Erweiterung handelt, sind andere Vorhaben mit ähnlicher Zielsetzung in völlig anders strukturierter Umgebung erheblich konfliktträchtiger. Letzteres gilt z.B. für die Royal Quays, ein ehemaliges, z.T. noch genutztes Hafen- und

Werftgebiet in der Nähe der Tyne-Mündung im District North Tyneside. Auch hier sollen hochwertige Wohngelegenheiten, Läden, ein Hotel u.a. im "Marina"-Stil errichtet werden. Dies in unmittelbarer Nachbarschaft von aufgelassenen Hafenanlagen und von Arbeiterwohnquartieren in North Shields, in denen die Arbeitslosigkeit bis zu 70 % beträgt (vgl. K. Shaw, 1990, S. 13; A. Amin/J. Tomaney, 1991, S. 484). Die Differenz zwischen der regionalen Problemstellung und den Strategien der TWDC läßt sich kaum eindrucksvoller illustrieren.

Die offenkundigen Legitimationsprobleme dieser Strategie des TWDC und wohl auch die kontinuierlichen Auseinandersetzungen bzw. Kooperationen mit den Labour-dominierten Kommunen in dieser Region haben die TWDC veranlaßt, der Entwicklung der benachbarten Communities mehr Aufmerksamkeit zu schenken, als es gegenüber den meisten anderen UDC's bisher üblich ist: "Community development is now a well established and integral part of Corporation policy" (TWDC, 1990, S. 23). Dazu gehört u.a. die Einrichtung von Anhörungen zu einzelnen Projekten, die Vermittlung von Arbeitsplätzen für die Bewohner benachbarter Communities in den Projektgebieten oder die Unterstützung von Community Centres in den nahe gelegenen Wohngebieten (vgl. a.a.O., S. 23ff.). Es ist allerdings hervorzuheben, daß diese Tätigkeiten freiwillig sind und Grundsatzentscheidungen der TWDC in keinem Falle öffentlich zur Diskussion gestellt werden.

Eine Beurteilung der TWDC-Aktivitäten muß mehrere Ebenen berücksichtigen. Im Vergleich zu anderen Regionen ist zunächst herauszustellen, daß im korporatistischen "Klima" des Nordostens die Zusammenarbeit von UDC und Local Authorities enger ist als an vergleichbaren Orten. Allerdings ist dieser Weg für die Kommunen auch die einzige Möglichkeit, an den erheblichen finanziellen Ressourcen der UDC zu partizipieren, da die Mittel für Stadterneuerung generell zurückgenommen worden sind.[18] Aus planungsimmanenter Sicht erscheint dieser Ansatz insofern unlogisch, als er das Aktionsgebiet der TWDC auf die Flußufer zu begrenzen versucht, und die funktional eng verflochtenen Nachbargebiete - zum Teil mit City-, zum Teil mit Wohnfunktion - unberücksichtigt läßt. Darüber hinaus spricht wenig dafür, z.B. das "waterfront-revival"-Konzept mit Marinas unterschiedslos über viele Kilometer hinweg an zwei Flußläufen anzuwenden. Mag es in der Nähe der Cities von Newcastle - als einer regionalen Metropole - und Sunderland ökonomische Erfolgsaussichten dafür geben, so sind diese in zahlreichen anderen Teilgebieten - wie z.B. in North oder in South Tyneside - nicht zu entdecken.

Die oben entwickelten Einwände gegen UDC's - die Aushebelung des lokalen Einflusses auf die Stadtentwicklung, ihre mangelnde demokratische Kontrolle oder ihre Orientierung auf Immobilienkapital - bleiben natürlich auch im konkreten "Fall" der TWDC bestehen. Dies gilt auch dann, wenn sich die TWDC - aufgrund der lokalen politischen Konstellationen und vielleicht auch wegen eines geringeren Nachfragedruckes als etwa in den London Docklands - mehr um Kooperation und Berücksichtigung der Probleme benachbarter Communities zu bemühen scheint. Allerdings bleibt die Frage bestehen, welchen Sinn eine "sozial verantwortlichere" TWDC im Verhältnis zur üblichen kommunalen Planungspolitik machen würde. "Replacement rather than reform is therefore perhaps a better longterm strategy" (K. Shaw, 1990, S. 15).

---

[18] Erst in allerjüngster Vergangenheit (1991) hat das DoE ein neues Programm "City Challenge" aufgelegt, das neue Mittel für Stadterneuerung zur Verfügung stellt.

4. Die Internationale Bauausstellung Emscher Park im Ruhrgebiet

4.1 Strukturwandel und Krisenindikatoren des Ruhrgebiets

Die wirtschaftliche, soziale, politische, kulturelle und siedlungsstrukturelle Entwicklung des Ruhrgebietes wurde über 150 Jahre entscheidend vom Montansektor bestimmt.[19] Seit dem Beginn der Kohlekrise Ende der 50er Jahre ist sie vor allem eine Geschichte des Niedergangs. Die Mitte der 70er Jahre einsetzende Krise der Stahlindustrie, die als anschaulicher Ausdruck der weltweiten Restrukturierung der Produktion gesehen werden kann, signalisierte endgültig die Notwendigkeit, vom "Land der tausend Feuer" Abschied zu nehmen. Diese umfassende strukturelle Krise des die Region prägenden Montansektors führte seit Mitte der 70er Jahre und verschärft in den 80er Jahren zu einer "Abkoppelung" des Ruhrgebietes vom gesamtwirtschaftlichen Wachstums- und Beschäftigungstrend (vgl. B. Butzin, 1990; Gewos, 1989, S. 43ff.).

Die Folgen dieser Entwicklung sind bekannt. Sie äußern sich am sichtbarsten in einem Anstieg der Arbeitslosigkeit, die im Ruhrgebiet durch Arbeitslosenquoten von 12 - 15 % gekennzeichnet ist. Zeitweise wurden auch lokale Spitzenwerte von ca. 20 % erreicht. Die steigende Arbeitslosigkeit ist eine wesentliche Ursache für die erhebliche Zunahme der Zahl der sozialhilfeempfangenden Personen im Ruhrgebiet. Die Zunahme der Sozialhilfeleistungen und anderer Zahlungen zur Bewältigung der Krisenfolgen bei gleichzeitig sinkenden Gewerbesteuereinnahmen trug zu einer krisenhaft zugespitzten Situation der kommunalen Haushalte bei. Dadurch wurden letztlich auch die kommunalen Handlungsspielräume massiv eingeschränkt. Ein weiteres prägnantes Merkmal der Entwicklung ist die sozialräumliche Polarisierung innerhalb der Region. Dabei ist zum einen eine Polarisierung der Teilregionen des Ruhrgebietes zu beobachten. So haben bei den zentralen Entwicklungen die Städte der Emscher-Zone durchwegs schlechtere Werte aufzuweisen als die offenkundig in der Umstrukturierung weiter fortgeschrittenen, traditionell stärker von Dienstleistungen geprägten Städte der Hellweg-Zone (vgl. P. Ache u.a., 1988; B. Butzin, 1987, 1990). Zum andern zeichnet sich die soziale und sozialräumliche Polarisierung auch deutlich auf städtischer Ebene ab (vgl. z.B. M. Krummacher u.a., 1986).

Dieses - das Bild des Ruhrgebiets vielerorts prägende - Krisenszenario wird in jüngster Vergangenheit zunehmend in Frage gestellt. Seit etwa 1988 macht sich eine optimistische "Aufbruchstimmung" in der Region breit. Sie kann sich auf die positive Veränderung einiger Entwicklungsindikatoren, nicht zuletzt auf den offensichtliche Rückgang der Arbeitslosenquoten stützen. Eine nähere Betrachtung macht jedoch deutlich, daß diese Veränderungen in erster Linie mit konjunkturellen Gründen zu erklären sind. Trotz verschiedener Indikatoren, die gegen eine grundlegende und erfolgreiche Umstrukturierung der Ruhrgebietswirtschaft sprechen, ist allerdings das Bild vom Ruhrgebiet als "Aufsteigerregion" so beherrschend geworden, daß die Mitte der 80er Jahre geführte Diskussion um eine "Peripherisierung" (T. Rommelspacher, 1985) bzw. "endogene Marginalisierung" (B. Butzin, 1987) zum Erliegen gekommen ist. Wenn diese Schlagworte auch letztlich nicht zutreffend gewesen sein mögen, so bezeichneten sie doch theoretisch fundierte Analysen der regionalen Situation, die seither nur ansatzweise fortgeführt worden sind.

---

[19] Vgl. zur Entwicklung des Ruhrgebietes zusammenfassend z.B.: I. Breckner u.a., 1985; W. Köllmann u.a., 1990; A. Schlieper, 1986.

4.2 Ansatz und Funktionsweise der IBA Emscher Park

Seit Ende der 60er Jahre hat die sozialdemokratisch geführte Landesregierung mit verschiedenen Programmen versucht, die Umstrukturierung des Ruhrgebietes voranzutreiben (vgl. in diesem Zusammenhang u.a. das Entwicklungsprogramm Ruhr, das Nordrhein-Westfalen-Programm oder das Aktionsprogramm Ruhr). Ein gewisser Bruch mit der bisherigen Planungspolitik läßt sich in der Landespolitik Ende der 80er Jahre ausmachen.[20] Die IBA Emscher Park ist dafür ein herausragendes Beispiel. Außerdem ist auf die Regionalisierung der Wirtschaftsstrukturpolitik hinzuweisen, die mit der "Zukunftsinitiative Montanregionen" eingeleitet und über die "Zukunftsinitiative für die Regionen Nordrhein-Westfalens" inzwischen zu einem flächendeckendem Politikmodus entwickelt wurde (vgl. R. Danielzyk, 1992; H. Kruse, 1990; MWMT, 1990).

Die IBA Emscher Park ist auf Anregung des nordrhein-westfälischen Ministers für Stadtentwicklung, Wohnen und Verkehr im Jahre 1988 ins Leben gerufen worden und steht im gewissen Sinne in der Tradition der in den 80er Jahren eingeleiteten Politik einer erhaltenden Stadterneuerung in Nordrhein-Westfalen. Sie soll Impulse für den ökologischen, ökonomischen und sozialen Umbau im "schwierigsten Teil des Ruhrgebietes", der von der Montankrise besonders betroffenen Emscher-Zone, geben (MSWV, 1988, S. 7). Durch die IBA sollen eine Verbesserung der Umweltbedingungen ("ökologischer Netto-Gewinn") erreicht, Voraussetzungen für "diversifizierte Produktions- und Unternehmensstrukturen" geschaffen und die "Entfaltung einer Vielfalt von persönlichen Lebensstilen ermöglicht" werden (a.a.O., S. 33). Zu diesem Zwecke will die IBA das international vorhandene planungspolitische Wissen zur Bewältigung des Strukturwandels in altindustrialisierten Regionen zusammenführen. Das Selbstverständnis als "Werkstatt für die Zukunft alter Industriegebiete" deutet einerseits den Anspruch an, exemplarisch Vorgehensweisen zu entwickeln. Andererseits soll damit die Bedeutung des Planungsprozesses ausgedrückt werden. Die dadurch initiierten Anstöße, Kooperationen und Konfliktaustragungen werden für ebenso wichtig gehalten wie die baulichen, sichtbaren Resultate. Deshalb soll im Rahmen der angestrebten "umfassende(n), langfristige(n) Zusammenarbeit von Staat, Wirtschaft und Berufsverbänden" (a.a.O., S. 5) "Kooperation ökonomisch, sozial und politisch lohnend gemacht werden" (a.a.O., S. 56). Dabei will die IBA Ideen und Innovationen "von oben" und "von unten" zusammenführen, eine "Verknüpfung von landespolitischer Strukturpolitik und vielfältigen örtlichen Initiativen" erreichen (T. Sieverts, 1991, S. 9).

Diese "endogene Entwicklungsstrategie" der IBA ist in sieben Leitthemen aufgegliedert (MSWV, 1988, S. 33ff.). Die Leitthemen verdeutlichen, daß im Mittelpunkt der regionalpolitischen Zielsetzung die Verbesserung der "weichen" Standortfaktoren in der Emscher-Zone steht. Dabei wird vor allem der ökologischen Situation größte Bedeutung zugemessen.[21] Zudem kommt in den Leitprojekten zum Ausdruck, daß durch die konsequente Orientierung auf viele und vielfältige Teilprojekte ein höherer strukturpolitischer Effekt als durch die Anlockung neuer Großinvestitionen, für die der Emscherraum wegen seiner großflächigen Industriebrachen zweifellos attraktiv ist,[22] erwartet wird. Darüber hinaus weist ein Teil der Leitprojekte aber auch darauf hin, daß in den überkommenen Strukturen der Region Potentiale für die Entwicklung attraktiver postmontanindustrieller Lebensformen gesehen werden, deren Maßstab eben nicht die im Ruhrgebiet häufig angestrebte fordistische Normalität ist (vgl. W. Siebel, 1991).

---

[20] K. M Schmals (1991b, S. 53) spricht hier von einem "prinzipiellen Neubeginn".
[21] Die zentrale These ist dabei die, daß in Zukunft über die wirtschaftliche Konkurrenzfähigkeit von Regionen in erster Linie ihre ökologische Qualität entscheiden wird (K. Ganser/T. Kupchevsky, 1991, S. 1220).

Diese anspruchsvollen Zielsetzungen sollen ohne ein eigenes Förderprogramm realisiert werden. Das institutionelle Zentrum der IBA ist eine verhältnismäßig kleine, privatrechtlich organisierte Planungsgesellschaft (die GmbH befindet sich zu 100 % im Besitz des Landes). Sie entwickelt Rahmenkonzepte und Leitlinien, wählt die einzelnen Projekte aus und betreut deren Realisierung. Die Projekte werden von je spezifisch zusammengesetzten Projektgruppen vorgeschlagen (Projektträger können Kommunen und private Unternehmen, aber auch Verbände, bürgerschaftliche Initiativen, Gesundheitseinrichtungen usw. sein) und unter Einhaltung des geltenden Planungs- und Baurechts durchgeführt. Benötigte Mittel müssen privatwirtschaftlich aufgebracht oder über die vorhandenen Förderprogramme eingeworben werden. Dabei verspricht ein "IBA-Siegel" im Rahmen der Landesförderung eine gewisse Bevorzugung. Von den über 400 eingereichten Projektvorschlägen sind bisher über 80 Projekte in das IBA-Programm aufgenommen worden. Ihre Realisierung soll in den Jahren 1994/95 und 1998/99 in Präsentationen vorgestellt werden.

4.3 Zwischenbilanz der IBA Emscher Park

Die überaus anspruchsvolle, aber nicht widerspruchsfreie Zielsetzung und Organisation der IBA haben zahlreiche kritische Anmerkungen hervorgerufen, die sich wegen der verhältnismäßig kurzen Laufzeit bisher noch überwiegend auf die Konzeption und Projektauswahl sowie das Verhältnis zu anderen Bereichen der nordrhein-westfälischen Politik beziehen müssen (vgl. dazu z.B. J. Aring u.a., 1989, S. 350ff.; S. Müller u.a., 1989; S. Müller u.a., 1991 sowie auch W. Siebel, 1991).[23] Eine Auswertung der schon vorhandenen Erfahrungen mit der IBA wird durch die Ablehnung einer systematischen sozialwissenschaftlichen Begleitforschung erschwert. Aus diesem Grund kann lediglich auf Berichte aus einzelnen Projekten zurückgegriffen werden. Zunächst soll auf die immanenten Probleme der IBA eingegangen werden. In einem weiteren Schritt wird die IBA im Kontext der Landespolitik betrachtet.

An zentraler Stelle ist auf das Fehlen einer regionalökonomischen Analyse sowie von Darstellungen und Erklärungen des ökonomischen Umbruchs und des sozialen Wandels in der Programmatik der IBA zu verweisen. Auf die zahlreichen empirischen Analysen und Prognosen sowie die vorhandenen theoretischen Interpretationen der Entwicklungen im Ruhrgebiet und insbesondere in der Emscher-Zone wird kaum Bezug genommen. Von daher werden die dargestellten Präferenzen für "weiche" Standortfaktoren und ökologische Verbesserungen als Voraussetzungen einer zukunftsträchtigen Wirtschaftsstruktur im Emscherraum eher assoziativ als fundiert begründet. Hinzu kommt, daß die räumlich-funktionale Einbindung der Emscher-Zone in die gesamte Rhein-Ruhr-Agglomeration kaum reflektiert wird. In Verbindung mit der akzentuiert dezentralen Projektorientierung der IBA führt das fehlende Interesse für großräumige und umfassende strukturelle Überlegungen zur Ablehnung von regionalen Gesamtkonzepten. Damit gehen dann aber zugleich auch wichtige planungspolitische Themen, so etwa die künftige Gestaltung des Verkehrssystems in der Region, "verloren".

Mindestens ebenso wichtig ist aber eine kritische Auseinandersetzung mit den Widersprüchen und Restriktionen im Rahmen der Durchführung einzelner Projekte. In zweifacher Hinsicht ist das Fehlen

---

22 Z.B. aus den Bereichen Abfallwirtschaft, Logistik, Handel ("Triple Five", "Neue Mitte Oberhausen", "World Trade Center").

23 Da hier die IBA vor allem als Beispiel einer neuen Regionalpolitik betrachtet wird, kann auf andere höchst diskussionswürdige Aspekte nicht eingegangen werden. Wir meinen u.a. die Bedeutung von Konzepten und Begriffen wie "ökologischer Netto-Gewinn", "Wiederaufbau von Landschaft", die allgegenwärtigen "Parks" sowie die Auseinandersetzungen um den geeigneten Umgang mit Industriedenkmälern (vgl. dazu z.B. S. Müller, u.a. 1991; T. Sieverts, 1991; sowie die Beiträge dieses Bandes).

einer eigenständigen finanziellen Förderung der IBA-Projekte problematisch. Zum einen steht die Forderung nach integrativen Ansätzen und Projekten im Konflikt mit der sektoralen Ausrichtung der vorhandenen Förderprogramme. Zum anderen gehört es zu den Eigenheiten öffentlicher Mittelvergabe, daß Investitionszuschüsse einfacher als Personalkostenförderungen zu erhalten sind. Dies geht unmittelbar zu Lasten der sozialen Ansprüche der IBA und der immer wieder betonten Bedeutung von Kommunikation und Kooperation im Planungsprozeß. Bisher hat die IBA das Problem nicht grundsätzlich lösen können, wonach die intendierte Einbeziehung bürgerschaftlicher Initiativen und Kompetenzen die Bereitstellung unterstützender Kapazitäten (etwa im Sinne der "Advokatenplanung") verlangen würde. Als weiterer Aspekt ist in diesem Zusammenhang hervorzuheben, daß die IBA als landespolitisches Vorhaben und als "Bauausstellung" gerade auch an ihren öffentlich sichtbaren Ergebnissen gemessen wird. Dieser Erfolgsdruck impliziert eine latente Bevorzugung rasch realisierbarer und "vorzeigbarer" Projekte.

Diese verschiedenen Problemfelder verdeutlichen nicht nur exemplarisch die Widersprüchlichkeit der IBA als innovatives Projekt in einem größtenteils traditionellen Rahmen, sondern sie erklären auch die immanente Bevorzugung von Projektvorschlägen der Kommunen, Unternehmen und der Fachöffentlichkeit. Daher ist bisher der Anspruch der IBA auf Einbeziehung bürgerschaftlicher Kompetenzen und des lokal vorhandenen Wissens nicht befriedigend eingelöst.

Die immanenten Probleme der IBA sind charakteristische Widersprüche im Rahmen der Durchsetzung einer neuen planungspolitischen Handlungsform zur Bewältigung der Komplexität des Strukturwandels im Ruhrgebiet. Bestimmte Aspekte wie die privatrechtliche Organisationsform, die dezentrale Projektrealisierung, das Aufnehmen von Themen der Kritik an bisherigen Formen der Planung und Wirtschaftsförderung zeigen, daß hier mit einem neuen Politikmodus vorsichtig experimentiert wird, ohne einen radikalen Bruch mit der Vergangenheit zu versuchen. K.M Schmals (1991a, S. 32f.) hat die IBA daher schlagwortartig als "neoetatistische Antwort auf die Krise des Fordismus" bezeichnet, die von der Notwendigkeit eines aktiven staatlichen Handelns zur Regulierung der Marktkräfte und zur Bewältigung sozialer Krisenfolgen ausgehe. In Nordrhein-Westfalen ist diese Vorgehensweise politisch ausgesprochen erfolgreich, da die Legitimation des staatlichen Handelns - und der nunmehr 25-jährigen Vorherrschaft der Sozialdemokratie - trotz der erheblichen Umbrüche nicht ernsthaft angezweifelt wurde.

Die IBA ist kein Produkt einer sozialen Basisbewegung, sondern ein Projekt der nordrhein-westfälischen Landesregierung. Unter den gegenwärtigen ökonomischen Rahmenbedingungen und dem gegebenen politischen Erfolgsdruck ist daher die Gefahr nicht auszuschließen, daß die IBA im Laufe der Jahre ausschließlich zu einer Strategie wird, die die Region wirtschaftsgerecht "aufbereitet" (vgl. a.a.O., S. 44f.).

4.4 Die IBA im Kontext der nordrhein-westfälischen Landespolitik

Die IBA soll die Regionalpolitik für das Ruhrgebiet nicht ersetzen, sondern sie ist ein Element der verschiedenen Aktivitäten der Landesregierung zur Restrukturierung der Region. Betrachtet man die IBA in diesem Zusammenhang, entsteht ein widersprüchliches Gesamtbild (vgl. H.J. Bremm/R. Danielzyk, 1991; K.M Schmals, 1991a,b). So gibt es schon innerhalb des Ministeriums für Stadtentwicklung und Verkehr erkennbare Zielkonflikte: Dort wird nicht nur die IBA, sondern auch eine Verkehrspolitik verantwortet, die nur mühsam und längst nicht in allen Punkten dem Lobby-Druck für die "Bewältigung" der gerade in der Rhein-Ruhr-Region massierten Verkehrsprobleme durch weiteren

Ausbau von Schnellstraßen, Flugplätzen und Magnetbahnen standhält. Von einem eigenen, den stadt-entwicklungspolitischen Zielen adäquaten verkehrspolitischen Konzept sind die Planungen des Ministeriums noch weit entfernt.

Auch wenn verschiedene Ressortpolitiken miteinander verglichen werden, zeigen sich divergierende Tendenzen. So steht z.B. die Absicht des Umweltministeriums, in der Emscherzone durch die Nutzung der vorhandenen Brachflächen, Transportwege und der Gewöhnung an Umweltbelastungen eine großindustrielle Abfallwirtschaft mit mehreren großen Verbrennungsanlagen zu realisieren, im Konflikt mit der vom Ansatz her breit angelegten, kleinteiligen Erneuerungsstrategie der IBA. Die Unvollständigkeit der Durchsetzung des neuen politischen Ansatzes zeigt sich auch darin, daß keine neuen Förderprogramme bereit gestellt wurden. Auch wenn die Finanzknappheit des Landes und die Vermeidung des Widerstandes etablierter Interessen oberflächlich verständliche Begründungen dafür bieten, so zeigt sich doch an den Erfahrungen der IBA, daß ein integrativer, prozeßorientierter Politikansatz mit den überkommenen Haushaltsstrukturen teils nur mühsam, teils gar nicht realisiert werden kann.

Zudem werden in jüngerer Vergangenheit verschiedene, z.T. widersprüchliche Tendenzen deutlicher sichtbar, durch welche die innovativen Ansätze der IBA-Politik unter Druck geraten. So hat der konjunkturelle Aufschwung im Ruhrgebiet und der damit verbundene - scheinbare - ökonomische Erfolg in Teilbereichen und Teilregionen die Bereitschaft gesenkt, unkonventionelle Wege in der Strukturpolitik zu gehen, die oftmals nur akzeptiert werden, wenn "nichts anderes mehr geht". Auch die Renaissance überkommenen "Ansiedlungsdenkens", als Folge simpelster verkehrsgeographischer Überlegungen im Kontext der deutschen und europäischen Integration, weist in diese Richtung (vgl. dabei Slogans wie "Region im Herzen Europas" oder "Schnittpunkt kontinentaler Achsen"). Ein bemerkenswertes Beispiel ist der Forderungskatalog der Emscher-Lippe-Agentur (vgl. ELA, 1991), der überwunden geglaubte Mittel der Wirtschaftsförderung in den Mittelpunkt der Strategien rückt. Ihr Bezugsraum ist aber in großen Teilen mit dem IBA-Gebiet identisch, in dem doch die Vorstellungen der IBA innovativ wirken sollten. Möglicherweise deutet sich hier eine Arbeitsteilung in der Zuständigkeit für "weiche" (IBA) und "harte" (ELA) Standortfaktoren an. Ein weiteres Beispiel eines Widerspruchs zur IBA-Intention sind die Planungen für die "Neue Mitte Oberhausen", die ein nach dem Scheitern des "Triple-Five-Projektes" erheblich reduziertes Einkaufs- und Freizeitzentrum vorsehen, das den Westen der Region vermutlich verhängnisvoll dominieren wird. Eine erneute Legitimation für "alte" Politikmuster gibt auch die politisch gesteuerte Verschärfung der Kapazitätsreduktion im Bergbau mit dem Wiederaufleben einer regionalen Sozialplanpolitik, die mangels konzeptioneller Alternativen stark auf exogene Ressourcen (wie Fördermittel oder Neuansiedlungen) setzt. Diese Tendenzen könnten in ihrer Summierung die Bedeutung der IBA erheblich reduzieren. [24]

Zusammenfassend sind die wichtigsten Grundzüge der IBA noch einmal herauszuheben: Als innovative Akzente können Flexibilisierung und Dezentralisierung der Politik angesehen werden. Innerhalb der IBA findet eine Vernetzung aller Politikebenen vom Land bis in sublokale Teilbereiche statt. So werden etwa die Grundzüge der Politik in Kuratorium und Lenkungsausschuß der IBA, in denen die Landesregierung, landesweit operierende Großorganisationen, Kommunen etc. vertreten sind, festgelegt. Auf der Ebene der Projekte finden sich - je nach Umfang des einzelnen Vorhabens - von regionsweiten bis zu sehr kleinteiligen, auf einzelne Bauwerke oder Straßenzüge gerichteten Koope-

---

[24] Inwieweit der Wechsel von Personen, die für die Innovationen in der Städtebau-, Regional- und Sozialpolitik des Landes in den 80er Jahren wesentlich verantwortlich waren, in andere Tätigkeiten künftig die Innovationsfähigkeit der nordrhein-westfälischen Politik deutlich mindern wird, muß hier offen bleiben.

rationsrunden die verschiedensten Formen der Zusammenarbeit mit höchst unterschiedlicher Zusammensetzung. Die Integration dieser sehr disparaten Situation wird über die Planungsgesellschaft, ihr Personal und die für ihre Arbeit gültigen Richtlinien, sowie über einzelne (politische) Akteure geleistet.

Wichtig für das Verständnis ist aber die Beachtung der weiterhin überragenden Bedeutung der Landesebene. Diese besteht zum einen in der Anstiftung zur dezentralen Kooperation,[25] zum anderen in der Vorgabe von Leitlinien ("Korridore") für die Auswahl von einzelnen Projekten. Diese Konstruktion bietet zumindest dem Prinzip nach die Möglichkeit, für Abstimmungsprozesse gewisse Standards vorzugeben. Damit soll wohl der Versuch unternommen werden, die vielfach als Folge einer dezentralisierten Politik befürchteten Verschärfungen der interlokalen Konkurrenzen (vgl. z.B. D. Harvey, 1989) zu begrenzen. Gleichermaßen kann dieses ein Weg sein, den "Markt für politische Strategien" (I. Tömmel, 1989) zu regulieren. Inwieweit diese Konstruktion wirklich zur Geltung kommen kann, dürfte allerdings nicht zuletzt von der künftigen Stellung des Landes Nordrhein-Westfalen im globalen wirtschaftlichen Wettbewerb beeinflußt werden.

Als weitere Charakteristika seien die Verbreiterung des Themenspektrums und des Spektrums der beteiligten Akteure hervorgehoben. Diese Öffnung ist in einer exemplarischen Weise ambivalent: Sie bietet einerseits eine Chance für soziale Gruppen und spezifische Themenfelder, die gewöhnlich in der (bisherigen) Regionalpolitik wenig beachtet werden, zur Geltung zu kommen. Sie kann andererseits aber auch als weitere Stufe der Funktionalisierung bisher nicht erfaßter Bereiche gesehen werden. Das gilt vor allem in Hinblick auf sozio-kulturelle Aktivitäten, die rasch in Inszenierungen "innovativer Millieus" aufgehen können.

5. Theorie der Regulation und veränderte Planungspolitiken: Eine offene Diskussion

Abschließend werden die Gemeinsamkeiten und Unterschiede, die sich bei einer vergleichenden Betrachtung der drei Fallbeispiele ergaben, noch einmal zusammenfassend herausgestellt. Hieran schließt sich eine theoretische "Einordnung" verschiedener nationaler Regulationsweisen an.

Unübersehbar sind Gemeinsamkeiten der Restrukturierung der Regulationsweisen in den Regionen Pittsburgh, Nordostengland und dem Ruhrgebiet. Flexibilisierung und Dezentralisierung sind ebenso Grundzüge der Regionalpolitik in diesen Regionen geworden wie die Übertragung strategisch wichtiger Funktionen an neugeschaffene Institutionen außerhalb des traditionellen politisch-administrativen Gefüges. Diese Institutionen werden, wie der gesamte Politikmodus, durch ein inzwischen zum Schlagwort gewordenes Merkmal gekennzeichnet, das sich in Pittsburgh schon länger in den Vordergrund geschoben hat, seit den 80er Jahren aber auch sehr stark in Nordostengland und zunehmend im Ruhrgebiet durchsetzt: die "Public-private-partnerships". Dabei ist nicht nur ein starker direkter Einfluß privatkapitalistischer Interessen auf staatliches bzw. planungspolitisches Handeln zu beobachten, sondern über diese "Kooperation" werden privatwirtschaftliche Handlungsformen und Funktionsprinzipien in den öffentlichen Sektor, dessen Funktionsweise als nicht mehr adäquat eingeschätzt wird,

---

[25] R.G. Heinze/H. Voelzkow (1991, S. 200) bezeichnen diese "von oben" angestiftete Kooperation als "inszenierten Korporatismus". Die hier herausgestellten Grundprinzipien finden sich z.T. auch bei der Regionalisierung der Wirtschaftsstrukturpolitik.

eingebracht. Im Extremfall wird dann die Stadt bzw. die Region als "Unternehmen" verstanden, das vor allem marktgerecht, kostengünstig und effizient funktionieren müsse.

Die Analyse der Fallbeispiele hat auch verdeutlicht, daß die Veränderungen der Planungspolitiken durchaus unterschiedliche Formen und Reichweiten, aber auch z.T. differenzierte Zielsetzungen haben. So spielen etwa soziale und ökologische Aspekte im Zielkatalog der IBA eine größere Rolle als bei der "Tyne and Wear Development Corporation" in Nordostengland und in der "Strategy 21" in Pittsburgh. Das ist allerdings nicht unmittelbar als Ausdruck jeweils unterschiedlicher planungspolitischer Überlegungen zu verstehen, sondern kann nur vor dem Hintergrund der jeweiligen nationalen poltischen Traditionen und Rahmenbedingungen des ökonomischen Strukturwandels erklärt werden.[26] Daher ist etwa auch das Fehlen regionaler Strategien in Großbritannien nicht ein planungspolitisches "Versäumnis" und auch nicht nur Folge eines zentralistischen "bias" des Thatcherismus, sondern Ausdruck der zentralistischen Tradition des Landes und vor allem auch des Versuchs, den kontinuierlichen Abstieg in der Weltmarkthierachie durch radikalen Wandel in der makroökonomischen Politik zu bremsen.

Weiterhin läßt sich an den drei Beispielen zeigen, daß Deregulierungsrhetorik nicht die Aufgabe aller interventionistischen Politik bedeutet, sondern - in jeweils unterschiedlichen Ausprägungen - neue und andere Formen staatlicher Einflüsse stattfinden (vgl. als Beispiel den "Militär-Keynesianismus" in den USA). Das kann nun aber nicht bedeuten, daß der Staat für das Geschehen und vor allem für die Krisenerscheinungen im Rahmen des regionalen Strukturwandels allein verantwortlich zu machen ist, wie es in den politischen Debatten in aller Regel üblich ist. Das hieße in der Tat, die Begrenzung der Einflußmöglichkeiten des Staates auf private Investitionsentscheidungen zu verkennen.

Eine vergleichende Betrachtung der drei planungspolitischen Strategien muß sich zumindest mit zwei Schwierigkeiten auseinandersetzen: Zum einen ist es der Umstand, daß sie immer nur auf Zwischenergebnisse langfristiger Prozesse Bezug nehmen kann, was etwa Aussagen über die Durchsetzung einer neuen Regulationsweise erschwert. Wenn sich auch in allen drei beobachteten Regionen das politische - und wissenschaftliche - Interesse sehr stark den neuen Strategieansätzen zugewendet hat, so existieren nach wie vor mehr oder weniger große Bereiche, in denen traditionelle Politikformen dominieren. Zum anderen sind die drei Regionen jeweils in einen eigenen politisch-historischen Kontext eingebettet, der den Spielraum für die "Wahl" neuer Planungsstrategien und die Herausbildung veränderter Regulationsweisen begrenzt.

An dieser Stelle ist es unserer Ansicht nach sinnvoll, auf einen regulationstheoretisch geleiteten Vergleich nationaler Regulationsweisen durch A. Lipietz (1991) Bezug zu nehmen. Nach der zusammenfassenden, idealtypischen Analyse von Lipietz zeichnet sich ab, daß sich die Wege aus dem fordistischen Akkumulationsregime in den wirtschaftlich vorangeschrittenen Nationen zwischen den Polen "Neo-Taylorismus" und "Kalmarismus" bewegen (vgl. A. Lipietz, 1991).[27] Wie bereits bei der Kategorie "Fordismus" bezeichnen die Begriffe a) ein allgemeines Modell der Arbeitsorganisation, b) ein makroökonomisches Muster und c) eine Regulationsweise (als System von rechtlichen und institutionellen Regeln).[28] Der Neo-Taylorismus ist der Versuch, den Fordismus in einer flexibilisierten Form fortzusetzten, ohne jedoch dessen soziale Absicherungsformen zu übernehmen. Der Kalmaris-

---

[26] So weisen die regulationstheoretischen Ansätze mit Recht immer wieder auf die "nationalen Besonderheiten" der formationsspezifischen Regulationsweisen hin (vgl. A. Sayer, 1989).

[27] Der eigentümliche Ausdruck geht auf die Stadt Kalmar in Schweden zurück, die Standort des schwedischen Automobilherstellers ist, der "als erster die Produktion nach dem Prinzip der 'Mitwirkung' organisierte" (A. Lipietz, 1991, S.86).

[28] Die territoriale Bezugsgröße dieser Paradigmen (Region, Nation, supranationale Ebene) ist allerdings noch umstritten (A. Lipietz, 1991, S. 86)

mus ist durch normative politische Vorgaben und die Nutzung sozialen Wissens auf verschiedenen gesellschaftlichen Ebenen gekennzeichnet. A. Lipietz (1991, S. 94ff.) betont, daß im Gegensatz zum "Goldenen Zeitalter" des Fordismus die post-fordistischen Wege durch Konsistenzprobleme gekennzeichnet sind: Es könnte sein, daß die "Dominanz einer spezifischen Form der Arbeitsbeziehung wie in den Zeiten des Fordismus nur eine einmalige Situation in der Geschichte des Kapitalismus war und die Zukunft weniger klare und eindeutige Konturen hat" (a.a.O., S. 79).

Wenn sich aus der Darstellung der drei Fallbeispiele der Eindruck ergibt, daß die Entwicklungen in Nordostengland und Pittsburgh untereinander mehr Gemeinsamkeiten aufweisen als mit der IBA, die als eine "spezifisch sozialdemokratische" Variante der Dezentralisierung und Flexibilisierung von Planung und Politik erscheint, so stimmt das mit den Analysen von Lipietz überein. Nach seiner Auffassung dominiert der neo-tayloristische Weg - mit jeweils unterschiedlichen Akzentuierungen - vor allem in Großbritannien und den USA. Bezogen auf die - regionale - Planungspolitik bedeutet das insbesondere, daß dem Kapital als regionalem Akteur überproportionale und unmittelbare Einflußmöglichkeiten zukommen. Andere Akteure - wie bürgerschaftliche Gruppen, Vereine, Gewerkschaften, Kammern - treten demgegenüber in den Hintergrund oder sind nicht Bestandteil der "regionalen Wachstumskoalitionen". Dies konnte - bei aller Unterschiedlichkeit - an den Strukturen der Aushandlungsrunden in den Regionen Pittsburgh und Nordostengland verdeutlicht werden. Nur dort, wo es unbedingt notwendig erscheint, wird über lokal begrenzte Beteiligungsmodelle die politische Einbindung von lokalen Oppositionspotentialen besorgt, wie z.B. in der Region Pittsburgh beim Ausbau des Großflughafens.

Auch die "Public-private-partnerships" sind durch die Dominanz des Kapitals gekennzeichnet. Das gilt nicht nur für die finanziellen Aspekte, sondern auch für die konzeptionellen. Dem privaten Sektor fällt die leitende Rolle bei den Projekten zu. Der öffentliche Sektor begnügt sich mit der Schaffung von Rahmenbedingungen und den rechtlichen Aspekten der Durchsetzung der Projekte.

Der neo-tayloristische Weg zur Stärkung der Wettbewerbsfähigkeit von Regionen verschärft sozial-räumliche Polarisierungstendenzen und grenzt immer größere Teile der Bevölkerung aus.[29] Es zeigt sich mehr und mehr, daß eine neo-liberale, dem Kapital größtmöglichen Spielraum gewährende Politik zwar den fordistischen Kompromiß mit den Beschäftigten zerschlagen kann, aber wenig geeignet ist, um eine langfristig tragfähige neue Strategie der Kapitalakkumulation zu etablieren (vgl. C. Scherrer, 1992, S. 58). Dies ist allerdings nicht nur der regionalen Planungspolitik geschuldet, sondern wird erst im Zusammenhang nationaler Reaktionen auf Positionsverschiebungen im weltweiten Wettbewerb verständlich.

Die IBA - und auch andere regionalplanerische Strategien in der Bundesrepublik Deutschland - sind offensichtlich stärker von dem kalmarischen Modell geprägt, das A. Lipietz (1991, S. 97) auch in Japan und in Skandinavien als dominant einschätzt. Das kalmarische Modell kommt den Erfordernissen und Ansprüchen eines post-fordistischen Akkumulationsregimes eher entgegen. Sein ökonomischer Erfolg ist also nicht umstandslos der "besseren" Politik zuzurechnen, sondern ergibt sich aus dem Zusammenspiel von ökonomischen Erfordernissen und politischen Strategien.

Auf den ersten Blick kann die Planungspolitik unter kalmarischen Bedingungen verschiedene Vorteile zugleich für sich verbuchen: Flexibilisierung, Dezentralisierung und Partizipation. Das kalmarische Modell versucht, sich sehr viel systematischer die Vorteile von Partizipation zu erschließen. Die for-

---

[29] Die "Explosion der Gewalt" in Los Angeles im Frühjahr 1992, aber auch die "riots" im September 1991 in Tyneside zeigen, wie weit die soziale und räumliche Fragmentierung bereits vorangeschritten ist.

melle und auch tatsächliche Einbindung einer Vielzahl von regionalen Akteuren und organisierten Interessen ist Bestandteil der "Verhandlungssysteme". Die umfangreiche Nutzung von sozialem Wissen ist allerdings - wie bereits erwähnt - zwiespältig zu beurteilen. In der Regel ist bereits vorab darüber entschieden, zu welchen Sachverhalten wer etwas sagen darf. Das zu errreichende Ziel steht somit nicht zur Disposition - ganz im Gegenteil: Wer daran seine Zweifel äußert, handelt sich schnell den Vorwurf ein, "gegen die gemeinsame Sache zu sein", sondern bestenfalls der Weg, der dorthin führen soll. Allerdings können weitläufige Beteiligungsmöglichkeiten eine Eigendynmik entwickeln, die zumindest partiell zu vom Staat bzw. von der Wirtschaft vorher nicht kalkulierbaren Ergebnissen führen kann. Die dann denkbare Einschränkung der Partizipationsmöglichkeiten dürfte meist mit einem erheblichen politischen Legitimationsverlust verbunden sein.

Auch die "Public-private-partnerships" sind im kalmarischen Modell durch die stärkere Stellung des Staates und anderer Akteure gekennzeichnet. Der (lokale) Staat ist zumeist in einer agierenden Position und organisiert die Einbindung relevanter sozialer Gruppen. Zusammenfassend ist festzustellen, daß im kalmarischen Modell die Interessen und die sozio-ökonomische Situation von mehr sozialen Gruppen Berücksichtigung finden als unter neo-tayloristischen Bedingungen.

Bei näherem Hinsehen ergeben sich allerdings auch in der kalmarischen Planungspolitik problematische Konstellationen. Der kleine - aber stetig wachsende - Anteil marginalisierter Gruppen ist möglicherweise um so schärfer ausgegrenzt, da mehrheitlich der herrschende Politikmodus als "sozialverträglich" akzeptiert ist. Zudem stellt die "Ökonomisierung der Kommunalpolitik"[30] demokratische und rechtsstaatliche Prinzipien nicht nur im neo-tayloristischen, sondern auch im kalmarischen Modell in Frage. Die unterschiedlichen Felder der kommunalen Politik werden dem Zwang unterworfen, ihre Nützlichkeit für den interkommunalen Wettbewerb unter Beweis stellen zu müssen.

Anhand der Fallstudien konnte gezeigt werden, daß Aushandlungsrunden und "Public-private-partnerships" Bestandteile beider Entwicklungsmodelle sind, um neue Standortqualitäten zu schaffen und im Wettbewerb der Regionen bestehen zu können. Diese Vorgehensweisen sind insofern problematisch, als sie erhebliche Demokratiedefizite mit sich bringen. Die installierten Verhandlungsrunden finden in einer beschränkten Öffentlichkeit statt, und die dort getroffenen Entscheidungen verselbständigen sich gegenüber den demokratisch gewählten Gremien - und erst recht gegenüber einem Großteil der Bevölkerung innerhalb einer Region - zum Sachzwang, dessen Ablehnung gleichbedeutend mit dem finanziellen Ruin der Kommunen wäre. Die Bewohner von Städten und Regionen drohen so mehr und mehr zu "Geiseln der überregionalen Attraktivität"[31] zu werden.

Die Differenzen zwischen den beiden Modellen bestehen offenkundig weniger in der allgemeinen Zielsetzung als vielmehr in den konkreten Umsetzungsformen und in der Bandbreite der behandelten Themen und der beteiligten Gruppen. Weiterhin konnte gezeigt werden, daß es keine Frage willkürlicher politischer Entscheidung ist, ein Modell dem anderen vorzuziehen. Welche Wege regionale Planungspolitik einschlagen kann und welche Dinge sie bewirken kann, hängt nicht zuletzt von internationalen Konstellationen ab. Zudem ist nicht zu übersehen, daß auch kalmarisch regulierte Gesellschaften auf höchst problematischen Voraussetzungen beruhen, die ihren "Erfolg" langfristig bedrohen: Gemeint sind die implizite Neigung zur Lösung von Verteilungskonflikten auf Kosten der

---

30 Diese Kennzeichnung wurde von W. Heinz, Deutsches Institut für Urbanistik Köln, im Rahmen der Tagung "Die Produktion von Stadt-Landschaft", die vom 12.6. bis zum 14.6.1992 in der Evangelischen Akademie Loccum stattfand, getroffen.

31 Diese Kennzeichnung wurde von J. Fiedler, Oberstadtdirektor Hannover, im Rahmen der Tagung "Die Produktion von Stadt-Landschaft", die vom 12.6. bis zum 14.6.1992 in der Evangelischen Akademie Loccum stattfand, getroffen.

ökologischen Situation und die Existenz neo-tayloristischer Regulierungsformen in weiten Teilen Osteuropas, Asiens und Lateinamerikas.

Literatur

Abromeit, H.: Staatsentwicklung in der Thatcher-Ära: Weniger Staat - mehr Staat? in: Sturm, R. (Hrsg.), Thatcherismus - eine Bilanz nach zehn Jahren, Bochum 1990, S. 295-324.

Ache, P./Ingenmey, F.-J./Kunzmann, K.R.: Die regionale Entwicklung süddeutscher Verdichtungsräume. Parallelen zum Ruhrgebiet, Forschungsprojekt im Auftrag des Kommunalverbandes Ruhrgebiet, Essen 1989.

Ache, P./Bremm, H.-J./Mertens, A.: Emscher-Zone im Umbruch. Entwicklungslinien des räumlichen Strukturwandels, in: RaumPlanung Nr. 42, 1988, S. 197-204.

v. Alemann, U./Heinze, R.G./Hombach, B. (Hrsg.): Die Kraft der Region, Nordrhein-Westfalen in Europa, Bonn 1990.

Allegheny Conference on Community Development (ACCD): A Strategy for Growth. An Economic Development Program for the Pittsburgh Region, Report, Volume I, o.O., 1984.

Amin, A./Tomaney, J.: Creating an enterprise culture in the North East? The impact of urban and regional policies of the 1980, in: Regional Studies 25, 1991, S. 479-487.

Amin, A./Robins K.: The re-emergence of regional economies? The mythical geography of flexible accumulation, in: Environment and Planning D, Society and Space 8, 1990, S. 7-34.

Aring, J./Butzin, B./Danielzyk, R./Helbrecht, I.: Krisenregion Ruhrgebiet? Alltag, Strukturwandel und Planung, Wahrnehmungsgeographische Studien zur Regionalentwicklung 8, Oldenburg 1989.

Barke, M.: Newcastle/Tyneside 1890-1980, in: Gordon, G. (ed.), Regional cities in the UK 1890-1980, London 1986, S. 117-148.

Breckner, I. u.a.: Regionalentwicklung zwischen Technologieboom und Resteverwertung. Die Beispiele Ruhrgebiet und München, Bochum 1985.

Bremm, H.J./Danielzyk, R: Vom Fordismus zum Post-Fordismus. Das Regulationskonzept als Leitlinie des planerischen Handelns? in: RaumPlanung Nr. 53, 1991, S. 121-127.

Buswell, R.J./Champion, A.G./Townsend, A.R.: The Northern Region, in: Damesick, P.J./Wood, P.A. (eds.), Regional Problems, Problem Regions and Regional Policy in the United Kingdom, Oxford 1987, S. 167-190.

Butzin, B.: Regionaler Entwicklungszyklus und Strukturwandel im Ruhrgebiet. Ansätze zur strukturellen Erneuerung? in: Zeitschrift für Wirtschaftsgeographie 34, 1990, S. 208-217.

Butzin, B.: Strukturwandel im Ruhrgebiet? Zum Entstehungs- und Wirkungszusammenhang der Krise, in: Köhler, E./Wein, N. (Hrsg.), Natur- und Kulturräume, Ludwig Hempel zum 65. Geburtstag, Münstersche Geographische Arbeiten 27, Paderborn 1987, S. 301-314.

Colemann, M.: Public-private cooperative response patterns to regional structural change in the Pittsburgh region, in: Hesse, J.J.(ed.), Regional structural change and industrial policy in international perspective, United States, Great Britain, France, Federal Republic of Germany, Baden-Baden 1988, S. 123-158.

Danielzyk, R./Wood, G: Restructuring Old Industrial and Inner Urban Areas: A Contrastive Analysis of State Policies in Great Britain and Germany, The Case of Urban Development Corporations in Great Britain and the Case of the "Emscher Park International Building Exhibition" in Germany, Newcastle-upon-Tyne 1991 (i.Dr.).

Danielzyk, R.: Gibt es im Ruhrgebiet eine "postfordistische Regionalpolitik"? in: Geographische Zeitschrift, 80. Jg., 1992, S. 84-105.

Docklands Consultative Committee: The Dockland Experiment. A critical review of eight years of London Docklands Development Corporation, London 1990.

Dunford, M.: Theories of regulation, in: Environment and Planning D, Society and Space 8, 1990, S.297-321.

ELA: Emscher-Lippe-Agentur: Forderungen der Emscher-Lippe-Region zur Bewältigung der von der erneuten Reduzierung des Bergbaus hervorgerufenen struktur- und sozialpolitischen Probleme, Gelsenkirchen 1991.

Esser, J./Hirsch, J.: Stadtsoziologie und Gesellschaftstheorie. Von der Fordismuskrise zur "postfordistischen" Regional- und Stadtstruktur, in: Prigge, W. (Hrsg.), Die Materialität des Städtischen, Stadtentwicklung und Urbanität im gesellschaftlichen Umbruch, Stadtforschung aktuell 17, Basel/Boston 1987, S. 31-56.

Friedrichs, J./Häußermann, H./Siebel, W. (Hrsg.): Süd-Nord-Gefälle in der Bundesrepublik? Sozialwissenschaftliche Analysen, Opladen 1986.

Ganser, K./Kupchevsky, T.: Arbeiten im Park. 16 Standorte im Wettbewerb um Qualität, in: Stadtbauwelt Nr. 110, 1991, S. 1220-1229.

Gewos: Strukturelle Anpassung altindustrieller Regionen im internationalen Vergleich. Forschungsvorhaben im Auftrag des Bundesministers für Wirtschaft, Endbericht, Hamburg 1989.

Harvey, D.: From managerialism to entrepeneurialism in urban governance in late capitalism, in: Geografiska Annaler, Series B, Human Geography, 71B, No. 1, 1989, S. 3-17.

Heineberg, H.: Großbritannien. Aspekte der Wirtschafts-, Regional- und Stadtentwicklung in der Thatcher-Ära, in: Geographische Rundschau 43, 1991, S. 4-13.

Heinze, R.G./Voelzkow, H.: Kommunalpolitik und Verbände. Inszenierter Korporatismus auf lokaler und regionaler Ebene, in: Wollmann, H./Hellstern, G.M. (Hrsg.), Brennpunkt Stadt, Stadtforschung aktuell 31, Basel u.a. 1991, S. 187-206.

Hirsch, J.: Kapitalismus ohne Alternative? Hamburg 1990.

Horkheimer, M.: Dämmerung. Notizen in Deutschland, Frankfurt a.M. 1974.

Houston, D.B.: A brief history of the process of capital accumulation in Pittsburgh. A marxist interpretation, in: Seminar on urban concentration, Pittsburgh and Cracow, Cracow 1981, S. 239-281.

Hudson, R.: Labour market changes and new forms of work in old industrial regions. Maybe flexibility for some but not flexible accumulations, in: Environment and Planning D, Society and Space 7, 1989, S. 5-30.

Hudson, R.: The North in the 1980s. New times in the 'Great North' or just more of the same? in: Area, 1991, S. 47-56.

Kastendieck, H.: Die lange Wende in der britischen Gesellschaftspolitik. Zur Interpretation des Thatcherismus, in: Stinshoff, R. (Hrsg.), Die lange Wende, Beiträge zur Landeskunde Großbritanniens am Ausgang der achtziger Jahre, Oldenburg 1989, S. 17-41.

Kirby, D./Carrick, R.: Planning in Britain. An introductory framework. Slough 1985.

Köllmann, W./Korte, H./Petzina, D./Weber, W. (Hrsg.): Das Ruhrgebiet im Industriezeitalter. Geschichte und Entwicklung, 2 Bde. Düsseldorf, 1990.

Koritz, D.: Restructuring or Destructuring? Deindustrialization in Two Industrial Heartland Cities, in: Urban Affairs Quarterly 26, 1991, S. 497-511.

Krätke, S.: Strukturwandel der Städte. Städtesystem und Gründstücksmarkt in der "post-fordistischen" Ära, Frankfurt a.M./New York 1991.

Krummacher, M./Schrooten, F./Wupper, H.: Umbruch der Stadt - z.B. Bochum, Bochum 1986.

Kruse, H.: Reform durch Regionalisierung. Eine politische Antwort auf die Umstrukturierung der Wirtschaft, Frankfurt a.M. 1990.

Kunzmann, K.R.: Pittsburgh. Nichts ist erfolgreicher als der Erfolg, Studie im Auftrag des Bundesminister für Raumordnung, Bauwesen und Städtebau (Kurzfassung), Dortmund 1988.

Leborgne, D./Lipietz, A.: Neue Technologien, neue Regulationsweisen. Einige räumliche Implikationen, in: Borst, R. u.a. (Hrsg.), Das neue Gesicht der Städte, Theoretische Ansätze und empirische Befunde aus der internationalen Debatte, Stadtforschung aktuell 29, Basel u.a. 1990, S. 109-129.

Leborgne, D./Lipietz, A.: New technologies, new modes of regulation. Some spatial implications, in: Environment and Planning D, Society and Space 6, 1988, S. 263-280.

Lipietz, A.: Die Beziehung zwischen Kapital und Arbeit am Vorabend des 21. Jahrhunderts, in: Leviathan, 1991, S. 78-101.

Lovering, J.: Fordism's unknown successor. A comment on Scott's theory of flexible accumulation and the re-emergence of regional economics, in: International Journal of Urban and Regional Research 14, 1990, S.159-174.

Mitchell, A.: The North-East, in: Critchley, J. (ed.), Britain - a view from Westminster, Poole u.a., 1986, S. 55-74.

MSWV: Minister für Stadtentwicklung, Wohnen und Verkehr des Landes Nordrhein-Westfalen: Internationale Bauausstellung Emscher Park. Werkstatt für die Zukunft alter Industriegebiete, Memorandum zu Inhalt und Organisation, Düsseldorf 1988.

Müller, S. u.a.: Emscher-Raum im Umbruch - wohin führt die Strategie des IBA-Memorandums? Arbeitspapier Nr. 3 des Fachgebiets Soziologische Grundlagen der Raumplanung an der Universität Dortmund, Dortmund 1989.

Müller, S. u.a.: Internationale Bauausstellung Emscher Park - Balanceakt zwischen internationaler Kapitalverwertung und lokaler Verbesserung der Lebensverhältnisse, Arbeitspapier Nr. 6 des Fachgebietes Soziologische Grundlagen der Raumplanung an der Universität Dortmund, Dortmund 1991, S. 2-26.

MWMT: Ministerium für Wirtschaft, Mittelstand und Technologie des Landes Nordrhein-Westfalen: Künftige Ausgestaltung der regionalen Strukturpolitik, (Manuskript) Düsseldorf 1990.

Parkinson, M./Evans, R.: Urban Development Corporations, in: Campbell, M. (ed.), Local Economic Policy, London 1990, S. 65-84.

Robinson, F. (ed.): Post-Industrial Tyneside. An Economic and Social Survey of Tyneside in the 1980s, Newcastle upon Tyne 1988.

Rommelspacher, T.: Periferisierung. Chance für neue Regionalkultur im Revier, in: Breckner, I. u.a., Regionalentwicklung zwischen Technologieboom und Resteverwertung, Die Beispiele Ruhrgebiet und München, Bochum 1985, S. 93-113.

Saves, E.S., zitiert in: Tank, H., Altindustrialisierte Gebiete, Lösungswege in den Regionen Pittsburgh/USA und Glasgow/GB, Institut für Landes- und Stadtentwicklungsforschung des Landes Nordrhein-Westfalen (Hrsg.), ILS Schriften 12, Dortmund 1988.

Sayer, A.: Postfordism in question, in: International Journal of Urban and Regional Research 13, 1989, S.666-695.

Sbragia, A.: The Pittsburgh Model of economic development. Partnership, responsivness, and indifference, in: Squires, G. (ed,), Unequal partnership, Urban economic development in post-war America, Rutgers University Press 1988.

Scherrer, C.: Fehlgeschlagene Krisenüberwindung, in: WZB-Mitteilungen 56, 1992, S. 58-60.

Schlieper, A.: 150 Jahre Ruhrgebiet. Ein Kapitel deutscher Wirtschaftsgeschichte, Düsseldorf 1986.

Schmals, K.M: Gesellschaftliche Lebensräume im Umbau - Gestaltungsspielräume von Architekt/inn/en und Planer/inne/n, diskutiert am Beispiel des IBA Emscher Parks im Ruhrgebiet, in: Müller S. u.a., 1991, S. 27-47 (zitiert als K.M Schmals 1991a).

Schmals, K.M: Modernisierungspolitik für ein "starkes Stück Deutschland"? in: Müller, S. u.a., 1991, S. 48-60 (zitiert als K.M Schmals 1991b).

Schmidt, G.: Industrial relations in Großbritannien. Vom "voluntarism" zum "new realism", in: Stinshoff, R. (Hrsg.), a.a.O., S. 54-72.

Shaw, K.: The Politics of Public-Private Partnership in Tyne and Wear, in: Northern Economic Review Nr. 19, 1990, S. 2-16.

Siebel, W.: Die Internationale Bauaustellung Emscher Park. Eine Strategie zur ökonomischen, ökologischen und sozialen Erneuerung alter Industrieregionen, (Manuskript) Oldenburg/Gelsenkirchen 1991.

Sieverts, T.: Die Internationale Bauaustellung Emscher Park. Werkstatt zur Erneuerung alter Industriegebiete, Eine strukturpolitische Initiative des Landes Nordrhein-Westfalen, in: Internationale Bauaustellung Emscher Park - Zukunftswerkstatt für Industrieregionen (hrsg. von T. Sieverts), arcus 13, Köln 1991, S. 4-11.

Thornley, A.: Urban Planning under Thatcherism. The Challenge of the market, London, New York 1991.

Tömmel, I.: Europäischer Binnenmarkt und mediterrane Peripherie, in: Prokla Nr. 75, 1989, S. 29-46.

Twisselmann, J.: Bildung und Tradition. Zur Kritik der neokonservativen Funktionalisierung des Bildungsbegriffs, Forschungsreihe des Forschungsschwerpunkts "Arbeit und Bildung", Band 16, Bremen 1990.

Tyne and Wear Development Corporation (TWDC): Annual report 1989/90, Newcastle upon Tyne/Sunderland 1990.

Uppendahl, H.: Zentralstaatliche Lenkung oder kommunale Selbstregierung - Zur Lage der kommunalen Gebietskörperschaften in Großbritannien, in: Stinshoff, R. (Hrsg.), Die lange Wende, Beiträge zur Landeskunde Großbritanniens am Ausgang der achtziger Jahre, Oldenburg 1989, S. 120-133.

Wolf, W.: "Die Angst geht um", in: Konkret 2, 1992, S. 32-35.

Wood, G.: Braucht der Nordosten Englands ein neues Image? in: Die Erde, 120. Jg., 1989, S. 301-311.

Arnold Voß

Hinterland der Metropolen

Schwierigkeiten und Probleme einer städtebaulichen Aufwertungsstrategie durch die IBA Emscher Park

1. Metropolisierungszwang und uneinholbare Metropolisierungsdefizite als Rahmenbedingungen

Es ist keine Frage, daß die Industrie des Ruhrgebietes in hohem Maße vom Weltmarkt abhängig ist, sie es von Beginn an war. Der Versuch der Landesregierung, die Krise dieser altindustriellen Region durch ihre Umwandlung zum bevorzugten Dienstleistungsstandort Europas zu bewältigen, schließt an diese so vorgegebene internationale Orientierung an und ist insofern nicht überraschend. Dies ändert jedoch nichts an der Tatsache, daß die Städte zwischen Duisburg und Dortmund bis heute nicht den Anschluß an die Weltstadtentwicklung und die dadurch gesetzten kulturell-urbanen Niveaus gefunden haben. Das gilt selbst, wenn man Köln und Düsseldorf als Metropolenkopf zu dieser Stadtregion hinzunimmt und deren in den letzten 15 Jahren hinzugewonnenen Auslandsverbindungen, vor allem im Dienstleistungs- und Kunstbereich, in Rechnung stellt (vgl. S. Müller, 1992).

Die in den letzten Jahren begonnene Aufholjagd des Ruhrgebietes in Sachen Metropole hat, sofern man dieser Stadtregion in Anbetracht ihrer dezentralen und kleinstädtischen Tradition überhaupt eine Chance einräumt, durch die Wiedervereinigung einen weiteren schier unüberwindbaren Rückschlag erlitten. Nicht nur, daß ihre zentrale Lage im zukünftigen gemeinsamen Europäischen Markt durch die Öffnung des eisernen Vorhanges in Frage gestellt wird. Die Hauptstadtentscheidung für Berlin hat zugleich im Rahmen der großeuropäischen Integration den Metropolisierungszwang aller deutschen Großstädte bei Strafe ihrer Benachteiligung im Konkurrenzkampf um attraktive Arbeitsplätze des gehobenen Dienstleistungs- und Produktionsbereiches verschärft.

Vergrößerter Metropolisierungszwang bei gleichzeitig uneinholbaren Metropolisierungsdefiziten bestimmt somit die städtebauliche Modernisierungssituation des Ruhrgebietes und genau in dieses Spannungsverhältnis ist die IBA-Emscher Park einzuordnen. Sie mußte sich international nennen, weil ihre Initiatoren damit zumindest ein städtebaulich-gestalterisches Anspruchsniveau formulieren konnten, mit dem sich traditionell nur Metropolen zu schmücken wagen. Und es mußte auch eine Ausstellung sein - auch wenn der Begriff der Ausstellung im Leitpapier als prozeßhaft neu definiert wird -, das heißt, die Ergebnisse mußten der neuen Imagebildung und Mediatisierung der Stadt entsprechend vorzeigbar sein. Diese Vorzeigbarkeit im Rahmen neuer Raumbilder ist nicht nur dem Metropolisierungszwang, sondern zugleich auch der ganz profanen Politikvermarktung geschuldet, deren Medien-Gesetz im Ruhrgebiet genauso gilt wie in Paris oder New York. Das Problem ist nur, daß in diesem regionsinternen Vermarktungsprozess und seinen diesbezüglichen Vorentscheidungen im politischen Raum nachwievor eine personale und soziokulturelle Struktur herrscht, die diesem von den IBA-Initiatoren vertetenen Anspruch keineswegs entspricht.

Im Gegenteil, gerade in dem von der IBA betreuten Regionsteil ist die Provinzialität - und das ist hier nicht von vornherein abwertend gemeint - des politischen Prozesse sowohl im öffentlichen als auch im informellen Bereich tief verankert und durch eine regionsstrukturelle Dezentralität materiell gefestigt (vgl. J. Reulecke, Band 2, 1990).

2. Das international-kommunale Entscheidungsamalgam und seine Folgen

Das Fatale an dieser speziellen Provinzialität ist dabei nicht sie selbst als soziokultureller Ausdruck von Metropolisierungsdefiziten, sondern ihre ruhrgebietstypische Koppelung mit vorrangig quantitätsorientierten Großstadtattitüden. Fast alle betroffenen Städte haben weit über 100.000 Einwohner und entsprechende soziokulturelle Infrastrukturen.[1] Diese objektiv basislosen Großstadtträume speziell der EmscherzonenpolitikerInnen kombinieren sich jedoch aufs Fatale mit dem vermarktungsorientierten Internationalitätsanspruch der IBA-Akteure:

o Beide im Entscheidungsprozeß eng verwobenen Akteursgruppen bestärken sich gegenseitig in einer eher formal als inhaltlich orientierten Vorzeigbarkeit der Projekte.

o Die von den IBA-Akteuren entwickelten Leitbilder werden seitens der Lokalpolitiker in der Regel nicht ernsthaft in Frage gestellt, geschweige denn eigene Leitbilder als kritisches Korrektiv entwickelt.

o Der Bevölkerung und zum Teil wohl auch der politischen Klasse der Emscherzone selbst wird die illusionäre Hoffnung eröffnet, sich doch noch aus eigener Kraft aus der Hinterhoflage befreien zu können.

Basis dieser Fremd- und Selbsttäuschung ist das Fehlen einer qualifizierten kommunalen Öffentlichkeit und ein nachwievor uneingeschränkter Machtapparat der SPD (vgl. K. Rohe, 1987). Der Internationalität der Emscher Park fehlt damit die soziokulturelle und die soziopolitische Basis. Weder gibt es in der Emscherzone das metropolitane Publikum und die entsprechenden Medien, die in der Lage wären, den öffentlichen Diskurs über ihre Standards zu führen, noch steht ihr eine durch ihre begründbare antimetropolitane Skepsis gefestigte Provinzialität gegenüber,[2] die mit ihren Mitteln die örtliche Angemessenheit eben dieser Standards hinterfragt.

Die Folgen dieses speziell international-provinziellen Entscheidungsamalgams sind beträchtlich. Ich werde sie hier thesenhaft formulieren, um sie in den folgenden Kapiteln im einzelnen zu diskutieren. Dabei bin ich mir über die Vorläufigkeit dieser Vorgehensweise im klaren. Erst eine zum Abschluß der Projekte verfaßte und umfassendere Analyse kann hier größere Klarheit erbringen. Für eine begründete Gefahrenanzeige scheinen mir die von mir zusammengestellten Fakten und die damit beschriebenen Tendenzen jedoch ausreichend zu sein. Diese Tendenzen sind im einzelnen:

o Die IBA Emscher Park ist ihres methodischen und ihres sachlichen Experimentiercharakters heute bereits weitgehend verlustig gegangen;

---

[1] Dabei sind es weniger die Bewohner als die PolitikerInnen einschließlich der GRÜNEN, die sich nicht von diesen Großstadtambitionen und ihren Scheinautonomien verabschieden können. Den GRÜNEN muß man hierbei jedoch zugute halten, daß sie stärker auf die politische Autonomie setzen, während sie in ihrer materiellen Politik die spezifischen kleinstädtisch-ländlichen Qualitäten der Emscherzone als die letzten verbliebenen städtebaulichen Qualitäten zu schätzen gelernt haben.

[2] Diese Situation gilt auch für die Hellwegstädte. Jedoch findet sich hier (im Verhältnis zur Emscherzone) eine größere Gruppe von "Kosmopoliten" und eine etwas aufgelockerte Medienstruktur. Die Chancen der politischen Einflußnahme dieser vom Lebens- und Denkstil überkommunalen/überregionalen Minderheit geht auch hier nachwievor gegen Null.

o   die IBA löst ihren Demokratisierungsanspruch nicht ein;

o   die IBA intensiviert den städtebaulichen und sozialräumlichen Fragmentierungsprozeß des Ruhrgebiets; und nicht zuletzt

o   die IBA verdrängt die Folgen ihrer Aufwertungsstrategie.

Der fachliche Kern dieser Gefahren ist schon in den städtebaulichen Leitbildern der IBA Emscher Park bzw. in ihrem ungenügenden Bezug zur Region angelegt.

3. Die städtebaulichen Leitbilder der Emscher Park und ihr fehlender Bezug zur Region

3.1 Die Themen und ihr Ursprung

Die Leitbilder und die daraus sich ergebenden Leitprojekte der IBA sind, wie könnte es anders sein, Ausdruck der städtebaulichen Kritik der neueren Zeit. Sie fassen quasi die letzen 15 bis 20 Jahre der Stadtdiskussion zusammen und bündeln sie in der These: Es ist die ökologische und raumgestalterische Qualität, die die Stadt der Zukunft für ihre Nutzer attraktiv und damit auch für Investoren konkurrenzfähig macht. Betrachtet man die einzelnen Leitprojekte differenzierter, so scheint in ihnen jeweils eines der folgenden Kritikfelder thematisiert;

o   In der Idee des Emscher-Landschaftspark steckt die Wiedergewinnung der Natur für den Stadtraum als rekreatives und zugleich raumbildendes Potential;

o   im ökologischen Umbau der Emscher kristallisiert sich ein neuer Umgang mit den bislang vernachlässigten naturstofflichen Basiselementen des Städtebaus;

o   im Umbau der Kanalrandzone zum Erlebnisraum spiegelt sich die neuerliche Diskussion um die "Waterfront" der Stadt;

o   der Erhalt der Industriedenkmäler präsentiert eine neue Geschichtlichkeit der Stadtplanung;

o   die "Arbeiten im Park"-Konzeption reflektiert Erkenntnisse über die neuen hochqualifizierten und stadtintegrierten Arbeitsprozesse;

o   die Projekte im Bereich des Wohnungsneubaus und der Wohnungsmodernisierung gehen, zumindest was ihre experimentelle Seite betrifft, von der gesellschaftlichen Etablierung neuer Familien- und Lebensformen aus;

o   die neuen Angebote für soziale und kulturelle Aktivitäten sind ein Angebot an die neue städtische Szene, die auch im Ruhrgebiet vermutet wird und im Gegensatz zu den anderen Projektbereichen als relativ undefinierte Restgröße fungiert. An sie wurde all das verlagert, was nicht eindeutig unter die anderen Kategorien zu subsumieren ist. Sie erinnert stark an das, was in den 70er und 80er Jahren unter dem Begriff "Stadtteilkultur" gefaßt wurde.

Die Bearbeitung dieser generellen und ausgesprochen wichtigen Themen und Kritikfelder der Stadtentwicklung wird dann problematisch, wenn sie nicht genügend auf die regionalen Besonderheiten hin reflektiert wird, die sich ihr in diesem Fall entgegenstellen und zugleich andere Themen der Stadt- und Ökologiekritik außen vorgelassen werden.

3.2 Die Problematik des Emscher Parks

Spätestens die Machbarkeitsstudie für den Emscher-Landschaftspark hat deutlich gezeigt, daß die Infrastukturen der noch anwesenden und auch der zukünftigen Industrielandschaft im wahrsten Sinne des Wortes quer zur Idee des durchgehenden Grünen Bandes verlaufen und somit, wenn überhaupt, nur einen Flickenteppich ermöglichen, der keineswegs das Raumerlebnisversprechen halten kann, das dieser Begriff entlang der gängigen städtebaulichen Kriterien beinhaltet. Hinzu kommen die gewaltigen Turm- und Mastensysteme der Energieversorgung, die nichteinmal dem Himmelsblick die Illusion einer gängigen Parklandschaft ermöglichen. Erst recht läßt sich mit ihm kein klarer Stadtrand, geschweige denn eine städtebauliche Kontur generieren. Selbst der Versuch, dies durch aufwendige landschaftsgestalterische bzw. gärtnerische Maßnahmen zu erreichen, könnte sich in Anbetracht der einmaligen Zerfetzung und Zerklüftung dieser speziellen Industrielandschaft nicht der Lächerlichkeit entziehen.

3.3 Die Problematik der Emscherumgestaltung

Bei der ökologischen Erneuerung der Emscher tauchen neben den technischen Problemen ähnliche Gestaltungsprobleme wie unter Punkt 3.2 auf. Die Trennung von natürlichem Wasserlauf und Abwässern erscheint nicht nur zusehends als ökologisches, sondern auch als gestalterisches Täuschungsmanöver (vgl. S. Müller, 1991). Bleibt doch bei dem Restwasser kaum mehr als ein wenn auch natürliches Rinnsal, dessen Meandrierung keineswegs mit den Flußbildern in Einklang zu bringen ist, das der Begriff des ökologischen Umbaus aus der Erinnerung der Anwohner hervorrief. Hinzu kommt, daß die Meandrierung auf weiten Strecken durch die anderen parallel verlaufenden und äußert linearen Bandstrukturen von Straßen, Röhren, Bahnlinien und Deichsystemen verunmöglicht wird. Auch hier scheint das gewählte Leitbild, das hinter dem Leitprojekt steht, nicht im Ansatz der Realität angemessen gewesen zu sein. Hinzu kommt, daß die neuen dezentralen Kläranlagen ebenfalls erhebliche Eingriffe in die Landschaft darstellen und, da sich auf der Abwassereinleitungsseite nichts Wesentliches ändert, damit auch die Geruchsbelästigung der Anwohner räumlich ausdehnt. [3]

3.4 Die Problematik des "Arbeiten im Park"- Konzeptes

Besonders schräg zu den Arbeits- und Lebensbedingungen der Mehrzahl der Emscherzonenbewohner liegt das "Arbeiten im Park"- Konzept. Hinter diesem Leitbild steht ein Qualitäts- und Flexibilitätsniveau des Arbeitsplatzes, das weder in der Vergangenheit noch in der Zukunft in diesem Bereich des Ruhrgebietes von größerer Bedeutung sein wird. Aber selbst wenn es gelänge, gegen den Trend der modernisierten Industrialisierung und Resteverwertung in der Emscherzone vereinzelte Arbeitsplatzhighlights zu setzen, so birgt das damit verbundene städtebauliche Konzept - neben den systemimmanenten Schwierigkeiten - erhebliche sozialräumliche und stadtökologische Probleme:

o   Für die Mehrzahl der Anwohner und Arbeitsplatzinhaber muß es als doppelte Benachteiligung erscheinen, wenn die neuen Arbeitskräfte, egal ob sie aus der Region stammen oder zuwandern, nicht nur ein höheres Gehalt plus größerer Arbeitsplatzsicherheit plus selbstgestaltbarer Arbeitszeit sondern auch noch ein stadträumliches Arbeitsumfeld bekommen, das dem Rest der Bevölkerung nicht einmal als Wohnumfeld vergönnt ist.

---

[3]   Die Emschergenossenschaft spielt dieses Problem gerne herunter, unterschlägt dabei jedoch die in dieser Region häufiger auftauchende "inversionsarme Wetterlage" sprich Smoggefahr, die selbst bei Erfüllung aller Auflagen die materielle Basis jeder Kläranlage ins sinnliche Bewußtsein bringt.

o   Ein Teil der für die Parks ausgewählten Standorte liegt obendrein in Bereichen, in denen eine
    Ausdehnung der zusammenhängenden und unbebauten Grün- und Freizeitbereiche für die All-
    gemeinheit dringend zu fordern ist. Es ist einfach eine Verkennung der sozialräumlichen Tatsa-
    chen, wenn von den IBA-Machern behauptet wird, daß die privatisierten und nach hohen ästhe-
    tischen Standards gestalteten "Arbeitsparks" auch für die umliegende Bevölkerung umstandslos
    als Freiflächen mitbenutzt werden könnten.

o   Da die Mehrzahl der Standorte in vom ÖPNV schlecht erreichbaren Randlagen positioniert ist
    und über kein qualifiziertes urbanes Umfeld verfügt, wird neben dem Flächenfraß durch den er-
    höhten Grünanteil und die zu schaffenden Parkplätze auch noch erhebliches Zusatzaufkommen
    im privaten Individualverkehr erzeugt, der sich noch dadurch potenziert, da es sich zumindest
    dem Modell nach um zeitlich hochautonom gestaltete Arbeitsplätze handeln soll.

Zur bitteren Ironie würde das Konzept jedoch dann, wenn in der Mehrzahl niedrig bis mittelmäßig
qualifizierte und/oder für den Strukturwandel unbedeutende Arbeitskräfte in den Genuß dieses stadtökologisch und sozialräumlich problematischen Flächen kämen. Die Ruhrgebietsverantwortlichen haben in den letzten Jahrzehnten auf diesem Gebiet schon genug Fehler gemacht und damit trotz der hohen Durchgrünung einen Flächenengpass vor allem im Bereich größerer geschlossener Freiflächen
produziert.

3.5 Die Problematik der "Waterfront"

Selbst das Leitprojekt "Kanäle als Erlebnisräume" ist nicht unproblematisch, hat doch die entsprechende Aneignung dieser Räume schon lange vor der Erfindung dieses Leitgedankens stattgefunden.
Dies jedoch in einer Weise, die zum Teil im direkten Gegensatz zu den Vorstellungen der anvisierten
neuen Kanalanrainer und dem städtebaulichen Leitbild der "Waterfront" stehen. Der Rhein-Herne-
Kanal hat sich aufgrund des mit seiner Entstehungsgeschichte engverbundenen Industriebesatzes zu
einer speziellen Freizeitlandschaft entwickelt, die vor allem durch die Bedürfnisse unterer Einkommensschichten bestimmt ist. Sie stellen das Gros der Anwohner und haben durch das, was man in der
stadtplanerischen Diskussion landläufig als Nischennutzung bezeichnet, auch materielle Aneignung
betrieben. Zusammen mit der immer noch beeindruckenden Industriekulisse ist dadurch eine eigen-
willige Landschaft entstanden, die weniger der Aufwertung als der Anerkennung der sich dort schon
seit längerem realisierten Wünsche der reichlich vorhandenen Nutzer bedarf. Dies gilt jedoch nicht für
die gesamte Kanalzone. Für den größten Teil ist aber auch hier das Leitmodell aus einem weltweiten
städtebaulichen Trend abgeguckt, der zwar die für das Ruhrgebiet richtige These vom Erlebnisraum
Wasserzone vertritt, mit den spezifischen Erlebnisbedingungen der Emscherzone aber nur sehr wenig
zu tun hat (vgl. A. Voß, 1992).

3.6 Wohnungsbau und Wohnumfeldverbesserung für die neuen Mittelschichten

Etwas weniger problematisch liegt die Sache bei den restlichen Leitprojekten. Industrieller Denkmalschutz, Wohnungsneubau und Wohnungsmodernisierung sowie neue soziokulturelle Aktivitäten
schließen an demographische und schichtenspezifische Veränderungen innerhalb der Region an und
basieren auf einer städtebaulichen Diskussion, die auch hier qualifiziert und flächendeckend geführt
wurde.

Gerade bei der Modernisierung der Arbeitersiedlungen wird neben dem ökologischen Umbaugedan-
ken auch der soziale Aspekt der gelebten Nachbarschaft in kooperativer Lebensform mitbedacht und

gefördert. Eine solche Wohnform kann zwar nicht umstandslos an die Traditionen der Berg- und Stahlarbeitersiedlungen anknüpfen, entspricht jedoch sowohl den Bedürfnissen einer zunehmenden Minderheit der neuen Mittelschichten des Ruhrgebietes als auch den mittlerweile in deren Umfeld anerkannten Problemgruppen, wie z.B. alleinerziehende Frauen und Männer. Aber auch dieses Leitbild ist der Region insofern aufgesetzt, als daß die hier angesprochenen Gruppen gerade in der Emscherzone geringer vertreten sind als im Bundesdurchschnitt.[4] Überdurchschnittlich vertreten ist hingegen die Gruppe der neuen Armen und der alten Unterschichten, die im Konzept der IBA jedoch nicht thematisiert werden.

Die Kritik an der großen Privatisierungswelle der Bergarbeiterwohnungen in den 70er und 80er Jahren, die gerade im Interesse der zuletzt genannten Bewohnergruppe die Erneuerung des Genossenschaftsgedankens hervorgebracht hat, ist bisher in keinem Projekt aufgenommen worden. Überhaupt fehlt ein Konzept für die Wohnversorgung der Verlierer der ökonomischen Umstrukturierung der Region. Die bislang erstellten Neubauwohnungen - obwohl sie zum überwiegenden Teil als Sozialwohnungen erstellt wurden - lassen diese Bevölkerungsgruppe außen vor, bzw. sind für diese Gruppe nur ein Tropfen auf dem heißen Stein. In diesem Zusammenhang bleiben bislang auch die besonderen soziokulturellen Wohnumfeldbedürfnisse der Ausländer und insbesondere der Türken unbearbeitet (vgl. dazu den Beitrag von M. Krummacher/V. Waltz in diesem Buch).

3.7 Der Erhalt der Industriearchitektur als Mengenproblem

Der Erhalt der überkommenen Industriearchitektur des Ruhrgebietes wird von den neuen und alten Mittelschichten des Ruhrgebietes und ihren Ablegern in Verwaltung, Industrie und Gewerkschaften eingeklagt und protegiert. Der IBA kommt dies insofern entgegen, als sich diese architektonischen Highlights auch in der diesbezüglich eher unterbelichteten Emscherzone finden und in das Landschaftsparkkonzept integrieren lassen. Das Problem bleibt nachwievor die Finanzierung dieser großartigen und zugleich häufig sehr groß geratenen Gebäudekomplexe. Alle sind froh über die neue Sensibilität gegenüber diesen bislang verkannten Zeitzeugen, keiner weiß jedoch so recht die Kriterien, nach denen aus der großen Anzahl der Erhaltungsmöglichkeiten auch für die Kommunen und das Land tragbare Realitäten werden könnten. Auch hier hat das selbst regional kritiklos akzeptierte Leitbild des Ortstypischen versagt. Der zu Anfang brutal durchgesetzte und mittlerweile allseits gewünschte Strukturwandel hat aus seiner ihm eigenen Dynamik heraus so viele potentielle Denkmäler ermöglicht, daß dadurch der Denkmalsgedanke selbst massiv in Frage gestellt wird. Es fehlt das zumindest mit dem Ursprung dieses Leitbildes eng verknüpfte Besondere, das herausragend Geschichtsträchtige, das im eigentlichen Sinne des Wortes Denkmalwürdige. Es sei denn, man stellte konsequenterweise die ganze Region als einmaliges europäisches Industrieensemble unter Geschichtsquarantäne (vgl. dazu auch den Beitrag von R. Kastorff-Viehmann in diesem Buch).

---

[4] Das liegt gerade in der Emscherzone am überdurchschnittlichen Arbeiteranteil, der nach wie vor eher den traditionellen Familienmustern folgt. Siehe hierzu die bei H.J. Schöps im Spiegel Nr. 2/1991 auf S. 109 referierten Ergebnisse einer regionalspezifischen Studie zum außerfamiliären Zusammenleben. Eine weitere plausible Erklärung liegt in der soziokulturell bedingten überdurchschnittlich niedrigen Frauenerwerbstätigkeit in schwerindustriellen Regionen wie dem Ruhrgebiet und der christlich konservativen Tradition der Bergarbeiter. Auch die Mehrzahl der kommunalen Funktionärsschichten der SPD und der Gewerkschaften haben hier nach meiner Erfahrung eine nach wie vor reservierte bis ablehnende Haltung gegenüber unkonventionellen Formen des Zusammenlebens und der Kindererziehung. Insofern kann auch hier von einem der Region aufgesetzten Leitbild gesprochen werden.

3.8 Neue soziale und kulturelle Aktivitäten und die Problematik der Stadtteilorientierung

Das sich um die Idee der Stadtteilkultur rankende Sammelsurium "neuer sozialer und kultureller Aktivitäten" spiegelt zusammen mit einer weiteren quasi inoffiziellen und zusätzlich eingeführten Projektkategorie "integrierte Stadtteilentwicklung" ebenfalls die demographischen Veränderungen und die damit verbundene neue Mittelschichtsorientierung bzw. die neuen urbanen Bedürfnisse dieser Gruppe von Stadtbewohnern wieder. Dabei kommt es unabhängig von der unklaren Einteilung dieser Projekte durch die IBA selbst zu einer schwierigen Bedürfnisgemengelage der hier im weitesten Sinne angesprochenen Bürger.

Da ist zum einen die auch im Ruhrgebiet relativ kleine aber mittlerweile schon traditionelle, freie und alternative Szene mit ihren immer noch dezentralen und antikommerziellen Kulturbedürfnissen. Da sind zum anderen die dem Yuppieleitbild folgenden, gut qualifizierten und verdienenden Mittelschichtsmitglieder, die auch im Ruhrgebiet zunehmend nach zentralen Treffpunkten und kulturellen Highlights suchen, um dem für sie langweiligen Stadtteilleben zu entfliehen (vgl. dazu auch den zweiten Beitrag von A. Voß in diesem Buch). Gleichzeitig überrollt das Ruhrgebiet zur Zeit eine Welle von neuen dezentralen aber zugleich auf Massenkonsum orientierten und spezialisierten Kultur, Vergnügungs- und Einkaufsstädten, die den Rest der hochmobilen und ausreichend verdienenden Ruhrgebietsbewohner anzusprechen versuchen. Auf der Strecke bleiben auch hier alle die, die wenig mobil und/oder zu arm sind, um den soziokulturellen Nahbereich zu verlassen.

Diese auch in anderen Ballungsräumen vorhandenen antiurbanen Tendenzen bekommen im Ruhrgebiet eine besondere Dimension durch die schon traditionell vorhandene Dezentralität und Zersiedlung. Während andere eher metropolitane Stadtlandschaften mit ihrem traditionellen Stadtkern und seiner weiteren Aufwertung diesen Tendenzen zur "Amerikanisierung" der europäischen Großstädte entgegenwirken können, hat das Ruhrgebiet kein vergleichbares Gegengewicht zu bieten. Zugleich existiert im Ruhrgebiet mit ganz wenigen Ausnahmen keine Stadtteilkultur, die diesen Namen auch nur im Ansatz verdienen würde.[5] Das nachwievor unterdurchschnittliche Bildungsniveau in der Emscherzone und die überdurchschnittlich massenkulturelle Grundhaltung der Ruhrgebietsbewohner tut das ihrige, um die letzten urbanen Potentiale der Region zu gefährden. Eine irgendwie geartete Gegenkultur der durch den Strukturwandel verarmten und ausgegrenzten Bevölkerungteile ist zumindest im öffentlichen Raum nicht auszumachen. Hier macht sich im Gegenteil zusehends aggressiver Frust, Vandalismus und Kriminalität breit. Auch diese "Amerikanismen" beschleunigen die weitere Enturbanisierung des Ruhrgebietes.

In diesem Bereich fehlen der IBA im Gegensatz zu den oben genannten Ebenen jegliche Leitbildansätze. Die Aufgaben der zu integrierenden Stadtteile im Verhältnis zu den Oberzentren der Region, die Rolle, die im weitesten Sinne kulturelle Aktivitäten und Einrichtungen in diesem Kontext spielen könnten, sind schon per definitionem aus den Leitgedanken der IBA ausgesperrt worden. Sie hat sich nämlich in ihrem Wirkungsgebiet zumindest offiziell aus der Hellwegzone und ihren oberzentralen Innenstädten ferngehalten.

---

5   Die Mehrzahl der dezentralen Stadtteilkulturinitiativen haben mit den sie unmittelbar umgebenden Bewohnern nur insofern zu tun, als sich diese durch das "andere" Publikum und deren Verhaltensweisen gestört fühlen. Die Besucher selbst wohnen in der Mehrzahl nicht in den Stadtteilen, sondern kommen aus der weiteren Umgebung.

4. Experimentelle Methodik und regionales Entscheidungssystem

4.1 "Public-private-partnership" und "traditioneller Korporatismus"

Das Konzept der Bauaustellung verspricht das baulich-räumliche Experiment sozusagen als Tradition. Die IBA Emscher Park geht hier noch einen Schritt weiter. Nicht nur das räumliche Objekt soll, wenn auch nur insular, erneuert werden, nein, auch der Erarbeitungsprozess dieser innovativen Veränderungen soll dem Diktum der bewußten Erprobung, und zwar der Erprobung neuer Kooperations- und Entscheidungsformen unterliegen. Die programmatischen Stichworte heißen hier vor allem "Public-private-partnership" und intensive Bürgerbeteiligung.

Zum ersten muß festgestellt werden, daß das Ruhrgebiet schon seit langem die privat-öffentliche Partnerschaft pflegt, und dies keineswegs nur zu seinem Vorteil. Der in dieser Region besonders ausgeprägte Korporatismus zwischen Großkapital, Großgewerkschaften, Großverwaltung und Großpartei ist nicht nur strukturell verankert, sondern hatte häufig zugleich antiinnovativen Charakter, was den regionalen Strukturwandel betraf. Das neue Entscheidungsnetz der IBA hat sich, sichtbar werdend an der Zusammensetzung des Lenkungsausschusses und der vorlaufenden Gesprächskreise nicht weit von den bereits bestehenden privat-öffentlichen Verflechtungsnetzen entfernt. Hinzu kommt, daß die IBA-Gesellschaft auch personell ganz in sozialdemokratischer Hand ist. Sie ist nicht nur finanziell, sondern auch soziokulturell in das regionale Hegemoniesystem der jahrzehntelangen Einparteienherrschaft fest eingebunden.

Die eigentliche methodische Innovation im Bereich der privat-öffentlichen Zusammenarbeit haben dagegen die Unternehmer mit der Gründung der Unternehmensinitiative Ruhr selbst zustande gebracht. Dieser Zusammenschluß potenter und regional eingebundener Firmen unter der Federführung der Deutschen Bank ist keineswegs zur Freude oder auf Anregung der IBA-Initiatoren entstanden, im Gegenteil. Dieser neue und sehr mächtige "Private-Partner" ist vielmehr eine - wenn auch sehr späte, ja wenn nicht zu späte - Reaktion auf die strukturelle Innovationsbehinderung durch das bisherige Modell der regionalen Machtverfilzung.[6] Er hat sich dabei interessanterweise einen öffentlichen Partner gesucht, der in den letzten Jahrzehnten sowohl von der Landesregierung als auch und vor allem von den Ruhrgebietskommunen selbst systematisch geschwächt wurde: Den Kommunalverband Ruhr, ehemalig Siedlungsverband Ruhrkohlebezirk. Dieser regionale Planungsverband ist dabei natürlich nicht formales Mitglied. Vielmehr hat sich die Unternehmensinitiative ein Verbindungsmedium gesucht, das für ähnlich großen Einfluß sorgt, ohne strukturelle Abhängigkeiten zu schaffen: Die Personalunion zwischen dem Verbandsdirektor und dem "Moderator" der Unternehmensinitiativsitzungen. Den nicht ganz verzichtbaren organisationsstrukturellen Kitt besorgt der gemeinnützige Prominentenverein "Pro Ruhrgebiet", ein Ziehkind des Kommunalverbandes und zugleich enger Kooperations- und Büropartner der Unternehmensinitiative. Diese organisatorische Innovation zeigt sehr deutlich, daß die Unternehmerseite die systematische Dezentralisierung der Region durch drei Regierungsbezirke, vier Industrie- und Handelskammern und dutzende Einzelkommunen als eines der zentralen Probleme der regionalen Erneuerung und Modernisierung sieht und zumindest für sich selbst zu

---

[6] Dies zeigt vor allem die erste Reaktion der regionalen Industrie- und Handelskammern, die ebenfalls über diese neue Entscheidergruppe erstaunt bis verärgert waren. Sie sahen sich in ihrem bisherigen Alleinvertretungsanspruch der Unternehmerinteressen natürlich beeinträchtigt und mußten dies als Kritik an ihrer bisherigen Arbeit verstehen. Die Unternehmensinitiative versuchte jedoch sehr schnell und auch im eigenen Interesse, diesen Eindruck zu verwischen und betonten ihre Bereitschaft zur engen Zusammenarbeit. Mittlerweile scheint diese auch zu funktionieren, sprich die IHKs haben den neuen Leitstern in den eigenen Reihen wohl oder übel akzeptiert.

regional integrierten Entscheidungsstrategien gelangen will. Aber auch dieses Gremium konnte sich natürlich nicht beliebig weit vom alten Herrschaftssystem wegbewegen. Im Gegenteil, es reproduzierte es, indem es die mittleren und kleineren Unternehmen nicht beteiligte. Die teilweise Lösung aus der bisherigen korporatistischen Struktur produzierte so nur auf der horizontalen, nicht jedoch auf der vertikalen Ebene Veränderungen. Hier blieb die Unternehmensinitiatve Ruhr regionaltypisch konzernlastig.[7]

4.2 Bürgerbeteiligung und kommunale Mehrheitsregel

Auch die organisatorisch-experimentelle Komponente der intensiven Bürgerbeteiligung konnte den regionalen Machtverhältnissen nicht grundsätzlich entkommen. Einerseits wurden Bürgerinitiativen, ja im Prinzip jeder Bürger der Region zu einem Projektvorschlag aufgefordert, andererseits hatten die Initiatoren einen Filter eingebaut, der in seiner entdemokratisierenden Wirkung nur für die sofort zu durchschauen war, die die politische Kultur dieser Region kannten. Ehe die einzelnen Projekte überhaupt eine ernsthafte Chance zur Überprüfung bekamen, mußten sie sich nämlich den Ratsmehrheiten der jeweiligen Kommunen stellen und dort ihr Plazet einholen. Die Begründung dafür war so einleuchtend wie scheinheilig: Gerade ernstzunehmende Neuerungen bedürften einer möglichst breiten Zustimmung an der politischen Basis, die natürlich mit der Gemeindeebene gleichgesetzt wurde. Hier jedoch und speziell in der Emscherzone, wo die SPD auf Grund ihrer 60 %-Mehrheiten selbst extrem unpopuläre Maßnahmen ohne Gefahr für die Wiederwahl umsetzen könnte, ist die Angst vor dem unkalkulierbaren politischen Risiko von innovativen Basisinitiativen bekanntermaßen besonders ausgeprägt. Ebenso allergisch werden hier öffentliche Kontroversen und Alternativdiskussionen vermieden.

An dieser politischen Vegetationsgrenze scheiterten bisher immer wieder auch innovatorische Maßnahmen, die von der Landesregierung eingeleitet wurden. Denn trotz des goldenen Zügels, an dem die Ruhrgebietsgemeinden finanziell auch in Nordrhein-Westfalen hängen, ist die Macht der dauerhaften und großen Stadt-Mehrheiten natürlich auch im Landtag präsent. Die IBA Emscher Park hat sich auf Grund der oben genannten Entscheidungsregel der Zangenwirkung des gleichzeitigen Drucks "von unten und oben" enthoben. Oder positiv ausgedrückt: Sie hat sich für die direkte Auseinandersetzung mit dieser zweifellos mächtigsten und zugleich konservativsten Politikebene entschieden. Diese findet entsprechend zum allergrößten Teil hinter verschlossenen Türen statt und läßt die verbleibende Bürgerbeteiligung nur dann zum ernsthaften Diskurs anwachsen, wenn dieser mit der mit der Gemeindeführung ausgehandelten Umsetzungsstrategie konform zu gehen verspricht. Auch das kritische Potential der örtlichen Experten aus den Bereichen Architektur, Ökologie und Stadtplanung bleibt in der Regel unberücksichtigt. Entweder werden sie durch das "Auffahren" internationaler Stars einfach an den Rand der öffentlichen Aufmerksamkeit gedrängt oder durch das Prinzip des geschlossenen Wettbewerbs gar nicht erst zum (bezahlten) Mitmachen zugelassen.

Inwieweit auch auf diesem Wege Innovationen und ein städtebaulich-räumlicher Kurswechsel durchzusetzen sind, ist bislang nicht auszumachen. Was auf jeden Fall auf der Strecke zu bleiben scheint, ist die Veränderung der politischen Entscheidungskultur. Doch gerade dieser Punkt war eines der großen Versprechen der IBA-Verantwortlichen.

---

[7] Die Mitgliedschaft ist durch eine Mindestjahresinvestitionssumme geregelt, die nur Großunternehmen garantieren können. Es wird jedoch seit einiger Zeit über subregionale Untergliederungen nachgedacht, die den Zutritt für kleinere Firmen ermöglicht. Ebenfalls ist die anfänglich auf fünf Jahre begrenzte Initiative bis auf weiteres verlängert worden.

Hieran ändert leider auch die "IBA von Unten" nichts. Sie ist einerseits und ganz im Gegensatz zu den anfänglichen programmatischen Ankündigungen nur äußerst widerspenstig von der IBA gefördert worden. Sie verfügt andererseits in den einzelnen Kommunen über zu wenig fachkundige und mobilisierungsfähige Basis, als daß sie auf dieser so entscheidenden Ebene ernsthaften Druck von unten ausüben könnte. Obendrein hat die kommunale Mehrheitsregel der IBA die Initiativen bewußt oder unbewußt in sich selbst gespalten. Eine kleine Minderheit wurde finanziell und ideell alimentiert und damit natürlich auch organisatorisch gestärkt. Gegen die große Mehrheit der "Erfolglosen" arbeitet bekanntlich die Zeit. Die, die diesen Erosionsprozeß vielleicht durch organisatorische und fachliche Kontinuität verhindern könnten, haben sich bei der "IBA von Unten" selbst auf zeitlich befristete ABM-Verträge eingelassen, damit wird die "IBA von Unten" noch einmal in sich - zwischen "individueller Professionalisierung" und "Inspektion von Unten" - gespalten. Da nützt letzlich auch die beeindruckende Zahl der institutionellen und privaten Mitglieder der "Gegenorganisation" nichts. Im Gegenteil, sie täuscht ein faktisches Basismacht-Potential vor, das in Wirklichkeit im Ruhrgebiet trotz GRÜNEN-Parteietablierung sehr gering ist.

Das alles verhindert nicht, daß im Einzelfall bauliche-räumliche und ökologische Erneuerungen vonstatten gehen, die das übliche Maß an Modernisierung im Sinne einer Internationalen Bauausstellung in Form und Inhalt überschreiten und zu möglicherweise weltweiter Vorbildlichkeit ausreifen. Nicht alle Kommunen sind gleich konservativ eingestellt und so mancher der Vetreter der "Beton-Fraktionen" läßt sich sicher auch durch das internationale Lametta eines Projektes zu Entscheidungen verführen, die seine eigene Vorstellungskraft im positiven Sinne übersteigen. Hier sind kommunale Einzelbetrachtungen und spezifische Projektbeschreibungen notwendig, die an dieser Stelle nicht geleistet werden können. Hier kann sich dann im Einzelfall auch das realisieren, was die IBA-Verantwortlichen als "Entwicklungsphilosophie der Werkstatt" (vgl. Sieverts, 1991, S. 8ff.) bezeichnen und das als konkretes Innovationsverfahren durchgeführt wird. Generell kann jedoch bei den gegebenen politischen Innovationsstrategien von einer überdurchschnittlichen und den Kriterien einer Bauausstellung eher abträglichen Anpassung an die bestehenden Verhältnisse und die üblichen Modernisierungsstrategien ausgegangen werden.

5. Innerregionale Strategie und transregionale Dispersionstendenzen als Handlungsrestriktionen

5.1 Der Nord-Süd-Gegensatz der Region und die Ausblendung der Hellwegzone

Die innovative Führungsrolle für den Umbau des Ruhrgebietes hat sich die IBA Emscher Park durch ihre regionalpolitische Strategie selbst genommen. Geht es ihr doch - und das betonen die IBA-Initiatoren wo immer sie nur können - um die von den PolitikerInnen dieses Regionsteils zu Recht geforderte Unterstützung ihres in fast allen Bereichen der Daseinsvorsorge strukturell benachteiligten Aktionsbereiches. Die Instrumentalisierung der IBA zu diesem Zweck ist dabei nicht das eigentliche Problem, sondern die damit verbundene Ausblendung der Hellwegzone aus der Analyse und der Wahl einer auf Konkurrenz orientierten Aufwertungsstrategie. Die Parole lautete von Anfang an: Angleichung der Standortqualitäten an die Hellwegzone durch Umgestaltung der noch verfügbaren Flächen auf gestalterisch und technisch höchstem, sprich internationalem Niveau bei gleichzeitiger Verbesserung der ökologisch-materiellen Basis.

Im ersten Moment scheint dies nicht nur konform zu gehen mit der sozialdemokratischen Position der räumlichen Gleichheit der Lebensbedingungen, sondern auch strategisch plausibel. Wer jedoch einen ernsthafteren Blick auf die Region wirft, wird feststellen, daß die Universitätsstädte der Hellwegzone und insbesondere ihre Innenstadt- und südlichen Randbereiche in den letzten fünf bis zehn Jahren vor Beginn der Bauausstellung ihren Vorsprung in Sachen qualifizierter Dienstleistungsanteil, zukunfts-technologische Arbeitsplätze, Einkaufs- und Wohnumfeldqualität weiter vergrößert haben. Zugleich verfügen diese Großstädte im zukunftsbestimmenden öffentlichen Personen-Schnellbahnverkehr über die weitaus besseren Verkehrsanbindungen und werden in naher Zukunft auch innerregional als erste an das ISDN-Netz angebunden sein. Zieht man, abgesehen von der entlang der Emscherzone verlaufenden Müllverbrennungs- und Kraftwerksschiene, obendrein in Betracht, daß selbst eine Komplett-meandrierung der Emscher die natürlichen Umweltqualitäten des Ruhrtals nicht erreichen kann, wird die durch die IBA forcierte Aufholstrategie vollends illusionär. Weder der Emscher-Landschaftspark mit seinen Industriedenkmälern noch die großzügigste Verparkung neuer Arbeitsplatzflächen wird dieses Grunddilemma des Konzeptes beheben. Erst recht nicht, wenn die zu verteilenden Neuarbeits-plätze aufgrund neuer und stärkerer Konkurrenten und/oder abschwingender Konjunkturlage reduziert werden.

Diese Nord-Süd-Problematik der IBA Emscher Park ist auch ihren Machern nicht entgangen und es ist deswegen nicht erstaunlich, daß sie sich neuerdings gegen ihre politisch Proporzvorgabe auch um Arreale bemüht, die oberhalb der recht eindeutig definierten südlichen Raumgrenze (den Ruhr-schnellweg (B 1)) liegen. Diese pragmatische Anpassung an die Realität hat jedoch bislang nicht zu einer grundsätzlich regionalstrategischen Kurskorrektur geführt. Diese müßte nämlich zu so etwas wie einer neuen innerregionalen Arbeitsteilung führen, die die Führungsrolle der Hellwegzone aner-kennt und sie sich realistisch zu Nutze macht, anstatt die letzten noch kurzfristig verfügbaren Freiflä-chen der Emscherzone mit enormen Aufwendungen für eine innerregionale Standortkonkurrenz um hochwertige Arbeitsplätze zu verwenden (vgl. A. Voß, 1989).

5.2 Der Ost-West-Gegensatz des Ruhrgebietes als neue Tendenz

Eine nähere Beschäftigung mit der Hellwegzone als Gegenstand der Internationalen Bauaustellung durch die IBA-Verantwortlichen hätte auch hervorgebracht, daß das Ruhrgebiet ebenso einen Ost-West-Gegensatz beinhaltet. Die Einteilung der IHK-Bezirke spiegelt hier eine Tendenz des Auseinan-derdriftens wider, die sich mit der Verschärfung der Strukturkrise auch zwischen den Oberzentren als verstärkte Standortkonkurrenz durchgesetzt hat. Der Dortmunder Kammerbezirk hat sich hier am deutlichsten von einer regionalen Gesamtstrategie abgesetzt und im Zusammenhang mit einem neuen "Public-private-partnership"- Konzept, das auch eine verstärkte Zusammenarbeit innerhalb der großen und kleineren lokalen Unternehmerschaft im Bereich der Technologie-und Jungunternehmensförde-rung beinhaltet, einen nicht zu übersehenden Ansiedlungsvorsprung erworben. Zu Hilfe kam ihr hier-bei eine für diese Strategie offene kommunale und universitäre Führungsspitze sowie nicht zuletzt die Tatsache, daß die Stadt durch frühere Eingemeindungen auch die Nord-Süd-Konkurrenz unter einer Verwaltungseinheit wenn nicht aufgehoben, so doch politisch handhabbarer gemacht hat.

Hinter dieser - durch die Entmachtung des Kommunalverbandes noch unterstützten - neuen regionalen Dispersionstendenz steht aber nicht nur die Verknappung der Entwicklungschancen, sondern eine überregionale Strukturentwicklung, die auf der Westseite die Rheinschiene und auf der Ostseite die Nord-Süd-Schnellverkehrslinie (München/Frankfurt/Kassel/Berlin bzw. Hamburg) des Eurobahnkon-zeptes als Entwicklungsanker anbietet. Für die jeweils außenliegenden Großgemeinden mit hohem

Eigenpotential (Essen/Duisburg auf der West- und Dortmund auf der Ostseite) ergeben sich hier ver-
führerische Absetz-und Neuorientierungsmöglichkeiten. Diese werden deutlich an Essens Wunsch
nach einer Transrapidverbindung zum Flughafen Düsseldorf/Köln und an Dortmunds forcierter und
mittlerweile auch realisierter Interregio-Verbindung nach Kassel.

Diese Neuorientierung könte auf Dauer die Abkoppelungs- und Benachteiligungsmuster der Region
überlagern und verändern. Nicht nur die Emscherzone, sondern zusätzlich auch die Mitte der Hellwegzone (vgl. Bochum) könnte dann in Mitleidenschaft gezogen werden. Andere Teile der Emscherzone, die im Ausstrahlungsbereich der sich absetzenden Hellwegzonestädte liegen, könnten dagegen
längerfristig und partiell doch noch den Anschluß an einen neuen Wachstumspfad finden. Ein Sym-
ptom hierfür ist der zweite Großinvestitionsinteressent für die Stadt Oberhausen. Er nimmt zur Zeit
einen weiteren Anlauf, um die riesige Thyssenbrache inmitten der Stadt in einen Einkaufs- und Ver-
gnügungspark umzuwandeln.[8]

5.3 Die IBA zwischen allen Stühlen

Die Orientierung der IBA auf die schwächste Teilregion des Ruhrgebietes bringt sie im oben ausge-
führten raumentwicklungspolitischen Interessenszusammenhang in mehrere miteinander konkurrie-
rende machtpolitische Abhängigkeiten:

o   Sie darf sich, selbst wenn sie es wollte, nicht allzusehr um die Gesamtregion und insbesondere
    um die Hellwegzone kümmern, weil sie dann mit ihren Flächen untereinander wenn schon nicht
    in die ökonomische, so doch in die regionalpolitische Standortkonkurrenz gerät, d.h. zum
    "Verräter" an der eigenen Sache würde.

o   Sie kann sich gegenüber der ökonomisch und politisch weitaus potenteren Unternehmensinitia-
    tive und ihren gesamtregionalen Strategien aber auch nicht ins regionale und vor allem ins in-
    ternationale Abseits bringen, ohne Gefahr zu laufen, investitions- und medienpolitisch margi-
    nalisiert zu werden.

o   Sie hängt durch ihre Finanzkonzeption gleichzeitig am Tropf der Landesregierung, die wie-
    derum unter anderen politischen Gesetzmäßigkeiten handeln muß als die Emscherzonenpoliti-
    ker und die "Unternehmensinitiative Ruhr".

o   Sie ist durch ihre kommunale Vetoregel zugleich an die lokalen und damit häufig disparaten
    Interessen einzelner und zugleich äußerst mächtiger Gemeindepolitiker gebunden.

Mit einem Satz, die IBA-Verantwortlichen stehen nicht, wie eigentlich gedacht, an der Spitze der regionalen Neuerungsbewegung, sondern haben sich selbst zu der am meisten abhängigen Fortschritts-
größe gemacht.

Diese objektiven Bedingungen stehen konträr zur formalen Konstruktion der IBA als eigenständiger
und politisch überparteilicher Einrichtung mit eigenem - wenngleich kleinem - Haushalt und perso-
nalpolitischer Autonomie. Dieser deutliche Widerspruch zwischen Schein und Sein ist den experimentellen Aufgaben einer Internationalen Bauausstellung in hohem Maße abträglich und täuscht
zugleich den nicht informierten Beobachter.

Die demokratischen Beteiligungsversprechen werden in diesem Zusammenhang erst recht zur Maku-
latur. Ehrlicher wäre hier gewesen, sich an eine der herrschenden Kräfte direkt und augenscheinlich

---

8   Wobei die negativen Folgen eines solchen Stadtwachstums für betroffene Gemeinden hier nicht extra erläutert werden
    können.

anzubinden oder sich ernsthaft unabhängig von allen entscheidenden Kräften dieser Region zu machen. Letzteres hätte wahrscheinlich die Anzahl der Projekte und ihre medienmäßige Vermarktung eingeschränkt und eine wesentliche höhere öffentliche Konfliktbereitschaft erfordert, wäre aber den experimentell-innovativen Ansprüchen einer Bauausstellung umso mehr zugute gekommen.

Voraussetzung für eine regionale Innovationsrolle wären jedoch nicht nur Leitprojekte, sondern auch Stadtideen gewesen, die für ein solch kompliziertes räumliches Gebilde wie das Ruhrgebiet unabhängig von den notwendigen machtpolitischen Kompromissen eine eigene inhaltlich integrative Kraft entfalten hätten können. Nicht ein hinter diesen Projekten verstecktes und zugleich verschwommenes metropolitanes Modernisierungskonzept bei gleichzeitiger machtpolitischer Generalanpassung, sondern die offensive und öffentliche Diskussion der Frage, was Urbanität in dieser Region bedeuten und zu ihrer Fortentwicklung beitragen könnte, wäre die städtebauliche Anfangsaufgabe dieser Internationalen Bauausstellung gewesen. Ich will damit nicht bestreiten, daß auch das bislang realisierte Konzept enorme Überzeugungs- und Kooperationsleistungen seitens der Initiatoren verlangt hat. Aber die so angefangenen Projekte und Maßnahmen lassen sich aufgrund der oben aufgezeigten raumstrategischen und machtpolitischen Gemengelage immer weniger irgendeinem Konzept zuordnen oder nach programmatisch ausgewiesenen Kriterien beurteilen. Vielmehr scheint das Umsetzungs- und Vorzeigekalkül der politischen Vermarktung die Oberhand gewonnen zu haben.

Das liegt zum Teil auch an der, dem räumlich-politischen Proporz geschuldeteten, schieren Menge der Arreale und ihrer enormen "räumlichen" Streuung, die für IBA-Macher und Beobachter gleichermaßen zum Informationsverarbeitungsproblem wird. Der Zwang zur Realisierung in flächendeckender Wirkung ist sehr groß, da die erste ernstzunehmende Präsentationrunde im Vorfeld der nächsten Landtagswahlen stattfinden soll.

Währenddessen verläuft drumherum alles so unökologisch und so unästhetisch wie bisher. Am deutlichsten wird dies an der Müll- und an der Verkehrsproblematik dieses Ballungsraumes. Während auf der einen Seite versiegelte Flächen zurückgewonnen werden sollen, werden in Sichtweite unverdrossen neue vierspurige Verkehrstrassen angelegt. Während die Emscher gereinigt wird, entstehen entlang ihrer Wasserlinie neue Müllverbrennungsschlote, die die hier schon überdurchschnittlich belastete Luft zusätzlich belasten. Aber auch beim Stadtbild ist keine generelle Besserung in Sicht. Während im Rahmen der IBA jedes Projekt mit internationalen Architekturstandards überhöht und damit in der Regel stadtgestalterisch isoliert, ja im Einzelfall sogar karikiert wird,[9] lassen die lokalen Ämter nebenan - per routinemäßiger Baugenehmigung wie bisher - die ästhetische Einöde auf unterstem Niveau weiter anwachsen.

So kann sich der kritische Beobachter des Eindrucks nicht erwehren, daß eigentlich alles so weiter geht wie bisher. Die Parallelität von guten, schlechten und kontraproduktiven Veränderungsmaßnahmen ist jedoch ein Ausdruck alltäglicher Politik und ihrer machtstrategischen Paralysen und Widersprüche und nicht der auch bei der IBA Emscher Park implizierten Absicht, mit einer Bauausstellung eben diesen Alltag baulich-räumlichen Handelns zu durchbrechen. Da sowohl ein städtebauliches als auch ein raumplanerisches Leitbild für die Gesamtregion fehlt, wird die Mehrzahl der so beförderten Projekte das Stadtbild des Ruhrgebiets eine weitere, diesmal jedoch künstlerisch und ökologisch begleitete Runde deurbanisieren und chaotisieren. Bedenkt man obendrein, daß selbst das eigentliche ökologische Vorzeigeprojekt, sprich der Umbau und die Entgiftung der Emscher, von der Idee her

---

9   Siehe zum letzteren Fall die Beschreibung der Wettbewerbsergebnisse zur Gestaltung einer der größten Müllkippen in der Emscherzone bei S. Reiß-Schmidt, 1990, S. 1260ff.

nicht der IBA, sondern der Emschergenossenschaft zuzurechnen ist, und auch das neue dezentrale Klärungssystem nicht bei den Verursachern dieser Verunreinigung ansetzt, macht sich jetzt schon der fade Eindruck Platz, daß es sich bei der IBA Emscher Park nicht um eine Bauausstellung neuen Types, sondern um eine Art landespolitisch geförderten architektonisch-ökologischen Durchlauferhitzer handelt, der möglichst schnell viele und vor allem flächendeckend vorzeigbare Ergebnisse produzieren soll.

6. Die gefährliche Parallelität von partieller Aufwertung und partieller Verelendung

Was bei allem pragmatischen Hick-Hack übrig bleiben wird, ist die partielle Aufwertung der Emscherzone. Da die Landesregierung gleichzeitig an ihrem bisherigen Müllverbrennungs- und Kohleabfallkonzept festhält, ergeben sich an einigen Stellen aber auch Verschlechterungen der Lebenssituation der bisherigen Bewohner. Um zumindest im Umfeld der neuen "Arbeitsparks" augenscheinlich "saubere" Verhältnisse zu schaffen, werden nämlich umweltbeeinträchtigende Neu-Anlagen zusätzlich in die schon am stärksten belasteten Gebiete gedrückt. Die ziemlich flächendeckende industriellökologische Belastung der Emscherzone wird so nicht reduziert, sondern nur stärker gebündelt, um dazwischen Platz für die neue Arbeit zu schaffen. Die Lageverbesserung eines Teils der Emscherzone geht so mittelfristig einher mit einer Lageverschlechterung der restlichen Areale.

Die Emscherzone taugte bisher als Auffangbecken für die von der Krise gebeutelten und marginalisierten Regionsbewohner. Sprich: Sie hat auch den weniger oder gar nicht mehr verdienenden Bewohnern zumindest ihre preiswerten Wohnungen und ihre, wenn auch stark belasteten, so doch auch stark durchgrünten Freiräume einschließlich der "Wasserfront" des Rhein-Herne-Kanals zur Verfügung belassen. Die starke Durchmischung von mittelständischen Gebieten und Gebieten mit niedrigem Einkommen hat zwar auch hier - vor allem was die Ausländer und speziell die türkische Bevölkerung betrifft - eine soziale Segmentierung nicht verhindern können. Diese hat bislang jedoch auf Grund der sichtbaren und allgegenwärtigen "Zweitrangigkeit" dieses Regionsteils nicht zu größerer Ghettoisierung oder Ausgrenzung geführt.

Die zunehmende Dauerarbeitslosigkeit eines Teils der gesamten Ruhrgebietbevölkerung und der enorme Zustrom von neuen Arbeitsimmigranten haben jedoch die soziale Lage in den vergangenen fünf Jahren in zweifacher Hinsicht verschärft. Einerseits werden aus der gerade in den letzten Jahren am generellen Wachstum partizipierenden Hellwegzone und der damit einhergehenden Mietpreissteigerung immer größere Teil der ärmeren Bevölkerung Richtung Emscherzone abgedrängt. Andererseits wird hier der überdurchschnittlich vorhandene billige Wohnraum durch den Druck der Zuzügler so stark verknappt, daß eben für die vor Ort verdrängten nun auch der letzte Rettungsanker, der zwar nicht gut ausgestattete, aber doch flächenmäßig ausreichende Wohnraum in "zweitrangiger" Lage gefährdet ist.

Für diese Problematik hat die IBA Emscher Park keine Lösung parat. Nicht nur, daß die von ihr erhofften Arbeitsplätze nicht im Ansatz ausreichen werden, um die Arbeitslosenzahlen ernsthaft zu verkleinern. Da sie kein Wohnungsbau-, Modernisierungs- und Erhaltungskonzept für diesen Teil der Bewohner entwickelte, werden sich die schon schwierigen Wohnlagen weiter verschlechtern. Die gleichzeitige Abwanderung der besserverdienenden Bewohner in aufgewertete Gebiete wird dann endlich auch innerhalb der Emscherzone das produzieren, was mittlerweile als "zweigeteilte Stadt" bezeichnet wird: Die Armen werden ghettoisiert und so weit räumlich ausgegrenzt, daß sie selbst für den Ruhr-gebiets-Mittelstand aus der alltäglichen Wahrnehmung verdrängt werden können. Die "Amerikanisie-rung" des Ruhrgebiets wäre dann auch sozialräumlich einen entscheidenden Schritt vorangekommen.

7. Die sozialräumlichen Konflikte in der Emscherzone werden zunehmen

In diesem Zusammenhang muß zum Schluß auch der Regionsrand nördlich der Emscherzone, die Lippezone, betrachtet werden. Hier sind ähnlich wie im äußersten Süden der Region die besser ver-dienenden Schichten überdurchschnittlich vertreten. Eine weitere Außenwanderung der aus der Hell-wegzone Verdrängten ist in diese Richtung schon aufgrund der dort wieder erheblich ansteigenden Mietverhältnisse nicht oder nur ausnahmsweise möglich. Eher ist es vorstellbar, daß dort lebende Be-wohner, vor allem wenn sie in der Hellwegzone arbeiten, die neuen und höherqualifizierten Eigen-tums- und Mietangebote, z.B. an den neuen Marinas oder in den modernisierten Arbeitersiedlungen der Emscherzone wahrnehmen, um den zunehmenden Verkehrsstau und die dadurch noch weiter ver-längerte An- und Abfahrt zum Arbeitsplatz zu reduzieren und vielleicht auch das größere Kulturange-bot der Oberzentren in den Abendstunden wahrzunehmen.

Die Emscherzone kommt so längerfristig von zwei Seiten unter Druck. Während aus der Hellwegzone zusätzlich schlecht verdienende Bevölkerungsschichten hineindrängen, geschieht das gleiche von der Nordseite, jedoch mit sozial umgekehrtem Vorzeichen. Wie auch immer dieser Prozeß politisch ver-mittelt wird, er führt zusammen mit der allgemeinen Zuwanderung auf jeden Fall zu einer Verschär-fung der sozialräumlichen Gegensätze im Emscherraum.

Wird jemand, der mit den sozialen Mischungsverhältnissen der Emscherzone aufgewachsen ist, noch Verständnis für die Verhaltensweisen der unteren Einkommensschichten aufbringen, die die neuen Wohn- und Arbeitsgebiete und ihre Frei- und Grünflächen mitnutzen wollen, wird dies auf jemand, der in den Eigenheimgebieten von Haltern groß wurde, störend oder - sollte es sich z.B. um eine Gruppe arbeitsloser ausländischer Jugendlicher handeln - sogar bedrohlich wirken.

Mag sein, daß Leute aus diesen Wohnbereichen diese neuen Angebote, näher an die Oberzentren der Hellwegzone heranzurücken, aufgrund der zweitrangigen Gesamtwohnlage der Emscherzone gar nicht erst wahrnehmen werden. Die allgemein zunehmende Flächenknappheit übt hier jedoch erheblichen Druck auf die Teile der Mittelschichten aus, die sich aufgrund hoher oder steigender Einkommen um Wohneigentum bemühen, anderseits jedoch die Spitzenlagen und zunehmend auch die Mittellagen der Außen- und Innenbereiche nicht bezahlen können. Sie sind auch im Ruhrgebiet auf zweitrangige Ge-samtlagen angewiesen, innerhalb derer sie wiederum auf die jeweils besten Positionen drängen.

Genau hierzu werden die im Rahmen der IBA neu geschaffenen Wohn- und Grünareale jedoch auf je-den Fall gehören. Für diese Gruppe ist es auch unwichtig, ob der Emscher-Landschaftspark als städte-bauliches Rahmenkonzept womöglich zur flexiblen Rahmenbegrünung dieser neuen Investitionsflä-chen degeneriert, denn ihnen ist sowohl im Arbeits- als auch im Wohnbereich im wesentlichen an ih-rer direkten Umgebung gelegen. Dies ist um so mehr verständlich, da die Mehrzahl dieser Bewohner aufgrund ihres Bildungs- und Informationsstandes weiß, daß die im Ruhrgebiet und gerade in die Em-scherzone angelegte Verseuchung von Boden, Wasser und Luft durch keine Bauausstellung dieser Welt in den nächsten 20 bis 30 Jahren grundlegend geändert werden kann. Wer zugleich sieht, daß die Landesregierung nicht einmal einen Kurswechsel in der Energie-, Müll- und Abwasserpolitik vorzunehmen in der Lage ist, kann sich auch objektiv glücklich schätzen, daß er zumindest von der partiellen Oberflächensanierung der Region auch persönlich profitiert.

Literatur

Müller, S.: Metropolitan Area in der Industrieprovinz - Zur Modernität der Raumstrukturen im Ruhrgebiet, in: v.Petz, U./Schmals, K.M, Metropole, Weltstadt, Global City: Neue Formen der Urbanisierung, Dortmunder Beiträge zur Raumplanung 60, Dortmund 1992.

Müller, S.: Schwachstellen im IBA-Konzept der ökologischen Erneuerung des Emscherraumes, in: Müller, S. u.a., Internationale Bauausstellung Emscher Park - Balanceakt zwischen internationaler Kapitalverwertung und lokaler Verbesserung der Lebensverhältnisse, Arbeitspapier Nr. 6 des Fachgebiets Soziologische Grundlagen der Raumplanung an der Universität Dortmund, Dortmund 1991.

Reiß-Schmidt, S.: Ingenieursbaukunst im Ruhrgebiet, in: Stadtbauwelt Nr. 24, 1990, S. 1260ff.

Reulecke, J.: Das Ruhrgebiet als städtischer Lebensraum, in: Köllmann/Korte/Petzina/Weber (Hrsg.), Das Ruhrgebiet im Industriezeitalter, Band 2, Düsseldorf 1990.

Rohe, K.: Vom sozialdemokratischen Armenhaus zur Wagenburg der SPD, in: Geschichte und Gesellschaft 4, 1987.

Sieverts, T.: Die Internationale Bauausstellung Emscher Park, in: Arcus, Architektur und Wissenschaft Nr. 13, Köln 1991.

Voß, A.: Vom Krisengebiet zur Ökometropole. Konzeptionelle Überlegungen zu einem städtebaulichen Leitbild für das Ruhrgebiet, in: RaumPlanung Nr. 45, 1989.

Voß, A.: 'Waterfronts' auch in der Emscherzone? Die Emscher Park und der Rhein-Herne-Kanal, in: Ache, P./Bremm, H.-J./Kunzmann, K.R./Wegener, M. (Hrsg.), Die Emscherzone: Strukturwandel, Disparitäten - und eine Bauausstellung, Dortmunder Beiträge zur Raumplanung 58, Dortmund 1992.

Renate Kastorff-Viehmann

Das Ruhrgebiet - ein starkes Stück Geschichte

Die IBA, die Industriedenkmäler und der Geschichtswettbewerb

Der folgende Aufsatz geht auf die Behandlung und Verarbeitung von aufgegebenen Industrieanlagen und Industriebauten - zumeist Denkmälern - im Rahmen der IBA Projekte ein. Der 1991 von der IBA initiierte Geschichtswettbewerb "Industriegeschichte an Emscher und Ruhr"[1] sowie die Absichten, die hinter der ebenfalls von der IBA vorangetriebenen Gründung des "Forum Geschichtskultur an Ruhr und Emscher" stecken, nähren die Vermutung, daß die IBA bei der Reorganisation historischer Bausubstanz neue Verfahrensweisen sucht. Denn die beiden letztgenannten Initiativen sind sicher nicht originäre Arbeitsfelder einer "Werkstatt für die Zukunft alter Industriegebiete". Umso interessanter scheint es, Thesen zu den Beweggründen und den möglichen Zielen zu formulieren und Fragen hinsichtlich der Erfolgsaussichten zu stellen. Grundsätzlich bieten sich vorab dazu zwei Argumentationsstränge an:

o entweder reagieren die IBA-Strategen auf die zunehmend unübersichtliche und widerborstige Planungsrealität mit immer komplexeren Strategien (wenn auch verspätet)

o oder, angesichts des voraussichtlichen Endes der IBA als Institution (wenn nicht schon für das Jahr 1994, so auch nicht viel später), wird ein Weg gesucht, die Entscheidungsstrukturen für die zukünftige Erneuerung zu demokratisieren. Hinsichtlich der Industriedenkmäler könnte dies über die Stützung der Geschichtskultur und vielleicht sogar durch die Delegation der Verantwortung an einzelne, örtlich verankerte Initiativen geschehen.

Bei der Erörterung dieser Thesen sind darüberhinaus Anmerkungen zur defizitären Theorie der Denkmalpflege, insbesondere der Industriedenkmalpflege, nicht zu vermeiden. Denn nicht nur im Konfliktfall, bei dem es um Abriß oder Erhalt z.B. eines Förderturmes geht, stehen sich die Fachmethodik und die Auswahlkriterien der bürgerlichen Disziplin Denkmalpflege und die in der Lebenspraxis der Industrieregion gewonnenen Wertungen oftmals unvermittelbar gegenüber. Die Definition des Denkmals auf der Grundlage des Denkmalschutzgesetzes "(...) Sachen, Mehrheiten von Sachen und Teile von Sachen, (...) die (...) bedeutend sind für die Geschichte des Menschen, für Städte und Siedlungen oder für die Entwicklung der Arbeits- und Produktionsverhältnisse (...)" (§2 DSchG NW) läßt noch Interpretationsspielraum. Nur auf der Basis einer mehr oder weniger geschlossenen kulturellen Ideologie besteht die Chance zum Konsens hinsichtlich der Bedeutsamkeit. Dort, wo bürgerliches Selbstverständnis nicht trägt, birgt die Frage, ob eine "Sache" und für wen und unter welcher Sichtweise bedeutend - also Denkmal - ist, massenhaft Konfliktstoff - so sie überhaupt interessiert. Im nördlichen Ruhrgebiet, dem Arbeitsfeld der IBA, sind diese Konflikte nicht zu vermeiden.

Die IBA wurde im Jahr 1988 gegründet, nach eigenem Selbstverständnis als "innovative Infrastrukturstrategie" für den Emscherraum. Dabei galt es, spezifische Verfahren für die Erneuerung alter Industriegebiete zu entwickeln (K. Ganser, 1988, S. 2129). Aufgegebene Anlagen und Industriedenkmäler

---

[1]   Koordinatoren waren Ulrich Borsdorf, Franz Brüggemeier und Wolfgang Ebert.

stellten dabei von Beginn an wesentliche Arbeitsgegenstände dar. Gemessen am Imperativ, spezifische Herangehensweisen zu entwickeln, kam ihnen jedoch eine recht allgemeine Aufgabe zu: "Innerhalb dieser neuen Infrastruktur des Emscherraumes sollen Erinnerungen an die großindustrielle Vergangenheit erhalten werden, die um so aufregender werden, je mehr davon vergangen ist. Dies ist nicht nur eine Verpflichtung der heutigen Generation gegenüber den nachfolgenden. Es könnten dies auch die Orte sein, an denen durch die Auseinandersetzung mit der Vergangenheit die kreativen Kräfte für die Gestaltung der Zukunft entstehen. Daher das Leitprojekt: Bewahrung der Industriedenkmäler als Kulturträger" (K. Ganser, 1988, S. 2130). Folgt man dem Memorandum zu Inhalt und Organisation der IBA (vgl. MSWV, 1988), sind sie als "kulturelle Ereignisse" in die Landschaft zu integrieren und zugänglich zu machen. Darüberhinaus wird ihre Funktion als "Keimzelle" für "Kulturparks" gesehen. Und in der Tat beziehen sich die Projekte der IBA Emscher Park nicht nur allgemein auf die durch ihre schwerindustrielle Vergangenheit geprägte "Landschaft" des Emscherraumes mit ihren Brachen, (Abwasser-)Kanälen oder Halden, sondern konkret auf eine Vielzahl von Industriedenkmälern, vom Wohlfahrtshaus und Förderturm der ehem. Zeche Minister Stein über die Siedlungen Schüngelberg und Welheim bis hin zum ehemaligen Hüttenwerk in Duisburg-Meiderich. Sie sind nicht nur als Denkmäler zu erhalten, sondern stehen gleichzeitig in ihrer Zeichenhaftigkeit und als Räume für Umnutzungen in den Aufwertungsstrategien auf Abruf und zur Verfügung.

1. Kulturelle Identität, Geschichtsbewußtsein und Denkmäler

Im Frühjahr 1991 wurde von der IBA zum Geschichtswettbewerb "Industriegeschichte an Ruhr und Emscher" aufgerufen. Zielgruppe waren nicht die "Hauptamtlichen", sondern Einzelpersonen und Gruppen, die sich als "Hobbyforscher" und -sammler, in Geschichtswerkstätten oder als Projektinitiativen mit der Geschichte oder mit Geschichte dokumentierenden Gegenständen in der Region auseinandersetzen. Erfragt wurde nicht der professionelle Zugang, sondern das historische Bewußtsein der durchschnittlichen Ruhrgebietsbewohner - soweit sie historisches Interesse artikulieren. Im Frühjahr 1992 mündeten diese Aktivitäten in die Gründung des "Forum Geschichtskultur an Ruhr und Emscher". Eine Stiftung zur Sicherung von Industriedenkmälern ist ebenfalls ins Auge gefaßt. In diesem Kontext betrachtet, stellt sich auch der Geschichtswettbewerb als ein Schritt im Rahmen der für die Industrieregion neu zu entwickelnden spezifischen Erneuerungsstrategien dar. Also kein originäres, sondern nur ein mittelbares Interesse an Geschichtswerkstätten, Geschichte vor Ort und Hobbyforschern. Der - vorausgesetzte - demokratische Planungsprozeß bei der IBA ist um das Geschichtsverständnis derer zu ergänzen, deren Lebenswelt in ihn eingezogen und von ihm betroffen ist (vgl. U. Borsdorf, 1991, S. 39). Leider etwas verspätet, wenn Mitte der 1990er Jahre Ergebnisse präsentiert werden sollen - und die Mehrzahl der Projekte ohne die Befragung des spezifischen Geschichtsverständnisses eingestielt wurde. Es ist also nicht zu vermuten, daß die IBA-Planer, idealistisch wie sie sind, ohne Hintergedanken ihre Rolle als Anwälte für die "Laienbewegung" suchen. Als Passepartout bietet sich das folgende Statement von Karl Ganser an: "Wie kann man dauerhaftes, positives öffentliches Interesse zu einem möglichst frühen Zeitpunkt herstellen? Das muß weit mehr sein als eine einmalige Berichterstattung in der Presse und im Fachzeitschriftenmarkt" (K. Ganser, 1989, S. 2281). Also Bürgerbeteiligung zur Akzeptanzerhöhung, zur Verbesserung der Planung? Oder Ausdruck - verständlicher - Ratlosigkeit? Immerhin stammt das obige Zitat aus einem Artikel, der unter der Überschrift: "Unzulängliche Planverfahren und eine widerborstige Realität" erschien.

Diese doppelte Funktionalisierung des historischen Interesses bedeutet jedoch nicht, daß das Vorgehen nicht legitim ist. Denn die Erforschung des "kollektiven Imaginären", der Erinnerungen, der Verletzungen und der Bedeutung der spezifischen Ruhrgebietsgeschichte für die Lebenswirklichkeit ist eigentlich zwingend und logisch, wenn es um die Erhaltung von Industriedenkmälern, um Denkmalpflege, um die Akzeptanz der IBA Projekte und ihre Einbindung in das sozio-kulturelle Gefüge vor Ort geht. Und wenn man sich nicht mit den Voraussetzungen der Denkmalpflege als originär bürgerlicher Disziplin zufriedengeben will (entstanden im 19. Jahrhundert angesichts der Bedrohung bürgerlicher kultureller Identität durch die Industrialisierung). Denn wenn das Bürgertum in seine frühe Konzeption der Denkmalpflege seine kulturelle Ideologie einbrachte (vgl. R. Günter, 1986, S. 75), wäre es heute zwingend, für das nördliche Ruhrgebiet und für die Zeugnisse der Geschichte der Arbeits- und Produktionsverhältnisse ebenfalls eine eigene - regions- und schichtenspezifische - Konzeption durchzusetzen. Gelingt dies nicht, macht man bürgerliche Denkmalpflege im Emscherraum - nicht mehr und nicht weniger. Die Ablehnung aus den Selbstverwaltungsgremien gegenüber Industriedenkmälern (1984 z.B. gegen "Hansemann" und 1992 z.B. gegen den letzten Förderturm auf "Minister Stein") hat sicher eine Ursache darin, daß genau dies erweiterte bürgerliche Konzept abgelehnt wird, ein neues aber noch nicht formuliert ist. Was bleibt, ist Unsicherheit.

Die Erforschung des "kollektiven Imaginären" hinsichtlich der eigenen Geschichtlichkeit (also eigentlich der abhanden gekommen geglaubten kulturellen Identität) und die Formung einer eigenen kulturellen Identität hätten veränderten Erhaltungsstrategien vorgelagert sein müssen. Da dies nicht so ist - wenn auch in den Geschichtswerkstätten die "Basisarbeit" begonnen hat - haben die IBA-Verantwortlichen quasi einen Salto mortale gemacht: Erst Projekte angestoßen und dann nach dem Selbstverständnis gefragt. Jetzt, wo sie vermittels der Denkmäler an die kulturelle und historische Befindlichkeit der Region rühren, werden sie mit Defiziten konfrontiert. Nicht nur Arbeit, Alltag, die Peripherie oder die Arbeitskämpfe sind in der Geschichtsforschung lange Zeit nur am Rande wahrgenommen worden; selbst die Industrie - allgemein als Vermittlerin eines materialistischen Weltbildes und konkret, im Objekt, als bloßem Industrieprodukt - fügt sich nur schwer in eine traditionelles Kulturverständnis ein. Und Arbeiterkultur ist dort, wo sie auch im Ruhrgebiet als selbstbewußte Haltung lebte, verlorengegangen.

2. Ein neues Konzept für die Denkmalpflege?

Die eingeübten Handlungsmuster werden zunehmend - nicht nur im Ruhrgebiet - als untauglich begriffen.[2] Grundsätzlich steckt also hinter der Bürgerbeteiligung bei den Strategien, die auf die Reorganisation historischer Bausubstanz abzielen, ein Zweifel an den eigenen Methoden. Und eine Kritik an der Introvertiertheit der Denkmalpflege. Sicher nicht ohne Grund hat Karl Ganser wiederholt Anstrengungen eingefordert, um die Diskussion über den Sinn und Zweck der (Industrie-) Denkmalpflege zu vertiefen.[3] Der Geschichtswettbewerb und seine Folgen könnten in diesem Rahmen als eine Art "Praxishintergrund" begriffen werden, vor dem die Theoriearbeit fortzusetzen wäre. Ulrich Borsdorf, Leiter des Ruhrlandmuseums in Essen und Koordinator des Geschichtswettbewerbes, schreibt von einer "neuen Nachdenklichkeit" der Planer (vgl. U. Borsdorf, 1991, S. 30), nicht der Denkmal-

---

[2] Vgl. D. Hoffmann-Axthelm, 1991a, der sich zwar ausdrücklich auf Berlin bezieht, insgesamt aber die Begrenztheit der tradierten Strategien umreißt.

[3] So z.B. in seiner Rede auf dem Internationalen Expertengespräch über Industriegeschichte, Industriedenkmalpflege und Museumsarbeit am 5.9.1991 in Dortmund.

pfleger. Die konkreten Ergebnisse wären also für die IBA-Planer zweitrangig, auch im Hinblick auf unmittelbar umsetzbare Aufwertungsstrategien. Dies ist auch verständlich, denn Gelsenkirchener Barock (so schön man ihn auch ausstellen mag), Barbarafiguren aller Art oder die Ortsgeschichte von Kray-Leithe (einem Ortsteil von Bochum) mögen wohl das Ruhrgebiet gemütlicher machen, tragen sie doch zu gegenseitiger Fühlung und Bestätigung bei, sind aber sicherlich nicht für die Aufwertung des Standortes Ruhrgebiet dienlich. Statt des Glanzes der Metropolen reflektieren sie zu sehr die Arbeit und die Peripherie. Selbst exzeptionelle Projekte der Geschichte vor Ort - wie sie der Geschichtswettbewerb zu Tage gefördert hat - werden außerhalb des Ruhrgebietes allenfalls Insider aus den Geschichtswerkstätten vom Hocker reißen. Viel wichtiger ist, daß vielleicht "all das anscheinend Unsichtbare, scheinbar Unfaßliche (...), das Geschichte genannt wird" (U. Borsdorf, 1991, S. 30), also ein Teil des "kollektiven Imaginären" zu Tage gefördert wird, das man immer wieder beschwört, wenn man die Industrie- und Technikdenkmäler als "Träger historischer und kultureller Identität " (K. Ganser, 1991, S. 6) postuliert. Es liest sich so, als suche man (= Karl Ganser) wirklich eine neue, eigene Konzeption der Denkmalpflege für den Emscherraum. Nur scheint auch hier das Ergebnis schon formuliert, bevor die Voraussetzungen geklärt sind. Zumindest allen, die sich auf das Begleitprojekt der Volkshochschule Dortmund zur Stillegung der ehemaligen Großschachtanlage Gneisenau in Dortmund-Derne, das sogenannte "Gneisenau-Projekt" (vgl. Museum für Kunst- und Kulturgeschichte der Stadt Dortmund, 1986) eingelassen haben, ist die Sicherheit abhanden gekommen, daß die Zeugen der großen Industrie auch per se die Denkmäler für die Betroffenen sind. Mit dem "Gneisenau-Projekt" war versucht worden, die kulturellen Verluste, die mit einer Stillegung (im Jahr 1986) einhergehen, ausfindig zu machen. Denkmäler wurden nicht gesucht - aber in den Überlegungen über die Zukunft von Ort und Arbeitsplatz mitgedacht.

Jedes Objekt, das als Denkmal erhalten und vorgezeigt wird, prägt unser zukünftiges Bild von Geschichte. Technische Anlagen, gereinigt von den Spuren der Arbeit und der Aneignung und des sich alltäglich darin Einfindens vermitteln als Denkmäler wenn nicht ein falsches, so doch ein unvollständiges und nur aus einem eingeengten Blickwinkel aufgenommenes Geschichtsbild. Angesichts der Spuren von Lebenswelten, die mit dem "Gneisenau-Projekt" zu Tage gefördert wurden, konnte sich niemand mehr auf seine Unkenntnis zurückziehen. Für die handlungsorientierte Denkmalpflege, derart des festen Bodens ihrer Voraussetzungen entzogen, tat sich damit ein Abgrund des Ungewissen auf. (Für eine ergebnisorientierte "Werkstatt für die Zukunft alter Industriegebiete" konnte das "Gneisenau-Projekt" ebenfalls keinen gangbaren Weg aufzeigen.)

Peter Strege, der damalige Projektleiter, stellte deshalb einen Auslaufstutzen aus der Kohlenwäsche als Denkmal zur Diskussion (vgl. Museum für Kunst- und Kulturgeschichte der Stadt Dortmund, S. 32ff.). Die "großen" Denkmäler, wie Fördertürme, Maschinenhallen, Schachthalle und Kohlenwäsche sollten im Rahmen eines Besucherbergwerkes wieder in die - veränderte - Lebenswirklichkeit in Dortmund-Derne eingebunden werden; und derart für die Betroffenen einen über das bürgerliche Denkmalverständnis hinausreichenden Stellenwert bekommen. Bei Gneisenau ohne Erfolg. Aber das Konzept, Industriedenkmäler in einen Kontext zu stellen, der der Lebenswirklichkeit der Adressaten - Nutzer, Anwohner, Betroffene, Bewohner des Emscherraumes - nicht gänzlich fremd ist, wird auch in einzelnen IBA-Projekten weiterverfolgt. Nur die "historische", z.B. einer Stillegung vorausgegangene Lebenswirklichkeit, die spiegelt sich darin nicht.

Vor der Gratwanderung zwischen der Abwehr und dem Einlassen auf die Alltagskultur und auf das "kollektive Imaginäre" erscheint die Einbindung der Geschichtskultur in eine neue Organisationsform als ein Kompromiß. Der große Kreis der in den Wettbewerb und bei der Gründung des Forums

Abb. 1:   Gebäude und Anlagen der ehemaligen Zeche Mi-
           nister Stein - sowohl ihres alten ökonomischen als
           auch ihres alten baulichen Zusammenhangs weit-
           gehend beraubt. Quelle: IBA Emscher Park,
           1992b, S. 9.

Geschichtskultur einbezogenen Professionellen läßt noch eine weitere Interpretation zu: Als "Entscheidungsgruppe" bei der Umdefinition von Werten und Wertungen (und es geht ja bei den Industriedenkmälern um neue gesellschaftliche Inhalte, nicht nur um neue Nutzungen), müssen sie selbst wieder "kollektiven Determinanten" unterliegen,[4] wenn ihre "Vordenkerrolle" funktionieren soll. Das Spektrum der Laienbewegung zur Geschichte der Industrieregion wäre also nicht nur abzufragen, um - mit Hilfe der Bürgerbeteiligung - erstens besser zu entscheiden und zu planen, oder zweitens den Beweis zu führen, daß an den Industriedenkmälern wirklich die historische und kulturelle Identität der Region festgemacht werden kann, und drittens das massenhafte Interesse an der Erhaltung der Technik - und Industriedenkmäler zu belegen, sondern viertens um die Voraussetzungen der Entscheidungsgruppe selbst zu kontrollieren. Anstatt sich auf ein wenig steuerbares - fast anarchistisches - Vorgehen wie beim "Gneisenau-Projekt" einzulassen also ein institutionalisierter, gelenkter Beteiligungsprozeß, sogar mit Kontrollmechanismen. Schwierig genug und ohne Erfolgsgarantie.

3.   Denkmäler und Stadterneuerung

Vielleicht ist aber auch alles gar nicht so komplex. Geht man davon aus, daß die IBA Emscher Park im Jahre 1988 nur auf der Grundlage sogenannter "postfordistischer" Stadterneuerungsstrategien gegründet werden konnte, deren Ziel darin lag, das Raumbild einer Stadt - hier der Städte der Emscherregion - in Bezug auf eine imaginäre Städtehierarchie in der Konkurrenz um Standortgunst und vor dem Hintergrund des Zerfalls der ökonomischen Basis neu zu prägen (vgl. D. Ipsen, 1992, S. 27), mußte zwangsläufig nachgearbeitet werden. Denn im Rahmen dieses Stadtmarketings, bei dem Wirtschaftsförderung durch Stadtkronenpolitik angesagt ist (vgl. K. Novy, 1991, S. 45), kommt der Zeichenhaftigkeit baulicher Anlagen eine besondere Bedeutung zu. Allen, die das Ruhrgebiet mit einer gewissen Distanz erleben, ist klar, daß allein die Industrie- und Technikdenkmäler dieser Rolle gerecht werden können. Im Ruhrgebiet selber mißtraut man aber noch ihrer Zeichenhaftigkeit. Oder besser: Ihr gebauter Code teilt den "Eingesessenen" etwas anderes mit als den "Fremden". Letztere können sich auf die signifikanten monumentalen Industriebauten als visuelle Ereignisse einlassen: Bei den "Eingesessenen" evoziert ihr Code wahrscheinlich das Dilemma der ganzen, unaufgearbeiteten Geschichte der Industrieregion und unbewältigten Wirklichkeit der Industrieregion. Architektur und Gestalt der Anlagen sind vor diesem Hintergrund unwichtig. Die Entscheidung der Verantwortlichen in den Stadträten, den Behörden und bei den Eigentümern lautete bzw. lautet deshalb oft: Abreißen!

---

[4]   Vgl. Roland Barthes, Elemente der Semiologie, S. 27f.; R. Barthes setzt sich mit dem Verhältnis von - im weitesten Sinne - Form und Inhalt (System/Prozeß, Sprache/Sprechen, Code/Mitteilung) und ihren Veränderungen auseinander.

Auf der Grundlage solcher Befindlichkeiten sind die - eigentlich recht bescheidenen - Ziele der Erneuerungsstrategien, soweit sie Industriedenkmäler einbeziehen, nur gegen große Widerstände durchzusetzen. Das nachgewiesene breite Interesse und der Beweis, daß der Code von Industrieanlagen und Industriebauten auch Positives - nicht nur Abhängigkeit, Ausbeutung, industrielle Herrschaft, Krisen - mitzuteilen vermag, könnten Abhilfe schaffen.

Abb. 2 a/b: Das ehemalige Werksgasthaus der Hochofenwerke Oberhausen an der Essener Straße als Kristallisationspunkt und Merkzeichen (Keimzelle) für das Technologiezentrum Umweltschutz. Ansicht des Werksgasthauses und Schnitt mit der Neuplanung (Architekten Reichen et Robert) Quelle: IBA Emscher Park, 1992a.

Von dieser Ausgangsposition aus ständen dann die "alten" Erkennungszeichen widerstandsloser für Erhaltung und Umnutzung zur Verfügung. Sie würden in einen neuen Kontext gestellt und in ihrer "Keimzellenfunktion" könnten sie verändernd auf ihre Umgebung einwirken (also auch einen neuen Kontext bilden). Ihren ursprünglichen historischen Gehalt könnte man im Laufe der Zeit vergessen. Wichtig ist aber, daß der Anschein des Historischen (gleichgesetzt mit dem Besonderen) erhalten bleibt, Stimmungen und Prägnanz erzeugend. Mit welchem Objekt man es dabei zu tun hat, ist eigentlich zweitrangig, solange es in das Raster hineinpaßt und gewisse ästhetische Qualitäten aufzuweisen vermag. Der den Denkmalwert erst konstituierende Charakter als Dokument für historische Entwicklungen kann dabei ebenfalls zur Nebensache werden; eine Gefahr, der übrigens jedes Denkmal, daß in planerische Aufwertungsstrategien hineingerät, ausgesetzt ist. Ganz abgesehen davon, daß nur bestimmte (bereinigte) Objekte in Frage kommen: Sicher nicht der Auslaufstutzen und sicher nicht mehr die Seilscheibe, die ein unmittelbares Verhältnis zum Arbeitsprozeß voraussetzen, sicher auch nicht Zeugnisse der Geschichte des Nationalsozialmus, sicher aber auch keine Denkmäler, die Helden vergangener Epochen die Reverenz erweisen.

Der historische Gehalt der Objekte kann - wenn er einschneidende Umnutzungsbeschränkungen verlangt - als "Investitionshindernis" sogar dysfunktional wirken. Auf Minister Stein in Dortmund-Eving hat man (wer?) dies durch vollendete Tatsachen (= Abriß von drei der vier Fördertürme einschließlich Maschinen- und Schachthallen) zu vermeiden gewußt. Bei diesem funktionalisierten und distanzierten Verhältnis zum Industriedenkmal ist dann allenfalls Georg Dehios Feststellung, daß ein Volk (eine

Stadt), das viele und alte Denkmäler besitzt, ein vornehmes Volk (eine Stadt) sei,[5] tragfähig. Um welches Objekt es sich dabei konkret handelt, ist eigentlich egal! Und letztendlich ziehen sich - bei der "postfordistischen" Stadterneuerungspolitik - eigentlich die Falschen (= die neuen Nutzer und Bewohner, die mit der Geschichte des Ortes allerhöchstens zufällig zu tun haben) diese "vornehmen" Kleider an. Sie werden - wenn überhaupt - ein eher nostalgisches oder ein ganz und gar abstraktes Verhältnis zu diesem "Geschichtswert" entwickeln, im Gegensatz zu ihrem vorausgesetzten sinnlichen Verhältnis zu den Raum- und Baustrukturen.

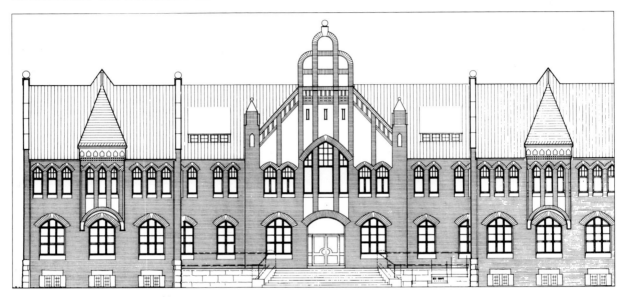

Abb. 3:   Das Wohlfahrtshaus der ehemaligen Zeche Minister Stein in Dortmund, zum bloßen Bild - zur Ikone - geworden.
            Quelle: IBA Emscher Park, 1991b.

Die historischen Anlagen werden dabei nicht nur für das Ambiente[6] benutzt, sondern auch zum Identifikationsträger, zum Wahrzeichen und dann zur Ikone reduziert. (Vielleicht für einen Stadtbezirk, der eine neue Identität findet, vielleicht aber auch nur für einen Gewerbepark.) Das, was vielen historischen Stadtkernen im Laufe der Jahre passiert ist und was dann wieder für die Außendarstellung verwendbar ist (vergleichbar mit den sieben Türmen Lübecks), wird zum Programm." Aber auch ein Logo (analog zur Ikone, d.V.) funktioniert in seiner blendenden Einfachheit nur, wenn es sich auf viel abgedunkelte Hintergrundmasse abstützen kann" (vgl. D. Hoffmann-Axthelm, 1991b, S. 1556). D.h. ohne historischen Gehalt und ohne Erinnern verliert auch ein Logo seine Prägnanz, wird zu einem Markenzeichen neben vielen.

Daß ein solches "Verarbeiten" sowohl im wörtlichen als auch im übertragenen Sinn gerade bei dem "Sahnestück" Zeche Zollverein 12 in Essen in vollem Gang ist, bemerkt jeder, der die Anlage sieht und sich mit den Nutzungskonzepten und den Aktivitäten, die dort stattfinden, auseinandersetzt. Ob Zollverein 12 schließlich zum Schlagwort für ein Kulturzentrum reduziert wird, dessen historischen

---

5   Vorgetragen in seiner Festrede an der Kaiser-Wilhelm-Universität zu Straßburg zum Kaisertag 1905, unter dem Titel: Denkmalschutz und Denkmalpflege im 19. Jahrhundert, zitiert nach: G. Dehio; A. Riegel, Konservieren, nicht restaurieren.

6   Wobei das Ambiente, das kondioniert, aber nicht festlegt, also eigentlich Element "postmoderner" Offenheit ist, auch Ausdruck fehlender (planerischer) Zielvorgaben sein kann, vgl. dazu G.C. Argan, 1989, S. 263 (Urbanistik, Raum und Ambiente).

Gehalt man vergißt - auf dem Weg dorthin ist die Anlage sicher - oder ob sich aus der Überlagerung neuer sozio-kultureller Nutzungen eine produktive Mehrdeutigkeit aus dem Geschichtlichen ergibt, muß sich noch erweisen.

4. Kulturelle Verankerung der Reorganisation historischer Bau- und Anlagensubstanz?

Die Umdefinition ehemaliger Industrieanlagen über neue Nutzungen, und mit Hilfe von auswärtigen Nutzern und Besuchern, könnte einer Inbesitznahme ähneln, bei der dann die ehemaligen Nutzer draußen vor der Tür bleiben. Zumindest besteht die Gefahr des sich fremd Fühlens in der eigenen Region. Was die Kolonien im Revier betrifft, erinnere ich mich noch zu gut der Vorbehalte der Bewohner gegen nach außen nutzbar gemachte Aufwertungsstrategien, die dem Denkmalschutz unterstellt wurden. Daneben bleibt auch nicht verborgen, daß und wieweit die gestalterisch und architektonisch überformten Anlagen, auch Restaurierungen zähle ich in gewisser Weise dazu, Mystifikationen gleichkommen. Das Alte, so des Kontextes der "alten" Sozio-Ökonomie des Ruhrgebietes verlustig, ist dann schon als bloße Form neu genug. Auch auf eine neue "Mehrdeutigkeit"[7] wird man sich im Ruhrgebiet nicht ohne weiteres einlassen. Denn statt den Paradigmata der Postmoderne nachzulaufen, bekennt man sich hier noch zur Eindeutigkeit der Moderne. Neu anzufangen, und so zu tun als wäre das Alte vergessen, ist unmöglich. Dazu sind die Zeitspannen von den Stillegungen bis heute (wobei sich beides noch in die Zukunft schiebt) einfach zu eng. Und auch die Entfernungen sind nicht so groß, als daß man die Geschicke der aufgegebenen Anlagen aus dem Blick verlieren könnte. Nur zu reklamieren, daß das Alte als Qualität irgendwie in das Neue eingehe, ist auch nicht hinreichend, wenn offensichtlich wird, wie fremd sich alt und neu sein können (so z. B. das internationale Design-Center in Katernberg oder das Film-Institut in Eving). In den Kolonien stellt sich mit der Erneuerung zudem die Angst vor dem Verlust der Wohnung ein - wenn auch in der Regel unbegründet.

Jeglicher planerisch gesteuerter Erneuerungsprozeß, der mehr ist als ein Umverteilungswettbewerb, muß sich auf tragfähige Erneuerungspotentiale (= Menschen, die ihn tragen) stützen. Dabei ist es dann auch gleichgültig, ob signifikante Anlagen als "Keimzellen" für sozio-ökonomische Veränderungen begriffen, oder letzteres als Voraussetzung für die Erhaltung von Industriedenkmälern betrachtet wird (wobei diese Pointierung die Rangfolge eindeutig definiert). Die bloßen Projektionen der Planer können nie hinreichend sein - egal ob sie Städtebauer, Architekten oder sonstiges sind. Denn Stadt ist nicht nur Gestalt, sondern auch Gestaltung (G.C. Argan, 1989, S. 105). In diesem Prozeß ist die "Weisheit" von Nutzern und Bewohnern gefragt: "Wir haben gesehen, die Geschichte mit ihrer alles verschlingenden Vitalität entleert die Formen und füllt sie wieder, nimmt ihnen die Signifikate und bereichert sie damit; und angesichts ihrer unvermeidlichen Prozesse bliebe nur übrig, sich der instinktiven Weisheit von Gruppen und Kulturen anzuvertrauen, welche fähig sind, immer wieder signifikante Formen und Systeme wiederzubeleben" (U. Eco, 1972, S. 320). Dazu reichen die Auswärtigen nicht hin; ganz abgesehen davon, daß sie kaum Interesse zeigen, sich das Ruhrgebiet, ge-

---

7   Die Mehrdeutigkeit als Interpretationsmuster der Postmoderne betrifft nicht nur den Bedeutungsträger (= die Form): "Das Kunstwerk gilt als eine grundsätzlich mehrdeutige Botschaft, als Mehrheit von Signifikaten (Bedeutungen), die in einem einzigen Signifikanten (Bedeutungsträger) enthalten ist" (U. Eco, 1973, S. 8ff.), sondern auch die Struktur seiner Entstehung; U. Eco spricht in "Das offene Kunstwerk" auch vom "Operativprogramm", das strukturelle Eigenheiten vergleichbar anderen kulturellen Verfahrensweisen aufweist. Die Mehrdeutigkeit bietet also nicht nur hinsichtlich der Interpretation der Zeichen, sondern auch als Handlungsmuster bei Industriedenkmälern, die sich vom Charakter her dem Kunstwerk nähern, den Rahmen.

schweige denn die Emscherregion anzueignen. Außerdem wäre erstens ihre Anzahl immer zu gering und zweitens die Dauer ihres Aufenthaltes ungewiß. Ihren passageren Charakter vorausgesetzt bleibt nichts anderes übrig, als letztlich auf die Aneignung und Wiederbelebung durch die "Eingesessenen" zu vertrauen - und dies zu fördern. Kulturelle Verankerung statt Distanz. Nur sind die "Eingesessenen" eigentlich in der Gestaltung des Raumes wenig geübt - das nahmen ihnen, bzw. nehmen ihnen immer noch die Eigentümer, die strukturbestimmenden Betriebe ab. In das Vakuum, das sie mit den aufgegebenen Anlagen hinterlassen, gilt es nun hineinzustoßen. Förderung der Geschichtsinitiativen also auch zur Einübung von Artikulation und von Inbesitznahmen? Die Selbstdefinition über die Geschichte wäre dann wieder das Vehikel. Der Kreis schließt sich. Gelingt es nicht, besteht die Gefahr, daß die Planer in 20 Jahren auf die Ruinen ihrer Transformationsgläubigkeit zurückschauen können - so wie wir heute auf Lagos. Insoweit beinhaltet das Festhalten an historischer Kontinuität auch eine - wenn auch unausgesprochene - utopische Dimension.

Vorausgesetzt, die "Eingesessenen" bemächtigten sich mit Erfolg einiger Industriedenkmäler, könnte man sich gelassener mit auswärtigen Nutzern abfinden. Dienlich wäre in einer solchen Situation ein Handlungs- und Orientierungsmuster, eine Art von Pattern,[8] das sich als regions- und ortsspezifisch ausweist. Und in das sich dann argumentativ die neuen Konzepte und Nutzungen integrieren lassen. Konsequenterweise sucht man - die IBA - für Gebäude und Anlagen mit industriegeschichtlichem Gehalt die entsprechende historische Kontinuität. Da die Anlagen ja als Zeichen für Geschichte im Ruhrgebiet seit Beginn der Industrialisierung insgesamt betrachtet werden, müssen die Fahrrillen dieser Kontinuität auch nicht eng auf die Geschichte der Industrie/der spezifischen Anlage hin fokussiert werden, sondern es ist ein breites Spektrum abzudecken.[9] Ist sie belegt, und sind die Technik- und Industriedenkmäler als unverzichtbare Wegemarken in dieser Kontinuität anerkannt - so ja auch die Abstraktion der Denkmalpflege, dann erscheinen sogar neue, fremdartige Nutzungen angesichts der Tatsache, daß die Substanz ja erhalten bleibt, als zweitrangig. Die Materialität verselbständigt sich solcherart und in gewisser Weise von ihrem Gehalt. Und der Schritt vom Geschichtszeugnis zur bloßen Bau- bzw. Anlagensubstanz und dann zum Zeichen (und dann zur Ikone) ist kurz. Umgekehrt erzwingen Größe und Weitläufigkeit der Anlagen auch oftmals dieses Herangehen: Denn Umfang und Aussage stehen in einer solchen Disproportionalität, daß man nicht die gesamten Anlagen und Gebäude in ihrem Dokumentenwert respektieren, geschweige denn erhalten kann. Man muß froh sein, wenn wenigstens in ihrer Zeichenhaftigkeit noch "Erinnerungsträger" bleiben. Die "Erinnerungsarbeit" müßte dann ergänzend an anderer Stelle geleistet werden, eben in den Geschichtsinitiativen vor Ort.

Faßt man diesen Argumentationsstrang zusammen, zeigen sich weitere "Erwartungsfelder" zum Geschichtswettbewerb und zum "Forum Geschichtskultur": Einerseits die Beschwörung des regional historischen Kontextes, andererseits das Wiederauffüllen des Vakuums, das durch Stillegungen und Umnutzungen entstanden ist. Der reflexive "historische" Gehalt, das Erinnern, ersetzen quasi den ehemaligen, abgebrochenen, stillgelegten sozio-ökonomischen Kontext. Die Zwischenüberschrift im Gründungsmemorandum zum "Forum Geschichtskultur an Ruhr und Emscher", das Ruhrgebiet "ein starkes Stück Geschichte" unterstreicht in ihrem offensichtlichen Chauvinismus diese These. Vielleicht auch mehr ein plakativer Appell denn feste Überzeugung. Auch die Industriedenkmäler, "die

---

8   Beim "Pattern" unterliegt man schnell der Gefahr der Mystifikation, zumindest der Vereinfachung der Geschichte: "Würde die Geschichte tatsächlich eine ordnungslose Wirklichkeit so wiedergeben, als besäße sie eine Ordnung, sie wäre reinste Mystifikation." (G.C. Argan, 1989, S. 30).

9   Vgl. R. Slotta, 1982, S. 6ff., der den Bedeutungsgehalt von der Technikgeschichte bis zur Sozialgeschichte kumulativ umreißt.

Veteranen von 150 Jahren Bergbau und Stahlindustrie" lassen sich in diese "Heldengalerie" einreihen. Geschichtskultur also auch zur inneren Aufrüstung in der Konkurrenz um Standortvorteile. Verständlich in einer Region, in der mit den alten ökonomischen Strukturen ganze Lebenswelten zerbrechen und gewohnte Weltsichten in Frage gestellt werden.

5. Der schier unlösbare Anspruch einer historischen Kontinuität

Ich bezweifle jedoch, daß die Kontinuität an den Technik- und Industriedenkmälern festzumachen ist. Denn es gibt im Ruhrgebiet kaum Architekturen und Anlagen mit mehr als örtlicher Prägnanz (ausgenommen vielleicht die Villa Hügel, die aber gerade wegen ihrer Vergangenheit mit sehr ambivalenten Gefühlen besetzt ist). Viele Gebäude und Anlagen sind auch in den benachbarten Stadtteilen nur wenig bekannt und stehen zudem oftmals verborgen auf den Industrieflächen. Selbst Zollverein 12 war als bauliche Anlage, abgesehen von der Eingangssituation, den Katernbergern eigentlich fremd; und kaum ein Huckarder wird die Kokereistraße auf Hansa jemals als Architektur wahrgenommen haben. Darüberhinaus sind sie durch Umweltprobleme und Erinnerungen an industrielle Herrschaft belastet. Letzteres wird insbesondere in den privatisierten Kolonien deutlich, wo selbst angesichts jahrzehntelanger Aneignung diejenigen, die dort groß geworden sind, in einer Art Masochismus alles dransetzen, um durch die Individualisierung der Gebäude und Grundstücke den stigmatisierenden Koloniecharakter zu zerstören. Die eigene Geschichte muß praktisch noch "erlernt" werden, um sie dann auch wertzuhalten. Insofern ist das "kollektive Imaginäre" nicht nur zu erforschen, sondern teilweise erst noch zu evocieren. Ohne eine Art "Ruhrgebietspatriotismus" ist da sicher nichts zu machen - aber ob jemals derart fraternisierende Gefühle erweckt werden können wie allwöchentlich bei Borussia Dortmund oder Schalke 04 ist mehr als fraglich. Die IBA-Planer haben sich da wirklich "herkulische" Aufgaben aufgebürdet. Trotzdem: Eine Modernisierung oder Transformation ohne Kontinuität käme eigentlich dem Eingeständnis gleich, daß nichts existiert, auf dem aufzubauen wäre. Eine Interpretation, die für eine passagere Industrieregion - selbst wenn sie schon 150 Jahre als ist - nicht generell von der Hand zu weisen ist. Für den Emscherraum käme sie aber mit dem Eingeständnis seiner sich vollziehenden ökonomischen und sozialen "Zerstörung" gleich. Und die IBA ist ja nicht zuletzt deshalb ins Leben gerufen worden, um es nicht soweit kommen zu lassen. Aber mir scheint, es ist ein Kampf gegen Windmühlenflügel. In der Illusion - oder in der Hoffnung - daß man sich im Ruhrgebiet trotz allem historisch definiert. Und sicher nicht, ohne noch ein bißchen an den Mythos Ruhrgebiet zu glauben (an dem sie selber mitarbeiten). Ansonsten hätten sich die IBA-Planer gänzlich andere Strategien ausdenken können. Ein Euro-Disney[10] - von Anfang an ein "Logo" - hätte ganz andere Dimensionen von Wirtschaftsförderung und Stadterneuerung eröffnet. Im Ruhrgebiet stattdessen eine neue Struktur der Form und des Seins, der Postmoderne zum Trotz? Vielleicht sehen auch die IBA-Planer im Ruhrgebiet eine Vision der Moderne, die es zu verteidigen gilt, nicht nur die Industriestadt als Industrieprodukt.

Aber davon auszugehen, daß das Alte in seinen positiven Momenten produktiv in das Neue eingeht, ohne letzteres z. B. über ein urbanistisches Modell für die Emscherzone zumindest zu skizzieren, ist zunächst nur ein Imperativ. Oder doch nur Element postfordistischer Erneuerungsstrategien zur Konditionierung der Umwelt - anstelle der Planung des Raumes. Insofern bleibt die Utopie auch vage. Das Neue in seiner historischen Kontinuität, quasi als "Verlängerung" des Alten zu sehen, stellt wie-

---

[10] Nicht umsonst vermeldet DIE ZEIT vom 10. April 1992 "Die Maus wird gefüttert" im Wirtschaftsteil.

derum eine idealistische Position dar. Als wäre die Zukunft der Industrieregion über ihre Vergangenheit (die mehr oder weniger als Last begriffen wird) definiert. Vieles spricht dagegen; es ist allenfalls bei Gebäuden, und auch hier nur gegen Widerstände, möglich. Zwar ist das Ruhrgebiet eine Region mit Geschichte, aber die die Gegenwart bestimmende Realität gestaltet sich hier genauso antihistorisch wie anderswo. Für die meisten Entwicklungsvorhaben sind die geschichtlichen Strukturen vollkommen nebensächlich. Selbst der Förderturm über Schacht IV auf Minister Stein stand im Wege, bevor er als "object trouvé" für das zukünftige Ambiente im geplanten Gewerbepark akzeptiert wurde. Ganz abgesehen davon, daß in diesem Prozeß der mehr oder weniger zufälligen Selektion und Prononcierung von Bedeutsamen auch ein verschobenes Bild von Geschichte vermittelt werden kann. Da ein "richtiges" historisches Bewußtsein aber immer eng mit einem politischen Standpunkt, auch und besonders, was die Geschichte des Ruhrgebietes betrifft, verknüpft ist, tun sich hier weitere wenn und aber und Fragezeichen auf (Ob die Lage heute anders aussähe, wenn Industriegeschichte an Emscher und Ruhr schon vor 20 und mehr Jahren ein Thema gewesen wäre, wage ich nicht zu behaupten.). Einfach gelassen abzuwarten, wie sich die Projekte entwickeln, auf die Initiativen und die Selbstregulierungsmechanismen zu vertrauen und den Dingen ihren Lauf zu lassen, wäre nur akzeptabel, wenn die Veränderungen in der Region gemächlich von statten gingen. Da es jedoch an dem nicht ist und die Stillegungswellen das Ruhrgebiet wieder überrollen werden, machen sich die Defizite an Utopien, Theorie und politischem Bewußtsein mal wieder schmerzlich bemerkbar.

6. Offene Fragen

Angesichts der Aushöhlung bürgerlich kultureller Identität verliert die Denkmalpflege als Disziplin der bürgerlichen Gesellschaft zunehmend ihre ideologische Fundierung (Daß das von seinem historischen Gehalt gelöste Objekt zum "Logo" wird, ist nur konsequent.). Ein Einlassen auf eine andere - z.B. proletarische Kultur - stand nie zur Diskussion.

Die moderne Denkmalpflege zieht sich zunehmend aus ihrem Wertedilemma in die - notwendigerweise - zu verfeinernde Methodik der Bestandserfassung und Bestandssicherung zurück. Der Sinnverlust wird quasi durch die Aufschließung des Quellenwertes der Objekte und ihre Aufwertung zum "Archivgut" der Menschheit kompensiert. Adressaten sind also genauso die Zukünftigen wie die Gegenwärtigen. In dieser Verwissenschaftlichung ist die Denkmalpflege tendenziell entweder ohne aktuelle gesellschaftliche Relevanz oder hilflos gegenüber durchsetzungsfähigen Interessen. Im Ruhrgebiet und speziell unter der Ägide der IBA scheint nun alles umgedreht bzw. zurückgedreht zu werden: Den Denkmälern wird als "Keimzellen" im Rahmen von Aufwertungsstrategien sehr wohl eine gesellschaftliche Relevanz zugewiesen. Und plakativ sollen sie kulturelle Verankerung - der Transformation - und historische Kontinuität - der Region - demonstrieren. Ansprüche, von denen sich die moderne Denkmalpflege schon lange verabschiedet hat. [11]

Begreift man jedoch das Interesse an Geschichte und Erinnerungsarbeit und ihrer Organisation als "Hilfestellung" zur Erhaltung von prägnanten technischen Anlagen und Industriebauten als Landmarken oder städtebauliche Dominanten, läßt sich das Knäuel der ganzen Widersprüche aufribbeln. Dann ist es auch nicht wichtig, daß sich niemand mehr so richtig auf die unterschiedlichsten kulturellen

---

[11] Dieses Zurückziehen auf die Fachmethodik und die Eigenständigkeit der Disziplin wird auch in der Publikation zum 100jährigen Bestehen des Westfälischen Amtes für Denkmalpflege "Im Wandel der Zeit" deutlich. (Hrsg. vom Landschaftsverband Westfalen-Lippe, Westfälisches Amt für Denkmalpflege und vom Museum für Kunst- und Kulturgeschichte der Stadt Dortmund, Münster 1992.)

Identitäten im Revier einlassen will. Letztendlich stehen sie ja auch im Rahmen der Aufwertungs-strategien zur Disposition, es sei denn, andere Lebenswelten werden respektiert. Aber das ist schon ein weiteres Thema.

Literatur

Argan, G. C.: Kunstgeschichte als Stadtgeschichte, München 1989 (1. ed. Rom 1984).

Barthes, R.: Elemente der Semiologie, Frankfurt 1979 (1. ed. Paris 1964).

Borsdorf, U.: Das Unfaßliche wird greifbar, in: IBA Emscher Park, Industriegeschichte an Emscher und Ruhr, Dokumenta-tion des Geschichtswettbewerbs der Internationalen Bauausstellung Emscher Park in Zusammenarbeit mit der Nordrhein-Westfalen Stiftung, Gelsenkirchen 1991, S. 39-44.

Dehio, G./Riegel, A.: Konservieren, nicht restaurieren. Streitschriften zur Denkmalpflege um 1900, hrsg. von Marion Wohl-leben, Braunschweig/Wiesbaden 1989, S. 88ff.

Eco, U.: Das offene Kunstwerk, Frankfurt a. M. 1973 (1. ed. Mailand 1962).

Eco, U.: Einführung in die Semiotik, München 1972 (1. ed. Mailand 1968).

Ganser, K.: Internationale Bauausstellung Emscher-Park, in: Stadtbauwelt Nr. 100 (Bauwelt Nr. 48), Dez. 1988, S. 2128 - 2130.

Ganser, K.: Unzulängliche Planverfahren und eine widerborstige Realität, in: Stadtbauwelt 104 (Bauwelt Heft 48), Dez. 1989, S. 2280 - 2281.

Ganser, K.: Vorwort, in: IBA Emscher Park, Industriegeschichte an Emscher und Ruhr, Dokumentation des Geschichtswettbe-werbs der Internationalen Bauausstellung Emscher Park in Zusammenarbeit mit der Nordrhein-Westfalen Stif-tung, Gelsenkirchen 1991.

Günter, R.: Zur Geschichte und Theorie des Denkmalschutzes, in: Florian Böllhoff, Jörg Boström, Bernd Hey (Hrsg.), Indu-striearchitektur in Bielefeld, Geschichte und Fotografie, Bielefeld 1986, S. 74ff.

Hoffmann-Axthelm, D.: Bausteine zur Rekonstruktion der Großstadt, in: Klaus Novy und Felix Zwoch (Hrsg.), Nachdenken über Städtebau, Braunschweig/Wiesbaden 1991a, S. 11 - 29.

Hoffmann-Axthelm, D.: Die Lübecker Altstadt als Weltkulturerbe, in: Bauwelt Nr. 29/30, August 1991b, S. 1556 - 1565.

IBA Emscher Park: Eine Einrichtung des Landes Nordrhein-Westfalen (Faltblatt), 1991a.

IBA Emscher Park: Wohlfahrtsgebäude am Nollendorfplatz in Dortmund-Eving. Ein Projekt der Stadt Dortmund (Faltblatt), 1991b.

IBA Emscher Park: Technologiezentrum Umweltschutz im Werksgasthaus an der "Allee der Industriekultur". Ein Projekt der Stadt Oberhausen (Faltblatt), 1992a.

IBA Emscher Park: IBA Emscher Park Informationen 19, 1992, 1992b, S. 9.

Ipsen, D.: Über den Zeitgeist der Stadterneuerung, in: Die Alte Stadt Nr. 1, 1992, S. 16 - 29.

MSWV: Der Minister für Stadtentwicklung, Wohnen und Verkehr des Landes Nordrhein-Westfalen (Hrsg.): Internationale Bauausstellung Emscher Park. Werkstatt für die Zukunft alter Industriegebiete, Memorandum zu Inhalt und Organisation, Düsseldorf 1988.

Museum für Kunst- und Kulturgeschichte der Stadt Dortmund (Hrsg.): Leben mit Gneisenau, hundert Jahre ... Eine Zeche zwischen Dortmund und Lünen. Begleitbuch zur Ausstellung der VHS Dortmund im Museum für Kunst- und Kulturgeschichte der Stadt Dortmund vom 12.9. - 26.10.1986.

Novy, K.: Lange Wellen und die Konjunktur der großen Themen. Dargestellt am Beispiel der Städtebauleitbilder, in: Klaus Novy und Felix Zwoch (Hrsg.), Nachdenken über Städtebau, Braunschweig/Wiesbaden 1991, S. 43-53.

Pallasma, J.: Zu einer Architektur der Stille, in: Baumeister Nr. 3, 1992, S. 34 - 40.

Slotta, R.: Einführung in die Industriearchäologie, Darmstadt 1982.

Brigitte Karhoff/Volker Wilke

IBA Emscher Park - Strukturprogramm ohne Beschäftigungspolitik?

Die Internationale Bauausstellung Emscher Park als "Werkstatt für die Erneuerung alter Industriegebiete" steht vor dem krisenbedingt zentralen Problem der Arbeitslosigkeit in Kommunen der Emscherregion. Eine substantielle Zunahme der Beschäftigung ist auch in Zukunft nicht zu erwarten. Das ursprüngliche beschäftigungspolitische Engagement der IBA, eine quotierte Arbeitsleistung durch ehemalige Arbeitslose in allen IBA-Projekten durchzusetzen, schmolz auf einige wenige Beschäftigungsprojekte zusammen. Die Erfahrungen und das Know-how der vielfältigen Beschäftigungsträger in der Emscherregion werden bislang nur unzureichend berücksichtigt. Statt Alternativen zum Niedergang der fordistischen Arbeitsgesellschaft zu umreißen, wird die Beschäftigungspolitik nach konventionellen Mustern der Sozial- und Arbeitsverwaltungen betrieben. Der Niedergang der montan-industriellen Arbeitsgesellschaft kann kaum besser vernachlässigt werden als durch Beschäftigung im Bausektor. Kein Wunder, daß sich Beschäftigungspolitik so nur sehr halbherzig entwickelt.

1. IBA Emscher Park - ein Strukturprogramm

Die Emscherregion ist der Teil des Ruhrgebietes, der erst im 19. Jahrhundert durch den industriellen Bergbau erobert wurde. Hier entwickelte sich ein monostrukturierter Wirtschaftsraum auf der Basis von Kohle und Eisen bzw. Stahlproduktion mit all seinen Zuliefer- und Folgeindustrien, der durch die wirtschaftliche Macht der Großunternehmen in Kohle und Stahl dominiert und gefesselt wurde.

Die Kohle- und Stahlindustrie steckt seit mehreren Jahrzehnten in einer Krise. Im notwendigen Strukturwandel wirkt diese Monostruktur zur Bewältigung der Krise kontraproduktiv. Der aktuelle Schrumpfungsprozeß der Industrie im Emscherraum, ausgelöst durch die veränderten Produktionsstrukturen und Weltmarktbedingungen, äußert sich in Rationalisierungsmaßnahmen, Betriebsstillegungen, Abwanderungen von Betrieben und Arbeitskräften sowie fehlenden größeren Neuansiedlungen des innovativen Gewerbes. Die Hinterlassenschaft der Montanindustrie besteht aber nicht nur aus wirtschaftlichen Problemen. Hinzu kommen soziale (Massenarbeitslosigkeit), ökologische (Altlasten) und räumliche Probleme (überdimensionierte Infrastrukturanlagen). Bei der Auseinandersetzung mit den diversen Krisenaspekten in der Emscherzone, ihren Ursachen und Auswirkungen, entsteht ein facettenreiches Bild. Vor diesem Hintergrund wird gefragt, ob die IBA-Lösungsstrategien an diese Komplexität der Probleme heranreichen.

Im Dezember 1988 legte der damalige nordrhein-westfälische Minister für Stadtentwicklung, Wohnen und Verkehr (MSWV), Christoph Zöpel,[1] ein Memorandum zu Inhalt und Organisation einer Internationalen Bauausstellung (IBA) in der Emscherregion vor. Im "Musiktheater des Reviers" in Gelsenkirchen wurde diese Partitur für eine neue "Opera seria" der Strukturprogramme präsentiert. Als "Werk-

---

[1] Das MSWV wurde im Rahmen des Ministerwechsel umstrukturiert. Z.Zt. existiert neben dem Ministerium für Stadtentwicklung und Verkehr das Ministerium Bauen und Wohnen.

statt für die Zukunft alter Industriegebiete" sollte die IBA Emscher Park bis zur Jahrtausendwende international vorhandenes Know-how zur Steuerung des Strukturwandels der 17 Kommunen in der Emscherregion zusammenführen und durch einen koordinierten ökologischen, ökonomischen und sozialen Umbau des Emscherraumes zukunftsweisende Impulse geben.

Die bisherigen Strukturprogramme des Landes NRW waren lange Zeit auf die Sonderinteressen der Montanbetriebe beschränkt.[2] Noch als in den 70er Jahren neben der Krise des Bergbaus auch die Krise der Stahlindustrie erkennbar wurde, ist das Ruhrgebiet zum Energiezentrum der Republik ausgerufen worden. Es hat sich jedoch gezeigt, daß das Montan-Leitbild vom Ruhrgebiet als "nationales Energiezentrum"[3] keine ausreichende Grundlage für einen Strukturwandel bietet. Ein Großteil der für dieses Projekt vorgesehenen Mittel floß übrigens direkt in technologische Verbesserungen montanindustrieller Betriebe. Sie hatten erhebliche Rationalisierungen verbunden mit Arbeitsplatzabbau zur Folge.

Die Strategie der großformatigen und dabei eindimensionalen Konzepte konnten den steigenden Problemdruck nicht mindern. Neue, global orientierte Leitbilder wie das Ruhrgebiet als Zentrum für Umwelttechnologien, als Dienstleistungszentrum oder als ein High-Tech-Zentrum werden aus den eben genannten Gründen voraussichtlich ebenfalls scheitern. Die Emscherregion demonstrierte das Scheitern der älteren strukturpolitischen Konzepte. Deutliche Kennzeichen dafür sind die finanzschwachen Kommunen mit ihren hohen Arbeitslosenquoten.

Auch die IBA Emscher Park entwickelte im Rahmen ihrer konzeptionellen Leitprojekte keine ausdrücklich beschäftigungspolitische Konzeption. Obwohl das Leitprojekt "Arbeiten im Park" durchaus arbeitsmarktpolitische und damit auch beschäftigungspolitische Fragestellungen aufnimmt, liegt mit diesem Leitprojekt kein Programm für die Qualifikation bzw. Reintegration und der Beschäftigung von Arbeitslosen vor.[4] Hochbelastete Industriebrachen und vor allem die brachliegende Ressource "Arbeitskraft" stellen nach IBA-Philosophie innovative Potentiale für die Region dar: "Die hohen Arbeitslosenzahlen sind ein Indiz für Arbeitskräftereserven. Der Bergbau ist weiter in Richtung Münsterland gewandert, so daß gerade im Emscherraum große Zechenareale brachgefallen sind. Gerade diese Brachflächen sind die eigentliche Jahrhundertchance der Region" (K. Ganser/T. Kupchevsky, 1991, S. 1221).

Die bisherigen "Arbeiten im Park"- Projekte heben aber nicht auf die Arbeitslosen der Region ab. Sie bemühen sich vorrangig um Hochqualifizierte und Spezialisten, die in den geplanten Forschungs- und Entwicklungs-Abteilungen der Technologiezentren beschäftigt sein sollen.

---

2 Das Nordrhein-Westfalenprogramm (1970-75) hatte z.B. einen geplanten Finanzrahmen von ca. 31,2 Milliarden DM, lief aber mit Beginn der Stahlkrise aus. Spätere Programme wie das APR, ZIN und ZIM waren finanziell erheblich geringer ausgestattet. So standen z.B. dem Aktionsprogramm Ruhr (APR) aus dem Jahre 1979 670 Mio. DM für Forschung im Montanbereich und 162 Mio. DM für kleinere und mittlere Unternehmen zur Verfügung (vgl. M. Krummacher, 1982, S. 100ff.). Augenfällig ist, daß im Vergleich zu bisherigen Strukturprogrammen des Landes NRW die IBA über keine eigenen Fördermittel verfügt, sondern nur Projekte klassifiziert und den Durchführungsprozeß moderierend begleitet. Vorhaben, die mit einem "IBA-Stempel" versehen sind, werden lediglich im Rahmen bestehender Förderprogramme vorrangig berücksichtigt.

3 Denkmal dieser Planungsphilosophie ist der Hochtemperaturreaktor Hamm-Üntrop; ursprünglich war eine flächendeckende atomare Energieversorgung neben dem Energieträger Kohle geplant.

4 An 16 Standorten (Stand August 1992) in der Emscherregion werden hochwertige Gewerbe-, Dienstleistungs- und Wissenschaftsparks entwickelt. In ihnen sollen später einmal insgesamt 15.000 Beschäftigte einen Arbeitsplatz finden. (Vgl. ausführlicher K. Ganser/T. Kupchevsky, 1991, S. 1220ff.).

Nun ist nicht zu erwarten, daß dem Problem der Dauerarbeitslosigkeit und der sich abzeichnenden sozialen Spaltung in der Emscherregion in absehbarer Zeit größere Aufmerksamkeit gewidmet würde.[5] Mit einer verbal forcierten High-Tech-Orientierung seitens der Wirtschaftsförderung und einer "von Montan zum Lagerhaus"[6]-Praxis tragen die Verantwortlichen - so unsere Meinung - eher zu einer Verschärfung der gesellschaftlichen Spaltung bei. In der IBA-Programmatik erkennen wir keine Verbindung von Wirtschaftsförderungs- und Arbeitsmarktpolitik. Die Arbeitslosen sind, wie R. Dahrendorf es formuliert, "bekanntlich als Reservearmee der Revolution durchaus ungeeignet. So sehr sie individuell leiden, so wenig eignet die Summe des individuellen Leidens sich zu kollektiver Aktion" (R. Dahrendorf, 1982, S. 25f.). Arbeitslosigkeit bleibt in der IBA-Konzeption vorrangig ein gesamtgesellschaftliches Problem, für das auf regionaler Ebene keine Lösung gesucht werden muß. Bedingt durch das Fehlen einer adäquaten politischen Struktur sowie einer Lobby für Arbeitslose unterbleibt eine politische Auseinandersetzung auf dieser Ebene. Die sich auf persönlicher Ebene vollziehende Arbeitslosigkeit und die damit einhergehende Individualisierung der Arbeitslosigkeit trägt dazu bei, daß eine politische Strategie der Schadensbegrenzung möglich ist.

Insbesondere traditionelle Formen der kommunalen Wirtschaftsförderung gehen an dem Problem der Beschäftigung vorbei. Die Beseitigung der Arbeitslosigkeit und insbesondere die Situation der Problemgruppen des Arbeitsmarktes werden nicht als Aufgabe der Wirtschaftsförderung betrachtet. Allenfalls existiert auf kommunaler Ebene das Engagement, die SozialhilfeempfängerInnen mittels versicherungspflichtiger Arbeitsmaßnahmen in den fiskalischen Zuständigkeitsbereich der Bundesanstalt für Arbeit zu überführen. Die Wirtschaftsförderung der Kommunen wird in erster Linie als Wachstumspolitik verstanden, deren Erfolg primär an der Zahl der Ansiedlungsfälle und an erwarteten Gewerbesteuereinnahmen sowie sekundär an der Zahl der geschaffenen bzw. gesicherten Arbeitsplätze gemessen wird. Unberücksichtigt bleibt dabei die Qualität der geschaffenen Arbeitsplätze. Häufig wird nicht danach gefragt, ob diese überhaupt in die Beschäftigungsstruktur der Region passen. D.h., ob sie einen qualitativen Entwicklungsbeitrag leisten können oder eher dazu beitragen, bestehende Fragmentierung auf dem Arbeitsmarkt zu verschärfen.

Die IBA Emscher Park betreibt zunächst und bestenfalls eine indirekte Beschäftigungspolitik im Rahmen der klassischen Wirtschaftsförderung.[7] Eine erhebliche Modifikation erfährt diese Qualität der Wirtschaftsförderung dadurch, daß das Projekt "Arbeiten im Park" begleitet wird von weiteren Leitprojekten, welche die sog. "weichen Standortfaktoren"[8] für zukünftige Unternehmensansiedlungen bzw. Investitionsentscheidungen verbessern sollen. "Harte Standortfaktoren gibt es hier im Überfluß. Es sind die sogenannten weichen, die wir schaffen können und müssen" (K. Ganser, 1989, S. 40). Obwohl im Rahmen der Leitprojekte der IBA Emscher Park eine Reihe von Verknüpfungen von beschäftigungspolitischen, wirtschaftspolitischen und strukturpolitischen Maßnahmen möglich wären, bilden diese bisher eher die Ausnahme.[9]

---

[5] Grundsätzlich ist Arbeitslosigkeit ("natürliche Rate der Arbeitslosigkeit", M. Friedmann) eine notwendige Erscheinung im kapitalistischen Wirtschaftsprozeß und die Verteilungskämpfe auf dem Arbeitsmarkt ihr konstitutives Element.

[6] Die Flächennachfrage konzentriert sich aufgrund der guten Verkehrserschließung z.Zt. im wesentlichen auf Betriebe der Lagerhaltung, der Distribution, der Spedition, des großflächigen Einzelhandels und der Fachmärkte.

[7] Die Instrumente der klassischen Wirtschaftsförderung sind die Erschließung und Bereitstellung von Gewerbeflächen, von Beratungsangeboten im Sinne der Bestandspflege und für Ansiedlungsinteressierte bzw. die Technologieförderung im Sinne von Technologiezentren. (Vgl. F. Hegner, 1986, S. 119ff.).

[8] Sog. weiche Standortfaktoren sind: Kulturelle Angebote, Wohnungsqualität, Bildungs- und Freizeitangebote, intakte Naturräume etc..

[9] Bisher wurde nur auf dem Gelände des "Bürger- und Handwerkerparks Katernberg Essen" im Kontext der Leitidee "Arbeiten im Park" ein ehemaliges Pförtnerhaus durch eine Beschäftigungsinitiative denkmalgerecht instandgesetzt.

2. Keene Maloche - Die Arbeitsmarkt- und Beschäftigungssituation in der Emscherregion

Die Notwendigkeit eines integrativen Konzeptes von Strukturpolitik und Arbeitsmarktpolitik wird im Rahmen der Entwicklung der Arbeitslosigkeit in der Region mehr als deutlich.

Die Krise des Montanbereichs findet ihren Ausdruck v.a. in der Arbeitslosenquote der Emscherregion. Überdurchschnittlich hohe Arbeitslosenquoten gehören seit mehr als 15 Jahren zur sozialen Realität im Ruhrgebiet. In den Kommunen der Emscherregion erfahren diese Quoten ihre besonders hohe Ausprägung. Seit Beginn der 80er Jahre sind zweistellige Arbeitslosenquoten die Regel. Während seit dem Jahre 1983 ein teilweiser Rückgang der Zahlen für das Bundesgebiet zu verzeichnen ist, stabilisierte sich im gleichen Zeitraum die Arbeitslosenquote in der Emscherregion auf hohem Niveau.

Die positiven wirtschaftlichen Wachstumsraten ab dem Jahr 1983 konnten in der Emscherregion die Sockelarbeitslosigkeit nicht reduzieren. Die Verfestigung der Arbeitslosigkeit wird durch die hohe Zahl der Langzeitarbeitslosen deutlich. Seit dem Jahre 1980 hat sich die Zahl der über ein Jahr lang Arbeitslosen verfünffacht, die der zwei Jahre und länger Arbeitslosen verachtfacht. Während im (Alt-)Bundesgebiet diese Gruppe 31,4 % aller Arbeitslosen ausmacht, sind es 33 % in NRW und über 40 % in der Emscherregion. 70 % der nordrhein-westfälischen Arbeitslosen kommen aus den Kommunen des Planungsgebietes der IBA. Annähernd jede(r) zweite Arbeitslose in der Region ist langzeitarbeitslos.[10] Hinzu kommt ein über-

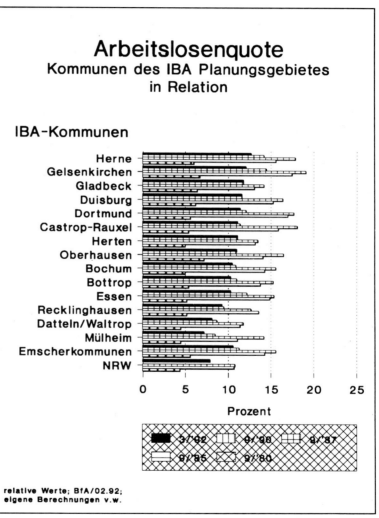

Abb. 1:   Arbeitslosenquote. Kommunen des IBA Planungsgebietes in Relation. Quelle: eigene Darstellung.

---

[10] Zu beachten ist, daß schon eine kurzfristige Beschäftigung oder der Besuch eines vierwöchigen Orientierungsseminars dazu führt, daß ein(e) Arbeitslose(r) in der Statistik so einfließt, als wäre er/sie soeben arbeitslos geworden, obwohl es sich im Grunde nur um eine kurzfristige Unterbrechung der Arbeitslosigkeit handelt. Ein Zugrundelegen der tatsächlichen sozialen Situation würde den Anteil der Langzeitarbeitslosen in der Statistik erhöhen.

durchschnittlicher Anteil von Arbeitslosen ohne abgeschlossene Berufsausbildung und mit gesundheitlichen Einschränkungen. Ebenfalls überproportional ist der Arbeitslosenanteil von Frauen, bei gleichzeitig niedrigem Anteil an der Erwerbstätigkeit. Während 10 % der arbeitslosen Männer ohne vorherige Erwerbstätigkeit sind, ist es bei den Frauen jede sechste. Vor dem Hintergrund der Arbeitsplatzverluste in der Region hat sich - in Verbindung mit den zunehmend gestiegenen Anforderungen an die Erwerbsfähigen - eine Arbeitsmarktstruktur herausgebildet, die insbesondere für Arbeitslose problematisch ist.

Arbeitslose haben aufgrund ihrer formalen Qualifikation - soweit überhaupt vorhanden - und bisheriger Branchenzugehörigkeit ohne massive Unterstützung nur geringe Chancen zur (Re-)Integration in die Erwerbsarbeit. Obwohl sich der Arbeitsmarkt z.Zt. noch als sehr aufnahmefähig erweist, muß doch festgestellt werden, daß die Rückkehr von Arbeitslosen in den Arbeitsmarkt zunehmend erschwert wird.

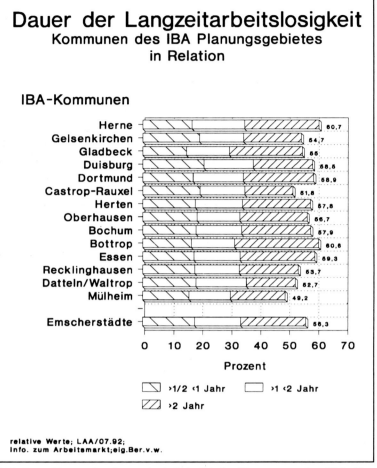

Abb. 2:   Dauer der Langzeitarbeitslosigkeit. Kommunen des IBA Planungsgebietes in Relation. Quelle: eigene Darstellung.

Ein Großteil des "harten Kerns der Arbeitslosen" wird auch in Zukunft nicht mehr in den sogenannten "ersten Arbeitsmarkt" vermittelt werden können. Spätestens seit Beginn der 80er Jahre wurde deutlich, daß mit der anhaltenden Massenarbeitslosigkeit eine polarisierte Wirkung der Arbeitsplatzrisiken auf bestimmte Personengruppen erfolgte. Das Instrumentarium des Arbeitsförderungsgesetzes ist nicht auf entsprechende Segmentierungsprozesse der Arbeitslosigkeit ausgerichtet.[11] Mit dem klassischen Instrumentarium kann dem Sockel der Arbeitslosigkeit auch nur unzureichend begegnet werden.[12] Die überdurchschnittliche Zahl der Langzeitarbeitslosen ist demnach auch das Resultat einer verfehlten staatlichen Arbeitsmarktpolitik, die den neuen Erscheinungen der Arbeitslosigkeit nicht Rechnung trägt.

---

[11]   So gehört die Existenzsicherung durch Arbeitslosengeld und Arbeitslosenhilfe nicht explizit zum Aufgabenbereich des Arbeitsförderungsgesetzes (AFG).

[12]   Die Schaffung von neuen Arbeitsplätzen ist der Bundesanstalt für Arbeit (BfA) nur sehr begrenzt möglich (vgl. § 91ff. AFG).

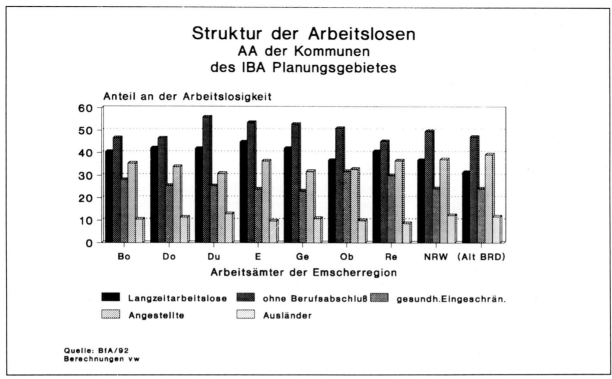

Abb. 3:   Struktur der Arbeitslosen. Anteil an der Arbeitslosigkeit der Kommunen des IBA Planungsgebietes. Quelle: eigene Darstellung

3. Das Ende der Arbeitsgesellschaft

"Arbeitslos
wenne schon mit 16...

wenne schon mit 16 keine maloche hass, meinze, dan krisse welke, bisse 61 biss?
kannz ja sofort vom stempelgeld über sozialhilfe inne mini-rente gehn,
aber der arbeitsminister kommt in sein wahlbezirk und labert "laß den kopf nicht hängen, jungens!"
aber watt sollze denn mit dein kopp anders machen wennze vor lauter absagen vom arbeitsamt überhaupt nich mehr weiß wo dir der kopp steht?"
(Josef Reding, 1986)

Über einen längeren Zeitraum ohne Erwerbsarbeit zu sein, ist ein zentraler Risikofaktor in Erwerbsbiographien. Der Verlust vorhandener beruflicher Kenntnisse geht in der Regel einher mit dem Verlust sozialer Kontakte und Kompetenzen. Durch die Individualisierung der Arbeitslosigkeit wird häufig das Ursachen- und Wirkungsverhältnis von Langzeitarbeitslosigkeit und ihre psychosozialen Folgen ignoriert. Letztere reichen von Destabilisierungen bis zu massiven und teilweise irreversiblen persönlichen Beeinträchtigungen (z.B. Verschuldung, Alkohol- und Drogenabhängigkeit, psychischen

Störungen). Nicht nur das Problem der Verschuldung, das durch die Option auf einen individuellen Konkurs in seinen Auswirkungen erheblich gemildert werden könnte, sondern auch die Frage nach der Existenzsicherung erweisen sich als vorrangige Problemfaktoren.[13] Exemplarisch für die Konzeptlosigkeit im Umgang mit der Langzeitarbeitslosigkeit ist die "Schleife" zwischen Arbeitsamt und Sozialamt. Arbeitslosigkeit wurde im Laufe der 80er Jahre der Hauptgrund für den Bezug von Sozialhilfe. Im September 1989 bezogen (alt-)bundesweit 17 % der Arbeitslosen ganz oder teilweise Sozialhilfe. So errechnen sich für die Sozialhilfeträger Transferleistungen in Höhe von rund drei Milliarden DM pro Jahr, die in Zusammenhang mit der Arbeitslosigkeit stehen. Dabei hatten rund zwei Drittel der arbeitslosen SozialhilfeempfängerInnen keine Leistungsansprüche nach dem Arbeitsförderungsgesetz (vgl. Chr. Brinkmann u.a., 1991, S. 157ff.).

Waren es Ende der 70er und zu Beginn der 80er Jahre die geburtenstarken Jahrgänge, die erheblich von Jugendarbeitslosigkeit betroffen waren, so ist heute daraus für viele von ihnen Langzeitarbeitslosigkeit geworden. Von Arbeitslosigkeit betroffen sind heute auch zunehmend solche Gruppen, die bisher traditionell zur Mittelschicht gehörten. Bürgerliche Sozialisation und qualifizierte Berufsausbildung garantieren nicht mehr den geradlinigen Einstieg in eine Erwerbstätigkeit. Zeiten ohne Erwerbstätigkeit sind in der beruflichen Biographie nicht mehr die Ausnahme. Von Arbeitslosigkeit durchlöcherte Erwerbsbiographien werden zu beruflichen Standardbiographien. Auch in ihrer sozialen Verteilung ist die Arbeitslosigkeit als lebensphasenspezifisches Einzelschicksal kein Klassen-, Schichten- oder Randgruppenschicksal mehr: "Als Gespenst nistet sie sich (fast) überall ein und beginnt auch in den wohlstandsverwöhnten Stadtvierteln und den Zweitwohnungen ihr Unwesen zu treiben. Im Gegenteil: Die Angst läßt sich nicht dadurch vertreiben, daß man schlimmstenfalls immer noch Sozialhilfe bekommt, von der ein Durchschnitts-Inder nur träumen kann."(U. Beck, 1986, S. 153).

Auch wenn sich nach U. Becks Analyse die Anzeichen dafür häufen, daß die Erwerbsarbeit allmählich aufhört, organisierendes Zentrum der Lebenstätigkeit, der sozialen Fremd- und Selbsteinschätzung und der moralischen Orientierung zu sein, bedeutet das nicht, daß die Arbeit ihren gesellschaftlich hohen Stellenwert verliert. Der damit verbundene Wertewandel folgt dem ökonomischen Strukturwandel nur schwerfällig (vgl. J. Matthes, 1982). Arbeit und insbesondere die Erwerbsarbeit ist noch immer ein Teil der persönlichen Selbstverwirklichung mit identitätsstiftender Wirkung und entscheidender Faktor zur Sicherung der Existenzgrundlage. Die sich aus der Organisation der Arbeit ableitende Diziplinierung stellt ein elementares Ordnungsmuster der Lebensgestaltung dar. Noch immer wird der Verzicht auf Erwerbsarbeit - ob freiwillig oder unfreiwillig - gesellschaftlich unzureichend honoriert.

4. Notwendig, sinnvoll und machbar: Das "Und-Prinzip" der Beschäftigungsinitiativen

Seit Beginn der 80er Jahre ist vor dem Hintergrund der hohen Arbeitslosigkeit eine große Anzahl kleiner Beschäftigungsträger und -initiativen entstanden. Sie versuchen mit praktischen Beiträgen, neue Wege in der Bewältigung der Beschäftigungskrise im Emscherraum zu gehen. Die Vielzahl an sozialen, kulturellen und gewerblichen Beschäftigungsinitiativen hält ein breitgefächertes Angebot an

---

[13] Allenfalls in der sozialpolitischen Fachöffentlichkeit werden Grundsicherungsmodelle diskutiert. (Vgl. A. Gorz, 1983; M. Opilka/I. Vobruba, 1986 sowie R.G. Heinze, 1987)

Beschäftigungs- und Qualifizierungsangeboten bis hin zu Dauerarbeitsplätzen für Langzeitarbeitslose und SozialhilfeempfängerInnen bereit. Der beschäftigungspolitische Ansatz, den diese Initiativen verfolgen, basiert in erster Linie auf der Zielsetzung, individuell auf die Fähigkeiten, Bedürfnisse und Probleme der Arbeitslosen einzugehen. Die Arbeitsweisen, Arbeitsinhalte und Perspektiven dieser Initiativen werden hier anhand von zwei Projektbeispielen verdeutlicht:

GrünBau gGmbH - Dortmund

Die Beschäftigungsgesellschaft GrünBau gGmbH ist ein soziales Beschäftigungsprojekt für arbeitslose Jugendliche und junge Erwachsene aus der Dortmunder Nordstadt. Die Nordstadt ist ein typischer, von den Hinterlassenschaften der Stahlkrise geprägter Stadtteil mit großen sozialen, kulturellen und ökologischen Problemen. Aufgabenfeld von GrünBau ist die ökologische und bewohnerInnenorientierte Stadterneuerung. Ihr Ziel ist es, die Beschäftigungswirksamkeit von Stadterneuerungsmaßnahmen für Arbeitslose aus dem Dortmunder Norden nutzbar zu machen.

GrünBau ist aus der Arbeit des Planerladen e.V. hervorgegangen. Letzterer engagierte sich sich seit rund zehn Jahren für eine Stadterneuerung "von Unten" in der Nordstadt. Dabei wurde im Laufe der Zeit immer deutlicher, daß bauliche Verbesserungen im Rahmen der Stadterneuerung allein nicht ausreichen, um den Problemdruck seitens der Bewohner abzubauen, sondern daß soziale Veränderungen und Verbesserungen diesen Prozeß begleiten müssen. Im Jahre 1987 gründete der Planerladen e.V. das Beschäftigungsprojekt "Bauteam Grüne Nordstadt" zunächst als Bestandteil des Vereins und stellte zehn junge arbeitslose SozialhilfeempfängerInnen ein. Sie wurden vor allem durch die intensive "Werbung" im Stadtteil für das Projekt gewonnen. Das Projekt begann zunächst mit sehr kleinen Schritten im Bereich des ökologischen Garten- und Landschaftsbaus. Maßnahmen waren die Hinterhofbegrünung, die Begrünung und Gestaltung von Baulücken, Brachen oder auch Straßenbahntrassen, die Anlage von Feuchtbiotopen, etc.. Nach positiven Erfahrungen mit der bisherigen Arbeit wurde im Jahr 1989 das Bauteam verselbständigt und in eine gemeinnützige GmbH umgewandelt. Dieser Schritt hatte folgende Gründe: Der vollsubventionierte Betrieb konnte und sollte in der bisherigen Form nicht mehr aufrecht erhalten werden, weil die MitarbeiterInnen davon ausgingen, daß eine personelle Kontinuität bei den AnleiterInnen und bei der Geschäftsführung entscheidend für den langfristigen Erfolg einer solchen Maßnahme sei. Die öffentliche Förderung für diese Stellen lief jedoch aus. An deren Stelle sollte "eigenes" Geld erwirtschaftet werden. Dies erschien aussichtsreich. Hinzu kam, daß von den zehn Beschäftigten nicht alle nach Auslaufen der Maßnahmen vermittelt werden konnten. Für diejenigen, die nach den ersten zwei Jahren den Sprung in den ersten Arbeitsmarkt oder in eine Weiterbildungsmaßnahme nicht geschafft hatten, sollte eine längere Perspektive innerhalb des Projektes geschaffen werden. GrünBau versteht sich als "Sozialbetrieb", der unter Marktbedingungen Arbeitslosen eine realistische Qualifizierung und Lebenshilfe vermitteln und sich damit deutlich von den immer wieder geführten Diskussionen über die Notwendigkeit "betreuter Beschäftigungsverhältnisse" abgrenzen will.

GrünBau will dabei gleichzeitig die Herstellung sinnvoller Produkte bzw. die Bereitstellung von Dienstleistungen gewährleisten, die marktfähig sind und deshalb auch zu Marktpreisen angeboten werden. Momentan erfolgt dies noch ausschließlich im Bereich des Garten- und Landschaftsbaus. Eine Erweiterung auf den Baubereich ist geplant. Hauptziel von GrünBau ist und bleibt jedoch die soziale Stabilisierung der Arbeitslosen über einen ihnen angemessenen Zeitraum. Dabei zeigten Erfahrungen, daß dieser sich auf über fünf Jahre erstrecken kann. Für die TeilnehmerInnen werden individuelle Entwicklungs- und Qualifizierungspläne zusammengestellt, die z.B. auch den Drogenentzug oder die Entschuldung umfassen.

Der Schritt auf den "freien" Markt hat es GrünBau ermöglicht, über sechs Jahre einen Teil der ersten TeilnehmerInnen weiterzubeschäftigen. Die Auftraggeber für die bisherigen Aufträge sind neben Privatleuten aus der Nordstadt Wohnungsbaugesellschaften, die Dortmunder Stadtwerke und die Stadt Dortmund. Trotz rechtlicher und politischer Widerstände, z.B. bei der öffentlichen Auftragsvergabe, sind bis heute immer wieder Mittel und Wege für neue Aufträge gefunden worden. Bei der Erschliessung weiterer Marktsegmente zur Stabilisierung der Arbeit ist nach wie vor Überzeugungsarbeit zu leisten. Vorbehalte ließen sich vielfach dann ausräumen, wenn bereits Kooperationserfahrungen vorliegen. Wichtig wird dabei in Zukunft die Gewährleistung einer ausreichenden Anleiterkapazität sein, damit die Qualität der Arbeit sichergestellt werden kann. Auf öffentliche Förderung kann dabei auch in Zukunft nicht verzichtet werden: Die Erfahrung zeigte, daß eine Steigerung des eigenständig erwirtschafteten Anteils nur bis zu 20 % mit der beschäftigten Zielgruppe möglich ist.

Altenessener Handwerkerinitiative - Verein A.H.I. in Essen-Altenessen

Seit August 1990 existiert in Essen-Altenessen - ebenfalls einem Stadtteil, der die ruhrgebietstypischen Krisensymptome aufweist - ein innovatives, beschäftigungsförderndes Kooperationsmodell im Stadtteil. Der Verein A.H.I. wurde von Altenessener Handwerksbetrieben (aus den Bereichen Garten- und Landschaftsbau, Elektro-, Schreiner-, Maler- und Schlosserhandwerk) und dem Altenessener Forum (einem Zusammenschluß von Initiativen und interessierten Einzelpersonen zur Entwicklung des Stadtteils) gegründet.

Die Beschäftigungsinitiative verfolgt das Ziel, die Chancen möglichst vieler Erwerbsloser in Altenessen und in den angrenzenden Stadtteilen auf dem Arbeitsmarkt zu verbessern (vgl. Altenessener Forum, 1990, S. 4ff.). Das Altenessener Forum, dessen Aktivitäten sich seit Jahren vor allem rund um das soziokulturelle Zentrum "Zeche Carl" entfalten, hat verschiedene Projekte für die Verbesserung der Wohn-, Freizeit- und Arbeitssituation im Stadtteil entwickelt und damit verbundene Baumaßnahmen angeregt, die u.a. in Zusammenhang mit der IBA Emscher Park realisiert werden sollen (vgl. dazu auch den Beitrag von T. Frankenberger/U. Soldansky in diesem Buch). Stadtteilbezogenheit bildet in diesem Projekt sowohl im Hinblick auf die Auswahl der zwölf TeilnehmerInnen als auch auf die Auswahl der Bauobjekte eine wesentliche Grundlage. Damit sollen vor allem die Identifikation und Motivation der vormals Erwerbslosen zu ihrer Arbeit verstärkt werden.

Ausbildung und Qualifizierung sollten unter Wettbewerbsbedingungen des ersten Arbeitsmarktes erfolgen und damit die Chancen für eine Wiedereingliederung erhöhen. Deshalb erscheint die Kooperation mit dem örtlichen Handwerk besonders wichtig. Die Handwerksbetriebe tragen mit ihrer Ausbildungskapazität zur Qualifizierung der TeilnehmerInnen bei. Gleichzeitig wird ein intensiver Kontakt zwischen den Betrieben und den Langzeitarbeitlosen hergestellt. Die Betreuung wird von AnleiterInnen, einem Sozialpädagogen, einer Geschäftsführerin und einer Verwaltungsfachkraft geleistet. Die Qualifizierung der ProjektteilnehmerInnen erfolgt sowohl anhand der praktischen Durchführung der Arbeiten als auch durch fachtheoretischen und allgemeinbildenden Unterricht.

Das Projekt wird über die Bundesanstalt für Arbeit, über den Fonds "Bekämpfung der Langzeitarbeitslosigkeit" der evangelischen Landeskirche/Rheinland und nicht zuletzt über Mittel finanziert, die über die Auftragsabwicklung in Kooperation mit den Betrieben erwirtschaftet werden.

Die praktische Arbeit der Initiative begann mit der Gestaltung einer Brachfläche im Bereich der Zeche Carl. Das Grünflächenamt der Stadt Essen hatte im August 1991 den Gesamtauftrag hierfür mit der Auflage ausgeschrieben, daß bei der Auftragsabwicklung eine Gruppe von Langzeitarbeitslosen beteiligt werden soll. Die A.H.I. und der kooperierende Garten- und Landschaftsbaubetrieb haben gemeinsam ein Angebot zu marktüblichen Preisen eingereicht. Nachdem sie den Zuschlag erhielten, konnte das Projekt mit zwölf Arbeitslosen, die tariflich entlohnt werden, beginnen.

Zukünftig geplante Aufgabenfelder des Beschäftigungsprojektes sind die Einrichtung eines Parks, eines Radwanderweges auf einer ehemaligen Eisenbahntrasse, die Beteiligung am Umbau eines ehemaligen Maschinenhauses sowie die Erneuerung des denkmalgeschützen Malakowturmes auf dem Gelände der Zeche Carl. Alle diese Aktivitäten zur Einwerbung eines städtischen Auftrags für Teilbereiche des Umbaus sollen in Kooperation mit einem Gewerbebetrieb durchgeführt werden.

Die Grundlagen des Projektes, die Stadtteil-, Projekt- und TeilnehmerInnenorientierung sowie die Kooperation mit den ortsansässigen Handwerksbetrieben stellen eine Vernetzung dar, von der alle Beteiligten profitieren. Die TeilnehmerInnen können aufgrund praxisnaher Beschäftigungsmaßnahmen in einem ihnen bekannten Umfeld ihre beruflichen und sozialen Fertigkeiten erweitern. Die Betriebe werden in die Auftragsvergabe eingebunden und können so qualifizierte Arbeitskräfte hinzugewinnen. Weiterhin kann die Stadt Essen zusätzliche Städtebaufördermittel beantragen, indem sie anstehende Baumaßnahmen mit Arbeitsbeschaffungsmaßnahmen kombiniert. Der Stadtteil gewinnt durch die Realisierung der verschiedenen Projekte in den Infrastrukturbereichen Wohnen, Arbeit, Freizeit und Kultur. Auch bei diesem Projekt ist es von großer Wichtigkeit, daß den AnleiterInnen und BetreuerInnen eine längerfristige Anstellung ermöglicht werden kann, um die Kontinuität der Arbeit der A.H.I. zu sichern.

Das unkonventionelle, aber problemadäquate Handlungsmuster dieser Beschäftigungsinitiativen ist das "Und-Prinzip". Darunter verstehen wir, daß Beschäftigung mit Qualifikationsangeboten im beruflichen und außerberuflichen Bereich kombiniert werden. Solche Handlungsmuster bzw. Beschäftigungsinitiativen bieten Einkommen und Lebenshilfe, geschützte Arbeit und Markterfahrung, Arbeitserfahrung und Gruppengefühle. Sie können zu individueller Leistung motivieren und demonstrieren die sozialen Zwecke von Arbeit im Stadtteil.

Beschäftigungsinitiativen können arbeitsmarktpolitisch betrachtet wichtige Bausteine der Qualifizierung von Langzeitarbeitslosen bereitstellen. Sie können Brücken zum regulären Arbeitsmarkt schlagen. Dabei ist auch ihre Kompetenz im Bereich der Stabilisierung und Qualifizierung von Langzeitarbeitslosen nicht zu übersehen. Sie können sowohl ein differenziertes Angebot hinsichtlich ihrer Tätigkeitsfelder als auch für ihre Zielgruppen zur Verfügung stellen. Weiterhin können sie vielfältige innovative und gesellschaftlich notwendige soziale, kulturelle, umwelt- und stadtteilentwicklungspolitische Aufgaben wahrnehmen. Beschäftigungsinitiativen wollen und können ihr Know-how, ihre zielgruppenbezogene Kompetenz und ihre Stadtteil- und BürgerInnennähe in die regionale Arbeitsmarkt- und Strukturpolitik einbringen.

Beschäftigungsinitiativen stecken im Hinblick auf die von ihnen zu erbringenden Leistungen in einem Dilemma: Mit möglichst wenig Geld sollen sie Funktionsstörungen am Arbeitsmarkt, individuelle Vernachlässigungen oder Defizite der Arbeitsgesellschaft beheben und dabei möglichst noch Rekorde mit den Benachteiligten erzielen. Sie stehen einer Vielzahl widersprüchlicher rechtlicher, wirtschaftlicher, organisatorischer, politischer und vor allem auch finanzieller Probleme gegenüber.

5.   Na und? Das "Und-Prinzip" der Beschäftigungsförderungsstrategie der IBA

> "Die Bandbreite der einzelnen Arbeiten im Park-Projekte macht erneut das soziale und
> ökonomische "und"-Prinzip der Bauausstellung deutlich. Es sollen einerseits Investitionen ge-
> fördert werden, die als Glanzlichter die Region zu einer modernen ökologisch verträglichen In-
> dustrie- und Dienstleistungsgesellschaft weiter entwickeln helfen, andererseits sollen Be-
> schäftigungschancen für diejenigen angeboten werden im unteren Bereich der sozialen Skala,
> die in den bisherigen Prozessen des Strukturwandels ihre Arbeit verloren haben" (IBA Emscher
> Park, 1991, S. 1).

Solche Äußerungen erwecken zunächst den Eindruck einer Gleichrangigkeit und Gleichzeitigkeit von
Wirtschaftsförderungspolitik und Beschäftigungsförderungspolitik. Ein Blick auf die bisherigen Pro-
jektvorhaben der IBA läßt hieran jedoch Zweifel aufkommen: Die "Arbeiten im Park"-Projekte der
IBA setzen auf die Entwicklung von meist mit Altlasten verseuchten Brachflächen zu Gewerbeparks,
die durch eine gute überregionale Verkehrsanbindung, durch eine ansprechende landschaftliche und
architektonische Gestaltung, durch die Einbeziehung von ökologischen Ver- und Entsorgungskon-
zepten und einer "innovativen", "sozialen" Infrastruktur ein passendes Ambiente für überwiegend
noch zu findende, moderne Unternehmen bereitstellen sollen. Ein über diese angebotsorientierte Planung hinausgehendes systematisches Konzept, mit dem die Qualität, die Perspektiven der Arbeit und
die mögliche Einbeziehung des Arbeitskräftepotentials aus der Region benannt wird, fehlt bislang.

Von einer Beschäftigungsförderungsstrategie der IBA im Rahmen der "Arbeiten im Park"-Projekte ist
bisher nichts bekanntgeworden. Der Bereich der Beschäftigungsförderung ist konzeptionell und praktisch ausschließlich dem Leitprojekt "Neue Angebote für soziale und kulturelle Aktivitäten" zugeordnet.

Auf den ersten Projektaufruf der IBA Emscher Park hin sind von Beschäftigungsinitiativen eine Fülle
von Vorschlägen gemacht worden: Unter anderem reichte der Verein zur Förderung von Arbeit und
sozialer Entwicklung aus Castrop-Rauxel Vorschläge zur Einrichtung eines "Modellprojekts experi-
menteller Arbeitsmarktpolitik im Ruhrgebiet" ein. Der Vorschlag zielte auf die Gründung einer Reihe
von Unternehmungen im Bereich des zweiten Arbeitsmarktes (vgl. u.a. "Haus der Initiativen als Ar-
beitsbasis", "Aktionsforum für Bürgerinformation" oder "Öko-Zentralwerkstatt"). Mit diesen Projekten sollte u.a. sinnstiftende Arbeit für Menschen in der dritten Lebensphase entstehen. Dabei sollte
auch formelle und informelle Arbeit miteinander verknüpft werden.

Der Förderkreis "Sinnvolle Arbeit e.V." aus Dortmund-Mengede reichte den Projektvorschlag "Arbeiten, Lernen, Wohnen- und Freizeitgestaltung in einem dezentralen Ver- und Entsorgungsbetrieb" ein.
Der Förderkreis betreibt auf einem "denkmalwerten" Gut in Dortmund-Mengede eine Pilotanlage zur
dezentralen Kompostierung von Grünabfällen, die im Stadtbezirk anfallen. MitarbeiterInnen dieses
Projekts sind im wesentlichen ehemalige Langzeitarbeitslose. Ziel des Ausbildungs- und Beschäftigungsprojektes ist die Verbindung der Sicherung von Arbeitsplätzen mit der Entwicklung umweltfreundlicher Technologien und Produkte.

Die Gesellschaft für Arbeitsschutz- und Humanisierungsforschung stellte den Antrag für eine "Ideen-
werkstatt für eine Handwerkerstraße". Diesem Konzept lag die Idee einer Handwerkerstraße entlang
des Rhein-Herne-Kanals zugrunde, in der durch Kooperation von Industrie, Handwerk, Handel und

Kommunen dauerhafte Arbeitsplätze entstehen sollten. Wie gesagt: Dies sind nur einige Beispiele für eingereichte Projektvorschläge.

Eine genaue Analyse der Struktur, Ursachen und Perspektiven der Arbeitslosigkeit im Emscherraum sowie die bislang entwickelten Ansätze und Modelle im Bereich der Beschäftigungsförderung müßten die Grundlage für die Struktur- und Beschäftigungspolitik der IBA bilden. Wie sieht es damit aus?

6. Die IBA-Strategie zur Beschäftigungsförderung

Im "Memorandum" wurde der IBA aus strukturpolitischen Erwägungen die Aufgabe zugewiesen, "ein realistisches Bild künftig zu verstärkender regionaler Arbeitsmarktpolitik zu entwickeln" (A. Petri/W. Siebel, 1990, S. 53).

Durch Mitglieder des Lenkungsausschusses wurde eine Kommission gebildet[14] und ein Workshop geplant, um die Aktivitäten der IBA in die betriebliche und arbeitsmarktpolitische Situation der Region einzubinden. Beschäftigungswirkungen, die von IBA-Projekten ausgehen können, sollten optimiert werden. Zu diesem Zeitpunkt wurde ausdrücklich die Notwendigkeit zur Entwicklung einer Strategie eines zweiten Arbeitsmarktes im Rahmen der IBA betont.

Im Juni 1990 wurden im Rahmen einer "Werkstatt" erstmals arbeitsmarktpolitische Ziele der IBA detailliert formuliert. In einem Bericht "Beschäftigung und Qualifikation" wurden die recht weitreichend erscheinenden Zielvorstellungen der IBA dokumentiert (vgl. A. Petri/ W. Siebel, 1990).

Als allgemeines Ziel der IBA-Strategie wurde die maximal mögliche Einbeziehung der Problemgruppen des Arbeitsmarktes in die Maßnahmen der IBA benannt: Alle IBA-Projekte sollten auf ihre Qualifizierungs- und Beschäftigungsmöglichkeiten unter Bezugnahme auf die örtliche Betriebs-, Arbeitskräfte- und Arbeitslosenstruktur hin überprüft werden. Eine langfristige Strategie der Beschäftigungs- und Qualifzierungsförderung im Rahmen der IBA sollte sich sowohl auf die Langzeitarbeitslosen als auch präventiv auf die von Langzeitarbeitslosigkeit bedrohten Gruppen beziehen.

Für die von Langzeitarbeitslosigkeit betroffenen Frauen wurde das Ziel formuliert, diese stärker für bestehende Berufe im Baunebengewerbe, im Garten- und Landschaftsbau zu gewinnen und für sie auch dauerhafte Beschäftigungsmöglichkeiten zu entwickeln. Um auch Frauen bei der Beschäftigungs- und Qualifizierungsförderung im Rahmen von IBA-Projekten zu erreichen, sollten "innovative Ansätze" entwickelt werden.

Angestrebte Qualifizierungsmaßnahmen sollten über kleine, überschaubare Qualifzierungsbausteine erfolgen. Letztere sollten mit finanziellen Anreizen gekoppelt sein und die Möglichkeit einer späteren Facharbeitsprüfung offenhalten.

Als zentraler Ausgangspunkt für eine Strategie zur Integration der Zielgruppen wurde die Auftragsvergabe betrachtet, die mit arbeitsmarktpolitischen Auflagen gekoppelt ist. Betriebe sollten - entsprechend dieses Konzepts - nur dann einen Auftrag erhalten, wenn sie sich um die Integration von Menschen dieser Zielgruppe bemühen: entweder indem sie diese direkt beschäftigen und innerbetrieblich qualifizieren oder während der Durchführung des Auftrages in Kooperation mit Qualifizierungs- und Beschäftigungseinrichtungen treten. Die Bereitschaft von Firmen, sich an dieser Strategie zu beteiligen, sollte Projektauswahlkriterium und Bestandteil von projektbezogenen Qualitätsvereinbarungen

---

14 Die Kommission bestand aus VertreterInnen des MAGS NW, dem DGB, einer Bauunternehmung und der IBA.

werden. Wenn diese beiden Wege sich als nicht gangbar erweisen sollten, sollte eine direkte (Teil-) Vergabe von Aufträgen an Beschäftigungsinitiativen erfolgen.

Die einzelnen IBA-Projekte sollten hinsichtlich einer Aufteilbarkeit in kleinere Aufträge für ortsansässige Betriebe, für Beschäftigungs- und Qualifizierungsträger und durch Finanzierungsmöglichkeiten für sozialpädagogische Flankierung und mit besonderen Gewährleistungsregelungen ausgestattet werden. Die Planung der Projekte in diese Richtung sollte durch eine in der Emscherregion anerkannte Institution erfolgen.

Die Finanzierung sollte u.a. über gemeinsame Erlasse des Ministers für Arbeit, Gesundheit und Soziales und des Ministers für Stadtentwicklung und Verkehr im Bereich Arbeitsbeschaffungsmaßnahmen (ABM) und Stadterneuerung sowie ABM und Naturschutz/Landschaftspflege erfolgen. Die IBA sollte die Fortführung und Vertiefung dieser Ansätze betreiben und Ressortprogramme für Zusatzkosten - wie für Motivation, Flankierung, Begleitung und Reintegration von Arbeitslosen - in die Wege leiten.

Um die Beschäftigungsförderungsstrategie als Querschnittsaufgabe anzuerkennen, die bei der Realisierung der einzelnen IBA-Projekte zur Selbstverständlichkeit werden sollte, könnte die Festlegung eines Richtwerts vorgesehen werden. In Anlehnung an die regionale Arbeitslosenquote könnten dabei ca. 10 % des IBA-Gesamtauftragvolumens arbeitsmarktpolitische Auflagen erfüllen. Jährlich könnte dann dem Lenkungsausschuß berichtet werden, ob und wie dieser Richtwert in der Summe der Projekte erfüllt wird und wie die einzelnen Zielgruppen erreicht werden (vgl. A. Petri/W. Siebel, 1990, S. 24).

Hinter diesen Vorüberlegungen der IBA blieb der im Lenkungsauschuß gefällte Beschluß in wesentlichen Punkten zurück. Gänzlich herausgefallen war in der Beschlußvorlage die Notwendigkeit der Entwicklung und Sicherung des zweiten Arbeitsmarktes. Hier war ursprünglich an eine Unterstützung von Beschäftigungsinitiativen und Qualifizierungsmaßnahmen durch das Bereitstellen von Räumen, Gebäuden oder Flächen gedacht. Initiativen, die u.a. im Bereich Umweltschutz, Industriedenkmäler, Stadterneuerung, Selbsthilfe und Eigenarbeit betätigen, sollten eine Anlauffinanzierung erhalten können.

Der Lenkungsausschuß wollte sich auch auf eine Quotierung von Beschäftigungsförderung nicht festlegen. Die angestrebte Quotenregelung erhielt keine Zustimmung: Der Richtwert von 10 % wurde in eine anzustrebende Zielgröße verwandelt. Eine Festlegung auf den vorgeschlagenen Richtwert sollte ausdrücklich nicht erfolgen.

Das vorgeschlagene Verfahren wird nun nicht - wie von der Kommission ursprünglich vorgeschlagen - für jedes Projekt zur Anwendung kommen: Nur einzelne, unterschiedliche Projekttypen sollen jetzt nach dem vorgeschlagenen Verfahren organisiert und beispielhaft realisiert werden.

Die Bereitschaft von IBA-Projektträgern, sich an einer Beschäftigungsstrategie der IBA zu beteiligen, ist damit weder Projektauswahlkriterium noch Bestandteil von Qualitätsvereinbarungen. Mit dieser Entscheidung wurden letztendlich alle verbindlichen Entscheidungsvorschläge für die Umsetzung der vorgeschlagenen Strategie abgelehnt. Damit wurde die Chance vertan, eine über einige wenige Vorzeigeprojekte hinausgehende systematische Beschäftigungspolitik voranzutreiben.

Die arbeitsmarktpolitische Strategie der IBA setzte in der Folge vor allem auf das Instrument der Auftragsvergabe. IBA-Aufträge sollten bevorzugt an Firmen vergeben werden, die im Rahmen der Auftragserfüllung "Problemgruppen" des Arbeitsmarktes beschäftigen.

7. Zur Praxis der IBA-Beschäftigungsstrategie

Der Weg einer auflagengebundenen Auftragsvergabe ist bis heute nicht beschritten worden. Gründe hierfür dürften in der mangelnden Bereitschaft von Firmen liegen, sich auf eine derartige Auflage bei der Bewerbung um Aufträge einzulassen. Ausschlaggebend hierfür ist sicherlich die Unkenntnis darüber, wie dieser Ansatz in den normalen Arbeitsablauf der Unternehmen zu integrieren ist. Notwendige Voraussetzungen, wie Beratung und Information der Firmen oder der Aufbau eines Kooperationsverbundes zwischen Beschäftigungsträgern und Firmen fehlen. Ein weiteres Hemmnis liegt in der unzureichenden Aufbereitung von Aufträgen im Rahmen der IBA-Projekte in Hinblick auf eine Aufteilung in Auftragssegmente, die sich für die Beschäftigung von Langzeitarbeitslosen eignen.

Das Beschäftigungsprojekt der Bildungszentren des Bauhandwerkes im Rahmen der Fertigstellung des IBA-Projektes "Landschaftspark Duisburg-Meidrich" ist bislang das einzige Projekt, in dem die Durchführbarkeit einer Beschäftigungsstrategie der IBA systematisch erprobt werden kann. In diesem Fall ist es aufgrund einer guten personellen und finanziellen Ausstattung möglich, eine systematische Analyse der örtlichen Arbeitsmarktsituation, der Aufgabenstellung des Projektes, der Finanzierungsmöglichkeiten und der Kooperationsmöglichkeiten der lokalen Akteure vorzunehmen und hierauf aufbauend ein Stufenmodell für die Beschäftigungs- und Qualifizierungsförderung im Rahmen der Erstellung des Landschaftsparks zu entwickeln (vgl. H. Segger, 1992). Nach einem Jahr Projektvorlaufzeit werden seit Anfang des Jahres 1992 60 Arbeitslose in Trägerschaft der Bildungszentren des Bauhandwerks im Rahmen von Vergabearbeiten im Bauhauptgewerbe beschäftigt und qualifiziert. Die Finanzierung erfolgt im wesentlichen aus Mitteln der Bundesanstalt für Arbeit und des Europäischen Sozialfonds. Die Teilnehmer werden tariflich entlohnt und haben mittelfristig die Möglichkeit, einen Facharbeiterabschluß zu erreichen.

Geplant ist ein weiteres Projekt für 48 Teilnehmer für den Landschaftsbau und die Landschaftspflege in Trägerschaft des Grünflächenamtes der Stadt Duisburg. Auch hier soll den Beschäftigten mittelfristig ein Facharbeiterabschluß ermöglicht werden. Für den Bereich des Baunebengewerbes ist längerfristig ebenfalls eine Beschäftigungsmaßnahme für die Aufgabenbereiche Metallbau, Schlosserarbeiten, Maler- und Lackiererarbeiten, Tischler- und Verglasungsarbeiten vorgesehen.

Eine abschließende Bewertung dieses Projektes ist aufgrund der kurzen Laufzeit noch nicht möglich. Schwierigkeiten existierten aber in der Vorlaufphase beim "Auffinden" potentieller Beschäftigungsträger. Fördermittel waren zwar vorhanden, dafür existierte aber noch kein abschließendes Konzept, mit dem Träger gewonnen werden konnten. Bereits im Vorfeld waren Probleme seitens der Stadt Duisburg gegenüber dem Projekt entstanden. Eine Ausgestaltung der Projektstrategie auf der Basis einer exakten Kosten-Nutzen-Analyse war deshalb nicht möglich. Auch im Hinblick auf die Vergabe von Aufträgen an das Beschäftigungsprojekt erwies es sich, daß es sich bei der Vergabe von Aufträgen für Beschäftigungsprojekte weniger um verwaltungstechnische Probleme als um Prozesse der politischen Willensbildung handelte.

Weitere Beschäftigungsträger, die mit ihren Projekten in die IBA aufgenommen wurden, sind die schon vorgestellte "Altenessener Handwerker-Initiative", die "Essener Arbeits- und Beschäftigungsgesellschaft (EABG)" und FRIEDA ("Fraueninitiative zur Entwicklung dauerhafter Arbeitsplätze in Oberhausen").

Auch die beiden letztgenannten Projekte machten die Erfahrung, daß ein IBA-Stempel nicht hilft, innerhalb der Kommunen eine adäquate Unterstützung zu erhalten. Dies, obwohl beide Projekte mehr oder weniger als "städtische Beschäftigungsprojekte" zu bezeichnen sind.

Die EABG in Essen wird von der Stadt Essen und der Jugendberufshilfe getragen. Zweck der EABG ist die Förderung und Durchführung von Maßnahmen zur beruflichen Förderung von z.Zt. rund 200 arbeitslosen Jugendlichen und Erwachsenen. Sie führt Ausbildungsaktivitäten in den Bereichen Tischler und Schlosserarbeiten durch. Daneben werden Berufsvorbereitungsmaßnahmen, Arbeitsbeschaffungsmaßnahmen und Maßnahmen nach dem Programm "Arbeit statt Sozialhilfe" durchgeführt. Qualifiziert wird in den Bereichen Schlosser-, Tischler- und Malerhandwerk sowie Landschaftsbau. Die EABG wurde im Zusammenhang mit der "Bauhütte", einem IBA-Projekt auf der Zeche Zollverein in Essen, gegründet. Aufgabe der "Bauhütte" ist die Sanierung und Erhaltung der Zechengebäude als Industriedenkmäler. Die EABG sollte entsprechend ihrer Leistungskapazität kontinuierlich einen Teil des Auftragvolumens der "Bauhütte" erhalten. Inzwischen zeigte sich jedoch, daß die EABG nicht ausreichend in die Auftragsvergabe seitens der "Bauhütte" bzw. der Stadt Essen eingebunden ist und dadurch vor erheblichen finanziellen Problemen steht.

Das Projekt FRIEDA setzt sich für die Schaffung von Arbeitsmöglichkeiten für Frauen in Oberhausen ein. Initiiert wurde das Projekt im Jahr 1988 von der Gleichstellungsstelle der Stadt Oberhausen. Im Jahr 1990 wurde ein eigener Förderverein gegründet. In der Folge wurden mehrere Standorte für das Projekt untersucht und wieder verworfen. In einer ehemaligen Schule in Oberhausen-Lierich sollen nun Schritt für Schritt rund 100 Frauen Beschäftigung und Qualifizierung im Bereich der gewerblichtechnischen Arbeit, im Dienstleistungsbereich und der Büroorganisation finden. Zusätzlich sollen Beratungsangebote für potentielle Existenzgründerinnen geschaffen werden. Die Bereitstellung von Kinderbetreuungsmöglichkeiten soll Frauen den Schritt in die (erneute) Berufstätigkeit erleichtern (vgl. A. Hoffmann/A. Radde, 1991). Obwohl seit längerer Zeit ein schlüssiges Konzept existiert und Finanzierungsmöglichkeiten von den Projektentwicklerinnen erschlossen wurden, verzögert sich - nach fast fünfjähriger Vorlaufphase - gegenwärtig der Beginn des Projektes aufgrund einer Notbelegung der Schule durch MigrantInnen.

Die IBA hat zumindest im Rahmen ihrer Programmatik den Eindruck erweckt, wegweisende Modelle für Beschäftigungsförderung entwickeln zu können und dafür moderierend in kommunale Aushandlungsprozesse eintreten zu wollen. Zur Halbzeit der IBA läßt sich aber nur wenig Konkretes erkennen. Im Rahmen des Leitprojektes "Arbeiten im Park" wird zwar das oben zitierte "Und-Prinzip" formuliert. Aber dabei bleibt es in der Regel auch. Mit der Zuordnung zum Leitprojekt "Neue Angebote für soziale und kulturelle Aktivitäten" schließt sich die IBA der traditionellen Arbeitslosenpolitik an: Beschäftigungspolitik wird ausschließlich dem Bereich der Sozialpolitik zugeordnet. Eine notwendige Abstimmung innerhalb der beiden Leitprojekte "Arbeit" und "Soziokultur" scheint innerhalb der IBA nicht machbar zu sein.

8.   Handlungsanforderungen aus Sicht der IBA von Unten

Eine Strategie, die sich auf die Entfaltung endogener Kräfte dieser Region stützen will, kann nicht ohne ein Beschäftigungsprogramm auskommen. Beschäftigungsförderung sollte integraler Bestandteil der von der IBA betriebenen Strukturpolitik werden: "Die Stützung des Arbeitsmarktes durch öffentliche Mittel und die systematische Entwicklung eines zweiten Arbeitsmarktes und der IBA-Projekte im Zusammenhang, wo sich die umwelt- und strukturpolitische Dimension der IBA mit der sozialpolitischen, kulturpolitischen und arbeitsmarktpolitischen Dimension verbindet, ist noch zu leisten" (S. Müller, 1991, S. 20).

Eine Erneuerungsstrategie für die Emscherregion muß sich mit der Frage nach den Lösungsmöglichkeiten des Problems der Verteilung von Arbeit befassen. Millionenbeträge für Technologieparks bereitzustellen, die letztendlich nur eine geringe Anzahl von Arbeitsplätzen schaffen, sollte nicht die einzige Antwort auf die Strukturkrise der Emscherregion sein. Eine Region, die sich nicht um Arbeitsplätze für die hier ansässige Bevölkerung bemüht, setzt langfristig ihr Modernisierungspotential, das Arbeitskräftepotential und ihre Lebensqualität aufs Spiel. Eine Wirtschaftsförderungspolitik auch im Rahmen der IBA sollte mehr sein als Angebotsplanung: Sie ist konsequent an dem Arbeitskräftepotential vor Ort auszurichten.

In der Emscherregion sollte es neben der bestehenden Technologieförderung auch darum gehen, gezielte regionale und kommunale Strategien zu entwickeln bzw. vorhandene positive Ansätze aufzugreifen, die die Stabilisierung und Qualifikation der Arbeitslosen fördern. Dies geschieht heute über zweite Arbeitsmärkte, über die Stützung von Alternativbetrieben, über die Aus- und Weiterbildung und über die Stützung informeller Arbeit. Das heißt jedoch, daß sich Wirtschaftsförderung als ein weiteres Feld verstehen sollte, als herkömmliche Ansiedlungs- und Bestandspolitik.

Für kommunale und regionale Konzepte einer miteinander verzahnten Struktur- und Arbeitsmarktpolitik müssen zusätzliche Planungs- und Koordinierungsstellen eingerichtet werden, stärkere Absprachen auf Trägerseite ermöglicht werden und neue Formen der Zusammenarbeit von sozialen Beschäftigungsinitiativen mit privaten Betrieben und dem öffentlichen Sektor bzw. gemischten Projekten entwickelt werden. Für einen derartigen Beschäftigungsansatz könnte die IBA - wenn sie denn wollte - auf regionaler und kommunaler Ebene "Türen öffnen".

Angesiedelt bei der "IBA von Unten" hat sich ein "Arbeitskreis Beschäftigungspolitik" gebildet, der seit Beginn der IBA als regionaler Zusammenschluß von Beschäftigungsinitiativen aus dem Emscherraum existiert und auf regionaler Ebene Lobbyarbeit und einen Erfahrungsaustausch unter Beschäftigungsinitiativen ermöglicht. Der Arbeitskreis schlägt zur Umsetzung einer stärkeren Verknüpfung von Beschäftigungsförderungs- und Strukturpolitik die Einrichtung eines regionalen/kommunalen Poolfinanzierungsmodells vor (vgl. B. Karhoff/V. Wilke, 1992).

Voraussetzung hierfür ist, daß die Arbeit der Beschäftigungsinitiativen in ein funktionierendes regionales Netzwerk eingebettet wird. Dabei sollen die Beratungsangebote unterschiedlicher Träger der Beschäftigungsförderung innerhalb von Kommunen und der Region, der Initiativen, Verbände, Arbeitsverwaltungen und Kommunalverwaltungen miteinander verknüpft werden. Damit soll eine engere Verbindung von sozialen und beruflichen Fragen ermöglicht werden. Sinnvolle Beschäftigungsmöglichkeiten sollen mit dem Ziel der weiteren beruflichen Qualifizierung und gesellschaftlichen Reintegration gesichert bzw. geschaffen werden.

Qualifizierungsangebote, die nach Inhalt und Dauer den individuellen Möglichkeiten und Fähigkeiten langzeitarbeitsloser Menschen entsprechen, müssen abgesichert bzw. geschaffen werden. Verbindliche Kooperationsnetze mit dem ersten Arbeitsmarkt müssen geschaffen und politisch durchgesetzt werden. Sichergestellt werden muß vor allem auch eine Subventionierung von Arbeitsplätzen, die vom "Markt" nicht mehr angeboten werden. Das kann nicht nur eine öffentliche Subventionierung bedeuten, sondern muß auch die Inpflichtnahme von Unternehmen beinhalten. Im Sinne einer integrierten Struktur- und Beschäftigungspolitik ist eine Zusammenfassung und Entwicklung der laufenden und geplanten Maßnahmen und Programme in diesen Bereichen notwendig. Wie könnten hier erste Umsetzungsschritte aussehen?

In einem ersten Schritt könnte die Einrichtung eines sogenannten Ergänzungsfinanzierungstopfes erfolgen. Hiermit könnten Restkosten abgedeckt werden, die durch bestehende Förderprogramme und durch veränderte ABM-Richtlinien nicht abgedeckt werden. Zusätzlich soll hiermit die Gewährung einer zeitlich begrenzten Überbrückungshilfe für Beschäftigungsprojekte ermöglicht werden, die nach Ablauf der Finanzierung durch bestehende Förderprogramme eigenwirtschaftlich weiterarbeiten und ehemaligen TeilnehmerInnen Festeinstellungen garantieren. Mit dieser Ergänzungsfinanzierung könnten für folgende Bereiche Mittel zur Verfügung gestellt werden:

o   für die schwierige Vorlauf-/Projektentwicklungsphase, sowie für eine Nachbereitungsphase;
o   für eine ausreichende Beratung und Betreuung der Zielgruppen;
o   für innovative Projektvorschläge, die über bestehende Programme nicht zu finanzieren sind (dies z.B. im Rahmen einer Modellförderung auf kommunaler Ebene);
o   für Betriebsmittelausstattungen;
o   für spezifische Maßnahmen für Langzeitarbeitslose (da die bisherigen Programme nicht ausreichen);
o   für einen angemessenen Anleiter-Schlüssel und nicht zuletzt
o   für ABM-Spitzenfinanzierungen.

Die Einrichtung einer regionalen bzw. kommunalen Koordinierungs- und Vergabestelle, der VertreterInnen der arbeitsmarkt- und strukturpolitische Einrichtungen aus der Region angehören, wäre hierfür sinnvoll (gemeint sind dabei Vertreter der Industrie- und Handelskammer, Gewerkschaften, Arbeitsämter, Kommunen, Wohlfahrtsverbände und der Beschäftigungsinitiativen).

Aufgaben dieser Koordinierungsstelle wären:

o   die Förderung von Projekten für Problemgruppen des Arbeitsmarktes;
o   die Akquisition geeigneter Mittel für die Ergänzungsfinanzierung;
o   die Vergabe und Koordinierung der Förderung von Beschäftigungsträgern und nicht zuletzt
o   die Entwicklung von regional angepaßten Konzepten, die eine sinnvolle Verknüpfung von Arbeitsmarkt- und Strukturpolitik darstellen.

In einem zweiten Schritt könnte mittelfristig die Einrichtung eines Poolfinanzierungstopfes erfolgen, mit dem eine Projektfinanzierung für Beschäftigungsprojekte aus einer Hand ermöglicht werden könnte. Eine Geschäftsstelle - in Form einer Treuhänderin - sollte von der Koordinierungsstelle eingerichtet werden. Diese könnte den Fördertopf verwalten, in den anteilig Mittel der Kommunen, der Bundesanstalt für Arbeit, des Bundes und der Länder (Strukturfördermittel) einfließen. Neben öffentlichen Mitteln sollten auch Mittel aus der Privatwirtschaft oder Mittel von sozial engagierten Einrichtungen eingeworben werden können. Im Rahmen der IBA müßte ein derartiges Konzept "modellhaft" erprobt werden.

Literatur

Altenessener Forum (Hrsg.): Altenessener Handwerker Initiative - Beschäftigungs- und Qualifizierungsprojekt, Essen 1990.

Beck, U.: Risikogesellschaft - Auf dem Weg in eine andere Moderne, Frankfurt a.M. 1986.

Brinkmann, Ch. u.a.: Arbeitslosigkeit und Sozialhilfebezug, Sonderuntersuchung der Bundesvereinigung der kommunalen Spitzenverbände in Zusammenarbeit mit der Bundesanstalt für Arbeit im September 1989, in: MittAB 1/91.

Dahrendorf, R.: Wenn der Arbeitsgesellschaft die Arbeit ausgeht, in: Matthes, J.: Krise der Arbeitsgesellschaft? Frankfurt a.M./New York 1983, S. 25ff.

Ganser, K./Kupchevsky, T.: Arbeiten im Park - 16 Standorte im Wettbewerb um Qualität; in: Stadtbauwelt 110, 28. Juni 1991, S. 1220-1229.

Ganser, K.: Köpfchen statt Kohle, in: Wirtschaftswoche Nr. 34 vom 08.89, S. 40ff.

Gorz, A.: Wege ins Paradies, Berlin 1983.

Hanesch, W.: Armenpolitik und neue Arbeitsmärkte - Perspektiven jenseits des Arbeitszwanges, in: Leibfried/Tennstedt (Hrsg.), Politik der Armut, Frankfurt a.M. 1985.

Heinze, R. G. (Hrsg.): Beschäftigungskrise und Neuverteilung der Arbeit, Bonn 1984.

Hegner, F.: Handlungsfelder und Instrumente kommunaler Beschäftigungs- und Arbeitsmarktpolitik, in: Blanke, B. u.a. (Hrsg.), Die zweite Stadt, Opladen 1986, S. 119ff.

IBA Emscher Park (Hrsg.): Arbeiten im Park - Kurzdokumentation der Projekte der Internationalen Bauausstellung Emscher Park, Gelsenkirchen 1991.

Hofmann, A./Radde, A.: FRIEDA - Fraueninitiative zur Entwicklung dauerhafter Arbeitsplätze, IBA Emscher Park (Hrsg.), Gelsenkirchen 1991.

Karhoff, B./Wilke, V.: Zur Notwendigkeit einer Verknüpfung von Arbeitsmarkt- und Strukturpolitik, IBA von Unten - Initiativkreis Emscherregion, unveröff. Manuskript, Essen 1992.

Krummacher, M.: Ruhrgebietskrise - wirtschaftsstrukturelle Ursachen und das "Aktionsprogramm Ruhr" der Landesregierung, in: Katalyse-Technikergruppe (Hrsg.), Ruhrgebiet - Krise als Konzept, Bochum 1982.

Matthes, J. (Hrsg.): Krise der Arbeitsgesellschaft, Dt. Soziologentag Bamberg 1982, Frankfurt a.M./New York 1983.

Müller, S.: Renaturierung als Impuls für die Erneuerung einer altindustrialisierten Region, in: Ache, P./Bremm, H.J./Kunzmann, K.R./Wegener, M. (Hrsg.), Die Emscherzone: Strukturwandel, Disparitäten - und eine Bauausstellung, Dortmunder Beiträge zur Raumplanung 58, Dortmund 1991.

Offe, C.: Arbeitsgesellschaft, Frankfurt a.M./New York 1984.

Opielka, M./Vobruba, I. (Hrsg.): Das garantierte Grundeinkommen, Frankfurt a.M. 1985.

Petri, A./Siebel, W.: Beschäftigung und Qualifikation, Bericht der Werkstatt 12./13. Juni 1990, Gelsenkirchen 1990.

Petri, A./Siebel, W.: Die soziale Erneuerung einer alten Industrieregion: Arbeitsmarktpolitik und neue Lebensweisen, in: Thomas Sieverts (Hrsg.), Internationale Bauausstellung Emscher Park - Zukunftswerkstatt für Industrieregionen, Köln 1991.

Reding, J. in: Spitze des Eisbergs, Literaturpreis Ruhrgebiet 1989, Essen o.J.

Segger, H.: Landschaftspark Duisburg-Nord, Integrierte Arbeitsmarktprojekte, LEG Standort- und Projektentwicklung GmbH (Hrsg.), Duisburg 1992.

Manfred Walz

Schöne Neue Arbeitswelt

Gleichwertig, qualitativ hochwertig, ökologisch durchdacht: Das Projekt "Arbeiten im Park"

"Arbeiten im Park" ist als "Leitprojekt Nr. 5" der Internationalen Bauausstellung Emscher Park (IBA) meiner Ansicht nach das Ehrgeizigste. Es hat sich zum Ziel gesetzt, die ökonomischen Ursachen der Entwicklung der Emscherzone zum Hinterhof des Ruhrgebiets nicht nur anzugehen, sondern gleichzeitig die Lebens- und Arbeitsverhältnisse auch beispielhaft zu verbessern. Nach eigener Bewertung soll dies **"gleichwertig, qualitativ hochwertig, ökologisch durchdacht"** (IBA Emscher Park, 1991b, S. 16) geschehen. Der Hinterhof des ohnehin arg von ökonomischen Strukturbrüchen gebeutelten Ruhrgebiets soll in eine landschaftlich akzeptable Region verwandelt werden, in der die Menschen wieder besser leben und arbeiten können. Neue sichere Arbeitsplätze und die Gestaltung des Arbeitsprozesses haben dabei eine Schlüsselfunktion. Bisher hatten staatliche Programme im kapitalistischen Wirtschaftssystem meist nur wenig mehr zum Ergebnis, als durch staatliche Vorleistungen Anreize für Privatunternehmen zu geben, um damit ihre Produktion in die gewünschte Richtung zu verbessern. In der Regel klaffen staatliche Zielsetzung und privatunternehmerisches Ergebnis weit auseinander. Die IBA hat sich für die Emscherzone mehr vorgenommen.

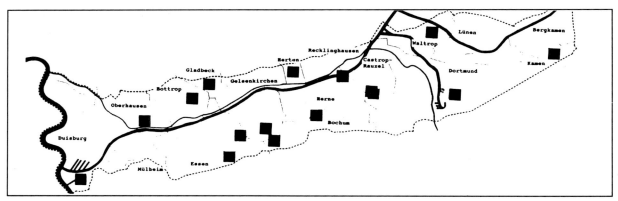

Abb. 1:   Die Projektstandorte "Arbeiten im Park". Quelle: DAB 6/91.

Durch die Bauausstellung sollen "(...) tiefgreifende Impulse zur ökologischen, ökonomischen und sozialen Erneuerung des Ruhrgebietes (...)" erreicht werden. "Dauerhafte Ergebnisse (...)" werden wie folgt erwartet: 15.000 Arbeitsplätze sollen auf rund 300 ha - vorwiegend auf Industriebrachen der Emscherzone - neu geschaffen werden. Die IBA hat sich aber nicht nur zum Ziel gesetzt, die strukturelle Ausgangslage des Standortes Emscherzone grundlegend zu verbessern und Arbeitsplätze zu schaffen, sie will darüber hinaus Ökonomie und Natur miteinander versöhnen. Dies in einer Landschaft, die über viele Jahrzehnte Verdauungsprodukt der Industrieproduktion war. Ein ehrenwertes und hoch gestecktes Ziel. Es soll versucht werden, herauszufinden, in welcher Produktionsstruktur und an welcher sozialen Situation angesetzt werden kann. Weiterhin soll überprüft werden, mit welchen Mitteln, Zielen und Ergebnissen die Region umgebaut werden soll. Und schließlich soll ein Konzept dafür entwickelt werden, wie die ökologische Orientierung des regionalen Umbaus den Interessen gegenübertritt, die im Revier immer noch die herrschenden Interessen sind.

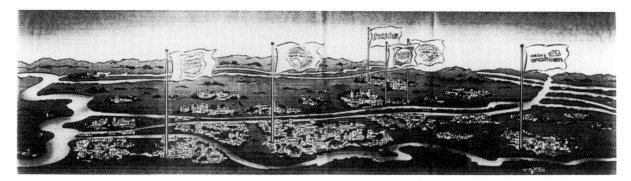

Abb. 2: 　　Landnahme - Ausschnitt aus einer Anzeige der Veba AG. Quelle: Weihnachtsausgabe der SZ 1991.

1. Kurze Charakteristik der Emscherzone

Die Emscherzone ist als ein in vieler Hinsicht zugespitztes Ergebnis der Industrieentwicklung des Ruhrgebiets zu sehen, deren nördlicher Teil sie ist: In bezug auf die Industrie- und Beschäftigtenstruktur ist sie noch einseitiger auf die Industrien des Montankomplexes ausgerichtet als das sich langsam wandelnde Ruhrgebiet. Deshalb sammeln und verschärfen sich die Strukturprobleme des Ruhrgebiets in der Emscherzone noch einmal.

Stichwortartig werden hier einige zentrale Prozesse genannt: Als die Steinkohleförderung um die Jahrhundertwende auf breiter Linie in die Emscherzone vordrang, wurden Groß-Schachtanlagen mit 5.000 und mehr Untertagebeschäftigten - oft auf freiem Feld - abgeteuft. Riesige Grubenfelder mit bis zu 70 qkm wurden abgesteckt und abgebaut. Etwa ein Drittel der Belegschaften erhielten Wohnungen in Zechenkolonien vor den Werkstoren. Der Boden mancher Gemeinde war weitgehend in den Händen der Zecheneigner. Gleiches galt auch für so manchen Gemeinderat. Noch heute verfügen die Altgesellschaften nicht nur über ihre Produktionsflächen, sondern auch über große Flächenteile in einzelnen Ruhrgebietsstädten. Im Ruhrgebiet und insbesondere in der Emscherzone herrschen Großbetriebe vor. Mittelständische Unternehmen und Handwerksbetriebe sind hier weniger vertreten als anderswo. Nach einer Studie von V. Volkholz (1988) sind die wenigen vorhandenen mittleren Betriebe z.B. im Metallbereich außerdem weitgehend abhängig von den großen Ruhrgebietskonzernen, sei es durch Produktionsverflechtungen, sei es durch Kapitalbeteiligungen. Zwar nimmt der Anteil der von den Montanindustrien unmittelbar und mittelbar abhängigen Industrie- und Gewerbebetrieben langsam ab. Aber im Jahre 1986 waren immer noch über 40 % aller Industriebeschäftigten des Ruhrgebiets direkt oder indirekt von der Montanindustrie abhängig. Diese Bindung ist in der Emscherzone noch größer geworden, nachdem der Bergbau aus der Städtezone des Ruhrgebiets abwanderte.

Im Bergbau gehen die Belegschaftszahlen seit Anfang der 60er Jahre, für die Stahlindustrie seit Ende der 70er Jahre stark zurück. Diese Entwicklung ergibt sich aus dem Versuch der Altindustrien, die

Produktionsprozesse unter dem Druck der weltweiten Absatz- und Beschaffungsprobleme immer durchgreifender zu modernisieren, d.h. zu rationalisieren: Wurde früher ein Hochofen mit 120 Mann und der Abbau im Streb mit 20 Mann pro Schicht betrieben, so sind es heute noch 20 bzw. 3 Mann, die diese Arbeit - bei vervielfachter Produktivität - leisten müssen. In der Folge sind Intensität, Verantwortung, aber auch die Isolation am Arbeitsplatz schnell gestiegen. Während die Belegschaften der Altindustrien stark schrumpfen, ist in den Dienstleistungsberufen nur ein unterdurchschnittliches Wachstum festzustellen. Hätten sich die Arbeitsplatzverluste in den nicht montanindustriellen Beschäftigungsbereichen wie im Land Nordrhein-Westfalen entwickelt, so hätte das Ruhrgebiet zwischen den Jahren 1978 und 1986 statt 128.000 nur 72.000 Arbeitsplätze, d.h. 56.000 Arbeitsplätze weniger verloren (vgl. V. Volkholz, 1988). Die überdurchschnittlichen Arbeitsplatzverluste zeigen die spezielle Schwäche des Ruhrgebiets. Sie wird nicht allein von der einseitigen Zusammensetzung der Branchen und der Konzernabhängigkeit der Arbeitsplätze verursacht. Sie wird zudem bestimmt durch die hier vorherrschenden Standortnachteile, unter denen auch solche Branchen leiden, die an anderen Orten durchaus prosperieren. Ein weiteres Moment ist die Finanzschwäche der Gemeinden. Wo hohe Arbeitslosigkeit herrscht, beanspruchen die Sozialhilfeleistungen einen erheblichen Anteil des kommunalen Haushalts, während gleichzeitig die Gewerbesteuereinnahmen sinken. In dieser Situation ist zu erwarten, daß sich die traditionelle Gegensteuerung über staatliche Bauinvestitionen abschwächt, selbst wenn sie über Transfers von außen, vom Land als Strukturpolitik und als Sozialpolitik verpackt werden. Der geringe erforderliche Anteil der Städte an den Fördermaßnahmen ist eben oft immer noch zu hoch für sie. Infolgedessen bleibt die Arbeitslosigkeit hoch oder steigt sogar weiter an. So entfaltet sich häufig eine zusätzliche soziale Abstiegsspirale.

Das Ruhrgebiet leidet also unter einer doppelten Strukturschwäche. Sie schlägt bei jeder Konjunkturflaute verschärfend durch. Einerseits wird die Industriestruktur immer noch einseitig von einer zwar modernisierten, aber dennoch alten Industrie geprägt, die keine ausgewogene Größenstruktur aufweist. Andererseits haben die großen Konzerne schon lange ihr traditionelles Branchenprofil durch Zukäufe von Unternehmen verändert. Beispiele hierfür sind die Firmen Hoesch in Dortmund oder Mannesmann in Duisburg. In beiden Betrieben wird nur noch ein Drittel des Umsatzes in der Stahl- und Eisenproduktion erarbeitet. Für die Region ist es aber ein entscheidender Nachteil, daß die zugekauften Unternehmen nicht in der Region ansässig sind. Die Beziehungen von Konzern und Region lockern sich zusehends. Die Entscheidungen über einen strukturellen Umbau der Region, wie ihn die IBA plant, fallen in den Führungsetagen der ortsansässigen Konzerne. Da sie sich weitgehend einzelunternehmerisch, d.h. unabhängig von der Region orientieren, sind von ihnen konkrete Umstrukturierungshilfen nur dann zu erwarten, wenn sie auch kurzfristig betriebliche Vorteile bringen. Diesbezügliche Ergebnisse zeigen sich in der Emscherzone wie folgt: verseuchte Brachflächen, leere Hallen und große Halden, Arbeitsplatzverluste im industriellen Sektor, geringe Zuwächse im ohnehin schwach vertretenen Dienstleistungsbereich und bis zu 30 % hohe Arbeitslosenquoten in manchen Stadtteilen. Dies betrifft insbesondere an- und ungelernte Arbeitskräfte sowie Frauen. Unter den Arbeitslosen sind fast die Hälfte schon länger als ein Jahr arbeitslos.

Wer, wie die IBA Emscher Park, dauerhafte Impulse zur Erneuerung der Region will, muß neben ihrer Strukturschwäche auch die daraus resultierende kommunale Finanzschwäche beachten. Eine Erneuerung kann deshalb nur bedingt von außen kommen. Sie muß an den Ressourcen und Potentialen der Region selbst ansetzen. Dieser Ansatz ist deshalb schwierig, weil einerseits die immer weniger an der Region interessierten großen Unternehmen über riesige Flächenreserven verfügen, die Kommunen andererseits aber gerade wegen ihrer geringen Flächenreserven und minimalen Finanzkraft nur bedingt handeln können. Das Land setzt in dieser Situation auf das Aufbereiten industrieller Altflächen. Durch massiven Einsatz öffentlicher Mittel werden z.B. durch das Leitprojekt "Arbeiten im Park" insbesondere ehemalige Bergbauflächen angekauft und erschlossen - wie früher schon im Rahmen des Grundstücksfonds. Damit soll der Ausgangspunkt für die strukturpolitische Wende gesetzt werden. Der andere Ansatzpunkt im Rahmen der IBA ist der Versuch, über die Ansiedlung und Förderung hochqualifizierter Arbeitsplätze genügend "Sog" zu schaffen, um einerseits die Standortungunst des Reviers zu mindern und andererseits auch Dauerarbeitslose in Beschäftigung zu bringen. So jedenfalls muß man die Linie nach der Mitte 1992 offiziös erfolgten Abkehr von der ursprünglich im Positionspapier "Beschäftigung und Qualifizierung" gesetzten Förderung von Beschäftigungsmaßnahmen in möglichst jedem Projekt verstehen. In den Verhandlungen der IBA-Werkstatt "Beschäftigungspolitik und IBA Emscher Park" des Juli 1992 wurde nur noch von der Förderung von Beschäftigungsmaßnahmen in Einzelprojekten gesprochen. Dies bedeutet eine Abkehr von der in der IBA propagierten Verkoppelung verschiedener Politikebenen von der "Und-Politik", von der Verknüpfung von Struktur- und Sozialpolitik (vgl. dazu: IBA Emscher Park, 1992b, S. 7).

In dieser Situation ist eine exakte Vorstellung über die zukünftige Entwicklung der Arbeit und über die hieraus resultierenden Konsequenzen für die Region und die hier lebenden ArbeiterInnen wichtig.

2. Entwicklung der Arbeit im Ruhrgebiet

Lange schon werden "Ersatzarbeitsplätze" für hunderttausende weggefallener und künftig wegfallender Arbeitsplätze insbesondere der Montanindustrie gefordert. Es geht aber nicht nur um einen beliebigen Ersatz. Es geht vielmehr um sichere und entwicklungsfähige Arbeitsplätze für die hier lebenden Menschen.

Übereinstimmend wird die Strukturkrise des Emscherraumes durch den Niedergang einer spezifischen Form der Massenproduktion mit hoher Kapitalintensität, engen Produktionsverbindungen zwischen Zulieferern und Weiterverarbeitern gekennzeichnet. Die Bevölkerung nimmt dabei geduldig sowohl große Schadstoffmengen als auch den rasanten Abbau von Arbeitsplätzen hin. Dabei geht es in vielen Produktionssegmenten häufig eher um den Abbau der Arbeitsplätze für an- und ungelernte Arbeitskräfte als um den für FacharbeiterInnen.

Durch die gegenwärtige Strukturpolitik des Landes Nordrhein-Westfalen wird immer noch versucht, dieses Produktionskonzept zu stabilisieren und die Arbeitsplatzverluste sozialverträglich zu gestalten. Die neuen Produktionstechnologien z.B. der Mikroelektronik werden dabei eingesetzt, um den bisherigen Niedergang abzubremsen. Eine grundsätzliche Neuorientierung findet also nicht statt. Die Belegschaften und die Betriebsstandorte schrumpfen auf der Basis der alten Strukturen.

Nach dem Urteil von Betriebsräten der Metallindustrie des Ruhrgebiets ist gegenwärtig nur jeder vierte Arbeitsplatz sicher. Viele Betriebsräte nehmen an, daß die stabilen und erhaltenswerten Arbeitsplätze vor allem die der technischen Angestellten und FacharbeiterInnen sein werden. Die große Zahl wegfallender Arbeitsplätze wird vor allem an- und ungelernte Arbeitskräfte und ältere Facharbeiter treffen (vgl. auch V. Volkholz, 1988, S. 6). Bei 1,7 Millionen im Ruhrgebiet vorhandenen Arbeitsplätzen prognostiziert die Studie von V. Volkholz 100.000 bis 150.000 für das Ruhrgebiet in allen Beschäftigungssektoren neu zu schaffende Arbeitsplätze. Dabei wird ein Bedarf von 70.000 bis 100.000 Arbeitsplätzen mit einem deutlich höher qualifizierten Beschäftigtenprofil für einen Zeitraum von 5 bis 15 Jahre in den Beschäftigungsbereichen für an- und ungelernte Arbeitskräfte und ältere Facharbeiter genannt, die auf diese Weise einen würdigeren Übergang in die Rente als durch Arbeitslosigkeit erreichen sollen. (vgl. V. Volkholz, 1988, S. 16).

Die damit thematisierte Umstrukturierung der Arbeitsverhältnisse soll eine grundlegende Veränderung der Produktionsstruktur einleiten. Sie wird relativ plausibel in der "Hypothese der langen Wellen" dargestellt (vgl. L. Neofidow, 1990). Sie identifiziert seit Beginn der Industrialisierung vier über etwa 40 bis 60 Jahre laufende Wirtschaftszyklen, die sich auf der Grundlage gesellschaftlicher Produktions- und Reproduktionsprozesse u.a. durch Basisinnovationen vollziehen.

Gegenwärtig stehen wir - nach dieser Hypothese - am Beginn des fünften Zyklus. Mikroelektronik und Informationstechnologie sorgen vielfach für Entwicklungsschübe (vgl. L. Neofidow, 1990). Schon heute sind die Wirkungen der mikroelektronischen Entwicklungsphase in ihrer Einführungsphase erkennbar: Neue Technologien sind vielfach eingesetzt. Sie verknüpfen, vernetzen und beschleunigen die Zirkulationsprozesse der Einzelkapitale und ersetzen vielerorts menschliche Arbeitskraft. Nur wer sich immer neu und ausreichend qualifizieren kann (und qualifiziert), wird langfristig Arbeit haben. Vielen anderen Arbeitskräften - besonders in der industriellen Produktion - bleiben entweder Resttätigkeiten oder sie fallen für kurze oder längere Zeiträume als Arbeitslose aus dem gesellschaftlichen Arbeitsprozeß heraus. Die Umstrukturierung der gesamtgesellschaftlichen Arbeit ist Teil und Ergebnis dieses Prozesses. Wenden wir sie auf das Ruhrgebiet und den Emscherraum an, so sind grundlegende Erneuerungen der Produktvielfalt und auch der Produktionsprozesse erwartbar (vgl. dazu auch den Beitrag von H.J. Bremm/R. Danielzyk in diesem Buch). Nach der Hypothese der "langen Wellen" befindet sich auch die Montanindustrie lange nach dem Ende ihrer industriellen Blüte. Vor diesem Entwicklungshintergrund versucht sie in Form des massenhaften Abbaus von Arbeitsplätzen auf ein neues Maß zu schrumpfen. Je länger der Sprung in den neuen Entwicklungszyklus verzögert wird, desto härter scheinen die Konsequenzen für die mit ihr verbundene Region zu sein. Während die Stahlindustrie noch weitgehend in der Lage ist, eine eigene Investitionspolitik zu betreiben, die die Region im Konzerninteresse bewertet, ist der Bergbau als "Zuwendungsempfänger" heute schon nicht mehr in der Lage, ganz und gar eigene Investitionsakzente zu setzen.

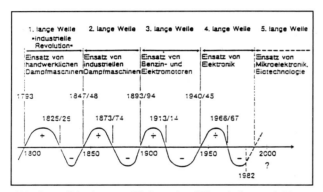

Abb. 3:   Die langen Wellen der Wirtschaftsentwicklung. Quelle: Gschwind u.a., Stadtbauwelt 24/1984.

Dennoch: Sieht man die Beschäftigtenzahlen, so wird das Ruhrgebiet und besonders die Emscherregion immer noch vorrangig vom Montankomplex bestimmt. Der Montankomplex führt die Entwicklung der Produktion und der Arbeit der Zukunft aber nicht mehr an - zumindest nicht innerhalb der Region.

Die Arbeit der Zukunft wird hier weitgehend nachvollzogen, nicht entwickelt. Die IBA Emscher Park versucht nun im Rahmen des Leitprojektes "Arbeiten im Park" vor diesem prinzipiellen gesellschaftlichen Strukturumbruch neu zu erschließende Gewerbegebiete dadurch zu modernisieren, daß sie in ihrem Kern innovative Technologien ansiedelt. Auf diese Weise soll eine "Kette unterschiedlicher Technologiezentren mit eigenem Themen- und Branchenprofil" (vgl. D. Blase, 1992) die fünfte Entwicklungswelle im "Hinterhof des Ruhrgebiets" einleiten. Gleichzeitig versucht das Land, durch Umsetzung und Aufbau einzelner staatlicher Institutionen im Ruhrgebiet, ein breiteres Beschäftigtenprofil mit dauerhaften staatlichen Arbeitsplätzen aufzubauen. In den Schwerpunkten der Technologiezentren wird allerdings kein neues Produktionsprofil für das Ruhrgebiet sichtbar, sie setzen an Produktionsnischen und Dienstleistungen an. Zwar werden ökologisch vertretbare Rahmenbedingungen für die Flächennutzung gesetzt, eine ökologische Produktion oder eine menschenverträgliche Arbeit der Zukunft für jedes Zentrum sind nicht ausdrücklich angezielt. Im Gegenteil: Der informelle IBA-Arbeitskreis "Fabrik der Zukunft" ist eingestellt worden. Wie weit das in Planung befindliche Technologiezentrum "ecoTextil" in Bochum dies für die Textilproduktion leisten wird, bleibt abzuwarten (vgl. IBA Emscher Park, 1992a). Neben den "normalen" Vorleistungen für die Erschließung neuer Gewerbegebiete werden noch die Sanierung von Böden sowie das Zur-Verfügung-Stellen von Wissenschaftsressourcen angeboten, um der bereits einsetzenden Entkoppelung von privaten Konzernen und ihrer regionalen Verankerung entgegenzuwirken - häufig zu einem Zehntel des marktvermittelten Grundstückspreises auf vergleichbaren Standorten der alten Bundesländer (vgl. IBA Emscher Park, 1991b, S. 13). Die so vorzüglich ausgepolsterten Standorte können dann von den Unternehmen besetzt werden. Diese Entscheidung können sie auch im Rahmen von "Public-private-partnership"-Modellen vornehmen. Um sie noch geneigter zu machen, bietet man ihnen weiterhin die Aufbereitung, Erschließung und Verwertung ihrer eigenen Brache als lukratives Geschäft an.

Die "Arbeit der Zukunft" und auch die zukünftige Industriearbeit sind gekennzeichnet durch hohe und immer neu zu erwerbende Qualifikation sowie erhöhte Flexibilität bei weitreichender Automatisierung und informationeller Vernetzung von Produktion und Distribution. Die Art der Vernetzung nach großindustriellen Maßstäben verstärkt die Isolierung des Einzelnen am Arbeitsplatz. Weil gleichzeitig die komplexeren Produktionsprozesse schwieriger durchschaubar werden, wird die Verantwortung und damit die Identifikation des Einzelnen mit den Betriebszielen dringender nachgefragt. Die Auswirkungen des Produktionsprozesses auf Natur und Gesellschaft können deshalb noch leichter als bisher außer Sicht geraten.

Am Anfang dieser neuen "langen Welle" - die in Regionen wie Frankfurt am Main, München oder Stuttgart schon sehr viel weiter entwickelt ist - sind die qualifizierten technischen Angestellten besonders gefragt. Dies gilt erst in zweiter Linie für die Facharbeiter und die an- und ungelernten Arbeitskräfte.

Die Standortqualität der Zukunft legt nicht nur auf gute verkehrliche Anbindungen und gute technische Infrastrukturen wert (sog. "harte Standortfaktoren"). Weil hochqualifizierte Arbeitskräfte benötigt werden, gewinnen deren Vorstellungen von einem guten Wohnbereich, besserer Lebensqualität in sauberer und schöner Umwelt ein höheres Gewicht bei der Standortwahl der Unternehmen. Dennoch wird - so meine Vermutung - das tatsächliche Gewicht der "weichen Standortfaktoren" für das einzelbetriebliche Kalkül stark überschätzt. Der Anteil der produktionsorientierten Dienstleistungen in der industriellen Fertigung wächst dort am stärksten, wo die Umstrukturierung der Region am weitgehendsten fortgeschritten ist. Da diese Entwicklung in der Emscherzone bisher nur langsam vorankam, wird die regionalplanerische Strategie "Arbeiten im Park" als Metapher für den Vor-Schein einer schönen neuen Arbeitswelt in mehrfacher Hinsicht verwendet. Wie dieser "Vor-Schein" in der IBA entwickelt wird, wird nun diskutiert.

3. Wie kommt die Arbeit in den Park?

Das Leitthema "Arbeiten im Park" hat im Programm der Bauausstellung einen "(...) hohen Stellenwert für den ökologischen und ökonomisch notwendigen, innovativen Schub in dieser Industrieregion." (vgl. MSWV, 1988, S. 47) Wäre das alles, was man über das Programm wüßte, so könnte man annehmen, daß hier ein Schub zur "Humanisierung der Arbeit" beabsichtigt ist. Bei einigem guten Willen könnte man sogar annehmen, daß auch an ein Programm für Langzeitarbeitslose gedacht ist. Die Zielformulierung und auch die Formulierungen in den Planungen zeigen jedoch, daß andere Ziele angestrebt werden. Nach internationalem Beispiel soll "Park" für den Hinterhof des Ruhrgebiets folgendes leisten. Es soll seine Umformung zu einem "attraktiven Mikrostandort für die Ansiedlung moderner Unternehmen und die Rekrutierung qualifizierter Beschäftigter" (a.a.O.) vorantreiben. Nach dem damit verbundenen Konzept werden große Flächen mit guter überregionaler Verkehrsanbindung, landschaftlich und architektonisch hochwertiger Gestaltung, ökologischer Ver-und Entsorgung und modernen betriebsbezogenen "Diensten" gefördert. Mit anderen Worten: Ganz im Trend des einzelunternehmerischen Kalküls werden eine gute Standortqualität sowie ein zeitgemäßes Erscheinungsbild angesteuert und gleichzeitig die Versöhnung mit der bisher geschundenen Landschaft versprochen. Die im Titel des Leitprojekts aufscheinende Utopie einer "mit der Natur versöhnten Arbeit" wird an keiner Stelle weiter konkretisiert. Die entscheidenden Ansatzpunkte einer menschenbezogenen Erneuerung der Region - Verbesserung der Branchenstruktur, ökologisch vertretbare Produkt- und Prozeßinnovationen, Problem- und Zielgruppenorientierung des Arbeitsmarktes - werden, wenn überhaupt, als Nebenprodukte einer Arbeitswelt mit Erholungstouch in Kauf genommen.

"Park" würde zur Marketing-Hülse eines einzelbetrieblich angestrebten Erscheinungsbildes verkürzt. Zielformulierung und Umsetzungsmöglichkeit klaffen weit auseinander. Darin zeigt sich das ganze Dilemma des Versuchs, bessere Arbeitsbedingungen zu planen. Immer noch meint Planung hier "Angebotsplanung": Arbeitsstandorte mit öffentlich finanzierten Verkehrserschließungen, sonstiger Ausstattung mit technischer Infrastruktur, der Verfügung über technologisches und wissenschaftliches Potential im grünen Rahmen werden angeboten. Wie die angestrebten Ziele bei sich verschärfender Konkurrenz der Gemeinden verwirklicht werden können, entscheiden die umworbenen Unternehmen. Da die IBA Emscher Park keine Strukturförderungsgesellschaft ist, die mit dem Füllhorn öffentlicher Mittel zur Durchsetzung ihrer Ziele operieren kann, kann sie öffentliche Mittel nur aufgrund der mit ihrer Hilfe erzielten regionalen und lokalen Aufmerksamkeit anbieten. Sie ist also für die von ihr befürworteten Projekte so etwas wie eine "Projekt-Beförderungs-Gesellschaft". Die von der IBA formulierten Kriterien sollen dafür sorgen, daß die geforderte Qualität in den Projekten auch erreicht wird. Dabei spielt der Ansatz der IBA, die hochgesteckten Ziele mit Hilfe von Qualitätsvereinbarungen, z.B. für die Ansiedlung von Gewerbebetrieben, durchzusetzen, eine wichtige Rolle. Bisher ist allerdings noch kein Fall bekannt, in dem manifeste Unternehmensinteressen diesen Qualitätszielen bei Ansiedlung geopfert worden wären. Abgesehen davon, daß dies gegenwärtig mangels Masse noch nicht beurteilt werden kann, beziehen sich Qualitätsvereinbarungen auf das Umfeld und nicht auf die wesentlichen einzelbetrieblichen Zielsetzungen für Produktion oder Arbeitsbedingungen. Neben den Projekten zum "Emscher-Landschaftspark" und zum "ökologischen Umbau des Emschersystems" sind die bisher 16 Projekte "Arbeiten im Park" ein wichtiges Teilstück des Gesamtprogramms. Positiv fällt auf, daß alle Projektflächen - insgesamt über 300 ha - durch die Aufbereitung von Brachen oder Halden gewonnen werden sollen (vgl. dazu den Beitrag von F. Claus/Chr. Weingran in diesem Buch). Neben einem alten Duisburger Hafenabschnitt und einem Haldenbereich sind es vor allem Zechenbrachen, die neu genutzt werden sollen. Nach neuester Schätzung existieren dagegen noch rund 6.000 ha

Industriebrachen im Ruhrgebiet. Von diesen Brachen befinden sich 1.800 ha in den Händen der Landesentwicklungsgesellschaft (LEG). Mit Hilfe der IBA soll ein Teil dieser Flächen aufbereitet werden. Die IBA ist also mit dem Grundstücksfond auch eine Agentur des Landes NRW zur Verwertung der Reste der Industrieproduktion.

Nach Vorstellungen der IBA Emscher Park sollen für die Projekte "Arbeiten im Park" über zehn Jahre jährlich 100 Millionen DM, also insgesamt 1 Milliarde DM an öffentlichen und privaten Investitionen aufgewendet werden. Die definitive Größe der öffentlichen Investitionen ist noch nicht exakt bekannt. Die IBA macht jedoch deutlich, daß die Standorte einer so lange benachteiligten Region nur durch große öffentliche Vorleistungen interessant gemacht werden können. Nach meiner Ansicht werden sie jedes bisher bekannte Maß überschreiten. Denn es sollen nicht nur die bekannten Standortnachteile ausgeglichen, sondern es soll darüberhinaus auch die traditionelle Qualität überboten werden.

Nach den Vorstellungen der IBA sollen außerdem völlig neue soziale Einrichtungen im Gewerbe-"Park" hinzukommen. Zur Umsetzung versucht die IBA eine dreifache Strategie: Zum ersten sollen vom Staat getragene, wissenschaftliche und technologische Einrichtungen innovative Zugkraft für die Region erbringen, zum zweiten sollen umgesetzte staatliche Behörden dauerhafte Arbeitsplätze in die Region verlagern und zum dritten sollen an einzelnen Standorten Beschäftigungsmaßnahmen eingerichtet werden, die Langzeitarbeitslose beschäftigen, qualifizieren und damit wieder in stabile Beschäftigungsverhältnisse bringen. Darüberhinaus wird auf mittelständische "Gewerbeparks" sowie auf "Bürger- und Handwerkerparks" gesetzt. Es geht also um flächenfressende Erprobungsformen neuer Produktions- und Organisationsformen, die die oben beschriebene Lücke in der Betriebsgrößenstruktur schließen sollen. Nur im Einzelfall wird ausdrücklich an arbeitssuchende oder an zu qualifizierende Menschen gedacht. Beispielgebend sollen riesige Industriebrachen mit öffentlichen Mitteln als grün eingekleidete Gewerbegebiete aufbereitet werden. Sie können aber - man ahnt es längst - nicht so viele Arbeitsplätze übertage schaffen, wie das Zechengelände, auf dem sie stehen sollen, einmal untertage erschlossen hatte.

Zehntausenden von Langzeitarbeitslosen stehen bisher einige hundert für sie einzurichtende Arbeits- und Qualifizierungsplätze gegenüber. Auch die IBA-Planer sagen klipp und klar, daß es sich bei den Projekten nicht nur um räumliche Inseln, sondern darüberhinaus um zwar vorbildhafte aber doch vereinzelte Projekte handeln wird. Daß die Entwicklung der Projekte nicht an den Interessen der Montanindustrien vorbei laufen wird, daran zweifelt heute niemand: Die "Vermarktung" der dann mit öffentlichen Mitteln gereinigten, erschlossenen und anschließend aufgewerteten ehemaligen Zechenbrachen wird weitgehend von der Tochter der Ruhrkohle AG, der Montan-Grundstücksgesellschaft, mitbestimmt.

4. Wie kommt aber der Arbeiter und der Angestellte in den Park?

Sehen wir uns dazu einen Teilbereich des Konzeptes "Arbeiten im Park" etwas genauer an. Ich wähle Dortmund aus, da diese Stadt eine Reihe von Folgen des strukturellen Umbruchs aufweist und weil in dieser Stadt die Aufbereitung relativ großer kontaminierter Flächen von einer interessanten Koalition aus Kapital und Staat unterstützt werden soll.

Der "Technologie-Park"

Dortmund ist seit Ende der 70er Jahre immer in der Spitzengruppe der Arbeitslosigkeit in den Ruhrgebietsstädten zu finden. Zwar ist die Arbeitslosenquote heute auf rund 11 % der Erwerbspersonen gesunken, fürs Ruhrgebiet aber stellt sie nach wie vor eine Spitzengröße dar. Schritt für Schritt entwickelte sich diese Situation Ende der 70er Jahre: Der Dortmunder Stahlkonzern Hoesch begann z.B. seine Belegschaft von damals 24.000 auf heute etwa 13.000 Beschäftigte abzubauen. Der Bergbau "fuhr" seine Kapazitäten drastisch herunter, schloß mit "Minister Stein" im Jahre 1987 die letzte Dortmunder Zeche und wanderte nach Norden weiter. Die Stadt verzeichnete im Jahre 1991 noch rund 28.400 Arbeitslose. Darunter befanden sich 14.000 Frauen und Männer, die länger als ein Jahr arbeitslos waren. Der industrielle Sektor schrumpfte dramatisch, während leichte Zuwächse im Dienstleistungsbereich - besonders im Versicherungswesen - zu erkennen sind. Insgesamt konnten im Jahre 1987 16.600 Menschen weniger einen Arbeitsplatz finden als noch im Jahre 1970. Diese Entwicklung trifft die Stadt Dortmund in doppelter Hinsicht: Einerseits muß sie Jahr für Jahr mehr Mittel für Sozialhilfe aufwenden, andererseits sinken ihre Gewerbesteuereinnahmen.

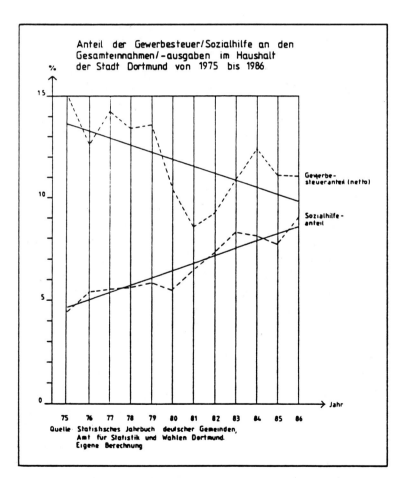

In Dortmund werden im Jahre 1992 über 60.000 Sozialhilfeempfänger gezählt. Die Sozialhilfe liegt bei 380,- DM je Empfänger. Der finanzielle Handlungsspielraum der Stadt ist bei einem Schuldenstand von über 1,2 Milliarden DM stark eingeschränkt. Diese Entwicklung hat ihre Spuren deutlich erkennbar hinterlassen: Die Stadt droht sich immer deutlicher in verschiedene Stadtsegmente zu spalten. Während in den bevorzugten Wohngegenden des Dortmunder Südens "nur" jeder elfte Erwerbstätige arbeitslos ist, ist es in den Arbeitervierteln des Nordens jeder vierte. Im Jahre 1987 wohnte jeder vierte Arbeitslose Dortmunds im Norden der Stadt. Dort sammeln sich auch viele der an den Rand gedrängten 20.000 Suchtkranken und 1.100 Drogenabhängigen Dortmunds. (vgl. M. Fröhlich u.a., 1990, S. 36)

Trotz ihres geringen finanziellen Spielraums setzt die Stadt nach wie vor auf Wachstum und vor allem auf die hochgradig kapitalver-

Abb. 4:   Die Schere zwischen den Einnahmen aus Gewerbesteuern und den Ausgaben für Sozialhilfe schneidet immer tiefer in den Dortmunder Haushalt. Quelle: Th. Kampmann u.a., 1989.

schlingende Entwicklung der "Ersten, der international konkurrenzfähigen, Stadt" (vgl. H. Häußermann/W. Siebel, 1986). Bevorzugt werden dabei die Standorte des Zentrums, die in die internationale und regionale Konkurrenz geschickt werden. In der Gewerbeplanung wird der Technologie-Park als Beispiel gewünschter zukünftiger Entwicklung gelobt und von der Stadt durch Erschließungs- und Grundstücksangebote unterstützt. Zu kurz kommen dabei insbesondere Beschäftigungsinitiativen.

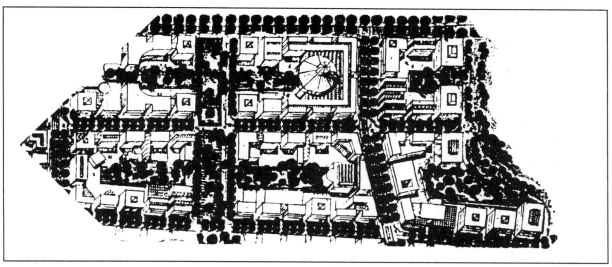

Abb. 5: Der Plan des inzwischen weitgehend fertiggebauten Technologie-"Parks". Quelle: Stadt Dortmund, Werbebroschüre.

Wie wird diese Politik in der "Ersten Stadt" umgesetzt? Der "Technologie-Park" schließt sich an die südliche Innenstadt an und liegt direkt neben der Dortmunder Universität. Seit einigen Jahren werden dort Unternehmen der Software-Entwicklung, Logistik und Transporttechnik bis hin zur Robotertechnologie angesiedelt. Im wesentlichen wird versucht, Entwicklungen der Mikroelektronik und Informationstechnologie in die Industrieproduktion umzusetzen. Die hier entwickelten Produkte werden u.a. den weiteren Arbeitsplatzabbau in den Altindustrien der Region forcieren. Im "Technologie-Park" existieren zur Zeit über 1.000 Arbeitsplätze. Für den Endausbau ist die Rede von 3.000 hochqualifizierten Arbeitsplätzen und - zusammen mit Universität und Fachhochschule - "5.000 Forschern", die im Zusammenhang mit dem "Technologie-Park" einmal tätig sein sollen. Auf einer nicht belasteten, ehemalig landwirtschaftlich genutzten Fläche wurde er mit besten Anschlüssen an die Stadt und überregionaler Verkehrsinfrastruktur versehen und liegt mitten in einer Frischluftschneise für die Innenstadt. Wenn auch die Ausnutzung der neu geschaffenen Grundstücke auf maximal 50 % der Fläche begrenzt wurde (GRZ = 0,5) und ein "ökologischer Ausgleich" verlangt wurde, so sind doch die tatsächlichen Versiegelungen durch Erschließungsflächen und Flächen für den ruhenden Verkehr unübersehbar. Für die qualifizierten Mitarbeiter sollen Arbeitsbedingungen geschaffen werden, die "Motivation, Zugehörigkeitsgefühl, Kreativität" und "niedrigen Krankenstand" erreichen und damit eine wohltuende Wirkung "sowohl auf die Wirtschaftlichkeit als auch auf die Produktqualität (Leistungsfähigkeit) des einzelnen Betriebes" ausüben sollen. So steht es im Planungshandbuch, das Peter Zlonicky - einer der heutigen IBA-Direktoren - für den "Technologie-Park" vorgelegt hat. In ihm wurden Vorschläge bis hin zur Gestaltung der Pausenbereiche entwickelt, die über "dezentrale Lage, interessanten Ausblick, nicht allseitig einsehbar (...)" verfügen sollen und das Bild einer harmonischen Betriebsgemeinschaft ohne "oben" und "unten" vorspiegeln sollen. Darüber hinaus "(...) sind die Betriebsleitungen aufgerufen, insbesondere im Hinblick auf die Ansprüche ihrer hochqualifizierten Mitarbeiter am Aufbau von Versorgungs- und Dienstleistungseinrichtungen mitzuwirken." (vgl. Stadt Dortmund, 1988). Von den Planern wurden sozial und ökologisch orientierte Vorschläge vorgelegt. Bisher ist davon - wegen der Kürze der Zeit - wenig zu sehen. Im Gegensatz zu den ästhetischen Gestaltungsprinzipien und Materialnormierungen, die, da es sich immer um Einzelbaukörper von Einzelbetrieben handelt, eine gewisse hochgestochene Monotonie nicht verhehlen können. Vom eigentlichen Park sind die immerhin noch zusammenhängenden schmalen Grünbänder hinter den Gebäuden übriggeblieben.

Beschäftigungsinitiativen

Neben diesem städtisch mit großem Elan vorangetriebenen "Technologie-Park" arbeiten in Dortmund rund 50 Beschäftigungsinitiativen. Sie arbeiten vor allem in den sozialen Problempunkten des Dortmunder Nordens. Sie versuchen - vermittelt über Arbeitsbeschaffungsmaßnahmen - auch zu sich selbst tragenden Dauerarbeitsplätzen beizutragen und kämpfen Jahr für Jahr um öffentliche Mittel. Zur Zeit wird versucht, vor allem für die schon lange Zeit Arbeitslosen mit Hilfe einer Beschäftigungsgesellschaft dauerhaft sinnvolle Arbeit zu schaffen. Der örtliche DGB-Chef mußte kürzlich allerdings mit der Aufkündigung des "technologieorientierten Konsenses in der Wirtschaftsförderung" drohen, da die örtlichen Industrie- und Handwerkskammern diesen Versuch blockieren.

Wie wird diese Politik in der "Dritten Stadt" umgesetzt?

Als IBA-Projekt angemeldet wurde nur ein solches im Rahmen des Leitprojektes "Arbeiten im Park" eingerichtet. Es handelt sich um ein Projekt, das auf der Fläche der im Jahre 1987 geschlossenen Dortmunder Zeche Minister Stein entwickelt wurde. Es könnte als Anreiz und Anschub für eine gewinnträchtige Aufbereitung weiterer Flächen im Dortmunder Norden dienen.

Ein "Konsortium der Mächtigen" dieses Landes hat sich gebildet. Es ist zusammengesetzt aus der Deutschen Bank, dem regionalen Bauriesen Heitkamp, der Montan-Grundstücksgesellschaft (der Grundstücksverwertungsgesellschaft der Ruhrkohle AG), der Westdeutschen Landesbank und dem Großkonzern Veba. Im September 1991 traten noch die Dresdner Bank, die Stadtsparkasse und das Bauunternehmen Hoch-Tief bei. Das "Konsortium" begreift die "Aufbereitung und Vermarktung der ehemaligen Montanstandorte als besonders große Herausforderung" und will nach eigener Darstellung der Stadt Dortmund auf 600 ha Boden zeigen, wie der Dortmunder Norden zu entwickeln sei (Ausstellungstext 1991 im Rathaus Dortmund). Die Planer schlagen einen "Gewerbepark" unter Nutzung eines Teils der alten Betriebs- und Verwaltungsgebäude vor. Mit Hilfe dieser Gebäude soll die neue Ortsmitte des alten Bergarbeiterstadtteils Eving weiterentwickelt werden. Weiterhin soll die sich nach Süden anschließende Gewerbezone mit den vorhandenen Grünverbindungen "vernetzt" werden. Die reichlich vorhandenen Altlasten der Kokerei- und Zechenanlagen sollten mit Hilfe öffentlicher Mittel (16,8 Millionen DM laut Westfälischer Rundschau vom 4.1.92) gereinigt bzw. abgedeckt werden, so daß entsprechend der Vorgabe der EG-Förderung das Gelände bis Ende 1993 voll erschlossen sein kann.

Aber auch von ganz anderer Seite werden Probleme vorgetragen: Ein großer Teil der Evinger Öffentlichkeit hat vom Bergbau in Eving "die Schnauze voll" und drängt auf den Abriß des Wahrzeichens der Evinger Industriegeschichte: den Hammerkopf-Förderturm.

Abb. 6/7: Modell des städtebaulichen Konzeptes für die ehemalige Zeche "Minister Stein" Dortmund 1991 und Reststücke der ehemaligen Zechenanlage "Minister Stein": Hammerkopfturm, Werkstatt und Gasometer. Quellen: Förderantrag, 1991 und Foto des Autors, 1992.

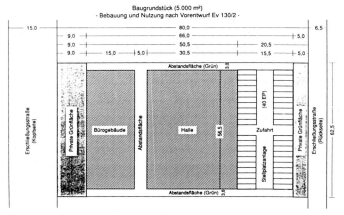

Baugrundstück (5.000 m²)
- Bebauung und Nutzung nach Vorentwurf Ev 130/2 -

Abb. 8:   Arbeiten am Park: Geplanter "Service- und Gewerbepark" von Norden. Geplante Bebauung und Erschließung. Quelle: Förderantrag Dortmund 1991.

Nutzungs- und Entwicklungsvorschläge

Wie sehen nun die Nutzungs- und Ent-
wicklungsvorschläge aus? Als letzter einer
Reihe von Nutzungsvorschlägen mit zum
Teil sehr hoch gehängten Bezeichnungen
wie "Techno-Park II" will die Stadt nun
seit Ende 1991 das folgende Konzept verfolgen:

Es besteht aus den "Bausteinen":

o   **Einkaufen** als Ladenzentrum mit
zusätzlichen 9.000 bis 10.000 m²
Einzelhandelsfläche für Eving, davon 5.000 m² im Warenhausstan-
dard;

o   Sozialorientierte **Forschung** in den
alten Bürogebäuden des Zechenein-
gangshofes;

o   **Kultur** im Kauengebäude;

o   **Wohnen** östlich des Eingangshofes
und

o   **Gewerbe mit Büros** beginnend mit
dem Förderturm über Schacht 4 als
Versatzstück der ursprünglichen Anlage.

Dieses Projekt wird von der Stadt Dortmund als Evinger Projekt des "praktizierten Strukturwandels" (Dortmunder Oberstadtdirektor, Westfälische Rundschau)
und als "Paradebeispiel für eine Brachen-
entwicklung" (Planungsdezernent der Stadt
Dortmund, Westfälische Rundschau) ge-
feiert. Mit den Mitteln der Europäischen
Gemeinschaft zur Umstrukturierung alter
Montanstandorte soll der Boden saniert
und auf 9 ha Nettobauland etwa 2.000
Arbeitsplätze als "Service- und Gewerbepark" mit ortsnahen Kleinbetrieben als
Pächtern geschaffen werden. Wenn sich
alles so entwickeln sollte, wie es die Stadt
und die für die Unternehmen hohen Qua-
litätskriterien der IBA vorsehen, ist dieser
Jubel berechtigt. Bisher war allerdings
nicht die Rede davon, daß auch Arbeitsplätze oder Qualifizierungsmöglichkeiten für arbeitslose
Evinger oder Dortmunder Bürger geschaffen werden sollen. Altlastensanierung, Erschließung und

Baureifmachung der Grundstücke wird von einer gemeinsamen Gesellschaft bestehend aus der Stadt Dortmund und der Grundstückseignerin - einer Ruhrkohletochter - betrieben. Wie steht es mit der Umsetzung einer sozial und ökologisch orientierten Strukturpolitik in diesem Beispiel?

Nehmen wir zunächst die Schlüsselfrage für die Ansiedlung beschäftigungsorientierter Gewerbe, die Grundstückspreispolitik: Das Interesse an Gewerbeflächen im Ruhrgebiet ist in letzter Zeit wieder gestiegen. Dies, nachdem sich die Investoren zwischenzeitlich auf Gebiete jenseits der Elbe konzentriert hatten. Auch die Preise für Gewerbeflächen sind wieder gestiegen. Sie erhöhen sich jedoch unterschiedlich im Ruhrgebiet: Während in der Hellwegzone 50 bis 60,- DM je qm bezahlt werden, sind es in der Emscherzone 30 bis 35,- DM/qm. Die Sanierungskosten für Altlasten sind nach Angabe eines der großen Bodenaufbereiter im Ruhrgebiet so hoch, daß gegenwärtig Verkaufspreise zwischen 80 und 135,- DM/qm erzielt werden müßten. Es liegt also nahe, daß - um betriebswirtschaftlich rationale Bilanzen zu erstellen - öffentliche Mittel gefordert und tatsächlich bewilligt werden müßten. Für die Bodensanierung des Geländes der ehemaligen Zeche Minister Stein werden mit fast 17 Millionen DM rund die Hälfte der für das Land Nordrhein-Westfalen vorgesehenen Landesmittel bereitgestellt. Auf diese Weise wird ein Bodenpreis in der oben genannten Preisspanne von etwa 106,- DM je qm angesteuert.

In Dortmund-Eving wächst gegenwärtig der Verdacht, daß die Ruhrkohle AG ihren "Reibach auf Kosten von Steuergeldern" machen wolle. Während im weniger belasteten Nordteil des Geländes mit profitablen Nutzungen gute Pachterlöse für die Ruhrkohle AG möglich sind, will sie die verbliebenen Anlagen zur Gasreinigung mit Kühlturm, Gasometer und Kompressorenhalle neben dem Gelände, das für Gewerbenutzungen vorgesehen ist, noch einige Jahre weiterbetreiben.

Damit nun die Fördermittel für die Herstellung baureifer Gewerbegrundstücke beschleunigt abgezogen werden können, wird das Gelände mit den Konzeptansätze "Neue Evinger Mitte" und "Gewerbeflächen" parallel geplant. Dabei brechen die Interessengegensätze zwischen Stadt und IBA auf der einen und Ruhrkohle AG auf der anderen Seite deutlich auf: Die Stadt versucht mit aller Kraft und mit einem für ihre Haushaltslage hohem Einsatz den Standort und das Umfeld mit anderen IBA-Projekten angefüllt qualitativ anzuheben. Diese Strategie gefährdet sie aber durch die Diskussion für den Standort einer Müllverbrennungsanlage auf der LEP VI Fläche im Dortmunder Norden. Die Grundstücksverwertungsgesellschaft der Ruhrkohle AG ist zwar daran interessiert, eine möglichst hohe Rendite aus diesem Standort durch das "Vermarkten" von möglichst vielen Geländeteilen und möglichst viel Abbruch von alter und denkmalwerter Bausubstanz zu ziehen. Gleichzeitig sollen die eigenen Investitionen aber an der unteren Ausstattungsgrenze selbst für diesen Stadtteil liegen. Die viel zitierte "Public-private-partnership" zeigt hier deutlich ihre Konturen: Beseitigen der Altlasten aus der Steinkohlenzeit, Erschließen und Aufwerten des Standorts mit öffentlichen Mitteln und möglichst geringe private Investitionen für öffentliche Einrichtungen. Dies mit dem Ziel, die eigenen Erlöse zu optimieren. Darin zeigt sich deutlich der Vorrang des kurzfristig angelegten einzelbetrieblichen Kalküls, das einen langfristig angelegten Strukturwandel nur so lange goutiert, solange er einzelbetrieblich rentabel zu bleiben verspricht. Es ist aber auch die Schlußfolgerung denkbar, daß die großen Kapitale den Dortmunder Norden gar nicht mehr aufwerten wollen, weil sie mit der feinen Nase für Profite längst anderswo - z.B. in den neuen Bundesländern - wesentlich bessere Renditeerwartungen aufgespürt haben. Man darf gespannt sein, wie nun das "Konsortium" die "Herausforderung Minister Stein" kalkulieren wird. Sind doch mit der Montan-Grundstücksgesellschaft eine Tochter und mit der Veba eine Miteigentümerin des Grundstückseigners Ruhrkohle AG beteiligt.

In bezug auf die Beschäftigungspolitik ist völlig klar, daß sich bei diesen um das Doppelte über den in der Emscherzone üblich liegenden Bodenpreisen kein Gewerbebetrieb des Dortmunder Nordens einmieten können wird, von Beschäftigungsinitiativen für den "zweiten Arbeitsmarkt", wie sie die IBA wollte, ganz zu schweigen (vgl. IBA Emscher Park, 1991a). Deutlich zeigt sich diese neue Hürde auch an den angestrebten Mietpreisen, die die sozialwissenschaftlichen Forschungsinstitutionen treffen würden. Mietpreise von 20,- DM/qm werden gefordert, während die Institutionen zur Zeit etwa 7,- DM/qm an ihrem gegenwärtigen Standort zahlen.

Der Anspruch der IBA-Verantwortlichen, hohe städtebauliche Qualität anzulegen, ist schon deshalb schwer einzulösen, weil die Gasreinigungsanlage an der Evinger Straße noch bestehen bleiben wird. Immerhin soll die in den 1950er Jahren gebaute Doppelhofanlage der Zeche mit Förderturm als historischem Kern der "Neuen Mitte" erhalten bleiben. Der Anspruch ökologisch hochwertiger Qualität ist angesichts der hohen Sanierungskosten und des daraus sich ergebenden Verwertungsdrucks bemerkenswert realistisch gehalten worden: Das Tagwasser soll im Trennsystem gehalten werden und einen großen Teich speisen, der Grünflächenanteil ist mit rund 25 % allerdings sehr niedrig ausgelegt worden. Dies und die Lage am alten Eichenbestand des Burgholzes und am Dortmunder Nordfriedhof sind wohl der Grund, daß die Planer das Projekt nicht als eines "im Park", sondern als "Arbeiten **am** Park" bezeichnen. Es wird sich zeigen, ob das Konsortium und die in ihm vertretenen großen Kapitale (die mit Deutscher Bank und Dresdner Bank zweifellos vertreten sind), wenn es sich schon entgegen eigener Ankündigung in bezug auf Investitionen im Dortmunder Norden bedeckt hält, nun eine sozial und ökologisch orientierte Gewerbeansiedlung dieser Zielsetzung unterstützen wird.

5. Kann mit diesem Projekt ein beschäftigungspolitischer, technologischer und ökologischer Strukturwandel eingeleitet werden?

Es wurde - bis auf die hier nicht dargestellte Ausnahme des Essener IBA-Projektes "Zollverein" - nicht erkennbar, wie im Rahmen des von der IBA anzustrebenden Strukturwandels die Qualifizierung und Beschäftigung einer hohen Zahl von Arbeitslosen und dabei vor allem einer hohen Zahl von Langzeitarbeitslosen geleistet werden soll. Offensichtlich wird mit einem Sogeffekt durch eine vorgesehene Kette von Technologieparks damit gerechnet. Doch diese Einrichtungen benötigen selbst noch eine erhebliche Aufbau- und Föderleistung.

Deutlicher ist nun erkennbar, daß für den ehrgeizigen Ansatz der IBA, den Strukturwandel der Region durch den Aufbau und die Subvention von Technologiezentren verschiedener Schattierung voranzutreiben, der Spielraum und die verfügbare Zeit immer knapper werden: Mit der Öffnung östlicher "Märkte", die ganz auf ein Nachholen von Infrastrukturen der Energie, der Information, des Verkehrs und der städtischen Ausstattungen ausgerichtet sind, steht ein auf quantitatives Wachstum gerichteter Produktionsschub ins Haus, der die Position der deutschen Wirtschaft beeinträchtigen könnte (vgl. K. Novy, 1991, S. 19). Ein Austrocknen der angefangenen Technologiezentren im Emschergebiet könnte eine Folge sein. Dies träfe insbesondere für Technologieschwerpunkte zu, wie sie als Kern der Projekte "Arbeiten im Park" erkennbar sind. In der Mehrzahl sind es Technologien, die nicht zentral auf den Produktionsprozeß bezogen sind. Dabei handelt es sich um periphere Technologien z.B. für Verpackungen und Dienstleistungen.

Eine mögliche Gegenposition unter den Bedingungen dieser Produktionsweise wäre eine staatliche Politik, die die qualifizierte, technologisch hochwertige Ausbildung der hier lebenden Menschen langfristig sichert und auch in dieser Richtung Beschäftigungsmöglichkeiten für Arbeitslose schon heute schafft. Sie müßte weiter die öffentlichen Vorleistungen beim Aufbau der Zentren des "Arbeiten im Park" und der Wiederherstellung annehmbarer Umweltverhältnisse verkoppeln mit einer Abmilderung der alten Verfügungs- und Grundbesitzverhältnisse. Dies mit dem Ziel, daß die öffentliche Hand einen größeren Handlungsspielraum gewinnt. Eine weitere Neuorientierung weist auch in die Richtung des Handwerks. In diesem Beschäftigungssektor fehlen in Nordrhein-Westfalen inzwischen 50.000 Fachkräfte (Westfälische Rundschau vom 10.1.92). Solange aber mit "endogenem Potential der Region" die örtlich ansässigen Kapitale gemeint sind (vgl. D. Blase, 1992), wird sich wenig an der Entwicklungsperspektive der Emscherregion verändern.

Wie sieht es nun mit dem dritten ehrgeizigen Schwerpunkt im Leitprojekt, dem "ökologischen Umbau der Region" aus, welches ja sehr eng mit dem des "Arbeitens im Park" vernetzt ist?

Ob der Arbeiter in den Park kommen oder gar das Arbeiten sich unter den Bedingungen dieser Produktionsweise mit der Natur versöhnen wird, ist nach den vorliegenden Projektinformationen äußerst ungewiß. Der Staat erbringt zwar große Vorleistungen, sie auszufüllen bleibt aber gesellschaftlich weitgehend unkontrolliert den interessierten Unternehmen überlassen. Die hier dargestellten Beispiele lassen Entwicklungen erwarten, die zu intensiverem Nachdenken und koordiniertem Handeln der Verantwortlichen Anlaß geben sollten:

o   Eine "in Ordnung gebrachte" Natur wird als Argument für die Anwerbung begehrter hochqualifizierter Mitarbeiter eingesetzt. Weniger gut ausgebildete Arbeitskräfte und Arbeitsplätze erhalten weniger Natur. Die ökologische Funktion "Park" wird auf eine Restfunktion - mehr Grün zum Gebäude und etwas Wasserkreislauf - zurückgeschraubt. Das ist zwar immer noch mehr als üblich in Gewerbegebieten, im engeren Sinne ökologisch ist es aber nicht.

o   Natur wird - so eingesetzt - dazu benutzt, ihre eigene Reduzierung durch Versiegelung und gleichzeitig die nach wie vor gegebenen Herrschaftsverhältnisse am Arbeitsplatz zu verkleiden.

o   Die mit den neuen Technologien tendenziell wachsende soziale Isolierung und psychosoziale Belastung soll durch die "grüne Schönheit der neuen Arbeitswelt" erträglicher gemacht werden. Ein Gegenentwurf zur sozialen und ökologischen Gestaltung der Arbeitsverhältnisse ist im Rahmen der IBA-Projekte bisher nicht in Sicht. Sie bleibt noch zu entwickeln.

o   Eine Versöhnung von Mensch, Produktion und Natur soll mit der Metapher "Arbeiten im Park" suggeriert werden. Die Folgen des Produktionsprozesses für den Menschen werden bei der Gestaltung der Arbeitsumwelt ansatzweise bedacht. Der Produktionsprozeß, die Produktionsstandorte und die Produkte werden aber nur in der Ausnahme auf die Schonung oder gar ihre Integrationsfähigkeit in natürliche Kreisläufe untersucht. Nicht die Natur muß "befragt" werden, ob sie bestimmte Gewerbestandorte tragen könne, sondern der Gewerbestandort muß auf seine Umweltverträglichkeit hin untersucht werden.

Für potentielle Investoren bieten die IBA-PlanerInnen das Projekt so an: "Die Konzeption 'Arbeiten im Park': Park als gestaltete Umwelt. Als Industriepark, Naturpark oder Freizeitpark" (IBA Emscher Park, 1991b, S. 16, Unterstreichung d. V.). Natur ist hier zum Versatzstück verkommen, gleichwertig neben Industrie und Freizeit. Im Klartext bedeutet dies: Natur und natürliche Ressourcen werden in ihren Funktionen für menschliches Leben nur so weit betrachtet, wie sie als "weiche Standortfaktoren" einen Standortvorteil in den Konkurrenzen bei der Umstrukturierung der Region bringen könnten. Dies sieht wohl auch der IBA-Geschäftsführer K. Ganser so, wenn er schreibt: "Ohne eine deutlich höhere Umweltqualität wird die Emscherregion und die Wirtschaftsregion Dortmund für die Bewohner und die Wirtschaft nicht attraktiv sein und im interregionalem und internationalem Wettbewerb verlieren." (DAB 6/91) Dabei ist nicht einmal ausgemacht, ob die verstärkte Ausstattung der Gewerbeflächen mit Grün überhaupt werbend wirkt, zumal die ökonomische Bedeutung der Gesamtheit der "weichen Standortfaktoren" für die einzelbetrieblichen Standortentscheidungen immer noch überschätzt werden.

Sollten wir diese Entwicklung nicht im Interesse der Natur ernsthaft korrigieren, werden die massenhaften Produktionsflächen des im Emscherraum anlaufenden "fünften Innovationszyklus" die Brachen der Zukunft sein. Diesem Prozeß könnte die IBA dann Rechnung tragen, wenn sie sich mehr als bisher als eine Umbau- und Nichtbau-IBA verstehen könnte. Dies könnte sich auch zum Wohle der Emschertaler auswirken.

D. Blase und H. Freye möchte ich an dieser Stelle dafür danken, daß sie Zeit zum Gespräch für mich als erklärtem kritischen Beobachter und Mitplaner hatten.

Literatur

Blase, D.: Die Internationale Bauausstellung Emscher Park - Ein Modellprojekt staatlicher Strukturpolitik für eine alte Industrieregion, in: Wissenschaftsnotizen Heft 2, 1992 , S. 18-20.

Fröhlich, M./Gleich, S.: Aktive Förderung von Beschäftigungsinitiativen in disparitären Stadträumen, Diplomarbeit, Dortmund 1990.

Ganser, K.: "Arbeiten im Park" - 16 Standorte im nördlichen Ruhrgebiet im Wettbewerb um Qualität, in: DAB 6/91, S. 919-924.

Gschwind, F./Henckel, D.: Innovationszyklen der Industrie - Lebenszyklen der Städte, in: Stadtbauwelt Nr. 24, 1984, S. 134-137.

Häußermann, H./Siebel, W.: Neue Entwicklungstypen von Großstädten, in: Stadtbauwelt Nr. 91, 1986, S. 1355-1361.

Häußermann, H./Siebel, W.: Neue Urbanität, Frankfurt a.M. 1987.

MSWV: Der Minister für Stadtentwicklung, Wohnen und Verkehr des Landes Nordrhein-Westfalen (Hrsg.): Internationale Bauausstellung Emscher Park, Werkstatt für die Zukunft alter Industriegebiete, Memorandum zu Inhalt und Organisation, Düsseldorf 1988.

IBA Emscher Park: Arbeiten im Park, Gelsenkirchen 1991a.

IBA Emscher Park: Investitionsstandort Emscherraum. Der Schritt ins nächste Jahrtausend, Gelsenkirchen o.J.(1991b).

IBA Emscher Park: Zukunftswerkstatt für Industrieregionen, Gelsenkirchen 1991c.

IBA Emscher Park: Technologiezentren in der Emscherregion. Themenheft 1, Gelsenkirchen 1992a.

IBA Emscher Park: Vorlage zur Sitzung des Lenkungsausschusses am 11.5.1992, Top 8.4. (Beschäftigung und Qualifizierung), Gelsenkirchen 1992b.

IBA Emscher Park Dortmund: Auslobungsbroschüre zum Wettbewerb "Neue Evinger Mitte", Dortmund o.J.(1992).

Kampmann, Th./Kneisel, E./Mielke, R.: Schrumpfen als Chance der Stadtentwicklungsplanung, Diplomarbeit am FB1 der FH Dortmund, Dortmund 1989.

Neofidow, L.: Der fünfte Kondratieff. Strategien zum Strukturwandel in Wirtschaft und Gesellschaft, Frankfurt a.M. 1990.

Novy, K.: Lange Wellen und die Konjunktur der großen Themen. Dargestellt am Beispiel der städtebaulichen Leitbilder, in: Novy, K. u.a., Nachdenken über Städtebau, Braunschweig/Wiesbaden 1991, S. 43-53.

Stadt Dortmund (Hrsg), Zlonicky, P. und Partner: Baugestaltungshandbuch für den Technologiepark der Universität Dortmund, Dortmund o.J.(1988)

Volkholz, V.: Zukunft der Arbeit und Qualifikation der Arbeitnehmer im Ruhrgebiet, unveröffentlichtes Manuskript, Dortmund 1988.

Walz, M.: "Arbeiten im Park" - schöne neue Arbeitswelt. Zur Internationalen Bauausstellung Emscher Park, in: Helms, H.G. (Hrsg.), Die Stadt als Gabentisch. Beobachtungen zwischen Manhattan und Berlin-Marzahn, Leipzig 1992, S. 282-306.

Welsch, J.: Regional orientierte Technologiepolitik am Beispiel Ruhrgebiet, in: Wissenschaftsnotizen Heft 2, 1992, S. 21f.

Westfälische Rundschau: verschiedene Ausgaben 1992.

Klaus M Schmals

Dienstleistungspark Duisburg-Innenhafen

"Canary Wharf des Niederrheins" oder "Highlight für die Zukunft alter Industriegebiete"?

1.   Zerbricht Duisburg an seinen Entwicklungswidersprüchen?

Das IBA-Projekt "Dienstleistungspark Innenhafen ist ein Teil einer Kette von Gewerbeparks von Duisburg bis Kamen mit insgesamt 16 Projekten und einer Gesamtfläche von mehr als 500 Hektar (vgl. Abb. Nr. 1 in dem Beitrag von M. Walz, A.d.V.). Von diesen Gewerbeparks soll zusammen mit den insgesamt zwölf neuen Technologiezentren im Nordbereich des Ruhrgebiets der wesentliche Impuls zur wirtschaftlichen und ökotechnischen Erneuerung der Region ausgehen" (K. Ganser, 1992, S. XII). Dem Konzept der IBA liegt folgende Idee zugrunde: Sie "ist innovativ und integrativ im zweifachen Sinn: Auf der einen Seite möchte ich die sachliche, inhaltliche Ebene ansprechen. Die IBA steht für ein regionales Entwicklungsprogramm, das einen ganzheitlichen Ansatz verfolgt, und die Integration verschiedener Handlungsfelder wie z.B. Ökologie, Kultur, Wohnen und Arbeiten im Park vorsieht, was mehr ist als die Summe von Einzelprojekten und -programmen. Auf der anderen Seite möchte ich die organisatorische und finanzielle Ebene ansprechen. Stichworte sind hier: Koordination und Kooperation aller wirtschaftlichen Akteure in der Region oder zu Neudeutsch: 'Public-private-partnership'. (...)" (J. Westermann, 1992, S. 9).

Blättert man in Werbe- und Imagebroschüren der Stadt Duisburg, so stechen Titel ins Auge, die einerseits den "Strukturwandel Duisburgs" in eben genannter Strategie thematisieren und andererseits ein Planungskonzept bestätigen, das der Direktor der IBA, K. Ganser, entlang von Begriffen wie Projekt-Development, Urban-Management oder Projekt-Marketing in betriebswirtschaftlicher und ökotechnischer Perspektive entstehen lassen möchte. In entsprechenden Schlagzeilen treten Stadtpolitik und IBA-Philosophie gleichermaßen ins Blickfeld: "Ein lautes Aufschreien in der Krise - Eine Stadt sucht erfolgreich ihre Zukunft", "Fruchtbarer Boden für Hochtechnologie - Auf dem Weg zu Deutschlands Chip-Fabrik", "Für die Industrie zu dreckig, sauber genug für die Bürger? Oberstadtdirektor Richard R. Klein zum Problem, weißen Unternehmen die gewünschten Grundstücke anzubieten", "Gemeinsam für eine neue Wirtschaftsstruktur der Stadt - GfW Duisburg bietet Wirtschaftsförderung aus einer Hand", "Die Schere öffnet sich - Engpässe auf dem Wohnungsmarkt in Duisburg", "Kultursponsoring ist durchaus erwünscht - Die Szene lebt trotz toter Gruben" und "Eine Oase für den vollgestopften Norden - Der Emscher Park zur ökologischen Erneuerung des Reviers" (vgl. H.H. Holzamer, 1992).

Diese wenigen Schlagzeilen machen zumindest eines deutlich: Duisburg - die Montan-Stadt am Zusammenfluß von Rhein und Ruhr - befindet sich in einem mit viel Energie vorangetriebenen Umbruch: "Ziel ganzseitiger Anzeigenkampagnen und Direct-Mailing-Aktionen ist es, das Interesse potentieller Investoren auf den Wirtschaftsstandort Duisburg zu lenken. Bekannte Persönlichkeiten aus

Politik, Wirtschaft, Wissenschaft und Kultur werben für den Standort Duisburg am Rhein 'Im Herzen Europas' (...). In den vergangenen 1 1/2 Jahren sind insgesamt 137 Anzeigen in nationalen (67) und internationalen (70) Werbeträgern vor allem in südostasiatischen Ländern erschienen. 4.000 Broschüren 'Standpunkte/Views' wurden im Dezember 1990 an Multiplikatoren wie Banken, Handelskammern, Verbände oder Unternehmensberater, besonders nach Japan und in die südostasiatischen Wirtschaftszentren, versandt. Die bisherige positive Resonanz auf die Investoren-Image-Kampagne zeigt, daß ein richtiger und wichtiger Schritt zur Erhöhung der Standortakzeptanz gemacht wird. Mehr noch: Die Kampagne selbst wird zunehmend als Symbol für den erfolgreichen Strukturwandel und einen spürbaren Aufschwung in Duisburg begriffen" (Stadt Duisburg, 1991a, S. 25).

Wo aber genau die Reise hinführt bzw. hinführen soll, ist gegenwärtig nicht auszumachen. An eine Offenlegung der Entwicklungsziele ist möglicherweise gar nicht gedacht. Die Entwicklung Duisburgs scheint - zwischen den Polen unbewältigter Folgen montanindustrieller Wirtschaftspolitik und sozialdemokratischer Krisenintervention - vielfach gebrochen:

o   Zum ersten wird zumindest der südliche Teil der Stadt Duisburg immer deutlicher nachvollziehbar zum Auffangraum der überbordenden "Boomtown Düsseldorf". Inwieweit Duisburg hieraus Funken für eine eigenständige Stadtentwicklungspolitik schlagen kann, ist eine Frage dieses Beitrages.

o   Zum zweiten aber kämpft Duisburg - insbesondere in ihren nördlichen Stadtbezirken Marxloh oder Bruckhausen mit den verheerenden Folgen des Strukturwandels: "Bruckhausen ist das letzte, schlechter gehts nicht" meinen T. Rommelspacher und D. Oelschlägel in einem Aufsatz über "Armut im Ruhrgebiet - Regionale Entwicklungstrends und kleinräumige Prozesse am Beispiel eines Duisburger Elendgebietes" (dies., 1989, S. 277ff.). In ihrem engagierten Duisburg-Buch schreiben/fotografieren G. Körner und R. Kirbach "Duisburg ist, neben Berlin, die Stadt mit dem höchsten türkischen Bevölkerungsanteil im ganzen Land. Wie (...) in Bruckhausen (...) oder Marxloh (...) gibt es ganze Straßenzüge fast ohne Deutsche" (dies., 1991, S. 34).

o   Zum dritten liegt mit dem regionalen Modernisierungskonzept der IBA eine eher auf zentrale Bereiche der Stadt gerichtete innovative "Projekt-Entwicklungs-Strategie" vor (vgl. die Projekte "Stadterneuerung Ruhrort", "Landschaftspark Duisburg-Nord" oder "Dienstleistungspark Innenhafen").

Soweit unterschiedlich begründbare Entwicklungspotentiale entlang einer in Süd-Nord-Richtung gedachten Beobachtungslinie. Auch in Ost-West-Richtung läßt sich im Raum ein deutlich ausgeprägtes Entwicklungsgefälle ablesen:

o   Bezüglich des Hüttenwerks Rheinhausen ist - nach Aussagen des Hoesch-Krupp-Chefs G. Cromme - die letzte Schlacht noch nicht geschlagen. D.h., die Schließung dieses Standorts und damit der endgültige Niedergang eines ganzen Stadtsegments steht noch bevor.

o   Im Westen der Stadt - in den Stadtteilen Duissern und Neudorf - kündigt sich durch die neuen Gebäude der Universität und großer Forschungsinstitutionen (u.a. der Fraunhofer Gesellschaft), die eingebettet sind in allerbeste Wohnlagen, bereits das neue, das moderne Duisburg an.

o   Aber auch im Zentrum der Stadt, den Hafenanlagen tut sich viel: "(...) die von hier aus gut sichtbaren Einrichtungen im Freihafen sollen einer besseren Integration in den internationalen Seeverkehr dienen. Was zählt, ist die Geschwindigkeit des Umschlags, weil Lagerung hohe Kosten verursacht. Wenn langwierige Verzollungen wegfallen, wird ein Transportweg attraktiver" (A. Klother/W. Kropp, 1991, S. 16).

Es hat den Anschein, daß sich in Duisburg - zusammengesetzt aus vielen Einzelprojekten - eine zukunftsorientierte, insbesondere an betriebswirtschaftlichen Kriterien festgemachte Modernisierungspolitik - relativ anarchisch bzw. ohne gesamtstädtische Planungsstrategie und bürgerschaftliche Kontrolle - durchsetzt.

Mein Interesse gilt nun der Frage, ob sich die in Duisburg beobachtbare Planungsvariante darauf beschränkt, Arbeitsplätze für zukunftsorientierte Beschäftigungssektoren und Beschäftigungsgruppen (im produktionsmittelbaren und produktionsunmittelbaren Dienstleistungsbereich) sowie Wohnraum für zahlungskräftige Haushalte und Infrastrukturen für einkommensstarke Konsumenten anzubieten bzw. zu entwickeln oder ob gleichzeitig auch Problemlösungsversuche für die sozialen Brennpunkte Duisburgs beabsichtigt und feststellbar sind? Sollte ersteres zutreffen, könnte diese Planungspolitik - für möglicherweise 2/3 der Stadtbevölkerung - zwar langfristig erfolgreich sein, mittelfristig würde sie die Stadt aber mit großen haushaltspolitischen Problemen konfrontieren (vgl. dabei u.a. die Ausweitung des kommunalen Sozialetats: In den Jahren von 1986 bis 1990 stieg die Zahl der Sozialhilfeempfänger von 18.600 auf 19.300. Die Sozialhilfeausgaben erhöhten sich im gleichen Zeitraum von 123 Mio. auf 138 Mio. DM. Die Zahl der Arbeitslosen fiel im gleichen Zeitraum von 30.900 auf 25.400 Personen (vgl. Stadt Duisburg, 1991a, S. 32)). Kurzfristig müßte die Stadt mit energischen Protesten aus Kreisen der Duisburger Bevölkerung rechnen, die bereits heute einen Arbeitsplatz oder eine Wohnung suchen oder in naher Zukunft - auch durch den Strukturwandel Duisburgs verursacht - arbeitslos werden und sich Wohnraum nicht mehr leisten können. Wenigstens kurz- bis mittelfristig würde Duisburg zum Prototyp einer gespaltenen und polarisierten Großstadt.

Inwieweit mit dem Projekt "Multifunktionaler Dienstleistungspark" Spaltungs- und Polarisierungstendenzen für den Duisburger Arbeits- und Wohnungsmarkt angelegt sind bzw. verstärkt werden, ist eine zentrale Fragestellung dieser Analyse. Im folgenden stelle ich zunächst die Stadt Duisburg, den Wandel der Duisburger Stadtentwicklungspolitik und das IBA-Projekt "Dienstleistungspark Innenhafen" vor. Anschließend fasse ich zentrale Kritikpunkte an diesem - auf den internationalen Spekulantenmarkt gerichteten - Großprojekt zusammen.

2. Duisburg ist mehr als "Ruhrpott"

Duisburg ist keine unbekannte Stadt: In gewalt- und milieugefärbten Tatort-Krimis spielte der Polizist Schimanski Klischees über die "Thyssen-Metropole" in unsere Köpfe. Aber auch der Türke Ali resp. der Undercover-Schriftsteller Günter Wallraff informierte uns über den menschenunwürdigen Malocheralltag im montanindustriellen Großbetrieb. Daß Duisburg mit Ruhrort über den größten Binnenhafen der Welt verfügt, wissen auch "Nichtruhris" aus ihrer Schulzeit. Insbesondere aber große Firmen - so die Duisburger Stadtinformation (1988) - "wie Mannesmann, Thyssen, Klöckner, Krupp, Demag oder Haniel tragen den Namen Duisburg in Verbindung mit Stahl, Handel und Hafen ständig in alle Welt hinaus". Auch als Sport- und Kulturstadt (vgl. die Fußballmannschaft des MSV Duisburg, die Ruder- und Kanuwettbewerbe auf der Regattastrecke in Wedau, die "Deutsche Oper am Rhein" oder das "Wilhelm-Lehmbruck-Museum") wurde die Stadt in einem größeren Umfeld bekannt. Erstaunlich ist, daß diese Stadt, die vielen nur durch hohe Luftverschmutzung, kontaminierte Böden, überdimensionale Autobahnkreuze, Arbeitskämpfe und brachgefallene Industrieanlagen in Erinnerung geblieben ist, zu über 40 % ihrer Fläche aus Wald, Grünflächen, Gartenanlagen und Seen besteht.

3. Von der Montanstadt zur modernen Dienstleistungsstadt: Ein programmatischer Schrumpfungsprozeß?

Im Jahr 1975 erreichte Duisburg - durch die Eingemeindung der linksrheinischen Städte Rheinhausen, Homberg, Baerl und Rumeln-Kaldenhausen - mit 607.525 Bürgern seine bisher höchste **Einwohnerzahl**. Bis zum Jahr 1991 schrumpfte sie auf 536.000 Bewohner.

"Duisburgs Entwicklung und heutiges Aussehen wäre ohne die Industrie nicht denkbar. Mitte des vorigen Jahrhunderts begann Duisburgs Aufstieg zur Kohle- und Stahl-Metropole. Und auch heute noch liegt der Schwerpunkt der Wirtschaft auf dem produzierenden Sektor, an erster Stelle nach wie vor die Eisen- und Stahlerzeugung. Rund 40 Prozent der deutschen Rohstahlerzeugung stammen von hier. Allerdings hat sich die Zahl der **Arbeitsplätze** in der Stahlindustrie drastisch reduziert. Von 1974 mit einem Höchststand von 67 000 Beschäftigten hat sich deren Zahl bis heute nahezu halbiert. Im Bergbau war die Entwicklung noch drastischer: Dort arbeiten heute in nur noch einer verbliebenen Zeche rund 5 300 Bergleute" (G. Körner/R. Kirbach, 1991, S. 50).

In den zurückliegenden Jahren wandelte sich jedoch die Branchenstruktur ganz erheblich. Auffällig ist die Zuwanderung von sog. High-Tech-Betrieben u.a. in den Bereichen "mikroelektronische Systeme und Schaltungen" (vgl. das Fraunhofer Institut), Umwelttechnologien (vgl. das Entsorgungszentrum Duisburg mit einer Pilotanlage zur "Sondermüll- und Klärschlammverbrennung und Bodenaufbereitung") und Transporttechnologie ("Die Konzerne Thyssen und Haniel bildeten zusammen die 'Thyssen-Haniel-Logistic' mit weltweit 7.000 Mitarbeitern. Die Firma versieht die komplette Distributionslogistik für Industrie- und Handelsunternehmen und will nach eigenem Bekunden bald 'die Führung des Marktes' übernehmen. Eine Neugründung ist auch die 'Teleport Duisburg GmbH'. Teleport ist eine 'intelligente' Vermittlungsanlage für Computer. Über Teleport können Computer verschiedener Hafen- und Transportunternehmen (...) miteinander kommunizieren" (A. Klother/W. Kropp, 1991, S. 16f.).

In den vergangenen zwei Jahrzehnten konnten fast "250 Firmen neu angesiedelt werden. Rund 9 000 Arbeitsplätze wurden damit geschaffen oder gesichert. Alleine in den vergangenen zwei Jahren gelang es, 25 Unternehmen anzusiedeln" (G. Körner/R. Kirbach, 1991, S. 50). Insgesamt aber reduzierte sich die Zahl der sozialversicherungspflichtig Beschäftigten in den Jahren von 1986 bis 1990 von 194.000 auf 191.000 Personen. Dabei nahmen - gewissermaßen als Ausgleich zum Schrumpfungsprozeß im sekundären Sektor - die Beschäftigten im Dienstleistungsektor von 88.000 auf 94.000 Personen zu (vgl. Stadt Duisburg, 1991a, S. 32). Dennoch verzeichnet Duisburg einen Unterbesatz an Arbeitsplätzen im tertiären Sektor. Lag der Dienstleistungsanteil im Jahr 1990 in Nordrhein-Westfalen bei 51,1 %, so lag er in Düsseldorf bei 66,5 % und in Duisburg bei 49,6 %.

Unter anderem an diesem Nachholbedarf im tertiären Sektor orientiert sich offenbar der Wettbewerbsbeitrag von N. Foster für den "Dienstleistungspark Duisburg-Innenhafen" (vgl. N. Foster u.a., 1991, S. 6ff.). Dieses Projekt ist Element einer kommunalen Flächenmobilisierungsstrategie. Denn ein Hindernis für den beschleunigten Umbau Duisburgs bzw. für die Ansiedelung neuer Unternehmen stellte bisher der Flächenengpaß dar. Viele brachliegende Flächen - so auch der Innenhafen - können für neue Nutzungen nicht angeboten werden, da sie eigentumsrechtlich nicht verfügbar sind. Seit einigen Jahren arbeitet nun eine "Flächenkonferenz". Sie versucht von privaten Unternehmen oder der öffentlichen Hand (vgl. die Bundesbahn oder die Hafag) Flächen zu erwerben, baureif zu machen und zu erschließen. In den nächsten Jahren sollen so mehr als eine Million qm Gewerbeflächen zur Wiedernutzung zur Verfügung stehen.

4. Wunschträume und soziale Wirklichkeit

Fragt man Bundesbürger, in welcher Großstadt Deutschlands sie am liebsten leben wollten, steht München seit vielen Jahren unangefochten an erster Stelle und Duisburg im Vergleich mit 13 deutschen Großstädten am Ende (vgl. Stadt Duisburg, 1990, S. 45). Fragt man jedoch Bürger deutscher Großstädte, wie sie mit der Stadt zufrieden sind, in der sie leben, dann schneidet Duisburg sehr gut ab: "Eine Umfrage im Auftrag einer großen Illustrierten ergab unlängst, daß von den zwölf größten deutschen Städten der alten Bundesrepublik Duisburg bei seinen Einwohnern am beliebtesten ist - beliebter als München bei den Münchnern oder Hamburg bei den Hamburgern. Die Duisburger sind mit ihrer Stadt rundum zufrieden - mit den Einkaufsgelegenheiten, mit den Freizeitmöglichkeiten und sogar mit dem Nachtleben. Sie scheinen zu schätzen, was Ortsunkundige meist gar nicht wissen: daß zum Beispiel keine andere Großstadt so viel Grün hat wie Duisburg. Der Städteforscher (...) Jürgen Friedrichs interpretierte das Umfrageergebnis allerdings wenig schmeichelhaft: Das sei 'ein Solidaritätseffekt', meint er. 'Unter kritischen Bedingungen verringern die Menschen ihre Erwartungen und Ansprüche. Sie sind eher mit dem zufrieden, was sie haben" (G. Körner/R. Kirbach, 1991, S. 31; vgl. dazu auch Stadt Duisburg, 1991b). Woraus könnte sich eine solche Solidarität der Bewohner mit ihrer Stadt speisen? A. Klother und W. Kropp charakterisierten Duisburg nach einem Rundgang durch Ruhrort als "eine Stadt des Reviers. Und das Revier ist nicht in erster Linie eine Landschaft, sondern ein besonderes Lebensgefühl. Es ist das Lebensgefühl, das sich behauptet in einer zerstörten Umgebung. Hier gibt es nichts Fremdes, das einem Angst machen kann. Hier gibt es nur Miteinander. Das ist das Revier" (dies., 1991, S. 9).

5. Stadtentwicklungspolitik als Management- und Marketing-Strategie?

Duisburg steht in der nordrhein-westfälischen Technologie- und Landesentwicklungspolitik - zusammen mit Dortmund - als Technologiepol des Ruhrgebiets. Neben seinen "technologischen Startprojekten" (vgl. das "Fraunhofer-Institut für Mikroelektronik"), seiner Lage am Wasser und seiner Vernetzung mit Städten auf der sog. Rheinschiene (einer der europäischen Wachstumsachsen (vgl. manager magazin, 1990) bildet Duisburg zudem das "Tor zur Welt" an der Nahtstelle europäischer Kulturen. Nicht zuletzt bildet Duisburg zusammen mit Düsseldorf und Köln (und dem Hinterland des Ruhrgebiets) einen der interessantesten und zentral gelegensten Wirtschafts-, Kultur- und Lebensräume Europas (vgl. dazu den Beitrag von A. Voß "Hinterland der Metropolen" in diesem Buch). Aus alledem ließe sich eine tragfähige, in die Zukunft aller Duisburger Bürger weisende Stadtentwicklungspolitik schmieden. Aber Fehlanzeige. Eine - im traditionellen Sinn - systematische Stadtentwicklungspolitik existiert in Duisburg kaum. Das Konzept "Duisburg 2000" ist wohl eher als Investitions- denn als Stadtentwicklungsprogramm zu werten (vgl. Stadt Duisburg, 1990). Wie wir im Rahmen einer Zeitungsanalyse feststellen konnten, verläuft die Debatte von Stadtentwicklungsfragen in der Duisburger Öffentlichkeit ähnlich zufällig. Und auch der Planungsdezernent N. Giersch scheint gegenüber dem im "Wurzelwerk der Macht" gut verankerten Oberstadtdirektor R.R. Klein sowie gegenüber dem im besten sozialdemokratisch populistischen Stil regierenden Oberbürgermeister J. Krings über nur wenig Gestaltungsspielräume zu verfügen. Eine vor einigen Jahren noch existierende "Arbeitsgruppe Stadtentwicklung" wurde inzwischen vom Oberstadtdirektor aufgelöst. Sie wurde - dem Oberstadtdirektor unterstellt - von dem heutigen Kölner Regierungspräsidenten Antwerpes geleitet. Im Prinzip tritt der Planungsdezernent heute nur noch als Moderator der an anderen Stellen gefällten Entscheidungen in Erscheinung.

Während man den Versuch, eine eigenständige und transparente Stadtentwicklungspolitik einzurichten, als gescheitert betrachten kann, gewinnt in Duisburg zunehmend die Umwegstrategie des Projektmanagements Konturen. Stadtentwicklung lenkende Beispiele hierfür sind nicht nur die IBA-Projekte "Innenhafen", "Ruhrort" und "Landschaftspark" sondern auch die Projekte "Technologiepark I-III in Neudorf", "Euro-Logistik-Zentrum" oder der "Businesspark Niederrhein" in Asterlagen. Bei genauerem Hinsehen entsteht der Eindruck, daß in Duisburg Stadtentwicklungspolitik durch Projektentwicklung, Projektmanagement und Projektmar-

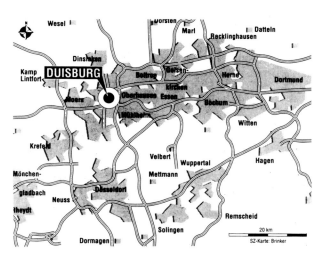

Abb. 1: Die Lage Duisburgs im Emscherraum. Quelle: H.H. Holzamer, 1992, S. VIII.

keting ersetzt wurde und einige wenige Stadtpolitiker - wie z.B. der einzelbetriebliche Interessen bevorzugende Oberstadtdirektor (der SPD) - die Federführung übernommen haben.

Der Oberstadtdirektor hat dabei sicher beste Karten in der Hand. Neben vielen anderen Funktionen nimmt er folgende wahr: Er ist Aufsichtsrat in der GfW (der Duisburger Wirtschaftsförderung), der Duisburger Bau- und Verwaltungs GmbH, der Stadtwerke Duisburg AG, der Duisburger Versorgungs- und Verkehrsgesellschaft mbH, der Duisburg Ruhrorter Häfen AG, des Hotel Duisburger Hof AG oder der RWE AG. Von diesen Positionen lenkt er - so wurde uns in Gesprächen mit Stadtpolitikern berichtet - den "Strukturwandel der Stadt" über den Ausbau des Fraunhofer Instituts, der Universität Duisburg oder des Freihafens (vgl. N.-Ch. Schaffert, 1992, S. 28 und Der Oberstadtdirektor..., 1992b). Der Oberstadtdirektor ist außerdem Aufsichtsratsmitglied mehrerer am Ort ansässiger privater Unternehmen, regiert unmittelbar in das Planungsdezernat hinein und war z.B. Mitglied der Wettbewerbsjury "Dienstleistungspark Innenhafen". Diese Zusammenhänge legen nahe, einen Befund von E.K. und U. Scheuch über die Bundespolitik auch auf Duisburg zu übertragen. Die beiden AutorInnen stellten fest: "Auf der Bundesebene und in einer Anzahl von Kommunen, (...), haben sich die Seilschaften zu Feudalsystemen fortentwickelt. Zentral für ein jedes Feudalsystem ist der Tausch von Privilegien gegen Treue. Treue ist im Feudalsystem immer personenbezogen, wenngleich sie rechtlich dem Amt gilt. (...). Warum diese Seilschaften nun oft einen 'Feudalfürsten' entstehen lassen, ist noch nicht untersucht worden. Vermutlich hängt dies mit der starken Personalisierung von politischen Richtungen oder Programmen durch die Medien zusammen" (dies., 1992, S. 117).

In bezug auf die Duisburger Wirtschaftspolitik kommt H.-H. Holzamer zu folgendem Ergebnis: "In Duisburg wird nicht viel geredet, hier wird gehandelt. Einer der Grundsteine für erfolgreiches Handeln war die Gründung der GfW Duisburg vor dreieinhalb Jahren. Das war und ist praktizierte 'Public-private-partnership'" (H.-H. Holzamer, 1992, S. II). Und an anderer Stelle heißt es: "Darüber hinaus bildet die GfW Duisburg durch Entwicklung von Marketingstrategien regional und branchenbezogen Schwerpunkte, um gezielt Unternehmen auf Duisburg anzusprechen und für Neuansiedlungen zu gewinnen. Diese Orientierung wird durch eine internationale Investoren-Image-Kampagne der Stadt Duisburg nachhaltig gefördert" (ebenda). Blamabel für eine sozialdemokratisch regierte Stadt ist dabei, daß Strategien und Forderungen für Arbeitslose, Sozialhilfeempfänger oder Obdachlose in diesen Programmen nur selten Platz finden und die in ihrem Rahmen verfolgten Projekte selbst ohne Erfolg bleiben: "Im Businesspark Niederrhein, wo all die neuen Arbeitsplätze für die von der Werkschließung bedrohten Stahlarbeiter entstehen sollten, ist nichts als brachliegendes Gelände. Nicht ein Investor konnte bisher in das für 14 Millionen Mark vom Land Nordrhein-Westfalen und der Deutschen Bank erschlossene Gewerbegebiet gelockt werden - mit Investitionen von 750 Millionen Mark hatte man gerechnet." (W. Gehrmann/D. Kurbjuweit, 1993, S. 16).

Durch vielfältige Gespräche in Duisburg wurde deutlich, daß der Oberstadtdirektor R.R. Klein gute Kontakte sowohl zur LEG (Hauptgesellschafter ist das Land NRW) als auch zur Spitze der IBA (einer Einrichtung ebenfalls des Landes NRW) unterhält. Über den IBA-Direktor wurde voller Bewunderung berichtet, daß dieser mit "unglaublicher Energie" sein "Lieblingsprojekt" propagiere und beackere. Da fiel dann auch der - Politikverflechtungen auf den Begriff bringende - Satz: "Wenn der Herr Ganser das sagt, wirds auch so gemacht" (Unter Fachleuten im Ruhrgebiet bürgerte sich hierfür auch der Begriff des "Überredungsdirigismus" ein). In den Worten des Bundespräsidenten finden sich vergleichbare Tatbestände wie folgt ausgedrückt: "Nach meiner Überzeugung ist unser Parteienstaat von beidem zugleich geprägt, nämlich machtversessen auf den Wahlsieg und machtvergessen bei der Wahrnehmung der inhaltlichen und konzeptionellen politischen Führungsaufgabe" (R.v. Weizsäcker, in: G. Hofmann, 1992, S. 164)

Hinweisen möchte ich mit diesen wenigen Stichworten auf eine neue Qualität der Stadtentwicklungspolitik, die sich von ihren klassischen Definitionsmerkmalen abwendet (wie u.a. ihre systematische und interdisziplinäre Entwicklung auf analytischer Basis, ihre bürgerschaftliche Beteiligung und die demokratische Legitimation der inhaltlichen Ziele) und sich konzentriert auf neue Organisationskonzepte, in deren Zentrum - und zwar im vorauseilenden Gehorsam - vorrangig kommerzielle und parteipolitische Interessen und erst nachrangig die Gesamtinteressen der Bürgerschaft - hier der Stadt Duisburg - stehen. Diese Problematik deutet auch K. Ganser - wenngleich ohne die notwendigen Klarstellungen und Konsequenzen daraus zu ziehen - in einer These an, die er auf dem Essener Kongreß "Strategien für alte Industrieregionen" zur Diskussion stellte: "Das Schlagwort von der Public-Private-Partnership deutet eine Richtung an, ist aber nicht präzise genug, um vor Vieldeutigkeit zu schützen, neigt zur Verwischung der öffentlichen und privaten Verantwortungen und bringt auch keine Änderungen in der real existierenden und überholt erscheinenden kommunal-administrativen Struktur" (IBA Emscher Park, 1991, S. 40). Auf die Wähler - so E.K. und U. Scheuch - "wirkt die neue Politik mit Zeichensetzungen und raschem Themenwechsel eher unseriös. Zudem schwindet ihr Unterhaltungswert, wenn 'harte Themen' wieder vordringlich werden - wie die Staatsverschuldung, der Wohnungsmangel, die Kosten des Gesundheitswesens oder die Arbeitslosigkeit. Allerdings wird es für die Parteien jetzt schwer, (...), auf diesen Szenenwechsel zu reagieren. Inzwischen hat sich bis hoch zu den Führungen auf Bundesebene ein politisches Personal hinaufgemendelt, das eben nur 'weiche' Politik mit den Mitteln des Zeichensetzens beherrscht und vor den Herausforderungen der 'harten' Themen ratlos bleibt" (dies., a.a.O., S. 114). Sollte es zutreffen, daß sich die IBA am Experiment der städtischen Modernisierung mit Strategien beteiligt, die soziale Ungleichheit eher verschärfen, reale Partizipation eher vernachlässigen und die Umwelt eher belasten, würden damit die Ziele, wie sie im "Memorandum" (vgl. MSWV, 1988a) formuliert wurden, auf den Kopf gestellt.

6. Das Euro-Gate-Projekt als "Festival" der Duisburger Stadtentwicklung"

Ob es überhaupt realisiert werden wird, das Projekt der Projektentwicklungsgesellschaft "N. Foster (London), Kaiser Bautechnik (Duisburg), Landesentwicklungsgesellschaft NW (Düsseldorf) und Treuhandstelle GmbH (THS Essen)" steht nach dem Rückschlag bei der Erneuerung der Londoner Docklands noch in den Sternen. Dort brach Mitte des Jahres 1992 die Terraingesellschaft "Olympia & York" zusammen (vgl. K.M Schmals, 1992). Nach Meinung von Mitarbeitern des Planungsbüros von N. Foster in London rütteln aber nicht nur "Angebot und Nachfrage auf dem Büroflächen-Weltmarkt" und die Skrupellosigkeit international tätiger Spekulanten an dem Projekt, sondern auch die "Kleinkariertheit" einiger Mitarbeiter der Duisburger Planungsverwaltung könnte das Projekt noch zum Absturz bringen.

Sollte das Projekt dennoch realisiert werden, würde es nach den Vorstellungen der Betreiber ein Fest für alle Duisburger werden: "Festivalisierung der Politik" meint in diesem Zusammenhang den Versuch, "die 'Mehrheitsunfähigkeit einer problemadäquaten Politik zu kompensieren'. Das Großprojekt soll Politiken sichtbar machen und heterogene Interessen zu Mehrheiten zusammenbinden, wo sich aus der Struktur der Gesellschaft und ihrer Probleme heraus keine mehrheitsfähige Politik mehr langfristig ergibt" (W. Siebel, 1991, S. 48). Geplant sind mit diesem Großprojekt ein "Euro-Gate" (mit ca. 90.000 qm Bruttogeschoßfläche im Hotel-, Wohn-, Kongreß-, Freizeit-, Kultur- und Dienstleistungsbereich), die Umnutzung der alten Hafen-Speicher und die Anlage einer Wohnsiedlung im Corputius-Viertel, die an niederländische Grachten erinnern soll. Dabei habe der Standort Innenhafen - so K. Ganser - die "'Begabung', Investoren aus ganz Europa anzulocken, die an Büroflächen interessiert sind" (Rheinische Post vom 25.1.1991).

Frühestens im Jahr 1997 will die Bauausstellung dieses Projekt präsentieren. Erste Projekte werden aber bereits in den Jahren 1994/95 vorgestellt. D.h., die IBA soll nicht nur ein Fest für die international operierenden Immobilienhändler, sondern auch ein Fest für die von der SPD mediengerecht verkaufte Politik im Vorfeld demnächst anstehender Kommunal- und Landtagswahlen werden. Aber soweit ist es noch nicht. Und Erfolge möchte sie dabei schon vorweisen, etwa wie M. Thatcher mit dem zwischenzeitlich in Konkurs gegangenen "multifunktionalen Dienstleistungspark Canary Wharf" in den Londoner Docklands oder F. Mitterrand mit seinen präsidialen Bauten in Paris. Um Vergleichbares zu erreichen, benötigt die IBA - wie selbstverständlich - internationale Highlights. Da kamen ihr N. Foster (ein international renommierter Architekt, der in Duisburg auch den "Technologiepark" plante), Kaiser Bautechnik (mit energiesparenden Gestaltungskonzepten), die Treuhandstelle GmbH (THS Essen) und die LEG-NRW (mit ihren Planungskapazitäten, Bodenvorräten und Kapitalreserven) gerade recht (die LEG gehört übrigens zu 68 % dem Land NRW, zu 12 % der WestLB, der Provinzialversicherung sowie verschiedenen Städten und Privatpersonen), um das europäische "Tor am Rhein" zu bauen, durch das und auf dem dann die internationalen Warenströme fließen und die Duisburger Stadtkasse klingeln läßt: Dieses Projekt - so K. Ganser - "ist der Köder, der im Teich des internationalen Kapitals ausgelegt wird" (WAZ vom 7.9.1991).

7. Die Karriere eines IBA-Projekts

Bereits im Jahr 1985 wurde ein Ideen-Wettbewerb ausgeschrieben, "der entlang des Hafenbeckens (...) eine Wohnbebauung vorsah. Erhaltenswerte Mühlen- oder Speichergebäude - wie z.B. die Küppersmühle - sollten für bürgerschaftliche und kulturelle Aktivitäten genutzt werden. Damalige Vorgabe war eine konsequente Trennung von Wohnen am Innenhafen und bereits bestehenden Gewerbebetrieben im Bereich der Stresemannstraße. Besonderes Gefallen fand die aus Mitgliedern des Rates und der Stadtverwaltung bestehende Jury damals am Vorschlag, zwischen Springwall, Stapeltor und Philosophenweg einen Yachthafen auszubaggern" (Rheinische Post vom 21.4.1990). Wenngleich aus diesen "Vorprojekten" nichts wurde, baut die aktuelle Projektentwicklung - wie so viele andere IBA-Projekte - mit einem bemerkenswerten Schwenk (Öffnung für den Weltmarkt und Kopplung mit neokonservativen Planungsstrategien) - auf dieser Diskussion auf.

Im Jahr 1989 wurde das Projekt "Dienstleistungspark Duisburg-Innenhafen" zur "Internationalen Bauausstellung Emscher Park" angemeldet. Ziel des Projektvorschlages ist die "Umstrukturierung des heute noch in Teilbereichen hafenindustriell genutzten Innenhafens zu einem Standort für Dienstleistungsbetriebe, Kultur- und Freizeiteinrichtungen, neuen Wohnformen u.a.m." (Der Oberstadtdirektor..., 1992a, S. 2).

Das zu beplanende Gelände ist 89 ha groß und erstreckt sich über eine Hafenlänge von 1,8 km. Auf dem innenstadtnahen - und nur noch teilweise genutzten - Gelände befinden sich heute noch Speicher- Mühlen- und Siloanlagen, sowie produzierende Gewerbe- und Lagerbetriebe: "Der überwiegende Teil der Grundstücke im Bereich der Uferzone gehört der Duisburg-Ruhrorter Häfen AG (HAFAG). Speicher- und Silogebäude auf der Südseite des Innenhafens befinden sich im privaten Besitz. Der Stadt Duisburg gehören unbebaute Grundstücke sowie die ehem. Mühlenwerke Küppers und Werner" (Stadt Duisburg, 1989, S. 4).

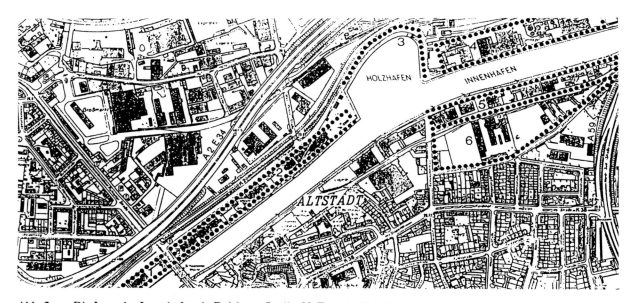

Abb. 2:   Die Lage des Innenhafens in Duisburg. Quelle: N. Foster, 1991, S. 86.

Zur Ideenfindung wurde ein zweistufiger Wettbewerb durchgeführt. Nach einem internationalen Projektaufruf gingen über 180 Anfragen ein (wobei das Interesse britischer Firmen mit 20 Anfragen besonders groß war). Sechs interdisziplinär zusammengesetzte Teams wurden mit der Erstellung von rahmenplanerischen Wettbewerbsbeiträgen beauftragt (für diese Leistung stand jedem Team ein Betrag von 100.000 DM zur Verfügung). Die aus StadtplanerInnen, ArchitektInnen, VertreterInnen von Geldinstituten und Projektentwicklungsgesellschaften bestehenden Teams sollten - auf der Basis eines von der Stadt Duisburg vorgelegten "Ausschreibungstextes" untersuchen, "welche Nutzungen am Innenhafen unter welchen Wirtschaftlichkeitsbedingungen aus dem Nachfragepotential des europäischen Binnenmarktes lokalisiert werden können. Aus dieser Frage abgeleitet waren städtebauliche Entwürfe mit hoher Qualität zu entwickeln, wobei der Erhalt der Mühlen- und Speichergebäude im Vordergrund stand. Neben einem städtebaulichen Rahmenkonzept für das gesamte Wettbewerbsgebiet waren auch Detailuntersuchungen der Mühlen- und Speichergebäude sowie eine Machbarkeitsstudie mit einer Marketing-Konzeption zu erarbeiten" (Der Oberstadtdirektor..., 1992a, S. 2, und Stadt Duisburg, 1988). Im Mai 1991 entschied sich ein Preisgericht dafür, der Arbeitsgemeinschaft "Foster/LEG/Treuhandstelle/Kaiser Bautechnik" den 1. Preis zu verleihen: "Wie Aschenputtels von der schmierigen Dienstmagd zur wunderschönen Prinzessin soll sich der Innenhafen von einer vernachlässigten Gewerbefläche in ein Vorzeigeobjekt mit Weltstadtniveau wandeln", schwärmte Hildegard Chudobba in der Rheinischen Post (7.9.1991). In einer Ausstellung im "Kultur- und Stadthistorischen Museum" der Stadt Duisburg konnten sich auch - und zwar gemäß § 6b GO NW (Gemeindeordnung Nordrhein-Westfalen) - die Bürger über die zukünftigen Absichten der Stadt/des Landes im Innenhafen informieren. Aufgrund der "woanders kaum zu findenden Entwicklungspotentiale für private Investoren wurde der Dienstleistungspark von der Gesellschaft Internationale Bauausstellung zu einem vorrangig zu verwirklichenden Projekt mit überregionaler Ausstrahlung erklärt" (Stadt Duisburg, 1991b, S. 4). Insgesamt sieht das Projekt die Realisierung von 324.000 qm Bruttogeschoßfläche vor (dabei entfallen 15.000 qm auf ein Hotel, 52.000 qm auf Wohnraum, 237.000 qm auf Büroflächen und 20.000 qm auf Parkflächen).

8. Dienstleistungspark als "Einflugschneise" des internationalen Kapitals?

Wie präsentiert sich nun das "städtebauliche Rahmenkonzept" des Preisträgers, das vorrangig auf die Entwicklung von wirtschafts- bzw. produktionsorientierten Dienstleistungen zielt?

o   Büroflächen finden sich auf der Nordseite des Innenhafens konzentriert. Auf seiner Südseite ist im Rahmen einer Blockrandbebauung zwischen Stresemannstrasse und Philosophenweg Wohnraum - im niederländischen Grachtenstil - vorgesehen. Geplant sind ca. 340 Wohneinheiten (WE). 150 WE sollen mit öffentlichen Mitteln gefördert und 190 WE freifinanziert werden (Anfangsmiete DM 15,--/qm)). Weiterhin sind in diesem Bereich 15.000 qm Bürofläche (Anfangsmiete DM 25,--/qm) und 570 Stellplätze geplant. An Baukosten werden für diesen Bereich 150 Mio. DM erwartet. Als Investoren treten die Treuhandstelle Essen und die LEG - also die Preisträger selbst - auf.

o   Die "stadtbildprägende Silhouette" der Speichergebäude - bearbeitet wurden vier Komplexe - soll durch den Abriß von Nebengebäuden und Umfeldbegrünung aufgewertet werden;

o   Die Mühlenwerke Küppers und Werner sollen zu einer "Kreativmühle" im gewerblichen Bereich (mit Fotostudios, Räumen für Werbefirmen und Restaurationsbetrieben) umgebaut werden. Einer der Marketingstrategien lautet: "Kostenintensiver Ausbau für hochwertige Nutzungen und Vermarktung im Wege eines steuerlich orientierten Vertriebsmodells z.B. durch Immobilienfonds oder Einzelinvestoren" (N. Foster u.a., 1991, S. 89);

o   "Im östlichen Teil des Innenhafens zwischen Philosophenweg und A 59 wird der Wasserspiegel durch Wasserzuführung von der Ruhr angehoben. Ein begehbarer und befahrbarer Damm in Verlängerung des Philosophenweges trennt die unterschiedlichen Wasserpegel und stellt gleichzeitig die Verbindung zwischen den südlich und nördlich des Innenhafens verlaufenden Promenaden dar" (Der Oberstadtdirektor..., 1992a, S. 3). Um eine Nutzung für die Promenaden zu finden, soll ein "Hafen-Promotion Board" - bestehend aus den Teampartnern LEG, Treuhandstelle und Kaiser Bautechnik - geschaffen werden. Seine Aufgaben sind u.a.: Entwicklung von PR-Ereignissen (wie Hafenfestivals, Maritim-shows oder Wasserspiele), Werbung in wichtigen Wirtschaftsorganen, Schaffung eines verkaufsfördernden Labels, Akquisitionverhandlungen vor Ort und im europäischen Binnenland mit kreativen Betreiberkonzepten sowie Betreibung eines Kommunikations- und Informationszentrums mit zugeordneter Gastronomie in einem Hafenclub (vgl. N. Foster u.a., 1991, S. 86f.);

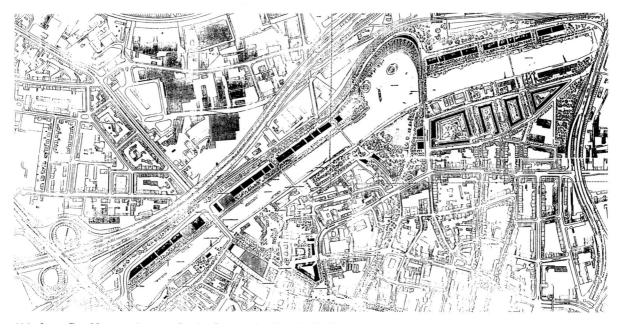

Abb. 3:   Das Nutzungskonzept für den Innenhafen. Quelle: N. Foster u.a., 1991, S. 37.

o   Um den sichelförmigen Holzhafen ist das "Euro-Gate" geplant. Neben seiner Arenaform soll es durch seine "Photovoltaikfassade" zum Initiativprojekt bei der Umstrukturierung des Innenhafens werden: "Das Euro-Gate stellt das ökonomische und ökologische Highlight im Innenhafen dar und ist somit ein Schlüsselprojekt im Innenhafen. (...) Ein Gutachten der Gesellschaft für Wirtschaftsförderung hat den Bedarf von weiteren ca. 200 Hotelbetten festgestellt, (...). Neben der bereits beschriebenen guten Verkehrsanbindung überzeugt das Hotel außerdem durch die Einbindung in ein multifunktionales Zentrum mit Shopping-Mall, Restaurants, Health-Club und Wohnresidenzen, sowie seinem einzigartigen Standort am Wasser. Das Sport- und Freizeitangebot des Euro-Gate-Hotels nutzt im Außenbereich das Wasser des Holzhafens, dessen Wasserstand auf konstantem Niveau gehalten wird. Auf schwimmenden Inseln werden Cafes und Restaurants Besucher anlocken. Eine schwimmende Eisbahn sorgt während der vier Wintermonate für Unterhaltung beim Curling oder Schlittschuhlaufen, (...). Für den für Sportboote ansonsten gesperrten Innenhafen ist die HafAG bereit, eine Ausnahme zu gestatten, (...). Terrassen, die auf der Südseite den Parkgeschossen vorgelagert sind, ausgebildet als Tribünen einer Arena, bilden mit einer im Holzhafen gelegenen flexiblen schwimmenden Bühne ein Amphitheater für internationale Kultur- und Sportveranstaltungen, in dem 5.000 bis 10.000 Besucher Platz finden. (...) Über das Euro-Gate, das bereits von weither sichtbar Aufbruch und Bewegung symbolisiert, kann eine intelligente 'Einflugschneise', eine 'Start- und Landebahn' für internationale Dienstleistungspotentiale organisiert werden" (N. Foster u.a., 1991, S. 89, 78 und 39);

o   Gegenüber dem "Euro-Gate" ist auf der Südseite des Innenhafens ein "Altstadt-Park" mit Hafenpromenaden und Fußgängerbrücken - als Verbindungsglieder zwischen Innenstadt und Innenhafen - vorgesehen;

o   In ökologischer Hinsicht sind die umweltverträgliche Nutzung von Regen- und Brauchwasser, die Verwendung von umweltfreundlichen Baumaterialien, die Minimierung und Verringerung der Bodenversiegelung, der Einsatz regenerierbarer Energien, die Anbindung an das Fernwärmenetz und nicht zuletzt die Renaturierung des Hafenbeckens vorgesehen (vgl. IBA Emscher Park, 1992, S. 43).

9.   Wo bleiben die Innovationen und die Experimente?

Unter anderem in der "Mitteilungsvorlage" an den Grundstücks-, Planungs- und Städtebau-, Haupt- und Finanzausschuß vom 25.5.1992 (vgl. Der Oberstadtdirektor..., 1992a) wurden zahlreiche Probleme und Defizite, die mit dem vorgesehenen "städtebaulichen Rahmenplan" verbunden sind, angedeutet:

o   An zentraler Stelle befindet sich die Verkehrskonzeption: Mit dem vorgelegten Konzept seien die entstehenden Verkehrsmengen nicht ausreichend zu bewältigen. Außerdem stünde es in Teilbereichen nicht in Einklang mit den bisherigen Vorstellungen der Stadt Duisburg. Als weiteres Problem werden fehlende Stellplätze für die umzubauenden Mühlen- und Speichergebäude benannt. Nicht zuletzt fehle ein schlüssiges ÖPNV-Konzept. Diese offenkundigen verkehrspolitischen Defizite hindern die Projektentwickler jedoch nicht daran, einen Schiffspendeldienst zwischen der Düsseldorfer Innenstadt und dem "Euro-Gate" - ähnlich dem Pendeldienst zwischen den Docklands und der Londoner City - vorzuschlagen. Damit werden nochmals Hinweise gegeben, wie die Interessen an diesem städtischen Teilraum gelagert sind;

o   Endgültig zu klären seien weiterhin Umfang, Konzept und Lage einer Kindertagesstätte und eines Altenheimes;

o   Über diese Punkte hinaus sei noch eine Altlastenuntersuchung vorzunehmen und eine Projektentwicklungsgesellschaft zu gründen. Nach dem letzten Stand der Diskussion zwischen dem "Ministerium für Stadtentwicklung und Verkehr" und der "Gesellschaft Internationale Bauausstellung" sollen nur die Stadt Duisburg und das Land Nordrhein-Westfalen Gesellschafter dieser Einrichtung werden.

o   Ungeklärt ist bisher auch, in welcher Form, Konzeption oder Strategie das "Dienstleistungsprojekt am Wasser" vorbereitet bzw. realisiert werden soll: Zur Diskussion steht die generelle und spezielle Machbarkeit des Projekts. Die Stadt Duisburg ist Eigentümerin von zwei größeren Brachflächen, die zur Entwicklung des Gesamtprojekts eingebracht werden können. Investoren

werden nach wie vor gesucht. Optionen werden dabei den im Projektteam zusammengeschosse-
nen Unternehmen gewährt. Darüberhinaus ist das "Gewinner-Team" daran interessiert, das
"Euro-Gate" eigenwirtschaftlich zu entwickeln;

o   Wie bereits angesprochen, handelt es sich bei diesem internationalen Großprojekt um eine "Pu-
blic-private-partnership-Konzeption", die - wie es K. Ganser ausdrückte - "nicht präzise genug"
sei, um vor "Vieldeutigkeiten zu schützen" und zur "Verwischung der öffentlichen und privaten
Verantwortungen" neige. Entsprechend dieser für die Kapitalverwertung sehr reizvollen Strategie sind auch die zu tätigenden Investitionen aufgespalten. Dabei wurden bisher nur "exakte"
Informationen über die Investitionen der öffentlichen Hand bekannt: Anfängliche Schätzungen
von 37 Mio. DM mußten bereits auf 52 Mio. DM erhöht werden. Nach offiziellen Mitteilungen
sollen in privater Initiative 1 Mrd. DM investiert werden. In inoffiziellen Gesprächen fallen
aber auch Zahlen zwischen 1,5 und 1,8 Mrd. DM - je nach Umfang der geplanten Anlagen (vgl.
Der Oberstadtdirektor..., 1992a, S. 8).

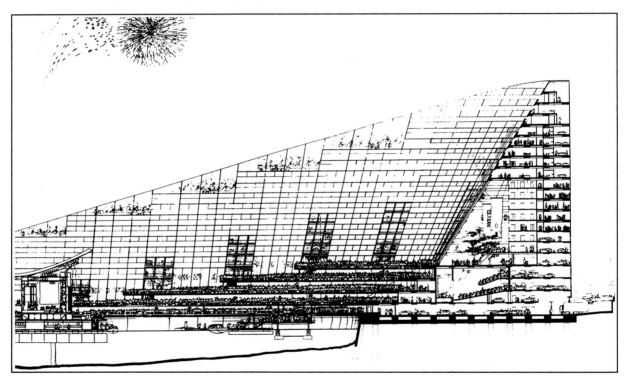

Abb. 4:   Das Euro-Gate im Innenhafen. Quelle: N. Foster u.a., 1991, S. 85.

In moderner Planungssprache prophezeien die "Developer": "Das Euro-Gate wurde als high-tech-Bau-
werk von Foster Ass. London so konzipiert, daß es sich harmonisch in die vorhandene Bucht des
Holzhafens einfügt und mit seiner Wasserüberbauung den direkten Kontakt zum Hafen schafft. (...)
Kein anderes Thema kann die Multifunktionalität des Dienstleistungsparks besser symbolisieren, als
das überstrahlende Thema Europa" (N. Foster u.a., 1991, S. 2). Was immer der Begriff der "Harmo-
nie" an Augenwischerei produzieren soll, eines leistet der Entwurf auf keinen Fall: Er nimmt an keiner Stelle die gewachsene Struktur des Innenhafens auf. Konzeption und Idee des Projekts gewinnen

ihre Qualität aus den Ansprüchen, die mit einem internationalen Renommierprojekt verbunden zu sein scheinen und nicht aus der sozialverträglichen Entwicklung dieses Teilraumes.

Schielt dieses "ökonomische Highlight" (N. Foster) nun nur nach zahlungskräftiger Hotel-, Einkaufs- und Freizeitkundschaft, nach gut ausgebildeten Arbeitskräften und einkommenstarken Nachfragern auf dem Wohnungsmarkt? So klingt es jedenfalls im Entwurfsprospekt des "Gewinner-Teams" an. Eine solche Projektorientierung würde jedoch der Entwicklung der Beschäftigungsverhältnisse in Duisburg nach Wirtschaftszweigen in den Jahren 1988 bis 1990 nur teilweise entsprechen. Hiernach expandierten Wirtschaftsabteilungen wie Handel, Rechts- und Wirtschaftsberatung oder sonstige Dienstleistungen zwar besonders kräftig. Auf etwas reduziertem Niveau gilt Gleiches jedoch auch für die Bereiche Spedition u.a., Gaststätten und Beherbergung sowie Reinigung und Körperpflege (vgl. Stadt Duisburg, 1991a, S. 35). Ob sich damit bereits eine Spaltung und Polarisierung der Duisburger Beschäftigungsstruktur andeutet, die durch das "Innenhafenprojekt" verstärkt wird, wäre zu untersuchen. Jedenfalls besteht mit diesem Projekt zumindest die Möglichkeit, für Putz-, Bewachungs-, konsum- und sozialorientierte Dienstleistungen Arbeitskräfte auch aus einkommensschwächeren Gruppen zu beschäftigen. Deuten sich damit erste Spuren einer postmodernen, sozialdemokratischen Beschäftigungspolitik auf der kommunalen Ebene an?

10. Anspruch und Wirklichkeit von IBA-Projekten

Fehler der Vergangenheit vermeiden, Neuland betreten, das ist eine der werbewirksamen Devisen der IBA

Nachdem sich zu Beginn des Jahres 1992 mit dem Projekt nur wenig bewegt hat, wurde die "Media-Park-Köln-Entwicklungs GmbH" - die in Köln ein interessantes "Public-private-partnership" - Projekt organisiert hat - gebeten, die Machbarkeit bzw. die Realisierbarkeit des Projekts zu begutachten. Der im Mai 1992 vorgelegte Bericht kam zu dem erstaunlichen Ergebnis, daß gegenwärtig kein schlüssiges "städtebauliches Konzept" sowie keine plausiblen Nutzungs-, Erschließungs- und Realisierungskonzepte vorlägen. Insbesondere das Nutzungskonzept für das "Euro-Gate", das frühestens im Jahr 1997 mit dem Europäischen Binnenmarkt konfrontierbar sei, wird hier als zu undifferenziert beurteilt. Auch könne man ein Projekt dieser Größenordnung nicht in einem Guß entwickeln. Es müsse - wie dies gegenwärtig in Köln unter großen inhaltlichen Schwierigkeiten versucht wird - vielmehr schrittweise an den Markt herangeführt werden. Für das Highlight einer "Werkstatt für die Zukunft alter Industriegebiete" kein gutes Omen. Meinte doch der nordrhein-westfälische Ministerpräsident J. Rau: "Die Internationale Bauausstellung Emscher Park hat den Auftrag, für die Bebauung der großen Industrie- und Zechenbrachen Entwürfe und Konzepte zu entwickeln, mit denen die Fehler das Städtebaus der siebziger Jahre vermieden werden sollen" (ders., 1991, S. 1217). Als Programm ist das ohne "wenn und aber" zu unterschreiben. Doch wo werden mit diesem Projekt Fehler der 70er Jahre vermieden? Die Versiegelung des Innenhafens - so scheint es bei genauerem Hinsehen - nimmt zu, die autogerechte Stadt wird den "neuen Mobilen" nochmals verkauft und die Erstellung eines "ökologisch geschminkten" Büroghettos im großformatigen Imponiergehabe der 70er Jahre erinnert - wie selbstverständlich ohne Bürgerbeteiligung - in fataler Weise an das Betongebirge der zum Glück nicht realisierten Hamburger "Alster-City".

Innovation und Experiment, imagefördernde Schlüsselbegriffe der IBA?

Wie formulierte Ch. Zöpel anläßlich der IBA-Auftraktveranstaltung vom 16.12.1988 vollmundig: "Zum Wesen von Bauausstellungen gehört es, daß sie Innovationen und Experiment bewußt herbeiführen sollen. Innovation ist (...) nichts so außergewöhnliches, Experiment dagegen sehr wohl. Experiment heiß immer, von vornherein zu wissen, daß Fehler gemacht werden, daß es harte Auseinandersetzungen gibt und daß auch der Skandal nicht von Anbeginn auszuschließen ist. Das weiß man, wenn man sich an so etwas heranmacht, aber eine Bauausstellung muß sich Experimente vornehmen, wenn man zu der Erkenntnis gekommen ist, daß ein zusätzlicher Schub an Innovation erforderlich ist. Hier in der Emscher-Region gibt es Probleme, deshalb wagen wir hier das Experiment" (Ch. Zöpel, 1988b, S. 36). Wird hiermit bezüglich ausgewählter Modellprojekte und Planungsstrategien für das "Innenhafenprojekt" möglicherweise ein Fehler eingeräumt? Ich meine, das sollte man selbst dem Vordenker der SPD Nordrhein-Westfalens nicht unterstellen. Aber, so ist zu fragen, warum wird mit diesem Projekt - außer vielleicht im energietechnischen Bereich - so wenig experimentiert. Erfahrungen liegen doch im Verkehrs-, Beschäftigungs-, Wohn-, Partizipations- und Projektentwicklungsbereich reichhaltig vor. Allein die Forschungsberichte des Landesfachministeriums (vgl. u.a. die "ILS-Schriften") beinhalten eine Fülle zukunftsweisender Informationen, die z.B. in IBA-Projekten experimentierend überprüft werden könnten.

Gespräche, Erfahrungsaustausch und Werkstätten, nur zustimmungsheischende Arbeitsmethoden der IBA?

Während der Vorbereitung des "Memorandums" (Der Minister..., 1988a) wurde - so K. Ganser - "ausführlich über die Methoden diskutiert, mit denen Innovationen entstehen und verarbeitet werden sollen. Ich glaube, die wichtigste Methode ist das Gespräch, auch wenn dieses zeitaufwendig ist. (...) Eine wichtige Einrichtung ist die 'Werkstatt'. Die Werkstatt soll Leute aus unterschiedlichen Erfahrungskreisen in kleinen Gruppen über einen längeren Zeitraum zusammenführen, so daß ein Thema gründlich behandelt werden kann. Am Ende einer Werkstatt soll eine praktizierbare Lösung stehen, die zumindest ein - möglicherweise risikoreiches - Experiment in Gang bringt" (ders., 1988b, S. 43). Dieser begrüßenswerte Programmsatz bezieht sich - was dieses Projekt betrifft - scheinbar nur auf Experten. Er sollte sich in demokratiefestigenden Experimenten aber auch auf die betroffenen und interessierten Bürger beziehen. Eine IBA als Spielwiese, Experimentierfeld und Selbstdarstellung für Experten (vgl. die Veranstaltung von Kongressen und Auslandsreisen) weist da sicher in die falsche Richtung.

Im Rahmen einer begrenzten Umfrage im Planungsgebiet überprüften wir die projektspezifische Informiertheit der Bürger, die in diesem Gebiet etwas zu tun haben. Von 21 zufällig ausgewählten InterviewpartnerInnen wußten 17 nichts von diesem oder nur sehr wenig über dieses Projekt. Drei Personen hatten schon einmal etwas von diesem Vorhaben gehört. Ein Befragter - er ist Angestellter der Stadt Duisburg - zeigte sich informiert über den Dienstleistungspark (vgl. I. Hönekopp u.a., 1992). Warum richtet die IBA im Rahmen eines Experiments nicht ein Bürgerforum zur Diskussion offener Fragen ein? Was befürchtet sie? Wovor hat sie Angst? Etwa vor den Bürgern? Da das Projekt zum gegenwärtigen Zeitpunkt nicht sehr weit entwickelt ist, würde eine bürgerschaftliche Öffnung noch nicht zu spät kommen. So könnten von politischen Seilschaften, in Cliquen und im Duisburger Klüngel ausgehandelte Konzepte durchleuchtet und vom parteipolitischen Kopf wieder auf die bürgerschaftlichen Beine gestellt werden.

Kritik von Außenstehenden wird weder wahr- noch ernstgenommen!

In unseren Gesprächen mit Vertretern "nicht regierender" Duisburger Parteien und an der Stadtpolitik partizipierender Interessensgruppen traten ebenfalls wichtige Kritikpunkte hervor: So stellte ein Mitglied der CDU-Fraktion die Frage, "ob die Mittel für dieses teure Projekt nicht besser hätten in Problemstandorte wie z.B. Hamborn hätten fließen sollen, da die Stadt fast immer nur Stadtzentren bevorzugen würde, die Nebenzentren jedoch immer weiter zurück blieben" (I. Hönekopp u.a., 1992, S. 17). Ein Vertreter der Fraktion der Grünen faßte seine Kritik in mehreren Punkten zusammen: 1) Durch die durch den Foster-Plan notwendige Anhebung des Grundwasserspiegels bestehe die Gefahr einer Ausschwemmung von Altlasten (dies insbesondere im Bereich der Tanklager); 2) Sozial schwächere Bewohner würden - aufgrund befürchteter Aufwertungsprozesse - aus diesem Stadtsegment verdrängt. Eine Lösung dieser Problematik wäre die Umsetzung betroffener Menschen in die neu entstehenden öffentlich geförderten Wohnungen am Innenhafen; 3) Durch die neu zu schaffenden Arbeitsplätze entstehen erhöhte Verkehrsmengen (Wohin mit ihnen?); 4) In ein gesondertes Gutachten sollten auch die Interessen der in diesem Stadtsegment wohnenden und arbeitenden Menschen einbezogen werden. Nicht zuletzt wurden Befürchtungen von einem ÖTV-Mitglied vorgetragen: Nach seinen Informationen entstünde hier ein Prestigeprojekt ähnlich dem "Alten Hafen" in Düsseldorf oder der "Speicherstadt" in Hamburg. Ergänzt durch den Dienstleistungspark käme ein völlig neues Klientel in diesen Duisburger Teilraum. Insgesamt befürchtet er, daß im Dienstleistungspark keine neuen Arbeitsplätze entstünden. Bereits existierende Arbeitsplätze würden - aus Standortgründen und eingebunden in Rationalisierungsvorhaben - lediglich in den Innenhafen verlagert.

Wie kann es auf der lokalen Ebene zu solch divergierenden Einschätzungen kommen? Werden die Konzepte der IBA ausschließlich in den Parteizentralen, mit Spitzenbeamten (etwa dem Oberstadtdirektor), IBA-Direktoren, LEG-MitarbeiterInnen und mit international renommierten Developern ausgehandelt? Sind das die Strukturen einer innovativen und zukunftsorientierten Planungskultur? Ich meine nicht! Es gehört auch zu den Aufgaben der IBA, die Wissens- und Kontrollbestände der Bürgerschaft zu erhöhen, damit sie sich selbstbewußt und sachkundig am Modernisierungsprozeß ihres Lebensraumes beteiligen können. Leistet sie dies nicht, geraten die Bürger vom montanindustriellen Regen in die sozialdemokratische Traufe.

Experimente mit innovativen Organisationsformen: Fehlanzeige?

An dem vage in Aussicht genommenen Projektentwicklungskonzept soll ein letzter Kritikpunkt entfaltet werden. K. Ganser und T. Kupchevsky schrieben hierzu: "Es ist naheliegend, eine anspruchsvolle Gesamtkonzeption (für ein Projekt, A.d.V.) in ein Management 'aus einem Guß' zu geben. Planung, Entwicklung, Bau und Vermarktung wandern dann in die Hände eines finanzstarken Developers. Der mühsame Dialog mit den unterschiedlichen Vorstellungen von Einzelbauherren bliebe auf diese Weise erspart. Was aber ist, wenn sich das zwangsläufig abstrakte Groß-Management in Unkenntnis der konkreten Endnutzer für den 'Mittelweg' und die 'sichere Seite' entschließt? Sind dann nicht neuerdings Mittelmaß und Uniformität vorgezeichnet?" (dies., 1991, S. 1229). Mit ihrer zuletzt geäußerten Befürchtung - und konfrontiert mit den Planungsabsichten des Gewinnerteams - lägen Ganser/Kupchevsky nicht schlecht. Und sie sollten es ja auch aus informierten Mündern wissen. C. Weaver (Pittsburgh), J. Friedmann (Los Angeles) und D. Eversley (London) berichteten auf dem Essener Kongreß "Strategien für alte Industrieregionen" (1991) darüber, wie negativ die entsprechenden Erfahrungen (weniger als Mittelmaß und mehr als Uniformiertheit) mit den Developer-Strategien ausfielen. Daran wird auch der eher positive Forschungsbericht des neokonservativen Projektberaters U.

Pfeiffer - zusammen mit K. Ganser u.a. Herausgeber der Stadtbauwelt - über US-amerikanische "Public-Private-Partnership" nur wenig ändern, wenn er zusammenfaßt: "Der Erfolg von Public-Private-Partnerships (PPP) hat zur Revitalisation der Stadtzentren, Ausbildungs- und 'Empowerment'-Strategien in einem weitausgedehnten Netz von etablierten Nachbarschaftsgruppen (...) und zu einer positiven wirtschaftlichen Entwicklung in den beteiligten Städten beigetragen. Besonders erfolgreich sind die mittelgroßen Städte. In der Zwischenzeit wurden die 'Spielregeln' der partnerschaftlichen Techniken und Aktivitäten so verfeinert, daß sie auch erfolgreich in vielen kleineren Städten angewandt werden" (ders., 1988, S. 1). J. Friedmann - ein kritischer Vertreter der US-amerikanischen Planungspraxis und angebotsorientierten Planungspolitik - hält dieser Einschätzung entgegen, daß der Begriff "'Public-Private-Partnership' (...) zur Rhetorik der Reagan-Jahre mit ihrer ausgeprägten Privatisierungsideologie und dem fast gelungenen, zum Ende aber doch gescheiterten Versuch (gehört, A.d.V.), einen idealen Laissez-faire-Staat einzuführen. In der Praxis allerdings bedeutet das Wort Partnerschaft meistens nur staatliche Subventionen, unter der Annahme, daß durch das staatliche Ankurbeln der Wirtschaft auch dem Gemeinwohl gedient sei. (...) Privatisierung aber bedeutet unter anderem einen Prozeß der Entpolitisierung des gemeinsamen Lebens, um auf diese Art und Weise einen Freiraum für die hegemonialen Akteure Staat und Großkapital zu schaffen" (ders., 1991, S. 1 und 7). Die Verwirklichung solcher Konsequenzen zeichnet sich in Duisburg bereits ab.

Im Zusammenhang mit der für Duisburg neuen "Stadtentwicklungspolitik durch Projekte" ist der Begriff des "Stadtmarketing" zu einem Schlüsselbegriff aufgestiegen. In einer Zusammenfassung der aktuellen Stadtmarketingdiskussion meint H. Kemming (1991, S. 96f.): "Stadtmarketing will - analog zum Marketing-Ansatz in der Privatwirtschaft - eine Steuerung des 'Unternehmens' Stadt vom Ansatz her, unter Einbeziehung von Management-Methoden. Die Stadt wird dabei einerseits als Markenprodukt, andererseits als Dienstleistungsunternehmen verstanden". Um aus dieser verengten Sichtweise herauszuführen, regt H. Kemming - in einer ILS-Studie - die Diskussion mehrerer Fragen an: Wer soll Stadtmarketing konzipieren und umsetzen? Inwieweit verändert Stadtmarketing die Rollenverteilung der in einer Stadt tätigen Akteure? Wie breit kann dieser Ansatz, diese Strategie formuliert werden? Ist Stadtmarketing mehr als Corporate-Identity und Imagebildung? Inwieweit kann Stadtentwicklung hier auch in ihren regionalen Bezügen gedacht werden? Und nicht zuletzt: Wer finanziert dabei entstehende Kosten? Eine breite Palette an Fragen, die um solche nach der Bürgerbeteiligung, der politischen Legitimation entwickelter Konzepte oder nach dem sozialen Ausgleich gesellschaftlicher Interessen ergänzt werden muß.

Über die IBA ist der Stab noch nicht zu brechen!

Will die IBA mehr als opportunistische Wirtschaftsförderungspolitik, mehr als (partei-)politische Imagepflege, mehr als symbolische Politik betreiben, will sie wirklich zur innovativen und experimentierenden "Werkstatt für die Zukunft alter Industriegebiete" werden, muß sie sich auf eine offene Diskussion dieser und vieler anderer Fragen - zusammen mit den betroffenen Bürgern und Vertretern anderer tangierter lokaler Akteure - einlassen. Nur auf diesem Wege - und unter Einbezug der heute erreichten Wissensbestände und des Experimentierniveaus anderer Kommunen - könnte das Projekt zu einem "Highlight der IBA" werden. An diesem Projekt könnten Fragen der Revitalisierung innerstädtischer Brachen, der Bürgerbeteiligung, der Schaffung von Arbeitsplätzen für zukunftsweisende (sozial-, umwelt- und kulturverträgliche) Wirtschaftssektoren, neuer Konzepte der Projektentwicklung, der Verkehrsplanung, neuer Wohnformen und Infrastrukturangebote für neue Haushaltstypen und Arbeitsformen in modellhafter Hinsicht diskutiert werden.

Damit ist aber die im Titel aufgeworfene Frage noch nicht beantwortet, inwieweit dieses Projekt zum "Canary Wharf am Niederrhein" werden könnte. Die Beantwortung dieser Frage ist nicht nur von konjunkturellen Entwicklungen auf dem Büroflächen-Weltmarkt (auf diesem Sektor ist gegenwärtig keine lebhafte Nachfrage zu beobachten) und von der Qualität politisch-administrativer Verwaltungsmilieus abhängig, sondern ist auch verkoppelt mit der Differenziertheit des zu entwickelnden Nutzungskonzepts für den Duisburger Innenhafen. Die Beantwortung dieser Fragen sollte nicht ausschließlich in die Hände politisch schlecht kontrollierbarer Werkstätten und Entwicklungsgesellschaften gelegt werden: "Wenn wir eine politisch sehr machtbewußte Politikerschicht in unserem Land haben, die aber zu wenig leistet, wenn es um die Substanz und die Übersicht über die großen Fragen geht, dann könnten Intellektuelle ruhig hörbarer mitstreiten und etwas machtvolleren, politischen Geist zunächst selber beitragen und dann einfordern. Wenn in der Politik zuviel Macht angesammelt ist und wenn es zu Mißbräuchen in ihrer Anwendung kommt, dann meldet sich der Geist mit seiner Kritik - zu Recht. Wenn aber das politische Mandat gar nicht zur konzeptionellen Führung genutzt wird, wenn also ein geistig-politisches Machtvakuum entsteht, warum schweigen dann die Intellektuellen dazu? (R.v. Weizsäcker, in G. Hofmann, 1992, S. 178f.).

Literatur

Der Oberstadtdirektor der Stadt Duisburg: Sachstand zum Projekt Dienstleistungspark Duisburg-Innenhafen, Duisburg (25.5.) 1992a.

Ders.: Meldung von Einkünften aus Nebentätigkeiten im Jahre 1991, Dr. Klein, Duisburg 1992b.

Foster, N. u.a.: Multifunktionaler Dienstleistungspark Duisburg-Innenhafen, Duisburg 1991.

Friedmann, J.: Zum Verhältnis von Staat und Gesellschaft am Ende des 20. Jahrhunderts, in: IRPUD-Arbeitspapiere Nr. 95, Dortmund 1991.

Ganser, K.: Redebeitrag, in: MSWV (Hrsg.), Dokumentation der Auftaktveranstaltung am 16. Dezember 1988, Düsseldorf 1988.

Ganser, K./Kupchevsky, T.: Arbeiten im Park, 16 Standorte im Wettbewerb um Qualität, in: Stadtbauwelt Nr. 110, 82. Jg., Berlin 1991.

Ganser, K.: Eine Oase für den vollgestopften Norden. Der Emscher Park zur ökologischen Erneuerung des Reviers, in: Holzamer, H.-H. (Hrsg.), Stadt Duisburg, München 1992 (Beilage der Süddeutschen Zeitung Nr. 71).

Gehrmann, W./Kurbjuweit, D.: Tausend Feuer. Ofen aus, in: DIE ZEIT Nr. 9, Hamburg 1993, S. 16.

Hönekopp, I. u.a.: Bürgerinformation und Bürgerbeteiligung bei lokalen Planungsprozessen. Der Duisburger Innenhafen, Dortmund 1992 (Seminararbeit an der Universität Dortmund).

Hofmann, G. (Hrsg.): Richard von Weizsäcker im Gespräch mit Gunter Hofmann und Werner A. Perger, Frankfurt a.M. 1992.

Holzamer, H.-H. (Hrsg.): Stadt Duisburg, München 1992 (Beilage der Süddeutschen Zeitung Nr. 71).

IBA Emscher Park (Hrsg.): Strategien für alte Industrieregionen. Dokumentation zum Essener Kongreß, 20./21. Juni 1991. Gelsenkirchen o.J..

Kemming, H.: Kommunalpolitisches Forum zum Stadtmarketing. Ein Problemaufriß, in: Kemming, H. u.a. (Hrsg.), Stadtmarketing in der Diskussion, Dortmund 1991 (=ILS Schriften 56).

Klother, A./Kropp, W.: Ruhrort/Hafen. Von gestern nach morgen, in: Witjes-Hielen, A. u.a. (Hrsg.), Duisburg zu Fuß, Hamburg 1991.

Körner, G./Kirbach, R.: Stadt am Niederrhein, Duisburg/Kleve 1991.

manager magazin: Die neuen Stars der alten Welt, Nr. 3/1990.

MSWV: Der Minister für Stadtentwicklung, Wohnen und Verkehr des Landes Nordrhein-Westfalen (Hrsg.): Internationale Bauausstellung Emscher Park. Werkstatt für die Zukunft alter Industriegebiete, Memorandum zu Inhalt und Organisation, Düsseldorf 1988a.

Ders. (Hrsg.): Internationale Bauausstellung Emscher Park. Werkstatt für die Zukunft alter Industriegebiete, Dokumentation der Auftaktveranstaltung, Düsseldorf 1988b.

Pfeiffer, U.: Public-Private-Partnership, Eingrenzung und Definitionen, Bonn 1988.

Rau, J.: Werkstatt für eine Industrieregion, in: Stadtbauwelt Nr. 110, 82. Jg., Berlin 1991.

Rheinische Post: Stadt will neuen Wettbewerb für Neugestaltung des Innenhafens starten. Wohnen und Arbeiten verbinden, Duisburg (21.3.) 1990.

Rheinische Post: Innenhafen: Startschuß für die Planungs-Teams, Duisburg (25.1.) 1991.

Rheinische Post: Glänzende Ideen für einen historisch-modernen Innenhafen, Duisburg (7.9.) 1991.

Rommelspacher, T./Oelschläger, D.: Armut im Ruhrgebiet. Regionale Entwicklungstrends und kleinräumige Prozesse am Beispiel eines Duisburger Elendsgebietes, in: Breckner, I. u.a. (Hrsg.), Armut im Reichtum. Erscheinungsformen, Ursachen und Handlungsstrategien in ausgewählten Großstädten der Bundesrepublik, Bochum 1989.

Schaffert, N.-Ch.: Fest im Griff. Sein und Schein des Oberstadtdirektors Dr. Richard R. Klein, Dortmund 1992 (Seminararbeit an der Universität Dortmund).

Scheuch, E.K. und U.: Cliquen, Klüngel und Karrieren. Über den Verfall der politischen Parteien, Reinbek bei Hamburg 1992.

Schmals, K.M: Die Global-City London. Internationalisierung der Kapitalverwertung und Deregulierung der Stadterneuerungspolitik, in: v. Petz, U./Schmals, K.M (Hrsg.), Metropole, Weltstadt, Global-City, Dortmund 1992.

Siebel, W.: Festivalisierung der Politik und die Unübersichtlichkeit der Städte, in: Brandt, A. u.a. (Hrsg.), Das Expo-Projekt, Hannover 1991.

Stadt Duisburg: Duisburg - Stadtinformation, Duisburg 1988.

Stadt Duisburg/Der Oberstadtdirektor/IBA Emscher Park: Dienstleistungspark Duisburg-Innenhafen, Gutachterverfahren für Stadtplaner und Projektentwickler, Duisburg 1989.

Stadt Duisburg/Der Oberstadtdirektor: Duisburg 2000, Erste Erfolge auf dem Weg in den Strukturwandel, Duisburg 1990.

Stadt Duisburg/Der Oberstadtdirektor: Duisburg 2000, Mitten im Strukturwandel, Duisburg 1991a.

Stadt Duisburg/Der Oberstadtdirektor/IBA Emscher Park: Dienstleistungspark Duisburg-Innenhafen, Ergebnisse des Wettbewerbsverfahrens und Empfehlungen der Jury, Duisburg 1991b.

WAZ: Westdeutsche Allgemeine Zeitung: Hohe Bürosichel fischt am Innenhafen nach Kapital, Duisburg (7.9.) 1991.

Westermann, J.: Perspektiven der wirtschaftlichen Entwicklung in Nordrhein-Westfalen, in: IBA Emscher Park (Hrsg.): Investitionsstandort Emscherraum, Gelsenkirchen 1992.

Zöpel, Ch.: Redebeitrag, in: MSWV (Hrsg.), Dokumentation der Auftaktveranstaltung am 16. Dezember 1988, Düsseldorf 1988.

Gabriele Sturm

Die Hälfte der Planung?

Das Beispiel der Beteiligung von Frauen an (Wohn-)Projekten der Internationalen Bauaustellung Emscher Park

Wie frauenfreundlich sind IBA-Projekte? Dazu werden die beiden Frauen-Wohn-Projekte betrachtet: In Bergkamen wurden erstmals bis zum Wettbewerbsentscheid nur Fachfrauen am Verfahren beteiligt, in Recklinghausen konnten die zukünftigen NutzerInnen in der Entwurfsphase bis zum Juryentscheid mitbestimmen. Diskutiert werden die derzeitigen Realisierungen entlang den Forderungen des Arbeitskreises "Frauen und IBA".

Frauen und Planung - Frauen im Ruhrgebiet - Frauen und IBA ... Ich bin eine Frau, arbeite in der Raumplanung, lebe in einer Stadt des Ruhrgebietes, betrachte eher distanziert, was im Rahmen der IBA Emscher Park vorgeht, und? Da gibt es nun nach mehr als 15 Jahren Frauenbewegung bau- und raumorientierte Projekte, die ausdrücklich die Belange von Frauen in dieser Gesellschaft berücksichtigen und mit dem Anspruch frauenspezifischer Planung antreten. Und? Ich bin nicht begeistert, sondern eher unlustig, unzufrieden, unbeteiligt und versuche, mir mein Unwohlsein, meine Fremdheit zu erklären. Dabei gerät mir als erstes die Möglichkeit der Teilhabe in den Blick: Inwiefern bieten die praktizierten Beteiligungsverfahren für Frauen die Möglichkeit der Schaffung, Aneignung oder Veränderung von Orten gemäß den Bedürfnissen eben dieser Frauen? Ich kann im folgenden nicht das gesamte Spektrum von Partizipations-Möglichkeiten, Partizipations-Formen, Partizipations-Strukturen etc. und deren Angemessenheit für Frauen betrachten und diskutieren. Ich möchte mich allerdings auch nicht auf eine Trennung von politischer und ziviler Partizipation einlassen, vielleicht geprägt durch den alten Grundsatz der Frauenbewegung, daß das Private das Politische ist und vice versa. Also werde ich versuchen, mich auf den Anwendungsbereich zu beschränken: Auf die Berücksichtigung und Beteiligung von Frauen an Planungsverfahren speziell im Rahmen der Internationalen Bauausstellung Emscher Park. Die Beurteilung, ob Frauen und ihre Lebenswelten im Planungsprozeß ihren angemessenen Platz erhalten, erfordert eine Differenzierung, welchen Kriterien sozialverträgliche oder frauen- und menschenfreundliche oder frauengerechte Planung genügen sollte. Diese Kriterien sind zu kontrastieren mit den sozialräumlichen Qualitätsvereinbarungen der IBA und der sich entwickelnden Praxis der dort angesiedelten Frauenprojekte. Dabei werde ich insbesondere die beiden Wohnprojekte in Bergkamen und in Recklinghausen-Süd berücksichtigen. Als Fazit wäre dann der Stellenwert solcher Projekte im Rahmen der Entwicklung einer feministischen Planung einzuschätzen.

1. Was meint "frauenfreundliche Planung"?

Inzwischen wächst das Bewußtsein davon, daß Architektur und Planung Männerdomänen sind. D.h., (Stadt-)Planung wird nicht nur vornehmlich von Männern nach patriarchalischen Prinzipien betrieben, sondern auch hauptsächlich für Männer eines gewissen Status. Frauen als Nutzerinnen mit anderen

Bedürfnissen an die gebaute Umwelt und vielleicht auch mit differierenden Vorstellungen von lebenswerten Orten blieben bislang weitestgehend ausgeschlossen. Sowohl die Verödung der Städte als auch der Widerspruch frauenbewegter Planerinnen und Bewohnerinnen hat das Thema geschlechtsspezifischer Planung diskussionswürdig gemacht. Allerdings tritt bislang eine gewisse Sprachverwirrung zutage, was die Begriffe frauenspezifisch, frauenfreundlich, frauengerecht etc. anbelangt (vgl. S. Stang, 1991). Der unterschiedliche, aber wenig pointierte Sprachgebrauch verdeckt meines Erachtens, daß sich hinter diesen Worten sehr verschiedene Ziele offenbaren. Mir ist es wichtig, zu unterscheiden zwischen utopischen Zielen im Sinne von zukünftig anzustrebenden materialen und sozialen Zuständen der Welt einerseits und den erreichbaren bzw. anzuvisierenden Schritten in Richtung auf diese Utopie andererseits. Diese Differenzierung in kurz-, mittel- und langfristige Vorhaben erlaubt mir eine Beurteilung, ob und in welchem Ausmaß Entscheidungen, Programme oder Projekte eine Veränderungsmöglichkeit in Richtung auf gleichwertige(re) Lebensbedingungen für Frauen und Männer in dieser Welt beinhalten. Insofern möchte ich zunächst definieren, wie ich weiterhin die verschiedenen auf-Frauen-ausgerichteten Planungsvarianten zu verstehen gedenke.

Beginnen möchte ich meine Differenzierung mit dem Begriff der Sozialverträglichkeit. Wenn sich ein Planungsprojekt heutzutage gut verkaufen will, gehören die Eigenschaften umweltverträglich und sozialverträglich dazu. Sie versprechen ein sanftes, angepaßtes, rücksichtsvolles Vorgehen. Bei genauerem Hinsehen meint ersteres in der Regel, daß der Ressourcenverbrauch und der Schadstoffausstoß so gering wie möglich zu halten sind. Es meint zweitens, daß soziale Disparitäten nicht verstärkt, sondern abgebaut werden. Die Verträglichkeit bezieht sich häufig bestenfalls auf eine Bewahrung des Status Quo, aber keineswegs auf eine Verminderung derzeitiger Diskrepanzen. Eine Wende in Richtung Egalisierung von Lebensbereichen oder Lebensformen wird mit diesem Sprachgebrauch und von dahinter liegenden Absichten selten in Betracht gezogen. Da bei so auftretender Planung die Geschlechterspezifik nicht nur unausgesprochen, sondern meist auch ungedacht bleibt, können Frauen kaum erwarten, daß ihren Raumwünschen und Lebensperspektiven Platz gewährt wird. Dies trifft vergleichbar auf alle marginalisierten Gesellschaftsgruppen zu.

Frauen-orientiert, Frauen-spezifisch, Frauen-freundlich oder Frauen-gerecht sollte sie also schon sein, die Planung, in der offensichtlich selbst im Sozialen das Geschlechterverhältnis nicht selbstverständlich als konstituierend bedacht wird. Das gesellschaftliche Machtgefälle zwischen Männern und Frauen, das oft genug zum Herrschafts- oder gar Gewaltverhältnis ausartet, manifestiert sich auch in den gebauten räumlichen Strukturen: So haben Architektinnen, Planerinnen oder Stadtsoziologinnen in zahlreichen Situationsanalysen nachgewiesen, welche konkreten Orte, Mobilitätsmöglichkeiten oder auch Raumvorstellungen den Geschlechtern erlaubt, zugewiesen oder verordnet sind (vgl. K. Dörhöfer, 1990). Zumindest die unterschiedlichen Lebenswelten von Frauen und Männern geraten ins Blickfeld, wenn von frauenorientierter Planung oder von frauenspezifischen Belangen geredet wird: Ziel entsprechender Argumentationen ist es, das derzeitige Alltagsleben von Frauen durch baulich-räumliche Umgestaltungsmaßnahmen zu erleichtern. Darin scheint der kleinste gemeinsame Nenner vieler Frauen-Planungs-Projekte zu bestehen. Zudem beinhalten so betitelte Anforderungen die am ehesten um- und durchsetzbaren Vorschläge kleinräumiger Veränderungen. Die geschlechtsspezifische Rollenzuweisung wird bei diesen auf eine kurzfristige Planungsumsetzung orientierten Ansätzen häufig nicht mit in die Änderungsvorschläge einbezogen. Katrin Zapf nennt dies "eine spezifische Stadtplanung für weibliche Betroffenheiten" unter dem strategischen Schlagwort "Frauen helfen Frauen" (dies., 1991, S. 42). Als darüber hinausweisend bietet sie die pragmatische Strategie "Frauen in Männerberufe" an.

Dieser Vorschlag führt in der von mir vorgenommenen Systematisierung zu dem, was ich unter frauenfreundlicher Planung verstehen möchte. Ein grundlegendes Kriterium dafür ist, daß Frauen sich künftig überhaupt an Planungsentscheidungen beteiligen - und zwar sowohl als Fachfrauen als auch als Planungsbetroffene. Eine solche Quotierung allein ist allerdings nur eine notwendige und keineswegs hinreichende Voraussetzung für frauen- und menschenfreundliche Planung. Sie verweist auf die für eine Änderung des derzeitigen Geschlechterverhältnisses notwendige Umorientierung bezüglich traditioneller Strukturen geschlechtlicher Arbeitsteilung. Unsere Städte sind angelegt für erwerbstätige Mittel- und Oberschichtmänner mittleren Alters mit reproduktionsarbeitenden Ehefrauen. Die zunehmende Erwerbsarbeit der Frauen mit all den damit verbundenen Koordinierungsschwierigkeiten und die immer länger werdenden Lebensphasen ohne Erwerbsarbeit bei den Männern erfordern andere Raumnutzungsmöglichkeiten. Kernforderungen frauenfreundlicher Planung, wie z.B. Funktionsmischung und neue Infrastruktureinrichtungen, kämen also den derzeitigen Erfordernissen verbundener Erwerbs- und Gebrauchsarbeit (nicht nur von Frauen) entgegen und könnten zudem objektive und subjektive Angsträume reduzieren. Darüber hinaus aber können sie zumindest in Teilbereichen auch als kinder-, alten-, familien- oder behindertenfreundlich gelten. Da frauenfreundliche Planung sich am Alltag vieler orientiert, ist sie eher eine Planung für die Wechselfälle des Lebens als die vielerorts - am Prinzip der Gewinnoptimierung - ausgerichtete Planungs-Einfalt. Aber: Zum einen richten sich die darin enthaltenen Planungsvorstellungen am derzeit Vorhandenen und damit an einer männlich geprägten Realität aus. Zum anderen gilt: Solange frauenfreundliche Planung nicht die akzeptierte Norm ist, reicht es nicht, von menschenfreundlicher Planung zu sprechen. Insofern könnte als Kriterium für frauenfreundliche Planung folgendes gelten: Die beabsichtigten baulichen Maßnahmen, die Vereinbarkeit von Erwerbs- und Gebrauchsarbeit sind in dem Maße zu gewährleisten, daß jeder Mann den dann erforderlichen bisher weiblichen Tagesablauf freiwillig übernehmen würde. Dabei ist zu beachten, daß natürlich auch die Regeln und Zwänge derzeit ausgeübter Gebrauchsarbeit reflektiert werden.

Darüber hinausgehend meint frauengerechte Planung solange, wie eine allen Menschen gerechte Planung nicht selbstverständlich ist, noch mehr: Sie meint eine Planung, die besonders auf mögliche andere Lebensstile von Frauen focussiert ist. Sie sollte Strukturen dergestalt ändern, daß auch Frauen die Wahl zwischen verschiedenen Lebensalternativen offen steht und die Chancen der Gestaltung und Einnahme gesellschaftlicher Positionen und räumlicher Orte denen der Männer gleichrangig sind. Da aber Öffentlichkeit, Kultur, Politik von Männern und ihren Denk- und Lebensweisen bzw. Gestaltungskriterien dominiert sind - das gilt auch für die IBA-Macher, leben Frauen in fremden Räumen. Gleichberechtigung sollte meines Erachtens nicht auf Anpassung an diese, sondern auf Veränderung oder eigenständige Neu-Entwicklung zielen. Frauengerechte Planung müßte also die Aneignung aller möglichen Räume durch Frauen und eine Aufhebung bisheriger Rollen erlauben. Eine Folge davon könnte z.B. die Auflösung der Dichotomie Öffentlich - Privat sein. Zumindest bieten öffentliche Räume derzeit Frauen wenig erstrebenswerte Aufenthaltsqualitäten. Insofern kann ich mir als Übergangslösung im Rahmen frauengerechter Planung die Schaffung von "Ausgleichsräumen" vorstellen. Zusätzlich zu den wenigen Cafés, Buchläden, Ferienhäusern, den Museen oder Hotels nur für Frauen, schlage ich massenhaft Parks, Kultur- und Vergnügungszentren, Badehäuser, Verkehrsmittel, Wohnhäuser, Speisestätten, Banken, Universitäten etc. zum ausschließlichen Gebrauch für Frauen vor. Gemäß dieser schon etwas bejahrten Idee der Frauenbewegung könnten Frauen dort eigene Orte der Begegnung und Inspiration, der Kommunikation, der Entwicklung oder der Rekreation finden, um Alternativen zu erproben. Dabei möchte ich nicht dem "Ausschluß durch Integration" das Wort reden, vor dem auch Katrin Zapf warnt. Dieser ist meines Erachtens nur bei Ausnahme-Projekten zu erwarten.

Jedoch nicht, wenn z.B. jede Stadt mindestens einen Frauenpark einrichtet. Dies mit dem Ziel, von der bisher sogenannten Öffentlichkeit die Hälfte dem anderen Geschlecht einzuräumen.

2. IBA für Frauen - Frauen in der IBA?

Auf diesem Bewertungshintergrund möchte ich nun die ausdrücklicher auf Frauen bezogenen Modellprojekte der Internationalen Bauausstellung Emscher Park betrachten und zunächst die Erwartungen bzw. Ansprüche vor allem der beteiligten Frauen zur Sprache kommen lassen. Die IBA ist insofern betrachtenswert, als im Rahmen dieses vielschichtigen Großprojekts ausdrücklich die verschiedenen Akteure einbezogen und neue Wege der Planung beschritten werden sollen, um so brachliegende Potenzen oder endogene Potentiale für eine zukunftsweisende Umgestaltung der Region zu aktivieren und Innovationen zu ermöglichen. Die IBA-Planungs-Strategie geht bewußt nicht gesamträumlich anhand von Flächennutzungs-, Bebauungs- oder Rahmenplänen sondern punktuell vor, indem durch konkrete Einzelprojekte zukunftsweisende Impulse für die ökonomische und ökologische Erneuerung der Region gesetzt werden sollen. Insofern entspricht diese Vorgehensweise der (derzeit) von den meisten Frauen(-projekten) bevorzugten Denk- und Arbeitsrichtung: Vom Konkreten zum Abstrakten, von Innen nach Außen, vom Einzelfall zum Allgemeinen. In den sieben Leitthemen der Bauausstellung jedoch tauchen sozialstrukturelle wie geschlechterspezifische Überlegungen zum Umbau der Region kaum auf. Im Memorandum (vgl. MSWV, 1988) wird zwar noch von Erwerbsarbeit für Frauen, soziokulturellen Tätigkeiten und Eigenarbeit der BürgerInnen als neu zu definierende Dimensionen der Alltagsstruktur gesprochen, es enthält sich aber jeglicher Kriterien oder Anforderungen an die Umsetzung dieser auf das menschliche Zusammenleben bezogenen Aspekte im materialen Raum (vgl. auch D. Reich, 1991). Entsprechend sind in der Anfangsphase keine Frauen in die Entwicklung der IBA-Leitprojekte miteinbezogen (vgl. Lea Rosh, die früh ausschied). Vor Ort wird die Leitung der Planungs- und Bauämter seltenst einer Frau überlassen. Ratsfrauen sind in Bauausschüssen unterrepräsentiert und die Frauenbeauftragten sind in die Diskussion um Projektvorschläge innerhalb ihrer Kommunen kaum eingebunden. So bezogen sich nach dem ersten Projektaufruf der Emscher Park GmbH nur 2 % der eingereichten Vorschläge auf Frauen als explizite Zielgruppe bzw. stammten aus Fraueninitiativen (vgl. A. Petri, 1991).

Die Unterrepräsentanz der Frauen bei der Grundsteinlegung dieses baulichen Strukturprogramms bewirkte im Jahr 1989 die Bildung des Arbeitskreises "Frauen und IBA". Dieser ist interdisziplinär aus den Gleichstellungsbeauftragten der 17 Städte und Kreise in der Emscher-Region, aus Vertreterinnen und Initiatorinnen von Frauenprojekten und Frauenvereinen sowie Planerinnen und Architektinnen zusammengesetzt. Zielsetzung ist, die Belange von Frauen als Nutzerinnen und Fachfrauen im Rahmen der IBA einzubringen. Aus der Erfahrung des Nicht-beachtet-werdens wurde in diesem Arbeitskreis ein Anforderungskatalog von Frauen an IBA-Projekte entwickelt (vgl. IBA Emscher Park Informationen, 1990b,c), der als Ergänzung zu den "IBA-Mindeststandards bei Bau- und Modernisierungsvorhaben" zu verstehen ist (IBA Emscher Park Informationen, 1990a). Die Prüfkriterien beziehen sich auf Stadtplanung, Gebrauchswertorientierung, Beteiligungsprozeß sowie Förderung von Frauenerwerbsarbeitsplätzen:

o   Mittels stadtplanerischer Grundprinzipien wird die Vereinbarung von Beruf und Familie angestrebt. Sie soll im wesentlichen durch Funktionsmischung und am weiblichen Alltagsablauf ausgerichtete Infrastrukturplanung vorangetrieben werden. Gemäß den oben von mir abgestuften Begrifflichkeiten entspricht dies in etwa "frauenfreundlichen Planungsideen". Darüber hinaus weist die Forderung auf Räume und Treffpunkte für Frauen im Rahmen von Stadt(teil)entwicklungsüberlegungen; diese wird aber - in der IBA-Programmatik - nicht weiter präzisiert. Eingeschränkt werden Kriterien formuliert für die Bereiche, in denen einseitige Funktionsfestschreibungen schon vorliegen.

o   Die gesondert formulierten Prinzipien der Gebrauchswertorientierung beziehen sich auf Wohnung und ein enggefaßtes Wohnumfeld. Ausgeführt werden Überlegungen zu der Entfunktionalisierung und Entnormierung der Zimmer, die Aufwertung der Küche, zu Individualräumen für jedeN BewohnerIn, Abstell- und Ausweich-Plätzen, Gemeinschaftsräumen und halböffentlichen Bereichen, Sicherheiten im öffentlichen und halböffentlichen Raum sowie leicht zu wartender Haustechnik. Diese Kriterien sind hauptsächlich auf die Erleichterung der im und ums Haus stattfindenden Gebrauchsarbeit gerichtet. Sie würden bei der vorherrschenden Arbeitsteilung vor allem Frauen entlasten. Gemäß meiner Bewertungskriterien sind sie unabdingbare Voraussetzung frauenfreundlicher Planung.

o   Bei den Ausführungen bezüglich der Beteiligung von Frauen geht es um zielgruppenorientierte Bedarfsermittlungen und eine kontinuierliche Beteiligung der NutzerInnen am gesamten Planungs- und Realisierungsprozeß. Die Anforderungen richten sich im wesentlichen auf eine Ausnutzung der Möglichkeiten derzeitiger Planungspraxis und zielen damit hauptsächlich auf die Umsetzung frauenfreundlicher Planung. Darüber hinaus belegen unsere Erfahrungen, daß für Frauen - und nicht nur für Türkinnen - besondere Wege im Beteiligungsprozeß zu suchen seien. Bei Entwicklung und Anwendung feinerer Methoden des Sehens und Hörens ließen sich meiner Einschätzung nach Teile der von Frauen noch ungelebten Räume erkennen. Weiterhin sollten Überlegungen zur Beteiligung von Fachfrauen angestrebt werden. Auf der Ebene der Planerinnen und Architektinnen sind GutachterInnenverfahren den offenen Wettbewerben vorzuziehen, wenn Frauen als Ideensetzende zum Zuge kommen sollen. An Wettbewerben können in der Regel nur große Büros (vgl. die Aufwendung für Werbung oder Akquisition) teilnehmen, da für Einzelpersonen das unbezahlte Zusatzarbeitsverfahren nur begrenzt leistbar ist. Dieses Verfahren erreicht Frauen nur als abhängige Mitarbeiterinnen und kaum als Selbständige. GutachterInnenverfahren werden gewählt, wenn eine herausragende Aufgabe nicht von vornherein durch Einzelvergabe festgeschrieben werden soll. Da Frauenbüros meist weniger bekannt sind als von Männern geleitete Büros, werden sie auch seltener eingeladen. Bei der Emscher Park Bauausstellung kommt noch hinzu, daß die Städte und nicht die IBA die Auslober sind, so daß vor Ort - im NRW-Männernetzwerk - noch ganz spezielle Rücksichtnahmen zum Zuge kommen. Ähnliches gilt für die Zusammensetzung der Preisgerichte bzw. bei der Wahl deren Vorsitze. Schließlich sind bei der Auftragsvergabe Betriebe zu bevorzugen, die über einen "Frauenförderplan" verfügen, zumal es in der Baubranche der Bundesrepublik so gut wie keine reinen Frauenbetriebe gibt.

Zusammenfassend geht es dem "Arbeitskreis Frauen und IBA" um die Erleichterung aktueller Lebensbedingungen von Frauen z.B. im Sinne der "Vereinbarkeit von Beruf und Familie". Die aufgestellten Forderungen entsprechen den Erkenntnissen einer eher (struktur-)funktionalistisch ausgerichteten Frauenforschung in den Planungswissenschaften. Sie sind durchsetzbar. D.h., eine Umsetzung im Rahmen bisheriger Politikformen ist relativ unproblematisch, wenn genügend Frauen mitmachen und den nötigen Druck erzeugen.

3. Frauenprojekte in der Männer-IBA

Um welche Projekte im Rahmen der Bauausstellung geht es nun? Dazu möchte ich kurz erläutern, was bisher als Frauenprojekte (an)läuft:

o   Seit März 1992 ist die Ausstellung "Frauen Planen Bauen Wohnen" in verschiedenen Städten der Emscherregion zu sehen. Sie ist als "wachsende" Ausstellung geplant. Sie stellt derzeit mehr als 30 nationale und internationale Beispiele von historischen und aktuellen Frauen-Planungs- und Bau-Projekten vor (Katalog zur Ausstellung: IBA Emscher Park, 1991). Die Ausstellungsmacherinnen der FOPA, der Feministischen Organisation von Planerinnen und Architektinnen, verstehen diese Darstellung als einen Baustein für ein Netzwerk "Frauen Planen Bauen".

o   Die Realisierungsphase steht bei dem Wohnprojekt "Alternatives Wohnen" in Recklinghausen-Süd bevor. Als Pilotprojekt im sozialen Wohnungsbau werden auf dem Gelände "Tor zur Südstadt" 36 Wohnungen für Alleinerziehende, Frauen in Wohnungsnot und ältere Menschen errichtet. Das Bauvorhaben ist Bestandteil des IBA-Projekt-Verbundes "Integrierte Stadtteilentwicklung in Recklinghausen-Süd".

o   Bereits in Bau ist seit April 1992 das Frauenbauprojekt "Frauen planen Wohnungen" in Bergkamen. Es wird neuerdings auch "Neues Wohnen in Bergkamen" betitelt. Erstmals war für dieses Projekt in der Bundesrepublik ein städtebaulicher Realisierungswettbewerb nur für Frauen ausgelobt worden. An ihm beteiligten sich 70 Architektinnen und Planerinnen/-gruppen. Das ausschließlich aus Frauen bestehende Preisgericht sprach den ersten Preis einem Entwurf zu, der neben 28 Wohneinheiten - mit flexiblen Grundrissen - auch Gemeinschaftsräume und angemessene Freiflächen- bzw. Außenhaus-Gestaltung vorsieht, und das im Rahmen des sozialen Wohnungsbaus. Dieses Frauenwohnprojekt ergänzt das IBA-Vorhaben "Stadtmittebildung Bergkamen".

o   Nach zweieinhalbjähriger Standortsuche hat FRIEDA, die "FRauenInitiative zur Entwicklung Dauerhafter Arbeitsplätze", im vergangenen Jahr mit der ehemaligen Hauptschule West in Oberhausen-Lirich ihr Domizil gefunden. Der Umbau der Gebäudesubstanz soll im Herbst dieses Jahres abgeschlossen werden und schon mit den ersten Beschäftigungs- und Qualifizierungsmaßnahmen für Frauen verbunden sein. Unter einem Dach werden zukünftig verschiedene Einzelvorhaben gemäß einem Bausteinprinzip angesiedelt sein: Werkstätten und Dienstleistungsservice, Berufsqualifikation und Existenzgründungen, Kinderbetreuung und Frauen-Berufsberatung sowie eine sozio-kulturelle Begegnungsstätte.

o   Einen ähnlich komplexen Ansatz verfolgt das multifunktionale Projekt Arenberg in Bottrop. Hierbei geht es um die Ansiedlung von Beschäftigungsinitiativen für Frauen im Bereich Karosseriebau sowie um eine Vollwertküche mit Café. Darüberhinaus sollen im Rahmen eines Bauhofes Qualifizierungsmöglichkeiten im Trockenbau angeboten werden und ein Dienstleistungszentrum den Berufswiedereinstieg im Bereich der Bürokommunikation ermöglichen. Neben den Werkstätten sind am gleichen Standort Kleinwohnungen vor allem für Alleinerziehende, Gemeinschaftsräume, eine Kinderbetreuungseinrichtung sowie Gärten vorgesehen. Dieses Frauen-Wohn- und -Beschäftigungsprojekt liegt gleich neben dem ebenfalls im Rahmen der IBA geplanten Gründerzentrum in der Lohnhalle der ehemaligen Zeche Arenberg-Fortsetzung.

Von den inzwischen 81 in die Bauausstellung aufgenommenen Einzelprojekten proklamieren bislang nur die vorgestellten fünf Vorhaben ausdrücklich eine Einbeziehung von Fraueninteressen. Darüberhinaus sind zwar weitere Frauenprojekte beantragt und zum Teil sogar in die erste Prioritätsstufe des Lenkungsausschußes der IBA eingeordnet, ihre Realisierung steht aufgrund z.B. schwieriger Standortsuche jedoch aus.

Daß Frauen noch längst nicht die Hälfte der Planung bestimmen, zeigt sich auch an anderen Größenverhältnissen. Insgesamt werden im Rahmen der Internationalen Bauausstellung Planungen und Wettbewerbe für ca. 6.000 Wohneinheiten durchgeführt. Davon sind etwa 2.500 Wohneinheiten neu zu errichten und ca. 3.500 zu modernisieren. Es handelt sich dabei großenteils um die Erneuerung von Arbeitersiedlungen. In welcher Form sich die MieterInnenbeteiligung in den jeweiligen Planungsverfahren manifestiert, ist von Projekt zu Projekt verschieden, da zugleich auch mit unterschiedlichen Beteiligungsmodellen experimentiert werden soll. Sie hängt nicht zuletzt davon ab, ob die - potentiellen - NutzerInnen frühzeitig "zur Stelle sind". Daß ausdrücklich Frauenwohnbedürfnisse die Planung bestimmen, ist bislang nur für die angesprochenen beiden Neubauprojekte in Bergkamen und Recklinghausen der Fall. Auch wenn darauf hinzuweisen ist, daß erst für ein Drittel der zu beplanenden Wohneinheiten der Realisierungsprozeß begonnen hat, bedeuten die 64 Wohneinheiten der beiden kleineren Frauenwohnprojekte mit kaum mehr als 1 % des insgesamt vorgesehenen Wohnungsbauvolumens eine deutliche Unterrepräsentanz von Fraueninteressen. Gerade wenn sich die geschlechtliche Arbeitsteilung - insbesondere in der Emscherzone - nicht schnell aufheben läßt, hat die Wohnung für Frauen - neben Freizeit- und Erholungsort - vor allem Bedeutung als Arbeitsstätte - und das in einem wesentlich ausgeprägteren Umfang als für Männer. Unter diesem Aspekt müßten gerade Frauen verstärkt einbezogen werden, zumal die männlich geprägten Wohnvorstellungen der letzten Jahrzehnte die häusliche Gebrauchswirtschaft zu gerne ausgeblendet haben (vgl. U. Terlinden, 1990). Nur begrenzt ist bei diesen Größenverhältnissen die Entschuldigung zu akzeptieren, daß die Erkenntnisse aus den Modellprojekten in den nachfolgenden Projekten berücksichtigt würden, und daß solch intensive Beteiligungsprozesse nur mit einer kleinen Anzahl Betroffener durchführbar wären. Um entsprechende Fragen zu beantworten sind die beiden Frauen-Wohn-Modellprojekte näher zu betrachten.

4. Alternatives Wohnen in Recklinghausen-Süd

Das Projekt "Alternatives Wohnen in Recklinghausen-Süd" wurde im Jahr 1989 von zwei aufgeschlossenen Männern aus dem Planungsamt bzw. der Wohnungsgesellschaft Recklinghausen initiiert. Die Inspiration dazu stammt aus mehreren Quellen: Zum einen ließ der Wohnungsmarkt auch vor drei Jahren schon den immer stärker werdenden Mangel an Wohnraum insbesondere für geringer verdienende Bevölkerungsgruppen und für sogenannte "neue" Haushaltstypen erkennen. Gleichzeitig stellten sich aus einigen europäischen Nachbarländern zunehmend Projekte vor, die - z.T. auch schon seit längerer Zeit - alternative Wohnmöglichkeiten für Alleinlebende, Alleinerziehende, Wohn- oder Hausgemeinschaften modellhaft praktizierten. Es existierten also nicht nur Ideen für neue Wohnstrukturen, sondern auch realisierte Beispiele, wie die Bedürfnisse dieser neuartigen Haushalte auch im sozialen Wohnungsbau umgesetzt werden könnten. Zum anderen stand ein konkreter Ort zur Verfügung, da für den Stadtteil Recklinghausen-Süd strukturelle Aufwertungsmaßnahmen in der Planung waren. Dazu gehört das Programm "Reaktivierung und Stabilisierung des Stadtteils", das als Verbund von Einzelprojekten zur Stadtteilentwicklung zur Jahreswende 1989/90 in die Bauausstellung aufgenommen wurde. Das für das Neubauprojekt "Alternatives Wohnen" zu nutzende Grundstück liegt am nördlichen Eingang des Stadtteils, an der Hauptverkehrsstraße (Bochumer Straße), unweit der lokalen Infrastruktur-Einrichtungen.

Die Aufnahme des Recklinghausen-Süd-Programms in die Bauausstellung zu einem so frühen Zeitpunkt hatte für die Projekte den Vorteil, mit relativ wenig differenziert ausgearbeiteten Entwürfen zu starten und die eigentliche Projektentwicklung während des Verfahrens vornehmen zu können. So waren zwar die Projektziele am Anfang in groben Zügen klar, die Zielgruppen hingegen nicht so deutlich einzugrenzen. Dies ermöglichte einerseits vielfältige Überlegungen, zögerte andererseits eine Beteiligung der zukünftigen NutzerInnen hinaus. In der Wettbewerbsdokumentation (vgl. Wohnungsgesellschaft Recklinghausen/IBA Emscher Park, 1991, S. 8) werden als Ziele des Projektes formuliert: "(1) Im Rahmen des Neubauprojektes soll Wohnraum für Personengruppen geschaffen werden, die nur schwer bezahlbaren und angemessenen Wohnraum finden." Dieser offene Rahmen läßt verschiedenste Auslegungen zu. Zugleich verlangt ein solch auf Kreativität zielendes Verfahren auch einen entsprechend unterstützenden Arbeitsstil, durch den sich auch ungewöhnliche Vorstellungen funktionsadäquat konkretisieren lassen (Ich denke dabei an Methoden wie die der Zukunftswerkstätten). Entsprechende Vorgehensweisen erscheinen mir ohne fachspezifische und zugleich unabhängige Moderation kaum möglich. Eine entsprechend "neutrale" Begleitung war für das Recklinghausen-Süd-Projekt, das zunächst auch noch "Tor zur Südstadt" hieß, anfangs nicht vorgesehen.

Das erste IBA-Werkstattgespräch im März 1990 fand ohne die - zu diesem Zeitpunkt noch nicht bekannten - künftigen MieterInnen statt. Die etwa 40 Teilnehmenden setzten sich zusammen aus VertreterInnen der offiziellen Träger Wohnungsgesellschaft, Stadtverwaltung und IBA-Gesellschaft, aus VertreterInnen von Interessenverbänden (Arbeitslosenzentrum, Förderverein zur Gründung eines Frauenhauses, Frauennotruf, Sozialdienst katholischer Frauen und dem Verband der Alleinerziehenden Mütter und Väter, der sich in Recklinghausen erst anläßlich dieses Projektes gründete) als StellvertreterInnen künftiger BewohnerInnen, aus sechs ArchitektInnenteams und interessierten Einzelpersonen. Dieses erste Werkstattgespräch sollte einer Ideenschau der geladenen ArchitektInnen dienen. Als Abschluß dieser Vorstellungs - und Diskussionsrunde wurden drei der Teams beauftragt, Entwürfe zu erarbeiten. Zugleich wurde bei diesem Werkstattgespräch deutlich, daß das Verfahren mit so wenigen Richtlinien nicht weiterzuführen war. Die StellvertreterInnenbeteiligung über die anwesenden Interessenverbände erwies sich als nicht praktikabel, da diesen ihre Rolle im Planungsprozeß unklar war und die Entscheidung so im wesentlichen den "Offiziellen" überlassen blieb. Entsprechendes galt für die Aufgabenstellung der Architektinnen, die mit relativ abstrakten - um nicht zu sagen mangelnden - Zielvorgaben in die Entwurfsphase eintraten.

Klar wurde in dieser Anfangsphase des Plans, daß mit nur 36 Wohneinheiten nicht alle Problemgruppen des Wohnungsmarktes beteiligt werden konnten. So wurde sehr bald das Frauenhausprojekt ausgegliedert, zumal eine solche Einrichtung nicht die Öffentlichkeit eines Modellprojektes verträgt. Inzwischen hat die Wohnungsgesellschaft Recklinghausen ein anderes ihrer Häuser umgewandelt, so daß jetzt in der Stadt ein Frauenhaus existiert. Statt dessen sind 7 der 36 Wohnungen als Frauenhaus zweiter Stufe unter Verwaltung des Fördervereins vorgesehen. Es zielt auf Frauen, die aus dem Frauenhaus kommend ihr Leben wieder selbst in die Hand nehmen wollen. Weiterhin bemühten sich die Wohnungsgesellschaft und das Jugendamt verstärkt um die Ansprache interessierter möglicher BewohnerInnen, so daß erste Gesprächstermine mit zukünftigen NutzerInnen zustande kamen. Und aus den ersten Fehlern lernend, wurde für die BewohnerInnenbeteiligung in der Wettbewerbsphase schließlich eine externe Moderation bestellt: Unter Anleitung von zwei Wohn-Bund-Beraterinnen fanden zwischen September 1990 und Februar 1991 drei BewohnerInnenseminare statt, die schließlich zur Wettbewerbsentscheidung beitrugen.

Welche Erfahrungen wurden nun während dieser "moderierten Entscheidungsfindung" gemacht? Die BewohnerInnenseminare wurden an Samstagen mit Kinderbetreuung durchgeführt, so daß auch erwerbstätige Mütter teilnehmen konnten. Gearbeitet wurde im wesentlichen nach der Metaplan-Methode, die allen Beteiligten die Darstellung ihrer individuellen Vorstellungen ermöglicht. Beim ersten Seminar wurden in erster Linie Wohnbedürfnisse der zukünftigen MieterInnen ermittelt, die TeilnehmerInnen lernten, Pläne zu lesen, und es wurde ein erster Kriterienkatalog zur Vorprüfung der drei Entwürfe zusammengestellt. So konnten beim kurz darauf stattfindenden IBA-Werkstattgespräch zwecks Vorstellung der drei Entwürfe auch schon qualifizierte Fragen der BewohnerInnen an die Architektinnen gestellt werden. Ein zweites BewohnerInnenseminar vertiefte die aufgrund der eigenen umsetzbaren Wohnbedürfnisse zusammengestellten Bewertungskriterien. In drei Teilgruppen wurden die Entwürfe durchgearbeitet und einander vorgestellt. Die vergleichende Arbeit führte zu einem Vorprüfbericht für die Jurysitzung und zu einem BewohnerInnenvotum, mit dem auch eine Vertreterin (mit Sitz und Stimme) in das Preisgericht entsandt wurde. Die Jurysitzungen im Oktober und Dezember ergaben kein eindeutiges Votum. Zudem wurde nun erst sichtbar, daß ein ernsthafter Austausch zwischen Architektinnen und zukünftigen NutzerInnen zu diesem Zeitpunkt mit im Prinzip fertigen Wettbewerbsplänen viel zu spät ist, was denn auch zu einigen Mißstimmungen führte. Die Wünsche der MieterInnen, die sich vor allem gegen innenliegende Bäder und Küchen, gegen zu große halböffentliche Verkehrsflächen in den Gebäuden, für Abstellmöglichkeiten für Kinderwagen und Rollstuhl, für gut definierte Gemeinschaftsräume, für Gartenzugang von möglichst vielen Wohnungen aus und wegen der Kleinkinder für ein abgeschlossenes Grundstück aussprachen, erforderten z.T. noch wesentliche Veränderungen der vorliegenden Entwürfe! So ergaben sich zeitliche Verzögerungen und schließlich stand nur noch der überarbeitete Plan eines Architektinnenteams zur Entscheidung an. Dem dritten und letzten BewohnerInnenseminar im Februar 1991 oblag dann die Vorprüfung, ob die eingebrachten Veränderungen den letztlich zu realisierenden Entwurf zu größerer Akzeptanz seitens der NutzerInnen verholfen hatte - aus der Sicht aller Projektbeteiligten wurde eine qualitative Verbesserung festgestellt.

Abb. 1/2: Die künftigen BewohnerInnen bei der Vorprüfarbeit. Quelle: Wohnungsgesellschaft Recklinghausen/IBA Emscher Park, 1991, S. 12, 17.

Das moderierte Beteiligungsverfahren führte dazu, daß sich schließlich 17 Mietparteien engagiert um ihre zukünftigen Wohnstätten kümmerten - mehrheitlich alleinerziehende Frauen sowie vier Haushalte mit älteren Personen. Innerhalb kurzer Zeit fand nicht nur eine Gemeinschaftsbildung, sondern auch eine weitgehende Qualifizierung der zuvor fachlich uninformierten MieterInnen statt. Vor allem die Frauen fühlten sich ernst genommen mit ihren Wünschen, was zu gesteigertem Selbstbewußtsein aufgrund der neuen Kenntnisse und in der Folge zu guten inhaltsorientierten Jurysitzungen führte. Ein Hauptfazit daraus ist, daß NutzerInnen als LaiInnen im Wettbewerb mit Erfolg beteiligt werden können, dies jedoch frühzeitiger als in Recklinghausen praktiziert, sinnvoll wäre. Für eine solche Beteiligung ist eine überschaubare Zahl von zu erstellenden Entwürfen günstig, was für die praktizierte Mehrfachbeauftragung, für einen Planungsprozeß mit Alternativen spricht. Bei umfangreicheren Bauvorhaben sollten Beteiligungsverfahren eventuell auf Kerngruppen oder Planungszellen eingeschränkt werden. Zudem ergaben die im Rahmen der BewohnerInnenseminare formulierten Kataloge über Wohnbedürfnisse eine im Prinzip zwar nicht unbekannte, aber hier noch einmal bestärkte Reihe von Kriterien, die zumindest bei IBA-Wohnprojekten ohne vergleichbare Beteiligungsmöglichkeiten Berücksichtigung finden sollten. Nachteilig erscheint mir, daß die NutzerInnen-Mitbestimmung nach der Wettbewerbsphase wieder auf ein äußerst beschränktes Maß reduziert wurde. Die Informationen seitens der Bauträger und Durchführenden fließen spärlich. Es bleibt zu hoffen, daß es mit Baubeginn gelingt, die doch inzwischen geschulten und z.T. hochmotivierten BewohnerInnen wieder an einer Detailplanung und einem Abwägen alternativer Ausführungsmöglichkeiten zu beteiligen.

5. Frauen planen Wohnungen in Bergkamen

Etwa zeitgleich mit dem Recklinghauser-Projekt wurde das Wohnungsbauprojekt "Frauen, Planen, Bauen" von der Stadt Bergkamen unter Federführung der dortigen Frauenbeauftragten entwickelt. Auch dieses Projekt versteht sich als Teil eines Projektverbundes: Die Stadt Bergkamen entstand erst in den 60er Jahren durch eine Gemeindezusammenlegung. Zwecks Unterstützung der Entwicklung einer städtebaulichen, wirtschaftlichen und sozialen Identität, wurde das Projekt "Stadtmittebildung Bergkamen" vom Lenkungsausschuß in die Bauausstellung mit aufgenommen. Anfang 1990 wurde auch das Frauen-Wohnprojekt als Baustein für das Stadtmittebildungskonzept akzeptiert. In diesem Modellprojekt sollten Frauen in zweierlei Hinsicht zum Zuge kommen: Zum einen sollten sie für Planung und Realisierung verantwortlich sein, was mit der Forderung nach einem Wettbewerb nur für Frauen und einem Preisgericht nur aus Frauen bestehend verknüpft war. Zum anderen sollten die zukünftigen Nutzerinnen aktiv am Planungsprozeß beteiligt werden; der hohe Anteil an Sozialhilfeempfängerinnen und alleinerziehenden Müttern in Bergkamen, ließ insbesondere diese als Mieterinnen in Betracht kommen. Die Stadt Bergkamen stellte für dieses Vorhaben ein sehr gut gelegenes städtisches Grundstück zur Verfügung, das sich als 3.600 qm große Baulücke an einer Hauptstraße (Ebertstraße/H.-Bierna-Straße) zwischen Rathaus und Marktplatz und in unmittelbarer Nähe zu Kindergärten, Grundschule, Altentagesstätte, Einkaufsmöglichkeiten und Busbahnhof befindet. Die Lünener Wohnungsbaugenossenschaft fand sich als Bauträger vorab bereit, den Entwurf der Wettbewerbsgewinnerin(nen) zu realisieren.

Mit fortschreitender Konkretisierung wurde der Name des Projektes geändert: Der städtebauliche Realisierungswettbewerb wurde im September 1990 unter dem Titel "Frauen planen Wohnungen" ausgelobt. Die Aufgabenbeschreibung sah ca. 30 Wohneinheiten vor: "Entwurfsschwerpunkt dieser öffentlich geförderten Wohnungen soll die Entwicklung neuer Wohnformen sein, die sich besonders durch variable Grundrißnutzungen für unterschiedliche Nutzungsstrukturen auszeichnen. Darüber hinaus werden besondere Ansprüche an die Freiraumgestaltung und die Integration gemeinschaftlich

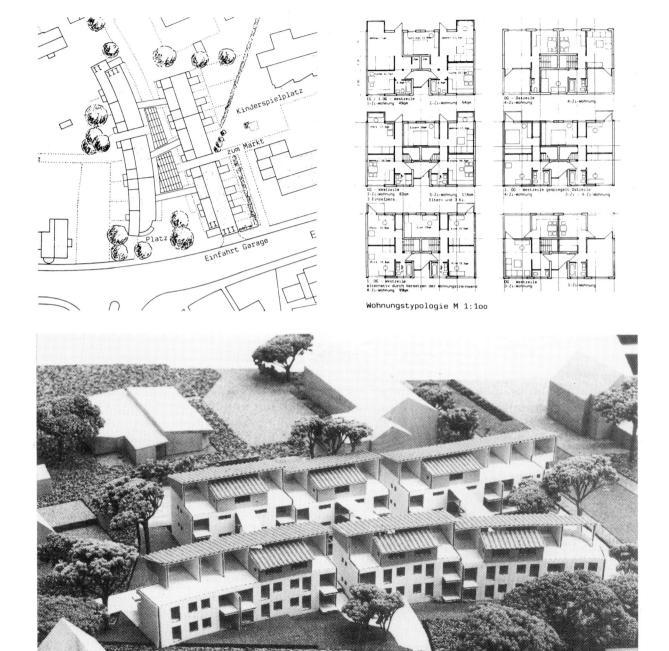

Abb. 3/4/5: Lageplan, Wohnungstypologie und Modellansicht der Entwurfsarbeit der Preisträgerinnen M. Melchior und H. Töpper. Quelle: Stadt Bergkamen/IBA Emscher Park, 1991, S. 10f.

nutzbarer Räume erwartet. Der Wettbewerb soll von Architektinnen bearbeitet werden" (Auslobungs-
text 1990). Die Projektkoordination bis zur Wettbewerbsentscheidung führte eine Mitarbeiterin des
Stadtplanungsamtes durch, unterstützt von einer Arbeitsgruppe ortsansässiger Fachfrauen und einer
Berliner Architektin, die bereits bei der IBA Berlin Erfahrungen gesammelt hatte. Schließlich betei-
ligten sich 70 Planerinnen- und Architektinnen/-gruppen aus dem gesamten Bundesgebiet und aus den
Niederlanden mit Entwürfen und Modellen.

Im Januar 1991 fiel nach zweitägiger Jurysitzung die Entscheidung zugunsten eines Entwurfes von
zwei Bielefelder Architektinnen, mit 28 Wohneinheiten zwischen 49 und 130 qm. Deren Planung wird
inzwischen realisiert: Das Richtfest wird absehbar noch diesen Sommer zu feiern sein. Der sich im
Bau befindliche Entwurf weist neben geschlechtspezifischen, städtebaulich und ökologisch guten Lösungen sehr viele Gestaltungselemente auf, die als notwendige und hinreichende Ausführungsmuster
"frauenfreundlicher Stadtplanung" gelten. Die Qualität des "Innenhauses" wird durch gleichgroße
Räume ohne Hierarchie gewährleistet; alle Räume sind gut belichtet; es gibt genügend Abstellfläche;
die Größe der Wohnküche und eines Wohnraumes ist variabel; es besteht die Möglichkeit, bei Mieter-
Innenwechsel einzelne Räume wechselweise zuzuschalten bzw. durch innenliegende Treppen größere
Wohnungen über zwei Geschosse zu erreichen; dadurch haben größere Wohneinheiten auch mehrere
Wohnungseingänge. Bezüglich des "Außenhauses" haben alle Wohnungen einen direkten Zugang zu
Garten, Wohnhof oder Dachterrasse; ein großer Spielplatz liegt einsehbar gleich neben dem benach-
barten Kindergarten; die Erschließung durch offene Treppenhäuser und Brücken ermöglicht zusätz-
liche halbprivate Aufenthaltsräume; die Sammeltiefgarage ist soweit geöffnet, daß sie nicht nur hell,
sondern auch von den Wohnungen aus kontrollierbar ist; als Gemeinschaftsräume sind eine Ein-
Raum-Wohnung sowie Flächen im Untergeschoß vorgesehen. Im Hinblick auf Funktionsmischung im
Stadtteil ist nicht nur die Lage des zu bebauenden Grundstücks äußerst günstig, sondern zum Baupro-
jekt gehören auch ein kleiner Laden und ein Café, die den halböffentlichen Charakter des zur Straße
hin geöffneten Hofgangs betonen und Erwerbsarbeitsplätze im Wohnkomplex schaffen. Insgesamt
werden die Wettbewerbsergebnisse nicht nur im Hinblick auf den "Siegerinnenentwurf" von allen Beteiligten als überdurchschnittlich gut eingestuft.

Von der ursprünglichen Idee des "Frauen planen und bauen für Frauen" waren mit der Wettbewerbsentscheidung die beiden ersten Worte in die Tat umgesetzt worden. Der Rest war bis dahin den Sach-
zwängen - daß es in der Bundesrepublik inzwischen zwar Architektinnen und Planerinnen, aber kaum
Bauhandwerkerinnen gibt - und der Anpassung an die gewohnte Normierung von Wohn- und Lebens-
zusammenhängen gewichen. Das weitere Vorgehen stand mit dem vorliegenden Entwurf unter dem
Motto, "bei allen weiteren Schritten (...) die Einhaltung der geforderten Qualitätsanforderungen sowie
der weiteren Mieter- und Nutzerbeteiligung im Auge (zu) behalten" (Zwei Bielefelderinnen..., 1991,
S. 3). Nachdem bis zur Wahl des zu realisierenden Projektes zahlreiche Fachfrauen am Projektverlauf
teilhatten, blieb die BewohnerInnenbeteiligung den beiden Architektinnen und der Wohnungsbaugenossenschaft überlassen. Immerhin ist bei Genossenschaften traditionell eine verstärkte Einbindung
der MieterInnen üblich mittels Informationsblättern oder -broschüren und Versammlungen. Bei dem
Vorzeigeprojekt in Bergkamen wurden diese bekannten Methoden nun verstärkt angewendet: Gleich
nach Wettbewerbsentscheidung, vor Baubeginn, wurden per Presseveröffentlichungen InteressentInnen für die zu beziehenden 27 Wohneinheiten gesucht. Es meldeten sich 120 Mietparteien, denen bei
einer ersten InteressentInnenversammlung die Wettbewerbspläne mit ihren alternativen Nutzungs-
möglichkeiten vorgestellt wurden. Das Hauptinteresse lag in einer weitgehenden sozialen Mischung.
So wurden von einer Wohnungsverwalterin mit einem Fragebogen Wohnwünsche erfaßt und nach

zahlreichen Einzelgesprächen und Beratungen sowie mehreren Gesprächsrunden war die Auswahl der zukünftigen MieterInnen vor der Grundsteinlegung weitestgehend getroffen. Schwierig erwies sich bei diesem Vorgehen, die InteressentInnen von den im Entwurf ermöglichten alternativen Wohnformen zu überzeugen. So befinden sich in der BewohnerInnenpopulation nur vier Alleinerziehende jeweils mit ihren Kindern, ein Mehrgenerationenhaushalt und eine Wohngemeinschaft von Frauenhausfrauen mit Kindern in einer Sechs-Raum-Wohnung. Die lebhaftesten Diskussionen im Rahmen der Beteiligung an der Ausführungsplanung fanden bezüglich der Wahl eines Farbkonzeptes für die Siedlung bei einer Reihe vorgegebener Alternativen und bezüglich der Nutzung der Gemeinschaftsräume statt.

Vorbildcharakter hat das Bergkamener Projekt somit für die Beteiligung von Fachfrauen am Planungsprozeß. Als "Vorreiter für den sozialen Wohnungsbau der Zukunft" konnten engagierte Politikerinnen, Verwaltungs- und Baufachfrauen beweisen, daß und wie sich frauenorientierte Wohnungsbaukonzepte umsetzen lassen. Schwieriger sieht das sowohl bei der Bauausführung als auch bei einer NutzerInnenbeteiligung aus. Bezüglich der Ausführung wird deutlich, daß es nicht nur keine Bauhandwerkerinnen gibt, sondern daß auch hochqualifizierte Fachfrauen in Leitungsfunktionen größeren Zeitrestriktionen und Rollenkonflikten unterliegen als entsprechend positionierte Männer. Die Bindung durch Familienarbeit bzw. deren Umverteilung ist nach wie vor der Problemhintergrund, vor dem neue Erwerbs- und Arbeitsstrukturen zu entwickeln sind. Ein festgelegtes Geschlechtsrollenverhalten, eine 50er Jahre Familienideologie und überkommene Wohnvorstellungen hindern zudem einen Großteil der Bevölkerung, ihren Wohnalltag zu überdenken und eventuell entsprechend den heutigen Lebensabläufen zu verändern. So fand eine vorgezogene Vertreterinnenbeteiligung quasi als Bestandteil der Auslobung bei Bergkamener-Frauen wenig Interesse. Allerdings ist auch hier - wie schon bezüglich des Recklinghauser-Projektes - festzustellen, daß vorab wenig Überlegungen über Methoden und Strategien von Mitbestimmung angestellt wurden. So ist hier als glücklicher Umstand zu nennen, daß die Wohnungsbaugenossenschaft diesbezüglich über zumindest traditionelle Ressourcen verfügt.

6. Frauen als Gewinnerinnen oder Verliererinnen der IBA?

Was haben nun Frauen von den Frauen-Projekten der Bauausstellung? Für diese Einschätzung sollen nun die oben entwickelten Bewertungskriterien hinzugezogen und die praktizierte Teilhabe von Frauen beurteilt werden.

o   Das vom Arbeitskreis "Frauen und IBA" proklamierte Prinzip eines "Wohnungsbaus mit hohem Gebrauchswert" - nach meinen Kriterien eine notwendige, aber keinesfalls hinreichende Bedingung frauenfreundlicher Stadtgestaltung - wird in der Realisierung der beiden vorgestellten Wohnprojekte beachtet. Die Einhaltung der hierzu gehörenden Unterpunkte wurden beim Recklinghauser-Projekt teilweise erst durch die Nachbesserungsvorschläge der beteiligten BewohnerInnen während der Wettbewerbsentscheidung gewährleistet. Letztere Erfahrung verdeutlicht, daß die Vorstellungen hierarchiefreier Grundrisse oder von halbprivat bis halböffentlich abgestufte Außenhausgestaltung etc. auch für Fachfrauen nicht selbstverständlich sind, und diese Aspekte bei allen weiteren IBA-Wohnungsbauvorhaben somit besonderer Aufmerksamkeit bedürfen.

o   Das stadtplanerische Prinzip der Projekteinbindung mit dem Ziel der Funktionsmischung wird
     sowohl in Recklinghausen als auch in Bergkamen schon durch die Lage der zu bebauenden
     Grundstücke befolgt. Beide Wohnkomplexe schließen innerstädtische Baulücken und lassen
     damit hauptsächlich Frauen zentral und nicht peripher leben. Es kann also von frauenfreundli-
     chen Planungsstrukturen gesprochen werden, die allen NutzerInnen die Vereinbarkeit von Beruf
     und Familie bzw. Erwerbs- und Gebrauchsarbeit ermöglichen. Diese Vereinbarkeit und Ein-
     planbarkeit könnte jedoch auch nur zu dringend erforderlichen Modernisierungen weiblicher
     Lebenswelten hinsichtlich patriarchaler Machtverhältnisse führen. Darüber hinaus führende
     Chancen unkontrollierter weiblicher Eigenständigkeit durch oben erwähnte Frauenräume - und
     damit frauengerechte Planung - sind in den Projektrealisierungen nicht mehr zu finden. Ansätze
     dazu wies lediglich das Bergkamener Projekt durch den nur Frauen zugänglichen Wettbewerb
     auf. Ein Beleg für die Modernisierungsanpassung sind Genealogien der Projekttitel. Das Reck-
     linghauser Vorhaben unter dem Namen "Tor zur Südstadt" war anfangs keineswegs als Frauen-
     projekt konzipiert, sondern als Projekt für benachteiligte Bevölkerungsgruppen des Wohnungs-
     marktes. Diese erwiesen sich aber in der Regel als mehrheitlich aus Frauen bestehend, worauf
     auch das Schlagwort "Armut ist weiblich" hinweist. Etabliert hat sich das Projekt unter dem
     Namen "Alternatives Wohnen in Recklinghausen-Süd". Das klingt progressiv und verschweigt,
     daß die Nutzer mit großer Mehrheit Nutzerinnen sind. Die Alternative besteht darin, daß Kin-
     derbetreuung im Wohnquartier durch Selbsthilfe organisiert werden kann, und damit die Mütter
     für den Erwebsarbeitsmarkt freisetzt. Dies ist ein individuell sehr positiv zu bewertender Effekt,
     ebenso wie das anvisierte Zusammenleben mit älteren Haushalten. Wenn die "Kinderarbeit" je-
     doch wieder nur von anderen Frauen und "unproduktiven" älteren Menschen übernommen wird,
     beinhaltet diese Struktur zumindest keine Alternative zur herrschenden Arbeitsteilung. Die na-
     hezu entgegengesetzte Entwicklung nahm das Bergkamener Projekt: Unter dem ursprünglichen
     Titel "Frauen, Planen, Bauen" verstanden einige der Ideenträgerinnen einen durchgängig von
     Frauen getragenen Planungs- und Bauprozeß hin zu einem Frauenwohnhaus, für das es in der
     Geschichte durchaus Vorläuferinnen gäbe. Mit Aufnahme in die IBA erfuhr diese Idee eine
     Schrumpfung auf einen in der Bundesrepublik immer noch einmaligen nur von Frauen be-
     stimmten Planungsprozeß mit entsprechendem Namen "Frauen planen Wohnungen". Die neu-
     erliche Namensänderung in "Neues Wohnen in Bergkamen" macht die Frauen wieder unsicht-
     bar. Die von ihnen eingebrachten und durchgesetzten Innovationen werden als lediglich "Neu-
     es" angeeignet und verschwinden aus dem Sprachgebrauch.

o   Die dritte Kernforderung des Arbeitskreises "Frauen und IBA" bezieht sich auf die kontinuierli-
     che Beteiligung von Frauen am gesamten Planungs- und Realisierungsprozeß. Dieser Anspruch
     wurde in unterschiedlichem Ausmaße bei den Wohnprojekten eingehalten: Für die Entwicklung
     der Entwürfe bzw. im Wettbewerb waren nur Fachfrauen geladen, die Koordination und die
     Preisgerichte waren zum Teil bzw. gänzlich der Entscheidungsbefugnis von Frauen überlassen
     und künftige NutzerInnen wurden frühzeitig hinzugezogen. Dennoch bleibt ein gewisses Unbe-
     hagen. Das deutlich gezeigte Erstaunen seitens zahlreicher Fachmänner über die hohen Quali-
     tätsstandards der Frauenentwürfe ist beleidigend; die allgemeinen Erwartungen, als Frauen bes-
     ser sein zu sollen, sind belastend; die mangelnde Skrupellosigkeit von Frauen in Leitungsposi-
     tionen bei einander widersprechenden Alltagsanforderungen wird männlich dequalifizierend
     kommentiert. Und die NutzerInnen werden in der Regel als durch die Anforderungen der Mit-
     bestimmung überfordert beurteilt. Dabei ist letzteres meines Erachtens ausschließlich ein Pro-
     blem der Moderation. Wie Ruth Becker (1991, S. 237f.) erwarte auch ich von einer Moderation

mehr als bloße Übersetzung. Ich glaube nicht, daß NutzerInnen qua Intuition und Alltagserfahrung "Maßstäbe für eine Raumordnung jenseits patriarchaler Denkmuster (entwickeln), die feministische Fachfrauen (...) bisher vergeblich suchten". Bewohnerinnenbeteiligung moderieren bedeutet, einen demokratisierenden und qualifizierenden Prozeß in Gang zu setzen, der zu einer (Wieder-)Aneignung von Raum führen kann. Ein Effekt solcher Lernprozesse könnte das Erkennen patriarchaler Sozialisation auch hinsichtlich Raumbedürfnissen sein, daß dann z.B. nicht mehr nur - wie in Recklinghausen - ein Spielhaus für Kinder, sondern ein Erholungshaus nur für Frauen als Gemeinschaftseinrichtung forderbar wäre, oder - wie in Bergkamen - große Kaufhaus-Stil Wohnzimmer als Statussymbole zugunsten weiblicher Individualräume aufgegeben werden könnten. Auch solche von mir anvisierten aufwendigeren Beteiligungsverfahren dürften für Projekte in IBA-Größenordnungen unproblematisch sein: Die finanziellen Kosten sind im Vergleich zu den Baukosten gering, zumal die Betreiber durch die entschieden höhere Identifikation der BewohnerInnen mit ihrem Quartier spätere Folgekosten einsparen. Der Zeitaufwand ist ebenfalls vergleichsweise zu den übrigen Koordinierungsanforderungen vernachlässigbar. Derzeit entstehen Zeitverzögerungen eher dadurch, daß einige grundlegende Prinzipien nicht vor Projektbeginn durchdacht und als Maßstäbe gesetzt wurden. So leiden derzeit auch die MieterInnen darunter, daß zwischen Auswahl bzw. Wohnungszusage und Einzugstermin mehr als eineinhalb Jahre vergehen. Bezüglich einer Moderation von NutzerInnenbeteiligung wäre zudem eine stärkere interdisziplinäre Zusammenarbeit empfehlenswert, in die VertreterInnen der kommunikativen Wissenschaftsdisziplinen ihre Kenntnisse meines Erachtens erfolgversprechend einbringen könnten.

Im Fazit sind Frauen in der Internationalen Bauausstellung Emscher Park derzeit noch nicht zu den Verliererinnen zu zählen - dazu hatten sie auch vorher zu wenig. Gerade einige der sehr öffentlichkeitswirksamen Projekte sind Frauenprojekte. Und die zählen zu den frauenfreundlichsten Planungen, die - zumindest im Rahmen des sozialen Wohnungsbaus - in der Bundesrepublik realisiert werden. Die darin konkretisierten Ideen dokumentieren, was schon lange gedacht und als Manifestation überfällig war - auch, damit Frauen aus eventuellen Fehleinschätzungen lernen können. Aber Frauen sind bislang auch noch keine Gewinnerinnen der IBA - dazu sind sie zu sehr in der Minderheit. Die Wettbewerbsgewinnerinnen oder Preisrichterinnen werden als Alibifrauen hervorgehoben, die Frauenprojekte sind nicht nur medienwirksam, sondern dienen auch als Feigenblatt oder sogar als Trittbrett patriarchaler Modernisierung, womit die Ansprüche stellenden Frauen vertröstet und denen sie als "Spielwiese" zugestanden werden, ohne daß die Gesamtstruktur in Frage gestellt würde. Die bisherigen Frauenprojekte beweisen, was Frauen können, sie bieten Ansporn und Erfahrungsfelder - aber ihr Anteil ist viel zu gering. Die Unterrepräsentanz der Frauen in der IBA belegt überdeutlich deren gesellschaftliche Ausgrenzung von der Macht. Um sie nicht zu Verliererinnen der IBA werden zu lassen, ist der Weg noch weit - bis zur Hälfte der (Wohn-)Welt ... schweigen wir noch (!) davon.

Literatur:

Becker, R.: Frauen zwischen Privatheit und Öffentlichkeit - zwischen Anpassung und Rebellion? Beiträge zur feministischen Theorie und Praxis Nr. 30/31, 1991, S. 235-241.

Dörhöfer, K. (Hrsg.): Stadt - Land - Frau, Freiburg 1990.

IBA Emscher Park Informationen: IBA-Rahmenkonzept für "Mindeststandards" bei Bau- und Modernisierungsvorhaben, Heft 3, 1990a, I-III.

IBA Emscher Park Informationen: Ziele und Aufgaben des Arbeitskreises "Frauen und IBA", Heft 9, 1990b, I.

IBA Emscher Park Informationen: Anforderungen von Frauen an IBA-Projekte, Heft 9, 1990c, II-III.

"Frauen planen Wohnungen" - Auslobungstext, in: IBA Emscher Park Informationen Nr. 7, 1990d, S. 15.

IBA Emscher Park (Hrsg.): Frauen Planen Bauen Wohnen. Katalog zur Ausstellung, konzipiert von der FOPA e.V. Dortmund, Dortmund 1991.

Jungk, R./Müllert, N.R.: Zukunftswerkstätten, München 1989.

MSWV: Der Minister für Stadtentwicklung, Wohnen und Verkehr des Landes NRW (Hrsg.).: Internationale Bauausstellung Emscher Park, Werkstatt für die Zukunft alter Industrieregionen, Memorandum zu Inhalt und Organisation, Düsseldorf 1988.

Petri, A.: Mitwirkungsangebote für Frauen in den Projekten der Internationalen Bauaustellung Emscher Park, in: BfLR (Hrsg.), Frauen und räumliche Planung, Materialien zur Raumentwicklung 38, Bonn 1991, S. 27-30.

Reich, D.: Frauenprojekte im Rahmen der Internationalen Bauausstellung Emscher Park, in: BfLR (Hrsg.), Frauen und räumliche Planung, Materialien zur Raumentwicklung 38, Bonn 1991, S. 31-37.

Stadt Bergkamen/IBA Emscher Park: Emscher Park Wettbewerbe 7: Dokumentation Städtebaulicher Realisierungswettbewerb "Frauen planen Wohnungen", Gelsenkirchen 1991.

Stang, S.: Frauen in der Stadt - Stadt für Frauen, in: BfLR (Hrsg.), Frauen und räumliche Planung, Materialien zur Raumentwicklung 38, Bonn 1991, S. 17-22.

Terlinden, U.: Gebrauchswirtschaft und Raumstruktur, Stuttgart 1990.

Wohnungsgesellschaft Recklinghausen/IBA Emscher Park (Hrsg.): Emscher Park Wettbewerbe: Dokumentation - Alternatives Wohnen in Recklinghausen-Süd - "Wettbewerb" unter Beteiligung zukünftiger Bewohner, Gelsenkirchen 1991.

Zapf, K.: Soll frau oder soll frau nicht? Nicht-feministische Gedanken über "weibliche Architektur" und über einen "weiblichen Beitrag" zur räumlichen Planung, in BfLR (Hrsg.), Frauen und räumliche Planung, Materialien zur Raumentwicklung 38, Bonn 1991, S. 41-43.

Zwei Bielefelderinnen gewinnen Frauenbauprojekt in Bergkamen, in: IBA Emscher Park Informationen Nr. 10, 1991, S. 1-3.

Harry Lausch

Was machen die Kinder im Emscher Park?
Die Bauausstellung wird kinderfreundlich!

Ein Werkstattbericht über das laufende Planungsexperiment: "Stadtplanung und Stadtgestaltung für und mit Kindern"

Erfolg oder Mißerfolg der IBA Emscher Park sind ganz entscheidend von ihrer Innovations- und Risikofreudigkeit abhängig: Insbesondere in den Bereichen Wohnungsmodernisierung und Wohnungsneubau werden die Erwartungen durch vielfältige Vergleiche bis hin zur IBA Berlin 1987 hochgeschraubt. Über neue Wohnformen und MieterInnenmitbestimmungsmodelle hinaus wagt sich die IBA in einer Richtung etwas weiter vor: Wohnsiedlungen sollen kinderfreundlich geplant und gebaut werden, möglicherweise sogar unter Beteiligung von - in den Siedlungen wohnenden - Kindern und Eltern. Der folgende Bericht vermittelt nicht nur einen Eindruck der Schwierigkeiten beim Umgang mit diesem experimentellen Planungsansatz, sondern er stellt auch konkrete Handlungsansätze und Methoden vor. Die auf Effektivität und Publikumswirksamkeit angelegte Bauausstellung übt sich trotz einer gewissen Neugierde gegenüber unseren Überlegungen in skeptischer Zurückhaltung - das Thema "Planung mit Kindern" wird zur Gratwanderung.

> Westfälische Rundschau vom 26. Feb. 1992:
> **Studie: Revier-Städte kein Kinderparadies**
>
> "Hamburg. Als kinderfreundlichste Großstadt darf Hannover gelten. Es folgen Frankfurt und Stuttgart. Dies ergab ein gestern in Hamburg veröffentlichter Städte-Vergleich der Zeitschrift "Vital" (März-Heft). Schlußlicht in der Rangfolge von zwölf westdeutschen Städten mit mehr als 500.000 Einwohnern hinsichtlich der Lebensbedingungen für Kinder bildet demnach die "Ruhrschiene": Essen, Dortmund und Duisburg. (...)"

Einführung

Innovatorische und experimentelle Stadtplanung und Stadtgestaltung verfolgen nach ihrem Abschied vom Leitbild der "autogerechten Stadt" das Ziel einer "humanen Stadt". Gebaut werden soll nach einem menschlichen Maßstab. Orientiert ist dies Ziel weiterhin an menschlichen Bedürfnissen und den Erfordernissen an eine ökologische Umwelt. Kurzum: Ziel ist eine 'Stadt zum Wohlfühlen'!

Während bislang im wesentlichen erwachsene StadtbewohnerInnen im Mittelpunkt der Bemühungen von PlanerInnen standen, scheint sich nun ihr Blickwinkel ganz entscheidend zu ändern. In den Mittelpunkt ihres Interesses rückt eine Gruppe, die sich bislang nicht artikulieren durfte und unter den zurückliegenden Fehlentwicklungen der Stadtentwicklung stark zu leiden hatte. Gemeint sind Kinder.

Unsere Maximalforderung ist so einfach wie sie den meisten Stadtbewohnern unvorstellbar sein dürfte:

DIE GESAMTE STADT EIN SPIELRAUM!

Erst wenn sich eine der schwächsten "Gruppen" der Gesellschaft gefahrlos und ihrem spielerischen Grundbedürfnis gemäß in einer Stadt bewegen kann, kann sich diese - nach unseren Vorstellungen - "human bzw. kindgerecht" nennen. Die "Stadt als Spielraum" heißt nun nicht, daß sich die erwachsenen Bürger in einer Lego-Stadt wiederfinden und fortan auf Schritt und Tritt auf herumliegendes Spielzeug stoßen, sondern daß sich neben Kindern vorbehaltenen Rückzugsräumen vor allem Räume und Orte finden, die von allen StadtbewohnerInnen gemeinsam genutzt werden können. Kinder tummeln sich gerne an belebten Plätzen, an Plätzen, die ein kommunikatives Miteinander von Kindern und Erwachsenen gewährleisten.

Die Stadt aus dem Blickwinkel der Kinder neu zu gestalten, sollte nicht bei der Tieferlegung von Klingelknöpfen oder der flächendeckenden Installation von "Wackeltieren" stehenbleiben. Die von uns entwickelte konkrete Utopie, über deren Umsetzung ich im folgenden berichte, bezieht sich auf zwei Forderungen:

o   Zum einen ist das Konzept der Funktionstrennung (vgl. die Charta von Athen) aufzuheben. Dadurch soll die Stadt - einschließlich ihrer Verkehrswege und Produktionsflächen - bespielbar werden.

o   Zum anderen sollen die Kinder selbst als Hauptakteure in Stadtentwicklung, Planung und Gestaltung einbezogen und ernstgenommen werden.

Erste Erfahrungen mit der Partizipation von Kindern an der Gestaltung ihrer Spiel- und Bewegungsräume liegen z.B. im Bereich der Schulhofumgestaltung vor. Kinder entwerfen, planen und bauen unter sachgerechter und behutsamer Anleitung von Fachleuten ihre Spielwelten selbst. Ein entscheidender und weiterführender Schritt ist nach unserer Erfahrung die Aufforderung und Ermutigung, nicht nur den Schulhof als abgegrenztes, den Kindern vorbehaltenes Sondergebiet zu gestalten, sondern auch in den angrenzenden Straßenraum, in die Wohngebiete und in den Stadtkern zu gehen.

Die Internationale Bauausstellung Emscher Park als umfassendes ökonomisches und ökologisches Erneuerungsprogramm für das nördliche Ruhrgebiet, hat sich in ihrem siebten Leitprojekt "Neue Angebote für soziale, kulturelle und sportliche Tätigkeiten" auch die Erweiterung der Spielangebote für Kinder und Jugendliche vorgenommen. Hinzu kommt der ausdrücklich formulierte Anspruch, "die Bevölkerung im Emscherraum zu aktivieren und lokale Ideen und Initiativen herauszufordern". Was liegt also näher als die Vermutung, daß der "Emscher Park" unter maßgeblicher Beteiligung seiner/ihrer NutzerInnen auch kindgerecht geplant werden soll.

Der Zusammenschluß von Initiativen und Projekten zur "IBA von Unten" nahm die Aufforderung zur aktiven Mitarbeit an der Bauausstellung ernst und reichte entsprechende Projektvorschläge ein. Unsere Forderung nach einer kindgerechten Erneuerung der in vielerlei Hinsicht benachteiligten Emscherstädte ist dabei nur ein Aspekt im Spektrum bürgerschaftlicher Aktivitäten innerhalb der "Gesamtaufgabe Strukturwandel". Gerade an ihren verwirklichten Ansätzen und Projekten zur Weiterentwicklung einer humanen, also auch kindgerechten Stadt wird sich die Internationale Bauausstellung Emscher Park beurteilen lassen müssen.

Abb.1-4: Ein hervorragendes Beispiel von Stadtgestaltung für Kinder und Erwachsene: die Wasser- und Skulpturenlandschaft in Köln am Rheinufer. Quelle: Fotos des Autors.

1. Kindheit in der Emscherzone: Zur Entwicklung von Lebensbedingungen von Kindern in benachteiligten Bevölkerungsgruppen

"Die Sensibilisierung für die Belange der Kinder auf allen erdenklichen Ebenen - auf Kongressen, durch die Einführung von Kinderbeauftragten der Parteien usw. ist ein richtiger, aber nicht ausreichender Weg. Denn dort, wo (mittelständische) Betroffenengruppen sich für die Lebendigkeit ihrer Stadtviertel und die Wiedereroberung des öffentlichen Raumes einsetzen, vertreten sie damit auch die Interessen der Kinder. In den Armenvierteln der Städte aber, den Gebieten mit hoher Arbeitslosigkeit und hohem Ausländeranteil muß die Bereitschaft zur Beteiligung erst entwickelt werden - und zwar auf allen Seiten. Die Defizite sind größer, die Bewohner können sich weniger gut artikulieren, sie haben weniger Vertrauen in die ordnende Macht des Staates, ihre Argumente werden weniger ernst genommen. Eine Verkehrsampel für Schulkinder an einer verkehrsreichen Straße in Kreuzberg durchzusetzen, ist einfach wesentlich schwerer als in Zehlendorf." (vgl. B. Wend, 1988, S. 1)

Kindheit in der Emscherzone, die in unterprivilegierten Familien und Wohnverhältnissen stattfindet, zeichnet sich zumindest durch zwei wesentliche Benachteiligungen aus:

o   Die katastrophale Umweltsituation: Von ihr sind Kinder - als eine der schwächsten Gruppen in der Gesellschaft - am stärksten betroffen. Dies gilt insbesondere für die extrem hohe Schadstoffbelastung der Luft. In der Emscherzone liegt die Lungenkrebsrate um 40 % höher als im Bundesdurchschnitt;

o   Die soziale Benachteiligung: Sie nimmt durch die anhaltende Massenarbeitslosigkeit mit hohem Anteil von Langzeitarbeitslosen und die dadurch wachsende Armut beständig zu. Gravierende psycho-soziale Belastungen der Kinder sind eine der Folgen.

Anhaltende Arbeitslosigkeit als Folge der Strukturkrise führt in vielen der betroffenen Familien zu einer depressiven und perspektivlosen Grundstimmung. Sie führt, gepaart mit Alkoholproblemen, nicht selten zur Zerrüttung familiärer Strukturen. Vielen Kindern drohen Verwahrlosung, schlechte schulische Leistungen und dadurch wiederum mangelnde Aussichten auf eine qualifizierte Berufsausbildung. Ein Teufelskreis, vor dem viele Kinder nicht ausreichend geschützt werden können.

Dem Grad an Zerrüttung der sozialen Verhältnisse entspricht in gewisser Weise auch die "zerrüttete Stadtstruktur" der Emscherzone. Die durch die Schwerindustrien Kohle, Stahl und Chemie nachhaltig geprägte Region weist infolge der Nordwanderung der Kohle und des Rückgangs von Eisen- und Stahlindustrie in hohem Maße Brachen und Restflächen auf. Dieser "Stadtschrott" entwickelt sich im Laufe der Jahrzehnte oftmals zu wichtigen Grün- und Freiräumen gerade auch für Kinder. Viele dieser Restflächen bieten die Möglichkeit zur sozial nicht reglementierten Raum- und Naturerfahrung, die sich in Ballungsräumen ansonsten kaum mehr bietet.

Im Gegensatz zur weitgehend "verinselten Lebenswelt" von Mittelschichtskindern (in Schule, Haus, Garten, Reitstall, Musikschule etc.) verfügen Unterschichtskinder zumeist noch über ein ausgeprägtes außenraumbezogenes Spiel- und Aneignungsverhalten (daher der negativ besetzte Begriff der "Straßenkinder"). Bezogen auf die industriellen Restflächen wird dieses Aneignungsverhalten jedoch zum kaum positiv wendbaren Problem: Oft unerkannte Altlasten - um nur eine Problem zu nennen - lauern an fast jeder Ecke. Die Möglichkeit zur freien Entfaltung in naturnahen Grün- und Freiräumen wird durch diese Tatsache wieder in Frage gestellt.

Für die Träger und Verantwortlichen der ökonomischen und ökologischen Erneuerung der Emscherzone ergibt sich bezogen auf die Bedürfnisse von Kindern folgende Aufgabenstellung:

o   Brachen und Restflächen sollten in ihrer Funktion als Frei- und Streifräume auch für Kinder erkannt und gesichert werden. Altlastenuntersuchungen und entsprechende Sicherungs- bzw. Sanierungsmaßnahmen sind somit vorzunehmen. Weiterhin gilt, daß

o   in den zum Teil hochverdichteten Stadtregionen der Emscherzone die Bereitstellung und Entwicklung von Freiflächen, die sich für Spiel und Aneignung durch Kinder eignen, zur kommunalen Pflichtaufgabe werden sollte.

Nun sind aber gerade die potentiellen Nutzer dieser Flächen - Kinder und ihre Eltern - in der Lage, die Bedeutung dieser Räume zu erkennen und sich für ihren Erhalt stark zu machen. Für mitverantwortliches Handeln muß also zunächst das notwendige Bewußtsein geschaffen werden. Dazu noch einmal B. Wend:

"Erfolgversprechende Betroffenenbeteiligung setzt hier neben dem politischen Willen vertrauensbildende Maßnahmen voraus. Aus Berlin-Kreuzberg liegen gute Erfahrungen mit einem Ansatz nachbarschaftsorientierter Gemeinwesenarbeit vor. Dies kostet Zeit und Geld. Betroffenenbeteiligung erfordert die Bereitschaft, aber auch die Fähigkeit zum Dialog. Nicht nur die betroffenen Bewohner, die beteiligten Verwaltungen und Politiker müssen Dialogfähigkeit erwerben - auch die Planer müssen sich in ihrer Expertenrolle in Frage stellen und eine neue Sprache erlernen." (B. Wend, 1988, S. 2).

2.   Vom Spielplatz zum "gelebten Raum"

Kinder in ihren urbanen Spiel- und Streifräumen

Spätestens wenn das Kleinkind die schützende Hülle der elterlichen Wohnung verläßt, um selbstständig die nähere Umgebung zu erkunden, macht es die ersten Erfahrungen mit bedrohlichen Erscheinungen: Treppenhaus, Flur und Hauseingang sind als Aufenthalts- oder gar Spielorte meist tabu. Die ersten Schritte auf die Straße werden von quietschenden Auto- und Fahrradreifen und dem panischen Entsetzen der Mutter über die Risiken, denen ihre Kinder ausgesetzt sind, begleitet. In ähnlicher Weise setzt sich die Entdeckungsreise ins Leben fort. Der Schulalltag läßt kaum Freiräume, die Stadtlandschaft verliert ihre letzten Spielparadiese an die Meistbietenden. Kindsein in innerstädtischen Lebensräumen ist zum Überlebenstraining für Kinder und ihre Eltern geworden: In die gerade frisch umgestalteten Spielplätze haben sich vergiftete Böden "eingeschlichen" - wie unlängst in der Stadt Essen bekannt geworden - und am Stadtrand erwarten Kinder und ihre Eltern die Ödnis durchgestylter Einfamilienhaussiedlungen. Und wenn sich, wie im Ruhrgebiet, verheißungsvolle Brachen und Trümmergrundstücke für Spiel- und Streifräume anbieten, lauert in vielen Fällen die - für viele - nicht erkennbare Altlast.

Wer nun die Spielidylle eher in den ländlichen Regionen - auch des Ruhrgebietes - vermutet, wird auch hier enttäuscht: Die ländlichen Wohnsiedlungen stehen ihren städtischen Vorbildern an Langeweile und Kinderfeindlichkeit in nichts nach. Die Dörfer auf dem Lande sind nahezu flächendeckend diversen Schönheitswettbewerben zum Opfer gefallen. Trotz dieser betrüblichen Entwicklungen finden Kinder in der städtischen Alltagswelt ihre Nischen, Schlupflöcher, ihre Verstecke und geheimen

Orte. Während sich Kinder auf ihren Streifzügen ihre Spielorte in Fußgängerzonen, Einkaufspassagen und Parkhäusern suchen oder sich die letzten "Paradiese" mit Wildwuchs und Wohlstandsmüll erobern, beschränkt sich die kommunale Planung auf den traditionellen Kinderspielplatz (unterteilt in die Typen A, B und C, je nach Einzugsbereich). Für die ersten Sand-Eß-Versuche und als Treffpunkt der zumeist isolierten Mütter mögen diese Spielplätze ihre Funktion haben. Mit den bei Kindern existierenden Spielbedürfnissen haben diese Räume so gut wie nichts gemeinsam.

Die Spielwelt eines Kindes oder einer Kindergruppe offenbart sich den bemühten BeobachterInnen allerdings nicht ohne weiteres. Sie läßt sich allenfalls annähernd in ihren räumlich-sozialen Dimensionen beschreiben. Dabei umfaßt der Begriff der "Spielwelt" die gesamte Lebenswirklichkeit eines Kindes. Er läßt sich - wenn überhaupt - mit dem Ausdruck des **"gelebten Raumes"** umschreiben. Der von K. von Dürckheim geprägte Begriff verläßt den scheinbar objektiv beschreibbaren und geografisch eingrenzbaren Raum. Er geht in einen wahrgenommenen Raum über, der von den Lebensbezügen des in ihm agierenden Subjektes angefüllt ist:

> "Der gelebte Raum ist für das Selbst Medium der leibhaftigen Verwirklichung, Gegenform oder Verbreiterung, Bedroher oder Bewahrer, Durchgang oder Bleibe, Fremde oder Heimat, Material, Erfüllungsort und Entfaltungsmöglichkeit, Widerstand und Grenze, Organ und Gegenspieler dieses Selbstes in seiner augenblicklichen Seins- und Lebenswirklichkeit." (K. v. Dürckheim, 1932, S. 389)

Der gelebte Raum in seiner individuellen Ausprägung und Bedeutung gewinnt seine Konturen demnach in einer ständigen Wechselbeziehung zwischen dem handelnden Subjekt, - in meinem Fall - dem Kind, das sich im Spiel den Raum aktiv aneignet, und dem Raum in seinen vielfältigsten Ausstrahlungen, der das Verhalten des Kindes beeinflußt, Möglichkeiten eröffnet, Grenzen setzt und dadurch langfristig auch das Wesen des Kindes mitprägt:

> "Kinder und Jugendliche gewinnen ein eigenes Verhältnis zu ihrer räumlichen Umwelt, indem sie diese durchstreifen. Sie nehmen dabei Sozial-, Sach- und Naturbezüge in derjenigen Mischung wahr, wie sie tatsächlich an den Wohn- und Arbeitsstätten, in Kaufhäusern, auf Märkten, am Straßenrand, in Passagen, am Fluß oder im Park vorkommen. Kinder gehen, wenn man sie läßt, kreativ mit diesen Bezügen um, probieren sie aus, vollziehen sie nach, wandeln sie ab. Sie plätschern im Wasser, bemalen Wände, nutzen dekorative Gegenstände um für ihre Zwecke, sind auf Baustellen und in Lagerhallen unterwegs." (W.R. Wendt, 1989, S. 14)

An dieser Stelle sei auf die Untersuchung von Martha Muchow aus den dreißiger Jahren verwiesen. Sie untersucht gemeinsam mit ihrem Bruder Heinrich Muchow den "Lebensraum des Großstadtkindes" im Rahmen verschiedener von Kindern angeeigneten Räumen in Hamburg. Martha und Heinrich Muchow schreiben dazu einleitend,

> "(...) daß es sich bei der von Großstadtkindern 'gelebten' wie überhaupt bei jeglicher 'gelebten Welt' um ein eigentümliches, **zwischen** Person und Welt sich realisierendes Leben handelt. Es war also nicht mehr zu untersuchen, wie eine so und so zu beschreibende Großstadtwelt die in ihr lebenden Kinder beeinflußt, sondern es war zu zeigen, wie das Kind seine Umgebung 'Großstadt' zu seiner Umwelt schafft, und wie sich alsdann die vom Kinde 'gelebte Welt' Großstadt darstellt." (M. Muchow/H.H. Muchow, 1978, S. 7)

Der räumlich überschaubare **Spielraum** verbindet sich mit dem in zunehmendem Alter immer weitläufiger werdenden **Streifraum** zu dem Raum, "den das Kind lebt", wie Martha und Heinrich Muchow es formulierten.

"Gelebter Raum" und Planungsalltag

Das "Aneignungsverhalten des Kindes" und ein an funktionaler Trennung städtischer Räume ausgerichteter Planungsansatz stehen sich diametral gegenüber. Ordnung, Sicherheit und Sauberkeit als gesellschaftliche Maximen gerade auch zur Ausgestaltung öffentlicher Räume tun ihr übriges, um unsere Lebensräume so zu ordnen und zu gestalten, daß - nicht nur - den Kindern vielfältigste Chancen zu ihrer sinnlichen Erfahrung, zur sozialräumlichen Aneignung und Umgestaltung und damit zur freien Entfaltung innerhalb unkontrollierter Räume genommen werden. Kindliches Spiel sollte weder auf unzulänglich geplante und ausgestattete Kinderzimmer noch auf planerisch standardisierte Spielorte beschränkt bleiben. Kindliches Spiel sollte im gesamten Stadtraum möglich sein. Von der kindgerecht gestalteten Wohnung angefangen, über das verkehrsberuhigte und vielfältig strukturierte Wohnumfeld bis hin zu bekletterbaren Kunstobjekten und Brunnenanlagen in den Stadtkernen läßt sich "kinderfreundlicher Stadtraum" entwickeln. Mit entsprechender Beobachtungsgabe, dem nötigen Einfühlungsvermögen und einer aktivierbaren Kreativität lassen sich von Eltern, PlanerInnen, PädagogInnen, KünstlerInnen und anderen am räumlichen Planungsprozeß beteiligten Fachleuten städtische Räume und Objekte nachbessern und kindgerecht umgestalten.

Je nach Experimentierfreudigkeit, Finanzkraft und politischem Willen der entsprechenden Kommune kann dieses Vorgehen auch zu brauchbaren und zumindest imagewirksamen Ergebnissen führen.

Diese Vorgehensweise birgt jedoch einen entscheidenden Nachteil in sich: Es sind wieder die Erwachsenen, die etwas **für** die Kinder machen statt es **mit** ihnen zusammen zu tun. Kinder werden als selbständig denkende und handelnde Wesen einfach nicht ernstgenommen! Kinder als eigenständige Mit-Planer und Mit-Gestalter von öffentlichen Räumen, sei es die eigene Wohnstraße, der kleine Park an der Ecke oder die Fußgängerzone, erscheinen undenkbar. Dieses oftmals starre Denken und die alltägliche Bevormundung durch andere Planungsakteure gilt es aufzubrechen. Kinder sind als eine eigenständige Akteursgruppe im Planungsprozeß zu akzeptieren. Kinder finden sich in ihrer Umwelt sehr wohl alleine zurecht und sind auch bereits mit drei Jahren in der Lage, sich z.B. auf einer Baustelle mit den dort vorhandenen Materialien und Gegenständen die ihnen passende Spielwelt einzurichten; eine Spielwelt, die heute so und morgen bereits ganz anders aussieht und übermorgen an einem anderen Ort entsteht.

Läßt sich die zweifellos vorhandene Kreativität, die scheinbar grenzenlose Lust am Bauen, Gestalten, Verändern und Zerstören für einen neuen Planungsansatz nutzen? Wenn ja, welche Methoden und Organisationsformen sind geeignet, um Kinder in die Planung und Gestaltung ihrer Spielräume, d.h. ihrer Lebensräume einzubeziehen? Können Kinder nicht nur am Entwurfsprozess sondern auch beim Bauen selbst mithelfen?

3. Spielen - Planen - Bauen - Spielen ...: PlanerInnen und PädagogInnen nähern sich einem Stadtteil

Das anstehende Problem oder besser die vor uns liegende Zukunfsaufgabe der Gestaltung **kinderfreundlicher Städte**, die sich als **lebenswerte Städte** für Erwachsene **und** Kinder darstellen lassen, wird wohl kaum von einer Fachdisziplin alleine zu bewältigen sein. Eine von Dortmunder Raumplanern erarbeitete Projektidee basiert auf der Erkenntnis, daß sich die Disziplinen Planung und Pädagogik zusammentun müßten, um einen experimentellen Planungsansatz auf den Weg zu bringen.

Das "Stadt-Kinder-Projekt" in Herne-Wanne

Seit dem Jahre 1988 versucht die Projekt- und Planungsgruppe **Stadt-Kinder** innerhalb der Gesellschaft freie Sozialarbeit e.V. im Stadtteil Herne-Wanne mit einem interdisziplinären Planungsansatz Antworten auf die oben genannten Fragen zu finden. Die Startbedingungen für eine derartige Projektarbeit erwiesen sich im Stadtteil Wanne als besonders günstig. Der Problemdruck eines entsprechenden Handlungsbedarfs kam hinzu (siehe hierzu auch Punkt 2 dieses Beitrags):

o   Die Kommunen und Stadtteile in der Emscherzone weisen in der Regel ein erhebliches Freiflächendefizit auf. Die Verdichtung und damit der Mangel an für Kinder nutzbaren Spiel- und Freiräumen ist insbesondere in Herne und auch im Stadtteil Wanne sichtbar und spürbar.

o   Der hohe Grad an Umweltbelastungen (Luftverschmutzung, Bodenverseuchung etc.), aber auch das soziale Klima in der Stadt - vgl. die strukturell bedingte andauernd hohe Arbeitslosigkeit - erzeugen wenig kinderfreundliche Lebensbedingungen.

o   Mit dem Trägerverein hatte die Projektgruppe einen freien Träger der stadtteilbezogenen Sozialarbeit und Jugendhilfe gefunden, der auf eine langjährige Erfahrung und Arbeit mit sozial benachteiligten Kindern und Jugendlichen zurückblicken konnte.

o   Im Stadtteil hatte sich nahezu zeitgleich eine Elterninitiative mit dem Ziel der Schaffung von mehr Spielmöglichkeiten für Kinder zusammengefunden. Und nicht zuletzt konzentrierte sich

o   die Arbeit des Unterbezirkes Herne der SJD - Die Falken seit Jahren auf die Vertretung von Kinderinteressen und die Verbesserung ihrer Spielsituation.

Zum methodischen Vorgehen

Wichtig für das Projekt bzw. die Planungsgruppe ist der permanente Versuch, sich in die Lebenswelt von Kindern hineinzuversetzen, sie anzusprechen und mit ihnen zu spielen, um ihre Vorstellungen, ihre Träume und Phantasien von einer bespielbaren Stadt zu erfahren. Dabei versagen allerdings die herkömmlichen quantitativen Methoden der empirischen Sozialforschung. Es gilt vielmehr, Kinder innerhalb eines überschaubaren Quartiers bzw. innerhalb ihres erkennbaren Spielraums über einen längeren Zeitraum zu beobachten, um zunächst ihr Spiel- und Raumaneignungsverhalten ohne Beeinflussung durch den erwachsenen Beobachter zu erfassen und zu dokumentieren. Diese Vorgehensweise führt je nach Quartier, sozialer und ethnischer Zugehörigkeit, je nach Siedlungs- und Freiraumstruktur zu sehr unterschiedlichen Ergebnissen. Sie bildet jedoch nur einen ersten Schritt zur Erfassung einer möglicherweise defizitären Spielraumsituation von Kindern in der Stadt.

Im weiteren Verlauf unserer Untersuchung gewannen spontane und organisierte Streifzüge gemeinsam mit einer kleineren Gruppe von Kindern unterschiedlicher Altersstufen eine wichtige Funktion. Während solcher Streifzüge, deren Verlauf nicht von den Erwachsenen, sondern von den Kindern bestimmt wird, kann ein sich allmählich entwickelndes Vertrauensverhältnis dazu führen, daß die Kinder sehr bereitwillig ihre Spiel- und Streifräume vorstellen und dabei auch "geheime Orte" - ihre versteckten Plätze und Nischen - stolz präsentieren. Die Kinder fühlen sich ernstgenommen, weisen auf die Vorzüge und Qualitäten ihrer Spielorte hin, können aber auch deutlich die Mängel, Defizite und Gefahren ihrer Streifräume beschreiben. Dokumentiert werden diese Streifzüge mithilfe einer Foto- oder Videokamera. Letztere wird von den Kindern zumeist mit großer Selbstverständlichkeit gehandhabt. Insbesondere Fotografien, die ohne die Begleitung Erwachsener entstanden sind, geben Aufschluß über bevorzugte Spielorte oder besondere Gefahrenpunkte.

Dieses "Eindringen" in die Spiel- und damit in die Lebenswirklichkeit von Kindern umfaßt auch die Wahrnehmung ihrer Wünsche und Phantasien, aus denen sich nicht nur Defizite ablesen lassen, sondern auch die Vorstellungs- und Gestaltungskräfte von Kindern in konkreten Bildern erscheinen. Gestaltungsideen lassen sich in durchaus ernstzunehmenden Mal- oder Bastelaktionen oder mithilfe von Tonmodellen erfassen (vgl. dazu das später angesprochene Beispiel der Stadtteilbaustelle Unna-Königsborn). Spielaktionen, die über einen längeren Zeitraum auf Freiflächen oder im Straßenraum durchgeführt werden, geben häufig die Möglichkeit zum eigenständigen Bauen und Gestalten von Kindern unter Betreuung durch und Anleitung von Erwachsenen. Die so entstandenen Spielräume - wenn auch nur in Ansätzen sichtbar - sind vorzeigbare Beispiele eines menschlichen Grundbedürfnisses nach eigenständiger Gestaltung des unmittelbaren Lebensbereiches. Inwieweit Kinder innerhalb solcher Spielaktionen nur ihren tatsächlichen Bedürfnissen gestalterischen Ausdruck verleihen und sich nicht an den möglichen Erwartungen ihres sozialen Umfeldes orientieren, kann in den meisten Fällen nur schwer eingeschätzt werden und setzt zumindest eine weitgehende Erfahrung mit dieser Methode voraus. Auf jeden Fall müssen die Ergebnisse mit den tatsächlich vorhandenen Aneignungs- und Gestaltungsspuren verglichen werden, sofern sich diese in den untersuchten Spielräumen nachweisen lassen (gemeint sind Verstecke, Höhlen, Buden, Baumhäuser u.ä.m.).

Der lange Marsch durch die Institutionen ...

Die konkrete Arbeit mit Kindern, das Aufspüren von Verbesserungs- und Veränderungsmöglichkeiten im Stadtteil und das Formulieren von Ideen und Planungsvorschlägen sind nur der erste Schritt auf dem langwierigen und dornenreichen Weg zur für Kinder bespielbaren Stadt. Als eigenständiges Projekt, das zumindest in seiner Anfangszeit keinem Auftraggeber Rechenschaft schuldig war, ein nicht unwesentlicher Vorteil einer ABM-Finanzierung, hatte die Herner Gruppe Stadt-Kinder die Möglichkeit, sich nicht nur ihre Bündnispartner selbst zu suchen, sondern vor allem auch eine offensive Öffentlichkeitsarbeit zu betreiben. Im Rahmen der Öffentlichkeitsarbeit dürfte sich das Projekt insbesondere nicht scheuen, offensichtliche Mißstände und kinderfeindliche Planungen anzuprangern. Daß man sich mit diesem Vorgehen nicht nur Freunde schafft, muß nicht besonders erwähnt werden. Entsprechenden Rückhalt in der Elternschaft eines Quartieres sowie in den kommunalen Selbstverwaltungsgremien vorausgesetzt, läßt sich mitunter sogar Licht in den dunkelsten Verwaltungsdschungel und Politikfilz bringen. Als "Quereinsteiger" in Sachen Stadtteilentwicklung und Planung von Spielmöglichkeiten für Kinder hatte die Projektgruppe u.a. eine zusätzliche Spielmöglichkeit mit einem turmartigen Spielgerät an einer zentralen Stelle "Am Buschmannshof" in Herne-Wanne vorschlagen. Ein ungenutzter Platz im Stadtzentrum - Relikt einer Innenstadtgestaltung aus den 70er Jahren - wurde mit geringem Aufwand zum Spiel- und Treffpunkt umgestaltet, obwohl an dieser Stelle bisher kein Kinderspielplatz vorgesehen war. Diese unkonventionelle Vorgehensweise, die in mehreren Ämtern in der Verwaltung anfangs auf erheblichen Widerstand gestoßen war, verhalf dem Projekt in der Anfangszeit zu einem gewissen Achtungserfolg. Das führte unter anderem dazu, daß der DPWV als Dachverband des Trägervereins in den Kreis der Träger öffentlicher Belange aufgenommen wurde und daraufhin alle neuen Bebauungspläne und Flächennutzungsplanänderungen kommentieren durfte.

Das anhaltende Engagement der Projektgruppe, gepaart mit einer gehörigen Portion Durchhaltevermögen und Selbstausbeutung, führte schließlich dazu, daß die Mitarbeiter nicht nur als Gesprächs- und Planungspartner, sondern auch als Auftragnehmer ernstgenommen wurden.

Die planerische Berücksichtigung von Kinderinteressen als eine Querschnittsaufgabe der Stadtentwicklung ist im Rahmen bestehender Planungs- und Verwaltungsstrukturen kaum zu bewältigen. Andererseits ist auch eine freie Projektgruppe letztlich auf das Wohlwollen und die Kooperationsbereitschaft von Politik und Verwaltung angewiesen. Neu ist allerdings der Weg, der hier beschritten wurde. Nach den zurückliegenden Erfahrungen kann er auch als erfolgsversprechend bezeichnet werden. Das gilt ganz besonders im Hinblick auf eine weitestgehende Beteiligung und Mitbestimmung von Betroffenen an Planungsprozessen, die unmittelbar in stark benutzte Alltagsräume - wie Wohnumfeld, Straße und Innenstadt - eingreifen.

4. Kinder in der Emscherzone - Die Vision eines kindgerechten Stadtteils Ein Projektvorschlag für die Bauausstellung und die Reaktion

Ich verwies bereits darauf, daß sich die IBA Emscher Park im Leitprojekt 7 "Neue Angebote für soziale, kulturelle und sportliche Tätigkeiten" auch der Förderung von Spielmöglichkeiten für Kinder und Jugendliche verschrieben hat. Die wichtigsten Bestandteile dieses Leitprojektes sind verkürzt dargestellt:

o   die Beschäftigung mit Natur und Garten;
o   soziale Aktivitäten im Stadtteil und Stadtteilkultur;
o   ökologisch orientierte Ver- und Entsorgung im Stadtteil sowie
o   Bewegungskultur und Gesundheitsförderung.

Mitentscheidend für die breite Beteiligung am ersten - und vermutlich letzten - IBA-Projektaufruf im Juni 1989 war die Aufforderung zur Mitarbeit im Vorwort des Memorandums:

"Die Landesregierung ruft alle Städte und Gemeinden, alle Unternehmen im Emscher-Raum, Gewerkschaftler und Architekten (!, d.Verf.), **besonders alle Bürgerinnen und Bürger** der Emscher-Zone dazu auf, die "IBA-Emscher-Park" auch aktiv zu unterstützen und bei den Projekten und Planungen mitzuarbeiten. Glück auf!" (MSWV, 1988, S. 5; Hervorhebung d. Verf.)

Von den daraufhin eingegangenen über 400 Projektvorschlägen waren immerhin ca. 160 von der "Basis", von Projektgruppen, Bürgerinitiativen, Vereinen, von ökologisch-sozial orientierten Planungs- und Stadtteilgruppen, aber auch von engagierten Einzelpersonen. Einer dieser Projektvorschläge, eingereicht vom "Stadt-Kinder Projekt" der Gesellschaft freie Sozialarbeit e.V. und der Sozialistischen Jugend Deutschlands, SJD-Die Falken, Unterbezirk Herne, war:

Kinder in der Emscherzone - Spiel- und Freiräume in Herne-Wanne

In der Kurzbeschreibung der Projektskizze heißt es:

"Der Kernbereich des Stadtbezirks Wanne zeichnet sich, ähnlich wie das gesamte Stadtgebiet von Herne, durch einen eklatanten Mangel an Freiflächen aus. Zur Befriedigung ihrer Spiel- und Bewegungsbedürfnisse nutzen Kinder nicht nur die kleinsten Nischen und Freiräume, sondern schlicht die gesamte Stadt, soweit ihnen das noch möglich ist. Das Projekt will modellhaft aufzeigen, wie die Stadtplanung in Verbindung mit pädagogischer Praxis Grundbedürfnisse von Kindern aufnehmen kann und wie mit ihnen gemeinsam unsere Städte nicht nur kindgerechter, sondern auch insgesamt menschengerechter weiterentwickelt werden können." (Gesellschaft freie Sozialarbeit e.V. ..., 1989, S. 2)

Im Absatz 'Problemdarstellung' heißt es:

"Die schlechte Spielsituation für Wanner Kinder macht gerade diesen Stadtteil zu einem breiten **Experimentierfeld** für dringend nötige Maßnahmen einer kinderfreundlichen Stadterneuerung." (Gesellschaft freie Sozialarbeit e.V. ..., 1989, S. 4; Hervorhebung d. Verf.)

Projektidee war, die von den Bedürfnissen einer der artikulationsschwächsten Gruppen unserer Gesellschaft keine Notiz nehmende Stadtteilentwicklung mit dem Ziel einer kindgerechten Umgestaltung aller sinnvoller Freiräume einschließlich der Verkehrsflächen zu verändern. Sicherlich eine anspruchsvolle Zielvorstellung, aber durchaus nicht unrealistisch in Anbetracht der Tatsache, daß im Stadtteil Wanne Wohnumfeldverbesserung mit Verkehrsberuhigung, Innenstadtgestaltung und der Umgestaltung des Stadtparks betrieben wird oder z.T. bereits abgeschlossen ist. Diese laufenden Maßnahmen mit dem Ziel kinderfreundlicher Planungskonzepte weiterzuentwickeln, hätte die IBA ob ihres innovativen und experimentellen Planungsansatzes interessieren können. Die Frage ist allerdings, ob die Bauausstellung überhaupt experimentelle Planungsansätze entwickeln oder aufgreifen möchte? Prof. Dr. Karl Ganser, Geschäftsführer der IBA, stellte sich des öfteren mit dem Spruch: "Man muß den Mut haben, Prozesse zu organisieren, deren Ausgang man nicht kennt!" als innovativ und mutig dar. Unterstützt wurde diese Haltung von Prof. Dr. Walter Siebel, einem Soziologen und Mitglied des wissenschaftlichen Direktoriums der IBA. Auf dem IBA-Strategie-Kongreß im Juni 1991 in Essen trug er sinngemäß folgende These vor: "Die Bauausstellung als eine Werkstatt für die Zukunft alter Industriegebiete ist vor allem auch eine Werkstatt für Experimente; Fehler dürfen gemacht werden."

Kurzum: Das Experiment der Entwicklung eines kinderfreundlichen Stadtteils in der Emscherzone, angelegt auf einen Zeitraum von fünf Jahren mit einem Planungskostenaufwand von geschätzten zwei Millionen DM erschien der IBA doch des Experimentierens zuviel. Im Antwortschreiben von Karl Ganser an die Absender der Projektidee heißt es:

"Ein kindergerechtes Wohnumfeld zu schaffen, ist auch wichtiges Anliegen der IBA und soll bei der Verwirklichung möglichst zahlreicher IBA-Projekte fester Bestandteil werden. (...) Die für Wanne vorgeschlagene Konzeption ist allerdings sehr umfangreich, womit sich unmittelbar die Frage nach der Finanzierbarkeit stellt (...), zumal die Weiterfinanzierung Ihrer Arbeit mit AB-Mitteln auf Grund der Bestimmungen leider ausscheidet. Die Bauausstellung Emscher Park sieht es auch nicht als ihr originäres Thema an, **kommunale Planungsaufgaben wie z.B. die Entwicklung eines Spielrahmenplanes** oder eines integrierten Fuß- und Radwegenetzes zu übernehmen bzw. zu fördern. Auch ist die IBA mehr an der **modellhaften praktischen Umsetzung** als an weiteren Untersuchungen und Beobachtungen interessiert. (...) Auf alle Fälle möchten wir mit Ihnen im Gespräch bleiben."(Hervorhebung d. Verf.)

Modellhafte und praktische Umsetzung, exakt das war der Vorschlag dieser Projektidee. Während sich die Bauausstellung mit dem Wahrnehmen der Zeitzeichen noch schwertut und viel Zeit verstreicht, schreibt der Oberstadtdirektor von Herne, Dr. Roland Kirchhof, ein Jahr später an die Vertreter des Stadt-Kinder-Projekts:

"Ungeachtet dessen (der Aufnahme als IBA-Projekt, d.Verf.) hält die Stadt Herne dieses Projekt für so bedeutsam, daß sie es mit DM 300.000.- in das WUF-Programm Wanne aufgenommen hat. Ebenso wurde das Projekt 'Gelsenkircher Straße' in das WUF-Programm neu aufgenommen. Es besteht hier die seltene Chance, kinderfreundliche Planung direkt in die Ausführungsplanung und in die anschließenden Umbaumaßnahmen einfließen zu lassen. (...) Im Sinne einer kindgerechten und damit auch menschengerechten Entwicklung unserer Stadt hoffe ich auf eine gute Zusammenarbeit und einen erfolgreichen Projektverlauf."

Die Einschätzung des Projektes "Kinder in der Emscherzone" durch die IBA erscheint im nachhinein dann umso verwunderlicher, wenn man weiß, daß der Planungsansatz "Integrierte Stadtteilentwicklung" zwischenzeitlich zu einem eigenständigen Leitprojekt (Nr. 8) der IBA auserkoren worden ist.

5. Der Emscher Park öffnet seine Pforten: Von der Stadtteilbaustelle zur kinderfreundlichen Siedlung

Kinderkontrollplanung - die Kinderverträglichkeitsprüfung der IBA

Immerhin hat durch die Projektidee "Kinder in der Emscherzone", durch weitere Projektvorschläge wie z.B. die Einrichtung eines Spielmobilzentrums und durch die offensichtlich positive Resonanz aus der Region das Thema Eingang in die IBA gefunden. Aus einem Diskussionspapier der IBA mit dem irreführenden Titel "Kinderkontrollplanung" ist zu entnehmen, daß die Berücksichtigung der Belange von Kindern und Jugendlichen ein Anliegen bei allen Projekten der IBA Emscher Park ist. Das betrifft die Bereiche Wohnungsbau (z.B. Grundrißgestaltung), Wohnergänzungseinrichtungen (z.B. Spielwohnungen) oder Wohnfolgeeinrichtungen (z.B. Kindertagesstätten). Hinzu kommen die Stadtteilgestaltung und die Verkehrsführung und nicht zuletzt die Grün- und Freiflächen, die als "erlebbare und gestaltbare Orte für Gemeinschaftlichkeit, Spiel und Abenteuer erfahrbar werden" (IBA Emscher Park, 1991, S. 2).

Kinderfreundlichkeit soll nicht nachträglich in die Projekte "einmontiert" werden, sondern von Beginn an grundsätzlich in den Planungs- und Gestaltungsprozess einfließen. Bei dieser Zielvorstellung erscheint der Begriff der "Kinderkontrollplanung" fragwürdig. Er legt die Vermutung nahe, Kinderinteressen sollen netzartig über ausgewählte Projekte gelegt werden, um mit diesem Abgleich festzustellen, welche kinderfreundlichen Elemente in den Projekten fehlen. "Normale" Planung und Kinderkontrollplanung laufen parallel und werden von Zeit zu Zeit miteinander verglichen.

Mit dem Einstieg in das Thema wachsen auf Seiten der IBA auch die Erwartungen, die eine kinderfreundliche Siedlung an positiven Folgeeffekten haben könnte:

o   Kinder und Jugendliche identifizieren sich mit ihren Wohnsiedlungen, "in denen sie mehr Spaß und Spielraum haben";

o   es entwickelt sich ein nachbarschaftlicher Zusammenhalt, "von dem Impulse für neue Gemeinschaftsaktionen ausgehen";

o   das Verantwortungsgefühl für kinderfreundliche Einrichtungen steigt und die Bewohner sind bereit, "zugunsten der Kinder auf eher kinderfeindliche Gewohnheiten zu verzichten." (alle Zitate aus IBA Emscher Park, 1991, S. 4).

Im Verlaufe des Jahres 1991 formierte sich ein Arbeitskreis zum Thema "Kinderkontrollplanung" auf Einladung der IBA. Dieser trifft sich in unregelmäßigen Abständen und nähert sich der Thematik mit wechselnder Begeisterung. Teilnehmer sind bzw. waren sehr unterschiedliche Kinderprojekte und Interessenvertretungsgruppen. Neben der LAG Kulturpädagogische Dienste und der LAG Spielmobil, die einen eigenen Projektvorschlag zu IBA eingereicht hatte (siehe oben), saßen die Gruppe AKKI (Aktion & Kultur mit Kindern e.V.) aus Düsseldorf und die Planungsgruppe Stadt-Kinder aus Herne in diesem Arbeitskreis. Die Diskussionen führten trotz eifriger Bemühung von allen Seiten zu keinem brauchbaren und konkreten Ergebnis. Die Vorschläge der IBA reichten vom schnellen Einstieg in laufende Wohnungsbauprojekte mittels öffentlichkeitswirksamer Spielaktionen über diverse Szenarien, wie denn ein Beteiligungsmodell über einen längeren Zeitraum an einem konkreten Ort aussehen und auch funktionieren könnte. Zu den geplanten bzw. projektierten IBA-Projekten "Verbesserung des Wohnstandortes Siedlung Schüngelberg" in Gelsenkirchen und "Integrierte Stadtteilentwicklung Herne-Sodingen" wurden umfangreiche und detaillierte Papiere zusammengeschrieben, die allesamt in den Schubladen der IBA verschwanden.

Die Bemühungen des Arbeitskreises mündeten im Herbst 1991 in einen Auftrag an die Gruppen AKKI und Stadt-Kinder. Sie sollten eine Studie für die Internationale Bauausstellung Emscher Park anfertigen. Zwei Schwerpunkte sollten dabei herausgearbeitet werden:

o   Zum einen eine umfassende Übersicht über Qualitätsanforderungen an eine kinderfreundliche Siedlung einschließlich der Wohnungen und
o   zum anderen ein Organisationsmodell und Moderationskonzept für eine optimale Partizipation von Kindern am Planungs- und Gestaltungsprozess.

Die Studie sollte sich an den Strategien des maximal Machbaren orientieren und sowohl als Grundlage für Wettbewerbsausschreibungen als auch als Einstieg für Kinderbeteiligungen an IBA-Projekten dienen.

Da es in diesem Beitrag unmöglich ist, die gesamte Studie vorzustellen (sie wurde inzwischen als Heft 5 der "IBA-Planungsgrundlagen" veröffentlicht), werden einige Fragen und Anforderungen an eine kinderfreundliche Siedlung exemplarisch vorgestellt. Im Anschluß daran berichte ich im Rahmen eines Exkurses von der Stadtteilbaustelle Unna-Königsborn. Es dient als anschauliches Beispiel der direkten Partizipation von Kindern an der Stadtteilplanung.

o   Läßt sich eine kinderfreundliche Siedlung in einer idealtypischen Form beschreiben?
o   Welchen strukturellen, funktionalen und gestalterischen Anforderungen muß eine solche Siedlung genügen?
o   Wie werden diese Anforderungen in Wettbewerbsausschreibungen eingebracht und können Kinder über die Ergebnisse mitentscheiden?
o   Wie vertragen sich 'geheime Orte' mit zentralen Treffpunkten, wie 'Dschungellandschaften' mit gepflegten Vorgärten?
o   Wie können nicht nur die Wohnungen, sondern auch Treppenhäuser, Keller und Hauseingangsbereiche kindgerecht gestaltet werden?
o   Wie sehen die Grenzlinien zwischen privatem und öffentlichem Freiraum aus, wie die Übergänge?
o   Welche Möglichkeiten für Naturerfahrung und sinnliches Erleben bietet eine Siedlung?
o   Welche Spiel- und Aneignungsmöglichkeiten bieten sich auf öffentlichen Plätzen, in Einkaufszonen, in Grünanlagen und auf Straßen an?
o   Wie können Kinder an einer Siedlungsplanung beteiligt werden, die als spätere Bewohner noch gar nicht bekannt sind?
o   Wann und an welchen Orten kann eine kinderorientierte Partizipation durchgeführt werden?
o   Mit welchen kindgemäßen Methoden und mithilfe welcher kulturpädagogischen Aktionen lassen sich Vorstellungen, Wünsche und Phantasien von Kindern erfahren?

o   Wie lassen sich Einzelaktionen in einen permanenten Prozeß der Veränderung und Gestaltung einer Siedlung überführen?

o   Ist es sinnvoll, eine "Kinderkontrollplanung" parallel zum normalen Planungsprozess laufen zu lassen?

o   Wie lassen sich Kooperationsstrukturen in der Kommune und im Stadtteil aufbauen, um die Idee einer kindgerechten Stadtteilentwicklung tragfähig zu machen?

Aus unserer abschließenden Bewertung der Studie seien als Selbsteinschätzung zwei Passagen zitiert, die nach den mannigfaltigen Visionen als pragmatische Quintessenz gelten können:

> "Die Partizipation von Kindern und Anwohnern ist eine alte und auch fromme Forderung. Nur selten wird die Frage nach ihrer Befähigung gestellt. Das vorgelegte Konzept basiert auf einem Partizipationsbegriff, der nicht die besserwisserische Einmischung eines Dilettanten meint, sondern einen dynamischen Prozeß der Befähigung durch Mitwirkung, 'Learning by doing', beschreibt, in einer Umwelt, die solche Gelegenheiten bereitstellt. (...) Es erscheint sinnvoll, neben der vorgelegten Maximalversion erste Schritte zu unternehmen, um in konkreten Teilbereichen die direkte Partizipation von Kindern in Angriff zu nehmen und mit ihren verschiedenen Formen zu experimentieren. Denkbar wäre eine gemeinsame Gestaltung z.B. eines Parks, die Umwandlung einer Straße oder Fußgängerzone, eines bestimmten Platzes in einer bestehenden Siedlung. An konkreten Orten, mit anwohnenden und nutzenden Kindern überschaubare Veränderungsprozesse einzuleiten, birgt sinnvolle Erfahrungen und Perspektiven (...)" (IBA Emscher Park, 1992, S. 41, 42)

Ein etwas längerer Exkurs: Gegen-Modell - Stadtteilbaustelle Unna-Königsborn - Kinder planen ihr Stadtviertel mit

Auf Initiative des Kulturamtes Unna wurde im September 1989 im Stadtteil Königsborn im Rahmen der Landeskulturtage eine Stadtteilbaustelle eingerichtet: eine Woche lang erhielten fünf Schulklassen unter Anleitung der Düsseldorfer Gruppe AKKI die Gelegenheit, ihr Stadtviertel mit der Hochhaussiedlung rund um die Berliner Allee zu verändern und neu zu gestalten, zunächst als Planspiel, **jedoch mit der Zusage der Verantwortlichen, später tatsächliche Veränderungsprozesse in die Wege zu leiten.** Die betroffene Siedlung - ein typisches Produkt verfehlter Wohnsiedlungsplanung der 60er und 70er Jahre - umfaßt ca. 1.000 Haushalte und zeichnet sich durch eine Mischung von anonymer Hochhausarchitektur und Einfamilienhausbebauung (2/3 zu 1/3) sowie einer stark defizitären Infrastruktur aus. Insbesondere mangelt es an Einrichtungen für Begegnungen, Nachbarschaftskontakte, Kommunikation, selbstbestimmte Freizeitgestaltung und Stadtteilkultur.

Die nachfolgenden Textpassagen sind der oben genannten Studie der IBA Emscher Park: "Kinderfreundliche Siedlung" (1992) entnommen.

> "Ziel der Aktion wird es sein, einen anschaulichen Ideen-Steinbruch zu erstellen, der Zeugnis von ihren (den Kindern und Jugendlichen) Bedürfnissen, Meinungen, Ideen, Vorschlägen, Phantasien, Wünschen und Utopien gibt. Ihrer Stimme wollen wir im künftigen Planungs- und Realisierungsprozeß Gehör verschaffen. So soll die Aktion eine Art Startschuß werden, eine erste Bündelung und Sicherung von Interessen. Wir entwickeln dafür die Idee der 'Stadtteilbaustelle' als modellhaftes Laboratorium, als Ideenwerkstatt, deren Produkte in einem 10 x 10 Meter großen Tonmodell des Viertels Gestalt annehmen und am Ende den Bewohnern, Eigentümern, Interessenvertretern vorgestellt und mit ihnen diskutiert werden.

Drei Prämissen gewährleisten hoffentlich den Erfolg:

1. Die Erwachsenen sind bereit zu dieser Begegnung und nehmen die Kinder ernst.
2. Wir werden nicht besserwisserisch oder belehrend auftreten.
3. Wir werden von den vorhandenen architektonischen und städtebaulichen Strukturen ausgehen und Lösungen suchen. Es soll keine Reise nach Utopia oder in die Traumstadt geben, die dann schnell als niedlich, aber unrealistisch abgetan werden kann, sondern Kreativität in der Sachbezogenheit. (...)

Vier Werkstätten stehen für den Auf- und Umbau des Viertels bereit. 'Wohnen und Arbeiten' ist für die Bauten zuständig. Fotokarte, Standortplan und Grundrisse von den Gebäuden erleichtern das Bauen. Viele errichten zunächst ihr Haus; man baut auch zusammen ganze Häuserreihen.

Für andere sind speziell die Hochhäuser eine interessante Herausforderung. Gearbeitet wird an Tischen, die fertigen Häuser werden dann im großen Modell eingepaßt. Das riesige Schulzentrum entsteht direkt vor Ort. Massen werden bewegt, Ton, Wasser, Haut und Kleidung gehen langsam in Symbiose über. Überall wachsen langsam die monolithischen Wohnblöcke empor. Den Bereich der Eigenheime, wo es sowieso nichts zu verändern gibt, sparen wir uns.

Schon jetzt bricht die Phantasie der Kinder durch. Ihre Häuser sind zum Teil nicht mehr so steril wie die Originale. Das berüchtigte 'schwarze Hochhaus', abschreckendes Sinnbild des Viertels, hat jetzt einen Dachgarten erhalten. Auch der 'Rewe-Markt' wird mit Liebe gestaltet. Nebenan wird der große Sportplatz von der Werkstatt 'Freizeit und Kultur' angelegt. Die Kinder sind mal eben 'rübergelaufen' und haben sich rotes Granulat vom echten Platz geholt. Auch die Linien des Fußballplatzes werden aufgemalt. Alles soll professionell wirken.

'Natur und Gärten' erschließt erstmal die Brachgelände an der Hubert-Biernat-Straße und das private Obstgärtchen hinter dem Kindergarten. Beim Sammeln von Ästen, Blumen und Unkraut werden diese Gelände auch in Augenschein genommen (Was verbirgt sich eigentlich hinter dem Zaun?). In ihrer Werkstatt starten die Kinder eine Massenproduktion von Bäumen, die dann die 'Platanenallee' säumen und den Obstwald füllen. 'Straßen, Wege und Verkehr' wird von den Betreuern im großen Modell übernommen. Hier wartet man noch auf die Rückkehr der Vermessungsgruppe, die mit dem Katasteramtsplan im Stadtteil unterwegs ist, um alle Straßen, Parkplätze und Verkehrsflächen zu erfassen. (...)

Die erste Bürgerversammlung (der Kinder, d. Verf.) besteht aus Berichten. (...) Große gelbe Flächen wuchern durch das Viertel. Verschwindend gering dagegen die roten Kästchen: Autos gegen Spielplätze. Das Verhältnis muß sich ändern! Die Brachflächen im Norden und das große baumbestandene Privatgrundstück im Südwesten werden als potentielle Spielflächen sichtbar. Ihre 'verwilderte' Naturbelassenheit ist durch Stroh und Gestrüpp kenntlich gemacht. Das soll so bleiben. (...)

Folgerichtig heißt das Motto des zweiten Tages: 'Pläne und Ideen zum Leben im Stadtteil'. Jetzt kann es endlich an die Veränderung des Viertels gehen. Die neue Bauleitung lokalisiert zunächst die Problemzonen: wo haben die Kinder den wenigsten Platz, wo ist alles zugebaut und zugeparkt, wo fehlt Spielraum am dringendsten? Hier sollen neue Bauvorhaben ansetzen! Aber es gibt auch Freiflächen, die förmlich nach Nutzung rufen. Die große Wiese an der Stuttgarter Straße wäre doch super für ein neues Spielgelände geeignet. (...)

Und so blühen dann auch die Phantasien auf. In der Werkstatt 'Freizeit und Kultur' versinken die Architekten in ihre Abenteuerspielplätze. Dichte Gebüsche zum Verstecken, eine verwinkelte Budenstadt, Höhlen usw. machen das Modell zu einem erlebnisreichen Spielfeld. Gerade wird die Seilbahn gebaut, mit der man über den See hangeln kann. In Zukunft wird man bei Regen nicht mehr in der Wohnung hocken müssen: gleich drei Spielhäuser entstehen. Von den Wohnhäusern unterscheiden sie sich grundlegend.

Skurrile, detailreiche Architektur, die selbst schon bespielbare Form ist mit Türmen, Treppen, Rutschen, Durchbrüchen usw., nicht nur überdachter Spielplatz. Weil sie für die Kinder wichtiger sind, geraten sie auch größer als die Wohnhäuser - Bedeutungsmaßstäbe. Abenteuerlich reckt der Stachelturm seine Spieße in den Raum. Wehrhaft strotzend und bedrohlich behauptet er sich gegenüber der monotonen Einöde der Wohnblöcke. In seine verwinkelten Gemäuer kann man sich zurückziehen wie in eine Burg. Er wird mit den Abenteuerspielplätzen zusammen auf dem Brachgelände angesiedelt. Hier entsteht auch ein ausgedehnter Wasserspielplatz. Ein eigenes Gebiet in Kinderhand am Rande der Siedlung, wüst, unordentlich, mit viel Material zum Gestalten und nicht einsehbar. Ein 'Land' ohne Erwachsene. Übernachtet wird gleich nebenan, auf dem neugegründeten Kinder-Camping-Platz. Eine Pommesbude übernimmt die Grundversorgung.(...)

Die Fassaden der Hochhäuser werden begrünt. **Das private Obstwäldchen ist kurzerhand enteignet worden**. Hier bewirtschaften Kinder ihren eigenen Bauernhof. Endlich Tiere im Stadtteil. (...)

Intermezzo: Mittwoch ziehen wir um. Heute ist der große Tag von Künstlern und vom Theater, von Kinderkultur im Maßstab 1:1. Wir arbeiten nicht am Modell, sondern die Kinder werden mit künstlerisch-kulturellen und spielerischen Mitteln einen Platz direkt zwischen den Hochhäusern zu einem lebendigen, erlebnisreichen Spielgelände umgestalten. Die 'Platzmacher' kommen und drücken dem Abstandsgrün ihren Stempel auf. An diesem Tag soll deutlich werden, welche Bedürfnisse, welche brachliegenden gestalterischen Fähigkeiten die Kinder haben und mit wie wenig Mitteln sie sich realisieren lassen. (...)

Farbe, Karton, Äste, Stroh, Sackleinen, Stoffe, Folien und ein paar Kleinteile, fast alles Billigmaterialien, die überall verfügbar sind und ein paar Ideen: die Aktion läuft von selbst. Hütten, Zelte, Labyrinthe entstehen mit heimeligen Winkeln und Tobe-Ecken, Kontrast zur einfallslosen Wohnarchitektur. Malereien und Windspiele werden an Bäumen, Spielgeräten und Verspannungen installiert. Eine Bilderleine vom Boden zum Hochhausbalkon öffnet den Luftraum. Der Erlebnisgang verändert den Spielplatz und den Fußweg zu einem "Sinnes-Parcours". Daneben die Akrobaten und Schauspieler bei der Probe. Das quirlige Bild einer konkreten Utopie für den Stadtteil? (...)

(Jetzt wird es ernst..., d. Verf.)

Bei der Talk-Runde werden dann die Gäste mit Fragen gelöchert. Natürlich sind alle begeistert von "soviel Kreativität" und finden die Vorschläge gut, aber schnell stellt sich heraus, wer das auch wirklich ernst meint. Die Baugesellschaften wollen erst einmal eine Dokumentation und dann in Ruhe überlegen. Die Schule möchte gern konkrete Projekte aufgreifen und verspricht das auch. Klar wird auch die Unterstützung vom Kulturamt signalisiert. Auch der stellvertretende Bürgermeister hängt sich aus dem Fenster: 'Die Kommunalwahlen stehen an. Ihr müßt uns Politikern auf die Füße treten. Ich werde mich für Euch einsetzen.'

Manchen Kindern ist das alles zu blumig. Sie wollen konkrete Antworten. 'Warum vertreibt uns der Hausmeister aus dem Flur? Warum darf man nirgendwo Fußball spielen? Wozu die Wiese, wenn man nicht drauf darf?' Der Vertreter der Baugesellschaften weicht aus. Federball sei ja erlaubt und auf einer Decke sitzen. Sie würden ja viel mehr zulassen, wenn sich die Bewohner nicht dauernd über die Kinder beschweren.

Irgendwann bringt es dann ein Mädchen auf den Punkt: 'Wir Kinder fühlen uns **wie die Pest**. Überall wird man weggeschickt.' Betroffenheit bei den Gästen und auch bei uns Betreuern. Spätestens hier wird deutlich, welche Verantwortung die Stadtteilbeauftragte mit ihren Kollegen aus der Schule, dem Kulturamt und der Gemeinde übernimmt, als sie treuhänderisch die gesammelten Pläne und Arbeitsergebnisse bekommt zur weiteren Unterstützung der Kinderinteressen.

Wie geht's weiter in Unna? AKKI hat seine Zelte abgebrochen, das Modell existiert nicht mehr. Aber jede Menge Erfahrungen, Ideen, Hoffnungen in den Köpfen und Anschauungsmaterial für eine Dokumentation. Die Hauptschule lokalisiert überschaubare Einzelprojekte, die mit den Klassen angegangen werden sollen. Begonnen wird jetzt mit dem Schulhof, der unter anderem seine 'half-pipe' bekommt. Eine Skateboard-Meisterschaft wird zum Auftakt für die weitere Arbeit von Schule und Gemeinde veranstaltet. Der stellvertretende Bürgermeister ist wiedergewählt und jetzt für Kultur zuständig. Zeit also, sich nach Fertigstellung der Dokumentation und der offiziellen Stadtplanung wieder zusammenzusetzen (...)" (Alle Zitate aus: IBA Emscher Park, 1992, S. 46ff.; Hervorhebung d. Verf.).

Wie es weitergegangen ist in Unna? Das läßt sich in einem Satz sagen: Obwohl alle Beteiligten - wie oben geschildert - von der Aktion begeistert waren und obwohl die kommunalen Entscheidungsträger konstruktiv eingebunden waren, ist bis heute keine der Projektideen realisiert worden! Die Gründe dafür sind unschwer zu erkennen:

o   Da es keinen professionellen, sprich bezahlten Projektträger mit einem klar umrissenen Arbeitsziel wie z.B. "Kinderfreundliche Umgestaltung der Berliner Allee" gibt, bleibt die Weiterführung vom Engagement einiger weniger Ehrenamtlicher abhängig.

o   Wenn sich innerhalb der dortigen Wohnbevölkerung keine wortgewaltige Initiative bildet, finden die wenigen Engagierten im Stadtteil keine Unterstützung.

o   Auch die wenigen Interessierten innerhalb der Stadtverwaltung brauchen die Unterstützung und den "Druck" von außen, d.h. aus dem Stadtteil.

o   Auf die Versprechungen von PolitikerInnen folgt in der Regel keine Resonanz, wenn der politische Druck über einen längeren Zeitraum fehlt.

Diese bitteren Erfahrungen unterstützen die im zweiten Kapitel meines Beitrags vorgetragene These, nach der tatsächliche Veränderungen nur mit Hilfe einer "Katalysator-Gruppe" erreicht werden können. Einer Gruppe, die an einem konkreten Ort, einem Stadtteil, über einen längeren Zeitraum arbeitet und die politisch-administrativen Strukturen allmählich von 'unten' für das Projekt gewinnt. Existieren jedoch in einem Stadtteil bereits ernsthafte Widerstände gegen solche Veränderungsbestrebungen, dann kann die Administration in der Regel darauf warten, bis eine Initiative oder Projektgruppe das Handtuch wirft.

Kinderinteressen im Emscher Park - wie geht es weiter?

"Im Gegensatz zu dem oben skizzierten Beispiel bieten die Projekte der Internationalen Bauausstellung die Chance, bereits im Vorfeld 'Kinderfreundlichkeit' nicht nur als Absicht zu formulieren, sondern von allen Beteiligten als umsetzungsfähiges Qualitätskriterium von Beginn an einzufordern. Die unterschiedlichen Projektträger und Beteiligten vor Ort können in den je unterschiedlichen Phasen der Ideenfindung, Planung und Realisierung immer wieder mit den Vorstellungen und Wünschen der Kinder und Jugendlichen konfrontiert werden." (IBA Emscher Park, 1991, S. 8f.)

Mit diesem selbstbewußten und kämpferischen Vorsatz erweckt die Internationale Bauausstellung Emscher Park plötzlich den Anschein, den Stein des Weisen gefunden zu haben. Zu viele Fragen blieben bisher allerdings unbeantwortet, nicht nur die nach einem oder mehreren "Einstiegsprojekten" in dieses für unsere Gesellschaft relevante Problem.

Zunächst stellt sich also die Frage nach der Vermittelbarkeit der Idee einer aufwendigen und sicherlich auf weiten Strecken noch experimentell zu gestaltenden Beteiligung von Kindern an Planungs- und Gestaltungsprozessen. Sodann stellen sich Fragen der Realisierung. Findet man in absehbarer Zeit eine Kommune mit einem geeigneten Bauträger, die sich gemeinsam auf ein entsprechendes Experiment einlassen wollen? In einem weiteren Schritt ist die entscheidende Frage zu klären, ob die Verantwortlichen sich für eine kinderfreundliche Planung "von Grund auf" oder eher nur für eine "Kontrollplanung" entscheiden. Letztere Variante birgt mehrere Gefahren in sich:

o Mangels schon vorhandener Kinder in einer noch zu bauenden Siedlung wird auf die sog. "Stellvertreterkinder" aus dem Umfeld der neuen Siedlung zurückgegriffen. Deren Interessen und Vorstellungen lassen sich ungleich schwerer gegenüber Bauträgern und Verwaltungsstellen vertreten, weil eine tragfähige Lobby aus Eltern- und Anwohnerschaft fehlt.

o Weiterhin besteht die Gefahr, daß man sich auf ein Raster von relativ allgemeingültigen Qualitätsanforderungen mit allen Beteiligten einigt (gemeint sind dabei die Kommune, Bauträger oder die IBA). Dieses Raster wird dann von Zeit zu Zeit netzartig über die voranschreitende Planung gelegt, um kinderfeindliche Details aufzuspüren und zu verändern. Dieses Vorgehen entspräche einer "Kinderverträglichkeitsprüfung", die recht unproblematisch durchgeführt werden kann, mit einer tatsächlichen Beteiligung oder gar Mitbestimmung von Kindern jedoch sehr wenig zu tun hat.

Um zu brauchbaren und vorzeigbaren Ergebnissen zu kommen, müßte unter Federführung der Internationalen Bauausstellung Emscher Park an die zu erwartenden Projekte, seien es nun Wohnungsbau- oder auch Stadtteilentwicklungsprojekte, möglichst frühzeitig weitgehend eigenständige Projektgruppen geknüpft werden, die ausschließlich mit der Vertretung und Einbringung von Kinderinteressen betraut sind. Diese Projektgruppe kann jedoch nur dann erfolgreich arbeiten, wenn der wichtige Bereich der Öffentlichkeitsarbeit eigenverantwortlich betrieben werden kann. Mit dieser Kompetenz ausgestattet, ließe sich eine Kommune, eine unkooperative Verwaltung, ein schwerfälliger Bauträger oder auch die IBA öffentlich kritisieren, wenn auch nicht unter Druck setzen. Auch diese Vorgehensweise gehört meines Erachtens zum experimentellen Charakter einer erfolgversprechenden Beteiligung von Kindern.

Schlußbemerkung: Mit oder ohne IBA ...

Um kein falsches Bild aufkommen zu lassen: Die Bereitschaft der IBA Emscher Park, sich auf das Thema "Kinderfreundlichkeit von Wohnsiedlungen unter Beteiligung von Kindern" einzulassen, wird von allen Beteiligten sehr ernst genommen. Auch wenn sich die Konzeptions- und Projektvorbereitungsphase nun schon einige Zeit hinzieht, ist doch eine verhaltene bis offene Begeisterung bei den IBA-MacherInnen zu spüren: Das geht soweit, daß in der Phantasie der Beteiligten eine wahrhaftige "Kinder-Stadt", also eine komplett von Kindern geplante Stadt, entsteht, die alle Konventionen über den Haufen wirft und völlig anders aussieht und organisiert ist als uns bisher bekannte Städte. Auch solche Höhenflüge sollten zunächst einmal ernstgenommen werden. Auf den Boden der Realität kommen so engagierte PlanerInnen erfahrungsgemäß von selbst und zumeist schneller als erwartet. Mut zum Träumen aber auch zum Experimentieren ist der IBA nur zu wünschen. Sollte sich selbst diese Erwartung als Seifenblase erweisen, werden wohl auch alle ansonsten berechtigten oder unberechtigten Erwartungen auf der Strecke bleiben.

Den Mut zum Experimentieren hat bislang nur eine Emscher-Kommune bewiesen: die Stadt Herne. Wie bereits im dritten Kapitel des Beitrages angedeutet, ist man dort bereit, ein Modellprojekt zur kinderfreundlichen Umgestaltung einer Straße unter Beteiligung von Kindern und Anwohnern mitzutragen und auch mitzufinanzieren. Die erste Phase des Projektes "Gelsenkircher Straße" wird im Herbst 1992 abgeschlossen sein. Auf die Ergebnisse darf man gespannt sein, auf die erste kinderfreundliche Siedlung mit dem "IBA-Logo" ebenfalls.

Literatur

Apel, P./Messerich, U./Pach, R.: Kinder in der Stadt, Diplomarbeit am FB Raumplanung, Universität Dortmund, 1981.

Bollnow, O. F.: Mensch und Raum, Stuttgart 1963.

Dürckheim, K. v.: Untersuchungen zum gelebten Raum, in: Krüger, F. (Hrsg.), Psychologische Optik (Neue psychologische Studien Nr. 6), München 1932, S. 383-480.

Gesellschaft freie Sozialarbeit e.V. Herne/SJD-Die Falken, Unterbezirk Herne: Kinder in der Emscherzone - Spiel- und Freiräume in Herne-Wanne, unveröffentl. Projektskizze für die IBA Emscher Park, Herne 1989.

Harms, G./Preissing, Ch./Richtermeier, A.: Kinder und Jugendliche in der Großstadt - Stadtlandschaften als Bezugsrahmen pädagogischer Arbeit, Berlin 1985.

IBA Emscher Park: Kontrollplanung durch Kinder bei Projekten der IBA Emscher Park, unveröffentl. Manuskript der IBA, März 1991.

IBA Emscher Park: Studie 'Kinderfreundliche Siedlung', Planungsgrundlagen, Verfasser: AKKI/Chr. Honig/Gesellschaft freie Sozialarbeit e.V./Planungsgruppe Stadt-Kinder (P. Apel/R. Pach/H. Lausch), Gelsenkirchen 1992.

Lausch, H.: Brachflächen und Trampelpfade in der alltäglichen Stadt, Diplomarbeit am FB Raumplanung, Universität Dortmund, 1984.

MSWV: Minister für Stadtentwicklung, Wohnen und Verkehr des Landes NRW (Hrsg.): Internationale Bauausstellung Emscher Park, Werkstatt für die Zukunft alter Industriegebiete, Memorandum zu Inhalt und Organisation, Düsseldorf 1988.

Muchow, M./Muchow, H.H.: Der Lebensraum des Großstadtkindes, Hamburg 1935, Reprint päd.extra, Bensheim 1978.

Planungsgruppe Stadt-Kinder/GfS e.V. Herne: Bespielbares Elberfeld - Zukunftswerkstatt mit Kindern, unveröffentl. Dokumentation im Auftrag der Stadt Wuppertal, Herne 1991.

Wend, B. (S.T.E.R.N. GmbH Berlin): Thesen zum Thema Kinder/Kindheit in Stadt und Wohnumfeld, vorgestellt auf dem 8. Deutschen Jugendhilfetag 1988.

Wendt, W.R.: Raum zum Handeln schaffen und Platz für Erfahrung! in: Zacharias, W. (Hrsg.), Gelebter Raum, München 1989.

Westfälische Rundschau vom 26.02.92: Studie: Revier-Städte kein Kinderparadies.

Zacharias, W. (Hrsg.): Spielraum für Spielräume - Reader zur Ökologie des Spiels, Päd.Aktion, München 1987.

Zacharias, W. (Hrsg.): Gelebter Raum - Beiträge zu einer Ökologie der Erfahrung, Päd.Aktion, München 1989.

Michael Krummacher/Viktoria Waltz

AusländerInnen in der IBA Emscher Park ein "blinder Fleck" - Na und?

Leitthesen

1. Im Planungsgebiet der IBA Emscher Park leben zur Zeit etwa 220.000 AusländerInnen; das sind 12 % der Gesamtbevölkerung. Die Mehrheit von ihnen stammt aus der Türkei. **Ein multikulturelles Nebeneinander von Deutschen und AusländerInnen in der Emscherregion ist eine dauerhafte Realität.** Für die historische Entwicklung des Ruhrgebiets ist das keine Besonderheit.

2. Die von uns ermittelten Fakten und Trends bestätigen die Vermutung, daß auch in der Emscherregion die Lebenslagen der AusländerInnen von sozialer Benachteiligung gekennzeichnet sind in bezug auf Beschäftigung/Arbeitsmarkt, Wohnen und Sozialinfrastruktur, Schul- und Berufsausbildung, politische und soziokulturelle Beteiligung am gesellschaftlichen Leben. **Die AusländerInnen sind Teil der am stärksten benachteiligten und ausgegrenzten Bevölkerungsgruppen der Emscherregion.**

3. Wir messen die IBA Emscher Park an ihrem innovativen, sozialemanzipatorischen und partizipatorischen Anspruch. Die Berücksichtigung der Lebenslagen und Interessen aller sozialer Minderheiten in der Emscherregion, darunter ausdrücklich die der AusländerInnen, bildet für uns einen wesentlichen Prüfstein zur Einlösung der IBA-Ansprüche. **Diese Herausforderung ist, angesichts der sozialen Entwicklung und Realität der Region, eine ganz und gar gewöhnliche Anforderung.**

4. **Als allgemeine Zwischenbilanz unserer Untersuchungen stellen wir fest, daß die AusländerInnen im Rahmen der IBA Emscher Park und ihrer Einzelprojekte weitgehend einen "blinden Fleck" darstellen.** Selbst in solchen Einzelprojekten, in denen sie aufgrund ihres hohen Anteils an der Wohnbevölkerung zwangsläufig erscheinen, finden elementare Lebens- und Beteiligungsbedingungen, Wohninteressen und soziokulturelle Interessen der AusländerInnen kaum Berücksichtigung.

5. Nur in 2 von rd. 80 Einzelprojekten der IBA spielen AusländerInnen gegenwärtig überhaupt eine relevante Rolle. **Auch bei diesen Projekten, der Erneuerung der Gartenstadtsiedlungen Bottrop-Welheim (Ausländeranteil 20 - 30 %) und Gelsenkirchen-Schüngelberg (Ausländeranteil 60 - 70 %) fallen unsere Untersuchungsbefunde - trotz aufzuzeigender Unterschiede - im wesentlichen negativ aus.** Es zeigt sich insbesondere, daß die in den "Qualitätsvereinbarungen" beider IBA-Projekte formulierten hohen Ansprüche an die Nutzerbeteiligung in der Praxis bislang völlig unzureichend eingelöst wurden und diese hinter durchaus bekannten Innovationsstandards zurückbleiben. Dies gilt für die

o   Information und Transparenz des Erneuerungsprozesses,
o   Bewohnerberatung und -betreuung der AusländerInnen,
o   faktischen Entscheidungsspielräume der MieterInnen
o   Wohnkosten und Wohnsicherheit nach der Erneuerung.

6. Die Ursachen der unzureichenden Berücksichtigung von AusländerInnen im Rahmen der IBA bestehen zunächst in **Unkenntnis und fehlendem Problembewußtsein hinsichtlich der Lebenslagen von AusländerInnen sowie im verbreiteten ethnozentristischen Denken der meisten IBA-Akteure.** Hinzu kommt, daß soziale Minderheiten überhaupt, besonders aber die AusländerInnen, kaum über ökonomische und politische Druckmittel und über fast keine Bündnispartner bzw. Lobby verfügen, vor allem nicht im Rahmen der vorhandenen Akteurs- und Interessenkonstellation der IBA.

7. **Demgegenüber muß gefordert werden, daß die IBA - auch angesichts des verbreiteten ausländerfeindlichen Klimas - exemplarische Maßstäbe zu setzen versucht, den "Emscher Park" als multikulturellen Raum zu gestalten - mit und unter wirksamer Beteiligung der betroffenen AusländerInnen und Deutschen.**

Einführung

AusländerInnen - nun auch noch in der IBA? So könnte die Reaktion auf die im Rahmen dieses Beitrags gestellte Frage sein. Angesichts rassistischer Ausschreitungen auf den Straßen und der ausländerfeindlichen Hetze in Politik und Medien - wäre es da nicht besser, das Thema aus der IBA heraus zu halten? Die IBA widmet sich doch anderen Aufgaben, will Probleme der Region angehen, die Strukturprobleme der Emscherregion lösen!

Aber das ist es ja gerade: Seit dem Ende des letzten Jahrhunderts bis heute wurden die ausländischen ArbeitsmigrantInnen immer nur vernutzt für die hiesige Struktur. Auch in den 60er und 70er Jahren waren Strukturprobleme Grund für das Hereinholen fremder Arbeitskräfte. Bis heute durften sie im Bereich der "Strukturabfälle" ihre Haut billig zu Markte tragen: an den heißen, dreckigen und gefährlichen Arbeitsplätzen z.B. bei Kohle und Stahl. Jetzt, im Modernisierungsprozeß der 90er Jahre, sollen sie selbst nur noch "Abfall" sein? Opfer der Strukturveränderungen als Arbeitslose, als Jugendliche ohne Ausbildung, als Großfamilien ohne ausreichenden Wohnraum, als Rentner ohne Heimat, als unbequeme "Ethnien", verdrängt und abgehängt?

Es ist nicht nur eine moralische Frage, ob die IBA diese Menschen, von denen die erste Generation ihr aktives Leben hier verbracht hat, die zweite und dritte Generation seit der Jugend hier lebt oder hier geboren wurde, in ihre Entwürfe mit einbezieht. Es ist eine politische, eine wirtschafts- und sozialpo-

Abb. 1/2:   Quellen: Foto der AutorInnen; Stadt Gelsenkirchen/IBA Emscher Park, 1991, S. 25.

litische Frage und eine Frage der Glaubwürdigkeit der IBA-Ansprüche, ob sie die Betroffenen ihrer Planung als Gewinner oder als Verlierer zurückläßt. Wenn die IBA die AusländerInnen nicht ausdrücklich einbezieht, werden diese automatisch zu den Verlierern des Umstrukturierungsprozesses gehören. Es stellt sich die Frage, ob die IBA bereit ist, Innovation nicht nur als Ergebnis harter Investitionsleistungen der Wirtschaft zu sehen, nicht nur Brachflächen, Wasserwege und steinerne Produkte der Industrialisierung als Potentiale der Region anzuerkennen, sondern auch die Menschen. Die als ArbeitsimmigrantInnen zugewanderten Menschen sind immer zentraler Bestandteil des Entwicklungsprozesses des Ruhrgebiets seit dem 19. Jh. gewesen. Sie könnten es auch heute sein: als Arbeits- und Wohnbevölkerung mit eigenen Bedürfnissen, eigenem Wirtschaften, eigenen kulturellen Leistungen, zum Nutzen aller, gerade auch der einheimischen Bevölkerung. An der Berücksichtigung der AusländerInnen kann sich zeigen, ob die Modernisierung unter der IBA etwas anderes sein wird als nur ein "postfordistisches" Modell wirtschaftlicher Regulierung auf Kosten der sozial benachteiligten Menschen der Region.

Unser Aufsatz wird sich mit der Bedeutung der AusländerInnen in der Region beschäftigen, um anschließend genauer der Frage nachzugehen, wie sie in der IBA Emscher Park berücksichtigt werden. Letzteres wird speziell an den IBA-Wohnprojekten Bottrop-Welheim und Gelsenkirchen-Schüngelberg untersucht. Schließlich werden Hintergründe und Ursachen für die mangelnde Berücksichtigung der AusländerInnen in der IBA zusammengetragen, um am Ende einige Anforderungen und Perspektiven aufzuzeigen. Unsere Untersuchungsgrundlagen bestanden in der Erfassung ausgewählter Fakten und Trends zur Situation der AusländerInnen in der Emscherregion, der Auswertung zentraler IBA-Dokumente und Publikationen und der Teilnahme an Fachtagungen und Diskussionen. Die Aussagen zu Welheim und Schüngelberg beruhen auf Ortsbegehungen, Leitfadeninterviews mit IBA-Akteuren, der Auswertung von Dokumenten und einer Diplomarbeit zu Bottrop-Welheim (vgl. D. Ruß/H. Wilke, 1991).

Schwierig war die Entscheidung, welchen Begriff wir für die behandelte Bevölkerungsgruppe verwenden sollten. Alle gängigen Bezeichnungen wie Migranten, Nicht-Deutsche, ausländische Mitbürger sind in der einen oder anderen Weise entweder unstimmig, negativ belastet oder verharmlosend. Wir haben uns schließlich mit dem Begriff AusländerInnen abgefunden, denn er beschreibt die rechtliche, politische und soziale Realität und beschönigt sie nicht. Wir sind uns selbstverständlich bewußt, daß es "**die AusländerInnen**" als einheitliche Gruppe nicht gibt, daß sie sich nach Nationalitäten, Geschlecht, Alter, Aufenthaltsdauer, sozialen Lebenslagen, Lebensweisen und Bedürfnissen ausdifferenzieren. Die daraus resultierenden Besonderheiten zu berücksichtigen, ist uns im Rahmen dieses kurzen Beitrags nicht möglich. Hierzu weitere Untersuchungen gemeinsam mit den Betroffenen anzuregen, ist ein Ziel dieses Aufsatzes.

1. Multikulturelle Realitäten in der Emscherregion

1.1 Wohnbevölkerung

Die nachfolgende Darstellung von Trends beruht auf der Auswertung der Bevölkerungsstatistiken der beteiligten IBA-Städte auf Stadtteil- bzw. Bezirksebene (vgl. Tab. 1 und Abb. 3). Dabei muß berücksichtigt werden, daß die Datenangaben der Einzelstädte nach dem Basisjahr streuen, daß die Gebiets-

Ausländische Wohnbevölkerung im Planungsgebiet der IBA Emscher Park
(Datenstand je nach Verfügbarkeit) [1] [2]

Gebietseinheit/Jahr	Wohnbevölkerung in Tausend	Ausländische Wohnbev. in Tausend	Ausländerquote in % der Wohnbev.	Stadtteile mit Ausl.quote > 10 %
Stadt Duisburg 1989	**532,3**	**73,9**	**13,9**	
IBA-Planungsgebiet	272,8	47,4	17,4	17
Stadt Oberhausen 1989	**224,8**	**19,1**	**8,5**	
IBA-Planungsgebiet	207,4	18,7	9,0	7
Stadt Bottrop 1991	**119,8**	**9,1**	**7,6**	
IBA-Planungsgebiet	100,8	8,8	8,7	5
Stadt Mülheim a.d. Ruhr		keine auswertbaren Daten		
IBA-Planungsgebiet				
Stadt Essen 1988	**630,4**	**47,6**	**7,6**	
IBA-Planungsgebiet	145,3	19,9	13,7	12
Stadt Gladbeck 1991	**81,1**	**9,5**	**11,7**	
IBA-Planungsgebiet	18,5	3,1	17,0	1
Stadt Gelsenkirchen 1990	**287,5**	**35,6**	**12,4**	
IBA-Planungsgebiet	255,1	34,5	13,5	10
Stadt Herten 1987	**67,8**	**5,7**	**8,4**	
IBA-Planungsgebiet	12,4	1,5	12,5	2
Stadt Recklinghausen 1987	**120,0**	**8,5**	**7,1**	
IBA-Planungsgebiet	45,8	4,6	10,0	2
Stadt Herne 1991	**177,1**	**19,2**	**10,9**	
IBA-Planungsgebiet	177,1	19,2	10,9	3
Stadt Bochum 1989	**400,5**	**27,5**	**6,9**	
IBA-Planungsgebiet	161,6	9,8	6,1	0
Stadt Castrop-Rauxel 1991	**80,2**	**5,6**	**7,0**	
IBA-Planungsgebiet	80,2	5,6	7,0	3
Stadt Dortmund 1989/90	**599,2**	**58,8**	**9,8**	
IBA-Planungsgebiet	210,3	28,8	13,7	7
Stadt Waltrop 1987	**28,1**	**1,1**	**4,0**	
IBA-Planungsgebiet	20,9	1,0	4,7	0
Stadt Lünen 1991	**106,4**	**11,7**	**11,0**	
IBA-Planungsgebiet	106,4	11,7	11,0	6
Stadt Bergkamen 1987	**52,2**	**5,4**	**10,4**	
IBA-Planungsgebiet	47,7	4,4	9,2	2
Stadt Kamen 1990	**48,2**	**3,4**	**7,1**	
IBA-Planungsgebiet	37,3	2,9	7,7	1
IBA-Städte - Gesamt	**3.495,7**	**341,8**	**9,8**	
IBA-Planungsgebiet Gesamt	1.819,4	216,4	11,9	78 von 183

Anmerkungen:
1) Berechnungen nach statistischen Angaben der IBA-Städte - Basisjahr je nach Verfügbarkeit; keine auswertbaren Daten der Stadt Mülheim a.d. Ruhr.
2) IBA-Planungsgebiet nach Gebietsabgrenzung der IBA Emscher Park 1989/90; erfasst sind insgesamt 183 Stadtteile bzw. statistische Bezirke.

Tab. 1:   Ausländische Wohnbevölkerung im Planungsgebiet der IBA Emscher Park.

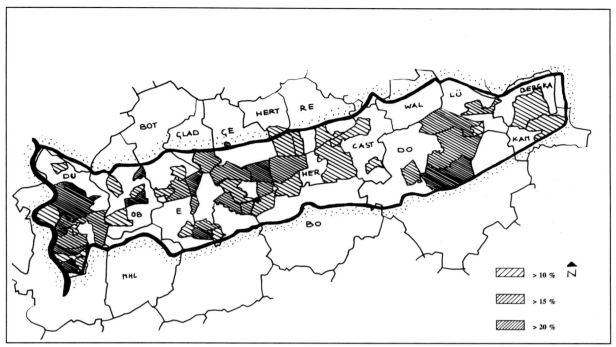

Abb. 3:   Ausländische Wohnbevölkerung im Planungsgebiet der IBA Emscher Park nach Stadtbezirken (Datenstand siehe Tab. 1). Quelle: Stat. Angaben der IBA-Städte nach Stadtbezirken

abgrenzung der statistischen Bezirke große Unterschiede nach der Einwohnerzahl aufweist und die räumliche Abgrenzung des IBA-Planungsgebiets und der statistischen Bezirke nicht immer übereinstimmt.

Im **Planungsgebiet** der IBA Emscher Park leben in 16 Städten mit 183 Stadtbezirken rd. 1,8 Millionen Einwohner, darunter 216.000 AusländerInnen (ohne Mülheim a.d. Ruhr). Der Ausländeranteil im IBA-Planungsgebiet liegt mit rund 12 % deutlich über dem Gesamtdurchschnitt des Ruhrgebiets (KVR-Gebiet 8,3 %) und dem der IBA-Städte (9,8 %). Die Ausländeranteile streuen im Planungsgebiet der IBA-Städte zwischen 4,6 % in Waltrop und 17,4 % in Duisburg. Sie sind

o   **überdurchschnittlich** hoch in Duisburg, Gladbeck, Essen, Dortmund, Gelsenkirchen und Herten;

o   **durchschnittlich** hoch in Oberhausen, Recklinghausen, Herne, Lünen und Bergkamen;

o   **unterdurchschnittlich** in Bochum, Castrop-Rauxel, Bottrop, Waltrop und Kamen.

Erwartungsgemäß streuen die Ausländeranteile auf Stadtbezirksebene sehr stark (Extremwerte: 1,3 % in Castrop-Henrichenburg; 51,2 % in Duisburg-Bruckhausen). Eine kleinräumige Auswertung nach Wohnquartieren würde noch deutlichere Unterschiede und Quartiere mit besonders hoher Ausländerkonzentration ausweisen (z.B. Gelsenkirchen-Schüngelberg rund 70 %). In 78 von 183 Stadtbezirken des IBA-Planungsgebiets liegt der Ausländeranteil bei über 10 %, davon in 35 bei 10 - 15 %, in 25 bei 15 - 20 % und in 18 bei über 20 %. Die Stadtteile mit einem Ausländeranteil von über 20 % sind:

Duisburg: Bruckhausen (51,2), Marxloh (31,9), Hochfeld (30,7), Obermarxloh (29,2), Fahrn (22,8), Laar (22,8), Alt-Hamborn (21,9), Kaßlerfeld (20,8);
Oberhausen: Klosterhardt-Nord (26,0), Osterfeld-West (22,8);

Bottrop: Welheim (20,3);
Essen: Westviertel (31,8), Stadtkern (25,1);
Gelsenkirchen: Bismarck (21,3), Neustadt (20,3);
Dortmund: Borsigplatz (34,0), Nordmarkt (32,9), Hafen (23,9).

Allein diese quantitativen Daten rechtfertigen die Erwartung, daß die AusländerInnen im Rahmen der Projekte der IBA Emscher Park angemessen berücksichtigt werden. Dies gilt erst recht für qualitative Gesichtspunkte, wie ihre Lage am Wohnungsmarkt und hinsichtlich ihrer Infrastrukturversorgung.

1.2 Arbeitsmarkt

Die nachfolgenden Trendaussagen stützen sich auf die Sonderauswertung des Landesarbeitsamtes NRW des Jahres 1991 zur Situation der AusländerInnen auf dem Arbeitsmarkt in NRW, eigene Berechnungen für die Arbeitsamtsbezirke des Ruhrgebiets und Stichproben für das IBA-Planungsgebiet der Städte Bochum, Bottrop, Dortmund und Duisburg (vgl. Landesarbeitsamt NRW, 1991, S. 5ff.; KVR 1991 und 1992; Regionalinformation Ruhrgebiet, versch. Ausgaben).

AusländerInnen leisten für die Funktionsfähigkeit des Arbeitsmarktes und die allgemeine Wohlstandssteigerung einen unverzichtbaren Beitrag. Im Ruhrgebiet gilt dies vor allem für die Branchen Bergbau, Eisen- und Stahlerzeugung und die Stahlverarbeitung, Teile des Maschinen- und Fahrzeugbaus, der Textilverarbeitung, des Hotel- und Gaststättengewerbes, der Eisenbahnen und des Reinigungsgewerbes (Ausländeranteil im Jahre 1990 an den sozialversicherten Beschäftigten in diesen Branchen jeweils über 15 %; im Durchschnitt aller Wirtschaftszweige im Jahre 1990 rund 7 %). Die ausländischen ArbeitnehmerInnen besetzen vor allem einfach qualifizierte, wenig attraktive und schlechter bezahlte Arbeitsplätze. Das gilt auch für die berufliche Ausbildung von AusländerInnen der zweiten und dritten Generation. Zwar stiegen die Schul- und Ausbildungsabschlüsse junger AusländerInnen im letzten Jahrzehnt an, dennoch sind ihre Chancen bei Ausbildungsplätzen und auf dem Arbeitsmarkt nach wie vor erheblich schlechter als die der deutschen Jugendlichen. Zudem konzentrieren sie sich auf strukturanfällige Berufe wie Bergleute, Dreher/Fräser/SchlosserIn, Textil- und Bekleidungsberufe sowie auf das Friseurgewerbe.

AusländerInnen hatten in den 80er Jahren in NRW und im Ruhrgebiet eindeutig die prinzipiell bekannte Pufferfunktion auf dem Arbeitsmarkt. Sie waren die großen Verlierer der Strukturumbrüche und der Beschäftigungsentwicklung im Ruhrgebiet in diesem Jahrzehnt. Ihre Beschäftigtenzahl sank im Ruhrgebiet von 1981 - 1990 per Saldo von 140.000 auf 119.000, d.h. um 21.000 bzw. um - 15 %. Demgegenüber sank die Gesamtzahl aller sozialversicherten Beschäftigten im Ruhrgebiet im gleichen Zeitraum per Saldo nur um - 3 %. Aufgrund des vorgesehenen Beschäftigungsabbaus und des hohen Ausländeranteils im Bergbau ist zu befürchten, daß sich dieser Trend in den 90er Jahren fortsetzt. Ebenso eindeutig sind sie von Arbeitslosigkeit stärker betroffen als die deutschen ArbeitnehmerInnen. Nach den Angaben des Landesarbeitsamtes hat die Arbeitslosenquote der AusländerInnen in den 80er Jahren stets über der allgemeinen Arbeitslosenquote gelegen. Dieser Trend scheint sich für das Ruhrgebiet in den letzten Jahren noch zu verstärken. Unsere Stichproben für die Arbeitsamtsbezirke des Ruhrgebiets und ausgewählte IBA-Städte (Bochum, Bottrop, Dortmund, Duisburg) zeigen, daß die ausländerspezifische Arbeitslosenquote in den Jahren 1990/91 um rund 40 - 60 % über der allgemeinen Arbeitslosenquote lag (Sämtliche Arbeitsamtsbezirke Ruhrgebiet im Febr. 1992: Die allgemeine Arbeitslosenquote lag bei rund 10 %, die ausländerspezifische Arbeitslosenquote lag bei rund 17 %). Hinzu kommt eine weitere Benachteiligung: Gemessen an ihrem Arbeitslosenanteil waren die

AusländerInnen an den aktiven arbeitsmarktpolitischen Maßnahmen der Arbeitsämter wie Fortbildung, Umschulung, Einarbeitung und Arbeitsbeschaffungsmaßnahmen nur unterdurchschnittlich beteiligt.

Die IBA Emscher Park leistet bislang keinen effektiven Beitrag zur exemplarischen Beschäftigung, Qualifikation und Reintegration von Arbeitslosen der Region (vgl. den Beitrag von B. Karhoff/V. Wilke in diesem Buch). Genau dies ist aber - angesichts des regionalen Strukturproblems Arbeitslosigkeit - von ihr zu fordern. In diesem Rahmen müßten von ihr u.a. auch modellhafte Beschäftigungs- und Qualifikationsprojekte für arbeitslose AusländerInnen konzipiert und angestoßen werden.

1.3 Wohnungsmarkt

Die soziale Benachteiligung von AusländerInnen im Bereich des Wohnens ist eklatant und wurde in zahlreichen Studien der 80er Jahre nachgewiesen (vgl. C. Arin u.a., 1983, 1985a; A. Flade/R. Gude, 1988; H. Korte, 1983; K. Selle, 1989). Der Tenor dieser Untersuchungen kann so zusammengefaßt werden: "Die ausländischen Familien (leben) überproportional oft in Wohnungen mit relativ vielen baulichen Mängeln, schlechter Ausstattung und zu geringer Wohnfläche (...) darüberhinaus (sind) auch noch die Wohnumgebungsbedingungen vergleichsweise ungünstig (...)"(A. Flade/R. Gude, 1988, S. 29). Für das Ruhrgebiet bzw. die Emscherregion gibt es zur Wohnsituation von AusländerInnen leider keine aktuelle und repräsentative Untersuchung. Stellvertretend sollen Kernaussagen, die wir in Fallbeispielen über Ruhrgebiets-Stadtteile mit hoher Ausländerkonzentration (Dortmund Nördliche Innenstadt, Essen-Katernberg, Gelsenkirchen-Schüngelberg, Bottrop-Welheim; vgl. D. Ruß/H. Wilke, 1991, S. 138ff., 157ff.), einer Wohnungsmarktanalyse Dortmund (vgl. empirica, 1991) und eines Beitrags von K. Selle (vgl. K. Selle, 1989, S. 2ff.) gewannen, zusammengefaßt werden.

o   Alle Berichte bzw. Fallbeispiele zeigen, daß ausländische Mieterhaushalte im Ruhrgebiet in der Regel deutlich größer sind und sehr viel beengter leben als deutsche Mieterhaushalte. Laut Ausländerbericht der Stadt Bottrop aus dem Jahre 1986 (vgl. D. Pillath, 1986, S. 122) standen z.B. 75 % der türkischen Familien in Werkswohnungen weniger als 15 qm Wohnfläche je Person zur Verfügung; bei deutschen Familien traf dies nur auf 5 % der Haushalte zu (westdeutscher Durchschnittsstandard waren im Jahre 1988 36 qm Wohnfläche je Person).

o   Die ausländischen Arbeiterhaushalte wohnen sehr viel häufiger als deutsche Vergleichshaushalte in schlecht ausgestatteten, instandsetzungsbedürftigen Wohnungen. Besonders betroffen sind türkische Mieter von Werks- und freifinanzierten Wohnungen (vgl. empirica, 1991, S. 25). Häufig leben sie in Häusern bzw. Wohnungen, die aufgrund ihres schlechten Zustands kaum mehr an Deutsche zu vermieten sind (vgl. D. Ruß/H. Wilke, 1991, S. 138f.). AusländerInnen haben erheblich schlechteren Zugang zu angemessenen Wohnungen des Wohnungsmarktes als deutsche Vergleichshaushalte und das nicht nur im freifinanzierten Mietwohnsektor, sondern auch bei den Sozialwohnungen, die sich im Besitz großer, häufig kommunaler Wohnungsbaugesellschaften befinden (Diskriminierungsbarrieren). Das hat für sie mehrere Konsequenzen: Sie sind überdurchschnittlich häufig auf freifinanzierte (Altbau)-Mietwohnungen angewiesen und zahlen für gleich ausgestattete Wohnungen mehr Miete als deutsche Haushalte ("Diskriminierungszuschlag"). Im Werkswohnungssektor zahlen sie zwar keine höheren Mieten als die deutschen Haushalte sind aber in der Regel in den schlechtesten Wohnbeständen konzentriert. Im Sozialen Wohnungsbau sind sie unterrepräsentiert, d.h. sie werden als "unbeliebte Mieter" offensichtlich bereits bei der Wohnungsvergabe benachteiligt.

o   Ausländerhaushalte leben im Ruhrgebiet sehr oft in Wohnquartieren mit hoher Ausländerkon-
       zentration (Ghettoeffekt). Alle Fallbeispiele und Stadtstudien zeigen, daß es sich dabei in der
       Regel um traditionelle Arbeiterquartiere in benachteiligten Stadtteilen handelt (vgl. Stadt Essen,
       1990, S. 48ff.; D. Ruß/H. Wilke, 1991, S. 138). Typische Merkmale: Überproportionale Anteile
       armer, alter, arbeitsloser BewohnerInnen auch unter der deutschen Wohnbevölkerung, Instand-
       setzungsstau bei den Wohnungen, Wohnumfeld- und Infrastrukturdefizite, hohe Umweltbelast-
       ungen sowie meist langjährige Vernachlässigung seitens der Stadtentwicklungspolitik. Ob das
       Wohnen im "Ausländerghetto" von den AusländerInnen selbst gewünscht wird oder primär auf
       Ausgrenzungen durch andere Wohnungsteilmärkte zurückzuführen ist, ist bei den Betroffenen
       selbst und in der themenbezogenen Literatur umstritten. Einerseits bieten Stadtteile mit hoher
       Ausländerkonzentration vermehrte Kontaktchancen mit Landsleuten, bessere Bedingungen für
       die Herausbildung einer ausländerspezifischen Infrastruktur (z.B. ausländische Läden, Teehäu-
       ser, Moscheen, Kulturvereine, Beratungsstellen) und können Schutz- bzw. Identitätsräume in
       einer ausländerfeindlichen Umwelt sein. Andererseits ist die Konzentration in den benachteilig-
       ten Wohnquartieren und schlechten Wohnungen auf Diskriminierungsmechanismen des Woh-
       nungsmarktes zurückzuführen, also erzwungen, und die Gesamtsituation der Vernachlässigung
       und Ballung sozialer Probleme bietet denkbar ungünstige Voraussetzungen für ein multikultu-
       relles Zusammenleben zwischen ausländischer und deutscher Bevölkerung.

o   Die Wohnungsmarktanalyse Dortmund stellt zur Wohnsituation von AusländerInnen in der
       Stadt lapidar fest: "Die schlechteste Wohnungsversorgung haben nichtdeutsche Haushalte, ge-
       folgt von Rentnern und kinderreichen (deutschen) Haushalten" (empirica, 1991, S. 21).

o   In der Diskussion über die Gründe der miserablen Wohnbedingungen von AusländerInnen hal-
       ten sich hartnäckig die Vorurteile, Ausländer seien anspruchslos, nichts Besseres gewohnt und
       nicht bereit, für bessere Wohnungen mehr Geld auszugeben. Nach allen Betroffenenumfragen
       zu diesem Thema sind derartige Vorurteile im Kern falsch und offensichtlich darauf angelegt,
       den Tatbestand zu legitimieren, daß AusländerInnen auch dann auf dem Wohnungsmarkt be-
       nachteiligt bleiben, wenn sie bereit sind, für bessere Wohnungen höhere Mieten zu zahlen (vgl.
       K. Selle, 1989, S. 6ff.).

o   In der Stadtentwicklungsdiskussion zum Ausländerghetto hält sich ebenso hartnäckig die Posi-
       tion, das "Ausländerproblem" dieser Stadtteile durch Entflechtungsmaßnahmen, Absenkung des
       Ausländeranteils und Verstreuung der AusländerInnen übers Stadtgebiet administrativ lösen zu
       wollen. Abgesehen davon, daß derartige Planungsstrategien in der gegenwärtigen Wohnungs-
       notsituation - wenn überhaupt - nur über Verdrängungsstrategien und Neuentstehung von Ghet-
       tos an anderem Ort greifen dürften, sind derartige Positionen zynisch, weil sie die ausländi-
       schen BewohnerInnen und nicht die schlechten Wohn- und Lebensbedingungen zum "Problem"
       dieser Quartiere erklären.

Demgegenüber könnte und müßte die IBA Emscher Park beispielhafte Gegenmodelle im Bereich des
Wohnens und der Wohnumfeldgestaltung entwickeln und durchführen; Gegenmodelle in Stadtteilen
mit hoher Ausländerkonzentration, die

o   freiwillige Konzentrationen auf der Ebene selbstgewählter Nachbarschaften und Wohnquartiere
       fördern und erzwungene Ghettos mit miserablen Wohnbedingungen verhindern,

o   qualitativ gutes und preiswertes Wohnen von AusländerInnen und Deutschen zulassen und die
       Wohnbedürfnisse der unterschiedlichen Gruppen berücksichtigen,

o   die besonderen Beteiligungs- und Selbsthilfepotentiale der AusländerInnen mobilisieren und

o   baulich, räumlich, sozial und kulturell die materiellen Voraussetzungen für multikulturelles Zusammenleben und Austausch im Stadtteil schaffen.

2. Berücksichtigung von AusländerInnen in der IBA

2.1 Nicht-Berücksichtigung in den Zielen und IBA-Leitprojekten

Zur Klärung dieser Frage wurden sämtliche verfügbare IBA-Veröffentlichungen durchgesehen, in denen die IBA ihre Ziele erläutert. Vor allem aber bezieht sich diese Darstellung auf das IBA-Memorandum, das IBA-Schwerpunktheft der Stadtbauwelt und den im Oktober 1991 zusammengestellten - bis Ende 1992 noch immer nicht veröffentlichten - IBA-Projektkatalog (vgl. MSWV, 1988; Stadtbauwelt 24/1991; IBA-Projektkatalog Stand 10/1991).

Bei Durchsicht dieser Dokumente fällt dem ortskundigen Betrachter auf, daß gerade Siedlungen mit hoher ausländischer Bewohnerschaft ausgewählt wurden, um fotografisch Wohn- und Wohnumfeldqualitäten des Emscher-Lebensraumes zu belegen. So dient zum Beispiel im IBA-Memorandum (MSWV, 1988, S. 51) das Eingangsgebäude zur Siedlung Schüngelberg in Gelsenkirchen der Illustration des Leitprojektes "Neue Wohnformen und Wohnungen" - eine Wohnsiedlung mit bis zu 70 % AusländerInnen. Im Text finden wir aber keinen Hinweis auf diesen Tatbestand. Enge Beziehungen zum Leitprojekt "Neue Angebote für soziale, kulturelle und sportliche Tätigkeiten" werden festgestellt, aber besondere oder typische "Kulturen" finden keine Erwähnung. Das "Gedankengut der Arbeitersiedlungen (soll) zeitgemäß interpretiert werden" - AusländerInnen, in manchen dieser Siedlungen die Mehrheit der BewohnerInnen, leben heute dieses "Gedankengut", finden aber keine Berücksichtigung in den Texten.

Abb. 4:   Quelle: MSWV, 1988, S. 52.

Ein anderes Foto im IBA-Memorandum zeigt ein offenkundig türkisches Paar beim Begießen seiner Pflanzen vor malerischer Siedlungs-Kulisse, umrahmt von Bohnenstangen und Maispflanzen. Es illustriert gefällig das Leitprojekt "Neue Angebote für soziale, kulturelle und sportliche Tätigkeiten". Kein Wort zu den ausländischen BewohnerInnen, obwohl es in diesem Projektbereich darum gehen soll, "neben (...) neuen (...) soziokulturellen Tätigkeiten (...) auch die Eigenarbeit in (...) Garten, Wohnumfeld, Nachbarschaft und Stadtviertel zu beachten" und es "gerade bei diesem Leitprojekt (...) besonders darauf ankommen (soll), die Bevölkerung im Emscherraum zu aktivieren und lokale Ideen und Initiativen herauszufordern." (S. 53).

Auch im aktuellen Projektkatalog vom Oktober 1991 finden wir keinen Hinweis auf die ausländischen BewohnerInnen der Emscherregion, obwohl in einigen Projekten bereits Erfahrungen mit ihnen vorliegen (Siedlung Schüngelberg mit 70 % und Gartenstadt Welheim mit 20 bis 30 % AusländerInnenanteil). Selbst im Leitprojekt "Neue Angebote für soziale und kulturelle Tätigkeiten", dessen 4. Arbeitsfeld ausdrücklich als Aufgabe benennt, "Angebote für sozial besonders stark benachteiligte Randgruppen mit dem Ziel, die eigene kulturelle und soziale Identität zu stärken und gleichzeitig die Toleranz für andersartige Lebensstile zu fördern (...)" (S. 7.1), findet sich kein Hinweis auf die AusländerInnen. Ähnlich sieht es mit den Projekten im Leitprojekt "Integrierte Stadtteilentwicklung" (S. 8.1ff.) aus, obwohl ausgesprochene AusländerInnen-Stadtteile darunter sind.

So gibt es in keiner zentralen Veröffentlichung der IBA Aussagen zu den AusländerInnen und ihrer Situation. Nicht einmal im Falle der Wohnprojekte Schüngelberg und Welheim gibt der Projektkatalog einen Hinweis auf die Ausländerkonzentration in diesen beiden Stadtteilen und daraus resultierende Planungsaufgaben. Man muß schon die speziellen Broschüren z.B. zu Schüngelberg kennen, um auf diesen Tatbestand aufmerksam werden zu können.

Bei der nachfolgenden Skizzierung der IBA-Projekte "Bottrop-Welheim" und "Gelsenkirchen-Schüngelberg" geht es uns um keine umfassende Würdigung dieser Projekte, sondern vor allem um die Frage, inwieweit in der IBA-Erneuerungspraxis in Siedlungen mit hohem Ausländeranteil die "Mindeststandards" der Nutzerbeteiligung und die besonderen Interessen und Beteiligungsbedingungen der ausländischen BewohnerInnen tatsächlich berücksichtigt werden.

Dies angesichts der IBA-Ziele und Ansprüche, sich als "Zukunftswerkstatt" zu verstehen, "sozial-orientierten Stadtumbau" zu wollen und "neue Möglichkeiten für Kultur und Wohnen" zu eröffnen.

Die Projektskizzen und unsere Einschätzungen beruhen auf der Auswertung von IBA-Dokumenten, Experten-Gesprächen und Experten-Interviews, Ortsbegehungen und im Falle von Bottrop-Welheim auf der Auswertung der Diplomarbeit von D. Ruß und H. Wilke (1991).

2.2 Das Beispiel "Bottrop-Welheim"

2.2.1 Charakterisierung der Gartenstadtsiedlung Bottrop-Welheim - Geschichte, Struktur, Planungsziele

Die als Gartenstadt angelegte **Zechensiedlung Welheim** wurde überwiegend im 1. Weltkrieg in den Jahren von 1913 bis 1917 erbaut und nach dem 2. Weltkrieg in den Jahren von 1948 bis 1957 ergänzt. Umgeben von - die Lebensqualität beeinträchtigenden - immissionsintensiven Industrieanlagen und einer stark befahrenen Schnellstraße, zeichnet sich die Siedlung selbst durch einen großen Frei- und Grünflächenanteil mit Straßenbäumen, Gärten und öffentlichen Freiflächen sowie durch hohe Gestaltqualitäten aus.

Die rund 1.100 **Wohnungen** der Siedlung liegen in ca. 580 niedrig-geschossigen Wohngebäuden, sind im Durchschnitt 50 qm groß und überwiegend instandsetzungs- und modernisierungsbedürftig. Die Nettokaltmieten sind relativ niedrig; sie betrugen im Jahre 1988 im Durchschnitt 3,25 DM/qm und schwankten je nach Lage und Modernisierungs-Standard von 2,80 bis 5,90 DM/qm (hinzu kommen Betriebsnebenkosten und Heizkosten). Eigentümerin ist die **VEBA-Wohnen**; Belegungsrechte liegen bei **Ruhr-Glas AG, Hüls-AG** und **Ruhrkohle AG**.

Abb. 5/6: Die Siedlung Welheim und die Gungstraße in Welheim. Quelle: D. Ruß/H. Wilke, 1991, S. 14, S. 12.

In der Siedlung leben zur Zeit ca. 2.700 **BewohnerInnen**, darunter mehr als die Hälfte seit über 25 Jahren. Fast 40 % sind RentnerInnen und 20 % AusländerInnen (in einigen Teilbereichen 30 - 37 % AusländerInnen). Unter den AusländerInnen bilden Türken mit rund 75 % die größte Gruppe. Die Haushaltsgrößen verteilen sich zu 21 % auf Alleinstehende, zu 59 % auf 2-3 Personen-Haushalte und zu 20 % auf 4 und mehr Personen-Haushalte. Bei den großen Haushalten handelt es sich fast ausschließlich um Ausländerfamilien. Die AusländerInnen wohnen in den schlechtesten Beständen. Der Anteil der Arbeitslosen in der Siedlung, vor allem aber der arbeitslosen AusländerInnen, lag im Jahre 1987 (Volkszählung) deutlich über dem städtischen Gesamtdurchschnitt. Die VEBA-Wohnen entschloß sich Mitte der 80er Jahre, die Wohnungen der Siedlung mit öffentlichen Mitteln des Landes instandzusetzen und zu modernisieren. Das zwischen den **Projektträgern VEBA und Stadt Bottrop vereinbarte Erneuerungskonzept von 1988** umfaßt Gebäude- und Wohnungsmodernisierungen, Wohnumfeld- und Infrastruktur-Verbesserungen und unterteilt die Siedlung in 11 Bauabschnitte (mit jeweils 50 - 150 Wohneinheiten). Die Modernisierungsarbeiten wurden 1989 aufgenommen; der 1. und der 2. Bauabschnitt sind inzwischen abgeschlossen, der letzte Bauabschnitt soll Ende der 90er Jahre abgeschlossen sein. Aufgrund der Förderung mit öffentlichen Mitteln besteht eine 10-jährige Mietpreisbindung. Die vereinbarte Netto-Miete nach der Modernisierung betrug beim 1. Bauabschnitt noch 5,60 DM/qm (plus umlagefähige Betriebskosten), beim 2. und 3. Bauabschnitt bereits 6,50 DM/qm. Für den 4. Bauabschnitt wurden inzwischen 7,80 DM/qm bewilligt.

Die Quartierserneuerung Bottrop-Welheim wurde Anfang **1990 anerkanntes IBA-Projekt**, das heißt:

1. Die Schwerpunkte des Erneuerungskonzepts wurden im Vorfeld der IBA und ohne ihren Einfluß festgelegt (siehe auch "Schüngelberg");

2. die IBA-Projektstandards werden in einer (jährlich fortzuschreibenden) Qualitätsvereinbarung ausgehandelt;

3.   der Kreis der beteiligten Akteure wurde erweitert und in einem Erneuerungsbeirat zusammengefaßt; ihm gehören an: VEBA-Wohnen, Stadt Bottrop, Ministerium für Stadtentwicklung und Verkehr (sowie nachgeordnete Landesbehörden), Mieterrat Welheim, beauftragter Quartiersplaner und die IBA Emscher Park-Planungsgesellschaft.

Die im Jahre 1991 vereinbarte und im Jahre 1992 fortgeschriebene **Qualitätsvereinbarung** sieht hinsichtlich der Ziele und Nutzerbeteiligung relativ hohe Standards vor (vgl. Qualitätsvereinbarung Bottrop-Welheim, 1992):

Ziele (vgl. a.a.O., S. IIf.): ökologische, sozialverträgliche und denkmalsgerechte Modernisierung des Wohnbestandes, Wohnumfeldverbesserung (öffentliche Flächen und Gärten), Verbesserung der Sozialinfrastruktur (Kindertagesstätten-Neubau und gemeinschaftsorientierte Umnutzung der bisherigen Kindertagesstätte) und Vernetzung der Siedlung mit regionalen Grün- und Naherholungsflächen. "Die Erhaltung des gewachsenen Siedlungsgefüges und der Bewohnerstruktur ist (...) ausdrückliches Qualitätsziel." (a.a.O., S. II)

Nutzerbeteiligung (vgl. a.a.O., S. IVf.): "Die Erneuerungskonzeption für Wohnungen und Wohnumfeld wird unter einem Höchstmaß an Nutzerbeteiligung entwickelt und mit den Mietern in Verbindung mit dem Mieterrat bzw. Vertretern der belegungsberechtigten Betriebe abgestimmt."

Ziel soll eine "bewohnergetragene Erneuerung der Siedlung" sowie eine "dauerhafte Verstetigung der Bewohnerbeteiligung" über den Erneuerungsprozeß hinaus sein. Hierfür zuständig sind: Ein von der Stadt Bottrop mit der Quartiersplanung und Nutzerbeteiligung beauftragter Architekt, die VEBA-Wohnen, der 1989 gewählte Mieterrat, Vertreter der Belegungsbetriebe sowie themenbezogen Mitarbeiter der Stadt. Instrumente sollen sein: Regelmäßige Mieterinformationen, Sprechstunden, Einzelgespräche und Hausversammlungen, projektbezogene Durchführung von "Aktionen und Veranstaltungen".

2.2.2   Beteiligung der AusländerInnen, Berücksichtigung der BewohnerInnen-Interessen und Sozialorientierung der IBA

Bereits die **allgemeine Nutzerbeteiligung** der (deutschen) BewohnerInnen weist im bisherigen Erneuerungsprozeß von Welheim starke Defizite auf und bleibt weit hinter dem zurück, was derzeit in der Bundesrepublik als Innovation in diesem Bereich gelten kann. Als Gründe hierfür führen D. Ruß und H. Wilke (vgl. 1991, S. 29) an:

o   die schlechte Informationsbasis der Mieter, die es ihnen kaum ermöglicht, eigene Vorstellungen zu entwickeln,

o   das Fehlen effektiver Entscheidungsspielräume bei Abweichungen vom "Standard" der Modernisierungsplanung,

o   mangelnde Kenntnis und Kontakte zu Mieterrat und Quartiersarchitekten, was dazu führt, daß sich die "Mieterbeteiligung" faktisch auf Absprachen mit dem Bauführer (und dessen Bereitschaft dazu) während der Modernisierung beschränkt.

Als katastrophal sind der Informationsstand über die Quartierserneuerung, die **Beteiligungsvoraussetzungen und die faktische Beteiligung der Ausländerfamilien** einzuschätzen. In zehn Interviews mit türkischen Haushalten der Siedlung (drei nach der Modernisierung, sieben vor der Modernisierung) ermittelten D. Ruß und H. Wilke die Haushaltsstrukturen, Wohnsituationen, Wohnwünsche, Nachbarschaftskontakte, den Informationsstand über und Erfahrungen mit der Modernisierung.

Abb. 7/8/9: Türkische Bewohner prägen das Stadtbild. Quelle: D.
Ruß/H. Wilke, 1991, S. 103; Stadt Gelsenkirchen/IBA
Emscher Park, 1991, S. 25.

Zusammenfassend einige wichtige Ergebnisse (vgl. D. Ruß/H. Wilke, 1991, S. 152ff.): Gemessen an
der Haushaltsgröße sind die meisten Wohnungen der Befragten zu klein, zum Teil sind sie schlecht
geschnitten (Schichtarbeiterproblem), schlecht ausgestattet und weisen Baumängel auf. Kritisiert wurde von den ausländischen Mietern die zu geringe Größe und Raumzahl, der Zuschnitt, fehlende Bäder
und Feuchtigkeit in den Räumen. Gewünscht wurden moderne Wohnungen mit angemessener Größe
und preiswerten Mieten. Die Grundrißvorstellungen waren eher unkonkret. Die wohnungsbezogenen
Wünsche standen im Vordergrund, die Wohnumfeldsituation wurde in bezug auf Wohnlage, Gärten,
Privatheit, Vertrautheit meist als zufriedenstellend beurteilt. Infrastrukturell wurden die fehlende
Arztversorgung, schlechte Einkaufsmöglichkeiten, der Mangel an Treffs und Freizeitangeboten vor
allem für Jugendliche bemängelt sowie ein Kaffeehaus (für Männer) gewünscht. All diese Vorstellungen sind vor der Modernisierung weder erfragt worden, noch fanden die ausländischen Betroffenen
Gelegenheiten, sich mit ihren Vorstellungen einzubringen. Der Informationsstand der meisten Befragten über die Modernisierung ist auch kurz vor und noch während der Bauarbeiten - anders als in
Schüngelberg, was noch zu zeigen ist - miserabel. Die Mieter der bereits modernisierten Wohnungen
gaben an, sehr schlecht über die Modernierung und ihre Rechte informiert gewesen zu sein, sie be-
mängelten vor allem, daß sie die von ihnen vorgenommenen Einbauten auf eigene Kosten entfernen
mußten und viel zu spät über den Baubeginn und den damit verbundenen Auszug in eine Ersatzwoh-
nung informiert wurden. Die wenigen Informationen der Mieter noch nicht modernisierter Wohnungen waren mit vielen Fragen, Ängsten und Verunsicherungen behaftet. Informationen über die Mög-

lichkeiten der Nutzerbeteiligung hatte nur ein deutsch-türkischer Haushalt, die anderen hatten keinerlei Kenntnisse vom Quartiersarchitekten und der IBA, die wenigsten wußten von der Existenz des Mieterrats, nur ein Mieter hatte das Beratungsangebot des Mieterrats in Anspruch genommen und war davon sehr enttäuscht. Angesichts dessen verwundert nicht, daß die befragten türkischen Mieter im Zusammenhang mit der Modernisierung "keine Vertrauens- und Interessensvertretungsinstanzen" erkennen konnten.

Bisher überwiegen also bei den Betroffenen **Informationsdefizite, Ängste, Verunsicherungen und Mißtrauen**. Dabei konzentrieren sich ihre Befürchtungen auf die Miethöhe nach der Modernisierung und auf ihre zukünftige **Wohnsicherheit**. Obwohl die IBA-Qualitätsvereinbarung die "Erhaltung des gewachsenen Siedlungsgefüges und der Bewohnerstruktur (als) ausdrückliches Qualitätsziel" vorsieht, sind die Befürchtungen keineswegs unbegründet. Bislang jedenfalls ist die langfristige Wohnsicherheit der bisherigen Mieter, darunter speziell der AusländerInnen nach der Quartierserneuerung nicht ausreichend gesichert (vgl. D. Ruß/H. Wilke, 1991, S. 44f.). Mittelfristig ist eine Verringerung des Alten- und Ausländeranteils eher wahrscheinlich. Bei den AusländerInnen könnte dies vor allem über folgende Mechanismen erfolgen:

1. Die Vorschrift der "normengerechten Belegung" öffentlich geförderter Wohnungen kann als formelles Verdrängungs- oder Ausschlußinstrument gegen sie gewendet werden (türkische Haushalte übersteigen die Norm, pro Wohnung leben offiziell 4,5 Personen, inoffiziell z.T. 7 - 8 Personen).

2. Die Modernisierungsmiete ist etwa doppelt so hoch als zuvor. Sie beträgt je nach Bauabschnitt ca. 6,- bis 7,- DM/qm netto und ca. 7,- bis 8,- DM/qm brutto (plus Heizkosten). Für eine 70 qm-Wohnung sind bereits jetzt ca. 500 bis 600,- DM Monatsmiete zu zahlen. Zudem steigen mittelfristig die Nebenkosten-Anteile der Miete überproportional. Diese Miete belastet v.a. die großen Ausländer-Haushalte mit entsprechend niedrigem Pro-Kopf-Einkommen stark. Auch das kann zu schleichender Verdrängung führen.

3. Nach neueren Informationen von Welheimer Mietern wurde außerdem die bisherige kostenlose Nutzung von Mietergärten z.T. aus dem Mietvertrag herausgenommen. Für Gartennutzung ist nunmehr eine gesonderte Nutzungsgebühr zu entrichten. Wie diese sich entwickeln wird und ob ggf. die Gartennutzung auf Dauer sogar gefährdet ist, ist gegenwärtig unklar.

4. Nach der Erfahrung mit anderen Siedlungen muß bei einer Attraktivitätssteigerung von Welheim damit gerechnet werden, daß die freiwerdenden Wohnungen unter Einfluß der VEBA-Wohnen und der Belegbetriebe nur noch in Ausnahmefällen an Ausländerfamilien vermietet werden, zumal die Wohnbaugesellschaften die gegenwärtige Wohnungsknappheit zur "Aufbesserung ihrer Mieterstrukturen" nutzen.

2.3 Das Beispiel "Gelsenkirchen-Schüngelberg"

2.3.1   Charakterisierung der Siedlung Schüngelberg, Geschichte, Struktur, Planungsziele

Die **Geschichte der Schüngelbergsiedlung** beginnt mit der im Jahre 1873 aufgelassenen Zeche Hugo (damals noch Neu Arenberg) in Buer. Die erste Siedlung am Schüngelberg wurde im Jahre **1903/04** nach dem **Ideal der englischen Gartenstädte** an der Gertrud- und der Schüngelbergstraße verwirklicht. Während des 1. Weltkriegs hatte sich die Zahl der Bergleute erheblich erhöht und zusätzlichen Wohnungsbedarf geschaffen. Dem trug ein **Gesamtkonzept "Siedlung Schüngelberg"** Rechnung, das den Gartenstadtgedanken fortsetzte und die Schaffung konzentrischer Gebäuderinge um einen

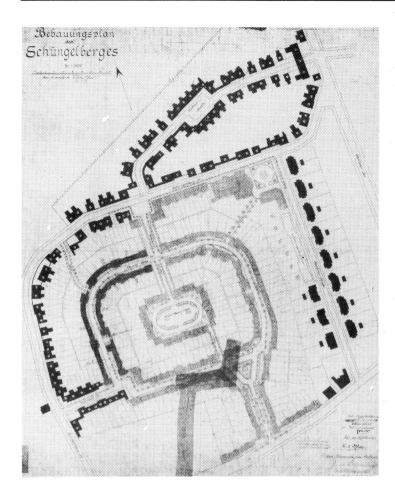

Abb. 10/11/12: Lageplan der Siedlung Schüngelberg aus dem Baugesuch der Harpener Bergbau AG aus dem Jahr 1919 von Wilhelm Jahow. Die konzentrischen Ringe mit dem Robert-Müser-Platz im Zentrum wurden nicht realisiert. Rechts daneben: Blick durch das restaurierte Torhaus in die alte Siedlungsanlage und Blick in eine Straße. Quellen: Stadt Gelsenkirchen/IBA Emscher Park, 1991, S. 6; IBA Emscher Park, o.J., o.S.

zentralen Platz in der Mitte des Schüngelberges vorsah. Der im Jahre **1919** eingereichte Bau-Plan wurde wegen der veränderten wirtschaftlichen und politischen Lage nicht mehr umgesetzt. Der eigentliche Schüngelberg blieb unbebaut. In Krisenzeiten wurde er als Grabeland genutzt. Die Siedlung blieb "Fragment", die IBA-Planung möchte heute an diesem "Fragment" anknüpfen.

Die Siedlung umfaßt ca. 310 Werkswohnungen in zwei-geschossigen Einzelhäusern mit Garten, mit Mieten um 3,50 DM/qm und Wohnungsgrößen zwischen 65 qm (die Mehrheit) und 90 bis 100 qm. Ein hoher Frei- und Grünflächenanteil zeichnet die Siedlung aus, wenngleich die sie umgebende Industrie (RAG-Zeche Hugo) ein hohes Maß an Beeinträchtigung der Lebensqualität bedeutet. Spätere Industrie- und Verkehrsbauten grenzten eine räumliche Ausdehnung der Siedlung ein und schafften die bis heute typische isolierte Lage der Siedlung, umschlossen von Zeche, Halde, Zechenbahn und angrenzender Horsterstraße. Im Jahre 1957 wurde ein Umspannwerk der RWAG mit stark beeinträchtigenden Hochspannungsfreileitungen auf die Mitte des Schüngelberges gesetzt.

Charakteristisch ist der **hohe Anteil türkischer BewohnerInnen**. Im Jahre 1989 leben 1.435 Bewohner in der Siedlung, davon rund 950 AusländerInnen (66 %). Der Altersaufbau und die Haushaltsstruktur der deutschen und ausländischen Haushalte sind sehr verschieden: 44 % der AusländerInnen befinden sich in einem Alter von 0 - 18 Jahren (bei Deutschen 16 %), nur 1 % sind über 60 Jahre alt (bei Deutschen 32 %). In den Ausländerhaushalten leben offiziell im Durchschnitt 4,5 Personen (inoffiziell zum Teil 7-8 Personen), in den deutschen Haushalten 2,5 Personen. Die AusländerInnen prägen mit ihrem umfeldorientierten Wohnen und Leben das Bild der Siedlung. Bestimmte Straßenzüge werden fast nur von TürkInnen bewohnt, wie die Gertrudstraße, Albrechtstraße, große Teile der Schüngelberg- und der Holthauserstraße. Die Brachfläche des Schüngelberges wurde bis zum Jahre 1990/91 von den TürkInnen als Grabeland genutzt.

Der schlechte Gebäude- und Wohnungszustand der gesamten Siedlung ist Ergebnis von ca. 20 Jahren "Instandsetzungsstau". Die **Konzernpolitik der Mannesmann-AG (der Eigentümerin bis 1981)** und die **Stadtentwicklungspolitik** zeichnen hierfür verantwortlich: Im Jahre 1955 drohte der Abriß, im Jahre 1977 die Privatisierung, im Jahre 1978 stand noch einmal der Abriß zur Diskussion. Die türkischen BewohnerInnen leben bisher in den ältesten und schlechtesten Wohnungen. Die Wende kam erst im Jahre 1981, als die **Treuhandstelle für Bergmannswohnstätten (THS)** die Siedlung von der Mannesmann AG übernahm. Die THS begann im Jahre 1988 mit einer denkmalgerechten Modernisierung der Siedlung. Nachdem seither ca. 100 Wohnungen, also ein Drittel, modernisiert wurde, wurde Schüngelberg im Jahre 1990 als anerkanntes IBA-Projekt aufgenommen. Danach ist vorgesehen (vgl. Stadt Gelsenkirchen/IBA Emscher Park, 1991, S. 26ff., 88ff.):

o   der Um- und Ausbau von 233 Mietwohnungen,

o   der Neubau von 203 Mietwohnungen ("zeitgemäße Interpretation der Gartenstadt-Idee") und

o   der Bau von 20 Altenwohnungen und 1 Kindergarten.

Für die Neubauten wurde 1990 ein internationaler Architektur-Wettbewerb durchgeführt.

2.3.2   Beteiligung von AusländerInnen, Berücksichtigung der BewohnerInnen-Interessen und Sozialorientierung der IBA

Im Jahre 1991 wurde eine Qualitätsvereinbarung zwischen der THS und der Stadt Gelsenkirchen als Projektträgern sowie den weiteren Planungsbeteiligten, d.h. der RAG-Zeche Hugo (Belegbetrieb) und der IBA ausgehandelt (vgl. Stadt Gelsenkirchen/IBA Emscher Park, 1991, S. 88ff). Diese stellt neben denkmalgerechten, städtebaulich gestalterischen, ökologischen und gemeinschaftsorientierten Anforderungen auch hohe sozial- und beteiligungsorientierte Ansprüche an den Um- und Ausbau der Siedlung. Die "Eigentümerin legt größten Wert auf die Berücksichtigung der Bewohnerinteressen im Planungs- und Realisierungsprozeß" (vgl. die Wettbewerbsausschreibung). Abgesehen davon, daß die IBA nur noch auf 2/3 des Altbaubestands einwirken kann, findet eine intensive Mieterbeteiligung nur bei der Modernisierung statt, nicht aber bei der Neubauplanung. Die Neubauten werden auf dem Schüngelberg entstehen und damit beginnt die IBA-Beteiligung sogleich mit einem Sündenfall: das Grabeland wird weitgehend beseitigt.

Beteiligung der AusländerInnen bei der Neubauplanung und der Grabelandkonflikt

Seit dem Jahre 1987 rechnete die Zeche Hugo sozialplanbedingt mit der Übernahme von etwa 400 Bergarbeitern aus dem Aachener Bergbau und deren teilweise Unterbringung in Belegwohnungen der Siedlung Schüngelberg. Im Jahre 1990 wurde im Rahmen der IBA ein beschränkter Wettbewerb für

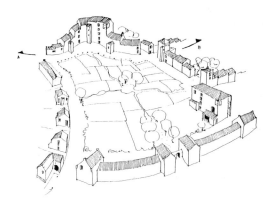

Abb. 13/14/15: Grabe-Landschaft: Kleingärten am Stadtrand. Rechts daneben und darunter: Die grüne Mitte ist das prägende Merkmal des Krollschen Entwurfs. Ein Teil des Grabelandes auf dem Schüngelberg sollte nach den Vorstellungen des belgischen Teams erhalten werden. Quellen: StadtBauwelt 110, 1991, S. 1236 (Foto: Kommunalverband Ruhrgebiet); Stadt Gelsenkirchen/IBA Emscher Park, 1991, S. 49.

die Erweiterung der Schüngelbergsiedlung um 203 Mietwohnungen, 20 Altenwohnungen und 1 Kindertagesstätte auf der Freifläche des Schüngelberges durchgeführt, d.h. auf eben jener Fläche, die bislang als Grabeland genutzt wurde. "Dieses Projekt (kann) über seine Bedeutung als Experiment für die Weiterentwicklung historischer Siedlungsgrundrisse hinaus zu einem Beispiel für die zeitgemäße Interpretation der Gartenstadtidee werden", "Mieteigenheime und Hausgärten" als "erhaltenswerte städtebauliche Grundstruktur" (Gartenstadt-Charakter) sind vorgesehen, der "Schutz des vorhandenen Grüns und ihres Wertsystems selbstverständliche Grundlage für die Planung" - so die Ausschreibung (Stadt Gelsenkirchen/IBA Emscher Park, 1991, S. 29f.).

In mehreren Gesprächsrunden mit den TeilnehmerInnen und den Auslobern (darunter auch ein türkischer Vertreter der Mieter) wurde das Grabeland zwar angesprochen, Ersatz oder Erhalt aber nicht zur Bedingung der Entwürfe gemacht (vgl. a.a.O., S. 35). Die soziale und kulturelle Bedeutung dieses Grabelandes ist damit offensichtlich nicht ausreichend in Betracht gezogen worden. Der einzige Wettbewerbsentwurf, der einen teilweisen Erhalt und die Neuschaffung von Grabeland in der Siedlung vorsah, wurde u.a. aus gestalterischen Gründen ("eine gewisse Künstlichkeit des Entwurfs") nicht begünstigt. Es heißt dazu in der Bewertung: "Als besonders interessant wurde der Versuch gewertet, große Teile des vorhandenen Grabelandes zu erhalten" - dafür wird ein 2. Preis vergeben, eine Realisierung der Grabeland-Erhaltung jedoch nicht vorgesehen. Es handelt sich außerdem um den Entwurf, der der Bewohnerbeteiligung die größte Bedeutung zumißt (vgl. a.a.O., S. 48ff.).

Die ausländischen BewohnerInnen waren an der Vorstellung der Wettbewerbsergebnisse auf einer Bürgerversammlung de facto nicht beteiligt. Der Vorschlag, sie über ein gesondertes Flugblatt in türkischer Sprache einzuladen, wurde aus unerklärlichen Gründen nicht verwirklicht. Ergebnis: Auf der Bürgerversammlung war unter rund 120 Anwesenden nur 1 türkischer Bewohner. Dabei ist den Beteiligten die Bedeutung der türkischen Bevölkerung durchaus klar gewesen, denn in den Wettbewerbsvorgaben heißt es: "(...) auf die Gleichwertigkeit beider Siedlungsteile (ist) zu achten, damit nicht eine benachteiligte, türkisch geprägte 'Altsiedlung' einer bevorzugten, von Aachener Bergleuten bewohnten 'Neusiedlung' gegenübersteht." (vgl. a.a.O., S. 29). Im Ergebnis wurde das Grabeland verplant und von den NutzerInnen die Räumung verlangt. Zeitweise Überlegungen, Ersatzland zu beschaffen, sind - nach jetzigem Stand der Planung - wegen ungeeigneter Lage und zu großer Entfernung von den Wohnungen gescheitert. Was für die türkischen BewohnerInnen von ihrem Grabeland übrigbleiben wird, klingt eher wie ein Scherz. Im Rahmen eines Wettbewerbs für die Benennung der neuen Straßen auf dem Schüngelberg machte ein türkischer Straßenname "Tepe"-Straße (= "Berg"-Str.) das Rennen. Nachdem das Grabeland am Schüngelberg, entsprechend der Forderung der THS von den NutzerInnen im Jahr 1991 weitgehend aufgegeben worden war, verzögerte sich der für Frühfahr 1992 angekündigte Beginn der Neubauarbeiten (Wann und in welchem Umfang die Neubauarbeiten tatsächlich beginnen, ist zur Zeit selbst Projekt-Insidern unklar). **In der Folge haben die AusländerInnen im Frühjahr/Sommer 1992 "ihr" Grabeland zurückerobert, d.h. wiederum "wild" bebaut. Allerdings: Ihre erneute Vertreibung ist spätestens bei Baubeginn zu befürchten.**

Beteiligung der AusländerInnen bei der Modernisierung

Im Unterschied zur Neubauplanung ist die Nutzerbeteiligung bei der Erneuerung der Altbauwohnungen als sorgfältig und beispielhaft einzuschätzen. Hier wurde der Tatsache, daß ein Großteil der MieterInnen TürkInnen sind, Rechnung getragen. Mit der Organisation und Durchführung des Beteiligungsverfahrens wurde von der THS der unabhängige "Wohnbund" beauftragt. In diesem Rahmen arbeitet der schon erwähnte türkische Mietervertreter, der auch ein Bewohner der Siedlung ist, bei Informationsveranstaltungen, Einzel- und Gruppenberatungen mit. Dadurch sind Zweisprachigkeit und Betroffenennähe der Bewohnerbeteiligung gewährleistet.

Die Mieterbeteiligung des "Wohnbund" bezieht sich auf ca. 75 Wohneinheiten (WE) in der Gertrudstraße (2. Abschnitt) und ca. 100 WE in der Schüngelbergstraße (3. Abschnitt). Mit der Durchführung des Beteiligungsverfahrens bei den Wohnumfeldverbesserungsmaßnahmen soll der "Wohnbund" ebenfalls beauftragt werden. Das Beteiligungsverfahren ist mehrstufig. Zunächst werden jeweils ca. zehn Familien zu einem ersten Informationsgespräch eingeladen. Es folgen zwei bis drei weitere "Nachbarschafts"-Abende, in denen mit Dias, Modellen und anschaulichen Plänen die jeweiligen Hausgrundrisse erläutert, Änderungen sichtbar gemacht und bis zu Möblierungsvorschlägen konkretisiert werden, damit sich die MieterInnen die Änderungen ihrer Wohnung konkret vorstellen können. Vom 1. bis zum 3. Abend verfeinern sich die Fragen und gerät die Beratung individueller. Dieser Prozeß dauert für die zehn Familien ca. drei Wochen. Wichtigstes Ergebnis ist nicht allein der endgültige Plan, sondern auch das gewachsene Vertrauen der BewohnerInnen in die Sinnhaftigkeit des Prozesses, der schließlich von allen Beteiligten Mitarbeit und Einsichten erfordert.

Der effektive Gestaltungsspielraum der BewohnerInnen ist allerdings gering. Die technischen Modernisierungsstandards, Fassadengestaltung, Wohnungsgrößen, tragende Wände, Anschlüsse, Kosten und Modernisierungsmieten sind vorgegeben. Bei den Wohngrundrissen sind begrenzte Änderungen möglich. Es geht eigentlich nur um kleine Besonderheiten und Wünsche und damit auch um wenig gravierende Unterschiede zwischen deutschen und/oder türkischen Wohnansprüchen. Dennoch gibt es sie: Eine möglichst große Wohnküche sollte in den türkischen Wohnungen bleiben, weil sie als "nicht öffentlicher Frauenraum" gewünscht wird; ein Gäste-WC soll nicht neben der Küche eingerichtet werden, weil der "schmutzigste" Raum nicht neben der Küche liegen soll; muslimische Haushalte wünschen einen besonderen Wasseranschluß, um unabhängig die rituelle Waschung vor dem Gebet vornehmen zu können; dies läßt sich aber aus installationstechnischen Gründen nicht verwirklichen. Da die türkischen Familien relativ groß sind, wird gegebenenfalls auf ein großes Bad zugunsten eines weiteren Schlafraumes verzichtet.

Insgesamt bleibt trotz eines beispielhaften "multinationalen" Beteiligungsverfahrens de facto wenig übrig, was die negativen Entwicklungen aufwiegen und drohende Gefahren für die Wohnsicherheit eines Teils der AusländerInnen in der Siedlung aufwiegen könnte: Das Grabeland und damit ein Stück Lebensqualität ist verplant. Die zeitweise Rückeroberung durch die Betroffenen ändert daran nichts. Frauen, Kinder und Alte verlieren damit ihre halböffentlichen Nutz- und Schutzräume. Zwar sind - wie bisher auch - Hausgärten vorgesehen. Aufgrund der Wohnumfeldverbesserungsmaßnahmen werden jedoch rund 20 % der bisherigen Fläche für Hausgärten zusätzlich wegfallen. Bewohnerkonflikte zwischen denen, die keine oder stark verkleinerte Gärten erhalten und denen, die besser wegkommen, sind vorprogrammiert. In diesem Zusammenhang ist der "Wohnbund" um seinen Beteiligungsauftrag wahrlich nicht zu beneiden. Darüber hinaus lassen die neu entstandenen Gärten der 1. Modernisierungsphase mit ihrem "Bürstenrasen" und "Einheitslauben" wenig kulturelle Toleranz vermuten. Größe und Zuschnitt selbst der modernisierten Wohnungen entsprechen nicht den Bedürfnissen türkischer Großfamilien. Vor allem aber droht einem Teil dieser Haushalte, daß sich die Vorschrift der "normgerechten Belegung" gegen sie wendet. Die Qualitätsvereinbarung sieht zwar vor, daß alle Mieter mit **Wohnberechtigungsschein und Belegungsrecht** die Möglichkeit haben sollen, in ihren modernisierten Wohnungen zu bleiben. Nach den Bindungsnormen gilt jedoch ein Teil der Wohnungen als "überbelegt" und zum Teil sind nicht alle arbeitenden Haushaltsmitglieder RAG-Beschäftigte und haben daher kein "Belegungsrecht". Unter Rückgriff auf diese Normen zeichnen sich vor allem von Seiten

Abb. 16/17/18/19: Vorher und Nachher. Quelle: Fotos der AutorInnen.

des RAG-Wohnungsausschusses, der vorrangig aus Sicht seiner deutschen Klientel urteilt und daher häufig als "Bremser" auftritt, Verdrängungswirkungen ab.

Die preisgebundene Modernisierungsmiete beträgt zur Zeit ca. 6,50 DM/qm und wird auch hier mit Nebenkosten auf über 7,- bis 8,- DM/qm steigen; daher stellt sich auch in Schüngelberg die Frage, ob dies für ausländische Familien mit vielen Kindern (und deshalb relativ niedrigem Pro-Kopf-Einkommen) noch tragbar ist. Schließlich muß angesichts der Attraktivitätssteigerung von Schüngelberg nach Abschluß der Erneuerung auch für deutsche RAG-Beschäftigte damit gerechnet werden, daß die neuen Wohnungen und freiwerdende Altbauwohnungen nur in Ausnahmefällen an AusländerInnen vermietet werden, um so eine "Aufbesserung der Mieterstruktur" über die "Senkung des Ausländeranteils" der Siedlung zu verwirklichen.

Nach unseren Gesprächen in Schüngelberg sind diese Tendenzen und Gefahren den meisten Beteiligten bekannt. Um so bedauerlicher ist es, daß die IBA, die eine sozialverträgliche Erneuerung als ausdrückliches Qualitätsziel formuliert, sich in diesen Zusammenhang nicht offen als "Betroffenenanwalt" einmischt und sich stattdessen für die vorbildliche Beteiligungs-Arbeit des "Wohnbund" und des städtischen Projektkoordinators loben läßt.

3. Schlußfolgerungen, Perspektiven und Anforderungen

3.1 AusländerInnen in der IBA ein blinder Fleck - na und? Ergebnisse und Folgen planender Ignoranz

Die IBA will wegweisende Werkstatt für alte Industrieregionen sein, sie will Geschichte nicht negieren, gleichzeitig nach vorne schauen, neueste Erkenntnisse verarbeiten und selbst entwickeln. Diese hohen Ansprüche werden in bezug auf die AusländerInnen (und im übrigen, wie in anderen Beiträgen dieses Buches behandelt, auch für andere soziale Minderheiten in der Emscherregion) schon jetzt nicht erfüllt.

In den Zielen und Leitprojekten der IBA werden sie nicht erwähnt. In Einzelprojekten, in denen sie zwangsläufig besonders wahrgenommen werden müssen, findet entweder - wie im Beispiel Bottrop-Welheim - eine ausdrückliche Nutzerbeteiligung von AusländerInnen kaum statt und scheitert dann notwendig, weil die herkömmlich-formalisierten, primär technisch-ingenieurmäßigen Beteiligungsverfahren die besonderen Beteiligungsbarrieren der AusländerInnen nicht berücksichtigen; oder es wird - wie am Beispiel Gelsenkirchen-Schüngelberg - ein zum Teil vorbildliches Beteiligungsverfahren durch irreversible Vorentscheidungen (Grabeland-Konflikt), geringe Entscheidungsspielräume der MieterInnen und gefährdete Wohnsicherheit belastet. Obwohl die "Qualitätsvereinbarungen" beider IBA-Projekte die Erhaltung der Bewohnerstruktur vorsehen, sind in Schüngelberg wie in Welheim Verdrängungswirkungen vor allem zu Lasten der AusländerInnen zu befürchten (vgl. die folgende Übersicht).

Dieses Problem hätte den IBA-Verantwortlichen von Anfang an bewußt sein müssen, weil dies ein typisches Modernisierungsproblem nicht nur im Ruhrgebiet ist. Ebenso vernachlässigt werden bislang die Erfahrungen über soziokulturelle Anforderungen der ImmigrantInnen an Wohnung und Wohnumfeld. Die lapidare Antwort eines IBA-Projektkoordinators auf unsere entsprechende Kritik lautete: "Na und?"

Die Emscherregion ist wie das gesamte Ruhrgebiet sozialgeschichtlich durch den wellenförmigen Zuzug von ethnisch "fremden" Bevölkerungsgruppen geprägt worden. Einwanderer sind als fester Bestandteil der regionalen Bevölkerung zu begreifen (vgl. Planergruppe Oberhausen, 1982, S. 1ff.) . Es existiert auch eine ruhrgebietsspezifische "Routine" im Umgang mit den fremdartigen Anforderungen an die jeweils heimisch gewordene Kultur. So hat sich zum Beispiel in zahlreichen traditionellen Arbeiterstadtteilen und Wohnkolonien eine alltägliche türkische Präsenz ergeben. Ebenso verhält es sich mit den Brachflächen in der Nähe dieser Wohnsiedlungen, wo Grabeland - in Anlehnung an die in der Türkei geübten Landnahmen - in "Türkische Gärten" verwandelt und solange bebaut werden, bis Neuplanungen die Flächen den GärtnerInnen wieder entziehen. An einer Stelle hastig errichtet und bald wieder abgebrochen, an anderer Stelle wieder neu errichtet, sind sie zur Dauereinrichtung türkischer Präsenz und multikultureller Vielfalt in der Emscherregion geworden.

Die türkischen Einwanderer als fester Bestandteil des heimischen Alltags zu begreifen, wäre keine besondere Anforderung. Ihnen im Zuge der regionalen Umstrukturierung wichtige Bestandteile ihrer Alltagskultur zu nehmen ist aber mehr als eine Unterlassungssünde und offenbart planungspolitische Ignoranz.

Übersicht:	**Beteiligung von AusländerInnen in den IBA-Projekten Welheim und Schüngelberg - ein Vergleich**

1. Information und Transparenz des Erneuerungsprozesses

Welheim: viel zu spät, vielfach erst kurz vor Bauprozeß, nicht mehrsprachig, im Prozeßverlauf unverständlich für MigrantInnen
Schüngelberg: zu spät, in früher Planungsphase nicht mehrsprachig

2. Bewohnerberatung und -betreuung der MigrantInnen

Welheim: soll vor allem über Quartiersarchitekten, schriftliche Infos und über Mieterrat erfolgen - MigrantInnen werden de facto nicht erreicht
Schüngelberg: im "Grabelandkonflikt" gar nicht, bei bisheriger Neubauplanung kaum, bei 1/3 der Wohnungsmodernisierungen unzureichend; nach Beauftragung des "Wohnbund" mit der Mieterbeteiligung bei laufenden Modernisierungen und Umfeldverbesserungen vorbildliches Beteiligungsverfahren, das jedoch durch geringe Entscheidungsspielräume belastet wird.

3. Faktische Entscheidungsspielräume der MieterInnen

Welheim: vorgegebene Modernisierungs- und Grundrißstandards ohne echte Entscheidungsspielräume, minimale Absprachemöglichkeiten mit Bauleiter (sofern der Zeit hat und will)
Schüngelberg: weitgehend vorgegebene Modernisierungsstandards, Mitsprache über Grundrisse zum Teil möglich, andere Entscheidungsspielräume kaum; in bezug auf Wohnumfeld/Gärten noch unklar, im "Grabelandkonflikt" keine Entscheidungskompetenz

4. Wohnkosten nach Erneuerung

Welheim und Schüngelberg:
Nach Modernisierung 10-jährige Mietpreisbindung, zur Zeit ca. 6,- bis 7,- DM/qm Nettokaltmiete plus Nebenkosten (höhere Eingangsmieten bei künftigen Bauabschnitten). Angesichts einer Miete von ca. 3,- bis 3,50 DM/qm vor der Modernisierung und der Nebenkosteninflation bedeutet das für einkommensschwache und große (Ausländer-)Haushalte starke zusätzliche Mietbelastungen.

5. Wohnsicherheit nach der Modernisierung

Welheim und Schüngelberg
Obwohl die "Qualitätsvereinbarungen" die Erhaltung der Bewohnerstruktur vorsehen, sind in beiden Siedlungen Verdrängungswirkungen v.a. zu Lasten der MigrantInnen zu befürchten:
o   über den Wohnkostenanstieg für einkommensschwache Haushalte,
o   bei Überschreitung der Normbelegungsrichtlinien des Sozialen Wohnungsbaus, die insbesondere große Haushalte bedroht,
o   bei Haushaltsmitgliedern, die keine Belegungsberechtigung haben und zur Zeit von den Belegungsbetrieben erfaßt und verdrängt werden können.

Grabeland ist im Kulturaustausch der Einheimischen mit den Hinzuziehenden schon immer ein wichtiger Faktor gewesen. Der Versuch zwischen vertrauter Alltags-Kultur der Heimat (des Dorfes) und dem fremden Industriealltag eine Synthese zu finden, ist schon früher eng mit dem Bebauen von Grabeland und Gartenland verwoben gewesen (vgl. Planergruppe Oberhausen, 1982, S. 5ff.). Das Ausprobieren und Suchen nach dieser Synthese bedarf der Selbstdarstellung, der Sicherung der Herkunftsidentität, bedarf dieser Räume, auch der halb-öffentlichen Räume, von denen ein "Näherungsprozeß" ohne Zwang ausgehen kann. Die Gartenkolonie, die Gärten auf Grabeland sind solche Räume, die sich seit dem letzten Jahrhundert nicht nur für die türkischen ArbeitsmigrantInnen im Ruhrgebiet bewährt haben. "In der Gartenkolonie kondensierte sich die Ruhr-Identität der Zuzügler" (a.a.O., S. 6).

Abb. 20/21: Kleingarten der Zeche Engelsburg in Bochum, Juni 1930, und Garten einer türkischen Familie in Gelsenkirchen, 1989. Quelle: V. Steinborn, 1991, S. 9, 11.

Die planungsbedingte Wegnahme derartiger Räume, das Umdefinieren ihrer historisch gewachsenen Funktion in ein "Haus mit oder ohne Garten" - als Angebot der Ordnungsvorstellungen der Mehrheitskultur - ist Ausdruck eines ethnozentristisch-deutschen Blickwinkels und begünstigt jene, die unreflektiert die Minderheitskultur für "schmuddelig" und "rückständig" (vgl. Bohnenstangen) halten und der Mehrheitskultur (deutsch, sauber, ordentlich) Räume zurückerobern möchten.

So erweist sich die IBA - trotz der engagierten Bemühungen des "Wohnbund" und des Projektkoordinators von Schüngelberg - als keinen Schritt weiter als die ethnozentristisch denkenden Entscheidungsträger und Meinungseliten dieses Landes. Noch schlimmer: Indem die IBA-PlanerInnen diesen Schritt tun, erklären Sie diese Kulturperspektive noch im Nachhinein als richtig.

3.2 Ursachen und Hintergründe

In den untersuchten Projekten besteht die IBA-typische "Akteursarena" aus Wohnungsbaugesellschaften und Kommune als Projektträgern, belegungsberechtigten Großbetrieben (vor allem RAG und RAG-Wohnungsausschüsse), beteiligten Ministerien/Landesbehörden, IBA-Planungsgesellschaft, Vor-Ort-Moderatoren der Projekte (vgl. Projektbeauftragte der Planungsämter, Quartiersarchitekt und "Wohnbund") sowie den BewohnerInnen, gegebenenfalls ihren VertreterInnen. Die Akteure werden in "Erneuerungsbeiräten" bzw. "runden Tischen" zusammengefaßt und sollen in Planungsprozessen beraten. Bei diesen "runden Tischen" handelt es sich um eine projektspezifische Anwendung eines "neuen" Musters regionaler Strukturpolitik in Nordrhein-Westfalen, das von seinem Anspruch her Ortsnähe, Problemkenntnis, Demokratisierung der Planung sowie Dialog- und Konsensbereitschaft der wichtigen Akteure gewährleisten soll. R.G. Heinze und H. Voelzkow charakterisieren dieses Modell als "inscenierten Korporatismus" (vgl. R.G. Heinze/H. Voelzkow, 1991, S. 468ff). Ob die "runden Tische" der IBA tatsächlich zu mehr Demokratie in der Planung führen, bezweifeln wir und vermuten, daß es sich dabei um des "Kaisers neue Kleider", also um bekannte Muster der Ruhrgebietspolitik handelt. Nach unseren Befunden sind - trotz von der IBA propagierter bzw. behaupteter Gleichberechtigung - vor allem die ökonomisch und politisch relevanten Akteure in den IBA-Projekten durchsetzungsfähig. Das sind zunächst die Eigentümer und Bauträger mit ihren unmittelbaren Verwertungsinteressen, sowie die belegungsberechtigten Betriebe mit ihren aus Personalplanung und Montanmitbestimmung abgeleiteten (deutschen Belegschafts-) Interessen. Politisch-ökonomische Durchsetzungskraft haben weiterhin die Kommunen, ohne und erst recht gegen deren politische Mehrheitsverhältnisse und Verfilzungsstrukturen gar nichts läuft, sowie die Landesbehörden, von deren Normen und Subventionsregulativen die IBA-Projekte abhängen.

Die IBA-Planungsgesellschaft und die IBA-Planungsbeauftragten der Städte fungieren als Moderatoren, als Planungshilfen und im günstigen Fall als Ideengeber. Gegen maßgebliche Akteure können (und wollen) sie sich nicht durchsetzen. Eine konsequente Anwaltsfunktion für die BewohnerInnen nimmt die IBA Emscher Park nicht wahr.

In dieser Akteursarena sind die BewohnerInnen, vor allem wenn es sich um artikulationsschwache Minderheiten handelt, am wenigsten durchsetzungsfähig. Besonders schlechte Karten haben in dieser Hinsicht die AusländerInnen:

1. Durch das Ausländerrecht sind sie politisch-strukturell diskriminiert. Als Wahlbevölkerung spielen sie selbst keine Rolle, taugen aber sehr gut als "Sündenbock" für ungelöste soziale Probleme und ausländerfeindliche Strömungen gegenüber den Wählern;
2. Am Arbeits- und Wohnungsmarkt werden sie flexibel vernutzt und sozial diskriminiert;
3. Soziokulturell werden vor allem die nichteuropäischen Ethnien an den äußersten Rand der Mehrheitsgesellschaft gedrängt und mit deren eurozentristischen und zum Teil rassistischen Anpassungsnormen konfrontiert;
4. Ihre Lobby in der Mehrheitsgesellschaft ist gering. Darüber hinaus sind auch ihre BündnispartnerInnen häufig wenig informiert und unentschieden sowie zur Zeit jedenfalls wenig konflikt- und durchsetzungsfähig.

3.3 Perspektiven und Anforderungen

Bislang erweist sich die IBA Emscher Park als Spiegel herrschender Machtverhältnisse in der Region. Ihre Innovationseffekte bewegen sich im herkömmlichen (Verfilzungs-)Rahmen durchsetzungsfähiger Wirtschafts- und Politikinteressen in der Region.

Noch ist nicht zu erkennen, daß die IBA Emscher Park ihre Ansprüche - innovativ, sozialemanzipatorisch, partizipatorisch zu wirken - einlöst und bereit ist, sich (nicht nur) bezüglich der AusländerInnen sowohl der sozialen Realität zu stellen als auch Zukunft zu gestalten. Dabei gibt es auf allen Ebenen des Erneuerungsprozesses Versuche, Erfahrungen und Vorschläge, derer sie sich bedienen könnte.

Nutzerbeteiligung

Ausgangspunkt und Ziel jeder Nutzerbeteiligung im Wohnbereich muß es sein, bedürfnisgerechte Wohn- und Wohnumfeldverhältnisse zu bezahlbaren Preisen zu schaffen und Verdrängungen zu verhindern. Ist dies nicht gewährleistet, wird sie zur Farce. Aufgrund unserer thematischen Vorkenntnisse und der Erfahrungen der IBA Berlin wissen wir, daß Bürgerbeteiligung und die Artikulation von Bürgerinteressen bei AusländerInnen infolge zahlreicher Barrieren auf besondere Schwierigkeiten stößt (vgl. Statusunsicherheit, mangelnde Information und Beratung, emotionale Barrieren und mangelhaftes Vertrauen in deutsche Behörden). Diese können nur über eine spezifische (mehr- oder zweisprachige) Beratungs- und Betreuungsarbeit, die auch ein gutes Stück Sozial- und Gemeinwesenarbeit vor Ort einschließt, überwunden werden. Sie erfordern über die engere Information und Beratung hinaus die ausdrückliche Bereitschaft, sich mit den Bedürfnissen, die aus Herkunft, MigrantInnenstatus und Lebensentwürfen resultieren, auseinanderzusetzen und entsprechende Gestaltungsspielräume zu eröffnen, die tatsächlich mitentschieden werden können (vgl. zu Erfahrungen und Vorschläge im Ruhrgebiet die Planergruppe Oberhausen, 1982; D. Ruß/H. Wilke, 1991, S. 171ff. sowie zu Erfahrungen der IBA Berlin z.B. C. Arin u.a., 1985b).

Multikultureller Raum

Erforderlich sind die Erforschung, Bereitstellung und Sicherung von multikulturellen Räumen zur Identitätssicherung, die Selbstdarstellung, Annäherung und die aktive Gestaltung von multikultureller Gemeinschaft in allen IBA-Projektbereichen als Querschnittsaufgabe. Hierzu ist natürlich eine Zusammenarbeit mit den Betroffenen und ihren Organisationen, Vereinen und Institutionen notwendig. Gemeint sind die Bereiche Wohnen und Wohnumfeld ebenso wie die Bereiche Freizeitgestaltung, Arbeitsförderung, Förderung von Beschäftigungsinitiativen sowie Existenzgründerförderungen und besonders die "Integrierte Stadtteilentwicklung". Multikultureller Stadtraum könnte ein besonderes Projekt sein. Denkbare Teilräume sind zum Beispiel: **Multifunktionale Kulturhäuser** mit internationalem Zeitungscafé, mit Veranstaltungs-, Versammlungs- und Begegnungsräumen, Proberäumen für Theater- und Musikgruppen, Ausstellungsräumen, Treffpunkten für Frauen, Seminarräumen zum Erlernen der deutschen Sprache, Kinder- und Jugendlichentreffs; weiter ein **"türkisches" Bad**, das sog. **"Hamam"**, mit Frauenräumen und Kinderbetreuung; ein **"Mittelmeermuseum"** zur Selbstdarstellung der Migrationsländer und Migrationsvölker und der Geschichte der Migration; ein **"Mittelmeergarten"** mit Pflanzen und Lehrpfad, oder einfach viele angenehme halböffentliche Plätze. Der Fantasie sind hier keine Grenzen gesetzt. Nur zuhören sollte man der Stimme der AusländerInnen selber.

Gartenstadt-Idee

Die Kolonie, das "Miethaus mit Garten-Nutzland", war immer multifunktional angelegt und genutzt worden: Betätigung in der Freizeit, Ausgleich für schwere Industriearbeit, Berücksichtigung des Schichtarbeiterlebens, Entlastung der Haushaltskasse durch Gemüse- und Obstanbau und Kleintierhaltung waren hier möglich. Die Kolonie war auch der Raum für eine etappenweise "Akkulturation" der zugewanderten Arbeitskräfte, die zumeist aus ländlichen Regionen kamen und in der Kolonie den notwendigen Erholungsraum auf bekanntem Terrain von dem neuen Industriearbeiterdasein fanden. Grabeland war dabei ein immens wichtiger Faktor und taucht in wiederkehrenden Wellen immer wieder als Bedarf der KoloniebewohnerInnen auf. Das hat sich bis heute nicht geändert. Mensch muß es nur sehen wollen. Dies zu sehen wäre Bestandteil einer "zeitgemäßen" Aktualisierung der Gartenstadt-Idee durch die IBA.

Offene Diskussion

Neuerungen behindernde Machtverhältnisse, Widersprüche, Vorurteile und Ignoranz gegenüber AusländerInnen und Alltagskulturen sind hierzulande "normal". Nicht normal ist dagegen, wenn die daraus resultierenden Probleme unter der Decke gehalten werden, nicht offen angesprochen werden und entsprechende Äußerungen und Stellungnahmen unterdrückt werden. Ein Neuerungsprojekt wie die IBA, an das berechtigterweise hohe Erwartungen geknüpft werden, kann sich ein Negieren oben angesprochener Probleme und eine Lösung auf Kosten durchsetzungsschwacher Bevölkerungsgruppen (vgl. AusländerInnen und andere benachteiligte Minderheiten) nicht leisten. Vielmehr muß erwartet werden, daß die IBA auch in Konfliktfällen mit durchsetzungsstarken Akteuren darum streitet, daß das "IBA-Gütesiegel" ein Signal setzt: **Gerade heute für den Versuch, Multikultur lebbar zu machen und "Trendsetter" einer multikulturellen Emscherregion zu sein.**

Multikulturelle IBA Emscher Park

Die IBA sollte eine ausdrückliche Berücksichtigung der AusländerInnen in ihre neuen Projekte aufnehmen und als Querschnittsaufgabe könnte sie europäische Maßstäbe setzen für den Versuch, den Beitrag der zugewanderten Arbeitskräfte zur Umstrukturierung alter Industrieregionen zu würdigen, als Potential für die Gestaltung neuer lebenswerter Räume zu begreifen und zu nutzen. Die Vorbereitung einer solchen Querschnittsaufgabe könnte mit einem Erfahrungsaustausch z.B. in Form einer Konferenz beginnen und damit ein Zeichen für die künftige IBA-Entwicklung setzen.

Literatur

Arin, C.(Hrsg.): Ausländer im Wohnbereich, Berlin 1983.

Arin, C./Gude, S./Wurtinger, H.: Auf der Schattenseite des Wohnungsmarktes - Kinderreiche Immigrantenfamilien, Basel 1985a.

Dies.: Beteiligungsmodelle können den Ausweg weisen, in: Frankfurter Rundschau v. 17.6.1985, 1985b, S. 12.

empirica (Hrsg.): Wohnungsmarktanalyse Dortmund, Bonn 1991.

Flade, A./Gude, R.: Segregation und Integration der Ausländer, Institut Wohnen und Umwelt, Darmstadt 1988.

Heinze, R.G./Voelzkow, H.: Regionalisierung der Strukturpolitik in Nordrhein-Westfalen, in: Blanke, B. (Hrsg.), Staat und Stadt, Opladen 1991, S. 461ff.

IBA Emscher Park: Verbesserung des Wohnstandortes Siedlung Schüngelberg, Prospekt, o.O., o.J.

IBA-Projektkatalog, Stand Oktober 1991 (bis Oktober 1992 unveröffentlichtes Manuskript).

IBA-Rahmenkonzept für "Mindeststandards" bei Bau- und Modernisierungsvorhaben, in: Emscher Park Informationen Nr. 3, 1990.

KVR: Kommunalverband Ruhrgebiet: Regionalinformation Ruhrgebiet, verschiedene Ausgaben 1991 und 1992.

Korte, H. (Hrsg.): Die Wohnsituation der ausländischen Mitarbeiter der Ruhrkohle AG, ILS Band 3.033, Dortmund 1983.

Landesarbeitsamt Nordrhein-Westfalen: Informationen zum Arbeitsmarkt Nr. 15/1991, Ausländer und AusländerInnen auf dem Arbeitsmarkt in NRW, 1991.

MSWV: Der Minister für Stadtentwicklung, Wohnen und Verkehr des Landes Nordrhein-Westfalen (Hrsg.): Internationale Bauausstellung Emscher Park, Werkstatt für die Zukunft alter Industriegebiete, Memorandum zu Inhalt und Organisation, Düsseldorf 1988.

Pillath, D.: Ausländerbericht für die Stadt Bottrop - Untersuchung im Auftrag des Ausländerbeirates, Bottrop 1986.

Planergruppe Oberhausen: Freiraumansprüche der türkischen Bevölkerung, Oberhausen 1982.

Ruß, D./Wilke, H.: Bewohnerorientierte Quartierserneuerung in Bottrop-Welheim, Diplomarbeit am Fachbereich Raumplanung, Universität Dortmund, Dortmund 1991.

Selle, K.: Keine Wahl... Anmerkungen zu den Wohnchancen der Ausländer in deutschen Städten, in: AGB-Stoffsammlung Nr. 8, 1989, S. 2ff.

Stadt Essen (Hrsg.): Soziale Ungleichheit im Stadtgebiet, Essen 1990.

Stadt Gelsenkirchen/IBA Emscher Park (Hrsg.): Städtebaulicher Wettbewerb. Ergänzung der Siedlung Schüngelberg in Gelsenkirchen-Buer, Gelsenkirchen 1991.

StadtBauwelt: Internationale Bauausstellung Emscher Park, Nr. 110, 1991.

Steinborn, V. (Hrsg.): Arbeitergärten im Ruhrgebiet, Dortmund 1991.

Qualitätsvereinbarung Bottrop Welheim in: Emscher Park Informationen Nr. 19, 1992.

Qualitätsvereinbarung Gelsenkirchen Schüngelberg in: Stadt Gelsenkirchen/IBA Emscher Park (Hrsg.), Städtebaulicher Wettbewerb, Ergänzung der Siedlung Schüngelberg in Gelsenkirchen-Buer, Gelsenkirchen, 1991, S. 88ff.

Thomas Rommelspacher

Von der Kloake zum Industriefluß: Das Ende des Sonderstatus der Emscher

Der Aufsatz analysiert zunächst die Interessenkonstellationen, die dazu führten, daß die Emscher und ihre Nebenbäche rd. 90 Jahre lang zu Abwasserkanälen degradiert wurden. Zentrale These ist, daß Unternehmen und Kommunen - die großen Abwasserproduzenten des Ruhrgebiets - während der Hochindustralisierung für sich wasserrechtliche Privilegien durchsetzten, deren Auslaufen erst in den 1980er Jahren unumgänglich wurde. Der Umbau des Emschersystems zielt im Kern auf den Abbau des Sonderstatus der Emscher und eine Annäherung an die Mindeststandards des Wasserrechts. Dabei deuten die derzeit verfügbaren Informationen darauf hin, daß die Internationale Bauausstellung Emscher Park bei der Aushandlung der hierzu erforderlichen Maßnahmen keine gewichtige Rolle spielte. Ihre Bedeutung scheint eher im Bereich der Beratung bei der modellhaften Gestaltung des Umbaus einzelner Nebenbäche, der Propagierung der hierbei erzielbaren Verbesserungen sowie der Sicherung der Akzeptanz zu liegen.

1. Vorgeschichte

Das am 14.7.1904 vom Preußischen Abgeordnetenhaus beschlossene "Gesetz betr. Bildung einer Genossenschaft zur Regelung der Vorflut und zur Abwässerreinigung im Emschergebiet" war das Ergebnis langer Auseinandersetzungen gewesen. Nach mehreren gescheiterten Anläufen hatte sich 1899 eine von Montanindustrie und Kommunen, den beiden großen Abwasserproduzenten der Emscherzone, gebildete "Kommission zur Aufstellung eines generellen Entwässerungsprojektes für das Emschertal" konstituiert. Auszuhandeln war die Lösung für zwei große Aufgaben: Zum einen war die zusammengebrochene Vorflut wiederherzustellen, zum anderen war eine Organisation zu konzipieren, die dies sowie die Abwasserbehandlung auf Dauer sicherstellen konnte. [1]

Die wasserbaulichen Fragen behandelte ein "Entwurf zur Regelung der Vorflut und Abwässerreinigung im Emschergebiet", den Regierungsbaumeister W. Middeldorf (1904) für die Kommission erarbeitet hatte. Schwieriger als die Einigung auf den Plan der Umwandlung des Emschersystems in einen offenen Vorfluter war die Frage nach der Form des Zusammenschlusses. Einigkeit herrschte darüber, daß es ein Selbstverwaltungskörper werden sollte: "Was die Interessenten des Bezirks durch eigene Mittel schufen, wollten sie auch selbst verwalten" (E. Schuster, 1917, S. 27). Dissens prägte dagegen die Frage, wie industrielle, besonders bergbauliche Interessen vertreten sein sollten. Die meisten Kreise und Städte befürworteten eine Konstruktion, bei der sie Genossen waren und die Kosten auf alle Beteiligten umlegten. Für den Bergbau war dies nicht akzeptabel. Er, der "darauf gefasst ist, daß ein erheblicher Teil der Kosten (...) auf ihn abgewälzt werden muß" verlangte, "daß in allen Fällen Angehörige des Bergbaus bei der Kostenverteilung mitzuwirken haben" (E. Schuster, 1917, S. 25).

---

[1]　Zur damaligen Lage im Emschergebiet vgl. T. Rommelspacher, 1989, sowie F.J. Brüggemeier/T. Rommelspacher, 1991.

Letztlich setzte sich eine vom Generaldirektor des Bergwerks Hibernia, Behrens, und dem Gelsenkirchener Landrat Hammerschmidt entworfene Konstruktion durch, die dem Bergbau den maßgeblichen Einfluß sicherte. In dem 1904 verabschiedeten Gesetz waren zwar nur Land- und Stadtkreise Genossen. Es bestimmte aber daß, wenn ein Genosse mehrere Abgeordnete zu wählen hatte, die Wahl nach dem Verhältnis der von Bergwerken, Industrie und Kommunen gezahlten Beiträge zu erfolgen habe. Damit hatte der Bergbau "dem Emschergesetz seinen Stempel aufgedrückt" (E. Schuster, 1917, S. 27)[2] und der ersten großen Abwassergenossenschaft im Deutschen Reich, - sie umfaßte 1910 189 Bergwerke, 18 weitere Großunternehmen und 129 Gemeinden - war "Selbstverwaltung zugestanden (...), dem Geiste des ganzen Unternehmens entsprechend, das aus eigenster Initiative der Interessenten heraus entstanden ist und ohne materielle Staatshilfe durchgeführt wird" (H. Helbing, 1925, S. 7).

Das "Gesetz betr. Bildung einer Genossenschaft zur Regelung der Vorflut und zur Abwässerreinigung im Emschergebiet" verpflichtete die Genossenschaft auf zwei Ziele: Die Regelung der Vorflut sowie die Abwasserreinigung. Im Statut war dies festgeschrieben und durch den Hinweis ergänzt, der Middeldorfsche Entwurf sei die Grundlage der Arbeiten. Dieser war bereits 1903 im Vorgriff auf die Gründung der Genossenschaft landespolizeilich genehmigt worden. Er sah für alle Betriebe Vorkläranlagen vor, während das Flußsystem mit 23 dezentral angeordneten Kläranlagen versehen werden sollte, die aus Absitzbecken, einer biologischen Klärung sowie Regenrückhaltenbecken bestanden.[3]

Die "einfachste und beste" Lösung war für W. Middeldorf (1904, S. 84) die Klärung "möglichst nahe am Entstehungsort". Die "Betriebe und die Zechen müßten jede eine einwandfreie Kläranlage errichten, die Städte sämtlich kanalisiert und am Endpunkte ihrer Hauptsammler mit einer größeren Klärvorrichtung versehen werden." Dies war aber mit vertretbaren Kosten nur bei größeren geschlossenen Ortschaften und Industrieanlagen möglich. In weiten Teilen des Emscherraums stand dem aber die Siedlungsstruktur entgegen: "der größte Teil der Wohnstätten und kleineren gewerblichen Betriebe, denen man eine gesonderte Klärung in Anlagen nicht gut vorschreiben kann, (war) über die ganze Fläche" verteilt (W. Middeldorf, 1904, S. 85). Hier schlug W. Middeldorf (1904, S. 86) vor, vom "besten Grundsatze abzugehen, die Abwässer sofort nach ihrer Verschmutzung wieder zu reinigen. Die Klärung kann (...) erst dort erfolgen, wo alles Abwasser des betreffenden Sammelgebietes im Bache vereinigt ist". Er bestand aber auch bei flächig besiedelten Gemeinden und Kleinbetrieben auf Vorkläranlagen, die grobe Schmutzstoffe abfingen.

Allerdings hatten die Vertreter des Bergbaus schon bei Aushandlung der Konzeption der Genossenschaft betont, deren Hauptaufgabe sei die Ableitung der Abwässer in den Rhein. Dementsprechend wurde bereits früh überlegt, eine Behandlung der Abwässer nach dem Stand der Klärtechnik zu vermeiden. So konnte etwa für den mit der Anlagenplanung befaßten Baumeister Wattenberg (1904, S. 345) eine Klärung "zweifellos in so ausreichendem Maße erfolgen, daß die Wässer in genügender Reinheit dem Vorfluter übergeben und wieder von neuem, wenigstens für Gebrauchszwecke, zu benutzen wären." Drei Gründe waren für das Abrücken von Middeldorfs Vorstellungen ausschlaggebend: "erstens würden bei den ungemein großen Mengen der Abwässer die Industrie und der Bergbau zu stark belastet, dann liegen auch die Verhältnisse schon seit Jahren so, daß in den meisten Bachgebieten auf eine gewerbliche und häusliche Ausnutzung des Wassers verzichtet ist;" schließlich "gelangen die verschmutzten Emscherwässer in den Rhein, ohne dessen Wasser in merklicher Weise zu ver-

---

2   Und damit auch dem Emschersystem, wie es sich bis heute darstellt. Das Beitragskataster 1911 vermittelt einen Eindruck des Stimmenverhältnisses: Bergwerke 54,6 %; Gemeinden 28,65 %; Wasserwerke 8 %; Eisenbahn 3,4 %; Eisen- und Stahlwerke 4,6 %; Sonst. 0,75 %. Ges.: 1,7 Mio Mk Beiträge. (E. Schuster 1917, S. 67).
3   Zur Konstruktion und Lage der Kläranlagen vgl. W. Middeldorf (1904, Anlagen IV und VIII).

unreinigen." Dennoch wurden zunächst nach Middeldorfs Entwurf 23 Anlagen geplant. Sie entsprachen dem Stand der Technik und bestanden aus Absitzbecken mit nachgeschalteter biologischer Klärung. Auch die getrennte Behandlung von Haus- und Industrieabwässern war vorgesehen. Bis 1905 waren drei biologische und eine mechanische Anlage entworfen und genehmigt.

Als der Ingenieur K. Imhoff 1906 die Abwasserabteilung der Genossenschaft übernahm, war die biologische Kläranlage in Essen im Bau und eine mechanische in Recklinghausen baureif geplant. Auf ihr wurde erstmals ein "Emscherbrunnen" realisiert.[4] K. Imhoff (1925, S. 205f.; Hervorhebung d. I.) rückblickend: "Wir wußten schon im Jahre 1907, daß wir das für unsere Verhältnisse ausreichende Reinigungsverfahren gefunden hatten, und daß **biologische Körper** in unserem Gebiet **nicht** mehr **nötig** waren, nachdem wir sicher waren, daß wir das Abwasser (...) geruchlos halten konnten." Mit dem Emscherbrunnen, einer mechanischen Anlage, in der das Abwasser nur einen Absetzraum durchlief, während der Schlamm getrennt ausfaulte, schien eine Senkung des Standards und damit der Kosten der Abwasserreinigung möglich. K. Imhoff (1925, S. 205f.): "Wenn wir diese biologischen Körper vermeiden und uns auf das Entschlammen des Abwassers im Emscherbrunnen beschränken konnten, so brauchten wir an Kosten nur den dritten Teil aufwenden."[5] 1908 legte die Genossenschaft einen neuen Plan vor, der auf biologische Klärung und betriebsnahe Anlagen verzichtete.

Dies stieß zunächst auf Widerstand. Die Landesanstalt für Wasserversorgung und Abwasserbeseitigung sowie die Berliner Ministerien lehnten die Pläne ab. Tatsächlich war die Genossenschaft in einer schwierigen Lage: Ungünstig war, "daß in den ersten Entwürfen überall biologische Körper vorgeschlagen und bereits genehmigt waren" (K. Imhoff, 1925, S. 207). Berlin reagierte mit einem Erlaß, der die Abwasserbehandlung im Sinne Middeldorfs und des Emschergesetzes festlegte. Man hielt "es für dringend notwendig, daß neben der Ableitung des Abwassers für die Reinigung gesorgt wird" und wollte die biologische Klärung festschreiben. Der Genossenschaft sollten Art und Dimensionierung der Kläranlagen, Durchflußzeiten für Abwasser sowie Regenrückhaltemöglichkeiten vorgeschrieben und ihre Anlagen laufend "von objektiver, uninteressierter Stelle" kontrolliert werden (StaMü OP Mü, 1708; Bereisung des Emschergebiets, 1909, S. 6, 8, 11, 12).

Die Genossenschaft erhob Einspruch. Gegenüber einer ins Ruhrgebiet gereisten Kommission betonte ihr Vorsitzender, der Bochumer Landrat Gerstein die Verpflichtung, "möglichst wirtschaftlich vorzugehen" und wehrte sich dagegen "alles Heil von Kläranlagen" zu erwarten. Die Mißstände im Emschergebiet würden vielmehr "schon durch die Regelung aller Wasserläufe einschließlich der kleinsten Wasseradern auch ohne Kläranlagen im Wesentlichen beseitigt" (ebd., S. 6f.). Gerstein beharrte auch darauf, Genossenschaftsbeamte seien "hinreichend objektiv", um die Anlagen selbst zu kontrollieren.

Die Genossenschaft setzte sich durch: Die Verweilzeit des Abwassers in den Kläranlagen, die Menge des zurückzuhaltenden Schlamms, aber auch die Regenrückhaltekapazität wurden abgesenkt und die biologische Klärung ganz gestrichen. Am 28.2.1910 wurde der Erlaß über die Einführung

---

[4]   Die Idee, im Namen einer mechanischen Kläranlage den Bedeutungsgehalt von 'Emscher' und 'Brunnen' derart zu koppeln, daß im Zusammenhang mit der als stinkendem Abwasserkanal bekannten Emscher die Assoziation sauberer Brunnenwassers erzeugt wird, war ein genialer Vorgriff auf heute übliche Euphemismen ('Sonder'müll, Müll'entsorgung', Kraftwerks'park'...).

[5]   Die Emscherbrunnen waren tatsächlich billig. Spillner/Blunk (1910, S. 377) nennen für 1909 als Kosten (Zinsen, Tilgung, Betrieb, Unterhalt) der drei größten Anlagen 0,22 Pf/m³ Abwasser. Pro Kopf der Bevölkerung waren das 31 Pf/Jahr. Damit waren sie auch gegenüber den von Dunbar (1907) genannten 25-50 Pf/Einwohner für Absitzbecken günstig. Biologische Anlagen waren mit 70 - 80 Pf pro Einwohner und Jahr bedeutend teurer.

biologischer Anlagen schließlich aufgehoben.[6] Da die Genossenschaft nun auch ihre Anlagen selbst kontrollierte, blieb der Spielraum für eine Abwasserpolitik nach den Interessen der Genossen. So konnte sie sechs Jahre nach ihrer Gründung als Maxime formulieren, eine Hebung der Wasserqualität sei nicht beabsichtigt, weil die Kosten "zum erreichten Nutzen in gar keinem wirtschaftlichen Verhältnis stehen" (Emschergenossenschaft, 1910, S. 55).

Die Emscherregulierung hatte in kurzer Zeit die schlimmsten Mißstände im Gebiet beseitigt. Die Genossenschaft betrachtete ihr Gebiet als "am Rhein liegende Stadt. Die Emscher selbst und ihre Nebenbäche bilden die Hauptabwasserkanäle. Aufgabe der Emschergenossenschaft ist es, für die Abwasserableitung zu sorgen" (Bereisung des Emschergebiets, 1909, S. 19f.). Sie konzentrierte sich auf die Abwasserableitung und beschränkte die Reinigung auf eine flüchtige Entschlammung eines Teils der Abwässer. So resümiert Baudirektor H. Helbing (1934, S. 486): Die Emscher und ihre Nebenbäche seien offene Abwassersammler, "in denen selbst völlig ungereinigtes Abwasser bis in den Rhein geführt wird. Für (...) (die) Abwasserreinigung ist daher in erster Linie die Selbstreinigungskraft des Rheines maßgebend."

Bei häuslichen Abwässern ermöglichten die billigen Emscherbrunnen wenigstens eine Entschlammung. 1924/25 behandelten 24 Anlagen - darunter eine biologische - die Abwässer von 1,2 Millionen Menschen.[7] Anders sah es bei Industrieabwässern aus. Obwohl Gesetz und Statut die Reinigung festschrieben, wurde in den ersten 20 Jahren "die Klärung der industriellen Abwässer (...) allein den Werken überlassen" (H. Helbing, 1925, S. 11). Man "hoffte, daß diese ihr Abwasser - beraten durch die Genossenschaft (...) - in einem Zustand den Anlagen der Genossenschaft überantworten würden, daß mit weiteren Schlammablagerungen nicht zu rechnen sei. In dieser Annahme hat sich die Genossenschaft aber getäuscht" (H. Helbing, 1925, S. 44). Damit beschränkten sich die Anstrengungen gegenüber der Industrie, wie der Leiter des Abwasseramtes der Genossenschaft Prüß (1925, S. 231) formulierte, "auf mehr oder minder eindringliche Ermahnungen (...) den gewerblichen Schlamm in eigenen Werkskläranlagen zurückzuhalten." So hatte sich etwa um 1910 ein Vorgehen herausgebildet, das bis in die 1960er Jahre Bestand hatte: Im Emschergebiet war die Vorflutsicherung vorrangig. Die Abwasserklärung wurde auf möglichst niedrigem Standard gehalten und letztlich setzten Industrie sowie Kommunen im Interesse niedriger Abwasserkosten darauf, die Probleme der Region so weit als möglich auf den Rhein zu verlagern.

Auch für Zeitgenossen stand fest, daß die Emschergenossenschaft, deren Struktur "für ihre Mitglieder einen Schutz gegen zu hohe Anforderungen" bildete (J. Brix u.a., 1934, S. 452), stets an der Untergrenze des technisch-ökonomisch Machbaren operierte.[8] Dies führte zu niedrigen Kosten: H. Heinrichsbauer (1936, S. 56) schätzt die Kosten von Abwasserklärung und -beseitigung im Emschergebiet auf rd. 22 Pf/EW und Jahr, was deutlich unter den im Reich üblichen Sätzen lag. Ingesamt gibt eine Bemerkung von K. Imhoff (1910, S. 34) in einer Studie zur Reinhaltung der Ruhr auch die 'Philoso-

---

6   Zur Durchsetzung der Position könnte die personelle und finanzielle Verflechtung der Emschergenossenschaft mit der Versuchs- und Prüfanstalt für Wasserversorgung beigetragen haben. 1905 war deren Vorsteher hygienischer Beirat der Genossenschaft, deren technischer Leiter K. Imhof 1905 von der Anstalt gekommen war. Die Genossenschaft blieb der Versuchs- und Prüfanstalt weiter eng verbunden. Den Vorsitz des für die Drittmittelfinanzierung der Anstalt wichtigen Vereins für Wasserversorgung und Abwasserbeseitigung hatte in den 20er Jahren u.a. der Bochumer Landrat Gerstein, danach bis 1934 der Dortmunder OB Eichhoff.

7   Die Angaben schwanken hier. Nach H. Helbing (1925, S. 45) wurden um 1925 26 Anlagen mit insgesamt 171 Emscherbrunnen und drei 'Bachkläranlagen' (offene Erdbecken) betrieben.

8   Dies gilt auch für den Ruhrverband und den Ruhrtalsperrenverein, die die (Industrie)Wassermenge zu sichern und Trinkwasserseuchen zu verhindern hatten. Die hier formulierten regionalen Sonderstandards schlugen sich in einer auch für die damalige Zeit sehr niedrigen Trinkwasserqualität nieder. Damit wurden die Abwasserbehandlungs- und Wassergewin-

phie' der Emschergenossenschaft wieder: "Man pflegt (...) Abwasser stets nur soweit zu reinigen, als es nötig ist, um Mißstände zu verhüten. Noch weiter zu gehen kostet Geld und bringt für Niemanden einen Vorteil ein."

Unter diesen Bedingungen erfolgten Veränderungen nur unter starkem externen Druck. So waren es insbesondere Konflikte mit den Rheinfischern, die immer wieder zu Verbesserungen führten. Der Bau der "Flußkläranlage Bottrop", einer riesigen mechanischen Absitzanlage wurde im Jahre 1927 aus diesem Grund beschlossen, und die im Jahre 1929 begonnen Entphenolung der Kokereiabwässer war Ergebnis eines Konfliktes, den die Fischer, unterstützt durch das preußische Landwirtschaftsministerium seit 1910 mit der Genossenschaft ausfochten.[9]

2. Tote Wasserläufe

Direkt geschädigt wurden in erster Linie Wassernutzer wie Landwirte und Fischer, d.h. gesellschaftliche Gruppen, die sich nicht gegen die großen industriellen und kommunalen Abwasserproduzenten durchsetzen konnten. So wurde die Rheinfischerei unterhalb der Emschermündung fast gänzlich vernichtet (F. Bürger, 1926) und in den 1930er Jahren wurden im Trinkwasser niederländischer Städte erstmals Phenole aus dem Ruhrgebiet nachgewiesen. Starke Einschränkungen der Lebensqualität mußten aber auch Menschen hinnehmen, die in der Nähe der Emscher und ihrer Nebenbäche lebten. Besonders im Sommer verbreiteten die offenen Abwässerläufe, die oft direkt durch Wohngebiete führten, einen schlimmen Gestank.[10] Auch ihre Ausgestaltung war problematisch: Angesichts der Wasserqualität sowie der Gestaltung (steile Böschungen, Spundwände, Betonauskleidung der Sohlen) waren die Abwässerläufe gefährlich und wurden nach und nach abgesperrt. Damit zog sich eine rd. 360 km lange Grenze durch Siedlungsgebiete im Norden des Ruhrgebiets, die oft direkt in alltägliche Lebensabläufe eingriff.

Damit hat die hauptsächlich an den Interessen der Montanindustrien ausgerichtete Abwasserwirtschaft ein ganzes Flußsystem umgestaltet: An die Stelle der meisten Bäche traten Kanäle. Viele Wasserläufe wurden so vollständig einbezogen, daß ihr Lauf der Sicht völlig entzogen ist. Die Bilanz der Veränderungen am Emschersystem ist eindrucksvoll: Von seinen ursprünglich rd. 1.000 Gewässerkilometern verblieben etwa 650 km. Hiervon sind nur noch 7,1 % - rund 45 km - im weitesten Sinne als naturnah zu bezeichnen (W.F. Geiger u.a., 1991, S. 11). Etwa die Hälfte des verbliebenen Systems, 353 km Wasserläufe, wird von der Emschergenossenschaft unterhalten.[11] Noch sichtbare Teile des Gewässernetzes haben, wie der Siedlungsverband Ruhrkohlenbezirk (1960, III/3) konstatierte, "meist ihren ursprünglichen Charakter verändert, sie sind 'tote Wasserläufe'. Abwässer aus Industriewerken und Siedlungen haben das biologische Leben ausgelöscht, das Wasser ist schmutzig, und es belästigt unter

---

nungkosten an der Ruhr zu Lasten der Trinkwasserkomsumenten niedrig gehalten. Hinzu kam eine beachtliche Belastung des Rheins.

[9] Mit einem, im Jahre 1928 beschlossenen, Bauprogramm sollten 5.000 von rd. 10.000 Tonnen Phenolen/Jahr zurückgehalten werden, die bis dahin in den Rhein geleitet worden waren. Das Problem der bedeutend giftigeren Cyane im Kokereiabwasser wurde erst in den 1960er Jahren angegangen.

[10] Ein weiteres Problem waren feuchte Wohnungen und nasse Keller: Sanken Wohngebiete aufgrund von Bergsenkungen unter die Wasserführung der Emscher oder ihrer Nebenbäche ab, so konnte (Ab-)Wasser bei Hochwasser oder aufgrund undichter Bachsohlen in die Wohngebäude eindringen.

[11] Die verbliebenen rd. 650 Emscher-Km gliedern sich folgendermaßen: Reguliert: 52,2 %; teilreguliert: 31,5 %; verrohrt: 9,2 %; naturnah: 7,1 % (Geiger u.a., 1991, S. 11). Es sollte aber nicht vergessen werden, daß auch das System der Ruhr gewaltigen Veränderungen unterworfen wurde. Der Siedlungsverband Ruhrkohlenbezirk (1960) schätzt, daß im Ruhrge-

ungünstigen Bedingungen die Umgebung durch üblen Geruch". Derartige Veränderungen galten lange als unabänderlich: "Der bisherige Eingriff in die natürlichen Abflußverhältnisse ist bereits so stark, daß weite Gebiete ihre ursprünglichen Abflußsysteme fast völlig verloren haben" (Siedlungsverband Ruhrkohlenbezirk, 1960, III/3).

Abb. 1/2: Alter Emscherlauf bei Dortmund um 1900 und Emscher bei Gelsenkirchen heute. Quelle: Emschergenossenschaft, 1989, S. 4.

3. Die heutige Ausgangslage

Die Vorgänge im Emschersystem sind vermutlich nur eine zugespitzte Variante der allgemeinen Entwicklung: Die Setzung eines regionalen Wasserrechts am Rande und z.T. außerhalb der im Deutschen Reich geltenden Normen nach Kriterien, die die großen Wassernutzer formulierten, ist im historischen Verlauf der Aneignung von Naturressourcen nicht außergewöhnlich. Das im Wasserrecht der Länder formulierte Recht zur Ableitung von Abwässern in Gewässer stand gegen die Rechte traditioneller Wassernutzer sowie ein nicht präzisiertes öffentliches Interesse auf eine Wassergüte, die Epidemien ausschloß. Häufig - so auch in Preußen - war in diesem bewußt diffus gelassenen Zusammenhang noch der Vorrang industrieller Wassernutzer vorgegeben. Dies wurde durch das im BGB formulierte Prinzip der Hinnahme der ortsüblichen Belastung von Umweltmedien noch unterstrichen.[12]

Damit war im frühen Wasserrecht die Notwendigkeit zu Aushandlungs- und Abspracheroutinen zwischen Behörden und großen Wassernutzern systematisch angelegt. Diese Routinen hatten sich in einer Region, in der schwierige natürliche Bedingungen mit weitreichenden und, was die dominanten Nutzergruppen betraf, einheitlich niedrigen Qualitätsansprüchen an das Wasser zusammentrafen, zu einem Sonderrecht samt darauf aufbauender Quasi-Behörden verdichtet. Dabei verzichtete der Staat darauf, seine Eingriffsmöglichkeiten anzuwenden und überließ es den großen Wassernutzern, Abwasserverhältnisse sowie Wassergüte zu regeln. Auf dieser Grundlage wurde in den Jahren von 1906 bis

---

biet bis Ende der 1950er Jahre insgesamt etwa 2.000 km Wasserläufe verlegt bzw. neu geschaffen worden waren. Hierin nicht enthalten sind verrohrte oder nach Bergsenkungen trockengefallene Gewässer.

12 Das bedeutete, daß etwa im Ruhrgebiet eine deutlich höhere Umweltbelastung hinzunehmen war als etwa in ländlichen Teilen des Deutschen Reiches.

1910 das Problem der Abwasserableitung gelöst und es begann eine bis in die 1960er Jahre dauernde Periode, in der die großen Abwasserproduzenten im Emscher- und Ruhrgebiet ihre Angelegenheiten nach eigenem Gusto regelten. Dabei wurden zwar die Verursacher für den Teil der Folgekosten verantwortlich gemacht, der nicht auf die Unterlieger abgewälzt werden konnte; weil aber die Abwasserproduzenten selbst die Kriterien der Wassergüte festlegten, wurde eine Ausrichtung am Prinzip der billigsten Abwasserableitung durchgesetzt. Unter diesen Bedingungen konnte die Tatsache, daß die Umwandlung des Emschersystems in offene Abwasserkanäle ohne gesetzliche Grundlage vorgenommen worden war, fast 80 Jahre lang ignoriert werden.

Abb. 3:   Die Emscher - ein offener Abwasserkanal. Quelle: Garten + Landschaft 10, 1991, S. 31.

In einer gegenüber den Jahren 1907/09 kaum veränderten Logik konnte die Emschergenossenschaft sich darauf beschränken, Industrie- und Hausabwässer sowie Regenwasser schnell und billig in den Rhein abzuleiten. Die Gewässerqualität im Emschersystem war belanglos und der Schutz des Rheins nachrangig. Angesichts des großen Abwasseranfalls, der dichten Besiedlung sowie der Bergsenkungen erfolgte die Ableitung nicht, wie in anderen Ballungsräumen, in geschlossenen Kanälen. Die Emscher und ihre Nebenbäche blieben ein rd. 365 km langes, offenes Schmutzwassernetz, in dem Gefälle nur durch Einschnitte bzw. Deiche und Pumpwerke zu erreichen war. Auch Ende der 1980er Jahre leiten die meisten Betriebe noch kaum gereinigtes Abwasser ein. Lediglich einige Werke betreiben Vorbehandlungsanlagen, die stark sauerstoffzehrende, schwer abbaubare und giftige Rückstände beseitigen sollen.

Als Bremse bei der Angleichung der Verhältnisse an die in anderen Ballungsräumen wirkten die extreme antropogene Überformung des Emschersystems, aber auch das Interesse der Genossen der Emschergenossenschaft, so lange als möglich am alten, billigen System der Abwasserbeseitigung festzuhalten. So wurde, als in den 1960er Jahren die bloße Entschlammung nicht mehr zu halten und eine biologische Klärung unausweichlich war, die kostengünstige zentrale Klärung beibehalten. Ebenfalls beibehalten wurde das Prinzip, betriebliches Abwasser nicht am Ort der Entstehung, sondern vermischt mit dem der Kommunen zu behandeln. Die 1976-78 mit Bundeszuschüssen gebaute Kläranlage an der Emschermündung sollte die biologische Reinigung für das gesamte Flußsystem leisten.[13] Damit war, über 70 Jahre nachdem Middeldorf dies vorgeschlagen und der preußische Landtag dies als Gesetz beschlossen hatte, die biologische Klärung durchgesetzt. Allerdings blieben Hoffnungen, nach Inbetriebnahme der größten Anlage des Kontinents werde "keine spürbare Belastung für den Rhein aus dem Kohlenrevier mehr vorhanden" sein (B. Böhnke, 1977, S. 103), Illusion. Die Anlage ist aus heutiger Sicht zu klein und leitet u.a. große Mengen Ammonium, Blei, Cadmium und Chrom in den Rhein.

So beschränkt sich die Klärleistung noch Anfang der 1990er Jahre auf drei biologische Anlagen. Zusätzlich werden fünf mechanische Vorreinigungs- sowie sechs Entphenolungsanlagen betrieben. Damit gehören die Betriebe und Kommunen im Emschergebiet nach wie vor zu den großen Verschmutzern des Rheins, und 1983 leiteten sie über die Emscher Abwässer mit einer Schadstofffracht von 5.939 t/BSB und 23.883 t/CSB ein.[14] Zudem machen Schwermetalle aus dem Ruhrgebiet den größten Teil der Belastung des Rheins aus. Trotz des Rückgangs des Bergbaus wurden noch 1987 über 2.000 Tonnen Chlorid (das entspricht rd. 3.500 Tonnen Kochsalz) in den Rhein geleitet (J. Heimbrecht/J. Molck, 1987, S. 203f.; U. Lahl/B. Zeschmar 1984, S. 76; AG Rahmenkonzept Gewässersystem Emscher, 1991, S. 13).

Noch heute argumentiert die Genossenschaft, es habe zu den emschertypischen Besonderheiten keine Alternative gegeben und es sei nichts anderes übriggeblieben, als das zu tun, was heute das Emschersystem prägt (Emschergenossenschaft-Geschäftsführer Annen, in: IBA Emscher Park, 1991a, S. 6f.). Tatsächlich ist eine derartig summarische Aussage falsch: Kaum vermeidbar war die Umwandlung des Flußsystems in offene Vorfluter. Vermeidbar war dagegen der Zustand des Gewässer und damit die Belastung der An- und Unterlieger. Wäre eine Abwasserklärung nach dem Stand der Technik am Ort des Entstehens durchgesetzt worden, hätte auch ein Teil der Nebenbäche nicht in den heutigen Zustand versetzt werden müssen. Diese Verantwortung trägt die Genossenschaft - die Unternehmen und Kommunen -, die die Abwasserbehandlung aus Kostengründen so weit als möglich hintertrieben haben, und sich mit Deckung der Behörden auf Abwasserableitung und Hochwassersicherung konzentrierten.

---

[13] Zwei kleinere Anlagen wurden im Jahr 1965 bzw. 1988 an den beiden ehemaligen Emschermündungen errichtet. Der Schlamm wird verbrannt. Damit geht ein Teil der zurückgehaltenen Schadstoffe als Belastung in die Luft bzw. wird deponiert.

[14] Die Schmutzfracht eines Wassers wird mit Summenparametern beschrieben. Der biochemische Sauerstoffbedarf (BSB) mißt, wieviel Sauerstoff Mikroorganismen bei der Oxydation der Inhaltsstoffe eines Liters verbrauchen. Biologisch schwer oder nicht abbaubare Stoffe werden nicht berücksichtigt. Der Parameter für den chemischen Sauerstoffbedarf (CSB) mißt den Sauerstoff für die chemische Oxydation aller im Abwasser vorhandenen Stoffe. Der Vergleich BSB : CSB ergibt einen Eindruck von der biologischen Verträglichkeit eines Abwassers.

4. Neue wasserwirtschaftliche Ziele

Trotz der, ab den 1930er Jahren erkennbar werdenden Kritik, hält sich im Ruhrgebiet das System der Wasserverbände, und erst ab den 1960er Jahren zeichnet sich eine langsame Veränderung ab. Zunächst an der Ruhr und danach - sehr langsam - an der Emscher, werden regionale durch national definierte Standards der Wassergüte und Abwasserbehandlung ersetzt. Mit dem Wasserhaushaltsgesetz (WHG, 1957) und dem Abwasserabgabengesetz (AbWAG, 1976) wird ein Auslaufen des Sonderstatus absehbar. Damit setzt allmählich eine Entwicklung ein, die auf eine Revision des seit 1910 im Kern unveränderten wasserwirtschaftlichen Systems hinauslief.

Mit Inkrafttreten des WHG (1957) deutete sich erstmals an, daß die Zustände im Emschersystem nicht auf immer und ewig zu halten sein würden. Irgendwann - der Zeitpunkt mochte in weiter Ferne liegen - würden die Anforderungen des Gesetzes auch auf das Gebiet der Emscher anzuwenden sein. Vermutlich war es aber Anfang der 1950er Jahre, als das WHG ausgehandelt wurde, für Akteure aus dem Ruhrgebiet unvorstellbar, daß der Bergbau in großen Teilen des Emschergebiets einmal nicht mehr präsent sein könnte. Damit konnte angenommen werden, daß das zentrale Argument für die nicht-Durchsetzbarkeit wichtiger Bestimmungen des Wasserhaushaltsgesetzes im Emscherraum, die Bergsenkungen, die eine Ableitung des Abwassers in geschlossenen Kanälen zur Kläranlage wirtschaftlich unmöglich machten, auf lange Zeit Bestand haben würde.

Somit bestand die erste Auswirkung des WHG darin, daß die Frage der nunmehr nicht mehr aufzuschiebenden biologischen Behandlung zu klären war. Anfang der 1960er Jahre war zu entscheiden, ob "die Bedürfnisse des Rheines vordringlich" waren, oder ob "biologische Kläranlagen in größerer Zahl über das Emschergebiet zu verteilen und die Abwässer möglichst dicht am Ort ihrer Entstehung zu reinigen" seien, was "auch der Emscher selbst eine Entlastung gebracht" hätte (G. Annen, 1987, S. 211). Für die Entscheidung zur zentralen Klärung an der Mündung in den Rhein waren drei Überlegungen maßgebend: Es war abzusehen, daß die "unvermeidlichen Betriebsstörungen" der Industrie die Leistung von Einzelkläranlagen beeinträchtigen würde. Bei Vermischung aller industriellen und kommunalen Abwässer und ihrer Behandlung in einer riesigen Anlage war dagegen "eine sichere und stabile Reinigung" zu erwarten (G. Annen, 1987, S. 211). Zudem überstiegen die Kosten der dezentralen Klärung die der zentralen um ein Mehrfaches. Dem hätte schließlich ein eher geringer Effekt gegenübergestanden: Wegen des Mißverhältnisses von (gereinigtem) Abwasser und natürlichem Wasser war es auch bei dezentraler Reinigung unmöglich, "zu gesunden Gewässern zu kommen, in denen etwa Fische hätten leben können" (G. Annen, 1987, S. 212). Der Entschluß, nur ein einziges großes Klärwerk an der Emschermündung zu errichten, stützte auch die Beibehaltung der offenen Abwasserführung: Es war kaum denkbar, etwa Abwässer aus Dortmund über rd. 50 km in geschlossenen Rohrleitungen zur Emschermündung zu schaffen. Damit schien zunächst der Fortbestand der Situation im Emschergebiet gesichert. Die Emscher und ihre Nebenbäche wurden zu einer Art von Insel, in der, wie bisher, das Wasserrecht nur eingeschänkt galt. Erst bei der Mündung in den Rhein begannen die national gültigen Normen zu greifen.

Ein erster, anfangs wohl kaum merklicher Gegentrend setzte 1976 mit dem Abwasserabgabengesetz ein. Die erklärte Absicht des Gesetzgebers, in die Gewässer eingeleitete Schadstoffe mit Kosten zu belasten, wirkte nur sehr langsam. Sie führte aber Mitte der 1980er Jahre zu einer Situation, die deutlich machte, daß der Bau eines zentralen Klärwerks an der Emschermündung eine Fehlentscheidung gewesen war: Die Anlage hielt neuere Anforderungen nicht ein und konnte aus Platzgründen nicht nachgerüstet werden. Wegen der schlechten Klärung sowie verschärfter Vorschriften rechnet die Emschergenossenschaft (1990, S. 15) für 1991-1994/95 mit dem Steigen der Abwasserabgabe auf jährlich 65 Mio. DM.[15]

Eine weitere Veränderung der Rahmenbedingungen ergab sich aus der Tatsache, daß bereits Mitte der 1970er Jahre mit dem Auslaufen der Bergsenkungen Teile der offenen Abwasserableitung nicht mehr zu begründen war. Dies eröffnete ein brisantes Problemfeld: Die Umwandlung des Emschersystems in offene Schmutzwasserläufe war zu keinem Zeitpunkt - auch nicht durch preußisches Wasserrecht - gedeckt.[16] Rechtlich waren die Emscher und ihre Nebenbäche stets Fließgewässer, und bei Einleitungen in sie hätte das jeweilige Wasserrecht - d.h. seit 1957 das Wasserhaushaltsgesetz - angewendet werden müssen. Dies könnte die Tatsache erklären, daß die Emschergenossenschaft schon ab den Jahren 1975/76 erste kleine Schritte in Richtung auf eine Veränderung der Situation unternahm. Da unter etlichen Schmutzwasserläufen keine Bergsenkungen mehr auftraten, bot sich, wie ein Vertreter der Genossenschaft (D. Londong, 1986, S. 239) formulierte "die Möglichkeit, Abfangsammler zu bauen und die Bäche vom Schmutzwasser zu befreien. Wo noch natürlicher Zufluß vorhanden ist und die umgebende Landschaft geeignet ist, lohnt es sich, anschließend zu renaturieren." 1986 waren an kleinen Nebenbächen von Emscher und Lippe acht Maßnahmen in Planung bzw. realisiert, und Mitte 1986 war der Dellwiger Bach (Dortmund) als erstes größeres, von der Landesregierung gefördertes Projekt, umgebaut.[17]

Eine gewisse Rolle als Randbedingung mag auch das Umweltbewußtsein gespielt haben. Jedenfalls argumentiert der Geschäftsführer der Emschergenossenschaft (G. Annen, 1987, S. 210, 213): "Mit wachsendem Umweltbewußtsein fragt (...) immer vernehmlicher auch der Bürger im Emschergebiet: Wie konnte das geschehen? Durfte man den Fluß einem solchen Schicksal überlassen? (...) In der Opferung eines ganzen Flusses sieht mancher ein abschreckendes Beispiel für unverantwortlichen Umgang mit der Natur", und: "das Unbehagen von Bürgern und Politikern im Emschergebiet nimmt zu. Die Frage wird lauter, ob die (...) Hypothek nicht abgetragen werden kann".

In der Summe dieser Entwicklungen zeichnete sich in der zweiten Hälfte der 1980er Jahre ab, daß die Angleichung an die in anderen Ballungsräumen zwingend erforderliche Abwasserführung in geschlossenen Kanälen nicht mehr länger hinausgeschoben werden konnte. Da "die offene Ableitung ungereinigten oder nur mechanisch behandelten Abwassers in technisch ausgebauten Gewässern, die weder den (...) wasserrechtlichen Anforderungen entspricht noch den ökologischen Ansprüchen genügt" nicht mehr haltbar war, war das bisherige Konzept in Teilen zu revidieren: "In verschärfte Wassergesetze lassen sich Schmutzwasserläufe nicht mehr einordnen" (Emschergenossenschaft, 1991, S. 5, 7).

---

15 Mitte der 1980er Jahre hatten die Abgaben noch bei rd. 3 Mio. DM gelegen. Zu den dramatisch gestiegenden Kosten merkt die Emschergenossenschaft (1990, S. 17) an: "Allerdings besteht die Möglichkeit, Kosten für eine Verbesserung der Abwasserreinigung während dreier Jahre vor Inbetriebnahme mit der Abwasserabgabe zu verrechnen. Auch deshalb sehen wir uns gehalten, die notwendigen Maßnahmen schnell auszuführen."

16 Bei der Debatte um die Wassergesetze der Bundesstaaten ab den 1880er Jahren forderten Vertreter der Industrie rechtliche Voraussetzungen für 'Opferstrecken'. Dies sollten kleinere Flüsse oder Abschnitte von Flüssen sein, in die derartige Abwassermengen eingeleitet werden durften, daß sie ihre Gewässerqualität vollkommen verloren. Dies konnte aber nicht durchgesetzt werden, und 'Opferstrecken' wie die Emscher wurden nur geduldet, blieben aber rechtlich unzulässig. Entsprechend schrieb das Emschergesetz aus dem Jahr 1904 die Klärung nach dem Stand der Technik vor.

17 Dies waren: der Borbecker Mühlenbach (Essen), der Rüpingsbach (Dortmund), der Dellwiger Bach (Dortmund), Katzbach (Dortmund), der Rapphoffs Mühlenbach (Dorsten), der Krempingsbach (Waltrop), Vorthbach (Bottrop), sowie der Hasseler Mühlenbach (Gelsenkirchen). Bei den Planungen und Pilotprojekten hat die Genossenschaft dazugelernt: "Die Umweltverbände, im allgemeinen guten Willens und mit guten Spezialkenntnissen, sehen vielfach (...) die wasserwirtschaftlichen Zusammenhänge nicht. (...) Keinesfalls darf man sich durch Ignoranz eines Hobby-Ökologen reizen lassen. Die Lern- und Kompromißbereitschaft ist um so geringer, je jünger die Verbandsvertreter sind (und die meisten sind recht jung). Bei den Wasserbauern scheint mir dagegen in der Bereitschaft, von der anderen Seite zu lernen, eine umgekehrte Abhängigkeit zu bestehen: Die jüngeren sind aufnahmebereit, die älteren tun sich schwer. Die Anlieger sind meist gegen alles." (D. Londong 1986, S. 260f).

Mit der Einhaltung der in der Bundesrepublik Deutschland geltenden Anforderungen an Gewässergüte und Abwasserableitung erlischt der Sonderstatus des Emschergebiets. Schmutzwasser muß in Kanälen bis zur Kläranlage geführt werden und für die Emscher und ihre Nebenbäche gilt eine Gewässergüte von II-III (mäßig bis stark belastet) als Ziel. Damit war das alte Emscher-System aufzugeben, und die Emscher sowie ihre Zuflüsse waren in ein normales Gewässersystem umzugestalten.

5. Aushandlungsprozesse

Insgesamt ergab sich so in der zweiten Hälfte der 1980er Jahren eine Situation, in der es erstmals vorstellbar wurde, daß die seit dem Jahre 1910 praktizierte Lösung der Abwasserfrage auf Dauer nicht haltbar sein könnte. Der Einstieg in die Renaturierung von Nebenbächen, aber auch ein Aufsatz des damaligen Geschäftsführers der Genossenschaft mit dem doppeldeutigen Titel "Die Emscher - schwarzer Fluß auf immer?" (G. Annen, 1987), deuten darauf hin, daß über Alternativen nachgedacht wurde.

Über die 1987/88 abgelaufenen Aushandlungsprozesse im Vorfeld der Formulierung des heute akzeptierten Umbauprogramms für die Emscher und ihre Nebenbäche ist noch wenig bekannt. Da eine fundierte Rekonstruktion der Diskussions- und Entscheidprozesse noch nicht möglich ist, werden hier nur begründete Vermutungen formuliert. Beteiligt waren die Emschergenossenschaft, ihre Genossen sowie das für die Wasserwirtschaft zuständige nordrhein-westfälische Landesministerium für Umwelt, Raumordnung und Landesplanung (MURL) mit seinen nachgeordneten Wasserbehörden.

Die Rolle der Genossenschaft selbst dürfte zwiespältig gewesen sein. Zum einen war sie eine Quasi-Behörde mit einer gegenüber der Landesebene in über 70 Jahren gewachsenen Autonomie und einem erheblichen Sachverstand. Zum anderen hatte sie aber die Interessen der großen Abwassereinleiter zu wahren, die in der Genossenschaftsversammlung die Mehrheit hatten.[18] Entsprechend ambivalent fallen auch erste öffentliche Äußerungen aus: Die Emscher - so G. Annen (1987, S. 213, 214) - kann "nicht mehr zu einem biologisch intakten Gewässer gemacht werden, in dem sich wieder Fische tummeln. Immerhin - mit den besten Mitteln moderner Kläranlagentechnik könnte man dem Augenschein nach klares Wasser erhalten. Das wäre zwar ein begrenztes, aber mit hohem Einsatz erreichbares Ziel." Damit stellte sich die Frage, "ob dieser Aufwand und die daraus folgende finanzielle Belastung (...) sich rechtfertigen lassen. Auch danach würde die Emscher zwar klar, aber immer noch kein Gewässer im vollen Sinne sein."[19] Zwar schien 1987 eine Alternative zur zentralen Klärung noch kaum vorstellbar, dennoch wäre es aber "vermessen, aus heutiger Sicht ein abschließendes Urteil zu fällen und Entwicklungen, die wir derzeit im Blick auf den begrenzten Erfolg für wirtschaftlich nicht vertretbar halten, auch für die Zukunft auszuschließen. Die Bereitschaft, die Möglichkeit zur Verbesserung der Emscher unter Einsatz auch sehr großer Geldmittel voll auszuschöpfen, könnte so weit wachsen, daß heute unrealistisch anmutende Planungen verwirklicht werden" (G. Annen, 1987, S. 214).

---

[18] 1990 stellen sich die Stimmverhältnisse in der Genossenschaftsversammlung folgendermaßen dar: Bergwerke 67 Stimmen (43 % der Beiträge); Gemeinden 50 (35 %); sonst. Unternehmen/Verkehrsbetriebe etc. 31 (22 %). Ges.: 148 Stimmen, 237,6 Mio DM Beiträge. (Emschergenossenschaft 1990, S. 7, 22).

[19] "Für das, was erreicht werden kann, gibt es im übrigen bereits ein Anschauungsbeispiel, den 7 Kilometer langen Unterlauf der Emscher vom Großklärwerk bis zum Rhein. Das gereinigte Emscherwasser ist durchsichtig und dem Anschein nach sauber - und kann doch kein Lebensraum für Fische und andere Wassertiere sein" (G. Annen 1987, S. 214). Annen sollte recht behalten, vgl. Kap. 6.3.

Veränderungen der billigen Abwasserbeseitigung berührten die Interessen zweier mächtiger Akteursgruppen: Die Industrie müßte "in die neuen Kläranlagen einbezogen werden und hätte dann erheblich höhere Anforderungen an eine Vorbehandlung zu gegenwärtigen oder müßte selbst auf eine Vollreinigung ihrer Abwässer übergehen" (G. Annen, 1987, S. 214). So führte die sich abzeichnende Erhöhung der Abwasserkosten zu scharfen Konflikten mit den industriellen Genossen. Insbesondere der Widerstand der durch Subventionskürzungen gebeutelten Ruhrkohle AG gegen steigende Belastungen scheint zeitweilig die Möglichkeit eines Konsenses unter den Genossen in Frage gestellt zu haben.[20] Auch die Kommunen haben deutlich höhere Abwasserkosten zu gegenwärtigen. Zudem waren ihre auf die Emscher ausgerichteten Abwassernetze umzubauen und auf neu zu errichtende Kläranlagen zu orientieren. Allerdings sind Widerstände hier nicht bekannt geworden.[21]

Eine weitere am Aushandlungsprozeß beteiligte Akteursgruppe waren der Umweltminister (MURL - Minister für Umwelt, Raumordnung und Landwirtschaft) und die in seinem Bereich angesiedelten Wasserbehörden. Über die Rolle der Landesbürokratie, die bislang die Zustände im Emschersystem toleriert hatte, ist nichts bekannt. Fest steht allerdings, daß die Wasserbehörden den Abbau des Sonderstatus im Emschergebiet mittragen (vgl. Kap. 6.2). Auch scheint der Minister selbst früh erfaßt zu haben, daß Verhältnisse wie im Emschergebiet nicht mehr zeitgemäß waren. Jedenfalls installierte er noch vor Beginn des Umbauprogramms für das Emschersystem das Sesekeprogramm, das seinen Landtagswahlkreis (Hamm) direkt betraf. Hier wird ein als Abwasserkanal mißbrauchter Nebenbach der Lippe an das Wasserrecht angepaßt.

Die Rolle der Internationalen Bauausstellung Emscher Park

Das Ende der wasserrechtlichen Privilegien der in die Emscher entwässernden Unternehmen und Kommunen war vor der Installierung der IBA absehbar. Ebenfalls absehbar war, daß Veränderungen nicht nur abwassertechnischer Natur sein würden, und die Emschergenossenschaft betont, daß sie seit 1975/76 Überlegungen anstellte, an technisch ausgebauten Wasserläufen "Baumaßnahmen mit dem Ziel durchzuführen, die Biotopstruktur des Gewässers und das Landschaftsbild zu verbessern" (D. Londong, 1986, S. 238). Damit bleibt festzuhalten, daß die 1988/89 konzipierte IBA erst zu einem Zeitpunkt zu agieren begann, als Veränderungen im Emschersystem bereits absehbar waren. Welches Gewicht ihre zeitweilige Teilnahme an den Aushandlungsprozessen hatte, ist schwer zu ermessen.[22] Für eine eher nüchterne Bewertung der Rolle der IBA spricht aber nicht zuletzt die Betrachtung der Kräfteverhältnisse: Auf der einen Seite steht einen kleine, auf Zeit angelegte Regierungsagentur, auf der anderen stehen die in die Emscher entwässernden Unternehmen und Kommunen.

So deuten auch die wenigen verfügbaren Informationen darauf hin, daß die Initiatoren der IBA anfangs weitgespannte Ziele zu formulieren versuchten. So betrachtet etwa ein Entwurf zum IBA-Me-

---

20 Der Widerstand gegen die Normalisierung der Abwasserverhältnisse hält an. So drohte Anfang 1992 der Vorstandsvorsitzende der Chemischen Werke Hüls AG (CWH) C.H. Krauch, die Werke Bottrop und Herne wegen der "drastisch erhöhten Abwassergebühren" in 10 - 15 Jahren zu schließen. 1990 lagen die Gebühren der CHW bei 1,20 DM/m³ Abwasser; mit Realisierung des Umbauprogramms steigen sie schrittweise auf 2,10 DM. Kommentar des Umweltministers Matthiesen: diejenigen, "die bisher die Emscher fast zum Nulltarif als Kloake benutzt haben und damit auch Standortvorteile hatten, die sie eigentlich gar nicht haben dürften, (sollten) besonders vorsichtig sein mit solchen Begründungen" (Emscher Park-Informationen 18/1992, S. 2; 19/1992, S. 3).

21 Dies könnte damit zusammenhängen, daß die Kommunen die Kosten des Umbaus der Kanalisation weitgehend über eine Erhöhung der Abwassergebühren finanzieren, d.h. auf die Bürger abwälzen können.

22 Denkbar ist, daß das Auftauchen eines zusätzlichen Akteurs mit weitreichenden Vorstellungen über Veränderungen das Verhandlungsklima beeinflußt hat. Diese Annahme ist aber gegen die Tatsache abzuwägen, daß die IBA vom damaligen Städtebauministerium konzipiert wurde, das in einem klaren Konkurrenzverhältnis zu dem für die Wasserwirtschaft zuständigen Umweltministerium stand.

morandum noch die "Renaturierung" der Emscher als zentrale Aufgabe. Das Entwässerungssystem wurde als "ökonomisch und ökologisch überholt" bezeichnet und sein Umbau entlang von vier Forderungen verlangt: Verringerung der Versiegelung und Anlage von Wasserrückhaltebecken; Überführung der Mischwasserkanalisation in Trennsysteme; schließlich "der Ausbau hochleistungsfähiger Kläranlagen dezentral und möglichst nahe an den Entstehungsorten des Schmutzwassers" (MSWV, 1988, S. 33f.). Hiervon ist wenig übriggeblieben, und die Forderungen wurden auf das zurückgestutzt, was Emschergenossenschaft und die in ihr dominanten Unternehmen und Kommunen für die Annäherung an das Wasserrecht als zwingend betrachteten. So spricht das veröffentlichte Memorandum nur noch von der "ökologischen Verbesserung" der Emscher, die Entwässerung ist "überprüfungsbedürftig" und vorher klare Positionen werden zu vorsichtigen Fragen: "Gibt es Möglichkeiten einer Verringerung der Oberflächenversiegelung (...); Welche Anlagen werden gebraucht, um Oberflächenwässer zurückzuhalten (...), Ist es möglich, statt einer (...) Flußmündungskläranlage dezentral hochleistungsfähige Kläranlagen auszubauen?" (MSWV, 1989).

Damit ist zu vermuten, daß die Rolle der Internationalen Bauausstellung bei den zentralen Entscheidungen über die Zukunft des Emschersystems eher gering war. Hier haben gewichtigere Akteure - Unternehmen und Kommunen sowie das Land NRW - vereinbart, nicht über die gesetzlichen Mindestanforderungen hinauszugehen. Sie setzten die Grenzen für die Verbesserung der Situation an der Emscher, innerhalb derer die IBA zu agieren hat.

Dennoch darf die Bedeutung der IBA nicht unterschätzt werden: Zusammen mit der Emschergenossenschaft vergibt sie Gutachten und richtet Symposien zum Umbau des Emschersystems aus. Sie hat auch zu gewährleisten, daß bei der Umgestaltung von Bächen möglichst hohe gestalterische Standards eingehalten werden. So berät die IBA die Genossenschaft beim Umbau von sechs "Modellbächen" mit einer Gesamtlänge von 81 km.[23] Möglicherweise noch wichtiger ist aber ihre Rolle als Propangandist der, selbst in der nun beschlossenen Variante, beachtlichen Verbesserungen: Angesichts der drastisch erhöhten Abwasserkosten, die auf Bevölkerung und Unternehmen zukommen, ist die Schaffung von Akzeptanz von Bedeutung. Denkbar ist, daß die IBA auch eine Rolle bei der Sicherung der Landeszuschüsse spielt, da die Veränderungen zu Kosten geleistet werden müssen, "die sozialverträglich bleiben und den Erhalt der Region als Siedlungs- und Wirtschaftsstandort nicht gefährden" (Emschergenossenschaft, 1991, S. 19).

6. Maßnahmen und voraussichtliche Ergebnisse

6.1 Abwasserbehandlung und Wassergüte

Unternehmen und Kommunen haben sich darauf verständigt, künftig im Emschersystem sechs Großkläranlagen zu betreiben, die den "strengen gesetzlichen Mindestanforderungen genügen" (Emschergenossenschaft, 1991, S. 8f.). Um dies zu erreichen werden drei bestehende Anlagen (Dinslaken, Bottrop, Bochum) modernisiert und eine schon in Bau befindliche Anlage (Dortmund) wird nachgerüstet. Von den beiden kleinen Anlagen an den alten Emscherläufen erfüllt die Kläranlage 'Alte Emscher' bereits die Mindestnorm, die Anlage 'Kleine Emscher' ist dagegen zu modernisieren. Zusätzlich sind

---

[23] Es sind dies der Dornerburger Mühlenbach (9 km, Bochum/Herne), die Boye und ihre Zuflüsse (42 km, Bottrop), der Deinighauser Bach (9 km, Castrop-Rauxel), der Landwehrbach (9 km, Castrop Rauxel), der Hellbach (10 km, Recklinghausen) und der Lanferbach (2 km, Gelsenkirchen).

zwei Neubauten (Gelsenkirchen, Castrop-Rauxel) vorgesehen. Ob dies als Übergang zur "dezentralen" Klärung bezeichnet werden kann, darf bezweifelt werden.

Beibehalten werden aber wichtige Merkmale des überkommenen Umgangs mit Abwasser. Dies gilt besonders für die "bewährte gemeinsame Behandlung von städtischen und industriellen Abwässern" (Emschergenossenschaft, 1991, S. 9). Hier ist aber ein Wandel in der Argumentation zu beobachten. Während dies 1910 mit der Billigkeit ausreichend begründet war, betont die Emschergenossenschaft (1989, S. 5) nun das Sicherheitsargument: Eine wirkliche Dezentralisierung würde den Bau einer Vielzahl von mittleren und kleineren kommunalen und betrieblichen Kläranlagen erfordern, von denen jede sehr sorgfältig betrieben werden müßte. Dieses Vorgehen ist nicht nur teurer, es soll auch riskanter sein, weil der Puffereffekt entfällt, der bei der Vermischung unterschiedlicher Stoffe aus Betrieben und Kommunen entsteht. Beibehalten wird auch die Einleitung des stark salzhaltigen Grubenwassers. Die Emschergenossenschaft (1989, S. 15) sieht keine "vertretbaren Entsalzungsmöglichkeiten", "ökologische Ansprüche müssen sich daran orientieren." Denkbar ist allenfalls, die bisher mit billigem Nachtstrom abgepumpten Wässer gleichmäßiger einzuleiten. Da sie aber in einzelnen Bachläufen das biologische Leben bis zur Verödung beeinträchtigen können, wird überlegt, sie langfristig direkt in den Hauptlauf der Emscher einzuleiten.

Diese Entscheidungen setzen Rahmenbedingungen für die erreichbare Gewässerqualität. Da Industrieabwässer wie bisher am Ort der Entstehung allenfalls vorbehandelt werden, müssen die Kläranlagen "mit Rücksicht auf die angeschlossene Industrie sowie einen sicheren Betrieb" (IBA Emscher Park, 1991c, S. 6) sehr groß dimensioniert werden. Damit ist eine Steigerung der Klärleistung nicht mehr möglich. Für industrielle Einleiter ergeben sich so "keine grundsätzlich neuen, über die heutige Situation hinausgehenden Forderungen" (Emschergenossenschaft, 1991, S. 10). Nach wie vor sind nur in biologischen Anlagen nicht behandelbare Stoffe vorzubehandeln. Erforderlich wird aber eine gleichmäßigere Einleitung der Abwässer sowie eine bessere Rückhaltung nicht biologisch abbaubarer Stoffe.

6.2 Umbau der Gewässer

Die Betrachtung der unter dem Schlagwort vom Umbau des Gewässersystems zu diskutierenden Maßnahmen ist nach zwei Ebenen zu differenzieren: Auf der Maßnahmenseite sind Aktivitäten, die auf die Anpassung des Emscher-

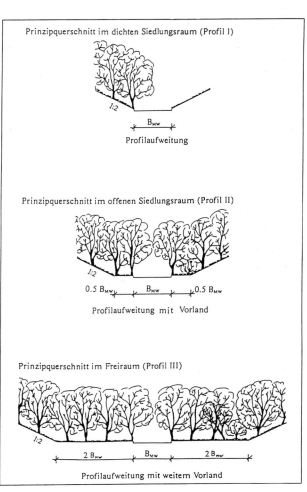

Abb. 4: Prinzipquerschnitte für die naturnahe Umgestaltung der Wasserläufe im Emschergebiet. Quelle: Emschergenossenschaft, 1992, S. 18.

systems an gesetzliche Mindestnormen zielen, von solchen zu unterscheiden, die auf die Verbesserung des Stadtraumes, etwa durch "renaturierte" Bäche zielen. Auf der Akteursseite müssen Emschergenossenschaft und Kommunen getrennt betrachtet werden. Von den rd. 1.000 Gewässerkilometern, die das Emschersystem vor dem Einsetzen von Industrialisierung und Verstädterung umfaßte, blieben rund 650 km erhalten. Hiervon entfallen etwa 350 km auf die Emschergenossenschaft, rund 300 km stehen in kommunaler Verantwortung (W.F. Geiger u.a., 1991, S. 11).

Die Kommunen

Damit trifft das Auslaufen des Sonderstatus im Emschergebiet auch die Kommunen, die ebenfalls vom bisherigen Zustand profitierten: Die Einleitung ungeklärter Abwässer war unproblematisch und in dem auf starke Hochwässer ausgelegten Emschersystem war weder die Rückhaltung noch die Behandlung von Regenwasser erforderlich. Die Tatsache, daß nun die Emscher und ihre Nebenbäche als Gewässer zu behandeln sind und die gesetzlichen Anforderungen nicht mehr zu umgehen sind, stellt alle in die Emscher einleitenden Kommunen vor brisante Probleme.

So sieht sich z. B. die Stadt Essen Anfang 1992 mit über 260 Ordnungsverfügungen der oberen Wasserbehörde wegen illegaler Einleitung überzogen. Eine Verfügung (Schreiben des Regierungspräsidenten Düsseldorf v. 17.2.92) verdeutlicht die Lage: Die "Zuführung des Abwassers zum Klärwerk Emschermündung erfolgt über Vorfluter, die die Gewässereigenschaft nicht verloren haben. (...) Daran knüpft sich die Feststellung: Alle kommunalen Abwassereinleitungen (...) sind Einleitungen in ein Gewässer und somit erlaubnispflichtig." Sie sind nach heutigem Wasserrecht zu beurteilen, müssen also die allgemein anerkannten Regeln der Abwasserbehandlungstechnik (§ 7a Wasserhaushaltsgesetz) einhalten. Dies ist aber, so der Regierungspräsident, "bei keiner Einleitung der Fall, weil das (...) Abwasser (Schmutz- und Niederschlagswasser) unbehandelt in die Gewässer eingeleitet wird." Damit eröffnet sich für die Kommunen ein brisantes Problemfeld: Wegen fehlender Zuleitungen zu den - teilweise noch gar nicht gebauten - Kläranlagen und fehlender Regenwasserbehandlung sind derzeit im Einzugsgebiet der Emscher größere Baumaßnahmen kaum noch genehmigungsfähig und auch Planungsrecht ist nur noch unter großen Schwierigkeiten zu schaffen.

Zu den durch die Anpassung der Abwassereinleitung an das Wasserrecht entstehenden Probleme kommen noch die, die durch den allgemein üblichen, nicht ruhrgebietstypischen Umgang mit Fließgewässern im Kontext der Verstädterung verursacht wurden. Umfassende Erhebungen über die innerstädtischen Fließgewässer im Ruhrgebiet gibt es noch nicht. Doch dürfte eine Bestandsaufnahme für das heutige Stadtgebiet von Bochum die Lage zutreffend charakterisieren.

Offene Fließgewässer in Bochum [24]	1840/43	1986
Bäche (Zahl)	206	52
Gewässerstrecke	161 km	41 km

Tab. 1:   Offene Fließgewässer in Bochum. Quelle: vgl. B. Thiesmeier u.a., 1988, Tab. 2.

---

[24] Sowohl in die Emscher als auch in die Ruhr entwässernde Bäche.

Die Bäche, die die Einverleibung im Zuge von Verstädterung und Industrialisierung überstanden haben, sind meist nur noch isolierte Bruchstücke: 70 % der noch vorhandenen offenen Gewässerstrecken sind weniger als 1 km lang.

Angesichts des sehr hohen Versiegelungsgrades im Ballungsraum an der Emscher steigt der Abfluß bei starkem Regen nicht selten im Verhältnis 1 : 100 und höher. Damit sind in den Bächen die Wechselbeziehungen zwischen Wasserabfluß, Fließgeschwindigkeit und Morphologie gegenüber naturnahen Gewässern radikal verändert. Die Eigenwasserführung ist verringert, oft auch ganz erloschen. Die Bodenversiegelung, die drainierende Wirkung der Kanalisation, die Ableitung von Quellwasser in Kanäle sowie die Veränderung von Grundwasserströmen hemmen die Grundwasserneubildung. Damit prägen die stoßweise auftretenden Regenentlastungen aus der Kanalisation das Abflußverhalten. Die hier eintretenden Stofffrachten, die plötzlichen Schwankungen von Sauerstoffgehalt und Temperatur sowie die Substratumlagerungen tragen zur radikalen Verarmung von Fauna und Flora bei. So ergab der Vergleich eines Baches in Bochum mit einem naturnahen Bach gleichen Typs nur noch 1/4 des zu erwartenden Artenbestandes.[25]

Um unter diesen Bedingungen für die in das Emschersystem entwässernden Bäche auch nur annähernd naturnahe Verhältnisse zu schaffen, sind nicht nur mehrere 100 km Kanalisation, sondern auch flächendeckend Rückhaltebecken neu zu bauen. Angesichts der Belastung des Regenwassers erhöht die gleichmäßigere Einleitung zwar die Grundwasserspende, zieht aber eine starke Belastung der Gewässer nach sich. Damit werden Maßnahmen zur Regenwasserbehandlung nötig. So fehlen etwa für das in die Emscher entwässernde Gebiet der Stadt Essen rd. 70 Behandlungsanlagen. Im gesamten Einzugsbereich der Emscher sind bei 25-40 m^3 Rückhaltevolumen pro ha befestigter Fläche über 200 Becken erforderlich (IBA Emscher Park, 1991c, S. 8) und durch eine große Zahl kleiner Refugialräume zu ergänzen.

Da es ausgeschlossen erscheint, daß die Kommunen ein zusätzliches, nur für Regenwasser konzipiertes Kanalnetz anlegen, also Regen und Abwasser weiter in einem Kanal in die Kläranlagen leiten werden, stellt sich in künftig von Abwasser freigehaltenen Nebenbächen das Problem der zu geringen Grundwasserspende. Um hier in weiten Teilen des Jahres Wadi-ähnliche Situationen zu vermeiden, müßten die Kommunen zusätzlich zur Regenwasserbehandlung die Entsiegelung von Flächen und die Versickerung vorantreiben. Dies erfordert eine Fülle von Eingriffen in private und öffentliche Flächen. Sie zielen darauf ab, wenig verschmutztes Regenwasser über neu zu bauende Flachnetze, Mulden und Rigolen zu versickern oder in die Gewässer zu leiten. Die Kommunen werden dieses Maßnahmenbündel (Kanalbau, Regenwasserbehandlung, Realisierung einer nennenswerten Versickerungsrate) erst in sehr langer Frist realisieren. Damit können vermutlich nur einige weniger bedeutende Nebenbäche der Emscher ohne Weiteres umgestaltet werden.

Die Emschergenossenschaft

Während eine Umgestaltung der Nebenbäche auf lange Sicht denkbar erscheint, ist dies für die Emscher selbst kaum noch vorstellbar. Der Emscherlauf führt die wasserbaulichen, ökologischen und städtebaulichen Probleme der Region "in besonderer Schärfe zusammen. Das Abflußverhalten der Emscher entspricht nicht mehr dem ursprünglichen Regime. Die Veränderungen in Linienführung,

---

[25] Die radikale Veränderung der Oberflächengewässer ist keine ruhrgebietstypische Erscheinung. So wurden z.B. in München in den 1960er und 70er Jahren alle 34 noch verbliebenen Stadtbäche überbaut. In den Bächen von Düsseldorf trat im Zeitraum 1846-1987 bei den mit bloßem Auge sichtbaren pflanzlichen Organismen (Makrophyten) ein Artenschwund von über 50 % ein (H. Schumacher 1989, S. 506).

Profil und Gewässerumfeld sind total. Der (...) Fluß ist über lange Strecken wie an einem Lineal ausgerichtet. Entsprechend nehmen Umfeld und Profil keinen Bezug mehr auf natürliche Grundlagen.
Das Gewässer ist fast völlig eingedeicht und stellt im städtebaulichen Sinne die stärkste Zäsur im
Ruhrgebiet dar. Das Gewässer ist offenbar nur noch in seiner Fließrichtung von Ost nach West unverändert" (W.F. Geiger u.a., 1991, S. 29).

Auch hätte jede Gestaltung die Beseitigung der in Stromsohle abgelagerten Sedimente zur Voraussetzung, die in einigen Bereichen mächtige Ablagerungen bilden. Im günstigsten Fall bestehen sie aus
organischem Schlamm, im ungünstigsten Fall ist die Emscher "eine 80 km lange linienförmige Altlast" (Hydro-Ingenieure, 1991, S. 14). Bei einer Sanierung des Hauptlaufs wären die Sedimente zu
entfernen und gegebenenfalls besonders schadstoffhaltige Flußstrecken zu verlegen. Weil kurzfristige
Lösungen nicht absehbar sind, wird der Emscherlauf "bei den Überlegungen weitgehend ausgeklammert" (AG Rahmenkonzept Gewässersystem Emscher, 1991, S. 9).

6.3 Voraussichtliche Ergebnisse

Das Ziel, die Gewässer im Emschersystem auf die Güteklasse II-III (mäßig bis stark belastet) zu heben, wird mit den von Industrie und Kommunen beschlossenen Veränderungen wahrscheinlich nicht
erreicht. Ein von Emschergenossenschaft und IBA beauftragter Gutachter hält dies nur unter bestimmten Einschränkungen für möglich; hierzu gehört u.a. die kühne Annahme, Industrieabwasser lasse sich
in den Kläranlagen genauso effektiv behandeln wie kommunales. Um dies zu gewährleisten, müßten
aber die meisten Unternehmen Forderungen genügen, die die gesetzlichen Mindestanforderungen
überschreiten (IBA Emscher Park, 1991c, S. 13). Ein anderer, von Emschergenossenschaft und IBA
hinzugezogener Gutachter, schließt das Erreichen der Güteklasse II-III von vorneherein aus (IBA Emscher Park, 1991c, S. 9). Erforderlich wäre eine Hebung der Klärleistungen über die gesetzlichen Mindestanforderungen, was nur über eine weitere Dezentralisierung der Klärung möglich ist: Zusätzlich
zu den geplanten wären weitere sechs Anlagen neu zu bauen (IBA Emscher Park, 1991b, S. 10, 21;
Hydro-Ingenieure, 1991, S. 25; AG Rahmenkonzept Gewässersystem Emscher, 1991, S. 25).

Allerdings wird auch die Annäherung an den gesetzlichen Mindeststandard den Status-Quo beachtlich
verbessern: Zwar bieten die Emschergewässer "auch künftig nur eingeschränkte Lebensverhältnisse
für Wassertiere und -pflanzen" (Emschergenossenschaft, 1990, S. 17), und dementsprechend dürfen
"die Erwartungen an die Gewässergüte (...) nicht zu hoch gespannt werden". Allerdings wird "der
Kloaken-Charakter (...) beseitigt sein. Geruchsbelästigungen kommen nicht mehr vor. In den Gewässern wird klares Wasser fließen und als belebendes Element der freien Landschaft und der städtischen
Siedlungsräume wirksam werden. Damit ist das wesentliche Ziel der Umgestaltung des Emschersystems erreicht" (IBA Emscher Park, 1991c, S. 12, 15).

Damit sehen sich aber das Umweltministerium, die Emschergenossenschaft und die IBA genötigt, die
Erwartungen der Öffentlichkeit zu dämpfen: Die "Informationsarbeit wird darauf auszurichten sein,
einerseits die erreichbaren Verbesserungen in ihrer Bedeutung für das Revier herauszustellen (...),
andererseits unrealistischen Hoffnungen auf eine 'heile' Gewässerwelt mit der Vision von Anglern
entlang der Emscher vorzubeugen. In der Summe: Die Emscher wird sehr viel besser werden, trotzdem aber wegen der besonders gelagerten Verhältnisse (...) auch in übersehbarer Zukunft ein Fluß
bleiben, auf den die üblichen Gütemaßstäbe für Fließgewässer nicht ohne Einschränkungen angewandt werden können" (IBA Emscher Park, 1991c, S. 16).

7. Kosten, Finanzierung, Zeitrahmen

Nach Schätzungen der Emschergenossenschaft kostet sie der Umbau des Flußsystems im derzeit geplanten Umfang etwa 8,1 Mrd. DM. Diese Summe gliedert sich auf in:

Kosten des Umbaus des Flußsystems		
		Landeszuschuß
Kläranlagenbau	2,3 Mrd.	30 %
Hochwasserbekämpfung	1,25 Mrd.[26]	30 %
Umgestaltung der Bachläufe	1,15 Mrd.	60 %
Abwasserkanäle,		
Regenrückhaltebecken	3,4 Mrd.	30 %

Tab. 2:   Kosten des Umbaus des Flußsystems. Quelle: vgl. IBA Emscher Park Informationen, 19/1992, S. 3.

Zu diesen, von der Emschergenossenschaft aufzubringenden Kosten, sind die kommunalen Maßnahmen (vgl. Kap. 6.2) hinzuzurechnen. Ihr Umfang kann nur grob auf rd. 2 Mrd. DM geschätzt werden. Damit erfordert der Umbau des Emschersystems im derzeit beschlossenen Umfang ein Kostenvolumen von über 10 Mrd. DM.

Trotz dieser gewaltigen Summe ist eine Finanzierung durchaus denkbar: Nach Schätzungen des Geschäftsführers der Emschergenossenschaft wären mit einer Erhöhung der Genossenschaftsumlage um 15-20 % rd. 8 Mrd. DM zu finanzieren; innerhalb des Realisierungszeitraumes von 10 - 15 Jahren erbringt eine Erhöhung der Abwassergebühr um 3 DM/m^3 sogar bis zu 10 Mrd. DM (in: IBA Emscher Park, 1991a, S. 7; Hydro-Ingenieure, 1991). Trotz der beachtlichen Erhöhung der Umlage steigen aber "die z.Zt. vergleichsweise niedrigen städtischen Entwässerungskosten im Emschergebiet (...) im Mittel nicht über den Landesdurchschnitt" (IBA Emscher Park, 1991c, S. 16). Damit ist der derzeit geplante Umbau des Emschersystems über eine Anhebung der Entwässerungsgebühren auf das Niveau anderer industrieller Ballungsräume zu finanzieren. Hier wird noch einmal deutlich, daß mit den im Emschersystem geplanten Veränderungen nur Maßnahmen nachgeholt werden, die in der Vergangenheit im Interesse einer besonders billigen Abwasserentsorgung für Industrie und Kommunen unterlassen wurden.

Ohne die beachtlichen Landeszuschüsse "würde die Belastung des Bürgers im Emschergebiet das sozialvertägliche Maß übersteigen" (Emschergenossenschaft, 1991, S. 20), und, dies muß hinzugefügt werden, auch die Industrie würde rebellieren. Unter dieser Prämisse steigen die Beiträge für städtisches Abwasser nach Abschluß aller Maßnahmen von derzeit 0,70 DM/m^3 auf rd. 2,10 DM/m^3 (Preisstand 1990). Auch die Beiträge der Industrie werden sich verdreifachen.[27] Die Belastungen der Kommunen sind aber beachtlich höher: Ihre Abwassergebühren - derzeit rd. 2,00 DM/m^3 - werden, so der Bottroper Stadtdirektor (Wallmann, in: IBA Emscher Park, 1991a, S. 12), "sprunghaft ansteigen". Infolge der Kanalsanierung und der Regenwasserbehandlung wird sich der rein städtische Anteil - z.Zt. rd. 1,30 DM - verdoppeln, hinzu kommen steigende Abgaben an die Genossenschaft. Insgesamt zeichnen sich städtische Gebühren von 4,70 DM/m^3 Abwasser ab, die als Nebenkosten auf die Mieten

---

[26] Dies ist die Untergrenze. Die Kosten der Retentionsräume sowie erster Maßnahmen zur Gewässerumgestaltung können nur überschlägig auf 2 - 4,5 Mrd. DM geschätzt werden (W.F. Geiger u.a., 1991; Hydro-Ingenieure 1991).
[27] Die Steigerung kann durch Reduzierung des Wasserverbrauchs und damit des Abwasseranfalls gebremst werden.

überwälzt werden. "Dies liegt etwa bei dem Satz von 5 DM/m³ den die Landesregierung mittelfristig im Landesdurchschnitt erwartet und für noch tragbar hält" (Emschergenossenschaft, 1991, S. 20).

Die derzeit absehbaren Zeithorizonte unterstreichen noch einmal, daß bei den Umbaumaßnahmen zwischen zwingend Erforderlichem und Wünschenswertem unterschieden werden muß. Die wasserrechtlich zwingenden Aspekte, die Modernisierung bzw. der Neubau der Kläranlagen, werden relativ zügig angegangen und zwischen 1994 und 2003 abgeschlossen sein. Um 2005 werden auch die von der Emschergenossenschaft zu bauenden geschlossenen Abwasserzuleitungen zu den Kläranlagen realisiert sein. Unter hohem Druck stehen auch die Kommunen, die die von ihnen zu verantwortenden Einleitungen rasch zu sanieren haben.

Dagegen wird sich die ökologische Verbesserung der vom Abwasser befreiten Nebenbäche in eher gemächlichem Tempo vollziehen: "die Umgestaltung der Gewässer wird mehr als eine Generation dauern" (G. Annen, in: IBA Emscher Park, 1991a, S. 7). Für die Veränderung des Hauptlaufes der Emscher ist selbst ein grober Zeithorizont noch nicht benennbar. Von Interesse ist hier eine Bemerkung des damaligen Geschäftsführers der Genossenschaft (G. Annen, in: IBA Emscher Park, 1991a, S. 7), für den das "Generationenprojekt" die aufgewandten Kosten in jedem Falle lohne: Da jedes renaturierte Gewässer ein Stück ökologischer Verbesserung darstelle, bestehe auch dann nicht die Gefahr einer Investitionsruine, wenn das Projekt nicht ganz vollendet würde.

8. Zukunft

Angesichts der gewaltigen Aufgaben - selbst das hinsichtlich der angestrebten Wasserqualität eher bescheidene Vorhaben der Annäherung des Emschersystems an den gesetzlichen Mindeststandard ist in der westlichen Industriewelt einmalig - erscheint es sinnvoll, auch über den institutionellen Rahmen nachzudenken, innerhalb dessen diese Aufgabe zu bewältigen wäre. Die bisherigen Schritte wurden im wesentlichen im Rahmen der bestehenden Institutionen - insbesondere der Emschergenossenschaft - geleistet. Ob dies der optimale Weg ist, erscheint aber zweifelhaft.

Im Gegensatz etwa zur Energieversorgung, deren Strukturen seit den 1970er Jahren kritisch hinterfragt wurden, ist die (Ab-)Wasserwirtschaft bislang noch nicht Gegenstand einer öffentlichen Debatte. So verwundert es nicht, daß die vorliegenden Bewertungen eher durch unkritisches Lob gekennzeichnet sind. Nach wie vor dominieren Urteile wie etwa das von B. Böhnke (1977, S. 97), für den die an Emscher und Ruhr "um die Jahrhundertwende (...) für den Schutz der Gewässer konzipierte Lösung" auch aus heutiger Sicht noch "ausgezeichnet" sind und (Ab-)Wasserverbände nach Art der sondergesetzlichen Verbände des Ruhrgebiets "mit möglichst großer Selbstverwaltung und dem gerade noch erforderlichen Maß an Überwachung die beste Lösung für eine zügige Sanierung der Gewässer (sind)" (B. Böhnke, 1977, S. 108; A.d.V.).

Vor dem Hintergrund des hier präsentierten Materials sind solche Bewertungen auch hinsichtlich der historischen Leistung zu hinterfragen. Verschärft gilt dies aber für die Frage, ob derartig konzipierte Verbände einen Umbau der Gewässersysteme in Richtung auf eine größere ökologische Verträglichkeit tatsächlich optimal leisten können.

Die Frage stellt sich auf drei Ebenen: Zum einen gerät die Emschergenossenschaft mit den nun eingeleiteten Veränderungen in eine widersprüchliche Doppelrolle. Der bisher reine Abwasserverband hat nun zusätzlich die Reinhaltung und den teilweisen Umbau der Gewässer zu besorgen. Dies ist von einer quasi-Behörde zu leisten, in deren Kontrollgremium sich die Stimmenverhältnisse nach wie vor danach regeln, wie groß der Schaden ist, den ein Abwassereinleiter verursacht. Hinzu kommt ein markantes Defizit an formaler Demokratie: Der Wahlmodus für kommunale Vertreter schließt in den Räten vertretene kleinere Gruppen aus der Genossenschaftsversammlung aus.[28] Auch Umweltverbände sind von den Aushandlungsprozessen ausgeschlossen. Zu fragen ist aber auch nach der Corporate Identity einer Behörde, die fast 90 Jahre lang den Auftrag hatte, die Gewässerreinhaltung möglichst unter die jeweils üblichen Standards zu senken, und ein Maximum an Umweltkosten auf Dritte abzuwälzen, um eine billige Abwasserbeseitigung für Betriebe und Kommunen zu sichern. Hier wäre das in dieser Behörde angesammelte Fachwissen gegen die Frage abzuwägen, ob sie überhaupt noch reformfähig ist.

Literatur

AG Rahmenkonzept Gewässersystem Emscher: Gutachten für die Entwicklung eines Rahmenkonzeptes für die städtebauliche, ökologische und landschaftliche Integration der Wasserläufe im Emschergebiet, in: IBA Emscher Park, 1991b.

Annen, G.: Die Emscher - schwarzer Fluß auf immer? in: Forum Städtehygiene 38, 1987, S. 210-214.

Bischofsberger, W./Geiger, F./Hegemann, W.: Gutachten zur Umgestaltung des Entwässerungssystems im Emschergebiet, in: IBA Emscher Park, 1991c.

Böhnke, B.: Trinkwasser- und Gewässerschutz unter besonderer Berücksichtigung der Verhältnisse im Rhein-Ruhr-Gebiet, in: Alma Mater Aquensis Bd. XIV, 1977, S. 97-119.

Brix, J./Imhoff, K./Weldert, R.: Die Stadtentwässerung in Deutschland, Jena 1934.

Brüggemeier, F.J./Rommelspacher, T.: Blauer Himmel über der Ruhr, Essen 1992.

Bürger, F.: Die Fischereiverhältnisse im Rhein im Bereich der preußischen Rheinprovinz, in: Z. f. Fischerei XXIV, 1926, S. 217-389.

Dunbar: Leitfaden für die Abwasserreinigungsfrage, Hamburg 1907.

Emschergenossenschaft: Möglichkeiten der Umgestaltung von Wasserläufen im Emschergebiet, Essen 1989.

Emschergenossenschaft: Rahmenkonzept zum ökologischen Umbau des Emscher-Systems, Essen 1991.

Emschergenossenschaft: Jahresbericht 1990, Essen 1990.

Emschergenossenschaft (Hrsg.): Das gewerbliche Abwasser im Emschergebiet, Essen o.J. (um 1910).

Emschergenossenschaft: Konzept zur Umgestaltung der Wasserläufe, Essen 1992.

Garten + Landschaft 10: IBA Emscher Park. Zeitschrift für Landschaftsarchitektur, Planung, Gestaltung, Entwicklung, 101. Jg., 1991.

Geiger, W.F./Planquadrat Dortmund/Prof. Schumacher/Schnittstelle Ökologie/Büro für Landschaftsplanung: Umgestaltung der Wasserläufe im Emschergebiet. Rahmengutachten zur städtebaulichen, ökologischen und landschaftlichen Integration der Wasserläufe - Kurzfassung, in: IBA Emscher Park, 1991b.

Heimbrecht, J./Molck, J.: Rhein-Alarm. Die genehmigte Vergiftung, Köln 1987.

Heinrichsbauer, H.: Die Wasserwirtschaft im Rheinisch-Westfälischen Industriegebiet, Essen 1936.

Helbing, H.: Die Emschergenossenschaft in Essen, in: Ders. (Hrsg.), 25 Jahre Emschergenossenschaft 1900-1925, Essen 1925.

Helbing, H.: Die Emschergenossenschaft in Essen, in: Brix u.a., 1934.

Hydro-Ingenieure: Verbesserung des Entwässerungssystems Emscher, in: IBA Emscher Park, 1991c.

---

[28] Dies gilt auch für den Kommunalverband Ruhr und den Ruhrverband. Abweichend von den im Ruhrgebiet geltenden Regelungen werden etwa die Parlamente der Landschaftsverbände nach einem Listenprinzip gewählt, das auch kleinen politischen Gruppen - GRÜNE und FDP - eine Vertretung zugesteht.

IBA Emscher Park Informationen: Nr. 18 und 19, 1992

IBA Emscher Park (Hrsg.): Die Emscher - der ökologische Umbau eines Entwässerungssystems, Fachsymposium vom 19.11.1990, Gelsenkirchen 1991a.

IBA Emscher Park: Umgestaltung der Wasserläufe im Emschergebiet - Kurzgutachten und Bewertung, Gelsenkirchen 1991b.

IBA Emscher Park (Hrsg.): Abwassertechnische Gutachten zur Umgestaltung des Emscher-Systems, Gelsenkirchen 1991c.

Imhoff, K.: Die Reinhaltung der Ruhr, Essen, 1910.

Imhoff, K.: Die Entwicklung der Abwasserreinigung im Emschergebiet, in: Helbing 1925.

Lahl, U./Zeschmar, B.: Wie krank ist unser Wasser? Die Gefährdung des Trinkwassers: Sachstand und Gegenstrategien, Freiburg 1984.

Londong, D.: Erfahrungen mit der Renaturierung von Wasserläufen, in: Mitteilungen des Institutes für Wasserbau und Wasserwirtschaft der RWTH Aachen, H. 60, 1986, S. 238-264.

Middeldorf, W.: Entwurf zur Regulierung der Vorflut und zur Abwasser-Reinigung im Emschergebiet, Essen 1904.

MSWV: Der Minister für Stadtentwicklung, Wohnen und Verkehr des Landes Nordrhein-Westfalen (Hrsg.): Internationale Bauausstellung Emscher Park, Werkstatt für die Zukunft alter Industrieregionen, Memorandum zu Organisation und Inhalt, Manuskript (Entwurf, Oktober 1988).

Ders.: Der Minister für Stadtentwicklung, Wohnen und Verkehr des Landes Nordrhein-Westfalen (Hrsg.): Internationale Bauausstellung Emscher Park, Werkstatt für die Zukunft alter Industrieregionen, Memorandum zu Organisation und Inhalt, Düsseldorf 1989.

Prüß, M.: Die Behandlung des gewerblichen Abwassers im Emschergebiet, in: Helbing, 1925.

Ramshorn, A.: Die Wasserwirtschaft im Rheinisch-Westfälischen Industriegebiet, in: Der Deutsche Volkswirt Nr. 40, 1938, S. 31-40.

Rommelspacher, T.: Das natürliche Recht auf Wasserverschmutzung, in: Brüggemeier/Rommelspacher (Hrsg.), Besiegte Natur. Geschichte der Umwelt im 19. und 20. Jahrhundert, München 1989.

Schumacher, H.: Stadtbäche als Lebensraum, in: Naturwissenschaften 76, 1989, S. 505-511.

Schumacher, H./Darschnik, S./Rennerich, J./Thiesmeier, B.: Erfassung, Bewertung und Renaturierung von Fließgewässern im Ballungsraum, in: Natur und Landschaft Nr. 10, 1989, S. 383-388.

Schuster, E.: Die Lösung der Vorflut- und Abwasserfrage im Emschergebiet auf Grund des Emschergesetzes vom 14.7.1904, Diss., Münster 1917.

Siedlungsverband Ruhrkohlenbezirk: Regionalplanung, Essen 1960.

Thiesmeier, B./Rennerich, J./Darschnik, S.: Fließgewässer im Ballungsraum Ruhrgebiet: Ökologische Grundlagenerhebung in der Stadt Bochum, in: Decheniana 141, 1988, S. 296-311.

Wattenberg: Die Wasserverhältnisse im Emschergebiet und deren Verbesserung, in: Technisches Gemeindeblatt Nr. 23, S. 325-331, Nr. 24, S. 344-349, 1904.

Frank Claus/Christian Weingran

Altlasten im Park - Nichts für die Öffentlichkeit?

Die Sanierung von Altlasten ist für die IBA aufgrund des Programms zur Reaktivierung von Industriebrachen ein enormes Aufgabenfeld. Schätzungsweise 90 % der IBA-Flächen sind mit Schadstoffen verunreinigte Standorte. Wegen des IBA-immanenten Zwanges zum Positiven werden Altlastenfragen jedoch nicht öffentlich thematisiert. Eine im Jahr 1989 begonnene Arbeitsgruppe zur Erarbeitung einer Position der IBA zum Umgang mit Altlasten (zur Strategie, zur Öffentlichkeitsarbeit und zum Bodenschutz) blieb im Kompetenzgerangel von MURL (Minister für Umwelt, Raumordnung und Landwirtschaft) und MSWV (Der Minister für Wohnen, Stadtentwicklung und Verkehr) und wegen der restriktiven Informationspolitik der großen Flächensanierer LEG (Landesentwicklungsgesellschaft) und MGG (Montan Grundstücksgesellschaft) ergebnislos stecken. Altlastensanierung wird bei der IBA abseits der Öffentlichkeit betrieben. Die IBA vergibt damit die Chance, in eine breitangelegte Diskussion mit Wirtschaftsbetrieben, Umweltverbänden, Behörden und Kommunen über Altlastensanierung und Bodenschutz unter Einbeziehung der Öffentlichkeit in einer altindustrialisierten Region einzutreten. Sie verschließt sich damit der Möglichkeit, vorwärtsweisende Praktiken auch für andere europäische Regionen zu entwickeln. Der kurz vor der abschließenden Beratung nicht weitergeführte Vorschlag zum Umgang der IBA mit Altlasten wird in diesem Beitrag in Teilen dokumentiert.

1. Dimensionen des Altlastenproblems bei der IBA

Die Bearbeitung des Altlastenproblems ist für IBA-Projekte alltägliche Normalität. Das nimmt ihr sicherlich den Nimbus der besonderen Gefährlichkeit (der im Ruhrgebiet allerdings sowieso nicht mehr besteht).

Die IBA-Fläche beträgt ca. 800 qkm. Davon werden 300 qkm als "Freiraum" dokumentiert. Geht man von dem Umfang an Altlastenverdachtsflächen aus, wie er in Dortmund existiert (17 % der Stadtfläche), dann sind im IBA-Raum etwa 140 qkm potentiell kontaminiert. Der Anteil der kontaminationsverdächtigen IBA-Flächen dürfte - wie oben vermerkt - jedoch weit darüber liegen. Ein erklecklicher Anteil der anvisierten 100 IBA-Projekte sind flächenintensive Großvorhaben (vgl. die "IBA-Emscher Landschaftsparks", die Projekte "Arbeiten im Park" oder den "Umbau des Emschersystems").

128 fördernde Zechen gab es im Jahr 1958 im Ruhrgebiet. Davon lagen etwa zwei Dutzend im heutigen IBA-Planungsraum (vgl. W. Hermann/J. Stoffels, 1959). Die Zechen und anderen Standorte werden vor allem in dem IBA-Themenbereich "Arbeiten im Park" zu Gewerbegebieten mit hohem Freiflächenanteil umgenutzt (Zielzahl: 40 % Freiraum). Im IBA-Ordner (vgl. IBA Emscher Park, 1990) lassen sich zwölf Zechen finden, die heute Grundlage für Reaktivierungsprojekte (mit erster Priorität) sind, darüber hinaus sind vier Altstandorte und einige Halden (mit zum Teil ungeklärtem Inhalt) sowie ca. 350 Kilometer Bach- und Flußläufe mit kontaminierten Ufern und Sedimenten Gegenstand der Bauausstellung. Manch kontaminierter Standort wird in Zukunft ein sog. Landschaftspark. In Ein-

zelfällen (vgl. die Zeche "Unser Fritz") wird auf den (geringer kontaminierten Teil-) Flächen Wohnnutzung geplant.

Auf der Basis dieser Zahlen und wegen der Brachflächenorientierung der IBA wagen wir die These, daß 90 % der IBA-Flächen kontaminationsverdächtige Standorte sind.

2. Ansprüche der IBA und ihr Umgang mit Altlasten

Eine kleine Begriffsbestimmung: Es geht bei der Bezeichnung "Umgang mit Altlasten" keineswegs nur um Sanierungsgrenzwerte oder Sanierungszielwerte oder um die Eignung von Sanierungstechnologien. Vielmehr ist das Zusammenwirken von technischen, planerischen und sozialen Aspekten gemeint. Damit geht es auch um strategische Aspekte des gesamten Brachflächen- und Altlasten-Managements.

Brachflächen-Recycling ist nicht Nebenaspekt, sondern Programm der IBA. Altlasten sind in der Konsequenz die ständige Herausforderung bei der Reaktivierung der Flächen nicht nur im IBA-Emscher-Raum, sondern auch im gesamten Ruhrgebiet. Problemgebiete der Altlasten-Geschichte Deutschlands tauchten jedoch zuerst im Emscherraum auf: Wir erinnern an Dortmund-Dorstfeld bei einer Ansiedlung auf einem alten Kokereistandort oder an Essen auf einer ehemaligen Zinkhütte (Altlast Zinkstraße).

Die IBA tritt an als umfassendes, querschnittsorientiertes Strukturprogramm, das ausgehend von einem ökologischen Umbau den wirtschaftlichen und sozialen Umbau einer Region organisieren und dabei Modell bzw. Vorbild für alte Industrieregionen sein will. Im Memorandum werden diese Ansprüche, wenn auch recht allgemein, festgehalten:

> "Die Internationale Bauausstellung Emscher Park soll konzeptionell, praktisch, politisch, finanziell und organisatorisch dem ökologischen, wirtschaftlichen und sozialen Umbau des Emscherraumes zukunftsweisende Impulse geben. Mit dieser Internationalen Bauausstellung soll eine Aufgabe vorbereitet werden, die sich früher oder später in allen hoch entwickelten Industriegesellschaften stellt: der Rückbau der Industrialisierungsschäden als Voraussetzung für neue Entwicklungen." (MSWV, 1988, S. 7)

> "Prinzip der ökologischen Erneuerung muß sein, daß jedes Vorhaben mit einem ökologischen 'Netto-Gewinn' abschneidet. Dies verlangt mehr als nur die herkömmliche Verpflichtung zum 'Ausgleich' von Eingriffen in den Naturhaushalt. Zur Beurteilung werden alle wichtigen Auswirkungen im ökologischen System herangezogen und bilanziert." (a.a.O., S. 58)

Den IBA-Machern muß die Altlastenproblematik seit Jahren vertraut sein. So war der IBA-Geschäftsführer, Prof. Dr. K. Ganser, im nordrhein-westfälischen Städtebauministerium zuständig für die Grundstücksfonds des Landes NRW und hatte in dieser Funktion einen exzellenten Einblick in den Stand der Diskussion, in die Entwicklung der Probleme und die damit verbundenen Kosten. IBA und Landesregierung mußte einfach klar sein, daß ohne eine offensive Bewältigung der Altlastenproblematik eine Umsetzung des ehrgeizigen IBA-Konzeptes nicht möglich ist.

Begriffsbestimmung: Was sind ALTLASTEN?

Eine verbindliche Definition des Begriffes Altlasten gibt es nur in denjenigen Bundesländern, die in ihren Abfallgesetzen festgelegt haben, was eine Altlast ist.
"Altlasten sind Altablagerungen und Altstandorte, sofern von ihnen Gefährdungen für die Umwelt, insbesondere die menschliche Gesundheit, ausgehen oder zu erwarten sind.

Altablagerungen sind
o   verlassene und stillgelegte Ablagerungsplätze mit kommunalen oder gewerblichen Abfällen,
o   stillgelegte Aufhaldungen und Verfüllungen mit Produktionsrückständen auch in Verbin dung mit Bauschutt und Bergematerial,
o   illegale ('wilde') Ablagerungen aus der Vergangenheit.

Altstandorte sind
o   Grundstücke stillgelegter Anlagen mit Nebeneinrichtungen,
o   nicht mehr verwendete Leitungs- und Kanalsysteme sowie
o   sonstige Betriebsflächen oder Grundstücke,

in denen oder auf denen mit umweltgefährdenden Stoffen umgegangen wurde, aus den Bereichen der gewerblichen Wirtschaft oder öffentlicher Einrichtungen." (Sachverständigenrat für Umwelt-fragen, 1989, S. 18f.)
Demnach liegt eine Altlast vor, wenn nach einer vorausgegangenen sogenannten Gefährdungsab-schätzung (d.h. einer mit Bohrungen und chemischen Analysen verbundenen Untersuchung) fest-steht, daß von einer altlastverdächtigen Fläche eine Gefahr für die öffentliche Sicherheit und Ord-nung bereits besteht oder - falls Gegenmaßnahmen ergriffen werden - mit hoher Wahrscheinlich-keit zu erwarten ist. Soweit die in den meisten Abfall- und Altlastengesetzen getroffenen Aussagen (s. z.B. Landesabfallgesetze von Nordrhein-Westfalen, Hessen, Baden-Württemberg).

Unter öffentlicher Sicherheit und Ordnung ist
o   die Gesundheit des Menschen,
o   das Grundwasser, auch wenn es nicht als Trinkwasser genutzt wird,
o   und die Flora und Fauna zu verstehen.

In den ersten Sammelordnern der Projektideen waren einige Vorschläge enthalten, die Altlasten zum Gegenstand hatten. Dies waren u.a.:

o   eine Messe bzw. Ausstellung von Sanierungstechnologien sowie eine
o   Werkstatt zur Altlastenproblematik.

Beide wurden bis heute nicht realisiert - und haben wohl kaum noch eine Chance. Die Messe der Sa-nierungstechnologien wurde mit dem Hinweis abgelehnt, daß die IBA nicht das Problem, sondern die Lösung thematisiert.

Auch manche Städte hatten zu Beginn der Bauaustellung ein Interesse an der Involvierung der Altlastenproblematik. Als Beispiel hierfür kann ein Zitat aus der ersten Ideensammlung der IBA herangezogen werden:

"Arbeiten im Park, 5.1.3; Gestaltung eines Gewerbeparks "Constantin X"
Ziele der städtischen Konzeption sind:
(...)
- Bau eines Zentrums für innovative Altlastensanierung und Verfahrenstechnik" (IBA Emscher Park, 1990, o.S.).

Die IBA-Zentrale in Gelsenkirchen gab daraufhin folgende "Empfehlung zum Verfahren" ab:

"Die IBA wird zentral eine Werkstatt zum Umgang mit den Altlastenproblemen einrichten. (...) Daraus werden Vorschläge entwickelt auch im Hinblick auf exemplarische Demonstration von Sanierungstechniken. **Hier liegen Angebote für Standorte von einer Reihe von Städten vor**" (a.a.O, o.S., Hervorhebung d. V.).

Auch hiervon hat man bis heute nichts gehört. Zwar wird in der Stellungnahme auf die ersten Projektvorschläge (vgl. den Abschnitt "Technische und organisatorische Innovation") noch darauf verwiesen, daß ein großer Teil der Vorhaben in der Emscher Park Bauausstellung darauf angewiesen ist, daß die Altlastenfrage rasch und ökologisch verträglich geklärt wird. Innerhalb der IBA solle daher die Strategie-Diskussion betrieben werden, um im diffusen und zur Überspezialisierung neigenden Aktionsfeld der Altlastenproblematik erfolgversprechende Wege zu weisen. Dies sollte in einer "Diskussions-Werkstatt" geschehen, die sich vor allen Dingen von vier Zielen leiten lassen sollte:

o   "Ökologisch möglichst schadlose Behandlungs-Technologien
o   kritisches Hinterfragen der Trends zur 'Kostenexplosion'
o   Auseinandersetzung mit naturwissenschaftlichen und politischen Verfahren zur nutzungsbezogenen Definition von Standards und Richtwerten
o   schnellere Entscheidungen zur Verkürzung der sehr langwierigen Verfahren
o   technische und wirtschaftliche Absicherung der Restrisiken
o   darüberhinaus soll im Rahmen von Demonstrationsprojekten exemplarisch gezeigt werden, wie Altlastenprobleme ökologisch und ökonomisch verträglich gelöst werden können" (a.a.O., o.S.).

Damit wurde eine umfassende Diskussion in Aussicht gestellt, wenngleich hier schon erste Tendenzen deutlich werden, wie die IBA die Altlastensituation einschätzt und welche Strategien zur Bewältigung Anwendung finden sollen. Nicht zuletzt findet sich der verräterische Satz:

"Es ist nicht Aufgabe einer ökologisch und ökonomisch ausgerichteten Bauausstellung, eigenständig und originär Teil-Felder der Altlastenproblematik umfassend zu bearbeiten" (a.a.O., o.S.).

Kein Wunder, daß auch die "Altlasten-Werkstatt" nicht mehr gewollt ist. Die Politik des Verschweigens und Beschönigens von Altlastenproblemen setzt sich voraussichtlich fort. Nach wie vor werden Informationen zurückgehalten:

o   Trotz mehrfacher Nachfrage war es der IBA-Geschäftsführung - entgegen einem Beschluß des Lenkungsausschusses - nicht möglich, einem der Autoren in seiner Funktion als Mitglied des Lenkungsausschusses der IBA Einblick in das Sanierungskonzept der ehemaligen Zeche Monopol in Kamen zu geben.

o   Bezeichnenderweise enthält die Machbarkeitsstudie des KVR für den Emscher Landschaftspark in Band 1 zwar den Hinweis auf Altlasten, die entsprechende Karte (Anlage 13) ist jedoch nicht in der Druckfassung enthalten und kann nur mit berechtigtem Interesse beim KVR eingesehen werden (Gleichzeitig veröffentlichen IBA-Städte im Emscherraum eigene Karten der Altlastenverdachtsflächen!).

Zwar wird im Memorandum die Offenheit und Neuartigkeit des Planungsprozesses groß geschrieben. In der Praxis wird dieses Anliegen aber nicht durchgehalten. Dagegen spricht sicherlich die überkommene Haltung einiger involvierter Unternehmen und Verwaltungen, dagegen spricht auch die insofern unzureichende Personalausstattung der Planungsgesellschaft. Denn wer außer ihr sollte schon Garant für offene Planungsprozesse sein. Bei dem geringen Stab an MitarbeiterInnen ist es jedoch nicht möglich, das Verfahren in allen Belangen zu überwachen.

In der allgemeinen Überlastung werden programmatische Aussagen zum - langwierigen - Umgang mit der Öffentlichkeit offenbar sehr schnell über Bord geworfen. Zu beachten ist, daß es mittlerweile reichlich Konzepte (vgl. F. Claus, 1988) hierfür und erste konkrete Projekte mit positiven Erfahrungen[1] gibt. Darüber hinaus formulieren wir sogar die These, daß von der IBA noch nicht einmal der Stand der Altlasten-Diskussion (eine recht gute Gesamtdarstellung liefern dazu: Rat von Sachverständigen für Umweltfragen, 1989 und D. Barkowski/P. Günther/E. Hinz/R. Röchert, 1987) mit all seinen Facetten reflektiert und in den Projekten umgesetzt wird.

3.   Der schöne Schein: Altlastenkonzepte der IBA

Planungskonzepte ...

In dem IBA-Projektkatalog (vgl. IBA Emscher Park, 1991) von Oktober 1991 - in dem die bisher mit erster Priorität versehenen Projekte knapp dargestellt wurden -, findet man im Kapitel 1 ("Der Emscher Landschaftspark"; Seite 1-1) die Zielformulierung:

"(...) hat der Emscher Landschaftspark die Entwicklung von Landschaft zum Ziel:
1.   Den Wiederaufbau von Landschaft durch die Entgiftung der belasteten Böden und Gewässer, (...)"

Tatsächlich wird jedoch fast nie entgiftet, sondern abgedeckt und zugedeckt (vgl. dazu auch den Beitrag von S. Müller in diesem Buch). Beispiele für die Billigvariante des Liegenlassens, die inzwischen zur IBA-Philosophie hochstilisiert wurde, sind

o   Der Landschaftspark Duisburg-Nord in Meiderich: Dort werden in Kooperation mit der lokalen Naturschutzszene zwar die seltenen Pflanzen am Teersee in einer bunten Broschüre vorgestellt, nicht jedoch die gesundheits- und umweltgefährdenden Bodenkontaminationen. Hier bleibt der "Silbersee" schwarz.

o   Der Volksgolfplatz auf der ehemaligen "Zeche Amalia" in Bochum: In Zukunft wird dort lediglich Bergematerial (das ist Abfall des Steinkohlenbergbaus) zur "Abdeckung" angekippt, dann darf das Volk auf kontaminiertem Grün golfen.

---

[1]   Vgl. etwa das Vorgehen des Umweltamtes der Stadt Wuppertal bei der Information und Partizipation im Fall der Altablagerung in Wuppertal-Varresbeck. Dort existiert seit etwa einem Jahr eine Arbeitsgruppe, in der gemeinsam über alle entscheidenden Fragen der Altlast beraten wird.

Sicherlich: Die Mittel reichen nicht für die großflächige Sanierung der zum Teil hochkontaminierten Industriegrundstücke. Beispielsweise besteht als Förderquelle für die Landschaftsparks das Öko-Programm Emscher-Lippe, in dem insgesamt 50 Millionen DM jährlich an Fördermitteln enthalten sind. Das reicht bei weitem nicht, um auch nur eine gute Sicherung und teilweise Verbringung der kontaminierten Massen im Duisburger Landschaftspark zu bezahlen. Der Vorwurf richtet sich jedoch auch gegen das Beschönigen des Dilemmas, das sich auch in aktuelleren Unterlagen feststellen läßt. Da wird schöngefärbt, was das Zeug hält:

Im IBA-Projektkatalog (vgl. IBA Emscher Park, 1991) heißt es zum Emscher Landschaftspark (Projekt Nr. 1.3.1) Volksgolfplatz ehemalige Zeche Amalia, Bochum:

> "Die Harpener AG will die 28 ha große Fläche zu einem Volksgolfplatz mit neun Loch entwickeln. Dazu muß das Areal **dekontaminiert** werden." (Hervorhebung d. V.)

... und die Realität in den Projekten

Folgende Vorgehensweise kann man bei den technischen Konzepten zur Altlastensanierung in IBA-Projekten entdecken:

o   Reinigung kontaminierter Böden
     z.B. beim Gelsenkirchener Wissenschaftspark Rhein-Elbe,
o   Konzentrierung der Kontamination (mit Sicherung), z.B. beim neuen Prosper-Viertel (ehemalige Zeche) in Bottrop,
o   Abdichtung kontaminierter Flächen, z.B. auf dem ehemaligen Zechengelände Erin in Castrop-Rauxel,
o   Abdecken der Kontamination mit billigen Abfällen, z.B. Abdeckung des Volksgolfplatzes mit Bergematerial, das ansonsten kostenintensiv aufgehaldet werden müßte, auf der ehemaligen Kokerei und Zeche Amalia in Bochum,
o   Liegenlassen der Kontamination ohne Sicherung und Grünnutzung mit Naturschutz-Verbrämung, z.B. Duisburg-Meiderich und nicht zuletzt
o   Wegbaggern und Verlagerung, z.B. geplant beim CEAG-Gelände in Dortmund.

Übrigens taucht das Thema Grundwasser in IBA-Papieren allenfalls am Rande auf, obwohl es sich bei diesem Umweltmedium um ein Schutzgut handelt, dem das Bundesverfassungsgericht überragende Bedeutung zuerkannt hat.

4. Hemmnisse für eine erfolgreiche IBA-Altlasten-Politik

Bei der IBA gibt es keine öffentliche Thematisierung des Umgangs mit Altlasten. Es herrscht offenbar die Angst vor, daß unbezahlbare Forderungen von außen an die IBA heran getragen werden könnten.

Möglicherweise wird das Thema jedoch aus internen Gründen so abseits der (Fach-) Öffentlichkeit diskutiert: Die wesentlichen Flächeneigentümer in der IBA (insbesondere für die Projekte "Arbeiten im Park" die LEG als Treuhänderin des Grundstücksfonds Ruhr, die RAG bzw. die Montan-Grundstücksgesellschaft und die VEBA) könnten auch ein starkes Interesse daran haben, daß es keine IBA-internen gleichlautenden Qualitätsvereinbarungen für den Umgang mit Altlasten gibt, um sich nicht für Vorhaben außerhalb der IBA zu sehr festlegen zu lassen. Von den 15 Projekten des Bereichs "Arbeiten im Park" laufen acht unter der Regie der LEG und zwei unter MGG (Montan-Grundstücksgesellschaft), alle anderen sind kommunal gesteuert.

Mit ursächlich für das Dilemma der widersprüchlichen Standards zur Bewältigung des Altlastenproblems ist der Zeitpunkt der IBA. Wer wirklich Neues leisten will, kommt zwangsläufig früh. Man kann (übereilt) leicht zu viel oder zu wenig für die Altlasten-Sanierung tun und kann sich nicht gewiß sein, ob man auf der "sicheren Seite" ist.

Heute sind wir im Emscher-Raum immer noch ein gutes Stück von landes- oder sogar bundeseinheitlichen Standards der Altlastensanierung entfernt. Zwar gibt es einige positive Beispiele (vgl. Konzepte des Stadtverbandes Saarbrücken oder zu Nordhorn), doch genauso werden alltäglich neue Anfängerfehler begangen, werden unterschiedliche Meßlatten an die Flächen gelegt. Es ist noch nicht einmal gewährleistet (und wird von den Autoren auch praktisch in Zweifel gezogen), daß die großen Ruhrgebietsstädte Dortmund, Bochum, Essen, Duisburg inhaltlich, zeitlich und finanziell vergleichbare Sanierungsprogramme durchführen.

Die Verantwortung für die unzureichende Behandlung der Altlastenproblematik innerhalb der IBA tragen in erster Linie die dortige Geschäftsführung und die politisch verantwortliche Führung im Ministerium für Städtebau und Verkehr. Obwohl schließlich Ministerpräsident Johannes Rau der Vorsitzende des IBA-Kuratoriums ist, verfügt die IBA über keinerlei Instrumente, sondern ist eine hauptsächlich "freiwillige" Veranstaltung.

Doch es gibt auch eine Reihe externer Gründe für die Negierung des Problems durch die IBA-Planungsgesellschaft:

o   Altlastensanierung ist Aufgabenbereich des Minister für Umwelt, Raumordnung und Landwirtschaft. Dort werden die Standards gesetzt und finanzielle Mittel (mehr oder weniger) zur Verfügung gestellt.

o   Über das Übliche hinausgehende, weiterreichende Standards für den Umgang mit Altlasten in der IBA hätten Signalwirkung zumindest für Nordrhein-Westfalen, evtl. darüber hinaus. Solche Initiativen werden von interessierter Seiten aber offenbar tunlichst vermieden.

o   Hohe Anforderungen an den Umgang mit Altlasten verursachen zusätzliche und kurzfristig entstehende Kosten.

5.   Altlastensanierung und Nutzungsplanung bei der IBA

Zur groben Entwicklung von Nutzungskonzepten gibt es sog. informelle Abstimmungsprozesse zwischen der IBA-Planungsgesellschaft, dem Flächeneigentümer und der jeweiligen Stadt. Hier werden die Projektideen "konkretisiert", wie es im IBA-Sprachgebrauch heißt. Altlastenaspekte dürften auf dieser Ebene nur in Form von Kostenschätzungen bzw. Kostenrestriktionen diskutiert werden.

Die Detailplanung ist gemäß IBA-Prinzip der Gegenstand eines Wettbewerbs. Entweder es gibt dafür bereits altlastenbezogene Randbedingungen und Vorgaben seitens der IBA-Planungsgesellschaft (so geschehen etwa im Fall der "Bottroper Prosper-Siedlung"), dann dürften diese Rahmensetzungen durch externe Gutachter in Abstimmung mit der zuständigen Behörde (dem jeweiligen Staatlichen Amt für Wasser- und Abfallwirtschaft (StAWA)) erfolgen - und damit außerhalb der Planungsgesellschaft bearbeitet werden.

Oder es werden auch hierzu Vorschläge von den Wettbewerbsteilnehmern erwartet (beispielsweise in Herne bei dem Projekt "Unser Fritz"). In diesem Falle wird der Umgang mit dem Boden nur als ein Aspekt unter vielen bei der Prämierung des Gewinnerteams berücksichtigt. In erster Linie sind es Planungsbüros, die sich hier und da mit altlastbezogenem ingenieurtechnischem Spezialwissen verstärken, die Entwürfe für Nutzung und Nutzungsbeschränkung sowie für den Umgang mit Bodenmassen vorlegen. Ein Beispiel dafür ist der "Volkspark Meiderich".

Wegen des IBA-immanenten Zwangs zum Besonderen, das sichtbar gemacht werden muß, sind Altlasten als "Untergrund-Thema" jedoch nicht dazu geeignet, eine wettbewerbsentscheidende Funktion zu erhalten.

6. Chance und Dilemma: Der Zwang zum Positiven

Altlastensanierung ist nur schwer zur Imagebildung einzusetzen. Wer nichts weiter tut als die Schäden der Vergangenheit aufzuarbeiten, gewinnt damit selten das öffentliche Interesse. Ausnahmen sind die öffentlichkeitswirksamen Vorgehensweisen zur Umsetzung des Verursacherprinzips bei einem Grundwasserschaden durch chlorierte Kohlenwasserstoffe in Düsseldorf (vgl. z.B. Umweltamt Stadt Düsseldorf, 1991) oder die Einbeziehung der Betroffenen in die Beratungen und Entscheidungen bei einer Altablagerung in Wuppertal-Varresbeck.

Der Erfolgsdruck der IBA, der mit der Deutschen Einheit eher noch verstärkt worden ist, zwingt zur schnellen "Vertuschung und/oder Beseitigung" der Bodenverunreinigungen. Es sollen möglichst bald - und nicht erst zum geplanten IBA-Abschluß im Jahr 1994 - beispielhafte Bauten und reaktivierte Flächen präsentiert werden. Was für die IBA zählt, liegt über der Erde!

Im übrigen ist auch bei den Protokollen der Sitzungen des Lenkungsausschusses der IBA eine Änderung eingetreten, mit der möglicherweise der "IBA-Positivismus" zur Geltung gebracht wird: Seit dem Protokoll vom 28.10.1991 werden kritische Anmerkungen von "Minderheiten im Lenkungsausschuß" in den Protokollen nicht mehr vermerkt. Alle scheinen auf IBA-Linie.

Die IBA-Altlastenpolitik basiert auf einer mehr oder minder trotzigen Problemnegierung, weil die verfügbaren Mittel für die Erzielung des selbstgesetzten Anspruches nicht ausreichen. Flugs betreibt man Etikettenschwindel und bezeichnet die kostengünstigsten Lösungen als ökologisch. Da wird beispielsweise schon einmal eine Sanierung, d.h. die Entfernung von kontaminierten Materialien deshalb ökologisch nicht vertretbar, weil dabei Staub-Emissionen die Nachbarschaft bedrohen. Die Verfügbarkeit technischer Maßnahmen zur Emissionsminderung und zur emissionsarmen Entnahme werden von den IBA-Strategen dabei nicht genannt. Die Formel "Altlasten sanieren oder liegenlassen" (K. Ganser/T. Kupchevsky, 1991, S. 1229) ist demnach vermutlich Richtschnur der Projektbearbeitung.

Das Protokoll der Sitzung des Lenkungsausschusses vom 28.10.1991 führt dazu aus:

> "Im Kern muß es bei der Altlastensanierung darum gehen, die Altlasten zu stabilisieren und zu sichern (in-situ-Verfahren) mit dem Ziel, die ökologische Verträglichkeit für entsprechende Nutzungen herzustellen. Dabei muß die bauliche Nutzung als Teil des Sicherungsverfahrens gesehen und geplant werden. Sollten Bodenaufbereitungsmaßnahmen (Auskoffern/Deponieren/ Bodenaustausch) dennoch notwendig sein, so soll das Material möglichst auf dem Gelände eingebaut und gesichert werden. Alle anderen Verfahren zum Umgang mit Altlasten sind - gemes-

sen an der Kosten-Nutzen-Relation und der absoluten Knappheit der finanziellen Mittel - praktisch nicht bezahlbar."

Vorsichtigkeitshalber gibt es für den Umgang mit Altlasten keine klaren Richtlinien. Wohin soll die Reise bei der Altlasten-Sanierung denn eigentlich gehen? Was sind die Kriterien und Maßstäbe (Geld, Sicherheit, Dauerhaftigkeit, Nutzbarkeit, Geschwindigkeit...)? Dieses Defizit dürfte gewollt sein, denn folglich gibt es keine eindeutige Meßlatte für den Erfolg der IBA-Vorgehensweise. Wie offen die Fragen bis heute geblieben sind, zeigt der folgende Katalog:

o   Welche Rolle spielt Boden als Umweltmedium im Emscherraum?

o   Wie steht die IBA zur Bodenschutzkonzeption der Bundesregierung?

o   Ist ein ökologischer Gewerbepark auf einem nur gesicherten Altstandort möglich? Und nicht zuletzt:

o   Welchen Begriff von Ökologie hat die IBA eigentlich?

7. Vertane Chancen

Mit der Negierung des Problems kontaminierter Böden in einer Industrieregion vertut die IBA eine einzigartige Chance zu einer breitangelegten Diskussion mit Wirtschaftsbetrieben, Umweltverbänden, Behörden und Kommunen. Gemeinsam wäre die Entwicklung einer altlastenspezifischen Perspektive für den kontaminierten Standort Emscherraum möglich gewesen. Die IBA hätte die Chance gehabt, im Vorgriff auf das kommende Bodenschutzgesetz des Bundes Instrumente für die Emscherregion anzuwenden und damit einen innovativen Beitrag nicht nur für den ökologischen Umbau dieser Gegend zu leisten. Die IBA hätte beispielgebend sein können für andere europäische Regionen mit ähnlichen Boden-Kontaminationen (z.B. für die Regionen Halle/Bitterfeld, Saarbrücken, Lille in Nordfrankreich, Mittelengland, Asturien in Nordspanien, Lüttich in Belgien oder für das "Schwarze Dreieck" Erzgebirge/Nordböhmen/Oberschlesien).

Chancen bestehen wegen des Vakuums an verbindlichen Regelungen und in dem heute schnellen Prozeß der Entwicklung eines Standes der Technik der Altlastensanierung natürlich gerade innerhalb der IBA. In dieser Region werden heute zweifellos bundesweit die meisten kontaminierten Flächen tatsächlich reaktiviert. Hier wird ein Know-how entwickelt, das letztlich für ganz NRW positive Rückwirkungen haben dürfte. Dazu muß jedoch auch experimentiert werden. Sicherlich müssen auch ungewöhnliche Vorschläge ernsthaft geprüft und eventuell aufgegriffen werden. Dieses Vakuum ermöglicht Kreativität.

Die IBA hätte auch im Umgang mit diesen schwerwiegenden und mit Negativ-Image versehenen Problemen Farbe bekennen und damit positive Zukunftsszenarien entwickeln und teilweise auch umsetzen können. Es ginge um Strategien, wie für eine komplex belastete Region auf der Basis eines flächendeckenden räumlichen Zusammenhangs Boden und Grundwasser geschützt und saniert werden können, etwa mit Hilfe einer Altlasten-Rahmenplanung und einem Brachflächenentwicklungsprogramm.

Hier gibt es trotz IBA viele offene Fragen, an deren Beantwortung sich in Zukunft Entwicklungsperspektiven entscheiden werden:

o   Soll sich eine Sanierungsmaßnahme am Belastungsniveau der Umgebung orientieren oder sollen Sanierungen Ausgangspunkte für eine langfristige Aufwertung der Region werden?

o   Sollen sanierte Flächen mono- oder multifunktional genutzt werden können?

o   Kann es eine sinnvolle Strategie sein, viele Standorte auf niedrigem Niveau zu behandeln und minderwertigen Nutzungen zuzuführen oder macht es mehr Sinn, wenige Standorte durchgreifend zu sanieren und die übrigen vorläufig zu sichern?

o   Unter welchen Bedingungen sind kurzfristige, unter welchen langfristige Lösungen sinnvoll einsetzbar? In welchem Verhältnis stehen kurzfristige Nutzungsinteressen und langfristige Problemlösungen?

o   Bei welchen Randbedingungen macht eine Nutzungsanpassung, bei welchen eine nutzungsspezifische Sanierung einen Sinn?

o   Welche Vorsorgestrategien lassen sich aus den Erfahrungen mit dem nachsorgenden Bodenschutz, der Altlastensanierung, ableiten?

o   Welche Kapazitäten (Art und Menge) an Sanierungsanlagen braucht die Emscherregion?

Kurz: Die IBA hat die Chance einer altlastenspezifischen Regionalplanung und Prioritätensetzung bisher nicht wahrgenommen (oder schon verpaßt). Die Knappheit finanzieller Mittel kann dafür keine Rechtfertigung sein, denn die IBA ruft nicht nach massiver finanzieller Unterstützung - und sei es lediglich zur Übernahme der Kosten der Altlastensanierung.

Es muß an dieser Stelle wiederholt werden, daß es die IBA-Macher hätten wissen können, daß man aber womöglich an einer durchgreifenden Lösung, wie auch im Rahmen der Grundstücksfonds des Landes, kein Interesse hat. Es fehlt die Einsicht, daß der ökologische Umbau nicht zum Nulltarif zu haben ist. Die hohen Kosten den Gutachtern mit der Schlitzohrigkeit bekannter IBA-Strategen anzulasten, verkennt nicht nur die Tatsachen, sondern ist auch schlechter Stil. Offenbar werden schon heute Mythen und Legenden geschrieben, die später zur Erklärung des altlastenbezogenen Scheiterns der IBA herhalten sollen.

Besser wäre, man nähme die Worte des Memorandums ernst, die da lauten:

> "Ein Erneuerungsprozeß, der auf Innovation und Qualität zielt, kann nicht unter den Bedingungen des kurzfristigen Erfolgszwanges staatlicher Konjunktur- und Sonderprogramme gedeihen." (MSWV, 1988, S. 58)

8. Steckengeblieben: Die IBA-Altlasten-Arbeitsgruppe

Etwa ein Jahr lang hat sich die IBA zur internen Diskussion der Altlastenproblematik eine Arbeitsgruppe geleistet,

o   deren Aufgabenstellung unklar blieb und

o   deren Zusammensetzung sich wiederholt änderte. Beteiligt waren Vertreter der Montan-Grundstücksgesellschaft MGG, die beiden Autoren in ihrer Funktion für die Landesentwicklungsgesellschaft LEG bzw. den BUND sowie nach nicht nachvollziehbaren Kriterien eingeladene Ingenieur-Büros und Firmenvertreter.

Das erste Mal traf man sich im Jahr 1990, das letzte Mal im Sommer des Jahres 1991. Ein publizierbares Ergebnis hat die Arbeitsgruppe nicht vorstellen können, da

Dokumentation

Auszüge aus dem letzten Entwurf der Arbeitsgruppe Altlasten der IBA für einen
"Handlungsleitfaden für den Umgang mit Altlasten", Verfasser: Thomas Grohé/IBA
(Stand: 30.05.1991)

1. Allgemeine Zielsetzungen beim Umgang mit Altlasten

Mit der Aufgabe, zukunftsweisende Impulse für die ökologische und ökonomische Sanierung und
Entwicklung des Emscherraumes zu geben, ist die Emscher Park Bauausstellung die Verpflichtung
eingegangen, in den IBA-Projekten nicht nur die für die Ansiedlung zukunftsweisender Betriebe
notwendigen Flächen nutzbar zu machen, sondern zugleich den Erfordernissen umfangreichen **Ge-
sundheits- und Bodenschutzes** Rechnung zu tragen.
Daraus ergibt sich für den Umgang mit Altlasten folgende **Ziel-Hierarchie**:
1. Weitestgehende und nachweisbare **Unterbindung von Wirkungspfaden**, auf denen Altlas-
   ten-Bestandteile toxisch wirksam werden können. Nachweis und Kontrolle der Wirksamkeit
   der Maßnahmen sind langfristig zu gewährleisten und regelmäßig zu überprüfen (Stand der
   Technik).
2. Weitestgehender Schutz und wirksame **Sicherung** der Boden- und Flächenanteile mit **unge-
   störtem Bodenprofil** (Erhaltungsgrundsatz).
3. Nutzung der Flächen mit vernachlässigbaren Kontaminierungen als Grün- und Freiflächen.
4. Abdeckung und/oder Versiegelung der Flächen mit nicht vernachlässigbaren Kontaminationen.
5. Durchführung der gesamten Aufbereitungsmaßnahmen nur nach vorheriger Feststellung der
   ökologischen Umweltverträglichkeit und der ökonomischen Verhältnismäßigkeit sowie unter
   Gewährleistung der Arbeitsschutzbestimmungen für Arbeiter sowie der Umweltschutzbestim-
   mungen für Anwohner.
6. Vermeidung großflächiger Bodenaufbereitungsmaßnahmen. Stattdessen Anwendung **situa-
   tionsspezifisch** geeichter **Maßnahmen** auf einzelnen **Teilflächen** entsprechend dem allgemeinen Fortgang der Projektentwicklung (iteratives Verfahren).
7. Vermeidung von "Altlasten-Tourismus".
8. Sicherung und kontrollierter Verbleib der Kontaminationen in situ in Abhängigkeit von der
   Toxizität und Menge sowie der Mobilität und Lage der festgestellten Belastungsstoffe.
9. Herstellung weitestgehender Transparenz des gesamten Verfahrens. Die rationale Nachvoll-
   ziehbarkeit der Enscheidungen und Überprüfbarkeit der Maßnahmen sind wesentliche Voraussetzungen für Akzeptanz und Wiedernutzung der Altstandorte.

2. Handlungsgrundsätze und Mindestanforderungen

2.1 Notwendige Voraussetzungen
Notwendige Voraussetzung für einen auch langfristig verantwortbaren Umgang mit Altlasten und
für Nutzungskonzepte, die "auf der sicheren Seite" sind, ist das möglichst genaue Wissen um Art
und Maß der Kontaminationen sowie um ihre exakte Lokalisierung.
Neben diesem Wissen um die Situation der Schadstoffe ist das Wissen um die Zusammensetzung
der vorgefundenen Böden und Bodenarten ebenfalls von grundsätzlicher Bedeutung:

Die Beschreibung verschiedener Faktoren, wie z.B. vertikale Heterogenität und Profildifferenzierung, horizontale Heterogenität, Korngrößenverteilung, Anteil der Tonminerale, Speziationen, usw. liefert die entscheidenden Informationen über die Gängigkeit von Wirkungspfaden bzw. über die potentielle Effektivität von Bodenaufbereitungsmaßnahmen. Als dritte notwendige Voraussetzung im Umgang mit Altlasten ergibt sich aus der Konfliktträchtigkeit dieser Verfahren die wirkungsvolle Beteiligung der jeweils Betroffenen. Da bei allen diesen Maßnahmen mit Widerständen und Zweifeln zu rechnen ist, sollte offensive Öffentlichkeitsarbeit für weitestgehende Transparenz sorgen: Vertrauensbildende Gespräche, Einbeziehung von Parteien, Verbänden, Gremien aller Art und Öffentlichkeit, regelmäßig erscheinende Informationen und offensive Pressearbeit können ein Klima schaffen, in dem ein konstruktiver Verfahrensablauf eher zu gewährleisten ist.

Daneben ist auch die institutionelle Ebene nicht zu vernachlässigen. Neben Bürgerversammlungen hat sich die Arbeit in "Sanierungsbeiräten" oder Arbeitskreisen bewährt, in denen Auftraggeber, ausführende Firmen, Gutachter, Berater, beteiligte Fachämter, Betroffene sowie Nutzer des Geländes und Umweltverbände vertreten sind. Je mehr Kompetenzen diesen Gremien zugestanden werden, je deutlicher also die aktive Einbeziehung in den Entscheidungsprozeß, desto effektiver auch der Prozeß der Konsensfindung.

Mindestanforderungen:
*   Veröffentlichung aller wesentlichen, die Altlasten betreffenden Informationen und Erkenntnisse
*   regelmäßige Pressearbeit über den Fortgang des Verfahrens
*   Installierung eines projektbezogenen "Begleitenden Arbeitskreises" mit Vertretern der Grundstückseigentümer, der Stadt, der Bevölkerung, aus Wissenschaft, Politik und Interessensverbänden.

2.2 Gesundheitsschutz und Vermeidung von Gefährdungen für die Bevölkerung
......

2.3 Erhalt/Wiederherstellung natürlicher Bodenfunktionen
......

2.4 Wasserschutz
......

2.5 Herstellung gefährdungsfreier Benutzbarkeit
......

3. Arbeitsschritte und Entscheidungsstufen
......

3.1 Voruntersuchung
......

3.2 Gefährdungsabschätzung
......

3.3 Altlastenkonzept
......

3.4 Dokumentation
......

o sich LEG und MGG vermutlich aus Konkurrenzgründen weigerten, Material für die empirische Überprüfung der aufgestellten Kriterien an fertiggestellten bzw. laufenden IBA-Projekten zur Verfügung zu stellen und

o der plötzlich zur entscheidenden Sitzung hinzugezogene IBA-Referent des MSWV Abstimmungsbedarf erkannte.

Man darf vermuten, daß im MSWV vor allem die vorgeschlagene verbindliche und systematische Vorgehensweise in Verbindung mit den Ansätzen zur Beteiligung der Öffentlichkeit am Sanierungsprozeß (vgl. in der Dokumentation des Entwurfs für einen IBA-Handlungsleitfaden, Nummer 2.1) als zu weitgehend und darüber hinaus auch noch abstimmungsbedürftig mit dem MURL angesehen wurde.

Eine Begründung des Abbruchs der Arbeit der Arbeitsgruppe hat es nie gegeben (weder mündlich noch schriftlich). Das liest sich dann ein Jahr später im Sitzungsprotokoll des Lenkungsausschusses folgendermaßen:

"Der innerhalb der Emscher Park Bauausstellung eingerichtete Arbeitskreis 'Altlasten' hat maßgeblich zur Begründung dieser Strategie beigetragen. Er soll im Laufe des Jahres 1992 erneut seine Arbeit aufnehmen, um auf der Grundlage praktizierter Fälle und Genehmigungen die Praxis zu überprüfen und konkrete Handlungsanleitungen zu formulieren. Daraus soll eine 'Position' erarbeitet werden, die nach Abstimmung mit den zuständigen Institutionen dem Lenkungsausschuß zur Beschlußfassung vorgelegt werden soll."

Nach den vorangegangenen Sitzungen, in der eigentlich Ähnliches bereits geleistet wurde, erscheint die Darstellung an mehreren Stellen unzulässig verkürzt:

o Nicht mehr die Ansprüche, sondern die Praxis definiert die Ziele.

o Konkrete Handlungsanleitungen wurden bereits kooperativ erarbeitet.

o Die "zuständigen Institutionen", mit denen eine Abstimmung erfolgen soll, werden nicht aufgeführt. Gemeint ist vermutlich der MURL.

Literatur

Barkowski, D./Günther, P./Hinz, E./Röchert, R.: Altlasten. Handbuch zur Ermittlung und Abwehr von Gefahren durch kontaminierte Standorte, Alternative Konzepte 56, Karlsruhe 1987, 2. Auflage 1991.

Claus, F.: Sanierungsplanung - Grundsätze und Verfahren zur Ermittlung von Sanierungszielen unter Mitwirkung der Bürger, in: Rosenkranz/Einsele/Harreß, Bodenschutz, Ergänzbares Handbuch der Maßnahmen und Empfehlungen für Schutz, Pflege und Sanierung von Böden, Landschaft und Grundwasser, 1. Lieferung XI/88, Nr. 6420, Berlin 1988, S. 1-21.

Ganser, K./Kupchevsky, T.: Arbeiten im Park. 16 Standorte im Wettbewerb um Qualität, in: Stadtbauwelt Nr. 110, 1991.

Hermann, W./Stoffels, J.: Die Steinkohlenzechen Ruhr-Aachen-Niedersachsen, Essen 1959.

IBA Emscher Park: Dokumentation des ersten Projektaufrufes, Gelsenkirchen 1990.

IBA Emscher Park: Projektkatalog. Verzeichnis und Kurzbeschreibung der Projekte, die vom Lenkungsausschuß in die Internationale Bauausstellung Emscherpark aufgenommen sind (Stand Oktober 1991), Gelsenkirchen 1991.

MSWV: Der Minister für Stadtentwicklung, Wohnen und Verkehr des Landes Nordrhein-Westfalen (Hrsg.): Internationale Bauausstellung Emscher-Park, Werkstatt für die Zukunft alter Industriegebiete, Memorandum zu Inhalt und Organisation, Düsseldorf 1988.

Rat von Sachverständigen für Umweltfragen (SRU) 1989: Sondergutachten Altlasten, Bonn, Bundestagsdrucksache 11/6191 vom Januar 1990.

Sachverständigenrat für Umweltfragen: Altlasten - Sondergutachten, Wiesbaden 1989.

Oliver Decken

Vom Kohlenpott zum Mülleimer?
Eine Polemik zur Zukunft der Emscherzone

1. Müll-Verbrennungspläne in der Emscherzone

In der Emscherzone vollzieht sich ein tiefgreifender Strukturwandel: Die ehemals dominierenden Branchen Kohle und Stahl ziehen sich zurück, während nur langsam die Konturen einer neuen Wirtschaftsstruktur erkennbar werden. Verhängnisvoll könnte sich die seit Mitte der 80er Jahre von mächtigen Interessengruppen vorangetriebene Entwicklung der Emscherzone zum Müllverbrennungszentrum erweisen. Müllverbrennungsanlagen werden in dieser Region bereits seit Anfang der 70er Jahre betrieben und zwar an fünf Standorten: In Bergkamen (Sondermüll), Bottrop (Klärschlamm), Essen (Hausmüll), Herten (Haus- und Sondermüll) und Oberhausen (Hausmüll).

Mitte der 80er Jahre setzte im Ruhrgebiet eine Flut von Kapazitätserweiterungen bestehender Verbrennungsanlagen und Neuplanungen ein. Davon sind folgende Standorte betroffen: Bergkamen (Erweiterung der bestehenden Sondermüllverbrennung), Bochum (Hausmüllverbrennung und Altlastenverbrennung), Castrop-Rauxel (Sondermüllverbrennung), Dortmund-Huckarde (Altlastenverbrennung), Dortmund-Hörde (Hausmüllverbrennung), Duisburg (Sondermüllverbrennung), Essen-Karnap (Erweiterung der Hausmüllverbrennung um 180.000 Tonnen/Jahr (t/a)), Essen-Nordhafen (Sondermüllverbrennung) und Herne (Altölverbrennung).

Am Widerstand der Bevölkerung gescheitert sind in den vergangenen drei Jahren die Planungen in Dortmund-Mengede (860.000 t/a Hausmüllverbrennung) Gelsenkirchen (60.000 t/a Sondermüllverbrennung) und Oberhausen (30.000 t/a Sondermüllverbrennung).

Die Regierungspräsidien Arnsberg, Düsseldorf und Münster forderten in einem Papier vom Juni 1992 (vgl. Regierungspräsidenten ..., 1992) den massiven Zubau von Müllverbrennungsanlagen. Bis zum Jahre 2000 sollen die Kommunen der Emscherzone zusätzliche Verbrennungskapazitäten für 1,2 Millionen Tonnen Hausmüll schaffen (vgl. Tabelle 1). Zudem fordert die Landesregierung für das Ruhrgebiet den Zubau von Sondermüll-Verbrennungskapazitäten in einer Größenordnung von 150.000 bis 160.000 t/a (vgl. MURL, 1991, S. 69f.).

1.1 Der Run auf die Emscherzone

Das große Interesse der Investoren von Müllverbrennungsanlagen an der Emscherzone ergibt sich aus den insgesamt als günstig einzuschätzenden Kapitalverwertungsbedingungen der Region:

Hohes Müllaufkommen

Aufgrund der hohen Bevölkerungs- und Industriedichte wird viel Abfall produziert: Etwa 37 % (1,4 Mio. t/a) des Sondermülls (vgl. MURL, 1991, S. 15) und etwa 34 % des in Nordrhein-Westfalen erzeugten Hausmülls (vgl. LDS, 1990, S. 682f.) fallen im Ruhrgebiet an. Angesichts dieser Abfallkon-

Hausmüllverbrennung [t/a]			
	1990	2000	Zubau
Bochum	3.000	265.000	262.000
Bottrop	38.000	71.000	33.000
Dortmund	-	344.000	344.000
Duisburg	222.000	242.000	20.000
Essen	291.000	395.000	104.000
Gelsenkirchen	132.000	183.000	51.000
Herne	26.000	88.000	62.000
Mülheim	92.000	95.000	3.000
Oberhausen	104.000	115.000	11.000
Kreis RE	123.000	393.000	270.000
Kreis Unna	138.000	204.000	66.000
Summe	1.169.000	2.395.000	1.226.000

Tab. 1:   Hausmüllverbrennung in der Emscherzone. Forderungen der Regierungspräsidien des Reviers. Quelle: vgl. Regierungspräsidenten ..., 1992.

zentration verspricht das großtechnische Geschäft mit dem Müll gerade im Ruhrgebiet lukrativ zu werden. Schließlich gebe es "in den Montanregionen wie im übrigen Bundesgebiet einen unzureichenden Ausbauzustand" bei der Abfallentsorgung, der durch zügige Kapazitätsschaffung zu bereinigen sei (Minister für Wirtschaft ..., 1989, S. 395).

Günstige technische, politische und soziale Standortbedingungen

Die Emscherzone verfügt über eine gut entwickelte technische Infrastruktur (u.a. ein leistungsstarkes Straßen- und Bahnnetz). Angesichts der absoluten Mehrheit der SPD auf der Landesebene kann von stabilen politischen Bedingungen ausgegangen werden. Schließlich handelt es sich bei den 'Malochern' um eine industriegewohnte Bevölkerung, die hinsichtlich der Umweltbelastung an einiges gewöhnt ist, und von der - auch angesichts der hohen Arbeitslosenquote - kaum Widerstand erwartet wird.

Geschwächte Kommunen

Die durch Abwanderung und Liquidierung von Stahl und Kohle angeschlagenen und verunsicherten Kommunen sind froh über jede Neuansiedlung bzw. Sicherung bestehender Unternehmen. Die Schwäche der Kommunalpolitik öffnet den Investoren vielerorts Tür und Tor. Vor diesem Hintergrund wird auch verständlich, warum die wirtschaftlich relativ stabile Stadt Essen gegen eine geplante Sondermüll-Verbrennungsanlage Sturm lief (sie befürchtete einen Imageverlust), während dagegen die SPD z.B. in der strukturschwachen und finanziell ausgebluteten Stadt Duisburg die Verbrennungspläne der Konzerne mit aller Macht unterstützt.

1.2 Die Interessen der Verbrennungslobby

Neben der regionalen Konzentration der Planungsabsichten fällt die Bevorzugung der Verbrennungstechnologie auf. Begründet wird diese einseitige Ausrichtung mit dem Ziel, Deponiekapazitäten zu strecken, den zu deponierenden Restmüll zu inertisieren und die Umwelt durch sogenannte 'High-Tech-Entsorgung' zu schonen. Die Deponie- und Umweltentlastung ist ein unbestrittenes Ziel, doch können alternative Technologien und Konzepte (vgl. u.a. Vermeidung, Verwertung, mechanisch-biologische Restmüllrotte oder chemisch-physikalische Behandlung) dieses Ziel ebenso erreichen und sind dabei umweltfreundlicher (vgl. z.B. R. Schiller-Dickhut/H. Friedrich, 1989 oder BUND-Niedersachsen, 1992). Allerdings beschert die Durchsetzung des Verbrennungsprogrammes Anlagenbauern, Entsorgern müllproduzierender Industrien und PolitikerInnen eine Reihe von Vorteilen:

o   Es fällt auf, daß das Verbrennungsprogramm in einer Zeit aufgelegt wird, in der sich die Geschäftslage der Anlagenbauer verschlechtert hat. Wurde bis in die 80er Jahre noch gut am Bau und an der Nachrüstung von Kohle- und Atomkraftwerken verdient, so wurde dieses Geschäft inzwischen aufgrund erheblicher Überkapazitäten und weitgehend beendeter Rauchgasreinigungsprogramme uninteressant. Auf der Bilanzpressekonferenz des Babcock-Konzerns im Jahre 1988 hieß es hierzu: "In der Umwelttechnik hätten zuletzt die 'sauberen Kraftwerke' im Vordergrund gestanden, jetzt rücke mehr und mehr die Abfallentsorgung durch Müllverbrennung in den Mittelpunkt. Babcock habe bisher jede zweite Anlage gebaut und rechne sich auch weiterhin gute Chancen aus" (Rheinische Post vom 18.3.1988).

o   Die Entsorgungsunternehmen wollen in erster Linie durch das Geschäft mit dem Müll Profite erwirtschaften. Die neu ins Geschäft einsteigenden Energiekonzerne haben sich einseitig auf die Verbrennung festgelegt, um mit Hilfe dieser Großtechnologie rasch den Markt zu erobern. Der Investitionsbedarf für Verbrennungsanlagen ist bedeutend höher, als der für alternative Verfahren der Restmüllbehandlung (vgl. Tabelle 2), so daß diese Großtechnologie von mittelständischen Firmen und Kommunen kaum mehr zu finanzieren ist.

Investitionskosten (Anlagengröße: 200.000 t/a)

Müllverbrennung:	600 - 700 Mio. DM
Biol.-Mech. Restmüllbehandlung:	150 - 200 Mio. DM

Tab. 2:   Investitionskosten (Anlagengröße: 200.000 t/a). Quelle: vgl. W. Teifel/W. Battermann, 1992, S. 6.

o   Die müllproduzierende Industrie (indirekt ist sie für den Großteil des Hausmülls verantwortlich) hat ein Interesse an einer gesicherten Entsorgung. Dies betrifft im besonderen Maße die vom Weltmarkt abhängigen Branchen wie die Chemische Industrie und die Automobilindustrie. Eine gesicherte nationale Entsorgung ist eine Grundvoraussetzung, um auf dem Weltmarkt expandieren zu können. Die bisher praktizierte Billigentsorgung über Deponien wird zunehmend ökonomisch riskanter, da sie angesichts verstärkt drohender und teurer Sanierungserfordernisse schwer kalkulierbar geworden ist. Dagegen lassen sich die Folgewirkungen und Folgekosten der Verbrennung relativ leicht vertuschen und vergesellschaften.

o   Die Politik wird von der Industrie und Teilen der Gewerkschaften (vor allem IG-Chemie) unter Druck gesetzt, einen die Grundfesten der Industriegesellschaft bedrohenden 'Entsorgungsnotstand' abzuwehren. Ständig wachsende Produktionsraten (mit unzureichender Rücksichtnahme auf ökologische und soziale Folgeschäden) sind seit Gründung der Bundesrepublik der wesentliche Faktor zur Sicherung der Loyalität der Masse der Bevölkerung. Es liegt nur in der Logik dieses kurzsichtigen Materialismus, wenn nun CDU, SPD und FDP bei der Durchsetzung des Verbrennungsprogrammes an einem Strang ziehen.

Bezeichnend ist die Art und Weise, wie die Kritiker des Verbrennungsprogrammes vom nordrhein-westfälischen Umweltminister K. Matthiesen regelmäßig abgekanzelt werden. Sie werden als Chaoten beschimpft, "die mit Hilfe der Blockade von Umweltindustrien der Industrie insgesamt einen Strick drehen wollen. Sie wollen den Ausstieg aus der Industriegesellschaft erreichen, indem sie die Entsorgung verhindern. Hier muß man wachsam sein, damit man nicht vor einen Karren gespannt wird, den man eigentlich gar nicht ziehen will" (vgl. K. Matthiesen, 1988, S. 89). Die Frage ist nur: Wessen Karren zieht der Herr Umweltminister?

Bei der Bewältigung des 'Entsorgungsnotstandes' verspricht die Müllverbrennung den Müllberg rasch aus dem Blickfeld zu schaffen und wird deshalb als Umwelttechnologie verkauft. Dagegen werden die Probleme (Verlagerung der Emissionen in die 'Großdeponie Atmosphäre') ignoriert.

Natürlich gibt es innerhalb der vier genannten Interessengruppen Konflikte. So ist z.B. der Entsorgungssektor bemüht, möglichst viel Profit zu erwirtschaften, was mit dem Interesse der Müllproduzenten an einer möglichst billigen Entsorgung kollidiert. Allerdings zeigt die einmütig von Industrie, Entsorgern und CDU/SPD-PolitikerInnen verabschiedete 'Konzertierte Aktion', daß es hinsichtlich der Grundausrichtung auf das Verbrennungsprogramm einen breiten Konsens gibt. In der Abschlußerklärung der vom IG-Chemie-Chef H. Rappe Ende September 1988 initiierten 'Konzertierten Aktion Sonderabfallentsorgung' wurde festgestellt, daß dem 'Industriestandort' Bundesrepublik der Abfallnotstand drohe und zur Zeit mindestens zehn Sondermüll-Verbrennungsanlagen fehlen würden. Inzwischen plant Umweltminister K. Matthiesen sechs bis sieben neue Sondermüllverbrennungsanlagen nur für Nordrhein-Westfalen (MURL, 1991, S. 72). Getrübt wurde die Einmütigkeit der Müllerzeuger, Müllverwalter und Müllentsorger nur durch das unbotmäßige Verhalten des Bundes für Umwelt und Naturschutz (BUND) sowie der GRÜNEN.

Hintergrund dieser Interessenkoalition ist die von den Konzernen verfolgte und von den Regierungen unterstützte industrielle Modernisierungsstrategie. Unter anderem durch die Schaffung sicherer Entsorgungskapazitäten wird national eine Grundlage für eine aggressive internationale Expansion und zur Absicherung gegen ausländische Konkurrenz (z.B. durch den europäischen Binnenmarkt) geschaffen: "Die Festigung und Erweiterung ihrer Weltmarktposition steht als Orientierung im Vordergrund gesellschaftlicher Erneuerung und staatlicher Erneuerungspolitik" (vgl. Arbeitsgruppe Alternative Wirtschaftspolitik, 1988, S. 236). Im Abfallbereich greifende Elemente der Modernisierungsstrategie sind:

a) Eine Politik der Stabilisierung der Wegwerfstrukturen

Obwohl die Bundesregierung seit dem Jahre 1986 Rechtsverordnungen zur Abfallvermeidung hätte erlassen können, ist bislang kaum etwas geschehen. Im Gegenteil: Mit der Einführung des "Dualen

Die Erklärung der 'Konzertierten Aktion' Sonderabfallentsorgung verabschiedeten in Hannover am 21. September 1988:

Bundesumweltminister Prof.Dr. Klaus Töpfer
Umweltsenator Jörg Kuhbier (Hamburg)
Umweltminister Dr. Werner Remmers (Niedersachsen)
Umweltminister Klaus Matthiesen (Nordrhein-Westfalen)
Umweltminister Hans-Otto Wilhelm (Rheinland-Pfalz)
Umweltminister Prof.Dr. Bernd Heydemann (Schleswig-Holstein)
Der Umweltsenator des Landes Berlin, vertreten durch Staatssekretär Popp
Die Umweltsenatorin der Freien Hansestadt Bremen
Der Umweltminister des Landes Baden-Württemberg
Der Umweltminister des Landes Bayern
Der Umweltminister des Landes Saarland
Für die SPD-Bundestagsfraktion MdE Erwin Stahl
Oberbürgermeister Herberg Schmalstieg (Deutscher Städtetag)
Dr. Hans Tiedeken für den Deutschen Landkreistag
Prof.Dr. Helmut Sihler (Verband der Chemischen Industrie)
Monika Wulf-Mathies (ÖTV)
Hermann Rappe (IG Chemie-Papier-Keramik)
Michael Geuenich (Deutscher Gewerkschaftsbund)
Konrad Carl (IG Bau-Steine-Erden)
Heinz-Werner Meyer (IG Bergbau und Energie)
Die Industriegewerkschaft Metall
Der Bundesverband der Deutschen Industrie
Der Deutsche Industrie- und Handelstag
Der Zentralverband des Deutschen Handwerks
Die Wirtschaftsvereinigung Bergbau e.V.
Der Hauptverband der Deutschen Bauindustrie e.V.

Systems Deutschlands" (DSD) wurden die Einwegverpackungen stabilisiert. Immerhin muß der "Grüne Punkt"-Müll stofflich verwertet werden, darf also nicht verbrannt werden. Daher engagieren sich die Energiekonzerne auch bei der Schaffung großtechnischer Anlagen zur Aufbereitung von Kunststoffabfällen (vgl. Tabelle 3). Kunststoffrecycling ist aus ökologischer Sicht mehr als fraglich. Durch die Aufarbeitungsprozesse verlieren die Kunststoffe deutlich an Qualität (z.B. durch Verunreinigungen) und können nur noch zu minderwertigen Produkten verarbeitet werden: Aus Joghurtbechern werden Lärmschutzwände (sog. "Downcycling"). In den kommenden Jahren werden Milliardenbeträge zum "Recycling" vermeidbarer Abfälle investiert.

Aufbereitung von DSD-Kunststoffen ab 1996 - vertraglich zugesicherte Recyclingkapazitäten

"Mittelständische Wirtschaft"	240.000 t/a
RWE Entsorgung AG	200.000 t/a
Ruhrkohle Umwelt GmbH	40.000 t/a
VEBA AG	40.000 t/a

Tab. 3:   Aufbereitung von DSD-Kunststoffen ab 1996 - vertraglich zugesicherte Recyclingkapazitäten. Quelle: vgl. DSD, 1992, S. 3.

b) Die Beseitigung von Investitionshindernissen durch den massiven Abbau der Einspruchsmöglichkeiten von Umweltverbänden, BürgerInnen und Kommunen sowie durch eine massive Deregulation des Abfallrechtes

Gemäß den Entwürfen des "Investitionserleichterungs- und Wohnbaulandgesetzes" (vom 3.12.1992) sowie des "Kreislaufwirtschafts- und Abfallgesetzes" (vom 26.10.1992) sollen Müllverbrennungsanlagen zukünftig nach Immissionsrecht genehmigt werden. Das abfallrechtliche Planfeststellungsverfahren entfällt, so daß die nach § 29 Bundesnaturschutzgesetz anerkannten Naturschutzverbände nicht mehr beteiligt werden. Im Immissionsrecht hat der Antragssteller einen Rechtsanspruch auf Genehmigung und benötigt nicht mehr den nach Abfallrecht vorgeschriebenen Bedarfsnachweis. Zudem können in Zukunft private Investoren analog zu Bauherrnmodellen im Immobilienbereich große Entsorgungsanlagen errichten und dann die kommunalen Abfälle vom Regierungspräsidenten zugewiesen bekommen. Die Kommune verliert ihren Einfluß auf die Abfallentsorgung.

Die "Technische Anleitung Siedlungsabfall" (Entwurf vom 3.8.1992) schreibt als einziges Verfahren zur Restmüllbehandlung die Verbrennung vor. Alternativen (z.B. Restmüllrotte) werden ausgeschlossen. Bereits seit dem Jahre 1990 ist es zulässig, Müll in jedem Kraftwerk, Zement- oder Hochofen mitzuverbrennen. Angeregt wurde diese Deregulation des Abfallrechtes durch den nordrhein-westfälischen Minister K. Matthiesen (vgl. FR vom 15.3.1990).

c) Eine auf Vermarktung von Spitzentechnologien ausgerichtete Forschungs- und Technologiepolitik

Basisinnovationen zum effektiven Umgang mit Ressourcen sind dabei aufgrund niedriger Energie- und Rohstoffpreise relativ unbedeutend. Eine Auswertung der abfallbezogenen Forschung erbrachte folgende Ergebnisse:

o   Zwischen den Jahren 1980 bis 1986 wurden 35 % der Bundesforschungsmittel (ca. 110 Mio. DM) für die Weiterentwicklung der Müllverbrennung eingesetzt. Aber nur 2 % (ca. 6 Mio. DM) der Mittel wurden für die Abfallvermeidung aufgewendet (vgl. Bundesminister für Forschung und Technologie, 1987)!

o   Die nordrhein-westfälische Landesregierung sieht in ihrem 'Hochschulstrukturplan 2001' einen Schwerpunkt der Forschungspolitik in der Entwicklung von 'end-of-pipe-Umwelttechnologien', um "in diesem zukunftsträchtigen Bereich Spitzentechnologien zur Verfügung zu stellen, um Märkte zu besetzen" (Ministerin für Wissenschaft und Forschung NRW, 1988, S. 22). Die Abfallvermeidung wird in dem Ministerpapier noch nicht einmal angesprochen!

d) Eine Außenwirtschaftspolitik, die Märkte für die Konzerne schafft

So steckt hinter der 'großtechnischen Schatzsuche im Abfall' auch der Zusammenschluß der Europäischen Gemeinschaft: "Hier zeigt sich ein Markt, der denjenigen Firmen die größten Chancen eröffnet, die künftigen Kunden bereits heute Referenzanlagen demonstrieren können" (R.B. Firnhaber, 1988, S. 473; vgl. auch Minister für Wirtschaft ..., 1989, S. 338).

2. Struktur und Macht der Verbrennungslobby

2.1 Der Müllmarkt: Struktur und Entwicklungstrends

Das Zeitalter der 'Big Seven'

Der Müllmarkt in NRW wurde lange Zeit von sieben mittelständischen Unternehmen beherrscht: gemeint sind die Firmen Edelhoff, Trienekens, Rethmann, Buchen, Westab, Schönmakers und Kluge. Wenngleich "die Unternehmen den Verdacht von Gebietsabsprachen zurückweisen, ist doch auffällig, daß der Raum Köln/Bonn ausschließlich von der Firma Trienekens, die westfälische Region von Edelhoff entsorgt wird. Kleinere Unternehmen bestehen auf dem nordrhein-westfälischen Abfallmarkt nur, sofern sie Verträge mit den 'Big Seven' eingegangen sind und als Zulieferer oder Abnehmer fungieren" (H. Zörner, 1988, S. 13).

Überregionale Bedeutung für die Absicherung der Marktstellung der 'Big Seven' hatte das Recycling-Zentrum (RZR) Herten: "Es wird zwar von STEAG geführt, doch von den sieben Privaten mit Müll beliefert. Dabei ist eine Gesellschaft zwischengeschaltet: die Sonderabfallbeseitigungsgesellschaft NRW, kurz SNW genannt. Die SNW (...) ist nichts anderes als eine Dachorganisation der sieben privaten Entsorger" (H. Zörner, 1988, S. 13).

Der Einmarsch der Konzerne

Seit dem Jahre 1987 wird der eingespielte Müllmarkt in NRW durch den Eintritt großer Konzerne neu geordnet. Nachdem der Zu- und Ausbau von Kraftwerken weitgehend abgeschlossen ist, besteht für die Energiekonzerne nun das 'Problem', die hohen Gewinne aus dem Stromgeschäft lukrativ zu investieren. Der ehemalige Vorstandsvorsitzende der VEBA AG stellte im Jahre 1988 fest: "In drei bis fünf Jahren werden wir auf etwa 10 Mrd. DM Barmitteln sitzen" (Rheinische Post vom 11.11.1988). Aus den Vorstandsetagen der RWE hieß es hierzu: "Mit dem Einstieg in die Abfallwirtschaft werden aber auch Erwartungen einer weiteren Diversifikation in eine wachstumsstarke Branche verknüpft" (H. Krämer, 1988).

Im Jahre 1988 haben sowohl RWE als auch VEW die Entsorgung als neuen Bestandteil der Geschäftspolitik in die Satzung aufgenommen. Gesteuert werden die abfallwirtschaftlichen Aktivitäten der RWE durch die Konzerntochter R+T Entsorgung GmbH sowie durch das 49 %ige Beteiligungsunternehmen Trienekens Entsorgung GmbH (vgl. RWE, 1992, S. 35). Mit dem Einstieg bei Trienekens im Jahre 1989 konnten die RWE auch einen Fuß in das Bollwerk der 'Big Seven', das RZR, setzen und eine wichtige strategische Position zur Kontrolle des Müllmarktes erobern. Durch diese und zahlreiche weitere Beteiligungen sind die "RWE nunmehr in der Lage, den Interessenten gerade aus dem kommunalen Bereich komplexe Entsorgungskonzepte anzubieten". Während die RWE über genügend Kapital zum Bau mehrerer Müllverbrennungsanlagen (MVAs) verfügt und aus dem Betrieb mit der MVA Essen-Karnap auch technisches Know-How mitbringt, "verfügen die Beteiligungsunternehmen seit vielen Jahren über feste Kundenstämme" (H. Zörner, 1988, S. 9f.). Stolz berichteten die RWE im Geschäftsbericht 1991/92 (vgl. RWE, 1992, S. 35) über "weitere große Fortschritte" bei der Eroberung der Müllterritorien: "So kooperieren wir u.a. eng mit den Städten Essen, Mülheim an der Ruhr, Gelsenkirchen, Gladbeck und Bottrop". Dank des "Dualen Systems Deutschlands" kontrollieren die RWE die Entsorgung der Verpackungsabfälle von über 7 Millionen EinwohnerInnen. Das

Umsatzvolumen des RWE-Entsorgungsbereiches konnte von 1.000 Millionen DM (in den Jahren 1990/91) auf 1.400 Millionen DM (in den Jahren 1991/92) gesteigert werden.

Die STEAG AG (71 %ige Tochter der Ruhrkohle AG) betreibt seit dem Jahre 1981 das RZR und ist über die STEAG-Entsorgungs-GmbH verstärkt ins Müllgeschäft eingestiegen. In einem Firmenprospekt heißt es dazu: Die "STEAG-Entsorgungs-GmbH übernimmt die Beratung, Planung, Projektsteuerung und Betriebsführung von Anlagen zur Abfallbeseitigung, entsorgt Kraftwerke, bereitet Kraftwerksreststoffe auf und führt sie einer wirtschaftlichen Verwertung zu" (vgl. STEAG-Entsorgung, 1988, o.S.). Neben dem Ausbau des RZR und Projekten im süddeutschen Raum werden Chancen auch im Export nach Spanien und Italien gesehen (vgl. H. Zörner, 1988, S. 10).

Neben RWE und STEAG traten in den Jahren 1987/88 auch die VEW und die VEBA-Kraftwerke Ruhr (die VKR ist eine 100 %ige Tochter der VEBA) ihren Einmarsch in den Entsorgungssektor an. Den jüngsten Coup landeten Ende 1992 die VEW, die eine 24,9 %ige Teilhabe an dem "mittelständischen" Riesen Edelhoff erlangte (NRZ vom 6.11.1992).

Im Jahre 1988 versuchten die VEW und VKR in Dortmund-Mengede Europas größte Müllverbrennungsanlage für Hausmüll (860.000 t/a) zu errichten. Der massive Druck von Bürgerinitiativen, Umweltverbänden und GRÜNEN führte kurz vor der Landtagswahl im Jahre 1990 zur Ablehnung der Müllverbrennung durch die Dortmunder SPD. Ein Jahr nach der Landtagswahl schwenkten die Sozialdemokraten wieder um und beschlossen die Errichtung einer Müllverbrennungsanlage in Dortmund-Hörde (340.000 t/a Hausmüll). In diese Planung sind die VEW über ihre 25 %ige Beteiligung an der "Entsorgung Dortmund GmbH" verwickelt. Zudem beabsichtigt die Stadt Dortmund die Errichtung einer ORFA-Anlage (von Kritikern auch als "Müllverbrennung durch die Hintertür" bezeichnet). An der "ORFA Organ-Faser-Aufbereitungs GmbH" sind die VEW mit 30 % beteiligt.

Ein spezielles Servicepaket schnürt derzeit die Ruhrkohle AG, die im Jahre 1989 mit der Gründung der Ruhrkohle Umwelt GmbH ins Geschäft einstieg. Der mittelständische Traditionalist "Richard Buchen GmbH" wurde zu 25 % aufgekauft. Die besondere Bedeutung dieses mit den Energieversorgern verflochtenen Konzerns (30,2 % der Aktien halten die VEW, 37,1 % die VEBA) wird in der untertägigen Beseitigung der Verbrennungsrückstände in alten Steinkohlebergwerken liegen. Seit dem Jahre 1988 wurden 'versuchsweise' etwa 45.000 t Rückstände aus der Müllverbrennung vor allem in den Zechen Pluto (Herne) und Consolidation (Gelsenkirchen) abgelagert. Einen Antrag auf dauerhafte Mülldeponierung in alten Bergwerksschächten hat die Ruhrkohle AG (RAG) beim Bergamt Kamen eingereicht.

Im Jahre 1989 gründeten die VEBA-Kraftwerke Ruhr (24,5 %), die VEW (51 %), Edelhoff (12,25 %) und Rethmann (12,25 %) die "Abfallverwertungsgesellschaft Westfalen mbH". Zweck der Gesellschaft ist die gemeinschaftliche Planung und der Betrieb von Müllverbrennungsanlagen (vgl. C. Brecht u.a., 1991, S. 977). Die 'Müllclaims' wurden also 'einvernehmlich' abgesteckt.

Die jüngste Facette im Müll-Business bilden die Aktivitäten des US-Konzerns Waste Management, der Ende 1989 den Mehrheitsanteil an der Müllverbrennungsanlage Hamm aufkaufte und bereits in Schweden, Dänemark, Spanien, Italien und den Niederlanden aktiv ist (vgl. FR vom 5.12.89).

2.2 Einflußnahme der Konzerne auf die Politik

Die Analyse des nordrhein-westfälischen Müllmarktes weist auf einen in den Jahren 1987/88 einsetzenden Stukturwandel hin, der in einer Marktkonzentration auf einige wenige Energiekonzerne und

Großunternehmen hinausläuft. Die Landespolitik setzt ganz bewußt auf die finanzielle, geschäftliche und politische Macht der Energiekonzerne, um zügig das Verbrennungsprogramm durchsetzen zu können: Stolz verkündete der Kölner Regierungspräsident F.J. Antwerpes, er habe "zusammen mit NRW-Umweltminister Klaus Matthiesen das RWE auf die 'verdienstvolle' Aufgabe im Entsorgungsbereich gelenkt" (O.A., 1987, S. 10ff.). Für die günstige Ausgangsposition der Energiekonzerne zur Eroberung des nordrhein-westfälischen Müllmarktes und zur Durchsetzung ihrer Interessen im politischen Raum sind vier Aspekte ausschlaggebend:

Finanzkraft

Der Investitionsbedarf für die zehn von der 'Konzertierten Aktion' geforderten Sondermüll-Verbrennungsanlagen wird auf mindestens zwei Milliarden DM geschätzt. Der Bau einer mittleren Anlage zur Hausmüllverbrennung kostet etwa 600 bis 700 Millionen DM (für 200.000 t/a). Dieses Anliegen zu realisieren überfordert mittelständische Entsorger und Kommunen finanziell oftmals. Hingegen erwirtschaften die Energiekonzerne gewaltige Überschüsse: Der RWE-Umsatz lag im Jahre 1991/92 bei 51.700 Millionen DM und der Überschuß bei 1.050 Millionen DM (vgl. RWE, 1992, S. 89). Da der Investitionsbedarf im Energiesektor relativ gering geworden ist, können die Energiekonzerne ihre Überschüsse in den neuen Geschäftsbereich Müllverbrennung investieren.

Technisches Know-How

Die Energiekonzerne verfügen durch den Bau der Kraftwerke über Planungskapazitäten und Geschäftskontakte (z.B. zu Kraftwerksunion (KWU) und Babcock), um mit diesem technischen Know-How Müllverbrennungsanlagen rasch genehmigungsfähig zu machen und zu errichten. Hervorzuheben ist die Rolle der RWE, die durch den Betrieb der Müllverbrennungsanlage Essen-Karnap über langjährige Erfahrungen mit dieser Technologie verfügt. Schließlich wirkt sich noch die Präsenz von VEW und RWE z.B. im Gesamtvorstand des Rheinisch-Westfälischen TÜV günstig auf die Überwachungspraxis dieses 'neutralen' und gerne bei Genehmigungsverfahren herangezogenen Gutachters aus (vgl. G. Schuster, 1986, S. 50).

Politische Infrastruktur

Ein weiterer Vorteil der Energiekonzerne liegt in ihrer Verflechtung mit der Kommunalpolitik: "Da sich die Aktionäre der Stromkonzerne zum großen Teil aus Vertretern der Kommunen zusammensetzen, besteht seit langem eine politische Infrastruktur, die ein privater Entsorger erst mit zäher Überzeugungsarbeit und geschicktem Marketing schaffen müßte" (H. Zörner, 1988, S. 9f.). So ist zum Beispiel der Aufsichtsratsvorsitzende der VEW, Günther Samtlebe, gleichzeitig Oberbürgermeister der Stadt Dortmund. Die vielfältigen Kontakte der Energiekonzerne über Aufsichts-, Verwaltungsräte und Verwaltungsbeiräte zur Kommunalpolitik sichern den Konzernen eingespielte Einflußkanäle. Hinzu kommen noch Verflechtungen zur Landespolitik. So wurde z.B. der Regierungspräsident a.D. Fritz Ziegler in den Vorstand der VEW gewählt. Zudem gilt er als "Intimus von Ministerpräsident Johannes Rau wie der IG Bergbau" (WAZ vom 5.7.1988; FR vom 31.8.1988).

Wirtschaftliche Verflechtungen

Trotz aller geschäftlicher Interessengegensätze sorgt die enge Verflechtung der Konzerne untereinander für einen Grundkonsens in der generellen Leitlinie der Wirtschafts- und Strukturpolitik. Beim Blick in das Verflechtungsnetz der Energiewirtschaft läßt sich erahnen, welche Arbeitsteilung in Zukunft angestrebt wird: Als Akteure sind zu erkennen RWE, VEW und VEBA (über VKR) als Betreiber von Müllverbrennungsanlagen (evtl. noch STEAG, für die Betriebsführung) und die RAG als Entsorger für die Verbrennungsrückstände in offenen Steinkohlenflözen. Schließlich äußert sich Konzernmacht auch in der Möglichkeit der Verweigerung von Leistungen: Investiert wird dort, wo die eigenen Interessen erfüllt werden. Beispielsweise ist die Firma Thyssen ein bedeutender Wirtschaftsfaktor für die Stadt Duisburg. Diesen Tatbestand nutzt diese Firma zur Durchsetzung einer Sondermüll-Verbrennungsanlage in dieser Stadt natürlich aus.

2.3 Konturen eines Abfallkomplexes

Ein 'Cocktail' aus allen diesen genannten Elementen begründet eine sehr effektive Einflußnahme der Konzerne auf die Politik. Hervorzuheben ist eine Besonderheit des Konzerneinflusses, nämlich die zu beobachtende Herausbildung von sogenannten bürokratisch-industriellen Komplexen als Koordinations- und Organisationszentren des Konzerneinflusses. Ihr Wesen besteht in einer unmittelbaren Verflechtung und Kooperation zwischen Staat und privaten Konzernen. Inzwischen wird deutlich, daß der aus dem Atombereich bekannte bürokratisch-industrielle Komplex sich nun im lukrativen Müllgeschäft erneut formiert.

Struktur des Abfallentsorgungskomplexes		
Konzerne	Staatliche Institutionen	Verflechtungs-Institutionen/ Personen
VEW, RWE, VEBA, STEAG, RAG, KWU Babcock	Bundesumwelt-ministerium (BMU) Umweltministe-rium NRW (MURL)	Arbeitsgruppen zur TA-Abfall, 'Konzertierte Aktion' z.B. Fritz Ziegler (SPD/VEW)

Tab. 4:   Struktur des Abfallentsorgungskonzeptes. Quelle: eigene Darstellung.

3. Auswirkungen des Verbrennungsprogrammes

3.1 Gefährliche Emissionen für Bevölkerung und Umwelt

Die Ruhrgebietsbevölkerung wird in erster Linie die gefährlichen Emissionen der Müllverbrennung zu spüren bekommen. Der Toxikologe O. Wassermann rechnet mit mindestens 1.400 im Abgas enthaltenen Schadstoffen, von denen nur ein Bruchteil durch staatliche Stellen überwacht wird. Bei Messungen an Sondermüll-Verbrennungsanlagen in den USA waren nur 20 % der organischen Emissionen bestimmbar: 80 % der Emissionen sind hinsichtlich ihres gesundheitsrelevanten Verhaltens unbekannt.

Müllverbrennungsanlagen gehören zu den bedeutendsten Produzenten von hochgiftigen, erbgutschädigenden Dioxinen (vgl. T. Merz, 1992). Schon heute enthält Muttermilch laut Erkenntnissen der

Hessischen Landesanstalt für Umweltschutz Dioxinwerte, die bis zum 500fachen über den Richtwerten liegen (vgl. Hessische Landesanstalt für Umweltschutz, 1988, S. 20).

Die flächendeckende Durchsetzung der Müllverbrennung wird zwangsläufig zu einer deutlichen Erhöhung der Kohlendioxid-Emissionen führen. U. Lahl/B. Zeschmar-Lahr (vgl. 1990, S. 166) schätzen, daß alleine die flächendeckende Trocknung und Verbrennung des Klärschlamms zusätzliche Kohlendioxid-Emissionen von 2 bis 4 Millionen t/a bewirken werden. Dadurch wird der Kohlendioxid-Ausstoß der Bundesrepublik um etwa 5 % erhöht. Dagegen fordert die Bundesregierung eine Senkung der Emissionen um 25-30 % bis zum Jahre 2005.

3.2 Behinderung technologischer Innovationen

Für den Bau der Müllverbrennungsanlagen werden innerhalb des nächsten Jahrzehnts Investitionen in Milliardenhöhe getätigt werden. Diese Mittel fehlen für die Entwicklung und Einführung von Konzepten zur Abfallvermeidung sowie zur umweltschonenden Entsorgung. Hinzu kommt, daß alternative Technologien auch von der um die Auslastung ihrer Anlagen besorgten Verbrennungslobby unterdrückt werden. Zumindest für den Abschreibungszeitraum (etwa 20 Jahre) haben die Investoren ein ökonomisch begründetes Interesse an einer gesicherten Versorgung ihrer Anlagen mit Müll. Die Wegwerfkultur wird auf Jahrzehnte hinaus zementiert.

Die Bundesregierung sowie die Landesregierung Nordrhein-Westfalen sind bei der Durchsetzung der Abfallvermeidung bislang weitgehend untätig geblieben (nur 2 % der in den Jahren von 1980 bis 1986 im Abfallbereich eingesetzen Bundesforschungsmittel wurden für die Entwicklung von Vermeidungstechnologien eingesetzt!) und ignorieren Möglichkeiten zur Abfallvermeidung. Der Müllberg wird als schicksalsgegeben hingenommen. Generell wird von einer Steigerung des Hausmülls um 15 % bis zum Jahre 2000 ausgegangen (vgl. Regierungspräsidenten ..., 1992). Für das Ruhrgebiet wird eine Zunahme des Sondermülls bis zum Jahre 2000 um etwa 100.000 t (auf 1.072 Mio. t) prognostiziert (vgl. MURL, 1991, S. 69f.). Dagegen wurden in einem Gutachten für die niedersächsische Landesregierung kurzfristig realisierbare Vermeidungs- und Verwertungspotentiale von bis zu 40 % (bis zum Jahre 1996) nachgewiesen (vgl. Öko-Institut/Prognos, 1991).

3.3 Weitere Entdemokratisierung

Durch Einsatz ihrer politischen Macht sind die Konzerne in der Lage, ein ökologisch wie sozial erforderliches Umsteuern in der Abfallpolitik zu behindern: Die wichtige Entscheidung über Art und Weise der Abfallentsorgung wird aus der Hand der Bevölkerung und ihrer gewählten Repräsentanten genommen. Auch ökologisch engagierte Mehrheiten im parlamentarischen Raum müssen bei solchen ökonomischen Rahmenbedingungen vor der Macht der Konzerne scheitern. Ferner übernehmen die Energiekonzerne mit der Entsorgung einen weiteren wichtigen Teil der ökonomischen Infrastruktur. Neben dem Energieversorgungs-Monopol bestimmen sie dann auch über die Entsorgung. Ihr Erpressungspotential gegenüber Politik und Gesellschaft steigt in kaum noch kontrollierbare Höhen. Konkret spürbar wird dies dort, wo die Energiekonzerne ihr Engagement in der Abfallentsorgung zur Durchsetzung genehmer Konzessionsverträge gegenüber energierebellischen Kommunen nutzen können.

4.   Alternativen für die Emscherzone

Gegenstand dieses Schlußkapitels sind konzeptionelle Überlegungen zu einer ökologischen Umgestaltung der industriellen Produktion. Der von Industrie und Staat gefürchtete 'Entsorgungsnotstand' kann, wenn er zum Anstoß für echte Innovationen bei der Produktion sowie beim Konsum von Gütern genutzt wird, ein konstruktives Ergebnis haben. Das setzt aber voraus, daß an die Stelle des technokratischen Krisenmanagements die politisch zu leistende Durchsetzung von Vermeidungsstrategien tritt. Verfolgt wird diese Linie von Bürgerinitiativen, GRÜNEN, Umweltverbänden und Teilen der Kirchen. Der Widerstand dieser Gruppen war in den vergangenen vier Jahren relativ erfolgreich: Zu Fall gebracht wurden geplante Verbrennungsanlagen in Dortmund-Mengede, Gelsenkirchen oder Oberhausen.

In den vergangenen Jahren hat sich verschiedentlich Widerstand gegen K. Matthiesens Verbrennungspläne an der SPD-Basis gebildet, ohne allerdings eine Wende in der Landespolitik zu erzielen: Im Jahre 1989 warnten 17 SPD-Ortsvereine aus Essen, Gelsenkirchen, Bottrop und Gladbeck vor einer Entwicklung der Emscherzone zum "Giftmüllverbrennungszentrum" (vgl. NRZ vom 18.2.1989). Im Februar 1990 kritisierte der SPD-Oberbürgermeister von Recklinghausen die einseitige Ausrichtung der nordrhein-westfälischen Abfallpolitik auf die Müllverbrennung (vgl. FR vom 27.2.1990).

4.1   Ziele eines ökologischen Abfallwirtschaftskonzeptes

Zentrales Ziel eines ökologischen Abfallwirtschaftskonzeptes ist die Vermeidung von Abfällen durch Anwendung umweltverträglicher Produktionsprozesse und Produkte sowie durch Förderung umweltbewußten Konsumverhaltens. Gefährliche Stoffe (wie z.B. PVC oder Cadmium) dürfen nicht mehr hergestellt bzw. verwendet werden. Zudem muß der Stoffumsatz z.B. durch die Herstellung langlebiger und reparaturfreundlicher Geräte verringert werden. Notwendig ist der Erlaß einer Mehrweg-Verordnung durch die Bundesregierung. Durch sie ist der Anteil der Einwegverpackungen drastisch zurückzudrängen.

Nicht vermeidbare Abfälle müssen zu sinnvollen Produkten wiederverwertet werden. Die sog. "thermische Verwertung" (Müllverbrennung) ist ökologisch nicht tragbar!

Nicht vermeid- oder verwertbare Abfälle sind stoffspezifisch zu behandeln. Für den Hausmüll sind biologisch-mechanische Anlagen zur Restmüllverrottung zu errichten. Der Sondermüll muß vorrangig chemisch-physikalisch behandelt werden. Erforderlich ist die Einrichtung von 'Parkhäusern' zur rückholbaren Lagerung des Sondermülls, bis dessen Verwertung oder umweltneutrale Behandlung möglich ist.

Die Öffentlichkeit muß bei allen Konzeptionen und Maßnahmen umfassend informiert und beteiligt werden.

4.2   Ökologische Abfallwirtschaft: Notwendigkeit und Chance für die Region

Hohe Müllberge und hohe Arbeitslosigkeit prägen die Emscherzone. Sowohl die ökologische als auch die soziale Situation haben ein unerträgliches Ausmaß erreicht. Sie bedürfen dringend zukunftsweisender Lösungen. Falsch wäre allerdings, eine 'harte' Modernisierungspolitik unter Vernachlässigung ökologischer Erfordernisse und mit den Mitteln der Nachkriegszeit zu verfolgen, wie z.B. von der Kommission Montanregionen gefordert wurde. So wurde der Bau von Sondermüllverbrennungsanla-

gen gefordert, um die "Beseitigung eines infrastrukturellen Engpasses mit dem Aufbau einer zukunftsorientierten industriellen Branche zu verbinden" (Minister für Wirtschaft ..., 1989, S. 338f.). Der Bau
von Müllverbrennungsanlagen zementiert nicht nur schmutzige, abfallintensive Produktionsstrukturen, sondern ist auch beschäftigungspolitisch sehr fragwürdig: Müllverbrennungsanlagen sind in erster
Linie kapitalintensiv, der Arbeitsmarkteffekt für die Region ist eher gering. Dagegen sind Vermei-
dungskonzepte (wie z.B. der Windelwaschservice) vielfach dienstleistungsorientiert und bieten eine
große Zahl an Arbeitsplätzen.

Eine echte Chance liegt in einem ökologischen Umbau der Emscherzone, der einhergeht mit der
Schaffung von zukunftsorientierten Arbeitsplätzen (vgl. z.B. das Konzept des ÖTV-Kreisverbandes
Dortmund, 1988). Für den Abfallbereich heißt dies:

o   Entgiftung der Produktionsverfahren (z.B. Ausstieg aus der umweltbelastenden Chlorchemie)
     und Umstellung auf naturnahe, umweltfreundliche Grundstoffe,
o   Entwicklung von Einsatzmöglichkeiten für Recyclingstoffe und nicht zuletzt
o   Einführung differenzierter Entsorgungssysteme (wie z.B. Biomüll- und Wertstofftonne, Kom-
     postierungs- und Sortierungsanlagen).

4.3 Handlungserfordernis für die Landespolitik

Ein ökologischer Umbau der Emscherzone kommt nicht von selbst, sondern muß durch die Politik
angeleitet werden. Dabei ist die Landesregierung NRW in vier Bereichen gefordert:

o   Die Landesregierung muß ihr bundespolitisches Gewicht zur Durchsetzung einer Ökologisie-
     rung der Wirtschaft einsetzen. Notwendig sind z.B. Bundesratsinitiativen zum Verbot von PVC
     sowie für die Einführung von Lenkungsabgaben auf Energie, Schadstoffe und Emissionen.
o   Ausrichtung der Technologie- und Forschungspolitik sowie der Wirtschaftspolitik auf die Ent-
     wicklung und Einführung umweltfreundlicher Produkte und Produktionsverfahren. Hier gibt es
     zwar bereits einige zukunftsweisende Ansätze (z.B. in der Form vereinzelter Projekte des
     Technologieprogrammes), doch dominiert immer noch die Förderung von problemverlagern-
     den "end-of-pipe" Technologien sowie von zweifelhaften Zukunftsindustrien wie der Gen- und
     Weltraumtechnik. Eine massive Umschichtung der Mittel ist dringend erforderlich!
o   Für das Land und die Emscherzone muß ein umfassendes Abfallwirtschaftskonzept erstellt
     werden, das auf der Grundlage einer qualifizierten Erhebung der Abfallströme Strategien zur
     umweltverträglichen Abfallvermeidung, Abfallverwertung, Abfallbehandlung (vgl. Technolo-
     giezentrum "Abfallfabrik") und Abfalldeponierung entwickelt. Ein effektives Vollzugskonzept
     muß sicherstellen, daß die Genehmigungs- und Überwachungsbehörden über qualifiziertes Per-
     sonal in ausreichender Zahl verfügen. Als Träger für die zu entwickelnde Abfallwirtschafts-
     konzeption muß eine Unternehmensform gewählt werden, die eine weitgehende öffentliche
     Kontrolle zuläßt und geschäftspolitisch nicht dem Ziel der Profitmaximierung unterworfen ist.
     Denkbar wäre z.B. eine Weiterentwicklung der Abfallbeseitigungsgesellschaft Ruhrgebiet (der
     AGR, einer Tochtergesellschaft des KVR), was allerdings eine grundlegende Änderung sowohl
     der Geschäftspraxis des AGR als auch und vielmehr noch der Politik der Kommunen und des
     Landes Nordrhein-Westfalen voraussetzt.
o   Durchsetzung des Primates der Abfallentsorgung innerhalb der Landesgrenzen und Verbot von
     Müllexporten (ein Verlangen, das aus dem Abfallrecht ableitbar ist). Ansonsten besteht die Ge-

fahr der umweltbelastenden Billigentsorgung und des Müll-Dumpings, wodurch eine Abfallvermeidungsstrategie unterlaufen wird.

4.4 Einbeziehung in die IBA Emscher Park

Die Notwendigkeit einer ökologischen Abfallwirtschaft muß auch im Rahmen der IBA planerisch angegangen und umgesetzt werden, da die ansonsten drohende Vermarktung des Mülls durch die Konzerne die mit der IBA verfolgte Absicht einer ökologischen und ökonomischen Modernisierung untergräbt. Die IBA soll ihrem Selbstverständnis nach "eine Strategie zur ökologischen, ökonomischen und sozialen Entwicklung des Emscher-Raumes ausarbeiten". Ein Inhalt soll die "Zukunft der gesellschaftlichen Entwicklung in der Auseinandersetzung mit künftigen technologischen Entwicklungen" sein (MSWV, 1988, S. 33).

Hinsichtlich der industriellen Produktionsweise muß dies bedeuten: Abkehr von entsorgenden, der Produktion nachgeschalteten Reinigungstechnologien und Weiterentwicklung hin zu vorsorgenden, problemvermeidenden Produktionstechnologien. Leider wird dieser grundlegende Aspekt bislang in der IBA-Konzeption nicht angesprochen. Daher hat der Bund für Umwelt und Naturschutz Deutschland (BUND NRW) bereits im Jahre 1988 ein neues IBA-Leitprojekt ("Rahmenplan Abfall- und Abwasservermeidung") gefordert.

Literatur

Arbeitsgruppe Alternative Wirtschaftspolitik: Wirtschaftsmacht in der Marktwirtschaft. Zur ökonomischen Konzentration in der Bundesrepublik, Köln 1988.

Brecht, C./Goethe, H.-G./Krämer, H./Reintges, H./Sondermann, H. (Hrsg.): Jahrbuch 1992. Bergbau, Öl und Gas, Elektrizität, Chemie, Essen 1991.

Bundesminister für Forschung und Technologie: Projektträgerschaft feste Abfallstoffe. Vorhaben 1980-1986, 5. überarbeitete und ergänzte Auflage, Berlin 1987.

BUND-Landesverband Niedersachsen (Hrsg.): Mechanisch-biologische Restmüllbehandlung, Hannover 1992.

DSD: Duale System Deutschland GmbH (Hrsg.): Der Grüne Punkt, Informationsschrift Nr. 3, 1992.

Firnhaber, R. B.: Schatzsuche (Kommentar), in: Umwelt Nr. 10, 1988, S. 473.

FR: Frankfurter Rundschau: vom 31.8.1988, 5.12.1989, 27.2.1990 und vom 15.3.1990.

Hessische Landesanstalt für Umweltschutz (Hrsg.): Bewertungshilfe für Dioxine, Wiesbaden 3. Auflage 1988.

Krämer, H.: Abfallwirtschaft. Eine Aufgabe für den RWE-Konzern, RWE-informiert, Essen 1988.

Lahl, U./Zeschmar-Lahl, B.: Klärschlammentsorgung. Die Spielregeln ändern, in: Korrespondenz Abwasser Nr. 2, 1990, S. 164.

LDS: Landesamt für Datenverarbeitung und Statistik NRW (Hrsg.): Statistisches Jahrbuch 1990, Düsseldorf 1990.

Matthiesen, K.: Umweltpolitik in Nordrhein-Westfalen. Zukunftsgestaltung in einem traditionellen Industrieland, in: Frerichs, J. u.a. (Hrsg.), Jahrbuch Arbeit und Technik in NRW, Bonn 1988, S. 85ff.

Merz, T.: Die großflächige Überschreitung der derzeitigen Grenzwerte für Dioxin erfordert eine drastische Dioxinminderung, in: Müllmagazin Nr. 3, 1992, S. 58ff.

MURL: Minister für Umwelt, Raumordnung und Landwirtschaft NRW (Hrsg.): Rahmenkonzept zur Planung von Sonderabfallentsorgungsanlagen, Düsseldorf 3. Auflage 1991.

Minister für Wirtschaft, Mittelstand und Technologie NRW (Hrsg.): Bericht der Kommission Montanregionen des Landes NRW, Düsseldorf 1989.

Ministerin für Wissenschaft und Forschung NRW: Hochschulstrukturplan 2001, Düsseldorf 1988.

MSWV: Der Minister für Städtebau, Wohnen und Verkehr des Landes Nordrhein-Westfalen (Hrsg.): Internationale Bauausstellung Emscher Park, Memorandum zu Inhalt und Organisation, Düsseldorf 1988.

NRZ: Neue Rheinische Zeitung: vom 6.11.1992.

O.A.: Markt für Riesen: Müll-Entsorgung, Bonner Energiereport Nr. 9, 1987, S. 10ff.

Öko-Institut/Prognos AG (Hrsg.): Strategieentwicklung für die Erstellung eines Sonderabfallvermeidungs- und Verminderungsplanes für Niedersachsen. Gutachten erstellt im Auftrag des Niedersächsischen Umweltministeriums, Berlin/Darmstadt 1991.

ÖTV-Kreisverband Dortmund: Wann kommt der Müllnotstand? Positionen des ÖTV-Kreisvorstandes für eine Handlungsprogramm zum Bewirtschaften von Haus- und Gewerbemüll in Dortmund, Dortmund 1988.

Regierungspräsidenten Arnsberg, Düsseldorf, Münster (Hrsg.): Abfallentsorgung im Ruhrgebiet, Juni 1992.

Rheinische Post vom 18.3.1988 und vom 11.11.1988.

RWE AG: Geschäftsbericht 1991/92, Essen 1992.

Schiller-Dickhut, R./Friedrich, H.: Müllverbrennung. Ein Spiel mit dem Feuer, Bielefeld 1989.

Schuster, G.: Der TÜV-Staat, in: Natur Nr. 9, 1986, S. 50ff.

STEAG-Entsorgung: Die saubere Lösung. Entsorgung mit STEAG, Prospekt, auf der ENTSORGA 1988 verteilt.

Teifel, W./Battermann, W.: Biologisch-mechanische Abfallbehandlung, in: BUND NRW (Hrsg.), NRW-Info Nr.8, 1992, S. 3ff.

WAZ: Westfälische Allgemeine Zeitung: vom 5.7.1988.

Zörner, H.: Entsorgung. Keine weißen Westen im großen Geschäft mit dem Dreck, in: Demokratische Gemeinde Nr. 10, 1988, S. 13ff.

Ulrich Häpke

IBA-Landschaftsplanung - Ästhetik der Zerstörung oder Pflege der Ressourcen?

Nicht die Sorge um die irdischen Naturpotentiale sondern ein Rausch von Technik- und Industriebegeisterung zieht sich vorrangig durch den Diskurs über die Moderne und ihre Perspektiven:

"Es gibt Maschinen," schrieb F. Naumann über die Weltausstellung im Jahr 1900, "bei deren Anblick man geradezu glücklich ist vor Freude, daß einem Menschen so etwas glücken konnte. (...) sie beleuchten am besten, was im Grund die Maschine ist: der eiserne Mensch! Ich habe früher gesagt, die eiserne Hand, finde aber, daß dieser Ausdruck nicht ganz ausreicht. Die Maschine tut alles, was irgendein Glied des Körpers mechanisch leistet: sie sieht, hört, bläst den Staub weg, tritt, knetet, walkt, reibt, preßt, leckt, klebt, schreibt, stempelt, zählt, mäht, schneidet, drechselt, mißt, schiebt, sägt, hobelt, bohrt, nagelt, sticht, gerbt, windet, bindet, rollt, stanzt, punzt, fräst. Man kann nicht sagen, die Maschine liebt, die Maschine hofft, die Maschine bittet um Entschuldigung! Aber abgesehen von diesen rein seelisch-sittlichen Vorgängen, was tut die Maschine nicht? Sie putzt Flaschen, füllt sie, korkt sie, entkorkt sie - der Mensch aber trinkt. Es ist rührend von der Maschine, daß sie mit Wasser und Kohle zufrieden ist. Sie ist geduldiger und leistungsfähiger als ein Kamel. (...) Es ist der Eindruck von der unaufhaltsamen Ausbreitung der maschinellen Arbeitsteilung. Der Strom des Maschinenlebens wird breit wie die Elbe bei Hamburg. Es hat etwas Erhebendes, ihn fluten zu sehen. Das sind also die berühmten Milliarden eiserner Sklaven! Das sind unsere schwarzen Knechte! Was für ein freies Herrenvolk könnten wir alle mit diesen Sklaven sein, wenn die Technik allein den Gang der Menschheitsentwicklung bestimmte! Fern in der Zukunft leuchtet eine Zeit, wo die Maschine alle Arbeitsgebiete ergriffen hat und wo sie allen dient." (F. Naumann zitiert nach: H. Mönnich, 1971, S. 119f.)

Stefan Zweig notierte: "In der Tat wurde ein allgemeiner Aufstieg zu Ende dieses friedlichen Jahrhunderts immer sichtbarer, immer geschwinder, immer vielfältiger. Auf den Straßen flammten des Nachts statt der trüben Lichter elektrische Lampen, die Geschäfte trugen von den Hauptstraßen ihren verführerischen neuen Glanz bis in die Vorstädte, schon konnte dank des Telefons der Mensch zum Menschen in der Ferne sprechen, schon flog er dahin im pferdelosen Wagen mit neuen Geschwindigkeiten, schon schwang er sich empor in die Lüfte im erfüllten Ikarustraum. Der Komfort drang aus den vornehmen Häusern in die bürgerlichen, nicht mehr mußte das Wasser vom Brunnen oder Gang geholt werden, nicht mehr mühsam am Herd das Feuer entzündet, die Hygiene verbreitete sich, der Schmutz verschwand. (...) Auch im Sozialen ging es voran; von Jahr zu Jahr wurden dem Individuum neue Rechte gegeben, die Justiz linder und humaner gehandhabt, und selbst das Problem der Probleme, die Armut der großen Massen, schien nicht mehr unüberwindlich. Immer weiteren Kreisen gewährte man das Wahlrecht und damit die Möglichkeit, legal ihre Interessen zu verteidigen, Soziologen und Professoren wetteiferten, die Lebenshaltung des Proletariats gesünder und sogar glücklicher zu gestalten - was Wunder darum, wenn dies Jahrhundert sich an seiner eigenen Leistung sonnte und jedes beendete Jahrzehnt nur als Vorstufe eines besseren empfand?" (St. Zweig zitiert nach: H. Mönnich, 1971, S. 118)

Zufall und Chaos

Diese technische und gesellschaftliche Zuversicht prägte das politische und soziale Klima während über hundert Jahren Industrialisierung. Das Vertrauen in die Maschine reichte von rechts bis links, von Nationalliberalen bis zu Sozialdemokraten, von Kapitalisten bis zu Kommunisten. Seinen letzten Aufschwung bekam der Glaube an die große Industrie mit dem sogenannten Wiederaufbau der zerstörten Städte und Industrien nach dem Zweiten Weltkrieg. Bald gründlicher als der Krieg hat dieser Wiederaufbau jedoch das Alte weggeräumt, um tatsächlich Neues, Noch-nie-Dagewesenes zu errichten.

Natürlich war der Glaube an den Fortschritt nie ungebrochen, es gab angesichts der "Dialektik der Aufklärung" immer wieder Krisen. Doch erst in den letzten beiden Jahrzehnten ist dieser Optimismus von Grund auf erschüttert und ökonomisch, sozial und ökologisch fragwürdig geworden.

Während das Alte zerbricht, entsteht natürlich schon etwas Neues, doch werden neue Perspektiven von den meisten Politikern, Planern oder Wissenschaftlern nicht wahr- oder ernst genommen. Auch die Verantwortlichen für die IBA und ihre Experten wissen nicht, wohin die weitere Reise gehen soll, und sind bemüht, ihren Orientierungsmangel hinter vielfältig interpretierbaren Floskeln wie der von der "ökologischen Erneuerung" oder dem "Wiederaufbau von Landschaft" zu verstecken. Gleichzeitig übertragen sie ihre eigene substantielle Ziellosigkeit auf die Emscherregion:

o   Der zeitweilige IBA-Direktor A.S. Schmid spricht von der "mangelnden Orientierbarkeit und Identifizierbarkeit" von Siedlung und Landschaft (A.S. Schmid, 1990, S. 2),

o   St. Reiß-Schmidt und T. Sieverts beklagen die "Unübersichtlichkeit und Nicht-Erfaßbarkeit der Landschaft", ja den "Gedächtnisverlust der Landschaft" (St. Reiß-Schmidt/T. Sieverts, 1990, S. 13),

o   P. Latz und D. Valentien behaupten sogar: "Das Ruhrgebiet ist flächig nach dem Zufallsprinzip organisiert" (P. Latz/D. Valentien, 1990, S. 27). - Welch ein Unsinn!

1. Vor-Städte, Stadt-Teile

Im Jahr 1958 beschrieb Heinrich Böll eine Eisenbahnfahrt durchs Ruhrgebiet ganz anders:

"Die Fahrt führt wie durch eine riesige Großstadt, deren Bevölkerungszahl der von Paris, deren Bodenfläche der Londons gleicht; die Städte oder Dörfer sind nur Vorstädte einer City, die es noch nicht gibt und vielleicht nie geben wird; die Bevölkerung ist großstädtisch, doch nicht überall städtisch; in vielem erinnert sie an die nüchterne Herzlichkeit der Berliner: die Menschen sind schlagfertig, hilfsbereit, Bewohner eines W, SW, N, dessen Berlin es noch nicht gibt. So zirkuliert der Verkehr nicht um ein Zentrum, bewegt sich nicht auf ein Zentrum zu: verschiedene Zentren von gleicher magnetischer Kraft ziehen ihn an, lenken ihn gleichzeitig ab" (H. Böll/Chargesheimer, 1958, S. 20).

Die Städte des Reviers als Vorstädte eines Paris, dessen Paris es nicht gibt, oder als Stadtteile eines Berlin, dessen Berlin es nicht gibt - dahinter steht, daß im Ruhrgebiet nie ein absoluter Fürst regiert hat, der alles in seinem Griff haben und alles auf sich beziehen konnte. So gesehen, versucht die IBA nun einen deutlichen Traditionsbruch. Bisher ist im Ruhrgebiet viel weniger zentral und viel mehr dezentral geplant worden als in großen Residenzstädten. Aber mit Zufall hat das nichts zu tun.

Der Raum zwischen Ruhr und Lippe war immer eine Grenzregion. Bereits vor Karl dem Großen zog sich die Grenze zwischen Franken und Sachsen, die heutige Grenze zwischen dem Rheinland und Westfalen durch das Ruhrgebiet. Lange Zeit war die Emscher ein Grenzfluß und trennte das Vest Recklinghausen und die Reichsstadt Dortmund im Norden und Osten vom Reichsstift Essen, der Grafschaft Mark und der zum Essener Reichsstift gehörenden Exklave Huckarde südlich und westlich des Flusses (vgl. W.v. Kürten, 1973, S. 58ff.). Statt eines zentralen Ortes hat sich im Ruhrgebiet eine wachsende Zahl an Kleinstädten und Dörfern entwickelt.

Diese vorindustrielle Struktur wurde von der Industrialisierung nicht nur "überformt", wie die IBA-Experten immer wieder schreiben. Im Gegenteil, die Industrie gliederte sich in diese ländliche Struktur ein und lehnte sich auch an sie an. Nie hat es das zentrale Stahl- oder Bergwerk gegeben. Im Gegenteil, wie ein Bauernhof sein Grünland, seine Getreide- und Kartoffelfelder um sich hat, so ähnlich wurden von den einzelnen Fördertürmen aus die umliegenden Gruben- bzw. Kohlenfelder abgebaut. Daher hat die Industrie im Revier keine Zentralisierung bewirkt, sondern eher die polyzentrale Struktur verstärkt.

Sprachlich wurden die ländlichen Verhältnisse viel stärker "überformt". Nicht nur, daß die frühere Gemeinde Braubauerschaft nach der örtlichen Kohlenzeche umbenannt wurde und heute beispielsweise als Gelsenkirchen-Bismarck bekannt ist, auch viele andere land(wirt)schaftsbezogene Flurnamen gingen auf ähnliche Weise verloren (vgl. H. Klose, 1919, S. 14).

Allen jahrzehntealten Eingemeindungen zum Trotz ist das ehemals dörfliche Selbstbewußtsein auch heute noch zu spüren. Z.B. wohne ich seit einigen Jahren in Castrop-Rauxel, dort im Stadtteil Castrop. Unser Viertel heißt "Dorf Rauxel", nicht zu verwechseln mit dem Stadtteil Rauxel. Noch heute ist "Dorf Rauxel" einigermaßen klar begrenzt. Nach zwei Seiten hin durch stark befahrene Straßen, im Süden und Osten jedoch durch Felder, Wald und Parkflächen. Im "Dorf Rauxel", einem ruhigen, durchgrünten Wohngebiet, gibt es eine Eltern-Kinder-Gruppe, eine Kindergarten-Initiative, ein Frauencafé und Bemühungen um Verkehrsberuhigungsmaßnahmen. Nach wie vor bildet diese kleinteilige Struktur einen wichtigen Rahmen für Ansätze zur gesellschaftlichen Selbstorganisation. Von mangelnder Identifikation und fehlender Orientierung ist jedenfalls nichts zu spüren.

Was also soll das Expertengerede von Unübersichtlichkeit und Chaos? Es ist offensichtlich die eigene Richtungslosigkeit, die Experten der Emscherzone überzustülpen versuchen. Die Experten wissen nicht, wo es hin gehen soll, und behaupten, die Region sei so unübersichtlich.

Das hat Folgen: Wer ziel- und richtungslos ist, sucht eine Orientierung. Wer keine Zukunft vor sich sieht, zieht sich in die Vergangenheit zurück. Dies wird dann an der verbreiteten Romantisierung der vorindustriellen, feudalen Land(wirt)schaft sichtbar. Auch diese Perspektive oder dieses Deutungsmuster kommt im Rahmen der IBA vor. Wichtiger ist aber ein zweiter Ausweg: Wer seine Orientierung nicht mit Substanz füllen kann, flüchtet sich in die Form, in die sogenannte Ästhetik.

2. Simpel und banal

"Wie sieht der Park des 21. Jahrhunderts aus?", fragt der frühere IBA-Direktor A.S. Schmid. "Die Anforderungen an den Landschaftspark des kommenden Jahrtausend sind so komplex, vielschichtig und konträr, daß seine Form neu erfunden werden muß. Nicht mehr und nicht weniger ist die Aufgabe" (A.S. Schmid, 1991, S. 16f.). Es gehe um eine "Erhöhung der ästhetischen Qualität", um "landschaftliche Attraktivität" und um die "Entwicklung und Umsetzung neuer Gestaltungsprinzipien". Diese sollen aus "einfachen, aber starken und kräftigen Ordnungsstrukturen" bestehen: Punkt, Linie und Fläche (A.S. Schmid, 1990, S. 1ff., 29).

Ähnlich fordern St. Reiß-Schmidt und T. Sieverts "das innovative Umgehen mit einigen wenigen primären Elementen, die für sich genommen simpel und banal erscheinen mögen". Zu ihrer Durchsetzung reichen "ängstliche, punktuelle Projekte" nicht aus, notwendig sei vielmehr eine "langfristig durchzuhaltende Regelmäßigkeit", "gestalterische Rigidität" und "Rigorisität". "Attraktionen und Highlights (...), die zu einem Besuch aus entfernterem regionalen und nationalen Bereich sowie vom Ausland" anregen, sollen hinzukommen (St. Reiß-Schmidt/T. Sieverts, 1990, S. 23f.). Und ganz nebenbei wird zusätzlicher Verkehr verursacht.

Für P. Latz und D. Valentien dominieren in der Emscherzone "geometrische Formen". Sie sehen einen "besonderen Reiz darin (...), diese strenge Formensprache weiterzuentwickeln, zu verfremden und artifiziell zu überhöhen. Organische 'naturnahe' Formen werden sich" ihrer Meinung nach "eher in den peripheren Landschaften durchsetzen". P. Latz und D. Valentien wollen "artifizielle, graphische und plastische Entwürfe (...) mit artenreichen, wilden Pflanzenbeständen (darstellen); scheinbar naturnahe, organische Formen (...) durch strenge Pflanzenmuster (verfremden)" (P. Latz, D. Valentien, 1990, S. 34ff.).

Was diese Formalästhetik mit der ökologischen Erneuerung der Emscherzone zu tun hat, bleibt im Dunkeln. Tatsächlich ist der Grundgedanke, der diese formalen Elemente und Prinzipien miteinander verbindet, viel einfacher. Ziel aller Gestaltung ist, so der IBA-Direktor A.S. Schmid, "mehr Ordnung", "stabile Inseln" und "bessere Orientierung" zu schaffen (A.S. Schmid 1990, S. 1,4). Was ist davon zu halten?

3. Authentisch geometrisch

Mir erscheint dies als Widersinn: In einer Zeit, in der gesellschaftlich vieles im Fluß ist, in der der Optimismus der Industrialisierung verlorengegangen ist, ein neuer Leitgedanke sich aber noch nicht durchgesetzt hat, kann niemand ernsthaft Ordnung, Stabilität und Orientierung herstellen. In einer Zeit des Umbruchs kann eine ästhetische Ordnung nur in einem schlechten Sinne konservativ sein. Denn eine solche Ordnung besteht nicht einfach aus schönen Formen, vielmehr haben Formen immer einen Inhalt, und dieser Inhalt wiederum ist in der heutigen Situation des Reviers eine tiefgreifend zerstörte Umwelt. Die gestalterische Strategie der IBA läuft auf eine "Ästhetisierung dieser Umwelt" hinaus, auf eine Verklärung und Beschönigung dieser Zerstörungen.

St. Reiß-Schmidt und T. Sieverts würden den Vorwurf der Verklärung weit von sich weisen, fordern sie doch gerade eine gestalterische Sprache, "die nicht allein aus einem unreflektierten Harmoniebedürfnis und den archetypischen Sehnsuchtsbildern 'intakter Landschaften' konstruiert ist. (...) An die Stelle dieser Sprache des Verdrängens und Versteckens soll eine authentische Sprache der Landschaftsgestaltung treten, die die Geschichte dieses Raumes und die Struktur der urban-industriellen Landschaft anschaulich macht, und diese Landschaft zugleich dem Gebrauch durch die Menschen des Emscherraums wieder öffnet" (St. Reiß-Schmidt/T. Sieverts, 1990, S. 12f.). Wer auf den genauen Wortlaut dieses Zitats achtet, kann die Verklärung schon ahnen.

Kehrt man die von beiden Autoren genannten, hier aber nicht zitierten Negativbeispiele um, dann geben sie folgende Empfehlungen:

o   Autobahnen und Industriegebiete gerade nicht durch Gehölze kaschieren;
o   Bergehalden nicht zu quasi-natürlichen Landschaftsbauwerken aufschütten, sondern ihre Funktion und ihre Geschichte deutlich herausstellen;
o   Bäche über verrohrten Schmutzwassersammlern nicht zum Mäandrieren bringen.

"Eine solche authentische Sprache", so St. Reiß-Schmidt und T. Sieverts weiter, könne "formal auf ein vielfältiges Repertoire zurückgreifen". Sie nennen die "strenge Geometrie und skulpturale Plastizität" der Deiche, Böschungen und Bergehalden, aber auch die "organische ·quasi-Natürlichkeit" der Ruderalvegetation auf Brachen und ungenutzten Bauwerken (St. Reiß-Schmidt/T. Sieverts, 1990, S. 13).

Abb. 1/2:   Quelle: Garten + Landschaft, 1991, S. 13, 37.

Was bei dieser "authentischen Formensprache" herauskommt, möchte ich nun an drei Beispielen zeigen.

4.   Haldenkunst

Erstes Beispiel ist der Künstlerwettbewerb für eine Halde in Gelsenkirchen. Diese Bergehalde, die die Ruhrkohle AG bis zum Jahr 1995 zwischen den Siedlungsbereichen Schüngelberg und Schaffrath aufschüttet, prägt das Wohnumfeld der BewohnerInnen und wird im Stadtbild unübersehbar sein. Ziel des Künstlerwettbewerbs ist nun, "die Künstlichkeit der Halde (...) mit den gestalterischen Mitteln bildender Kunst zu einem einzigartigen Erlebnis" zu machen (Künstlerwettbewerb, 1992, S. 2).

Abgesehen von der Frage, wie die BewohnerInnen es verkraften werden, tagein, tagaus diesem einzigartigen Erlebnis ausgesetzt zu sein, sieht die Sache aus ökologischer Sicht noch etwas anders aus: Daß der Abraum, der bei der Steinkohlenförderung anfällt, nicht wieder unter Tage gebracht wird, um dort ausgeraubte Stollen wenigstens teilweise wieder zu verfüllen, sondern oberirdisch zu Halden aufgeschüttet wird und dabei Freiflächen, manchmal sogar Wohnraum unter sich begräbt, ist eine der schlimmsten ökologischen Untaten, unter denen das Revier leidet. Diese Untat könnte gestalterisch nur dadurch angemessen ausgedrückt werden, daß Halden abgrundtief häßlich werden. Doch stattdessen und an Stelle eines weniger umwelt-schädlichen Umgangs mit dem Bergematerial wird im Rahmen der IBA die ökologische Untat ästhetisiert und im wahrsten Sinne des Wortes beschönigt.

5. Wassersymbole

Zweites Beispiel ist der geplante Wasserpark im künftigen Landschaftspark Duisburg-Nord. Nach P. Latz, dem Gewinner des Planungswettbewerbs für diesen Park, sind die alten Industriestandorte "als Symbol eines neuen Naturbegriffs zu sehen. (...) Das symbolische Element ist sauberes Wasser". Das Motto heißt: "Die Alte Emscher könnte wieder sauberes Wasser führen" (P. Latz, 1991, S. 90ff.).

Was heißt das praktisch? Das Schmutzwasser, das bisher durch die kanalisierte Alte Emscher floß, wird künftig in Rohrleitungen unter dem Landschaftspark hindurchgeführt. An seiner Stelle wird regelmäßig frisches Wasser aus dem Rhein-Herne-Kanal oder aus einer besonderen Pumpstation gefördert und in das unverändert trapezförmige Profil der Alten Emscher und weiterer Kanäle eingespeist. Damit wird der Wasserpark zu einem neuen Problem:

o   Auch wenn die Kanalisierung der Emscher, ihre Auskleidung mit Betonschalen und ihre Verwandlung in eine fließende Alt- und Neulast zu früheren Zeiten unvermeidlich gewesen sein sollte, ist dieses System heute nicht nur überholt, sondern auch ohne flüssigen Giftmüll aufs äußerste lebensfeindlich: Die Betonschalen werden mit ihren Neigungswinkeln auch sauberes Wasser zu einer Falle für Lebewesen machen und damit immer wieder an alle Ertrunkenen erinnern, die an den steilen Betonplatten keinen Halt zum Verlassen der Emscher gefunden haben. Schon bald wird P. Latz seinen Kanal durch Zäune "kindersicher" absperren müssen - ein weiteres Beispiel für die Ästhetisierung lebensfeindlicher Strukturen.

o   Gleichzeitig täuscht der Wasserpark sauberes Wasser an einem Standort vor, an dem es gar kein sauberes Wasser gibt. Dabei hat die Tatsache, daß sauberes Wasser in der Planung sehr häufig als Symbol für Natur eingesetzt wird, durchaus noch andere, eher unbewußte Bedeutungsebenen: Es ist nicht nur Ausdruck eines übertriebenen Hygienedenkens, sondern Beispiel für eine stark verbreitete Schmutzphobie. Es deutet auch daraufhin, daß jemand sich im übertragenen Sinne reinwaschen möchte. Man und frau denke an Pilatus' "Ich wasche meine Hände in Unschuld" (vgl. I. Illich, 1987). Gründe für ein schlechtes Gewissen gibt es in diesem "Park" mehr als genug.

o   Durch die unterirdischen Rohrleitungen kommt das Abwasser den Landschaftsarchitekten aus den Augen und aus dem Sinn. Substantiell jedoch wird am Umgang mit den Fäkalien und Giftstoffen nichts geändert. Aus ökologischer Sicht ist gerade das Fließen, die Reibung mit dem Luftsauerstoff erforderlich, um die natürliche Selbstreinigung eines Gewässers in Gang zu bringen und in Gang zu halten. Warum also soll das Abwasser unsichtbar gemacht werden? Wäre es nicht sinnvoller, eben diesen Abbauprozeß von Schmutzstoffen auch in seinen Scheußlichkeiten darzustellen und auszugestalten? Dies sah z.B. das Planungsteam Brandenfels mit einer park-internen Klärung aller vor Ort anfallenden Abwässer in einer Wurzelraum-Entsorgungsanlage vor (vgl. Planungsteam Brandenfels, 1991, S. 29). Voraussetzung hierfür ist allerdings,

daß alle Gefahrstoffe bereits an der Quelle des Abwassers abgefangen werden und eine weitgehende Dezentralisierung der unterschiedlichen Klärstufen vorgesehen ist.

6. Postindustrielle Pioniere

Flächen, deren frühere Vegetation durch Aufschüttungen oder Abgrabungen zerstört worden ist, werden allmählich wieder von Pflanzen besiedelt. Diese Pionierstadien verändern die Nährstoffverhält-
nisse im Boden und schaffen damit die Wachstumsvoraussetzungen für andere Pflanzen und Pflanzengesellschaften, von denen sie verdrängt werden, bis an ihre Stelle schließlich ein Wald tritt. Pionierstadien und damit auch die in ihnen lebenden "Rote-Liste-Arten" können auf Brachflächen naturbe-
dingt nicht dauerhaft bestehen.

Trotzdem will P. Latz "möglichst viele Sukzessionsstadien erhalten" und das bedeutet für ihn, "daß
diese Flächen menschlichen Eingriffen unterworfen werden müssen. (...) Flächenparzellen und -bän-
der werden in ihrer Vegetationsentwicklung gebremst oder zurückgeworfen." Auf diese Weise will
Latz "die Vegetation der postindustriellen Landschaft in das Bewußtsein der Menschen" einführen (P.
Latz, 1991, S. 101).

Doch so einfach geht es nicht. Die Geschichte, auch Naturgeschichte, geht weiter und wiederholt sich
nicht. Kein Pflegeeingriff kann verhindern, daß mit den Wurzeln der Pioniergewächse Biomasse in
den Boden eindringt und ihn mit Humus anreichert. Kein Pflegeeingriff kann verhindern, daß mit dem
Regen Jahr für Jahr rund 40 kg Stickstoff als Pflanzennahrung in jeden Hektar Boden gelangen und
den Standort düngen. Darüber hinaus wird jede Pflege selbst die Pflanzengesellschaften verändern,
weil durch eine Mahd alle schnittempfindlichen mehrjährigen Pflanzen zurückgedrängt und alle un-
empfindlichen und einjährigen Pflanzen indirekt gefördert werden. Auch Schnittzeit und Schnitthöhe
haben ihre Wirkung. Die Duisburger Pionierstadien sind daher in Zeit und Raum einzigartig und werden sich auch durch Pflegemaßnahmen so nie wieder herstellen lassen.

Trotzdem bleibt es aus ökologischer Sicht eine katastrophale Umweltzerstörung, die zu den Ruderal-
flächen, ihrer Verseuchung durch Altlasten und nun zu ihrer Sanierung oder Versiegelung geführt hat.
Diesen Zustand eine "postindustrielle Vegetation" zu nennen und ästhetisch aufzuwerten, ist reinste
Verharmlosung und ein weiterer Versuch zur Beschönigung der Umweltzerstörungen.

7. Natur als Interpretation

Folgerichtig spricht P. Latz davon, auf den Industriebrachen "die existierenden Strukturen zu Landschaft und zum Symbol von Natur umzuinterpretieren" (P. Latz, 1991, S. 90): Durch bloßes Uminter-
pretieren macht er aus den schlimmsten Verwüstungen und Vergiftungen die schönste Natur. Der Satz
"Die Philosophen haben die Welt nur verschieden interpretiert, es kommt darauf an, sie zu verändern"
gilt nicht mehr. An seine Stelle ist für die IBA Emscher Park das Motto getreten: "Die Welt bleibt be-
schissen, wie sie ist, wir müssen sie nur mit anderen Augen sehen."

Als Zwischenergebnis möchte ich deshalb festhalten: Das Vertrauen in die Maschine, der Glaube an
die große Industrie, der hundert Jahre Ruhrgebiet geprägt hat, ist zerbrochen. Neue Perspektiven, neue
Leitgedanken werden bisher kaum wahrgenommen, auch die IBA versteckt sich hinter vielen leeren
Floskeln: Es herrscht Orientierungslosigkeit. Diese strategische Orientierungslosigkeit wird von den

IBA-Experten auf die Emscherzone projiziert: Man behauptet, die Region sei unübersichtlich. Daher will die IBA-Landschaftsplanung Ordnung in den Raum bringen. Da es ihr aber an substantiellen Vorstellungen mangelt, flüchtet sie sich in die Form, in die sogenannte Ästhetik. Während die IBA Landesverschönerung vorgibt, betreibt sie tatsächlich eine Ästhetisierung von Umweltzerstörungen, sicherlich kein Beitrag zur ökologischen Erneuerung des Reviers. Nötig wäre stattdessen, alle Kräfte auf die Entwicklung eines neuen substantiellen Leitgedankens und seine Verwirklichung zu konzentrieren.

8. Ressourcenpflege

Ein solcher Leitgedanke müßte den Wandel von der aktuell ressourcen-verzehrenden Produktions- und Konsumweise zur Ressourcenpflege beinhalten. Ressourcenpflege meint als Ziel, nicht mehr Stoffe und Energien zu verbrauchen, als durch natürliche und technische Prozesse wiederhergestellt werden. Ressourcenpflege beginnt mit ökologischer Landwirtschaft, Energieeinsparung und Gewinnung erneuerbarer Energien und reicht bis zur Müllvermeidung und zum Recycling - alles Projekte, vor denen man sich im Ruhrgebiet eher fürchtet.

Tatsächlich sieht auch der IBA-Direktor A.S. Schmid, daß es um mehr als nur den schönen Schein gehen muß, wenn er schreibt: "Dabei resultieren die Anforderungen an den Park (...) aus der globalen (Umwelt-)Situation. Wenn weltweite Veränderungen der Vegetation unseres Planeten Anlaß zur Sorge geben (Stichworte Klimaveränderung, Treibhauseffekt, Ausdehnung des Wüstengürtels im Sahel), dann hilft es wenig, nur immer über den Verlust von tropischem Regenwald in Südamerika zu lamentieren. Da ist es wirkungsvoller, direkt an der Quelle, in unseren Industrie-Ballungsgebieten, etwas gegen das wachsende Ungleichgewicht zu tun" (A.S. Schmid, 1991, S. 17).

Wer nun erwartet, daß die IBA sich mit dem Kraftfahrzeugverkehr als dem schlimmsten Verursacher von Umwelt- und Klimagefahren, mit der Energieverschwendung oder grundsätzlich mit dem Luxuskonsum in der "Ersten Welt" auseinandersetzt, erfährt: "Die 'Werkstätte Landschaft' hat deshalb vorgeschlagen, den Waldanteil in der Emscherregion mindestens zu verdoppeln" (A.S. Schmid, 1991, S. 17).

Zum Vergleich: Pro Kopf werden in der BRD jährlich 12 t CO_2 freigesetzt. Pro Einwohner stehen in der Emscherzone 0,02 ha Grün- und Brachflächen zur Verfügung, deren vollständige Aufforstung 0,04 t CO_2 pro Jahr und Einwohner oder 0,3 % der CO_2-Emissionen binden könnte (Klimabericht, 1992, S. 34, 267). Somit stellt sich die Frage, wie die Antwort der IBA-LandschaftsplanerInnen auf die drohende Klimakatastrophe - "Der Waldanteil muß auch aus Klimagründen in der Gesamtregion verdoppelt werden" (A.S. Schmid, 1990, S. 8) - zu verstehen ist: als Naivität oder Zynismus?

Literatur

Böll, H./Chargesheimer: Im Ruhrgebiet, Frankfurt a.M. 1958.

Brandenfels, Planungsteam: Landschaftspark Duisburg Nord, Der Regenbogendrache - Kurzfassung, in: Planungsgemeinschaft Landschaftspark Duisburg-Nord, 1991, S. 27-48.

Garten + Landschaft: IBA Emscher Park, Heft Nr. 10, 101. Jg., 1991.

Illich, I.: H_2O und die Wasser des Vergessens, Reinbek b. Hamburg 1987.

Klimabericht Nordrhein-Westfalen, Der Beitrag des Landes Nordrhein-Westfalen zum Schutz der Erdatmosphäre, Düsseldorf 1992.

Klose, H.: Das westfälische Industriegebiet und die Erhaltung der Natur, in: Naturdenkmäler, Vorträge und Aufsätze, Heft 18/19 (Band 2, 8/9), hrsg. von der Staatl. Stelle für Naturdenkmalpflege, Berlin 1919, S. 1-118 (S. 341-454).

Künstlerwettbewerb für Halde in Gelsenkirchen angelaufen, in: IBA Emscher Park Informationen Nr. 20, 1992, S. 1f.

Kürten, W.v.: Landschaftsstruktur und Naherholungsräume im Ruhrgebiet und in seinen Randzonen, Paderborn 1973.

Latz, P./Valentien, D.: Positionen und Thesen zur Landschaftsentwicklung im Emscherraum, in: Werkstatt Landschaft, 1990, S. 27-37.

Latz, P. und Partner: Der Landschaftspark Duisburg-Nord, in: Planungsgemeinschaft Landschaftspark Duisburg-Nord, 1991, S. 89-109.

Mönnich, H.: Aufbruch ins Revier, Aufbruch nach Europa, Hoesch 1871-1971, München 1971.

Naumann, F.: Ausstellungsbriefe, Berlin 1909, zit. nach: Mönnich, 1971, S. 119f.

Planungsgemeinschaft Landschaftspark Duisburg-Nord: Landesentwicklungsgesellschaft Nordrhein-Westfalen GmbH, Thyssen Entsorgungs-Technik GmbH (Hrsg.): Landschaftspark Duisburg-Nord. Planungsverfahren Stufe 1. Kurzfassung der von den fünf beauftragten Planungsteams vorgelegten Entwicklungskonzepte, Duisburg 1991.

Reiß-Schmidt, St./Sieverts, T.: Auf dem Wege zum Emscher Landschaftspark. Wesen - Aufgaben - Verfahren, in: Werkstatt Landschaft, 1990, S. 10-26.

Schmid, A.S.: Verfahren und Ergebnisse, in: Werkstatt Landschaft, 1990, S. 1-9.

Schmid, A.S.: Emscher Park und Industrielandschaft, in: Garten + Landschaft Nr. 10, 101.Jg., 1991, S. 16-19.

Werkstatt Landschaft der Internationalen Bauausstellung Emscher Park, Eine Dokumentation, Gelsenkirchen 1990.

Zweig, St.: Die Welt von gestern, Frankfurt 1965, zit. nach: Mönnich, 1971, S.118.

Sebastian Müller

Parks im Westen, ein Modell der "Ökologischen Regulation"?

Die Internationale Bauausstellung Emscher Park will und wird, ihrem Signalbegriff entsprechend, "Parks" in der nördlichen Ruhrgebietsperipherie errichten. Zu Ziel und Begrifflichkeit meiner Auseinandersetzung damit zweckmäßigerweise einige Sätze vorab: Zunächst nutze ich "ökologisch" - lebt einfach da - und "Regulation" - Ordnung durch Anordnung - vorwissenschaftlich und der ironischen Pointe wegen: Das scheint der Widerspruch in sich und avantgardistischer Lack doppelt dick zu sein, ist aber historisch schon mal dagewesen.

Ein wenig Heiterkeit stellt sich nämlich bei der Entdeckung ein, daß die postfordistische Parkmetapher und ökologische Attitüde, gelegentlich auch Ernsthafteres zu den Traditionsbeständen der so unökologisch geschmähten Moderne gehört. "Fassen wir zusammen", resümierte paradoxerweise der Betonspezialist und Leuchtturm des Funktionalismus, Le Corbusier, seine urbanistische Vision in den "Grundfragen des Städtebaus" (Le Corbusier, 1954, S. 62): "Die Stadt ist nicht länger dazu verdammt, ein grausiger Steinhaufen zu sein, sie wird zum Park". Sind wir damit unverändert auch knapp 40 Jahre später wieder beim Thema?[1]

Ich werde nachzuweisen versuchen, daß in der Tat, wie Le Corbusier, die Internationale Bauausstellung Emscher Park mit Architektur und Bildproduktion beschäftigt ist und nicht mit dem Rückgewinn von einigermaßen intakter, selbstregulierter Natur. Auf der Ebene von Begriffen nennt man das Etikettenschwindel. Aber das reicht zur Kritik der umweltpolitischen Praxis noch nicht aus. Denn ungenügende Lösungen sind häufig genug durch politische Widersprüche und gesellschaftliche Praktiken am Ort "anthropogen" verursacht, wie ökologisch gesagt werden könnte. Ich werde zeigen, daß diese Entschuldigung nicht durchgängig gilt und vertrete die Hypothese, daß die eingeschränkte ökologische Vorstellungswelt der IBA vielmehr zum Teil selbst schuld daran ist, wenn die Praxis sowohl hinter der Schärfe der Umweltprobleme als auch hinter dem Machbaren zurückbleibt.

Maßstäbe dafür lassen sich vorwissenschaftlich nicht mehr gewinnen, sondern werden sich auf eine ökologische Kritik des Naturschutzes (vgl. U. Häpke, 1990) und der Umwelttechnokratie (vgl. H.M. Schönherr, 1989) einerseits und eine sozialwissenschaftliche Kritik der Umweltbewegten (vgl. L. Trepl, 1983) andererseits, aber gerade auch auf eine Kritik der Ökologie als Wissenschaft (vgl. L. Trepl, 1987) stützen. Sie wird undogmatisch feststellen, daß Natur dies, nämlich Artefakt und/oder genutzte Natur ist, und auch das, nämlich spontane Natur, die nicht Objekt unserer materiellen oder psychischen Bedürfnisse sein wird. Das Problem ist heutzutage, daß es nahezu keinen "natürlichen", vom menschlichen Handeln unberührten Flecken in der Biosphäre mehr gibt. Eben dies lehrt die analysierende Wissenschaftsdisziplin Ökologie - dies nur zur Klarstellung -, die sich im wesentlichen darauf konzentriert, die Wechselbeziehungen zwischen Organismen und Zusammenhänge zwischen Lebewesen und ihren Lebensgrundlagen zu erfassen. Für diese Ökologie haben Stadt und Agglomeration, "Verkehr und Technik letztlich nichts anderes als eine - wenn auch z.T. weitgehende - Modifikati-

---

[1] Zitierfähige Beispiele ließen sich vermehren. Aber über die ökologische Sensibilität und den Naturbegriff der klassischen Moderne in ihrer gesamten Entwicklung wäre noch zu schreiben. Von Le Corbusier bis Leberecht Migge und anderen ist der Naturbegriff weit gespannt. Vgl. auf älterem Kenntnisstand S. Müller, 1986.

on älterer Biotope bewirkt".[2] Daraus wären Handlungsanweisungen für eine "ökologische Erneuerung" schlecht abzuleiten.

Mit der IBA Emscher Park nutzte die nordrhein-westfälische Landesregierung erstmals den von ihr bis dahin vermiedenen Begriff "ökologisch" politisch-programmatisch, und zwar für die Orientierung ihrer Regionalpolitik der "ökologischen Erneuerung". Damit ist mehr als ein Parkvermehrungsprogramm, nämlich eine ökologisch orientierte Version der politischen Steuerung eingeleitet. Das Programm legt es darauf an, das Handeln des Staates zu orientieren und möglichst viele gesellschaftliche Akteure für diesen Kurs zu gewinnen oder an diesen Kurs private und öffentliche Investitions- und Entwicklungsentscheidungen zu binden. Ob eine neue Ordnung damit "angeordnet" oder wieviel bei diesem Steuerungsmodus doch beim Alten bleibt, müßte hier mit untersucht werden.

Zur Analyse und kritischen Sichtung der gesellschaftlichen Perspektiven dieser "ökologischen" Neuorientierung[3] reicht ein eingeengter Blick auf die politische Sphäre nicht aus, der für die gesellschaftlich prägende Kraft des Raumes, um den es der IBA Emscher Park geht, keinen Sinn hat. Raum ist aber eine stoffliche Dimension und Fixierung (die andere ist Zeit) gesellschaftlicher Entwicklungen und Praktiken. Die Neustrukturierung des Raumes muß durchaus als der Versuch zur Stabilisierung von Aktivitäten und Kooperationsmustern aufgefaßt werden, der mehr ist als physischen Gebrauch zu bestimmen. Vielmehr geht es ganz wesentlich um Selbstdarstellung, Hervorheben und Unterdrücken gesellschaftlicher Wert- und Ordnungsvorstellungen, kurz, um Politik in einem umfassenden Sinn: "In diesem Sinn ist der menschliche Raum bereits Regulationsweise" (A. Lipietz, 1991, S. 131), also Teil eines Arrangements, in dem trotz oder auch wegen seiner Konflikthaftigkeit stabile gesellschaftliche Strukturen erzeugt werden, eines Arrangements, das im Französischen "Regulation" genannt wird.

Es spricht einiges an der altindustriellen Geschichte des Ruhrgebiets und einiges an der neuen Planungs- und Politikkultur der IBA Emscher Park für die Hypothese, daß hier das Umsteuern von der "fordistischen" zu einer "neofordistischen" oder "postfordistischen" Regulationsweise[4] begonnen hat.

1. Parks im Programm ökologischer Erneuerung altindustrieller Peripherie

Park ist das Leitmotiv der IBA für die Emscherregion. Der Landschaftspark soll das bestimmende räumliche Kontinuum sein, in dem die Projekte wie Fettaugen auf der Suppe schwimmen werden. Damit ist die auf "die Natur" bezogene Programmatik der IBA Emscher Park jedoch nicht erschöpft. Sie arbeitet sich an der "ökologischen", verbunden mit der wirtschaftlichen und sozialen Erneuerung der Region ab. Was dies nach IBA-Auffassung sein könnte, ist im "Memorandum" (vgl. Kap. 1.1),

---

[2] So H. Sukopp/I. Kowarik, 1988, S. 31. Ich folge auch ihrer Definition von ökologischer Wissenschaft, die inhaltlich mit der von L. Finke oder L. Trepl übereinstimmt.

[3] Wo da die praktischen Probleme liegen, liest man am besten jeden Tag in einer vernünftigen Zeitung. Jenseits politischer Programmatik am aktuellsten in: Entfremdete Natur. Nachdenken über unser Naturverhältnis I und II, Politische Ökonomie Nr. 24 und 25, Dez. 1991, Jan 1992, München; L. Trepl: Ökologie als Heilslehre, in: Politische Ökologie Nr. 25, Jan. 1992, S. 39-45, München.

[4] Aus der mittlerweile umfangreichen deutschen Debatte sei hingewiesen auf J. Hirsch/R. Roth: Das neue Gesicht des Kapitalismus. Vom Fordismus zum Postfordismus, Hamburg 1986; K. Hübner/B. Mahnkopf: Ecole de la Regulation. Eine kommentierte Literaturstudie, Wissenschaftszentrum Berlin, Berlin 1988; M. Mayer: The changing conditions for local politics in the transition to Post-Fordism, Conference-papers des Internationalen Soziologenkongresses Barcelona 1988 (Manuskript); St. Krätke: Strukturwandel der Städte, Städtesystem und Grundstücksmarkt in der postfordistischen Ära, Frankfurt/New York 1991.

dem "Positionspapier Ökologisches Bauen" (vgl. Kap. 1.2) und in den "Leitlinien Emscher Landschaftspark" (vgl. Kap. 1.3) zu erfahren. Von diesen "Vereinbarungen" sollte man erwarten können,
daß die zentralen Bestimmungsfaktoren programmatisch auf den Begriff gebracht werden. Was davon
auf welche Weise praktisch wird, soll für den geplanten Park um das Meidericher Hüttenwerk (2), den
"Park im Westen", untersucht werden.

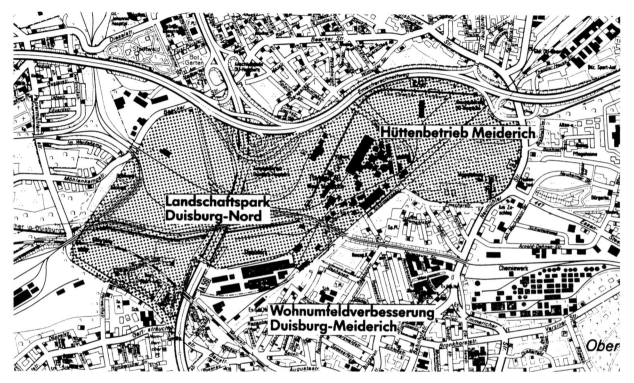

Abb. 1:   Landschaftspark Duisburg-Nord. Quelle: Planungsgemeinschaft ..., 1991, Titelblatt.

1.1 Ökologische Erneuerung im Memorandum Internationale Bauausstellung Emscher Park

In einem rückblickenden Vergleich auf die Internationale Bauausstellung Berlin arbeitet das "Memorandum" der Internationalen Bauausstellung Emscher Park deutlich den "ökologischen" und regionalpolitischen Schwerpunkt heraus: "Die geplante Bauaustellung Emscher-Park ist ohne Zweifel von dieser Berliner Bauausstellung inspiriert. Sie betont noch stärker als die Berliner IBA '87 städtebauliche
und gesellschaftspolitische Anliegen, wählt mit dem Emscherraum von Dortmund bis Duisburg ein
rund vierzig Kilometer langes und mehrere Kilometer breites Gebiet und stellt die ökologische Frage
in den Mittelpunkt als Voraussetzung für neue Formen von Arbeiten, Wohnen und Kultur" (MSWV,
1988, S. 8). An späterer Stelle heißt es: "Die Internationale Bauausstellung Emscher-Park will daher
Impulse zur Gestaltung der Umweltbedingungen geben, die Voraussetzungen für eine diversifizieren-
de Produktions- und Unternehmensstruktur sind und die die Entfaltung einer Vielfalt von persönlichen
Lebensstilen ermöglicht" (ders., 1988, S. 35).

Sie ist daher der Auffassung: "Ohne ökologischen Umbau dieser alten Industrielandschaft wird daher
die ökonomische Entwicklung nicht gelingen. Die Qualität von Stadt und Landschaft wird in Zukunft

zu einer entscheidenden Rahmenbedingung für die Entwicklung von Regionen" (ders., 1988, S. 12).[5] So bilden Projekte der Landschaftsplanung - der Emscher Landschaftspark, Rhein-Herne Kanalvergnügen, die Teilparks in den Regionalen Grünzügen oder Arbeiten im Park - Projekte und projektgebundene landschaftsplanerische Maßnahmen - zentrale Bausteine im gesamten Entwicklungskonzept. Ihnen sollen sich andere Projektkomponenten, Projekte der Wirtschaftsförderung, wohnungspolitische, wasserwirtschaftliche und kulturelle Projekte - wie der Schutz und die Umnutzung von Industriedenkmälern - zuordnen.

Als "multisektoral und dezentral" hat Karl Ganser diese Entwicklungsstrategie bezeichnet und die Hierarchie der Sektoren geordnet: "1. Grundlage für die ökonomische Erneuerung ist ein solides ökologisches Fundament. 2. Darauf aufbauend werden hochwertige Industrie- und Gewerbestandorte entwickelt als Innovationskeime für die Modernisierung der Wirtschaft. 3. Der hohe Bestand an sozialgebundenen Wohnungen muß mit Qualität ergänzt werden. Dies ist das wichtigste Instrument, um die wirtschaftliche Modernisierung sozial zu flankieren. 4. Für die Qualifikation der besonderen Problemgruppen auf dem Arbeitsmarkt und der Sozialhilfeempfänger müssen besondere Anstrengungen unternommen werden, da ohne eine Vorqualifikation keine Reintegration in den Arbeitsmarkt denkbar ist. 5. Alle Baumaßnahmen, Tiefbau oder Hochbau, sollen wiederentdeckte Baukultur ausdrücken. 6. Die großartige Industriekultur des Raumes soll in den wichtigsten Zeugnissen lebendig werden und als integraler Bestandteil der Modernisierungspolitik verstanden werden" (K. Ganser, 1991, S. 14f.). Das alles sei nicht einfach "ein Hinterherlaufen einer rückständigen Region hinter üblichen Modernisierungsstrategien" (a.a.O.). Das Gesamtprojekt mit seinem Kern, dem Emscher Landschaftspark, sei ein Medium, um das regionale Selbstbewußtsein zu formen, aber auch "Bildungswerk für die Probleme der heutigen Zeit, um dessen Bilder zur Zeit gerungen wird" (a.a.O.).

Folgt man dem Duktus des "Memorandum" und den ergänzenden Interpretationen von Karl Ganser, dann ist eindeutig: Die Auseinandersetzung mit "der ökologischen Frage" ist **die** zentrale Orientierung der IBA Emscher Park. An den ökologischen Ergebnissen ist die IBA deswegen auch zentral zu messen.

Doch bleiben ökologische Ziele, die die IBA erreichen will, im Memorandum weitgehend unbestimmt. Dagegen werden Arbeitsbereiche der Umweltpolitik benannt. Das sind: Der Wiederaufbau von Landschaft (vgl. den Beitrag von U. Häpke in diesem Buch), die ökologische Verbesserung des Emschersystems (vgl. den Beitrag von T. Rommelspacher in diesem Buch), die Behandlung von Altlasten (vgl. den Beitrag von F. Claus/Chr. Weingran in diesem Buch) oder Umwelt- und Energietechnik im Handwerk. Erwünschte oder erforderliche ökologische Niveaus und Qualitäten werden auch in allgemeiner Form nicht festgelegt. Dies wäre aber vor dem Horizont einer seit Beginn der achziger Jahre weit entwickelten Debatte über Klima- und Bodenschutz, Ressourcen- und Naturschutz ohne weiteres möglich gewesen. Allgemeine Ziele für die in diesem Beitrag im Vordergrund stehende Landschaftsplanung in Städten formulierten etwa die bereits zitierten H. Sukopp/I. Kowarik im Jahre 1988. Das sind z.B. die Schaffung von Vorranggebieten für Umwelt- und Naturschutz, die Erhaltung großer, zusammenhängender Freiflächen, die Berücksichtigung und Förderung der Naturentwicklung im Innenbereich sowie die funktionale Einbindung von Bauwerken in Ökosysteme (vgl. H. Sukopp/I. Kowarik, 1988, S. 48ff.). Solche umweltpolitischen Klarstellungen fehlen, aus wer weiß welchen Rücksichten.

---

[5]   Ich traue dieser "ökologischen" Raumplanerstrategie entwicklungspolitisch wenig zu. Vgl.: S. Müller: Schwachstellen im IBA-Konzept der ökologischen Erneuerung, in: S. Müller/K. Schmals u.a., 1991, S. 3 ff.

Abb. 2: Landschaftspark Duisburg-Nord. Quelle: Garten + Landschaft 10, 1991, S. 20.

Eine merkliche Zuspitzung, ja Verengung der ökologischen auf die landschaftsökologische Perspektive ist unübersehbar. Emissionsminderung, Immissionsverhinderung oder Sanierungsprojekte für bauliche Anlagen und die Umweltmedien treten hinter dem Hauptgegenstand, der Emscherlandschaft zurück, die stück- und stückchenweise teils vorhanden, aber nachzubessern ist, teils auf Stadt- und Industriebrachen repariert wird oder teils als Kunstprodukt Park entsteht. Diese Neo-Landschaft soll den Standortfaktor und die Entwicklungsvoraussetzung für die Modernisierung der Ökonomie bilden. Landschaft soll als weicher Standortfaktor nützen, um einen Begriff aus der Wirtschaftsförderung aufzugreifen. Aber was ist daran eigentlich besonders richtig, wenn der Beitrag zum "ökologischen" Erneuerungsprozeß nicht angegeben wird, in dem die altindustriell geschlagenen Naturwunden zu heilen wären?

Mit anderen Worten: Für die IBA ist Naturentwicklung nicht für sich Arbeitsgegenstand, sondern sie ist es nur im Funktionszusammenhang der NRW-Ökonomie. Aus dem einfachen Dasein von Natur wird kein Maßstab gewonnen. Das aber ist ein Problem. Denn dies Naturverständnis löst sich nicht aus dem des physikalischen Weltbildes, das rationalistisch und ungebrochen ökonomisch domestizierend gegenüber der außermenschlichen Natur auftritt. Sollte ich mich irren, daß eben dieses Verständnis mit dem Umfeld der "verdinglichten Blockstruktur industrieller Systeme" (O. Ullrich, 1979) uns unbestreitbar einige der ökologischen Probleme verschafft hat und noch verschafft, für deren Lösungen heute dringend und weltweit umweltpolitische Lösungen gesucht werden? Die IBA Emscher Park bleibt aber genau diesem funktionalistischen Mensch - Naturverhältnis verpflichtet. Für einen nicht-ökonomischen, nicht-sozialen, nicht-ideologischen, nicht-zweckgebundenen Zugang zu einer einfach existenten, möglicherweise überschüssigen und chaotischen Natur bleibt in diesem Verständnis kein Raum.

Aber schon seit Jürgen Dahls "Verteidigung des Federgeistchens" im Jahre 1983, dringen Ökologen darauf, funktionalistische und ökosystemtheoretische Denkweisen zu verlassen, um der klassischen methodischen Beschränkung der Naturwissenschaften gegenüber der Vielgestaltigkeit der Lebenswelt zu entrinnen: "Im Sinne einer kybernetischen Ökologie erscheint das Federgeistchen ganz unerheblich, es schlägt nicht groß zu Buche, genau genommen überhaupt nicht; natürlich können die Raupen des Federgeistchens von Vögeln gefressen werden - aber wenn es das Federgeistchen nicht gäbe, würden die Vögel keineswegs verhungern. Und die Ackerwinde, deren unterirdischen Rhizome ihr das Überleben sichern, wird von den Raupen des Federgeistchens, die sich von ihr ernähren, nicht ernstlich in ihrer Ausbreitung gehemmt. Das heißt: Für die rechnerische Ökologie ist das Federgeistchen überflüssig bis dorthinaus" (J. Dahl, 1991, S. 38). Ludwig Trepl zeigte noch im gleichen Jahr, daß die sog. Diversitäts-Stabilitäts-Theorie als widerlegt gelten kann, die behauptet hatte, daß "ökologische Vielfalt grundsätzlich einhergehe mit hoher Stabilität". Der funktionellen Ökologie der Ausgleichs- und Ersatzmaßnahmen konnte er "die Verwandtschaft des Geistes (...) mit der Gesellschaft des Äquivalententausches und der industriellen Produktion" (L. Trepl, 1983, S. 20) plausibel zuschreiben. Er empfahl dagegen, einen doppelgesichtigen Naturbegriff zu pflegen, einen, in dem "die gemeinsamen Maßstäbe mit den im hergebrachten Sinn exakten Naturwissenschaften nicht aufgegeben werden müßten" (L. Trepl, 1987, S. 252) und der zugleich von einer nicht erklärungsbedürftigen "Einmaligkeit" der Natur ausgeht und davon, "daß es eben ihre Mannigfaltigkeit, ihr Vermögen zu unkontrollierter und unkontrollierbarer Mutation, ihre spontane Lern- und Erfindungsfähigkeit ist, was lebende vor toten Systemen auszeichnet und was ihr Überleben ermöglicht" (L. Trepl, 1983, S. 22). Ich schließe daraus, eben jenes sei auch möglichst weitgehend zu ermöglichen.

1.2 Positionspapier Ökologisches Bauen

Die IBA sucht den besonderen Funktionszusammenhang, nämlich den mit "solidem ökologischem Fundament". Aber die grundlegende Denk- und Handlungsfalle, der Scientismus (eine naturwissenschaftliche Wissenschaftsauffassung) und Funktionalismus, Wissenschaftsgläubigkeit und Machbarkeitswahn, ist damit noch nicht vermieden. Denn gerade die funktionelle Ökologie besteht darauf, aus ihrem - im Vergleich zu all den unnützen oder gar unbekannten Federgeistchen - äußerst engen Ausschnitt rechenbarer und bekannter Naturzusammenhänge die einzig sinnvollen Maßnahmen ableiten zu können. Dem handgreiflich Funktionellen ist das "Positionspapier Ökologisches Bauen" weitge-

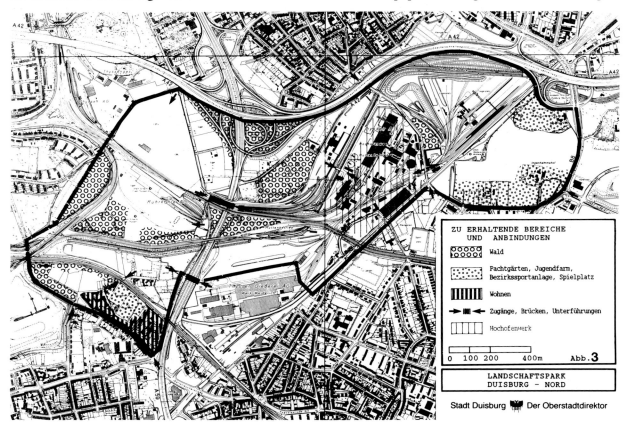

Abb. 3:   Landschaftspark Duisburg-Nord. Zu erhaltende Bereiche und Anbindungen. Quelle: Stadt Duisburg/Planungsgemeinschaft ..., 1992, S. 7.

hend verpflichtet.

In diesem Positionspapier "Ökologisches Bauen" präzisieren sich die "ökologischen Ziele" bei der Durchführung von baulichen Maßnahmen und beim Umgang mit dem baulichen Eingriff in den Freiraum. In neun Punkten, beginnend mit der "Sicherung aller bislang noch unbesiedelten Flächen" und endend beim "neuesten Standard der technischen Möglichkeiten (...) für die Entsorgungstechnik" bindet sich die IBA Emscher Park an einen Katalog umweltpolitischer Ziele (IBA Emscher Park, 1990, S. 5f.). Für einzelne "Problembereiche" des Bauens geht sie ins Detail. Sie fordert 1. "Beiträge" der zukünftigen IBA-Projekte "zu Ressourcenschutz" usw., formuliert 2. "Mindeststandards" und verlangt 3. "Ausschlußstandards": Im Bereich Wasser etwa sollen die Projekte einen "spürbaren Beitrag zur Senkung des Trinkwasserverbrauchs, (...) (zur) weitergehenden Nutzung von Regenwasser und (...) (zur) Wiederoffenlegung und naturnahen/künstlerischen Gestaltung von Fließgewässern/Stadtbächen" leisten (IBA Emscher Park, 1990, S. 7). Als Mindeststandard soll gelten: "50 % des Regenwassers eines Baugebiets sollen auf dem Projektgebiet versickern, verdunsten bzw. für Bewässerung und Gestaltung genutzt werden" (ebd.). Die "Gefährdung von Grund und Oberflächenwasser durch Schadstoffeintragung" soll ausgeschlossen werden.

Im Bereich Energie wird die Sollbestimmung festgeschrieben: "Erarbeitung integrierter Energieversorgungskonzepte unter gezielter Einbeziehung alternativer Energietechniken (Wasser, Wind, Solar, Wärmepumpen, (...)), die als Module ausgebildet, leicht in übergeordnete Systeme integriert werden können". Als Mindeststandard solle gelten: "Aufbau von Nahwärmenetzen, nicht mehr als 50 KW/qm installierte Wärmeleistung". Vermieden werden solle, "Wärme aus Heizwerken ohne Kraft-Wärme-Kopplung oder Elektrospeicheröfen" zu beziehen (IBA Emscher Park, 1990, S. 9).

Als Baustoffe sollen nur solche Materialien benutzt werden, die einen "möglichst geringen Eingriff in den Naturhaushalt bedeuten, möglichst wenig Energie benötigen, keine gesundheitsgefährdenden Potentiale (Gase, Stäube (...)) enthalten". Als Mindestanforderung wird "der Listennachweis der Umweltverträglichkeit aller vorgesehenen Materialien und Verarbeitungs-/Konstruktionstechniken" gesetzt und ein Ausschlußkatalog extrem gesundheits- und ressourcenschädlicher Stoffe formuliert (IBA Emscher Park, 1990, S. 10f.).

Für den Bereich Abfall wird den Projekten nahegelegt, "Voraussetzungen für Getrennt-Sammelsysteme zu schaffen, die Möglichkeit für eine Kompostierung der organischen Abfälle (...) vorzusehen, sowie die Integration in bestehende oder die notwendigen Anregungen für zu schaffende Abfallbewirtschaftungskonzepte zu erarbeiten". Als Mindeststandard gilt die "technische, bauliche und organisatorische Voraussetzung für Getrennt-Sammlung und Kompostierung" (IBA Emscher Park, 1990, S. 12).

Im Bereich Verkehr sollen die Projekte ermöglichen, "unter dem Soll der Stellplatzverordnung zu bleiben, den Anteil der Erschließungsflächen insgesamt am Bruttobauland zu mindern und dabei noch den Anteil der versiegelten Fläche deutlich zu reduzieren". Die Mindestanforderungen sind, "mit dem Stellplatzangebot mindestens 20 % unter dem Stellplatzschlüssel zu bleiben, mindestens 15 % des Bruttobaulands sind als Grünfläche auszubilden, (...) Anschluß an ein Fußwege- und Radwegenetz ist zu gewährleisten" (IBA Emscher Park, 1990, S. 13).

Im Bereich Grünflächen - und das führt an die Parkprojekte unmittelbar heran - sollen die Projekte möglichst dazu beitragen, daß "im Bestand das nachzuweisende Entsiegelungspotential voll ausgeschöpft wird (...), bei Neubauprojekten möglichst große Anteile des Baulandes als Grünfläche ausgebildet werden, Grün- und Freiflächen möglichst die Qualität eines Trittsteinbiotops erhalten". Die

Mindestanforderungen sind vielfältig: "Möglichst vielfältige Bepflanzung mit standortgerechten (einheimischen) Pflanzen, mindestens 40 % des Bruttolands als (...) Grünfläche auszubilden, vorhandene Vegetationsbestände werden erhalten, vorhandene Biotope werden in ihrer ökologischen Qualität gesichert" (IBA Emscher Park, 1990, S. 14f.). Von der Bebauung ausgeschlossen werden sollen bisher unbesiedelte oder landwirtschaftlich genutzte Fläche.

Das Positionspapier definiert also ökologischen Wert in mehr oder weniger präzisen Quanten und Technikqualitäten, in Eingriffsintensität von Naturschutz oder Naturausbeute. Das ist seine Philosophie.[6] Es deckt wesentliche Problembereiche des Bauens aus ökologischer Sicht ab und erscheint auch plausibel. Nicht das verblüfft, sondern die nirgendwo relativierte Abgeschlossenheit dieses Kataloges von Regularien[7] und der Eindruck des Zuendedefinierens bauökologischer Lösungen, obwohl dies der ökologischen Offenheit biologischer Systeme widerspricht und außerdem das Positionspapier wirklich wesentliche Lücken zeigt.

Es wäre noch nicht einmal besonders fundamentalistisch, wenn vor allen Bedingungen für "richtiges" Bauen ein Fragenkomplex der Null-Variante des Neubauens und ihren ökologischen Effekten nachspüren würde. Ist es nicht wahrscheinlich, daß die gleiche oder eine leicht abgewandelte Nutzung anderswo z.B. in recyclebarer Bausubstanz, und damit mit geringerer ökologischer Eingriffstiefe, realisierbar ist? Solche Fragen werden aber nicht gestellt.

Es fehlt auch die Baustelle selbst mit ihren ökologischen Energie-, Abfall-, Transport- und Stoffproblemen. Und außerdem fragt es sich, ob eine IBA der ökologischen Erneuerung sich mit sogenannten Mindeststandards zufriedengeben kann, die den Weg des ökologischen Umsteuerns nicht eröffnen. Bepflanzung mit einheimischen Pflanzen, wo möglicherweise vorher im Zuge des Bauprojekts in die vorhandene Biozönose tiefgreifend eingegriffen worden ist, oder Getrenntsammlung von Abfällen, wo vorher im Bauprozeß unbeanstandet Tonnen von Abfall angefallen und vom Grundstück verbracht wurden) usw., können beispielsweise als experimentelle Beiträge zum Natur- und Ressourcenschutz nicht mehr sehr ernstgenommen werden.

Die widersprüchlichen Werte von mindestens 15 % Bruttobauland als erhaltenswerter Grünfläche unter dem Verkehrskapitel und der von 40 % unter dem Kapitel Grünflächen weisen auf erstaunliche innere Ungereimtheiten hin: Funktioniert eine ökologische Regulation vielleicht doch noch weitgehend außerhalb eines Kodex von DIN-Werten gleichen Bauregeln, also jenseits scientifischen Eindeutigkeiten?

Zwar ist das Positionspapier Ökologisches Bauen in einem verständigen Expertenkreis geboren worden, der bei der Formulierung einer scientifischen DIN-Philosophie vergleichsweise wenig Schwierigkeiten hatte. Aber auch bei der Abfassung des Positionspapiers schimmerten schon schlichte Interessen an bestimmten Werten, z.B. an höheren oder niedrigeren Werten, durch: Bei einzelnen ArchitektenkollegInnen ließ sich der Hang nicht unterdrücken, sich für Autostellplätze z.B. aus Gründen der Bauerleichterung am obersten Königsweg der schon gesetzlich vorgeschriebenen Menge statt an

---

[6] Dieses Regelwerk für ökologisches Bauen setzt die Tradition der "Ökologische Stadterneuerung" (M. Künzelen/Ökotop, 1985; Th. Grohé/F. Ranft, 1988) oder "Öko-Stadt" (M. Kennedy, 1984) oder "Siedlungsökologie" (E. Hahn, 1988) fort.

[7] Als Gegenargument kann nach meiner Meinung nicht angeführt werden, daß es im Vorwort des "Positionspapiers" heißt: "Das nachstehende Postionspapier ist der erste Entwurf. Die Regelungen werden sich in der Auseinandersetzung mit dem konkreten Planungsfortschritt bewähren müssen. Eine jährliche Fortschreibung ist geplant". Eben nur: "bewähren müssen".

ökologischer Besinnung zu orientieren.[8] Noch stärker pochten Investoren auf die bestehende Gesetzeslage, um naturschutzbedingte Mehrkosten niedrig zu halten. Sie erklärten sich durch bereits bestehende Verordnungen behindert und rieten auf jeden Fall davon ab, im Rahmen der IBA ein neues, weitergehendes Regelwerk aufzubauen.[9]

Die Streitfälle zeigen, daß die Durchsetzung von tiefergreifenden ökologischen Regeln heute noch soziale Prozesse mit offenem Ausgang darstellen. Die Bauregeln des Positionspapiers verdecken mit technokratischer Scheinpräzision, daß ihre Realisierung eine zutreffende Einschätzung der gesellschaftlichen Wirkung von Leitpapieren, ökologischen Gewissensbissen und ökologischer Logik ebenso wenig erübrigt, wie die Umsetzung der Definitionsmacht der IBA in der politischen Arena von quasi monopolistischen Wohnungsbaugenossenschaften und den Provinzfürstentümern der RAG oder der SPD-Fraktionen.[10] Es hätten, vielleicht unter einem Stichwort "Akzeptanzprobleme", solche sozialen Prozesse auf der Akteursebene der Betroffenen, Interessierten und Nutzer offen genannt werden müssen.

1.3 Leitlinien Emscher Landschaftspark

Deutlich umfangreicher als in den "Positionen Ökologisches Bauen" fällt in den "Leitlinien Emscher Landschaftspark" der kommunikative Ansatz aus.

Ein eigenes Kapitel markiert neben den angestrebten landschaftsökologischen, landschaftsästhetischen und sozialen Qualitäten des Emscher Landschaftsparks und neben dazu querliegendenden funktionalen und produktiven Qualitäten auch die "Qualitäten der Vermittlung und des Dialoges, Öffentlichkeitsarbeit und Beteiligung bei der Planung und Realisierung des Emscher Landschaftsparks" (Arbeitskreis Landschaftspark, 1991, S. 24ff.). Als grundlegende Erkenntnis sei mitgeteilt: "Zur Realisierung des Projektes Emscher Landschaftspark ist sowohl die kommunalpolitische Verankerung und die Mitarbeit zahlreicher öffentlicher und privater Institutionen als auch eine Unterstützung durch die Öffentlichkeit notwendig. Dies kann durch eine begleitende Öffentlichkeitsarbeit und durch eine kontinuierliche Bürgerbeteiligung unterstützt werden" (Arbeitskreis Emscher Landschaftspark, 1991, S. 24). Dies bedeutet im einzelnen: Öffentlichkeitsarbeit müsse "authentisch" sein, sie soll den "Dialog mit den Bürgern suchen, (...) frühzeitig Möglichkeiten zur Mitwirkung am Planungsprozeß sowie zur Aneignung" bieten und einen "politischen Diskurs (...) initiieren", um den Landschaftspark als "Ereignis mit eigenständiger Identität herauszuarbeiten".

Die politische Perspektive solcher Absichtserklärungen wird auch dadurch gestützt, daß der Text der Leitlinien durchgehend die soziale Qualität von Planung und Landschaft thematisiert. Für den "Arbeitskreis" gehört nicht nur "die Beachtung dieser gesellschaftlich vielfältigen Dimensionen des Freiraums im Ruhrgebiet (...) zu den Mindestanforderungen des Planverfahrens für den Emscher Landschaftspark".[11] Er verbindet das auch damit, den Planungsprozeß als sozialen Beitrag, "als Beitrag zur

---

8 Als Beispiel kann die Debatte um Erschließung und Stellplätze herhalten, bei der sich ein heißer Streit um die Frage entwickelte, ob es Sinn mache, für die Anzahl der Einstellplätze festzulegen, "20 % unter der Stellplatzverordnung" zu bleiben. Nicht wenige versuchten der Runde vorzumachen, dies setze eine Änderung der Stellplatzverordnung NRW voraus.

9 So die VEBA-Wohnstätten in einem Brief an die IBA-GmbH vom 2.10.90.

10 Von beidem hatte man aber bei Abfassung der Position "Ökologisches Bauen" eine reichlich hohe Meinung. So hieß es einleitend in der Vorlage: "Die hier vorgelegte Positionsbestimmung wurde in Zusammenarbeit mit einem kleinen Kreis von Experten entwickelt, die mit ihrer fachlichen Autorität die Positionsbestimmungen mittragen". Bis zur Beschlußfassung waren außer der Expertenrunde nur die Verabschiedung im Direktorium und im Lenkungsausschuß der IBA-Emscherpark geplant (vgl. IBA Emscher Park, 1990).

11 Diese soziale Qualität wird durch den Beitrag von St. Reiß-Schmidt (KVR) unterstrichen, der offensichtlich gemeinsam mit I. Krau den Freiraum im Emscherraum als industriell, mithin gesellschaftlich produzierten für schützenswert ansieht:

politischen Kultur" zu begreifen und ausgestalten zu wollen, "und in seinem Rahmen einen gesell-schaftlichen Dialog über die Bedeutung qualifizierter Freiräume" zu führen (Arbeitskreis Emscher Landschaftspark, 1991, S. 15). Diese Formulierungen des Arbeitskreises sind auf neuem Terrain deut-lich regulationsbewußter und weniger funktionsbetont als das Memorandum und das Positionspapier Ökologisches Bauen. Sie stellen neben die ökologischen Standards Niveaus der Debatte über Natur-qualitäten, mit denen wir leben wollen.

Die ökologischen Standards der Leitlinien sind differenzierter und kenntnisreicher als im Memoran-dum: "Umweltqualitätsziele" sollen die ökologische Entwicklung steuern. Ein wichtiges sei, "die naturschutzwürdigen Potentiale (...) deutlich zu vermehren, sie mindestens zu verdoppeln. Aber teil-räumlich kann sich der Arbeitskreis auch "z.B. den Erhalt oder die ökologische Weiterentwicklung ei-ner Landschaftsform etc. aber auch die Reduzierung von medialen Immissionsbelastungen aus der Umgebung des Emscher Landschaftspark" vorstellen (Arbeitskreis Emscher Landschaftspark, 1991, S. 5). "Ökologische Sorgfaltszonen" stellen den Höhe- und Konzentrationspunkt der denkbaren ökolo-gischen Entwicklung dar. Sie sollen "Vorrang-flächen für Naturentwicklung" sein.

Abb. 4:   Dauerstadien der Vegetationsentwicklung auf In-dustriebrachen. Quelle: IBA Emscher Park, 1991, Bildseite 4.

Merkwürdig ungebrochen und unverbunden ste-hen den ökologischen Anforderungen ästhe-tische Ansprüche zur Seite, die danach verlan-gen, "die ästhetischen Qualitäten des Freiraums zu verbessern" und danach, mit "ästhetischen Sorgfaltszonen ein Grundgerüst der Gestaltung" zu organisieren (Arbeitskreis Emscher Land-schaftspark, 1991, S. 10). Der Zusammenhang zur sozialen Qualität von Natur und Landschaft ist einseitig und ein wenig sehr glatt der, daß "der gestalterische Entwurf einerseits einen ästhetischen Eigenwert entfalte und andererseits zur Weiterentwicklung der funktionalen Quali-tät", sprich zur jeweiligen Nutzung, "beiträgt" (Arbeitskreis Emscher Landschaftspark, 1991, S. 11).

Diese Hoffnung ist wahrscheinlich den landschaftsarchitektonischen Traditionen im Arbeitskreis zu verdanken. Daß sie dem Naturschutz in der Parkplanung eine außerordentliche Bedeutung zukommen lassen will, macht diese freiraumpolitische Position naturtheoretisch nur scheinkomplex, weil auch der traditionelle Naturschutz meist auf Bilder wie die Landschaftsarchitektur aus ist - Bilder aller-dings in jedem Fall von einem verklärten vorindustriellen Mensch-Natur-Verhältnis. Als Regulations-ansatz ist diese Zweierbeziehung seit einigen Jahren schon erfolgreich. Die Durchsetzung der land-schaftsarchitektonischen Position ist allein mit den Naturschutzorganisationen heute relativ einfacher

---

"Als Zwischenbericht dieser noch laufenden Diskussion ist ein relativ breiter Konsens über die zentrale Bedeutung der industrie-kulturellen Struktur der Montan-Ära als gestalt- und identitätbildender Faktor für die wiedergewonnenen Frei-räume in der Emscherregion festzustellen. Die Konzepte des Harmonisierens, Versteckens und naturlandschaftlichen Ästhetisierens werden inzwischen allgemein kritisch gesehen und für den Emscherraum als unangemessen betrachtet" (St. Reiß-Schmidt, 1991, S. 38). Dort auch Hinweise (S. 41) auf Vorschläge zur "Regulation" dieses Verständnisses.

und unter Umgehung der in der Regel radikaleren Ökologiebewegung und der GRÜNEN und Bauern durchsetzungsfähig.

Abb. 5:   Entwicklungskonzept P. Latz und Partner: Breiter Klarwasserkanal. Quelle: Stadt Duisburg/Planungsgemein-schaft ..., 1992, Umschlagseite.

2. Der Park im Westen[12]

Diese Unterkomplexität hat in der Praxis der IBA-Landschaftsparks ihren Preis. "Wo Natur- und Bio-topschutz hinschauen und dann eingreifen, wird alsbald - ex- oder implizit - eine vorzeigbare, schützens- und projektwürdige, propaganda- und politikfähige Natur 1. Klasse von einer Rest-Natur 2. Klasse getrennt" (G. Hard, 1992, S. 15). Das wäre aus meiner Sicht noch kein größerer Sündenfall, stünde der ideologische Aufwand in direktem Verhältnis zum tatsächlichen Naturerlebnis oder Zuge-winn von Naturpotential. Denn offen gesagt: Die "regionalen Grünzüge" des Kommunalverbandes Ruhr haben fast ausschließlich nur eine Kartenrealität, in der naturreale Zerschneidungen durch Hoch-spannungsleitungen, Verkehrsstrassen und Dammbauwerke zu schwarzen Strichen verschwinden. Ger-

12   Ich verdanke wesentliche Informationen, Materialien und Hinweise meinen Gesprächspartnern Wolfgang Ebert, Sprecher der Interessengemeinschaft Nordpark, Andreas Hecker, Bezirksvertreter der GRÜNEN und Johannes Meßer, BUND Duisburg.

hard Hard fragte nicht zu Unrecht, ob über den kontaminierten Böden eines Meidericher Hüttenwerks und der Zeche Thyssen 4/8 "Landschaft" oder einen "Park" errichten zu wollen, nicht etwas davon habe, was "man umgangssprachlich ein X für ein U vormachen und postmodern Simulation nennt" (ders., 1992, S. 14).

Vermutlich ist aber an der Idee des Meidericher Parks nicht in erster Linie der Rückgewinn eines Naturareals attraktiv, sondern von vornherein die soziale Perspektive spektakulär, wonach 200 ha aus den umliegenden, dicht bebauten Quartieren ausgezäunte und werkschutzbewachte Fläche nun mit einemmal öffentlich zugänglich und vom Stadtteil angeeignet werden können. Wo Industrie fast jeden Quadratmeter besetzt hielt, kann man beim möglichen Zugewinn von Freifläche für Naherholung und Aufwertung des Stadtteils nicht pingelig sein. Es muß zugegriffen werden. Deswegen wird der Prozeß der Parkplanung mit angespanntem Interesse von Stadtteilbevölkerung und ehemaligen Hüttenarbeitern begleitet. Und deshalb bildet sich schnell aus einer Reihe von Vereinen eine "Interessengemeinschaft Nordpark" und ist das "Hüttenfest", bei dem man Gelände und Werk im Mai 1991 erstmals näher in Augenschein nehmen konnte, so gut besucht gewesen. Kontrovers wird die soziale Perspektive allerdings schon gesehen: "Für irgendwelche Leute aus München oder Hamburg, die noch nie einen Hochofen gesehen haben, bauen wir bestimmt kein Museum", erklärte der Sprecher der SPD-Bezirksfraktion Meiderich und meinte weiter: "Wir haben hier die einmalige Chance, runde 200 Hektar Fläche für Freizeitnutzung gestalten zu können. Kein Supermuseum oder Riesenbiotop" (Ruhrpresse vom 1.2.91).

2.1 Das Naturkonzept des Landschaftspark Duisburg-Nord

Eigentlich fällt das ökologische Grunddilemma des "Landschaftspark Duisburg-Nord" sofort ins Auge: Industrieabfall und Zerstückelung durch raumgreifende und raumbelastende Verkehrsanlagen. Wer nämlich im Duisburger Stadtgebiet auf der stark befahrenen Autobahn A 42 über das Hamborner Kreuz nach Süden auf die Autobahn A 59 abbiegt, sollte dies nicht nur im Bewußtsein tun, einen der aufwendigeren Straßenknoten der Republik zu kreuzen. Man sollte sich vielmehr - im kilometerlangen Stop-and-Go - auch davon beeindrucken lassen, daß man nun durch den "Landschaftspark Duisburg-Nord" der Internationalen Bauausstellung Emscher Park fährt. Nach Westen fällt der Blick über die Hamborner Straße und einen Lager- und Speditionsplatz für Sonderabfälle hinweg auf die Brachflächen der ehemaligen Kokerei und das Schachtgelände Friedrich Thyssen 4/8, die den einen Teil dieses Parkprojektes ausmachen. Im Osten sticht über Böschung und Rohrleitungen die Kulisse des Meidericher Hüttenwerks ins Auge, zweiter Teil des geplanten Landschaftsparks und seit April 1985 gleichfalls Industriebrache.

Das insgesamt ca. 200 ha große Gelände gehörte einmal der Thyssen AG und befindet sich heute im Besitz der Landesentwicklungsgesellschaft Nordrhein-Westfalen (LEG). Sie hat gemeinsam mit der Thyssen Entsorgungs-Technik die "Planungsgemeinschaft Landschaftspark Duisburg-Nord" zur Entwicklung dieser Industriebrachen zum Park eingerichtet. Kernstücke des Landschaftsparks Duisburg-Nord sollten von Anfang an sein, daß das Hüttenwerk weitestgehend konserviert würde und daß die zum Werk gehörende Vegetation und Fauna, sozusagen die Industrienatur, erfahrbar gemacht würde. Mindestens ein unkonventioneller Park also und schwieriger Ansatz zu einem Wiederaufbau von Landschaft sind die Planungsziele.[13]

---

[13] An die Programmatik des Memorandums sei erinnert. Der Park gehört zum Leitprojekt Nr. 1, das "Wiederaufbau von Landschaft - Der Emscher Landschaftspark" zum Ziel hat, wodurch "der Freiraum (...) nicht mehr nur gegen Inan-

Mittlerweile wurde das Basiskonzept in einer Reihe von Arbeiten vertieft. Nutzungskonzepte für die noch aufstehenden Hallen und Häuser schälten sich heraus.

Eine ExpertInnenkomission sicherte den Bestand der Meidericher Hütte durch eine überzeugende wirtschaftliche Alternative zum Abbruch. Die Kalkulation der Abbruchkosten, die die Thyssen AG hätte in der Höhe von 45 Millionen DM aufbringen müssen, und der Hinweis, daß das Material zum Großteil als Sondermüll zu entsorgen sei, war erschreckend genug, um die Instandhaltung als das kleinere Übel attraktiv werden zu lassen. Für diese bräuchte innerhalb der nächsten 5 Jahre nur der Betrag von 2 Millionen DM für den für Besichtigungen notwendigen Sicherheits- und Unterhaltungsstand plus 30.000 bis 50.000 DM Reparaturkosten für den Zeitraum von 10 Jahren aufgewendet werden. Danach wären weitere ca. 300.000 DM für die jährliche, abschnittsweise Revision und Instandhaltung des Werks im Zustand seiner Schließung zu tragen (Planungsgemeinschaft ..., 1992a, S. 15).[14] Regelmäßig finden schon jetzt Führungen durch das Werk statt, ebenso entstand ein "Industriegeschichtlicher Führer" (vgl. Planungsgemeinschaft ..., 1992b).

Im bereits erneuerten, ehemaligen Werkzeugmagazin arbeitet das beauftrage Planungsbüro P. Latz und befindet sich ein Versammlungsraum mit Gastronomie. Im Sommer 1992 zog das Geschichtszentrum der "Gesellschaft für Industriegeschichte" Duisburg dort ein. Auch für elf Vereine und die Bürgerinitiative Interessengemeinschaft Nordpark soll Platz geschaffen werden. Das "Gebläsehaus" wurde durch den Architekten Hans Poelzig zu einer Kunst- und Kulturhalle umgestaltet. Für das Laborgebäude interessiert sich ein Unternehmen für Kulissenbau, das dort arbeiten und zugleich eine "Filmstadt" der Öffentlichkeit zugänglich machen möchte. Eher unsicher sind die Nutzungsvorstellungen für die ehemalige Kraftzentrale, einem Bau von 140 m Länge und 45 m Breite, als "Indoor-Park" und die sog. alte Verwaltung. In der Werkstatt wird eine durch das Arbeitsministerium entwickelte Beschäftigunggesellschaft untergebracht, die für ca. 60 Langzeitarbeitslose eine Nachqualifikation für das Bauhauptgewerbe und den Garten- und Landschaftsbau in Verbindung mit den Erneuerungsmaßnahmen auf dem Gelände beginnen soll.

Mit welch schwierigen Paradoxien ein Ökologiekonzept auf der Meidericher Hütte zu kämpfen haben wird, läßt sich aus dieser Aufzählung nicht naturorientierter Einzel- und Publikumsnutzungen bereits erahnen. Erste, wenig "ökologische" Erfolge zeigten sich dadurch, daß die Konzert- und Kulturhalle sofort planbar war, aber es bisher nicht möglich war, ein vom Bund für Umwelt- und Naturschutz Deutschland (BUND) von Anbeginn an gefordertes Ökologiezentrum finanziell zu sichern und fest im Parkprogramm zu verankern. Außerdem geschahen gleich beim ersten Eingriff mehrere Mißgriffe: In einer "Vorwegnahme" etwa rodete man ein Gehölz für einen späteren "Stadtgarten", obwohl nach dem Memorandum prinzipiell Naturpotentiale deutlich vermehrt, mindestens verdoppelt werden sollten. Durch die Anlage eines zusätzlichen Weges zerteilte man das ökologisch wertvolle Restgehölz in zwei Teile. Der einzige auf dem Gelände horstende Mäusebussard wurde gefährdet. Wird die Hochofenanlage unbedacht zum Freilichtmuseum hergerichtet, ist die Vertreibung von Schleiereulen ziemlich wahrscheinlich. Professionelle Gärtner waren zum Auslichten des Stadtgarten auf dem Gelände angeheuert worden. Sie holzten aus Unkenntnis auch verwilderte Obstbäume mit ab.[15] Wieviel grö-

---

spruchnahme durch Bebauung verteidigt, sondern spürbar vermehrt" und durch Gestaltung "mit einem hohen Wert belegt" werden soll, "so daß eine spätere qualitätsmindernde Inanspruchnahme kaum noch zur praktischen Diskussion stehen wird" (MSWV, 1988, S. 36).

14 Dies sind auch die Zahlen, die Wolfgang Ebert, Sprecher der Interessengemeinschaft Nordpark und Experte für Industriegeschichte im März 1992 benennen konnte.

15 Das wurde auf einer Bürgerversammlung am 13.03.92 im "Magazin" bekannt, auf die ich mich mehrfach beziehen werde. Das vorgestellte Konzept der Beschäftigungsförderung ließ im übrigen jede Problemgruppendifferenzierung vermissen und mehr als eine Frage offen.

ßere Kenntnis- und Motivationslücken und damit Fehlerspannen wird man bei Langzeitarbeitslosen erwarten müssen, deren Einsatz in einem Beschäftigungsprogramm geplant ist?

Johannes Meßer und Jörg Dettmar beschrieben den bioökologischen Zustand des Werksgeländes, seine wilde und verwilderte und seltenen Sippen durchsetzte Pflanzen- und Gehölzgesellschaften. Ein umfassender "Naturkundlicher Führer" (vgl. Planungsgemeinschaft ..., 1990) wurde herausgegeben. Im Gesamtgelände wurden von Meßer/Dettmar weit über 300 verschiedene Arten unter den Farn- und Blütenpflanzen gezählt, darunter vom Aussterben bedrohte Einheimische (Rote Liste-Arten) und interessante Immigranten (Neophyten) wie der Japanische Staudenknöterich und das Schmalblättrige Greiskraut aus Süd-Afrika. Gezählt wurden dort auch 13 Tagfalterarten und neben dem vielen Ungezählten und Unzählbaren wurden 60 Vogelarten nachgewiesen, darunter ebenfalls Überlebende aus alten Zeiten wie Schleiereule und Nachtigall. Welche Scherze aber macht die Gemeine Ochsenzunge von der Roten Liste mit uns? Sie hat in Duisburg die absurde Wahl getroffen, nur noch im Bereich der Schwermetallfahne des Autobahnkreuzes Hamborn vorzukommen, d.h. am Nordrand des zukünftigen Landschaftsparks.

Die Ruderalnatur ist Ausgangsmaterial auch des Entwurfs des 1. Preisträgers für den Park, Peter Latz. Das Team um Peter Latz gewann 1991 den Wettbewerb[16] mit der Konzeption, das Hüttenwerk, die gewachsene Vegetation und Gliederung des Geländes so, wie sie die vorausgegangene industrielle Produktion übrig gelassen hat, im wesentlichen nur zu ordnen, für den Stadtteil und neue Nutzungen punktuell zugänglich zu machen, das ganze ästhetisch zu steigern und vorzuführen. Welches Ökologiekonzept wird damit umgesetzt?

P. Latz selbst formuliert den Anspruch, es solle "von der Stadt aus und für die Stadt ein neuer Naturbegriff bestimmt werden. Eine neue und subtilere Aneignung von Natur kann erprobt werden" (Planungsgemeinschaft ..., 1991, S. 90). Dieser neue Naturbegriff ist aber mit Sicherheit zunächst deswegen ein alter, als er erstens auf tatsächlich und zweitens auch auf symbolisch, nämlich ästhetisch angeeignete Natur ausgeht,[17] wie dies die Landschaftsarchitektur seit jeher tut.

Das Konzept von P. Latz sieht - von außen nach innen gedacht - fünf "Vorparks" an den jeweiligen Zugängen zu dem Gelände vor. Dies werden Kleingärten, Spielplätze, Hundedressurplatz, Sportflächen usw. sein, um die Wünsche aus den angrenzenden Stadtteilen aufzunehmen. Sie sollen zugleich Raum schaffen, um den Benutzerdruck vor den übrigen Flächen abzufangen. Für die Besucher des inneren Parks soll das Hüttenwerk und andere Veranstaltungsorte und der "Bauernhof" auf einer landwirtschaftlichen Restfläche durch einige Wege und die "Hochpromenaden" auf ehemaligen Bahngleisen erschlossen werden.

Im Bereich des Hochofenwerks wird der landschaftsplanerische Zugriff minimal sein. Aus eher wirtschaftlichen Gründen ist die Sinteranlage nicht zu halten. Aus gärtnerischen Gesichtspunkten wird die Gasförderungsanlage zum Bewuchs freigegeben, während im übrigen Werk vor allem Gesichtspunkte der Denkmalpflege und die mögliche oder notwendige Intensität der Instandhaltung des Hüttenwerks den Ton angeben. Inwieweit die entwickelte Natur geduldet wird, ist fraglich. An das Werk soll sich im Norden ein Veranstaltungsforum, eine Freiluftarena, anschließen. Parkplätze dafür, und das heißt zusätzliche Versiegelung, könnten, so war zu hören, innerhalb des Parks wahrscheinlich nicht ganz

---

16 Vielfach veröffentlicht, vgl. IBA Emscher Park Informationen 2 (1991), H. 12, S. 1-5, am ausführlichsten gemeinsam mit den anderen preisgekrönten Entwürfen in : Planungsgemeinschaft, 1991 und P. Latz, 1991.

17 Die Formulierungen bei P. Latz lauten wörtlich: "Eine Auswahl aus den vorhandenen, noch nicht erfaßbaren Systemen über Informationen stückweise lesbar und begreifbar zu machen, könnte eine Chance sein, die Räume zu entschlüsseln, Landschaft und Natur durch neue gedankliche Verknüpfungen zu verdeutlichen" (Planungsgemeinschaft, 1991, S. 90).

vermieden werden. Als Idee wird diskutiert, die Nord-Süd im Gelände verlaufende Hamborner Straße und ein Speditionsgelände dafür zu nutzen, um damit eine Neuanlage für Parkplätze zu vermeiden. Dies schlösse aber wiederum den weitgehenden Rückbau der Hamborner Straße aus.

Die Zahl 5 bestimmt auch die Anzahl der echten Parkteile, denen jeweils "symbolische Gärten" zugeordnet werden. Sie sollen die besondere Philosophie der inneren fünf Parkteile konzentriert ausdrücken.

Die "Gleisharfe" des alten Werkbahnhofes im Nordwestteil soll von dichter und hoher Vegetation entlang der Bahndämme bestimmt sein, während dazwischen niedriger Baumbewuchs den Ton angeben sollen. In die Löcher für den bisherigen Kokillenguß sollen nun Erden aus den verschiedenen Landschaften der münsterländischen Bucht eingebracht werden, um deren verschiedenartige Vegetation hierin anzusiedeln. Ob dieses Experiment wohl ökologisch funktioniert?

Ein "Wasserpark" im Bereich des Bettes der Alten Emscher nimmt mittlerweile ingenieurtechnisch konkrete Züge an. Für Latz ist die Renaturierung der Alten Emscher kein Thema, wie er insgesamt im Umgang mit Abwasser und Altlast eher für Versiegelung der Altlasten denn ihre Entsiegelung eintritt. So soll der ehemalige Abwasserfluß verrohrt werden, jedoch an gleicher Stelle oberirdisch ein tiefer Klarwasserkanal entstehen, der von den versiegelten Flächen und Bedachungen her gespeist wird. Ein Wasserkreislauf, der mit Windkraft betrieben werden soll, wird fehlendes Wasser zupumpen, umwälzen, aus Sinteranlagen Reservoire und aus Kühltürmen Frischungsanlagen machen. Diskussionen mit der Emschergenossenschaft und dem Landesamt für Wasserwirtschaft und Abfall, die zur Zeit nach Landeswassergesetz noch daran festhalten, daß die als "Gewässer" klassifizierte Emscher ein wiederherzustellendes und oberirdisches sein müsse, dauern an. Mit immensem Aufwand wird aus der dreckigen Alten Emscher eine saubere Alte Emscher gemacht, aber kein Gewässer.

Weitgehend offen ist die Detailplanung für den "Haldenpark" auf den Kokerei- und Schachtanlagen. Die bekannt hohen Belastungen auf den Geländen wie in den Klärschlammbecken verlangen nach einem Bodensanierungskonzept. Ob Abwasser-, ob Klärteich- oder Kokereialtlasten, Latz schlug "in situ"-Konzepte vor. Brunnengalerien sollen das Grundwasser aus benzol- und phenolverunreinigten Lagen fördern und diese Stoffe so herauswaschen. Überdeckungen mit Lehm u.a. sollen die belasteten Böden versiegeln. Streifenweise soll dafür der Oberboden zusammengeschoben, evtl. eine Dichtung eingebracht und dann der Boden wiederhergestellt werden. Damit wird streifenweise und zeitverschoben die aufgewachsene Biozönose zerstört, die Boden- und Samengrundlage werden jedoch erhalten und Ruderalbiotope sind wiederherzustellen. Wo Birkenwäldchen sich auf den schwarzen Bergehalden entwickelt haben, sollen diese vor Sukzessionsnatur geschützt, der Untergrund vegetationsfrei, die Wälder licht gehalten werden, um diese Landschaft und Natur des Schwerindustrialismus zu präsentieren. Sie müssen dafür nachhaltig biotop-gemanagt werden. Diese Art industriegeschichtlichen Naturarrangements hält die natürlichen Sukzessionsprozesse kalkuliert an. Sie ist nicht einfach Natur pur.

Ein weiterer Parkteil, der "Stadtgarten", der von verwilderten Villengärten ausgehend angelegt werden soll, die von der Meidericher Hütte einstmals geschluckt wurden, wird durch einen "Sammlergarten" repräsentiert werden. Hier sollen durch das Zusammentragen von Erzresten, Eisenteilen und Befestigungsmaterial die Gartenstruktur und ein "hochsaures Substrat" mit den entsprechenden Pflanzengesellschaften entstehen. Ein ehemaliges Sozialgebäude der Firma Thyssen soll gärtnerischer Stützpunkt werden, meinte die Planungsgemeinschaft bei der Planvorstellung. Der BUND hätte es jedoch lieber

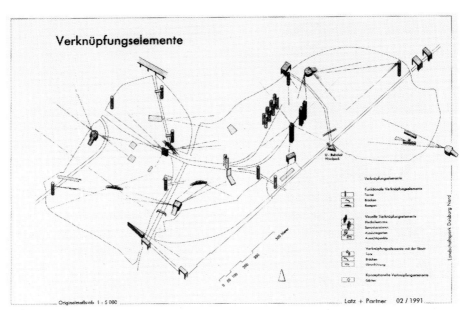

Abb. 6:   Entwicklungskonzept P. Latz und Partner: Verknüpfungselemente. Quelle: Pla-
            nungsgemeinschaft ..., 1991, S. 91.

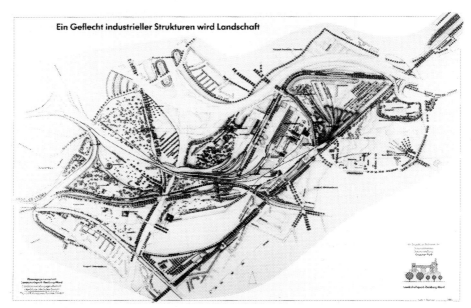

Abb. 7:   Entwicklungskonzept P. Latz und Partner: Ein Geflecht industrieller Strukturen
            wird Landschaft. Quelle: Stadt Duisburg/Planungsgemeinschaft ..., 1992, Um-
            schlagseite.

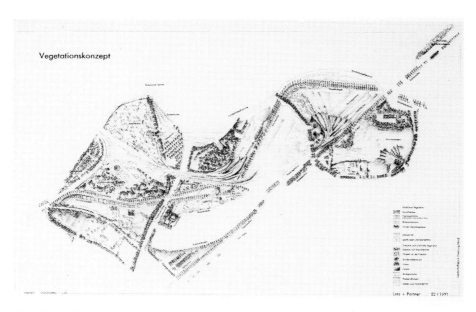

Abb. 8:   Entwicklungskonzept P. Latz und Partner: Vegetationskonzept. Quelle: Planungsgemeinschaft ..., 1991, S. 103.

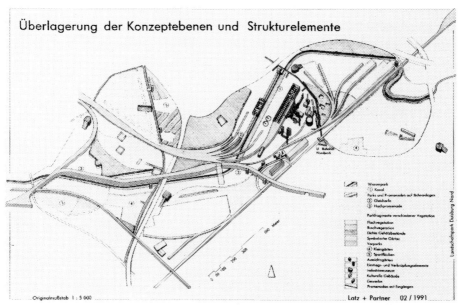

Abb. 9:   Entwicklungskonzept P. Latz und Partner: Überlagerung der Konzeptebenen und
Strukturelemente. Quelle: Planungsgemeinschaft ..., 1991, S. 107.

als sein Ökologiezentrum und sähe gern den Sammlergarten näher ans Werk gerückt, einmal um den Bussardbrutplatz auf dem Gelände in den alten Gärten nicht noch mehr zu gefährden und weil es weiterhin wenig Sinn mache, den Eisenschrott vom Hochofenwerk erst weit und energieaufwendig in den Garten zu schleppen, wie Johannes Meßer anmerkte.

Ab Frühjahr 1992 wird die Einrichtung des Teilparks für bäuerliche Landwirtschaft begonnen sein. Dort soll als Symbolgarten ein "Bauerngarten" mit Heilkräutern, Farbkräutern, Gemüsen und Obstlauben den Ausdruck einer kleinteiligen, haustierreichen, arbeitsintensiven Landwirtschaft dokumentieren. Sie werden auf dem südöstlichen Zipfel des Geländes, dem einzig nicht überkippten und noch zum großen Teil landwirtschaftlich genutzten Boden rund um den Ingenhammshof angelegt werden.[18]

Für das Verständnis von Wiederaufbau von Landschaft und ökologischer Erneuerung ist es bezeichnend, daß in diesem Teilpark weder auf Neubau noch auf größere Umorganisation der Vegetation verzichtet wird. Alte Bausubstanz soll durch eine zweigeschossige "Feldscheune" von 70 m Länge und 15 m Breite (!) aus einem Stahlfertigteilprogramm ersetzt und teils überbaut werden. Ein vom BUND seit 1989 gepflegtes Gewässer wird zum Gänse- und Ententeich umgenutzt und nach Latz' eigenen Aussagen ein "wertvolleres" Programm von feuchten und Dauerwasserflächen weiter nördlich angelegt werden. Nach Auffassung von Johannes Meßer vom BUND allerdings zu weit nördlich. Er hatte sich zwischen der Simulation der Alten Emscher und dem nahen Gehölz am Bahndamm eine 20 m breite unzugängliche "naturnahe" Zone gewünscht. Leider fand mit dem BUND darüber keine Kommunikation statt. Dies gilt auch für die Vernetzung der Heckenstreifen, um wenigstens einen Biotopverbund der vorhandenen Gehölze auf dem Schachtgelände (Schacht Wittfeld), der geplanten Emscheraue und dem Gehölz am Ingenhammshof zu erreichen.

Ob es an den Haaren herbei gezogen ist, wenn sich Johannes Meßer nach nunmehr zweijähriger Erfahrung im IBA-Regulationsprozeß über mangelhafte Beteiligung beschwert? "Eine Beteiligung in Form von Stellungnahmen zu fertigen Plänen ist für uns sehr unbefriedigend. Wir haben uns eigentlich etwas anderes von der Landschaftspark-Planung erwartet".[19] Wir resümieren so: Informationen zu den Planungen gut, Beteiligung schwach, wirkliche Berücksichtigung von Ideen und Kritik nicht erkennbar.

3. Thesen zu "ökologischer Regulation" im Park

Überblickt man das Parkprojekt in Meiderich am Ende des Jahres 1992, dann verwirklicht es seine "ökologische Regulation" auf folgende Weise:

1. Die offizielle ökologische Geschichte des Meidericher Hüttengeländes und des Schachtes Thyssen 4/8 begann im Jahre 1988 mit ihrer Entdeckung als Ausgleichsfläche. Das Werk kam dadurch zu Naturehren, daß die Stadt Duisburg Ausgleich für einen "Businesspark Niederrhein" zu schaffen hatte, für den sie einen alten Rheinbogen mit niederrheinischer Agrarkultur, den Essenberger Bruch in Asterlagen opferte. Die Geschichte begann also mit einem Stück politischer Ökologie, ist "Produkt eines - aus der Sicht eines Planers - faulen politischen Kompromisses" in Duisburg (J. Forßmann, 1991, S. 1239), und sie setzt sich auch als solche fort: Für SPD-Bezirkspolitiker war zu Beginn des Jahres

---

[18]   Der Landschaftsaufbau für diesen Teilbereich hat sich nach den am 13.03.92 vorgestellten Plänen deutlich dem Entwurf von Boyer/Hoff/Reinders angenähert.

[19]   So notiert in einem Brief des BUND an die Planungsgemeinschaft Duisburg Nord vom 15.3.92.

1991 das Konzept "eine Anmaßung", wo "gewisse Personen jeden Grashalm unter Naturschutz stellen wollen" (zitiert nach WAZ Stadtteilzeitung vom 1.02.1991). Eine südliche Erweiterung des Parks in Richtung Thyssen Gießerei konnte sich die kommunale SPD-Mehrheit nur unter der Perspektive vorstellen, daß "eventuelle Gewerbeansiedlungen verträglich in das Parkkonzept integriert werden können" (Ratsvorlage Stadt Duisburg vom 22.08.1991, S. 3). Einen Beitrag, die Meidericher Parkflächen nachhaltig zu sichern, verweigerte sie. Sie konnte sich zu einer Änderung der alten Industrieflächen im städtischen Flächennutzungsplan nicht durchringen, sondern ließ es bei einem Antrag zur Änderung des Gebietsentwicklungsplans Düsseldorf bewenden (vgl. Ratsvorlage Stadt Duisburg vom 19.01.1990). Sicherheit besteht also für die Gesamtfläche nur bedingt und vorläufig.

2. Mit dem Park ist nicht die "Wiederherstellung der Landschaft" (MSWV, 1988, S. 10) im Sinn von flächenhafter Wiederherstellung einer vorindustriellen Natur beabsichtigt, sondern die Herstellung einer besonderen und parkbegrenzten Landschaft aus Potentialen und in Sukzession auf die verschiedensten Elemente der vorausgegangenen Werkskultur und -natur. Es ist die Einrichtung der Industriebrache samt ihrer Fragmentierung. Für das Verständnis von Wiederaufbau der Landschaft und ihrer ökologischen Erneuerung kann als aufschlußreich gelten, daß im Teilpark für bäuerliche Landwirtschaft auf Neubau und Neuanlagen gleichende Umbauten der Landschaft, etwa mit einer "Heckenharfe" nicht verzichtet wird. Es kann nicht einmal gesagt werden, daß Eingriffsminimierung das Ziel wäre, obwohl von vorhandenen Naturmaterialien ausgegangen wird und der Umbau in Schritten erfolgen soll, die relativ wenig extern zugeführte Energie aufnehmen und sich nur der kleinen Bagger bedienen. Die Latz'schen Eingriffe suchen eigentlich den Naturzustand der Werks(schließungs)periode teils museal festzuhalten, teils zu simulieren und teils in einem "Brachenpark" zu stilisieren.

Der technokratisch-scientifische Charakter dieses Konzeptes liegt genau auf diesem Punkt, die Dynamik der Naturentwicklung anzuhalten und die Natur einem kalkulierten Zyklus von Neu- oder Wiederbeginn und Abbruch zu unterwerfen. Die aus dieser Konzeption sich ergebenden Sachzwänge werden gegen die Spontanität der Naturentwicklung einerseits und die Nutzungswünsche oder die politische Ökologie aus dem Stadtteil andererseits durchgesetzt. Zugunsten von ökologischer Produktivität wäre aber die richtige Perspektive, es in weiten Teilen einfach wachsen zu lassen, kombiniert mit einzelnen kalkulierten und mit den Naturschutzverbänden abgesprochenen Akten der Naturanreicherung und Unterschutzstellung.

3. Es unterbleibt eine offengelegte ökologische Bilanz der Energieflüsse, Emissionen und Imissionen im Rahmen der geplanten Gesamtmaßnahme: Wegen der vielfältigen Nutzung des Parks können neue Emissionen nicht vermieden werden. Es kann vermutet werden, zu welchen Anteilen die Naturpotentiale des Parks Emissionen verursachen und resorbieren, wenn Besucherströme und Rockkonzerte die Abwasseranlagen überfordern, viel mehr als die regenerierbare Energie verbrauchen oder PKW's massenhaft in den Park bringen. Ein fehlendes offensives Konzept zur Sanierung und Wiederherstellung der industriell geschundenen Umwelt auf dem Gelände paßt zu diesem umweltplanerischen Defizit. Zwar fährt das Abkapseln der Bodenbelastungen, die Verrohrung der Alten Emscher und das "Erhalten des Werkes in situ" die Emissionen aus Altlasten auf ein niedrigeres Niveau herunter, aber alte Emissionsquellen, soweit sie sich nicht von selbst erledigen, werden nicht aktiv entgiftet.

Auch findet eine kritische Auseinandersetzung mit den industriellen Emittenden rund um den Park herum nicht statt. Das Manganeisenlager (zum Parkgelände gehörend) und Manganwerk in der Nordostecke, über dem häufig "gelbe Wolken" stehen, läuft auf unbestimmte Zeit fort. Zu Planungen der Thyssen AG, die bestehende Gießerei im Süden um den Bau einer vermutlich kaum emissionsärmeren Autokomponentenfertigung zu ergänzen, gab es noch keine Stellungnahme der IBA-Planungsgemeinschaft (vgl. Flugblatt der Fraktion der GRÜNEN im Duisburger Rat, Sept. 1991). Das Betriebsgelände der umstrittenen Fa. Becker im Südwesten des Geländes, die sich mit der Aufarbeitung von Filterstäuben befaßt sowie die Fa. Kahl, die ein Transportunternehmen mitten im "Park" an der Hamborner Straße betreibt, produzieren unbehelligt weiter fort. Auch gegenüber dem Lärm, den NO_x- und CO_2-Emissionen und der Streifenaltlast, verursacht durch die Autobahnen, verhält sich die Parkplanung passiv. Fehlende Reaktionen gegenüber solchen Immittenden stehen im deutlichen Gegensatz zu ihrem negativen ökologischen Gewicht und zur Präzision der landschaftlichen Eingriffe von Latz. Der Spitzenplatz des Parkgeländes in der Umweltbelastung Duisburgs hätte andere Arbeitsschwerpunkte erfordert. (Vgl. hierzu den Anhang am Schluß dieses Textes.)

4. In Meiderich wird die in vielen Bereichen gesteuerte, gebremste, umgelenkte oder angelegte Naturentwicklung - Zähmung von Vegetation, Fauna und Bodenqualitäten - nicht einfach einem optimalen Umgang mit den vorgefundenen Naturmaterialen dienen, sondern einem Bildentwurf von fordistischer Brachenlandschaft folgen. Das ist einerseits Ergebnis der industriell gewendeten ästhetischen Tradition der Landschaftsplanung, andererseits auch modernes Regulationsinstrument für eine Regulation durch Bilder, in die soziale Gebrauchsideen eingelagert werden können. Den Bildern folgt der Naturzuschnitt; es folgt ihnen aber auch die Zulassung oder Aussperrung von Nutzern (über Erschließung, Führungen und Grenzziehungen), deren denkbare oder beabsichtigte Beschäftigung mit der Natur (von den Besuchern bis hin zu AB-Maßnahmen) oder die Festlegung von Nutzungstypen (als Bauerngarten, Naturbühne, Industriemuseum etc.), selbstverständlich nicht immer widerspruchsfrei und unumwunden.[20]

5. Der erste Schritt des Realisierungsprozesses für den Park entfaltet sich vermutlich deswegen nicht zufällig über einen "Bauernpark", für den sich konsensfähige, traditionelle und nostalgische Landschaftsbilder mobilisieren lassen. Für den Rest der Brachen wird am Ort viel schwieriger Akzeptanz zu schaffen sein. Ein Stahlwerk ist nicht die Wieskirche (in Bayern), die Industriebrache ist nicht in ein Bild zu verwandeln, das Fortschritts- und Wiederverzauberungspotentiale beinhaltet, wie es Neuen Professionellen nach D. Ipsen an der oberbayrischen Landschaft um Oberammergau gelingen könnte.

6. Die Steuerung des Planungsprozesses folgt dem Steuerungszentrum IBA GmbH im Verein mit der Planungsgemeinschaft aus LEG und Thyssen-Entsorgung, jener so zeitgenössischen Verbindung aus privatisierter und privater Unternehmensorganisation. Ob als troublemaker oder troubleshooter, diese Trias reguliert aktiv mit Hilfe des Latz'schen Bildentwurfs zwischen Interessenten, für Interessenten, zwischen Planungsgemeinschaft, kommunalen Parlamenten und Bürgergruppen. Die bürgerschaftlichen Gruppen und potentielle Nutzer sind Partner in einem offenen Planungsprozeß. Sie sind aber in der Rolle der kritikfähigen Zuschauer und Adjudanten, die beim Politikfähigmachen des Projekts indirekt mitsteuern müssen. Weder bei der Projektentwicklung des Landschaftsarchitekten sind sie unmittelbar dabei, noch im Steuerungsorgan der Planungsgemeinschaft oder in den politischen Gremien sind sie anhörungsberechtigt oder überhaupt Mitglieder. Sie erreichen also noch nicht einmal einen korporatistischen Status.

---

[20] P. Latz bestätigte bei der oben genannten Bürgerinformation dies, indem er auf die große Bedeutung der englischen Landschaftsparks hinwies. Deren Prinzipien seien für ihn in dreierlei Weise wichtig: 1. wegen der großen, auf Benutzbarkeit zielenden Flächen: 2. wegen der nachhaltigen Bewirtschaftung des Baumbestandes; 3. wegen des erlernten Umgangs mit Exoten. Denn auch im Nordpark gäbe es in Teilen bis zu 40 % Neophyten.

Obwohl die "Interessengemeinschaft Nordpark Duisburg" sich frühzeitig mit ausgearbeiteten eigenen Vorschlägen zu Wort meldete,[21] wurde die nur konsultative Rolle der Bürgerinitiativen nicht verändert. Es bestehen nach wie vor Hierarchien in der Beteiligung, die dem Naturkonzept der Internationalen Bauausstellung direkt entsprechen. Während die Vorstellungen der "Gesellschaft für Industriegeschichte" für den Erhalt der Werksbestände weitestgehend akzeptiert wurden, fand das Konzept des BUND für ein Biotopverbundsystem im Bereich des Landschaftspark kein Gehör (vgl. Arbeitsgruppe Naturschutz, 1990).

7. Mit traditionellem Naturschutz und Landschaftsschutz kann das Konzept von Peter Latz und der Planungsgemeinschaft eine äußerst begrenzte Koalition eingehen. Auch dem Naturschutz geht es nicht einfach um Wachsenlassen ohne anthropogenen Einfluß, sondern um die Hege von Naturraritäten und um die oftmals komplizierte und aufwendige Pflege von Lebensvoraussetzungen. Auch dem Naturschutz geht es um einen Doppelcharakter von Landschaft und Natur. Es geht ihr um ihr Dasein in der Raritäten- oder Restform und ihren Bildcharakter, der meist ein vorindustrielles Mensch-Naturverhältnis symbolisiert. Diese Prinzipien und Naturbilder bestimmen nicht den zukünftigen Park. Denn in einem Punkt besteht ein abgrundtiefer Dissens: Die Landschaft, die die IBA erzeugen will, soll zwar über eine bloße Zweckdienlichkeit hinausführen. Sie soll Naturüberschuß sein, wie die Landschaft, die dem organisierten Naturschutz vorschwebt. Nur soll der Landschaftsüberschuß der IBA imagebildend sein. Einem scientifischen und funktionalistischen Design, einer äußeren Herrschaftsordnung entsprechen. Der Naturschutzlandschaft mangelt es in der Regel genau daran. Für sie sind ökologische Funktionszusammenhänge stilbildend. Deren innere Ordnung ist äußerlich oft unordentlich. Das darf bei einer Internationalen Bauausstellung nicht vorkommen.

8. Mit einem modernen ökologischen Bewußtsein, das sich an Weltklimafragen oder der Alltäglichkeit der Umweltkrise gleichermaßen bildet, hat beides, und auch gerade der Landschaftspark Duisburg-Nord wenig zu tun. Es fehlt ihm der Sinn für eine überschießende, nicht als Objekt menschlicher Bedürfnisse und Kenntnisse zurechtgestutzte und gehegte Natur. Historische Kritik an scientifischen Naturverständnis, an Lebensweisen und Konsumgewohnheiten der industriellen Massenproduktion, auch im Umgang mit Landschaft ist nicht Sache des Parks, der in der IBA Emscher Park entstehen soll.

---

[21] Vorschläge für die Planung des Landschaftsparks Duisburg-Nord, Meiderich Juni 1988; Interessengemeinschaft Nordpark Duisburg: Vorschläge zur Ausgestaltung des Projektes Landschaftspark Duisburg Nord, Duisburg Dez. 1989.

Anhang

In einer kurzen, vorklärenden Expertise, hat Anna Musinszki - zugegebenermaßen grob - die Immissionssituation des Parkgeländes beschrieben:

1. Lärm

Der geplante Landschaftspark ist durch das auf dem Gelände liegende Autobahnkreuz zwischen der A 59 und der A 42 hochgradig lärmbelastet. An die 100.000 KFZ durchfahren täglich dieses Kreuz.

Im 50 m Abstand der beiden Autobahnen werden Lärmimmissionen von 65 dB(A) und mehr (Tages-Mittelpegel) erreicht (vgl. Kommunalverband Ruhrgebiet, 1990, Karte 6). Diese hohen Schallpegel können sich im Freiraum großräumig ausbreiten. Trotz Hindernissen wie Böschungen und Halden "regnet" sich der Verkehrslärm über dem Parkgelände ab und verursacht weiträumig eine ständige Dauerschall-Berieselung.

Aus der Lärmforschung ist bekannt, daß sich bereits ab 38 dB(A) Kommunikations- und Rekreationsstörungen nachweisen lassen. Ab 55 dB(A) setzt eine negative Leistungs- und Emotionsbeeinflussung ein. Veröffentlichungen des Bundesgesundheitsamtes vom Frühjahr 1992 besagen, daß "ca. 1-3% aller Herzinfarkte dem Straßenverkehrslärm zuzuschreiben sein könnten" (W. Babisch u.a., 1992, S. 130-133). Es ist anzunehmen, daß der durch Lärm erhöhte Blutdruck dabei eine wichtige Rolle spielt. Die Wissenschaftler des Bundesgesundheitsamtes folgern aus Studien der Arbeitswelt, daß ein Anstieg der Lärmbelastung um das Doppelte die Wahrscheinlichkeit eines Bluthochdrucks um das 2,5 fache steigert (vgl. Y. Zhao u.a., 1992, S. 133-134). Sie fordern deswegen, aus gesundheitlichen Gründen, die Notbremse zu ziehen, "wenn die Lärmpegel in einem Bereich von Leq = 65-75 dB(A) liegen" (H. Ising, 1992, S. 117).

2. Luft

Nach Untersuchungen der Luftbelastung im Ruhrgebiet zeigt sich, daß die Parkfläche vergleichsweise hohen Immissionsbelastungen ausgesetzt ist. Die Spitzenbelastungen durch SO_2 lagen nach Luftreinhalteplan 1984-1988 zwischen 0,40 mg/cbm und 0,43 mg/cbm. Die Kurzzeitbelastung durch SO_2 überschreitet damit den gesetzlich festgelegten Grenzwert (vgl. LRP, 1985, S. 122). Nicht umsonst gehört der Park zum Verkehrssperrgebiet bei Smog-Alarm. Der Grenzwert für Staubniederschlag von 0,35 g/qm wird ebenfalls überschritten. Bei den kanzerogen wirkenden polyzyklischen aromatischen Kohlenwasserstoffen (PAH) sind die in Hamborn gemessenen Werte die zweithöchsten Jahresmittelwerte im westlichen Ruhrgebiet (vgl. LRP, 1985, S. 102). Hinzu kommen höchste Belastungen durch Kohlenwasserstoffe. An der Station Meiderich wurden u.a. die höchsten Werte des Ruhrgebiets für die Gase Toluol und Benzol gemessen (vgl. LRP, 1985, S. 136).

Wie bekannt, hat sich die Luftbelastung im Ruhrgebiet allgemein reduziert. Diese Tendenz gilt allerdings nicht für die Stickoxide, da sich der Emissionsanteil des Verkehrs (bundesweit zwischen 1966 und 1984) verdoppelte und mit der sprunghaften Zunahme der Verkehrsleistungen in den letzten Jahren sicher weiter gewachsen ist. Ähnliches gilt auch für die verkehrsbedingten Emissionen an leichtflüchtigen organischen Verbindungen (vgl. Sachverständigenrat für Umweltfragen, 1987, S. 542), wobei in Meiderich die erhöhte Konzentration von Benzol ausschließlich auf den KFZ-Verkehr zurückzuführen ist. Die in der Luft befindlichen Staubpartikel, die bis Mitte der 70er Jahre auf die Hälfte gesunken waren, nehmen seither wieder erheblich zu. Sie werden nahezu ausschließlich von den Dieselfahrzeugen erzeugt (vgl. Sachverständigenrat für Umweltfragen, 1987, S. 542).

Die schädlichen gesundheitlichen Folgen dieser Stoffe sind mittlerweile weitgehend bekannt. Kohlenmonoxid (CO) wird beim Menschen über die Lunge ins Blut aufgenommen und wirkt als Atemgift. Die Sauerstofftransportkapazität des Blutes wird verringert. Eine Folge kann die Sauerstoffunterversorgung für Herz und Gehirn sein, wodurch besondere Gefahr für Herz- und Gefäßkranke besteht. Stickstoffdioxid (NO_2) ist ein Reizgas, das auf die Schleimhäute der Atemwege wirkt. Es kann zu einer Zunahme von Atemwegserkrankungen führen und ist für Risikogruppen wie Kinder und alte Leute sowie Asthmatiker und Bronchitiker gefährlich. Gleichzeitig gilt es als Ausgangsstoff für die Bildung des ebenfalls stark toxischen Ozon, das insbesondere bei körperlichen Belastungen Reizungen der Augenschleimhäute und der Atemwege auslöst und eine erhöhte Anfälligkeit für Infektionen nach sich zieht.

Nach dem Länderausschuß Immissionsschutz (LAI) "verursacht der KFZ-Verkehr ca. 80 % des immissionsbedingten kanzerogenen Risikos" in der Außenluft. Dabei haben in Ballungsgebieten die Dieselmotoremissionen mit 63 % den größten Anteil, gefolgt von polyzyklischen aromatischen Kohlenwasserstoffen (PAH) mit 16 % und Benzol mit 8 %. In Ballungsgebieten der alten Bundesrepublik erkrankten 80 Menschen auf 100.000 Einwohner infolge dieser Schadstoffe an Krebs, während es in den ländlichen Gebieten nur 14 auf 100.000 Einwohner sind. Unter ungünstigen Umständen, wie z.B. im Emittentennahbereich des KFZ-Verkehrs - so der LAI-Bericht - kann das Risiko deutlich erhöht sein: Statt 80 zu 100.000 kann es dort 199 zu 100.000 Einwohner sein (vgl. J. Spatz, 1992, S. 52).

(Nach: IBA-Inspektion von Unten, Protokoll AG Postindustrielle Landschaft.)

Literatur

Arbeitskreis Emscher Landschaftspark: Leitlinien Emscher-Landschaftspark, Qualitätsziele der Parkentwicklung, Kommunalverband Ruhr, Essen 1991.

Arbeitsgruppe Naturschutz des BUND-Duisburg: Konzept für ein Biotopverbundsystem im Bereich des Landschaftsparks Duisburg-Nord, BUND Duisburg 1990 (Duisburger ökologische Studien 3).

Babisch, W./Elwood, P.C./Ising, A.: Zur Rolle der Umweltepidemiologie in der Lärmforschung. Verkehrslärm als Risikofaktor für Herzinfarkt, in: Bundesgesundheitsblatt Nr.3, 1992, S. 130-133.

Dahl, J.: Verteidigung des Federgeistchens. Über Ökologie und Ökologie hinaus (1983), neu veröffentlicht in: Politische Ökologie 24, München 1991, S. 33-42.

Forßmann, J.: Der Landschaftspark Duisburg Nord, in: Stadtbauwelt Nr. 110, Berlin Juni 1991, S. 1238-1247.

Ganser, K.: Die Strategie der IBA Emscher Park, in: Garten und Landschaft 10 (1991), S. 13-19.

Garten + Landschaft Nr. 10: IBA Emscher Park. Zeitschrift für Landschaftsarchitektur, Planung, Gestaltung, Entwicklung, 101. Jg., 1991.

Grohé, T./Ranft, F. (Hrsg.): Ökologie und Stadterneuerung. Anforderungen, Handlungsmöglichkeiten und praktische Erfahrungen, Köln 1988.

Häpke, U.: Die Unwirtlichkeit des Naturschutzes. Böse Thesen, in: Kommune Nr. 2-4 (1990), Frankfurt a.M. 1990.

Hahn, E. (Hrsg.): Siedlungsökologie, Karlsruhe 1982.

Hard, G.: Konfusionen und Paradoxien, in: Garten und Landschaft Nr. 1, 1992, S. 13-18.

Hirsch, J./Roth, R.: Das neue Gesicht des Kapitalismus. Vom Fordismus zum Postfordismus, Hamburg 1986.

Interessengemeinschaft Nordpark Duisburg: Vorschläge zur Ausgestaltung des Projektes Landschaftspark Duisburg-Nord der Internationalen Bauausstellung Emscher Park, Umdruck Duisburg Dez. 1989.

IBA Emscher Park (Hrsg.): Positionspapier "Ökologisches Bauen", Vorlage, Entwurf durch Rolf Kreibich und Thomas Grohé in Verbindung mit dem Gesprächskreis Stadtökologie, Stand August 1990.

IBA Emscher Park (Hrsg.): Industriebrachen - Vergiftete Wüsten oder lebendige Oasen, Gelsenkirchen 1991.

Ising, H.: Das Risiko für Herzinfarkt durch Verkehrslärm im Vergleich mit anderen Gesundheitsrisiken, in: Bundesgesundheitsblatt Nr. 3, 1992, S. 117.

Kennedy, M.: Ökostadt. Mit der Natur Stadt planen, Materialien zur Internationalen Bauaustellung Berlin, 2 Bde., Frankfurt a. M. 1984.

Kommunalverband Ruhrgebiet: Machbarkeitsstudie Emscher Landschaftspark, Essen 1990.

Küenzlen/Oekotop Autorenkollektiv: Ökologische Stadterneuerung. Die Wiederbelebung von Altbauquartieren, Karlsruhe 1982.

Latz, P. und Partner: Der Landschaftspark Duisburg-Nord. Zusammenfassung der Analysen und Konzepte, Langfassung, 1991.

Lipietz, A.: Zur Zukunft des Städtischen. Ein regulationstheoretischer Beitrag, in: Wentz, M. (Hrsg.), Stadträume, Frankfurt/New York 1991, S. 129-136.

MSWV: Der Minister für Stadtentwicklung, Wohnen und Verkehr des Landes NRW (Hrsg.): Internationale Bauaustellung Emscher-Park. Werkstatt für die Zukunft alter Industriegebiete, Memorandum zu Inhalt und Organisation, Düsseldorf 1988.

Müller, S.: Natur und Landschaft im Funktionalismus, in: Raumplanung Nr. 33, 1986, S. 94-99.

Müller, S./Schmals, K.M./Schrooten, F./Bossard, R./Sturm, G.: Internationale Bauaustellung Emscher Park - Balanceakt zwischen internationaler Kapitalverwertung und lokaler Verbesserung der Lebensverhältnisse, Arbeitspapier Nr. 6 des FG Soziologie am FB Raumplanung, Univ. Dortmund 1991.

Planungsgemeinschaft Landschaftspark Duisburg-Nord (Hrsg.): Johannes Meßer, Naturkundlicher Führer, Duisburg 1990.

Planungsgemeinschaft Landschaftspark Duisburg-Nord (Hrsg.): Landesentwicklungsgesellschaft Nordrhein-Westfalen GmbH, Thyssen Entsorgungs-Technik GmbH: Landschaftspark Duisburg-Nord, Planungsverfahren Stufe 1, Kurzfassung der von den 5 beauftragten Planungsteams vorgelegten Entwicklungskonzepte, Duisburg 1991.

Planungsgemeinschaft Landschaftspark Duisburg-Nord (Hrsg.): Jörg Forßmann und Peter Brockmeyer, Bericht über die Ergebnisse der Arbeit der Expertenkommission, Umgang mit der Hochofenanlage, Duisburg 1992a.

Planungsgemeinschaft Landschaftspark Duisburg-Nord (Hrsg.): Wolfgang Ebert, Hüttenbetrieb Meiderich, ein industriegeschichtlicher Führer, Duisburg 1992b.

Reiß-Schmidt, St.: Industrie- und Kulturlandschaft, in: Garten und Landschaft Nr. 10, 1991, S. 35-41.

Roth, R.: Stadtentwicklung und soziale Bewegung in der Bundesrepublik, in: Borst, R./Krätke, St. u.a., Das neue Gesicht der Städte, Basel 1990, S. 209-234.

Sachverständigenrat für Umweltfragen: Umweltgutachten 1987.

Schmidt, A.S.: Emscher Park und Industrielandschaft, in: Garten und Landschaft Nr. 10, 1991, S. 16-19.

Schönherr, H.M.: Die Technik und die Schwäche, Wien 1989.

Schwarze-Rodrian, M.: Emscher Landschaftspark - Konzept einer regionalen Entwicklungsstrategie, in: Stadtbauwelt Nr. 110, Berlin 1991, S. 1230-1237.

Spatz, J.: Gesundheitsgefahr Nr. 1: Das Auto, in: Alternative Kommunalpolitik Nr. 6, 1992, S. 50-53.

Stadt Duisburg/Planungsgemeinschaft Landschaftspark Duisburg-Nord (Hrsg.): Landschaftspark Duisburg-Nord. Das Projekt, Duisburg 1992.

Sukopp, H./Kowarik, I.: Stadt als Lebensraum für Pflanzen, Tiere und Menschen, in: Winter, J./Mack, J., Herausforderung Stadt. Aspekte einer Humanökologie, Berlin 1988, S. 29-55.

Trepl, L.: Geschichte der Ökologie. Vom 17. Jahrhundert bis zur Gegenwart, Frankfurt a.M. 1987.

Trepl, L.: Ökologie - eine grüne Leitwissenschaft? Über Grenzen und Perspektiven einer modischen Disziplin, in: Kursbuch 74, Frankfurt a.M. 1983.

Ullrich, O.: Technik und Herrschaft. Vom Handwerk zur verdinglichten Blockstruktur industrieller Systeme, Frankfurt a.M. 1979.

Zhao, Y. u.a.: Zur Dosis-Wirkungs-Beziehung von arbeitslärmbedingtem Bluthochdruck, in: Bundesgesundheitsblatt Nr. 3, 1992, S. 133-134.

Tamara Frankenberger/Ute Soldansky

Bürgerschaftliche Projekte in der IBA - Das Beispiel Altenessener Forum

Das Stadtentwicklungsprojekt "Wohnen, Arbeiten, Freizeit und Kultur in Altenessen" des Altenessener Forums wurde im Jahre 1989 in die Internationale Bauausstellung Emscher Park aufgenommen. Es ist das einzige bürgerschaftliche Projekt in der IBA, das zunächst ohne ausdrückliche Zustimmung der Heimatgemeinde von der IBA gefördert wurde. An der Entwicklung dieses Projektes wird deutlich, wie weit die Beteiligungsmöglichkeiten von Initiativen und BürgerInnen an den "Erneuerungsstrategien" für die Emscherregion reichen und auf welche oft unüberwindbaren Barrieren sie bei der Umsetzung ihrer Ideen ohne starke Lobby stoßen. Die Projektidee des Altenessener Forums ist nicht nur im Zusammenhang mit der IBA zu sehen und zu verstehen. Vielmehr hat sie ihren Ursprung in einer langen Geschichte der Einmischung von Bürgerinitiativen in den Sanierungsprozess des Stadtteils Altenessen. Im folgenden Beitrag wird dieser Stadtteil im Essener Norden mit seinen spezifischen Strukturmerkmalen und die besondere Situation um das selbstverwaltete Zentrum Zeche Carl beschrieben. Weiterhin wird das Beziehungsgeflecht zwischen Altenessener Forum, IBA Emscher Park und der Stadt Essen thematisiert.

1. Der Stadtteil und die Geschichte der Einmischung

Altenessen war über ein Jahrhundert vom Bergbau geprägt, bis im Jahre 1973 mit Emil-Fritz die letzte Zeche stillgelegt wurde. Typisch für Ruhrgebietskommunen ist die Entwicklung der Bevölkerungszahlen. So hatte Altenessen im Jahr 1850 ca. 1.000 EinwohnerInnen und 1960 mit ca. 57.000 EinwohnerInnen seinen Höchststand. Heute zählt Altenessen 44.000 EinwohnerInnen. Bedingt durch den Verlust an Arbeitsplätzen im Bergbau, die nur teilweise durch die Schaffung neuer Arbeitsplätze im tertiären Sektor ausgeglichen werden konnten, zeichnen heute zahlreiche wirtschaftliche und soziale Probleme den Stadtteil: Wohnprobleme, d.h. fehlender Wohnraum und stark renovierungsbedürftiger Altbaubestand; extreme Umweltbelastungen, d.h. beliebter Standort für Entsorgungsanlagen wie Müllheizkraftwerk, Giftmüllverbrennungsanlage; höhere Arbeitslosigkeit als in der Gesamtstadt; zunehmende Armut, so ist die Zahl der von Sozialhilfe Betroffenen mit 8 % (gemessen an der Bevölkerung) um 2 % höher als in der Gesamtstadt. Der häufigste Grund für Sozialhilfebezug ist die Arbeitslosigkeit. Der Anteil ausländischer MitbürgerInnen beträgt ca 11 % und ist somit fast doppelt so hoch wie in der Gesamtstadt. Die sozialen Probleme im Stadtteil verschärfen sich noch durch die zunehmende öffentliche Armut und die kommunale Strategie der Einsparung von sogenannten "freiwilligen Leistungen", die sich z.B. durch wiederholte Androhungen der Schließung von wichtigen sozialen Infrastruktureinrichtungen im Stadtteil bemerkbar machen.

Zur Zeit ist Altenessen letztes großflächiges Sanierungsgebiet in Nordrhein-Westfalen. Seit Anfang der 70er Jahre existieren die Sanierungspläne für Altenessen und seitdem mischen sich Initiativen in die Stadtentwicklungsprozesse ein.

1.1 Die Initiative Zentrum Zeche Carl

Um die miserable Freizeitsituation in Altenessen zu verändern, gründete sich im Jahr 1977 eine Jugendzentrumsinitiative, der auch einige sozial engagierte Pfarrer, Denkmalschützer, Architekten und SozialarbeiterInnen angehörten. Ihr Blick war auf die Gebäude der Zeche Carl gerichtet. Die Schachtanlage mit dem Gebäudeensemble liegt im Zentrum von Altenessen und sollte nach erklärtem Willen von Politik, Wirtschaft und Verwaltung Ende der 70er Jahre abgerissen werden. Es ist der Verdienst der "Initiative Zentrum Zeche Carl" (IZZC), wenn heute mehrere Busse in der Woche auf dem Zechenplatz vorfahren - besetzt mit Menschen aus verschiedenen Ländern und mit unterschiedlichen Motiven -, um hier eines der wichtigsten industriegeschichtlichen Denkmale der Emscherzone zu besichtigen: den ältesten erhaltenen Malakowturm des Ruhrgebietes (1855-1861), das Maschinenhaus, das Wirtschaftsgebäude mit Waschkaue und das Kesselhaus mit Schornstein. Die einzigartige Vollständigkeit dieser Bergbauanlage, die seit dem Jahre 1985 unter Denkmalschutz steht, wird auch noch späteren Generationen einen Eindruck von Schachtanlagen des Ruhrbergbaus vermitteln können. Neben den erwähnten Übertagebauten sind die arbeitsplatznahen Wohnungen und das Erschließungselement Eisenbahn noch vorhanden - heute als Rad-und Fußwege umgenutzt.

Vier Jahre dauerte es, bis die Initiative mit 60.000,- DM und vielen argwöhnischen Blicken ausgestattet die Renovierung eines Teils des Wirtschaftsgebäudes begann. Hunderte von Gesprächen, Verhandlungen, Briefen, Konzepten, Baukostenschätzungen, Umbauplänen waren vorausgegangen, begleitet von Skepsis, Mißtrauen bishin zu Diffamierungen einzelner Personen.

Gänzlich unbequem wurde die Initiative, als sie sich nicht nur ihrem ursprünglichen Ziel - dem Erhalt der Zeche Carl und Einrichtung eines Zentrums - widmete, sondern sich auch aktiv in die Stadtteilentwicklungsplanung einmischte.

1.2 Die Sanierung von Altenessen

Bereits im Jahr 1976 wurde Altenessen als "Mittelzentrum" ausgewiesen. Der Verkehr sollte durch Altenessen fließen, denn die Arbeitskräfte mußten nach dem endgültigen "Aus" für den Bergbau in Altenessen mobiler werden. Als im Januar 1979 die Stadtverwaltung den Altenessener BürgerInnen ihr "Städtebauliches Entwicklungskonzept" für Altenessen vorstellte, wurde vielen klar, was die Worte eines Stadtplaners bedeuteten: "Altenessen wird so verändert, daß es in 20 Jahren niemand wiedererkennt". Fürwahr - gigantische Neubauvorhaben, sechsspurige Straßen, eine Autobahn, die U-Bahn, ein dreimal vergrößertes Einkaufszentrum auf der einen Seite und Abriß und Asphaltierung auf der anderen Seite. Der geplante Abriß der Zeche Carl (außer dem Förderturm) und einigen Arbeitersiedlungen zeigten den geschichtslosen Umgang der PlanerInnen mit dem Stadtteil. Jahrzehntelang gewachsene Strukturen sollten zerstört werden und Zeichen neuer Lebensqualität waren nicht zu erkennen. Unter diesen Vorzeichen wurde Altenessen Sanierungsgebiet.

Die Initiative Zentrum Zeche Carl begann mit dem langwierigen Kampf gegen das Stadtentwicklungskonzept Altenessen. Dabei ging es längst nicht mehr ausschließlich um die Zeche Carl, sondern die Lebensqualität des gesamten Stadtteils war in Gefahr.

1.3 Bürgerinitiativen

Im Frühjahr 1979 gründete sich die "Bürgerinitiative Altenessen gegen Stadtteilzerstörung". Unter dem Motto "Altenessen darf nicht sterben", "Stoppt die Bagger" und "Altenessen nicht zerstückeln, sondern entwickeln" (analog zum SPD-Wahlkampfslogan "Den Essener Norden entwickeln" des Jahres 1978) verteilte die Initiative z.B. eine "Abbruch-Liste", auf der detailliert alle Zerstörungen aufgelistet waren. Der gleichzeitigen Einladung zur öffentlichen Bürgeranhörung folgten über 600 BürgerInnen.

Neben den Verkehrskonzepten und dem Erhalt der Zeche Carl galt der Hauptwiderstand der Verhinderung des Abrisses der "Lampferhofsiedlung" - der ältesten Arbeitersiedlung in Essen. Sie sollte einem Gewerbegebiet weichen. Der erste "Krakenarm" der IZZC hatte sich entfaltet - wie die GegnerInnen der Zeche sagen würden, von denen die Zeche bis heute nur als "gefräßige Krake" oder "Faß ohne Boden" betrachtet wird.

Als die IZZC im Jahr 1981 "ihre Zeche" bezog und Stück für Stück die 3.200 qm umbaute und nutzte, konnte sie endlich Veranstaltungen unkomplizierter organisieren und anderen Gruppen Veranstaltungsmöglichkeiten bieten.

Die Verwurzelung im Stadtteil war und ist ein wichtiges Standbein des Zentrums Zeche Carl. Ein Forum für die Altenessener BürgerInnen, ein Ort der Auseinandersetzung, der Diskussion und der Erprobung von Widerstand - das ist die Idee der Zeche Carl. Im Rahmen der Stadtteilarbeit werden neben der "alltäglichen" Arbeit (wie z.B. Jugend- und Kinderarbeit oder Veranstaltungen), Bürgerinitiativen unterstützt und Projekte wie der "Altenessener Geschichtskreis" begleitet.

Aus der Aufbauarbeit ist unter anderem die Stadtteilzeitung "mittendrin" erwachsen, ein Sprachrohr der Bürgerinitiativen und eine wichtige Informationsbörse für die AltenessenerInnen.

Seit dem Jahr 1978 regt sich etwas im Essener Norden. Sind es die Erfolge der IZZC und der Bürgerinitiative gegen Stadtteilzerstörung, die anderen Menschen Mut zum Widerstand oder wenigstens zum Nachfragen macht? Oder ist es das gestiegene Bewußtsein in bezug auf Umweltschutz und Umweltbelastungen? Oder ist es die Zunahme der öffentlichen Armut, die die Leute auf die Palme treibt? Letzteres ist sicherlich das Hauptmotiv der "Bürgerinitiative Kuhlhoffbad". Die städtische Haushaltslage führte zur Vernachlässigung der Bäder - vor allem im Essener Norden - die Besucherzahlen sanken. Seit dem Jahr 1987 schwebt die drohende Schließung des Freibades wie ein Damoklesschwert über Altenessen. Aus welchen Motiven auch immer, seit Anfang der 80er Jahre haben sich verschiedene Bürgerinitiativen und Gruppen gebildet, um die Lebensqualität im Stadtteil zu verbessern oder wenigstens den Standard zu halten, so die Bürgerinitiative gegen eine weitere Autobahn, die A 52. Gegen eine noch stärkere Umweltbelastung im Essener Norden setzt sich die "Bürgerinitiative gegen Giftmüllverbrennung" ein.

Aber in Altenessen reagieren die Menschen nicht nur auf die vorgesetzten Planungen, sondern sie entwickeln selbst neue Ideen, so der "Verein Carl Stipendium e.V.", der sich für die Nutzung des Maschinenhauses der Zeche Carl als Großatelier für KünstlerInnen einsetzt oder der "Verein Medienhaus e.V.", der seit Jahren die Einrichtung eines Medienhauses im Malakowturm der Zeche Carl fordert. Selbst die Gewerkschaft HBV (Handel, Banken und Versicherungen) hat die noch ruhenden Potentiale im Umfeld der Zeche Carl früh erkannt. Seit dem Jahr 1984 setzte sie sich im Rahmen eines wohnungspolitischen Arbeitskreises für eine genossenschaftliche Neubausiedlung auf dem Ostgelände der ehemaligen Schachtanlage ein. Das Vorhaben wurde damals aufgrund von Altlastenfunden gestoppt. Im Zusammenhang mit dem Altenessener Forum konnte später ein alternatives Baugrundstück gefunden werden.

2. Altenessener Forum

Als im Jahr 1988 die von der Landesregierung NRW beschlossene IBA Emscher Park den ersten Projektaufruf startete, regte der wohnungspolitische Arbeitskreis der HBV eine Zusammenkunft der Initiativen an. Im September 1988 gründete sich das "Altenessener Forum e.V. - Verein zur Förderung der Stadtentwicklung und des Genossenschaftsgedankens". Mitglieder des "Dachverbandes" Altenessener Forum sind Vereine, Initiativen, Organisationen und Einzelpersonen, die sich schon seit Jahren aktiv für die Verbesserung der Lebensqualität in Altenessen einsetzen.

Ziel war und ist die Bündelung von Ideen, denen unterschiedliche Ansätze und Motivationen zugrunde liegen und die sich mit der zukünftigen Gestaltung des Stadtteils auseinandersetzen. Gefragt war deshalb auch neben der fachlichen Kompetenz von ArchitektInnen und PlanerInnen das Wissen von StadtteilexpertInnen und VertreterInnen anderer Organisationen im Stadtteil. Die gemeinsam erarbeitete Projektskizze - "Wohnen, Arbeiten, Freizeit und Kultur in Altenessen" - wurde vom Altenessener Forum bei der IBA Emscher Park im Juni 1989 zum ersten Projektaufruf eingereicht. Im Oktober 1989 erhielt das Projekt vom IBA-Lenkungsausschuß erste Priorität für den Ansatz der integrierten Stadtteilentwicklung und wurde in die Bauausstellung aufgenommen.

Das Konzept des Altenessener Forums ist ein Paket an Vorschlägen, die von der Sicherung von Freiflächen, über die Nutzung alter Gebäude bis hin zur Entwicklung von Rad- und Fußwegen reichen, sich gegen eine weitere Zerschneidung des Stadtteils richten und für eine ökologische, sozialverträgliche und lebendige Entwicklung des Stadtteils stehen. Das Gesamtprojekt liegt inmitten eines Grüngürtels, der sich in ost-westlicher Richtung entlang einer ehemaligen Eisenbahntrasse erstreckt und die Anbindung von östlichen und westlichen Wohnbereichen an das Zentrum ermöglicht. Über Fuß- und Radwanderwege und eine Reihe von Plätzen sind wichtige, soziale und kulturelle Infrastruktureinrichtungen miteinander verbunden. Der Erhalt einer alten Eisenbahnbrücke, der nur auf die Initiative von BewohnerInnen des Stadtteils zurückzuführen ist, bildet dabei ein wichtiges Verbindungsstück.

Die Entwicklung der einzelnen Bausteine des Gesamtprojektes zeigt, wie aufwendig, langwierig, schwierig und nervtötend der Weg zur Realisierung von bürgerschaflichen Projekten innerhalb der IBA ist, welche Erfolgschancen überhaupt bestehen und welche oft unüberwindbaren Barrieren sich bei der Durchsetzung auf kommunaler Ebene auftürmen.

2.1 Projektbausteine

Das Bäderkonzept

Ausgangspunkt des Bäderkonzepts sind die zwei Bäder im Stadtteil - ein Hallenbad im Stadtteilzentrum und ein Freibad im Osten -, die stark modernisierungsbedürftig sind. Die Stadt beabsichtigte aufgrund geringer Besucherzahlen mindestens eines der beiden Bäder zu schließen. Das Altenessener Forum plant die Umnutzung des Hallenbades zu einer Frischmarkthalle oder einem Bürgerforum. Für eine der beiden Nutzungsvorschläge bietet sich eine Stahlbauhalle, ebenfalls im Zentrum, an. Das Kuhlhoff-Freibad soll zu einem kombinierten Hallen- und Freibad umgebaut werden. Für den Erhalt des Freibades spricht neben der landschaftlichen Attraktivität des Grundstückes auch, daß neuerdings kinderreiche Familien ins Einzugsgebiet zugezogen sind. Obwohl das im November 1990 vorgelegte Bädergutachten den Erhalt beider Bäder vorschlägt, bzw. sich sogar die Alternative "Kombi-Bad" vorstellen kann, zeichneten sich bis zum Juli 1992 keine umsetzungsfähigen Entscheidungen ab. Die inhaltlichen und baulichen Vorstellungen der Bürgerinitiative und des Altenessener Forums wurden von Politik und Verwaltung zwar nicht verworfen, sondern von Altenessener SPD-Funktionsträgern unterstützt. Aber die Weiterentwicklung der Idee stagnierte an dem Punkt der Finanzierbarkeit. Aufgrund leerer Kassen sollten zuerst Investoren gefunden werden. Im Juli 1992 fiel dann überraschend im Rat der Stadt Essen die Entscheidung für das Kombi-Bad. Oder auch nicht überraschend, da im April 1992 ein Wechsel an der SPD-Fraktionsspitze stattfand und der neue Fraktionschef tiefverwurzelter Altenessener ist. Nun hat die Verwaltung den Auftrag bis Ende dieses Jahres ein realisierbares Konzept vorzulegen. Es bleibt abzuwarten, ob sie Finanzierungswege aufzeigen wird, die unsere Prognose, daß in den nächsten drei Jahren im Bereich der Bäder keine endgültigen Beschlüsse gefällt werden, Lügen straft.

Abb. 1:   Malakowturm der Zeche Carl. Fotograph: Helmut Lindemann, Essen.

Das Medienhaus

Seit dem Jahr 1987 setzt sich der Verein "Medienhaus e.V." für den Umbau des Malakowturmes und seine Nutzung als lokale und regionale Einrichtung ein. Sie soll sich der aktuellen und kontinuierlichen Herstellung, Verbreitung sowie Archivierung der Medien (wie Film, Video, Foto, Audio- oder Printmedien) widmen. Konkret geht es dabei um die Vernetzung von nichtkommerziellen bzw. gemeinnützigen und kommerziellen Betrieben und Institutionen. Im November 1990 fanden sich mehrere Firmen aus der Medienbranche, die gegenüber der Stadt Essen ihr ernsthaftes Interesse erklärten, hinter dem Malakowturm stufenweise in ca. 3000 qm Betriebsfläche zu investieren. Vorbedingung hierfür wäre die Restaurierung des Malakowturmes seitens der Stadt Essen für die Nutzung durch gemeinnützige Mediengruppen. Vor der Sommerpause 1991 sollte ein diesbezüglicher Ratsbeschluß herbeigeführt, und von der eigens eingerichteten Arbeitsgruppe "Medienhaus" (mit VertreterInnen aus Politik und Verwaltung) vorbereitet werden. Zwischenzeitlich wurden allerdings von der Stadt Essen die Vorbedingungen hierfür völlig verkehrt: Zuerst sollten die Investoren verbindlich ihre Bauabsicht erklären, dann würde die Stadt Essen prüfen, ob der Malakowturm restauriert würde. Aufgrund der Meinungsverschiedenheiten zu diesem Thema wurde ein Ratsbeschluß bis heute nicht herbeigeführt. Die Investorengruppe sucht inzwischen wegen der zeitlichen Verzögerungen auch nach anderen Standorten. Die Vorgehensweise von Politik und Verwaltung erscheint angesichts der Zusagen absurd, mit denen oft andere Investoren gelockt werden, um sie an den Standort Essen zu binden. Zugleich wird eine Chance vertan, daß sich neue Betriebe aus der zukunftsweisenden Medienbranche in Essen ansiedeln.

Das Maschinenhaus

Das ehemalige Maschinenhaus der Zeche Carl soll zu einem Forum für KünstlerInnen ausgebaut werden, d.h. es sollen Ausstellungsraum, Atelierraum, Produktions- und Aufführungsstätte für freie Theatergruppen geschaffen werden. Schon seit dem Jahr 1985 arbeitet der Kunstförderverein "Carl Stipendium e.V." erfolgreich in diesem Gebäude. Ziel des Vereins ist es, den Dialog zwischen KünstlerInnen und Publikum zu unterstützen, zu fördern und neue Formen der Kunstvermittlung zu entwickeln. Im Jahr 1988 mußte der Verein aufgrund des schlechten baulichen Zustandes der Halle seine künstlerischen Aktivitäten einschränken und konzentrierte sich stärker auf die Realisierung der notwendigen

Abb. 2:   Maschinenhalle der Zeche Carl. Fotograph: Helmut Lindemann, Essen.

Renovierung. Seit Frühjahr 1990 liegt der Kommune eine Bewilligung zur Finanzierung des Umbaus aus dem Stadterneuerungsprogramm vor. Der Umbaubeginn war schon mehrfach anvisiert. Die letzte Absichtserklärung nennt den Herbst 1992 als Baubeginn. Die von der Stadt Essen befürchteten Folgekosten bei der Nutzung durch das "Carl Stipendium" betragen bei einer miet- und energiekostenfreien Überlassung ganze 12.000 DM pro Jahr. Bisher ist eine positive Entscheidung der Stadt Essen, diese Kosten zu tragen, nicht in Sicht.

Das genossenschaftliche Wohnprojekt

Der im Jahr 1989 gegründete "Bauverein Zeche Carl" scheiterte mit seinem geplanten genossenschaftlichen Wohnprojekt aufgrund der bestehenden Förderrichtlinien und der Finanzierungsprobleme. Realistisch wäre die Umsetzung des Projekts nur gewesen, wenn sie sich z.B. an das Oberhausener Modell der "Siedlung am Ruhrufer" angelehnt hätte. Dort ist die Stadt Oberhausen Genossin geworden und hat die Hälfte des Grundstückes als eigenen Anteil in die Genossenschaft eingebracht und den anderen Teil in Erbbaupacht vergeben. Die Stadt Essen hat keine positiven Signale zur Finanzierung dieses Vorhabens gesendet. So gehört ein Drittel des Grundstückes der Stadt Essen und zwei Drittel der Hoesch AG, aber diesen Trumpf und die damit verbundenen Möglichkeiten hat die Stadt Essen nie in die Verhandlungen eingebracht. Stattdessen ist es ihre erklärte Absicht, das Grundstück Wüllnerskamp als Ausgleichsgrundstück mit der Hoesch AG zu tauschen. Selbst in der neuen Projektphase, in der das Wohnprojekt mit veränderten Bedingungen im Rahmen des öffentlich-geförderten Wohnungsbaus realisiert werden soll und in diesem Zusammenhang Verbindungen mit der städtischen Wohnungsbaugesellschaft aufgenommen wurden, zeigte sich die Stadt Essen nicht besonders interessiert. Im Vordergrund der veränderten Projektidee stehen die Mitbestimmung der MieterInnen in der Planungs- und Wohnphase, alten-, behinderten- und kindgerechter Ausbau von Wohnungen und Wohnumfeld, ökologisch-orientiertes Bauen und Nutzen und sozialintegrative Ansätze (mit gemischter Bewohnerstruktur). Es fanden zahlreiche positive Gespräche mit einer städtischen Wohnungsbaugesellschaft statt, die ihr Interesse signalisierte. Die erwähnte Wohnungsbaugesellschaft zeigte zwar Interesse an dem Projekt, aber bis heute konnten im Endeffekt nicht einmal erste Schritte zur Realisierung unternommen werden, da die Verkaufsverhandlungen für das gewünschte Grundstück noch nicht erfolgreich waren. Die ehemaligen Mitglieder des Bauvereins mußten sich aufgrund der unklaren Situation anderweitig orientieren.

Die Beschäftigungsinitiative

Das verbindende Element des Gesamtprojektes ist ein "Beschäftigungs- und Qualifizierungsprojekt für Langzeitarbeitslose" aus dem Stadtteil Altenessen. Arbeitslose sollen in Zusammenarbeit mit lokalen Handwerksbetrieben an den anstehenden Umbau- und Begrünungsmaßnahmen beteiligt werden. Angesichts einer hohen Zahl von Erwerbslosen im Stadtteil erschien es dem Altenessener Forum sinnvoll, zusätzliche Arbeitsplätze für besonders Benachteiligte zu schaffen, um ihnen so den Anschluß an den ersten Arbeitsmarkt zu ermöglichen. Im August 1990 wurde der Trägerverein "Altenessener Handwerker Initiative e.V." (AHI) gegründet. Die Mitglieder sind örtliche Handwerksbetriebe und Einzelpersonen aus dem Stadtteil. Nach mühseliger Klein- und Überzeugungsarbeit konnte dieses Projekt im November 1991 realisiert werden. Heute arbeiten zwölf Langzeitarbeitslose in Kooperation mit einem örtlichen Handwerksbetrieb an der Grünflächengestaltung auf dem Gelände der Zeche Carl und im näheren Umfeld. Sie werden von einem fachlichen Anleiter, einem Sozialpädagogen, einer Geschäftsführerin und einer Verwaltungsfachkraft betreut. Die Gründe für den Erfolg des Projektes sind sicherlich darin zu suchen, daß die Arbeitsverwaltung sehr schnell den modellhaften Charakter des Projektes erkannte, die Kommune sich keiner zusätzlichen finanziellen Belastung ausgesetzt sah (die Mittel fließen aus Förderprogrammen der "Bundesanstalt für Arbeit", aus dem Fonds der "Evangelischen Landeskirche Rheinland" und aus dem erwirtschafteten Eigenanteil) und zugleich ihr "soziales" Gewissen beruhigen konnte, etwas gegen Arbeitslosigkeit zu tun. Die geplante Ausweitung und Sicherung des Projektes ist weiterhin ungewiß, da Folgeaufträge wie Maschinenhaus und Malakowturm bisher nicht gesichert sind.

3. IBA Emscher Park und die Essener Kommunalpolitik

3.1 Die IBA Emscher Park

Die Projektentwicklung

Nach der Anerkennung durch die IBA (erste Priorität der Realisierungsebenen) begann für das Altenessener Forum eine neue Etappe der ehrenamtlichen Arbeit. In der Planungsphase der IBA waren noch "ortsnahe Projektgruppen" mit Planungsstellen vor Ort angedacht. Da dafür keine Stellen eingerichtet wurden, mußte das Altenessener Forum auf die leidigen Arbeitsbeschaffungsmaßnahmen zurückgreifen, da die anfallende Arbeit auf ehrenamtlicher Basis nicht zu bewältigen war. Über ein halbes Jahr mußte der Verein die Betriebsmittel selbst finanzieren, bis die Bewilligung durch den Rat und Anweisung durch die Stadtkasse erfolgte (die Mittel kamen aus dem Fördertopf Stadterneuerung des Landes). Für das Forum ein kräfteraubender und manchmal erniedrigender Prozeß. Die Summen, um die es sich in solchen Verhandlungen dreht, erscheinen angesichts großer, milliardenschwerer Projekte im Umstrukturierungsprozeß lapidar. Aber für Initiativen geht es um Sein oder Nichtsein. Heute steht das Forum erneut vor dem Problem, die Arbeit kontinuierlich weiterzuführen, da die ABM-Stellen nach der üblichen Dauer von zwei Jahren ausgelaufen sind. Neben dem negativen Effekt, der personelle Diskontinuitäten für das Projekt mit sich bringt, muß erneut ein Kampf um ABM-Gelder, Spitzenfinanzierungen durch die Stadt Essen und um Betriebsmittel geführt werden. Und das führt zu Ermüdungserscheinungen bei den ohnehin stark beanspruchten Vereinsmitgliedern.

Bis heute ist das Altenessener Forum das einzige rein bürgerschaftliche Projekt in der IBA. Andere Projekte wie "FRIEDA" in Oberhausen, "Zeche Helene" in Essen, "Hüttenbetrieb Meiderich" in Duisburg oder "Korte-Düppe-Siedlung" in Herne haben ebenfalls bürgerschaftliche Ansätze, aber sie stehen in einer direkten Kooperation mit der Kommune, dem Stadtsportbund oder einer Wohnungsbaugesellschaft. Diese verfügen nicht nur über Planungskapazitäten und Startkapital, sondern die EinreicherInnen sind auch anerkannnte AnsprechpartnerInnen auf den verschiedensten Verhandlungsebenen. Initiativen ohne eine derartige Kooperationsmöglichkeit haben kaum Realisierungschancen. Von der Kommune - d.h. Verwaltung und Politik - oder von Konzernen kann eine Unterstützung kaum erwartet werden, wenn einerseits nicht der kurzfristige ökonomische oder politische Gewinn auf der Hand liegt. Die meisten Ideen von Bürgerinitiativen oder Vereinen beinhalten aber die Aufwertung des Wohnumfeldes bzw. die Linderung von sozialen Mißständen. Diese prozeßhaften Veränderungen bedeuten eher einen langfristigen ökonomischen Effekt. Andererseits liegen die Profilierungsvorstellungen solcher Träger kontrovers zu dem von den Initiativen gewünschten gleichberechtigten Umgang miteinander.

Daß bis heute überhaupt einige Projekte realisiert (etwa die Beschäftigungsinitiative) oder auf die Bahn gebracht bzw. auf ihr gehalten wurden (wie das Maschinenhaus oder das Kuhlhoffbad), ist sicher der Professionalisierung des Altenessener Forums zu verdanken. D.h., im Endeffekt haben bürgerschaftliche Projekte nur dann eine Realisierungschance, wenn sie ihre Planungs- und Organisationsarbeit bezahlt bekommen und dazu hat nicht jeder Verein die Möglichkeit. Ein weiterer Aspekt der Realisierungschancen ist die Tragfähigkeit der Projektidee. Die Einschätzung der IBA, ob eine Projektidee tragfähig ist oder nicht, steht in direkter Abhängigkeit zur Stellung dieser Idee innerhalb der Politik der jeweiligen Kommunen. Warum wurde also die Projektidee des Altenessener Forums von der IBA mit der ersten Priorität versehen, d.h. als tragfähig erachtet?

Die Projekte des Forums versprachen hohe Realisierungschancen, weil

a) das Altenessener Forum auf eine über zehnjährige Kontinuität der Einmischung in Stadtteilentwicklungsprozesse verweisen konnte,

b) die Projekte z.T. schon lange diskutiert wurden (vgl. die Teilprojekte Maschinenhaus, Medienhaus, Genossenschaftssiedlung oder Kuhlhoffbad) und teilweise eine positive Resonanz im administrativen (z.B. beim Amt für Entwicklungsplanung, das auch den IBA-Beauftragten stellt) und politischen Raum vorhanden war; und nicht zuletzt, weil

c) politische Entscheidungsträger (wie die Bezirksvertretung, Ratsherren oder Landtagsabgeordnete) und gesellschaftlich wichtige Gruppen (etwa die evangelische Kirchengemeinde, die GIB,[1] die GEWOS,[2] der Gaststättenverband, der Einzelhandelsverband, die AOK, der Verband der Markthändler und die Gewerkschaft HBV) an der Erstellung der Projektskizze beteiligt waren.

Welche Bürgerinitiative kann schon solch eine "günstige" Konstellation vorweisen? Zudem brauchte die IBA unseres Erachtens das Altenessener Forum als Feigenblatt für die angekündigte Beteiligung und den Aufruf zur Mitarbeit der BürgerInnen in der Form eines "bunten Vogels". Das war sie ihrem Memorandum schon schuldig.

Die Weiterarbeit mit der IBA

Das Projekt "Altlasten auf dem Ostgelände der Zeche Carl" fiel sehr früh hinten runter. Die Kommune hatte eh keine finanziellen Möglichkeiten - die Sanierung wurde auf 20 Millionen DM geschätzt. Die IBA hat das Problem weitgehend ausgeklammert. Es ist keine Frage, daß bezüglich der Altlasten-Problematik bis heute keine Lösungen vorliegen. Aber das Thema ad acta zu legen, scheint uns erst recht keine Lösung. So hat die im Memorandum (vgl. MSWV, 1988, S. 56) vorgeschlagene Werkstatt nie stattgefunden und der entsprechende Arbeitskreis "Altlasten" tagt längst nicht mehr (vgl. den Beitrag von F. Claus/Ch. Weingran in diesem Band).

Das Projekt "Beschäftigungsinitiative" war sich selbst überlassen. Die IBA ist der gesellschaftlichen Bedeutung dieses Problems nicht gerecht geworden, indem sie eine (!) Stelle in ihrem Personalbudget schuf, die neben allen kulturellen und sozialen Projekten auch Beschäftigungsinitiativen betreuen sollte. Offenbar ist dieser Kritikpunkt gehört worden: Die IBA hat eine weitere Stelle für Beschäftigungsförderung im Frühjahr 1992 besetzt.

---

[1] GIB: Gemeinnützige Gesellschaft zur Information und Beratung örtlicher Beschäftigungsinitiativen und Selbsthilfegruppen mbH.
[2] GEWOS: Institut für Stadt-, Regional- und Wohnforschung GmbH.

Das Projekt "Genossenschaftssiedlung" wurde bereits in der ersten gemeinsamen Sitzung mit der IBA abgelehnt, indem Karl Ganser (der IBA-Geschäftsführer) sagte: "Wer bauen will, muß Geld haben." Das Forum hatte wohl das Memorandum in diesem Punkt falsch interpretiert, wenn dort zu lesen ist, daß ein zentraler Arbeitsbereich des Leitprojektes "Neue Wohnformen und Wohnungen" "die Demonstration gemeinschaftlicher Wohnformen unter Belebung des Genossenschaftsgedankens" sei (MSWV, 1988, S. 50).

Das Projekt "Maschinenhaus" vom "Carl Stipendium" wurde im großen und ganzen auf das aufkommende Mäzenaten- und Sponsorentum verwiesen. Die gesamte alternative Kulturszene ist ja mittlerweile von diesem Gedanken fasziniert. Daß Sponsoring in die Abhängigkeit führen kann, steht auf einem anderen Blatt. Denn Sponsoring kann zum Verlust der Gemeinnützigkeit führen. Sie ist dann schwer wieder zu erlangen, wenn Kultur-Sponsoring auf einmal nicht mehr "en vogue" ist. Die Forderung nach "Staatsknete" und nach der Verantwortung der öffentlichen Hand wird heute nur noch müde belächelt - nicht nur von öffentlichen Geldgebern.

Eindeutige Unterstützung hat das Altenessener Forum in seiner Öffentlichkeitsarbeit von der IBA erfahren. Zwei Veranstaltungen (vgl. ein Werkstattgespräch zum Maschinenhaus und das Stadtteilfest) konnten mit finanzieller Unterstützung der IBA durchgeführt werden. Dies gilt auch für den Druck eines Faltblatts. Insgesamt war es eine fruchtbare Zusammenarbeit, und sympathisch-intelligente GesprächspartnerInnen sind die Leute von der IBA allemal.

Ein Manko ist unseres Erachtens das festgeschriebene Öffentlichkeitskonzept (das Marketing-Konzept) der IBA. Es läßt in der Gestaltung (z.B. von Broschüren, Faltblättern und Plakaten) kaum Spielräume für eigene Gestaltungsideen.

Unser vordringlichster Konflikt mit der IBA aber ist, daß sie sich eben nicht in den Konflikt begibt - in den Konflikt mit der Essener Kommunalpolitik.

3.2 Die Essener Kommunalpolitik

Erklärter Wille der IBA ist, daß kein Projekt gegen den Willen der zuständigen Kommune durchgesetzt werden soll; d.h. unsere Hoffnung, daß sich die IBA in den republikweit bekannten Essener "Filz" begibt, hat sich nicht erfüllt.[3] Stattdessen müssen wir uns auf den schwer durchschaubaren Ebenen der kommunalen Strukturen bewegen, um Projekte umzusetzen. Der erste entscheidende Schritt ist die Befürwortung des Projektes im zuständigen Arbeitskreis der SPD-Fraktion.[4] An dieser Stelle ist bereits ein Teil der Gratwanderung in der realexistierenden Kommunalpolitik geschafft. Die Machtzentrale ist der Kreis der EntscheidungsträgerInnen in der SPD-Mehrheitsfraktion, und ein Projekt hat wenig Chancen weiterentwickelt zu werden, wenn nicht einige dieser EntscheidungsträgerInnen zumindest Interesse zeigen. Die Gratwanderung der Initiativen besteht darin, sich einerseits auf diese Prozedur einlassen zu müssen, wenn die Projekte Wirklichkeit werden sollen und sich andererseits aufgrund von Zusagen nicht einvernehmen zu lassen und der "Sand im Getriebe" zu bleiben.

---

3   Vgl. T. Schumacher, Christian Wernicke, DIE ZEIT vom 13.03.1989, Der Fall Essen: Frust und Filz und gute Freunde: "Die Symbiosen von politischen Bürokratien und detailorientierten Ratsexperten durchziehen das Rathaus mit einem informellen Netz von Fachbrüderschaften, die sich und ihrem jeweiligen Politikfeld Prestige und Finanzmittel sichern. Wenn Ausschußvorsitzende, Amtsleiter und Interessengruppen per Koalition ihre Besitzstände verteidigen, provozieren leere Gemeindekassen und Haushaltsdefizite in einer strukturschwachen Stadt wie Essen zwangsläufig Krisen."

4   Vgl. ebd.: "Nicht nur bei heiklen Personalfragen, auch bei Sach- und Fachthemen regieren die vertraulichen Arbeitskreise der SPD. Hierhin werden Beigeordnete, Amtsleiter, bisweilen gar Sachbearbeiter zitiert, um ihre Ideen und Pläne vorzutragen. (...) was als Konsens den Kreis verläßt, ist kaum noch zu ändern (...)"

Die erste Reaktion auf die Verleihung der ersten Priorität an die Projektideen des Altenessener Forums war äußerst verhalten. Ehrliche Freude konnten wir außerhalb des Forumskreises nicht wahrnehmen. In der Altenessen-Kommission (ein begleitendes Organ der Sanierung Altenessens) sprach einer aus, was sicherlich viele dachten: "Müssen wir eigentlich tun, was die IBA sagt?" Da half auch nicht, daß das Forum durch einige Mitglieder zumindest in die Peripherie des SPD-Mehrheitsblocks eingebunden war.[5] Was passierte nun mit der unabänderlichen Tatsache, daß sich Verwaltung und Politik mit den Projekten und mit dem Altenessener Forum auseinandersetzen mußten?

Zuerst wurde das Gesamtprojekt in einzelne Bausteine zerlegt und mit den verschiedensten "Hausaufgaben" belegt. So wurden für die Beschäftigungsinitiative und das Maschinenhaus Betriebs- und Finanzierungskonzepte geschrieben. Trotz der zum Teil eilig geforderten Konzepte erhielt das Forum kaum Stellungnahmen. Stattdessen folgten Gespräche, Arbeitskreise, weitere Gutachten. Seit drei Jahren (und ungeachtet der oft mehrjährigen Vorarbeit von vielen Projekten) werden Entscheidungen vertagt, undurchschaubar für "outsider" der kommunalen Betriebsamkeit. Trotzdem schaltete sich das Forum immer wieder in das Kompetenzgerangel, die Sensibilitäten zwischen den verschiedenen zuständigen Stadtämtern ein und warb es um Interesse bei den wichtigen politischen EntscheidungsträgerInnen. Sicher gab und gibt es KommunalpolitikerInnen, die gegenüber dem Forum aufgeschlossen sind und die punktuell die Interessen des Forums auf der Verwaltungsebene oder in kommunalen Arbeitskreisen vertreten. Aber diese sind aufgrund ihrer Mehrfachfunktionen oft überlastet oder bekommen sogar Druck aus ihrer eigenen Fraktion. Einige wendeten sich vom Forum auch ab, als das Engagement im Altenessener Forum für sie keinen kurzfristigen persönlichen Erfolg in Aussicht stellte und die Initiative sich angesichts der endlos erscheinenden Mühlen ungeduldig zeigte.

Da das Gesamtprojekt derart in seine Einzelteile zerlegt ist, haben wir manchmal die Befürchtung, daß die Grundidee - die Verbesserung der Lebensqualität in Altenessen als Resultat des notwendigen Zusammenwirkens aller Projekte - verloren geht. Zudem fehlt in Essen eine durchsetzungsfähige Lobby in Politik und Verwaltung für förderungsabhängige Projekte. Die Frage nach der Wirtschaftlichkeit rückt immer stärker in den Vordergrund und hat sich seit dem Jahr 1988 weiter verschärft. Damit hat sich die Ausgangssituation des Altenessener Forums im Vergleich zu seinen Anfängen negativ verändert. Die Orientierung der politischen EntscheidungsträgerInnen auf wirtschaftliche Projekte hat direkte Konsequenzen für die Projekte des Altenessener Forums. KommunalpolitikerInnen, die die soziale Frage in dieser Stadt noch stellen, haben in ihrer Fraktion oft eine isolierte Stellung. Das auf kurzfristigen Erfolg und ökonomischen Gewinn gerichtete Denken übersieht den langfristigen und Lebensqualität schaffenden Gewinn von sozialen und kulturellen Projekten. So wird bis heute von vielen PolitikerInnen und städtischen Angestellten das Zentrum Zeche Carl als "Faß ohne Boden" betrachtet. Aber die Zeche Carl ist längst kein reines Zuschußprojekt mehr. Ihre Gesamteinnahmen belaufen sich im Jahr auf ca. drei Millionen DM, davon erwirtschaftet sie 62 % selbst, d.h. nur 38 % sind öffentliche Zuwendungen (24 % städtische Zuschüsse und 12 % anderweitige Zuschüsse vom Arbeitsamt, Amt für Zivildienst, Land/Bund für Veranstaltungen u.a.m.). Über 22 Personen arbeiten hier in einem sozialversicherungspflichtigen Angestelltenverhältnis. Hinzu kommen 40 Honorarkräfte. An das Finanzamt, Krankenkassen sowie Berufsgenossenschaft werden ca. eine halbe Million DM jährlich von der Zeche abgeführt. Dies schreiben wir nur, um zu verdeutlichen, wie sich aus einem ehemals reinen Zuschußbetrieb in kurzer Zeit ein Wirtschaftsunternehmen entwickeln kann, das zudem wichtige soziale Aufgaben wahrnimmt (wie z.B. Kinder-, Jugend- und diverse Beratungsarbeiten), die von der Stadt Essen, wenn überhaupt, nur mit einem viel höheren Kostenaufwand durchgeführt wer-

---

5   Vgl. R. Kirbach, DIE ZEIT vom 25.10.1991; hier: Zitat von A. Voß.

den könnten. Tatsache ist, daß viele Essener KommunalpolitikerInnen diesen Wirtschaftsfaktor immer noch nicht erkannt haben und sie deshalb meinen, sich nicht ernsthaft mit Projektideen wie denen des Forums auseinandersetzen zu müssen.

Die kurze Schilderung der verkrusteten kommunalen Strukturen dient hier nur der Beschreibung der Gratwanderung, auf der sich Initiativen bewegen, wenn sie sich in diese Strukturen begeben. Auf Eigeninitiative oder aktive Unterstützung der Verwaltung oder der politischen EntscheidungsträgerInnen zu hoffen oder zu warten, ist fatal.

Wenn sich die Initiativen nicht bewegen, bewegt sich nichts. Diese kommunalen Strukturen mit ihren ständigen zeitlichen Verzögerungen und schwer durchschaubaren Entscheidungsprozessen haben vielfältige Konsequenzen für die Initiativen. So sind die Wurzeln bzw. das Fundament vieler Bürgerinitiativen - wie das Altenessener Forum - im Stadtteil zu finden. Der mürbemachende Verwaltungsprozeß und die leeren Versprechungen aus dem politischen Bereich stoßen auf Unverständnis und zunehmende Ungeduld im Stadtteil und können zur Resignation der BürgerInnen führen, die diese Projekte befürworten. In diesem Zusammenhang haben wir uns oft gefragt, ob wir in unserer Verhandlungswilligkeit nicht zur Befriedung dieser "Unruhepotentiale" beitragen. Auf Dauer stehen Initiativen in diesem Prozeß in der Gefahr, ihre Verankerung und ihr Vertrauen im Stadtteil zu verlieren, die Voraussetzung für das Gelingen der Projekte ist.

Zudem kann das Kompetenzgerangel in der Verwaltung und die damit einhergehende Vertagung von Entscheidungen die Initiativen auch selbst abtöten, da sich die Realisierung der Projekte über Jahre hinzieht. Die abbröckelnde Initiativenbasis fällt dann wieder auf die Initiative negativ zurück und die Frage nach ihrer Existenzberechtigung wird dann von den Verursachern neu gestellt. Letztendlich verändern sich auf die Dauer die Voraussetzungen der Projekte, d.h. der Bedarf kann sich ändern und InitiatorInnen und Interessierte sind gezwungen, sich neu zu orientieren (vgl. die Lage der Investoren bezüglich des "Medienhauses" im Malakowturm oder des "Bauvereins Zeche Carl"). Nicht von ungefähr läßt sich daraus folgern, daß sich mit Hilfe dieser wohlbedachten Strategie einige Projekte von selbst erledigen sollen. Es ist alles eine Frage der Zeit und wer den längeren Atem hat. Und das ist noch längst nicht entschieden.

Literatur

MSWV: Der Minister für Stadtentwicklung, Wohnung und Verkehr des Landes Nordrhein-Westfalen: Internationale Bauausstellung Emscher Park. Werkstatt für die Zukunft alter Industriegebiete, Memorandum zu Inhalt und Organisation, Düsseldorf 1988.

DIE ZEIT: 13.03.1989 und 25.10.1991

Arnold Voß

Innenstadt West - oder wie Bochum endlich Großstadt werden könnte

1. Das Kruppgelände und die "Jahrhunderthalle"

Die Stadt Bochum und die Internationale Bauaustellung Emscher Park haben sich zum Ende des Jahres 1991 entschlossen, das nicht weit vom Rathaus an der Alleestraße gelegene ca 70 ha große Gelände der Kruppstahl AG stufenweise bis zum Ende dieses Jahrhunderts in einen Dienstleistungspark umzunutzen. Die zentrale Lage und die Größe des Gebietes verlangen jedoch - bevor man sich mit dem eigentlichen Nutzungskonzept befaßt, eine Einschätzung der mittel- bis langfristigen Entwicklungsperspektiven und Entwicklungsrestriktionen der Gesamtstadt Bochum, einem Oberzentrum im mittleren Ruhrgebiet. Genau an dieser Stelle setzen meine Anregung zum bisherigen Planungsverfahren und seinen Ergebnissen an. Alle bisherigen Veröffentlichungen betonen zwar die besondere Lage des Grundstücks, machen jedoch außer den üblichen Allgemeinplätzen keine Aussagen über

o   die künftige Entwicklung Bochums im "Reigen" der großen Hellwegstädte und der angrenzenden Emscherzonengemeinden sowie über

o   weitere innerstädtische Potentiale Bochums und deren möglicher Bezug zu möglichen Nutzungen auf dem Kruppgelände.

Die geplanten und z.T. bereits realisierten städtebaulichen Maßnahmen im Wettlauf mit den Städten Essen, Duisburg oder Dortmund um hochqualifzierte Neubewohner, Betriebe und Arbeitsplätze sind - bei aller Mühe, die sie die Bochumer Stadtpolitiker gekostet haben - erst einmal nicht mehr, als die anderen Konkurrenten auch machen (Beispiele hierfür sind die Anlage eines Kongreßzentrums, der Neubau von Hotels, die weitere Umgestaltung der Fußgängerzone und die Stationierung des Dauermusicals Starlight Express).

Deswegen geht mein Denkansatz von der Suche nach dem Besonderen der Stadt Bochum innerhalb der Region aus und definiert von daher auch die entwicklungsstrategische Funktion des Kruppgeländes. Dabei stelle ich weniger die einzelnen vorgeschlagenen Nutzungen als solche, wie z.B. das Angebot an Wohn- und Arbeitsplätzen, sondern die bislang vorgesehene Menge und räumliche Anordnung, sprich die städtebauliche Grundkonzeption des "Dienstleistungsparks Bochum West", in Frage.

Wichtiger als zusätzliche innenstadtnahe Bauflächen ist, so meine Leitthese, die Steigerung der innerstädtisch-urbanen Gesamtqualität, die speziell dieses Gelände auf Grund seiner zentralen Lage und Ausdehnung ermöglicht. Diese These schließt neue Bauflächen keineswegs aus, im Gegenteil. Sie setzt diese aber in einen höheren und langfristigeren Prioritätenzusammenhang und muß deshalb auch die städtebaulichen Leitlinien der Nutzung nach Qualität und Quantität bestimmen. Die dauerhafte und einschneidende Steigerung innerstädtischer Lebensqualität für die Bewohner der Stadt und ihrer Umgebung ist - bei ihrer gleichzeitigen Attraktivitätserhöhung für Neuinvestoren - eine einmalige historische Chance, die das Kruppgelände zusammen mit der Jahrhunderthalle bietet. Sie sollte nicht verpaßt werden.

2. Die Metropolisierungszwänge des Ruhrgebietes und ihre Auswirkungen auf die Stadt Bochum

Die Zukunftsperspektiven der Stadt Bochum hängen enger mit der Zukunft des Rhein-Ruhr-Ballungsraumes zusammen als den meisten Verantwortlichen der Stadt lieb ist.[1] Meine Grundfrage ist, ob sich das engere Ruhrgebiet zwischen Duisburg und Dortmund weiterhin als eine Einheit versteht, oder ob sich die Eigenstrategien vor allem der großen Städte der Hellwegzone zu konkreten Absetzbewegungen aus der "Gesamtstadt" verdichten.

Der Kampf der großen europäischen Städte um zukunftsträchtige Dienstleistungsarbeitsplätze wurde durch die Hauptstadtentscheidung der Bundesregierung ein weiteres Mal verschärft und vergrößerte auch auf nationaler Ebene die Konkurrenz zwischen den Städten. Diesbezüglich sind die Chancen im Rhein-Ruhrgebiet eindeutig verteilt. An oberster Stelle stehen hier die Städte Köln und Düsseldorf sowie die Großgemeinden des Reviers, die eine möglichst schnelle Verbindung zu ihnen und insbesondere zu ihren Flughäfen herstellen können. Gemeint sind Essen und Duisburg. An zweiter Stelle folgt Dortmund, das zwar nicht die Nähe zur Rheinschiene, dafür aber neben den hohen Eigen- und Umlandpotentialen über eine schnelle Verbindung zur neuen Nord-Süd-Entwicklungsschiene München/Frankfurt/Kassel/Berlin verfügt.

Bochum erweist sich als die Großgemeinde mit den geringsten Eigenpotentialen und der schwächsten internationalen Anbindung. Was innerhalb des engeren Ruhrgebiets im ersten Moment als geographisch optimale Mittellage erscheint, kann im Kontext dieser überregionalen Beschleunigungs- und Zentralisierungstendenzen ohne weiteres zur Randlage geraten. Mit einem Satz: Die Stadt Bochum ist trotz ihrer Hellwegzonenlage - bei Strafe ihrer weiteren Marginalisierung - auf großstädtische Attraktivitätszuwächse angewiesen. Dies ist auch von den Kritikern der bislang von der Stadt ergriffenen und oben beispielhaft aufgezählten "Großstadtmaßnahmen" zu akzeptieren. Andererseits ist zu fragen, ob eine Stadt wie Bochum nicht gerade durch die Strategie - was die anderen Großen haben, brauchen wir auch - Gefahr läuft, weder ihre Arbeitsplatz- und Armutsprobleme zu lösen, noch den leider nicht zu vermeidenden Konkurrenzkampf mit den anderen Ruhrgebietsgroßstädten zu ihren Gunsten zu entscheiden.

Wenn es also einerseits einen Zwang zum Großstädtischen gibt, andererseits aber das Hinterherlaufen hinter den anderen nicht viel nutzt, so gilt es sich auf das zu besinnen, wo die Stadt selbst einen Vorsprung vor anderen besitzt, den es womöglich auszubauen gilt. Es gilt sich aber auch nach Kooperationspartnern umzuschauen, die eine realistischere und auf die eigenen gewachsenen Potentiale setzende Konkurrenzstrategie mittragen und unterstützen könnten.

3. Das Nord-Süd-Problem des Ruhrgebiets als Kooperationschance

Während der Bochumer Süden vor allem im Ruhrtal und darüber hinaus besondere landschaftliche Qualitäten bietet, liegt in Herne ein für die Zentralentwicklung der Stadt bedeutsames Einwohner- und Kaufkraftpotential, das seit der ersten Dienstleistungskonzentrationswelle innerhalb der Region zum unmittelbaren Einzugs- und vor allem Einpendlerbereich der Stadt gehört.

---

[1]   Siehe ausführlicher meinen Aufsatz: Vom Krisengebiet zur Ökometropole, in: PLANER-IN - SRL-Mitteilungen für Stadt- und Regionalplanung, Nr. 4, 1989.

Die Angstkoalition der Schwachen, sprich der Zusammenschluß der beiden Emscherzonengemeinden Wanne-Eickel (jetzt Herne 2) und Herne als Abwehr der Eingemeindung nach Bochum, stellte sich nach 15 Jahren als Ausbeutung des Schwächsten, als Niedergang der Wanner Stadtmitte zugunsten eines fragwürdigen Ausbaus der City Alt-Herne zum mehr schlecht als recht ausgestatteten Mittelzentrum heraus. Der Überlebenskampf als selbständige Gemeinde führte damit nicht nur zu einer nachteiligen und unsinnigen Konkurrenz mit der Stadt Bochum, sondern verschlechterte zugleich auch die Erreichbarkeit von Versorgungseinrichtungen eines Teils der Bevölkerung im ehemaligen Wanne-Eickel erheblich.

Es ist an dieser Stelle müßig, darüber zu spekulieren, ob die Eingemeindung nach Bochum unter den bestehenden politischen Konditionen ein besseres oder wenn schon schlechteres, dann zumindest gleichberechtigteres Ergebnis zwischen den beiden Altgemeinden hervorgebracht hätte. Klar sollte jedoch allen Beteiligten sein, daß nur eine enge Zusammenarbeit die Städte Bochum und Herne aus ihrer jeweils unterschiedlich verursachten Benachteiligung befreien könnte. Im Interesse großstädtischen Überlebens sollten beide Gemeinden ihren Nord-Süd-Gegensatz aufgeben und ihre gemeinsame Ost-West-Mittellage ausnützen und stärken. In der Einwohnermitte des Revier zu liegen, das ist das gemeinsame großstädtische Potential. Das damit verbundene Bevölkerungspotential gilt es auf eine gemeinsame städtische Mitte hin zu orientieren, um dort die Angebote zu konzentrieren, die dann in die Region und darüber hinaus ausstrahlen können.

Dies kann natürlich nur unter dem strikten Ökodiktat des öffentlichen Nahverkehrs vollzogen werden. Dabei existieren für die Herner Bevölkerung keine großen Probleme, denn die entsprechenden Linien sind vorhanden und bedürfen nur der Beschleunigung. In Verbindung mit der neuen U-Bahnlinie 35 könnte sich aufgrund der Köln-Mindener-Bahnlinie ein äußerst schnelles ÖPNV-Dreieck zwischen dem Bahnhof Herne, dem Hauptbahnhof Wanne-Eickel und dem Hauptbahnhof Bochum ergeben. Beide Städte könnten dann nicht nur für weitere IC-Halte am Bochumer Hauptbahnhof, sondern auch für einen zusätzlichen IC-Halt der Hamburg/Münster/Köln-Strecke in Wanne-Eickel kämpfen. Würde nämlich die vorhandene, mit einem Triebwagen betriebene Bahnlinie zwischen dem Wanne-Eickeler Hauptbahnhof und dem Bochumer Hauptbahnhof[2] mit diesem Schnellverkehr eng getaktet und dadurch beschleunigt, ergäbe sich auch hier eine gegenüber dem PKW konkurrenzfähige Erweiterung des Einzugsbereiches und zugleich eine Wiederaufwertung des ehemaligen Innenstadtbereichs von Wanne-Eickel.

Die geographische Mittellage im Revier ist für Bochum Schwäche und Chance zugleich, wenn sie sich entschließt, für den am nächsten und am dichtest besiedelten Teil der Emscherzone die Verantwortung mit zu übernehmen. Für Herne würde der damit verbundene Verzicht auf Großstadtkonkurrenz und Großstadtattitüde die Chance beinhalten, von einem großstädtischeren Bochum als Ausgleichs- und Ergänzungsstandort profitieren zu können. Dies bedeutet andererseits auch eine stärkere Dezentralisierung von Einrichtungen, die nicht unbedingt den knappen Platz im gemeinsamen Oberzentrum Bochum in Anspruch nehmen müssen oder die, wie z.B die Universität, in sich selbst zur räumlichen Dependancenbildung in der Lage sind. Als infrastrukturell gut versorgte und schnell an die Bochumer City angebundene Standorte wären die Innenstadtbereiche von Herne und Wanne-Eickel aber auch als weiter ausbaufähige Wohnstandorte geeigneter als die weitere Zersiedlung des Ruhrtals. Aber auch die Bochumer Innenstadt sollte in diesem Rahmen weiteren Wohnungen Platz machen. Als ergänzende Verdichtungs- und Dezentralisierungsachsen für Wohn- und Arbeitsplätze kämen die Strecken der U 35 und diejenige der beschleunigten Straßenbahn 306 hinzu. Die kurze

---

2   Dieser Triebwagen hält übrigens am Kruppgelände in Bochum West.

Bundesbahnverbindung zwischen Bochum und Wanne-Eickel sollte weniger als Entwicklungsachse denn als Expresergänzung zur Straßenbahn 306 fungieren. Ihre Halte sollten deswegen nur dann vermehrt werden, wenn der dadurch gegebene Zeitverlust durch eine technische Beschleunigung wettgemacht werden kann.

4. Großstadtpotentiale der Bochumer Innenstadt und die unterschätzte Rolle des "Bermudadreiecks"

Bochum Mitte und inbesondere das Einkaufszentrum unterscheidet sich - mal abgesehen von der kleineren räumlichen Ausdehnung - nicht wesentlich von entsprechenden Einrichtungen in Duisburg, Essen oder Dortmund. Auch hier sind in den 70er Jahren Fußgängerzonenkonzepte mit Plätzen, Boulevards, Verkehrsberuhigungszonen und verstärktem Wohnungsbau umgesetzt worden. Mit ihnen sind die gröbsten Verödungs- und Monofunktionalisierungsfehler behoben worden. Gleichzeitig wurde - und auch hier ähnlich wie in anderen Städten dieser Größenordnung - der Automobilsog ins Zentrum durch gewaltige Tiefgaragenprojekte erhöht. Der innere Straßenring Bochums ist mittlerweile zwar begrünt, aber nach wie vor eine vierspurige Großbarriere mit enormer Lärmemission. Das Gleiche gilt für die sternförmig ausstrahlenden Zubringerachsen. Die "Highlights" der Stadt liegen jedoch am Rande des Zentrums.

Auch sie sind typisch für Städte dieser Größenordnung, jedoch mit einigen wenigen, aber bedeutenden Ausnahmen: Gemeint ist das Bergbaumuseum, das "Bermudadreieck" und die "Jahrhunderthalle" auf dem ehemaligen Kruppgelände der Innenstadt West. Diese Zusammenstellung mag dem Bochumer Bürger befremdlich erscheinen, fehlen hier doch in der Regel angepriesene Einrichtungen wie das Stadttheater, das Planetarium, die Sternwarte oder der Starlight-Express. Sie fehlen, weil sie, vielleicht mit Ausnahme des nach wie vor national bedeutsamen Theaters nichts eigentlich Besonderes bzw. Einmaliges bieten. Kultureinrichtungen als Standortfaktor sind im übrigen eine Strategie, die mittlerweile alle anderen Großstädte des Ruhrgebietes verfolgen. Mindestens so entscheidend wie Anzahl und Güte dieser Einrichtungen ist jedoch das soziokulturelle städtische Umfeld.

Der räumliche Ausgangspunkt meiner Überlegungen beginnt deshalb mit dem Bermudadreieck, bzw. (wie es im offiziellen Sprachgebrauch heißt) dem Engelbertdreieck. Meine im ersten Moment vielleicht befremdliche These lautet: Dieses Stadtviertel und seine weitere Entwicklung ist der strategische Dreh- und Angelpunkt für die Zukunft Bochums als Großstadt. Nur hier hat diese Gemeinde einen fast uneinholbaren Qualitätsvorsprung vor anderen Städten des Kernruhrgebietes.

Innerhalb dieses Dreiecks zwischen Viktoriastraße, Brüderstraße und Südring entstand in den vergangenen 15 Jahren etwas für das Ruhrgebiet ganz und gar Untypisches: Urbanität oder besser: Der erste Schritt dorthin.[3] Im Schatten der Einkaufszone entwickelte sich, angetrieben durch einen neuen Typus kulturoffener und damit innovativer Gastronomen, Kaufleute und Gewerbetreibenden eine baulich-

---

[3] Ich bin mir über den inflationären Gebrauch dieses Begriffes im Klaren und bezweifle auch, ob der demokratische Stadtgedanke, der dieser Kategorie zugrunde liegt, heute noch so diskutiert werden kann wie am Anfang der Geschichte dieses Begriffs. (Siehe hierzu differenzierter H. Häußermann/W. Siebel, Neue Urbanität, Frankfurt 1987) Andererseits ist dieser Begriff für eine belebte und zugleich anonyme soziale Stadtsituation, in der sich vielfältige Millieus und Lebensstile begegnen, auch im positiven Sinne soweit eingebürgert, daß mir als Schlagwort erst einmal nichts anderes zur Verfügung steht. Differenzierter wäre im Falle des "Bermudadreiecks" von urbanem Ambiente zu sprechen. Leider gibt es bislang keine wissenschaftlich brauchbare Analyse zur Kommunikationssituation und sozialen Mischung in diesem Viertel. Ich wage jedoch die These, daß hier vom Potential des Publikums die Chance für eine anspruchsvolle kulturelle und politische Qualität des "städtischen Lebens" gegeben sind.

räumliche Basis für städtische Kommunikation "von unten": Eine dichtgedrängte und sehr unterschiedliche Kneipen- und Geschäftslandschaft, als Knoten eines kurzwegig ausstrahlenden Fusswegenetzes zu Kinos, Diskotheken und Restaurants. Hier hat sich ein Treffpunkt all der Gruppen der Bevölkerung entfaltet, die zunehmend das Kino und das Theater dem Fernsehen, die Begegnung dem "Feierabend", das sich selbst in Szene setzen dem Vorstadtalltag vorziehen. Und wer nicht nur an warmen Sommerabenden die vielen Menschen auf den Straßen und Plätzen dieses Viertels gesehen hat, wird im ersten Moment nicht glauben können, daß er sich außerhalb der Geschäftszeiten auf einer ansonsten einfallslos gestalteten Fußgängerzone befindet: Vom Baustil her dem "Dirty Realism" der Region zuzuordnen, von der sozialen Zusammensetzung jedoch äußerst vielfältig.

Dabei machten sich die unterschiedlichen Millieus und Lebensstile - auch die Arbeiterschaft des alten Ruhrgebietes und die Punkszene ist vertreten - auch verschiedene Bereiche, Kneipen und Restaurants einschließlich ihrer Straßensitzplätze zu eigen und gestalteten sie zu einer differenzierten sozialen Zonierung um. Sie ist durch den öffentlichen Straßenraum höchst durchlässig und ermöglicht dem neugierigen Besucher auf engstem Raum sehr unterschiedliche Eindrücke und Gesprächserfahrungen.

Der "Bermuda-Vorsprung" ist in Sachen urbaner Treffpunkte - das scheinen die Stadtväter aus unterschiedlichen Gründen immer noch nicht realisieren zu können - der einzige, den weder Duisburg und Essen noch Dortmund in nächster Zeit einholen können. Er ist nämlich, wie jedes ernstzunehmende urbane Phänomen in Jahrzehnten gewachsen. Er ist nicht künstlich reproduzierbar wie z.B. der Starlight Express oder eine weitere Einkaufspassage in einem "Erlebniskaufhaus".

5. Urbanität im Ruhrgebiet, darf es das überhaupt geben?

Über "verspätete Stadtbildung" im Ruhrgebiet ist viel geschrieben worden. Augenscheinlich ist, daß sich die Vielfalt des Ballungsraumes nirgendwo auf den Punkt bringen läßt. Urbanität ist im Ruhrgebiet bislang ein allabendliches Puzzle-Spiel, das zu 90% aus Autofahren besteht. Los Angeles läßt grüßen. Das hat gewichtige Gründe, die in der speziellen Produktions- und Politikgeschichte begraben liegen und bis heute nachwirken.

Die Entwicklung des "Bermudadreiecks" ist von daher eher zufällig, wenn auch in den vergangenen Jahren von Seiten der Stadtverwaltung eine stille, aber doch bewußte Duldung zu spüren war. Sie traf jedoch auf in der Hellwegzone sich verändernde Sozialstrukturen. Die "nachholende Verstädterung" hat sozusagen ein ebenso "nachholendes Urbanitätsbedürfnis" hervorgebracht, das, sobald dafür ein Ort gewachsen war, in den vergangenen zehn Jahren mit einer exponentialen Mengendynamik reagierte, die selbst Experten überrascht hat.

Im Vergleich zur Rheinschiene, gemeint sind Altstädte und Szeneviertel in Düsseldorf und Köln, hat dieser Treffpunkt trotz seines zunehmend überlokalen Einzugsbereiches sowohl in der Angebotsmenge als auch im attraktiven städtischen Umfeld natürlich weniger zu bieten. Aber weder konkurriert er mit diesen Orten, noch wäre hier überhaupt das Vorbild für die weitere Zukunft dieses Gebietes zu suchen. Die oberflächliche Entwicklungslogik dieses Ortes verläuft aber sehr ähnlich.

Sie lautet: Wo sich eine Menge Leute treffen, dort gibt es mehr Gelegenheiten und: Wo es immer mehr Gelegenheiten gibt, dorthin kommen immer mehr Leute, denn die jeweils anderen sind der eigentliche Reiz des Treffpunktes. Mit einem Satz: Im Bermudadreieck sind deswegen so viele Menschen, weil dort soviel Menschen sind. Und das vor allem abends und nachts. Dann hat einerseits die

Stadt als gebaute Dichte eine besondere Ausstrahlung und andererseits bringt die Freizeit der Stadt-
menschen nach wie vor bestimmte Nutzungsrhythmen hervor.

Die tiefere Logik liegt jedoch in den nach wie vor vorhandenen soziokulturellen Potentialen dieses
anonymen Gesehen und Gesehenwerdens von Einzelnen und Gruppen und der von ihnen gebildeten
Vielfalt. Hier bedarf es, neben den vorrangig mengenorientierten Kommerzinteressen und ihrem Interesse an urbanem Ambiente, des qualitativen Eingriffs und der Korrektur, sprich der Stadtplanung
und des Städtebaus. Gemeinsam mit privaten Initiativen, die über die Vermarktung dieser neuen Urbanität hinaus wollen, gilt es auch in Bochum im Kleinen genau das zu verhindern, für das die Düsseldorfer Altstadt im Großen steht. Die kommerzielle Totalbesetzung des urbanen Ambientes gewachsener städtischer Treffpunkte.

Meine Vorstellungen laufen im Kern darauf hinaus, dieses Viertel, das ja in unmittelbarer Nähe zum
Stadttheater liegt, durch Rezentralisierung der freien Kulturszene und durch preiswerten Wohnungsbau für die attraktiv zu machen, die durch ihre alltägliche Lebensweise die Chancen der Vielfalt als
Begegnung und als spontane und dennoch kollektive Form des demokratischen Diskurses zu nutzen
wissen.

Für meine Großstadtkonzeption ist jedoch ein weiterer Gedanke entscheidend. Zusammen mit anderen "Randgebieten" der Innenstadt Bochums könnte das so gestärkte "Bermudadreieck" sozusagen der
Katalysator für die Veränderung der gesamten Innenstadt sein. Da wäre zum ersten das "Museums-
viertel" mit dem Hauptmagneten Bergbaumuseum (als neben dem Stadttheater zweiten Treffpunkt der
herkömmlichen Hochkultur), zum zweiten der Bahnhof (mit seinem Vorplatz als lokaler/regionaler
Verkehrstreffpunkt) und zum dritten die zukünftige Nutzung des Kruppgeländes (als weiterer, jedoch
grüner Freizeittreffpunkt). Sie bilden zusammen auch räumlich einen Ring um die Innenstadt und
könnten von da aus deren kommerzielle Totalität und verkehrliche Einöde Schritt für Schritt in die urbane Zange nehmen. Im Rahmen dieser "Umzingelungsstrategie" möchte ich im folgenden ausführlicher auf das Kruppgelände eingehen.

6. Innenstadt West: Das Kruppgelände als grünes Pendant zum "Bermudadreieck"

Urbanität ist eben nicht nur ein Phänomen gebauter Dichte bzw. ein Abend- und Nachtphänomen der
Stadt. Auch ein Park kann als Treff- und Kommunikationspunkt der Bewohner dienen.[4] Er hat aber
andere Urbanitätsgesetze als die gebaute Mitte. Er bietet mehr Platz, mehr Licht, mehr Bewegung und
- soweit sie noch da ist - Natur. Am Tag, vor allem wenn er ein sonniger, zumindest aber trockener
ist, bietet er eine andere Bühne. Eine grüne, weiträumige Szene, die eng genug ist, damit man die anderen erlebt, aber auch weit genug, daß man nicht nur ins Gedränge kommt. Das gelingt aber nur,
wenn er nicht abgelegen und als Freizeitmaschine funktionalisiert ist (wie die Revierparks), sondern
mitten in der Stadt liegt. Er sollte in der Nähe von Orten liegen, die einen nahtlosen räumlichen Übergang zur gebauten Dichte und Nachtszene erlauben. Das freiwerdende Kruppgelände an der Alleestraße (eingeschlossen die noch aktiven Schmiedewerke, die jedoch über kurz oder lang verlagert wer-

---

4   Hier lohnt dann doch der Blick in andere Städte: Ich meine z.B. den Kölner Volkspark. Hier kann man nicht nur die an-
     wohnende "Normalbevölkerung", sondern auch die Leute treffen, die abends und nachts die Szeneviertel der Stadt aufsu-
     chen. Dabei ergibt sich eine faszinierende Mischung aus verschiedenen Schichten, Kulturen und Altersgruppen der Stadt.

den), bietet diese Möglichkeit. Denn das Areal ist zum einen groß genug und obendrein fußläufig weniger als 15 Minuten vom Bermudadreieck entfernt.

Inmitten dieser zukünftigen grünen Mitte der Stadt, die zugleich geographische Mitte des Ruhrgietes ist, liegt - ähnlich einem verwunschenem Schloß - eines der interessantesten Industriedenkmäler der Region: Die "Jahrhunderthalle" der Fa. Krupp. Sie findet sich eingebunden in Um- und Anbauten sowie einen betriebseigenen Wasserturm aus Stahlskelett. Ein Ensemble, das in seiner Mischung aus Schrottskulptur und gediegener Industriearchitektur ein einzigartiges Ambiente darstellt. Dieser Gebäudekomplex könnte die aktive Mitte dieses neuen Volksparks oder besser dieser Volksbühne werden. Am Rande und im notwendigen Abstand umrahmt von neuen innerstädtischen Wohngebieten und mit ihnen verträglichen Gewerbegebieten.

Die Pläne der Stadt sahen bislang jedoch anders aus. Auch sie hat nach einem ersten Gutachterwettbewerb mit hochkarätigen Architekten die besondere baulich-räumliche und geschichtliche Qualität dieses Fabrikkomplexes anerkannt. Mit ihrem bisherigen Nutzungskonzept geht sie jedoch von einem anderen Grundgedanken aus. Statt des hier aufgezeigten Konzeptes einer Grünen Mitte, das "Arbeiten und Wohnen" an einem neuen Volkspark nicht ausschließt, hat sich auch hier das IBA-Konzept "Arbeiten und Wohnen im Park" durchgesetzt.

Es basiert auf einem Entwicklungsplan, den die Stadt vor dem Gutachterwettbewerb als Leitlinie herausgegeben und danach verändert hat. Die anfänglichen Überlegungen sahen eine Vierteilung des Geländes durch eine neue, große und an das Innenstadtnetz anschließende Verkehrstrasse (Verlängerung

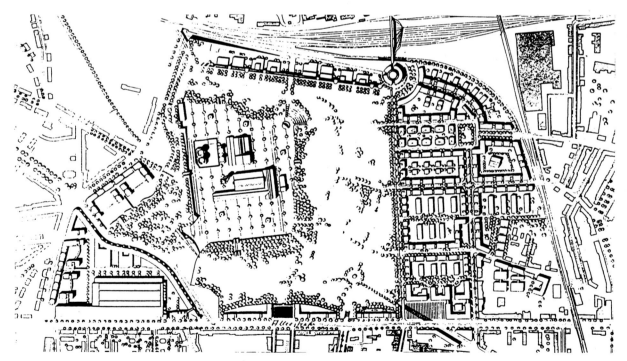

Abb. 1: Der hier abgebildete Städtebauentwurf von Regina Stottrop wurde im Rahmen des "Ruhr-wörks" Projektes des Lehrstuhls Planungstheorie an der Architekturfakultät der RWTH-Aachen erstellt. Seine Abbbildung an dieser Stelle dient wie das dazugehörende Funktionsschemata als anregendes Beispiel zur Verdeutlichung des hier propagierten städtebaulichen Konzeptes.

der Wattenscheider Straße parallel zur Alleestraße) vor, die als weitere vierspurige Zufahrt zur Innenstadt geplant war und sich inmitten des Geländes mit der verlängerten Bessumerstraße kreuzen sollte. Im Rahmen der Erhaltungsentscheidung für die Jahrhunderthalle wurde in der korregierten Fassung auf dieses Straßenkreuz inmitten des Areals verzichtet. Nicht geändert wurde jedoch das Grundkonzept einer stark durchgrünten Gesamtbebauung, die vor allem die topographisch hochgelegenen Teile (mit Stadtblick) des Geländes betrifft, die die Jahrhunderthalle als ringförmiges Plateau umgeben.

In dem der Alleestraße zugewandten Teil sollten zur Straßenseite Dienstleistungsflächen und in Richtung Jahrhunderthalle - auf dem höhergelegenen Plateau - Wohnungsbauflächen bereitgestellt werden. Auf der anderen Seite, auf dem nördlich der Jahrhunderthalle gelegenen Plateau, war eine ähnliche Zweiteilung geplant: Zur Jahrhunderthalle hin das Wohnen und - da hier das Gelände von einer stark befahrenen Bahntrasse begrenzt wird, zu dieser Seite hin Gewerbe, das den Wohnbereich nicht stört. Zwischen diesen beiden Baulinien sollte in Ost-West-Richtung eine grüne Schneise in Richtung Innenstadt gezogen werden, die zugleich die Jahrhunderthalle grün einfassen sollte.

Zwei Fragen blieben in diesem Konzept jedoch offen:

o   Wieweit soll sich Wohnen und Arbeiten mit dem Grünzug verzahnen und
o   wie soll die "Jahrhunderthalle" auf Dauer umgenutzt werden?

Die städtebauliche Funktion des Grünfreiraumes bestand zum einen in der Frischluftzufuhr zur Innenstadt und zum anderen in der Aufwertung des Nahbereichs der neuen Wohnungsbau- und Gewerbeflächen um die "Jahrhunderthalle". Dabei führt die topographische Lage der Wohnflächen bei gleichzeitiger Parknähe zu ausgesprochen privilegierten Lagen.

Die Stadt setzt auf das herkömmliche Konzept der Innenstadterweiterung, ohne die sonstigen Großstadtpotentiale der nahegelegenen Innenstadt, wie ich sie oben aufgezeigt habe, in Betracht zu ziehen. Ein reines Mehr an Grün, Wohnen und Dienstleistungsflächen bringt Bochum zwar zusätzliche Angebotsflächen in gehobener Lage, nicht jedoch eine neue Stadtqualität.

In der letzten Planungsausschußsitzung des Jahres 1991 wurde jedoch eine neue Vorlage seitens der Verwaltung präsentiert, die zwar noch in der Sitzung von der SPD-Fraktion zurückgezogen wurde, die aber zumindest innerhalb der Verwaltung auf eine geänderte Position zum Kruppgelände hindeutet. Im Rahmen dieser Vorlage wurde vorgeschlagen, den Grünanteil des Nutzungskonzeptes in Richtung der Hochplateaus zu vergrößern und von Bebauungen freizuhalten. Hiermit fielen sowohl die besonders privilegierten Teile der Wohnbauflächen als auch ein Teil der Gewerbeflächen weg, während die "Jahrhunderthalle" zum Mittelpunkt der Freifläche gemacht würde. Diese Anpassung an das von mir bevorzugte Konzept des "Central-Parks" wurde damit begründet, daß gerade die angestrebten hochqualifizierten Dienstleistungsstandorte entlang der Alleestraße und auf dem zur Innenstadt orientierten Gelände der noch aktiven Schmiedewerke mit der Vergößerung der Parkflächen an Attraktivität gewinnen würden.

Aber auch hier verblieb die Verwaltung noch im Rahmen einer immanenten Kurskorrektur. Die näheren Anwohner werden zur Begründung der erweiterten Grünflächen herangezogen. Das "Wohnen und Arbeiten im Park-Konzept" wandelt sich zwar zusehends zu einem "Am-Park-Konzept", ohne jedoch die Möglichkeit einer zweiten, grünen Stadtmitte konsequent zu thematisieren. Es ist zum jetzigen Zeitpunkt noch nicht zu übersehen, was der "Rückzieher" der SPD zu bedeuten hat. Entsprechend der Veröffentlichungszwänge kann dieser Aufsatz nicht weiter aktualisiert werden. Abzusehen ist jedoch

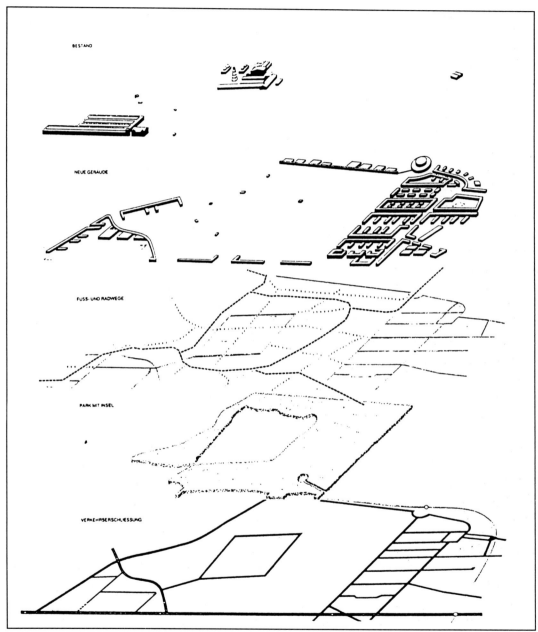

Abb. 2: Das hier abgebildete Funktionsschema des im vorigen abgebildeten Städtebauentwurfes zeigt in der zweiten Ebene von unten das die Jahrhunderthalle umgebende Hochplateau. Es wird - und das halte ich für richtungweisend - zur Alleestraße hin gänzlich von Bebauung frei gehalten. Ob auf den in Richtung Bahntrasse gegenüberliegenden Gewerbe-/Dienstleistungsriegel verzichtet bzw. ob das in Richtung Innenstadt geplante neue Wohngebiet zugunsten von mehr geschlossener Grünfläche verkleinert werden könnte, ist eine Frage der Prioritätensetzung. Das Konzept als solches bleibt davon relativ unberührt.

ein Konflikt zwischen den lokalen Interessen an weiteren Wohnbauflächen in privilegierter Lage und den Anhängern einer Erweiterung von geschlossenen Grünflächen. Dabei scheint sich ein Kompromiß anzudeuten, der zwar weniger Bauflächen vorsieht, den privilegiertesten Wohnbaubereich auf dem Hochplateau an der Alleestraße jedoch beibehält. Dabei böte insbesondere dieser Bereich ohne Bebauung einen fantastischen Aufenthalts- und Aussichtsbereich für alle Bürger dieser Stadt.

7. Die "Jahrhunderthalle" als Chance und als Problem

Die "Jahrhunderthalle" ist in mehrfacher Weise von großer baulicher Faszination. Da ist zum ersten ihre Größe. Eine "Kathedrale der Industriearchitektur", bestehend aus drei gewaltigen Schiffen, die einen langgezogenen und zugleich feingliedrigen Konstruktionskomplex bilden. Da ist zum zweiten ihr inneres Lichtspiel, das durch die zum großen Teil verglasten Dächer und Seitenwände gewährleistet und zugleich vielfältig gebrochen wird. Da ist zum dritten die besondere Anordnung der drei parallel und rechtwinklig zueinander versetzten Einzelhallen, die unter einem überdachten und durchlässigen Ganzen sehr unterschiedliche Längen-, Breiten- und Höhenerlebnisse ermöglichen, ohne die Struktur des Gesamtgebäudes aus den Augen des Betrachters zu verdrängen. Da ist zum vierten die Einbindung in einen größeren topographischen Zusammenhang, der einmal aus ergänzenden und zum Teil schon verfallenen Gebäuden und Infrastrukturen und weiterhin aus wild verwucherten und industriell vernutzten Landschaftsteilen besteht. Letztere machen den gesamten Gebäudekomplex, der in einem Tal liegt, zu einem Ort, von dessen Rändern man nicht nur "nach innen" auf die Hallen, sondern zugleich auch "nach außen" über die ganze Stadt und Region blicken kann.

Es ist die Gesamtwirkung, die diesen Gebäudekomplex so einmalig macht. Sie ist es aber auch, die den Erhalt zu einer äußerst kostspieligen Angelegenheit werden läßt. Dies gilt auch dann, wenn man, so wie es die Stadt Bochum und die IBA vorsehen, nur die eigentliche "Jahrhunderthalle" und den Wasserturm als Wahrzeichen restauriert. Allein die Sicherung dieser Gebäude kostet aufgrund bisheriger Schätzungen über 20 Millionen DM. Das eigentliche Finanzierungsproblem ist jedoch die zukünftige Nutzung.

Wer die Jahrhunderthalle in ihrer innenräumlichen Spezifität bewahren möchte, muß entweder Nutzungen wählen, die ohne große Umbauten und speziell ohne Verkleidung der Stahlkonstruktion auskommen. Mit diesem Vorschlag würden Umnutzungsmöglichkeiten, erheblich eingeschränkt, plante man nicht zusätzliche Energiekosten ein. Werden solche Zusatzkosten abgelehnt, wären auch kurzfristige Zwischenverwendungen als Versammlungsstätte jeglicher Art (Konzerte, Tagungen, Theater usw.) nur im Sommer und unter feuerpolizeilichen Ausnahmeregelungen möglich.

Oder es wird ein "Haus-im-Haus-Konzept" gewählt (wie z.B beim Einbau eines Konzertsaales in die "Berlage-Börse" in Amsterdam), das zugleich höchste Transparenz vom Innenhaus zum Außenhaus gewährleistet. Auch eine solche Konstruktion ist äußerst aufwendig und damit sehr kostspielig. Jede andere, das Gebäude in relativ große Nutzungseinheiten umwandelnde Umbaukonzeption, nimmt dem Gebäude den luziden Kathedralencharakter und damit seine denkmalpflegerische Substanz und städtebauliche Attraktivität.

Ein relativ geringes Problem bieten einmalige Ausnahmenutzungen, die ohne dauerhafte Infrastrukturen der Ver- und Entsorgung auskommen. Diese sind auch als Übergangskonzept vorgesehen und wurden in ersten Pilotveranstaltungen bereits erfolgreich erprobt. Aber auch diese Veranstaltungen müssen mit dem überdimensionalen Volumen der Halle umgehen lernen. Selbst 2.000 Besucher können hier wie ein verlorenes Häuflein wirken. Hinzu kommen die akustischen Unwägbarkeiten der Hallenkonstruktion, die ein kompliziertes Beschallungssystem erfordern. Eine nutzungsspezifische Aufteilung des Gesamtgrundrißes erscheint unausweichlich.

Es sei denn, die Stadt entschließt sich zu einer Nutzung des Gebäudes als konzeptionelles Environment, sprich als unveränderte, historisch erhaltenswerte Hülle für thematische Aktionen verschiedenster Art. Sie gibt dabei dieses Gebäude, so wie es ist und jeweils leer, Leuten, die sich ihm auf Zeit bemächtigen, um es dann der Öffentlichkeit mit immer anderem Inhalte zu präsentieren. Das Gebäude sucht sich sozusagen seine Nutzer selbst und wird nicht umgekehrt entsprechend den Nutzerinteressen dauerhaft umgebaut. Das Gebäude selbst ist damit immer fester Bestandteil der Aktion, was nicht bedeutet, daß es dadurch nicht immer anders in Erscheinung tritt. Die einen wollen es wegen seiner Größe, andere wieder wegen seines transparenten Charakters, wieder andere wegen seiner besonderen Konstruktion, noch andere wegen seiner speziellen Lage im Gelände. Dabei könnten die damit verbundenen unterschiedlichen Gestaltungen des Gebäudes verschieden und von sehr unterschiedlicher Dauer sein. Voraussetzung sollte jedoch sein, daß das Gebäude überwiegend der Öffentlichkeit zugänglich bleibt. Das, was bisher als Zwischenlösung diskutiert wurde, wird damit zum Nutzungskonzept. Aus der Not wird eine Tugend, die bei entsprechendem Management und weltweiter Suche nach "Gestaltern" zu einem kulturellen Treffpunkt ganz besonderer Güte führen könnte. Das schließt natürlich auch kommerzielle bzw. populärkulturelle Nutzungen nicht grundsätzlich aus (ich denke hier an Messen, Techno-Disco-party, Jazzfestivals, Zirkusveranstaltungen oder Eistanz). Aber auch diese Strategie bedarf einer umfangreichen technischen Ausrüstung, hochflexibler logistischer Infrastrukturen und der zeitweisen und vor allem energiesparenden Raumaufteilung.

Eine andere Alternative, die bisher nicht zur Debatte stand, möchte ich an dieser Stelle zur Diskussion stellen, nämlich das Konzept "Stadt im Haus". Es basiert auf dem traditionellen Gedanken der Markthalle, d.h. dem Konzept der schützenden, aber als solcher nicht beheizten Überdachung sich selbst wärmeversorgender Einheiten, die zugleich einen Stadtraum bzw. Straßenraum ausbilden. Übertragen auf ein Gebäude von der Größen- und Höhenordnung der "Jahrhunderthalle" ergeben sich hier erweiterte Möglichkeiten der horizontalen und vertikalen Raumbildung energetisch selbstschützender Einheiten. Ein zweites, im Einzelfall sogar drittes Stockwerk oder die Einfügung von unterschiedlichen Ebenen des öffentlich begehbaren Raumes. Die Ausbildung von Plätzen und botanischen Grünflächen erlauben einerseits eine hohe Nutzungs- und Erlebnisvielfalt bei gleichzeitigem Erhalt der gestalterischen Gesamtqualität des Hallenkomplexes. Der Nachteil dieses Konzeptes liegt in der trotz der Überdachung und Seitensicherung nach wie vor vorhandenen Außenklimaabhängigkeit der öffentlichen Räume und Wege.

Er läßt sich jedoch ohne weiteres verkraften, wenn man bedenkt, daß

o damit die Möglichkeit der Großhallennutzung z.B. als im weitesten Sinne kulturellem Veranstaltungsraum - wenn auch nur bei entsprechenden Außentemperaturen - weiter möglich bleibt;

o eine Aufteilung der Halle in unterschiedliche und parallele Dauernutzungen möglich wird, ohne das Eigentliche der Halle, sprich ihre luzide Gesamtwirkung zu zerstören und

o eine architektonisch vielfältige Innenraumqualität ermöglicht wird, die eine zusätzlich Eigenattraktivität für den Besucher entfalten könnte.

Unter diesen Voraussetzungen könnte sich für den Besucher selbst der Nachteil der unbeheizten Gesamthalle in einer einmaligen Erlebniswirkung aufheben.

Verbindet man dieses Innenraumkonzept mit dem Außenraumkonzept "Park als Treffpunkt", wird eine einmalige Stadtlandschaft möglich, die wie der altbekannte Überraschungseffekt der "Puppe in der Puppe" ein mehrstufiges räumliches Gesamterlebnis eröffnet. Da ist zum einen als äußerste Hülle die Stadt Bochum, bzw. der zum Park hin ausgeprägt städtische und dicht bebaute Parkrand. Dann folgt als zweite Hülle, das grüne und den Park fast völlig umschließende Hochplateau, das sowohl den Blick auf die äußere Stadt als auch auf das innere grüne Tal mit der "Jahrhunderthalle" als baulichem Mittelpunkt ermöglicht. Dann folgt als dritte Hülle, das zentrale Gebäude selbst. Einerseits als Außenhülle aussehend wie das schon erwähnte "versunkene Schloß", andererseits als Innenhülle eine neue Stadt bergend, die selber wiederum Behälter für unterschiedliche Kommunikations- und Austauschbedürfnisse bietet. Welche Dauer- und Temporärnutzungen hier die beste Kombination bietet, sollte weiteren Diskussionen und Vorschlägen vorbehalten bleiben. Sie sollten Gegenstand des öffentlichen Aushandelns sein. Auch in diesem Zusammenhang bietet das von mir vorgeschlagene Konzept einen Vorteil: Das Nutzungssystem selbst ist über die Zeit veränderbar, ohne daß dabei gleich das gesamte Bauwerk in Mitleidenschaft gezogen würde. Unabhängig von der dann ausgewählten konkreten Nutzung der Halle ist hier jedoch als Grundvoraussetzung eine Grundsatzentscheidung für den Park als städtebaulichem Kern der Gesamtgestaltung notwendig. Der Park muß die städtebauliche Dominante und die Halle - egal ob als Schrottskulptur, Denkmal oder Hülle - ihre unbestrittene Mitte sein.

Aus dieser Leitentscheidung ergibt sich zugleich die weitestgehende Freihaltung der Hochplateaus von Bebauung jeglicher Art. Blickkontakte sind die Verbindungsglieder zur Gesamtstadt und können nur dann als solche funktionieren, wenn die Bewohner das Plateau als Aussichtsbereich nutzen können. Es ist der unbeeinträchtigte Blick auf "ihre" Stadt auf der Außenseite und auf ihre industrielle Vergangenheit auf der Innenseite, der diese baulich-räumliche Sichtbeziehung auch zum sozialräumlichen Identitätserlebnis machen könnte.

Wohnungsbau sollte dagegen auf dem an die Innenstadt direkt angrenzenden Gebiet der Schmiedewerke vorgesehen werden. Der Dienstleistungsbereich, wie auch im bisherigen Konzept vorgesehen, könnte sich vor dem Plateau entlang der Alleestraße entfalten. Die so um das Kruppgelände und damit um die neue Grüne Stadtmitte gelegte Stadtkante umrahmt dann den Park, ohne die besondere Sichtbeziehungsqualität seiner Topographie zu beeinträchtigen.

Die unmittelbare Nähe des Kruppgeländes zur Innenstadt und damit zum Konsumzentrum macht im Zusammenhang mit der hier vorgeschlagenen Gesamtstrategie einen weiteren Denkschritt notwendig: Die Umgestaltung der Fußgängerzone.

8. Fußgängerzone und Stadtkultur

Dieser Bereich der Stadt kann weder durch einen unmittelbar in der Nähe gelegenen neuen Volkspark noch durch neue Plätze und Boulevards, auch nicht durch die kommunikative Infiltration mittels des Bermudadreiecks grundsätzlich zu einem Ort ursprünglicher, sprich kommerz- und konsumunabhängiger Urbanität zurückfinden. Wir alle sind zu sehr Teil dieser Konsumwelt und haben ihre monofunktionale Konzentration in der Stadtmitte mehr oder weniger mitgefördert. Daran kann auch Kultur als künstlerische Umgestaltung nichts grundsätzlich ändern, das zeigte die Aktion "Kunstachse Bochum". Aber sie kann im räumlichen Sinne des Wortes eine Bresche durch den Konsum schlagen, wenn sie sich als dauernde, das heißt städtebaulich-räumlich verankerte Umgestaltung versteht.

Es gilt die Idee der "Kunstachse" konsequent zu Ende zu denken. Und zwar räumlich entlang der Linie, die die Initiatoren des Kunsthauses Bochum vorgegeben hatten. Es gilt entlang dieser Linie eine Kette dauernder Ereignisse zu schaffen. Sie sollten nicht in biederer 68er-Manier, Konsum permanent und grundsätzlich (und damit erfolglos) in Frage stellen, sondern das andere, das "Nicht-Konsum-Leben" mitten im Konsumrausch in Erinnerung rufen. Natürlich auch als Kritik am heutigen Konsumterror, aber zugleich auch als Ironie, als Verführung zum Innehalten, als Spaß für den noch verbliebenen Flaneur in uns, als subversive Durchdringung von Konsum und Kunst. Jedoch nicht, wie bei der Aktion "Kunstachse", versteckt in nicht auffindbaren Schaufensterecken, sondern als öffentliche, im Straßenraum sichtbare Dauerinstallationen und Orte, die wiederum selbst Behältnisse und Flächen für Kunst als Ausstellung und Performance bieten.

9. Das Rathaus - die Schnittstelle von Kultur und Politik

Der traditionell stadtdemokratische Gedanke, der im Begriff Urbanität fortlebt, könnte in der Bochumer Innenstadt einen neuen Ausgangspunkt erhalten. Räumlich zentraler gelegen als die vier oben genannten Randgebiete der Innenstadt, könnte das Rathaus als Brückenkopf, als nichtkommerzielle Insel inmitten des Verkaufsmeeres fungieren.

Zugegeben, Rathaus und Kultur, das scheinen gerade aus der Erfahrung des kritischen Stadtbürgers eher einander diametral gegenüberstehende Phänomene zu sein. Was aber ist mit dem Anspruch der politischen Kultur auf die offene und transparente Form des öffentlichen Diskurses? Was ist mit der städtischen Streitkultur, die sich auf dem Rathausplatz als Anfangs- oder Endpunkt von Demonstrationen schon in ersten mehr oder weniger konventionellen Schritten verortet hat? Warum nicht weitere und unüblichere Schritte einleiten? Warum nicht eine Ratssitzung bei entsprechendem Wetter im Hof des Rathauses abhalten? Warum nicht regelmäßige Diskussionsveranstaltungen auf dem Rathausplatz veranstalten? Warum nicht eine Art "Hyde-Park-Ambiente" schaffen, das die Bürger und Passanten zum politischen Gespräch, zum politischen Innehalten und Verweilen einlädt? Warum nicht eine ständige Rathausgalerie einrichten, die in (auch ideologisch) wechselnden Ausstellungen nicht nur Stadtreklame, sondern auch Politkunst im alten und neuen Sinne zeigt, um das demokratische Selbstbewußtsein Bochums zu präsentieren und zu provozieren. Hier wäre dann auch der stadtdemokratische Ursprung des Urbanitätsbegriffs neu aufzugreifen und vielleicht auch mit neuem Leben zu füllen.

10. Das räumliche Gesamtkonzept und die Rolle des Hauptbahnhofes

Soll das urbane Profil einer Stadt prägend und identitätsstiftend wirken, müssen die entsprechenden Gebäude und Ereignisse in einen sozialräumlichen und städtebaulichen Zusammenhang eingebettet sein. Vor dieser Leitlinie ergibt sich folgende räumliche Rahmenstruktur für die oben entwickelten Ideen (vgl. nachfolgende Skizze): Da ist zum einen ein übergeordnetes Dreieck aus Tagbühne (Krupp-Park), Nachtbühne (Bermudadreieck) und Einkaufs/Kommerzbühne, sprich Fußgängerzone. Eckpunkte dieses Dreiecks sind das Stadttheater, der Rathausplatz und ein zukünftig zu gestaltender Eingangsbereich zum neuen Volkspark in Höhe Allestraße/Rottstraße. Viktoria- und Alleestraße bil

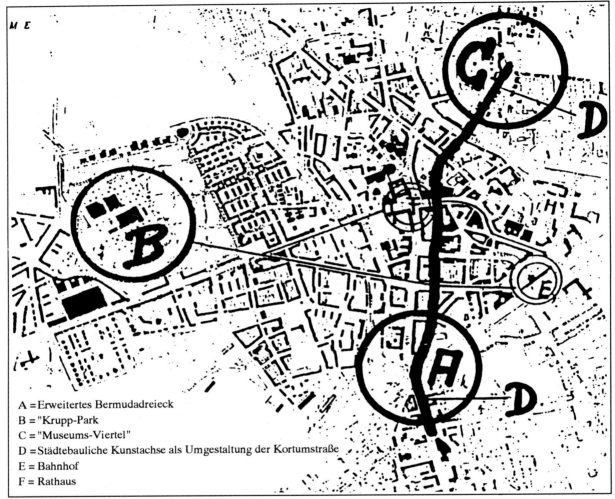

A = Erweitertes Bermudadreieck
B = "Krupp-Park
C = "Museums-Viertel"
D = Städtebauliche Kunstachse als Umgestaltung der Kortumstraße
E = Bahnhof
F = Rathaus

Abb. 3:   Die in dieser Skizze abgebildete Bebauungsstruktur des Kruppgeländes entspricht dem in diesem Text abgebildeten Städtebauentwurf.

den die Katheten dieses Dreiecks. Die Hypothenuse wäre die Rottstraße. (In ihrer Achse können wir
übrigens von der Kortumstraße aus beim Überqueren des Südrings den Wasserturm an der "Jahrhunderthalle" deutlich erkennen.) Die kürzeste Fußwegeverbindung zwischen Bermudadreieck und
Krupp-Park[5] verliefe nahezu parallel zur Rottstraße über die Kolbe-, Maximilian- und Annastraße
vorbei an der Marienkirche. Beide Strecken bieten bislang keinen großen Anreiz zur Begehung und
müßten entsprechend verändert werden. Zum zweiten bildet die parallel zur Viktoriastraße verlaufende Kortumstraße das durchgehende Kulturgelenk, an dem dieses Dreieck aufgehängt ist. An den
beiden Kopfenden dieses Gelenks befinden sich - wie an den beiden Enden einer Hantel - zwei für das
kulturelle Selbstverständnis der Stadt Bochum gewichtige Stadtquartiere. Das besagte "Bermudadreieck" mit der Verlängerung zum Stadttheater und das Stadtviertel, das die beiden wichtigsten Museen
der Stadt beherbergt. Kurz und kulturfunktional gesprochen verbindet die Kunstachse "Kortumstraße"

---

5   Ein solcher Name für den neuen Stadtpark Innenstadt West könnte eventuell auch den Namensgeber zur Unterstützung
anregen.

das Theaterviertel mit dem Museumsviertel und fungiert zugleich als kulturrräumliche Schneise durch die kommerzielle Stadtmitte. Rufen wir uns auf dieser Betrachtungsebene noch einmal die regionale Bedeutung dieser Entwicklungsperspektive in Erinnerung, so muß unter einem ökologischen Gesamtindikativ auch der Bochumer Hauptbahnhof mit in die Überlegung einbezogen werden. Von ihm aus sind alle oben genannten Orte zu Fuß (vor allem das "Bermudadreieck") oder mit der Bahn bzw. U-Bahn schnellstens zu erreichen. Eine im Ruhrgebiet ebenfalls einmalige Ausgangslage für den Stadtbesucher. Der Hauptbahnhof sollte darum in Zukunft als das "ökologische Stadttor" und der Bahnhofsvorplatz als "kultureller Empfangsraum" Bochums begriffen werden. Die Serra-Plastik "Terminal" bekommt so, wenn auch nachträglich, eine weitere räumliche Legitimation. Sie sollte zugleich Ausgangspunkt für die weitere künstlerische Umgestaltung des Bahnhofsvorplatzes werden.

Erst wenn eine solche Gesamturbanisierung der Bochumer Innenstadt gelingt, machen auch die anderen vorhandenen und zukünftigen Großstadtmaßnahmen eine perspektivischen Sinn. Aber auch hier muß die Standortfrage unter der Leitlinie stärkerer räumlicher Zentralisierung und Bündelung neu diskutiert werden. Deshalb kommen hier auch das Kruppgelände und das Bermudadreieck erneut ins Spiel. Nicht nur das dem Bermudadreieck gegenüberliegende Bundesbahngelände, sondern auch die unterhalb des "Colosseum-Plateaus" gelegenen Teilräume der Schmiedewerke bieten Zentralitätsvorteile erster Güte. Dies gilt sowohl für das bisher direkt an der Bundesstraße 1 (B 1) geplante Kongreßzentrum als auch für den im alten Stadtgarten geplanten Hotelneubau. Gerade der zuletzt genannte Standort ist stadtökologisch ausgesprochen fragwürdig. Die Verwendung eines Teils des Kruppgeländes oder des erweiterten "Bermudadreiecks" für neue Wohn- und Arbeitsflächen macht nur dann einen gesamtstädtischen Sinn, wenn an anderer Stelle stadtökologisch schützens- oder rückeroberungswerte Fläche freigehalten oder freigemacht werden können. Dies spricht zugleich für eine überdurchschnittlich dichte Bebauung auf diesen innerstädtischen Lagen.

Insgesamt entscheidend ist jedoch, daß in Bochum mit dem Umbau und der Erweiterung der Innenstadt eine neue Stadtidee wächst, die "Ökologie und Urbanität" in neuer Weise verknüpft. Dabei sollten Zentralisierung und Verdichtung nicht von vorneherein abgelehnt werden, sondern in der Kombination mit dem radikalen Umbau des innerstädtischen Verkehrssystems, sprich dem Rückbau von Flächen für den ruhenden und fließenden Individualverkehr, diskutiert werden. Damit soll die Innenstadt wieder zum Treffpunkt gemacht werden. Ihre Reorganisation durch einen neuen zentralen Park, die kulturorientierte Umgestaltung der Fußgängerzone und den Einbezug des Bermudadreiecks darf nicht nur kommerziellen Interessen vorbehalten bleiben. Gelingt städtischer Politik dieser Schritt, erhält Bochum nicht nur eine Vorreiterrolle für die gesamte Region. Seine Stadtväter und Stadtmütter bräuchten sich dann auch über die langfristige Zuwanderung zukunftsträchtiger Arbeitsplätze keine Sorgen mehr zu machen.

Angaben zu den AutorInnen

Heinz-Jürgen Bremm, Dipl. Ing., Studium der Raumplanung in Dortmund, danach verschiedene Forschungsprojekte am "Institut für Raumplanung" in Dortmund und an der Universität Oldenburg, Forschungsaufenthalt am "University Center for Social and Urban Research" in Pittsburgh/USA. Gegenwärtige Forschungsschwerpunkte: Theorie der Regulation und räumlicher Strukturwandel, Internationale Beziehungen und regionale Entwicklung.

Frank Claus, Dr. Ing., Dipl. Chemiker, ist Geschäftsführer des Instituts Kommunikation & Umweltplanung GmbH in Dortmund, seit 1990 Mitglied des Lenkungsausschusses der IBA und Sprecher des BUND-Bundesarbeitskreises Altlasten.

Rainer Danielzyk, Dipl. Geograph, Studium der Sozialgeographie, Volkswirtschaftslehre, Raumplanung/Verwaltung und Psychologie in Münster, danach zunächst in Münster und seit 1988 in Oldenburg Mitarbeit in Forschungsprojekten zur Regionalentwicklung im Ruhrgebiet und in Ostfriesland. Gegenwärtige Arbeitsschwerpunkte: Theorie und Empirie der Regionalentwicklung und Regionalpolitik, qualitative Methoden der Regionalforschung.

Oliver Decken, Dipl. Ing., Studium der Raumplanung in Dortmund, ist Umweltreferent des Bundes für Umwelt und Naturschutz Deutschland, Landesverband NRW (BUND NRW), und dort zuständig für die Arbeitsbereiche Abfallpolitik, Chemiepolitik und Energiepolitik.

Tamara Frankenberger, Dipl. Päd., Mitbegründerin der Initiative Zentrum Zeche Carl (1977); dort ehren- und hauptamtliche Arbeit mit dem Schwerpunkt Stadtteilarbeit; Mitbegründerin des Altenessener Forums (1988), dort zwei Jahre hauptamtlich tätig, seit 1992 Vorstandsarbeit.

Ulrich Häpke, Dipl. Ing., ist Raumplaner, leitet den Landesarbeitskreis Landwirtschaft des BUND NRW und beschäftigt sich seit längerem mit dem Verhältnis von Naturschutz und Naturnutzung. Er arbeitet teils selbständig, teils in einem Bochumer Forschungsinstitut und wohnt in Castrop-Rauxel.

Brigitte Karhoff, Dipl. Ing., Studium der Raumplanung an der Universität Dortmund, bis 1992 Geschäftsführerin von Akoplan - Institut für alternative Kommunalplanung e.V. in Dortmund, danach Mitarbeiterin beim Initiativkreis Emscherregion e.V., IBA von Unten. Arbeitsschwerpunkte: Planung 'von unten' im Bereich der Stadterneuerung, der Arbeitsmarkt- und Strukturpolitik und der feministischen Stadtplanung.

Renate Kastorff-Viehmann, Dr. Ing., unterrichtet als Professorin an der Fachhochschule Dortmund, Fachbereich Architektur, seit 1986 Baugeschichte und Städtebaugeschichte, bis 1986 war sie als Denkmalspflegerin in Dortmund tätig. Arbeitsschwerpunkte: Geschichte des Arbeiterwohnungsbaus, Bau- und Planungsgeschichte des Ruhrgebiets und Industriedenkmalpflege.

Michael Krummacher, Dr. phil., Professor an der Ev. Fachhochschule RWL Bochum am Fachbereich Sozialarbeit, Politikwissenschaft/Sozialpolitik.

Harry Lausch, Dipl. Ing., Studium der Raumplanung an der Universität Dortmund, bis 1991 Mitarbeit in der Planungsgruppe STADT-KINDER in Herne mit dem Schwerpunkt "Stadtplanung und Stadtgestaltung für und mit Kindern", seit 1991 Mitarbeit beim Initiativkreis Emscherregion e.V. in Essen.

Sebastian Müller, *Dr. phil., wissenschaftlicher Mitarbeiter am Fachbereich Raumplanung der Universität Dortmund im Fachgebiet Soziologische Grundlagen. Wissenschaftliche Schwerpunkte: Untersuchung der Planungspolitik, insbesondere im Ruhrgebiet, seit 1989 Auseinandersetzung mit den strukturpolitischen Vorstellungen der Internationalen Bauausstellung Emscher Park.*

Thomas Rommelspacher, *Dr. rer. pol., wissenschaftlicher Mitarbeiter am Integrierten Studiengang Sozialwissenschaften der Univ./GH Duisburg. Veröffentlichungen zur Soziologie altindustrialisierter Regionen, zur Armut in der Stadt sowie zur Soziologie und Geschichte der Umwelt.*

Klaus M Schmals, *Dr., Professor für Soziologie an der Universität Dortmund, Fachbereich Raumplanung. Arbeitsschwerpunkte: Soziologische Grundlagen der Raumplanung, Stadterneuerung, Neue Technologien in der Raumplanung, Lebensformen auf dem Land, Stadt- und Regionalsoziologie, Armut und Reichtum in Deutschland sowie Fragen des internationalen Städtevergleichs.*

Ute Soldansky, *Dipl. Päd., Mitbegründerin der Initiative Zentrum Zeche Carl (1977); hauptamtliche Tätigkeit im Altenessener Forum bis Februar 1992, seitdem Vorstandstätigkeit; Mitbegründerin der Altenessener Handwerker Initiative (1990).*

Gabriele Sturm, *Dr. rer. soz., Dipl. Studium der Mathematik und der Soziologie, z.Zt. wissenschaftliche Angestellte am Fachbereich Raumplanung der Universität Dortmund im Fachgebiet Soziologische Grundlagen. Arbeitsschwerpunkte: Feministische Raumplanung sowie Forschungsmethoden.*

Arnold Voß, *Dr. rer. pol., Dipl. Ing., wissenschaftlicher Assistent an der RWTH Aachen. Arbeitsschwerpunkte: Planungstheorie und Planungspraxis sowie Fragen der internationalen Stadtentwicklung.*

Viktoria Waltz, *Dr. rer. pol., Dipl. Ing., Universität Dortmund, Projektzentrum. Mitglied des Ausländerbeirats der Stadt Dortmund.*

Manfred Walz, *Dr. Ing., Architekt und Stadtplaner, Professor an der Fachhochschule Dortmund, Lehrgebiet "Stadt- und Regionalentwicklung". Arbeitsbereiche: Planungstätigkeit, Forschungen zur Industrie- und Stadtentwicklung, zum Zusammenhang von Industriearbeit und Wohnen, zur Planungsgeschichte. Verschiedene Veröffentlichungen zu diesen Themen.*

Christian Weingran, *Dipl. Ing., ist Bauingenieur. Er arbeitete mehrere Jahre bei der LEG NRW im Bereich der Altlastensanierung und ist heute bei der Standort- und Strukturentwicklung Chemnitz GmbH tätig.*

Volker Wilke, *Studium der Sozialwissenschaften, Rechtswissenschaften und Kunst in Duisburg und Berlin, seit 1992 Mitarbeiter beim Initiativkreis Emscherregion e.V., IBA von Unten. Arbeitsschwerpunkte: Stadt- und Regionalsoziologie, Beschäftigungspolitik und Wohnen.*